한림과학원총서 89

한국의 아동복지법

한림과학원총서 89

한국의 아동복지법

허남순 · 문선화 · 정영순
김현용 · 김미혜 · 이배근 · 배태순
조흥식 · 황성철 · 김재엽

小花

(한림과학원총서 89)
한국의 아동복지법

초판인쇄 2002년 4월 15일
초판발행 2002년 4월 25일

지은이 • 허남순 외
발행인 • 고화숙
발행처 • 도서출판 소화
등 록 • 제13-412호
주 소 • 서울시 영등포구 영등포동 94-97
전 화 • 677-5890(代)
팩 스 • 2636-6393
홈페이지 www.sowha.com

ISBN 89-8410-201-6
ISBN 89-8410-104-4 (세트)

값 23,500원

머리말

아동은 모든 국가와 사회에 있어서 미래의 자원이다. 아동이 어떠한 환경하에서 성장하는가는 그 나라나 사회의 미래를 예견할 수 있는 지표가 될 수 있다고 본다.

아동에 대한 투자는 결코 낭비가 아니다. 아동의 올바른 성장은 밝은 미래 사회에 대한 보장이기 때문이다. 1923년 한 여성 사회사업가의 신념으로 시작된 아동의 권리에 대한 노력은 1989년 UN이 "아동의 권리에 대한 국제협약"을 완성시킴으로써 모든 국가의 아동복지법의 모법이 되고 있다. 이것은 아동이 그가 소속한 나라와 세계의 시민으로서 성장하기 위하여서는 모든 성인들이 아동의 책임 있는 보호자로서의 역할을 할 것을 요구하는 것이다.

한국의 아동복지법은 1962년 처음 제정된 후 1982년 부분적 개정과정을 거쳤으나, 국제협약의 당사국이 된 1991년부터 국제협약에 준거한 법이 되기 위해서 일반아동의 권리를 포함하는 아동복지법으로 개정해야 한다는 소리가 높아졌다. 1982년에 개정된 아동복지법 역시 특수한 보호를 요하는 아동을 중심으로 구성되어 있으며, 다양한 사회의 변화나 문제에 대응할 수 있는 법으로서의 구성이 미비하여, 아동의 권리에 관한 국제협약에 준거한 법이 되기 위해서는 개정이 불가피하였다.

이에 한국아동복지학회는 1997년부터 아동복지법 개정의 필요성을 공론화하고 한국의 아동복지법이 국제협약의 차원에서 재구성되어야 함을 주장하였다. 이러한 아동복지법 개정의 중요성을 인식한 한림과학원은 2년간 "한국아동복지법의 개정방향"이라는 연구주제에 대하여 연구비를 지원하였다. 이 연구가 진행되는 동안 연구자들은 아동복지법 개정에 관한 세미나를 가졌고 세미나에서 발표된 많은 부분이 개정 아동복지법(법률 제6151호)에 참고가 되었다. 그러나 연구가 거의 끝나갈 무렵 아동복지법이 개정됨으로써 연구의 내용과 방향을 재조정할 수밖에 없게 되었다. 본 연구는 개정된 아동복지법을 중심으로 수정되고 보완된 것이다. 개정된 아동복지법 역시 아직까지 아동의 복지를 위해 더 첨가되어야 할 부분이 많고 그 외에 부가적 문제나 취약점을 많이 지니고 있어 아동복지를 연구하는 사람들에게 이 책은 도움이 되리라고 본다. 그러나 이 책에서 제시하고 있는 아동복지법의 개정방향 역시 완전한 것은 아니다. 아직도 더 많은 분야에서 부족한 부분을 조사하고 연구하여야 하는 과제를 남기고 있다.

이 책은 세 부분으로 나누어져 있다. 제1부는 서론 부분으로 한국 아동복지의 역사를 살펴보고 아동복지법의 개정의 필요성에 대한 논의를 아동복지의 이념에 비추어서 제시하고 있다.

제2부는 12개의 장으로 구성되어 있으며, 이 책의 가장 중심이 되는 부분이다. 아동복지에서 다루어야 할 분야가 많지만 우선적으로 시급하게 아동복지법에서 논의되거나 포함되어야 한다고 생각한 12개의 영역으로 나누었다. 12개의 영역은 현재 이 사회가 안고 있는 가장 심각한 아동의 문제점 가운데 해결하여야 하는 영역(예를 들면 보호시설아동, 소년소녀가장세대, 학대아동, 장애아동, 입양, 가정위탁, 그리고 아동윤락)과 미래의 아동복지이지만 현재 다루어지지 않고 있는 분야(예를 들면 가족지원, 아동의 보건과 안전, 아동부양, 후견인제도 등)를 우선적으로 심도 있게 다루었다. 제2부의 12개 영역은 연구자들에 따라서 다소의 차이는 있지만 문제 제기, 영역별 한국의 관련법과 그 내용—적어도 2개국 이상의 관련법에 대한 비교—그리고 그 영역에서의 바람직한 아동복지법의 방향을 제시하는 틀을 지니고 있다. 그리고 이 책을 이용하는 사람들의 편의를 위하여 각 장의 말미에 그 영역과 관련된 아동복지법의 개선안을 제시하고 관련된 법을 밝히고 있다.

제3부는 제2부에서 논의된 각 영역을 요약하고 다시 한 번 아동복지법의

개정방향을 제시하고 있다.

이 책은 아동복지를 연구하고자 하는 모든 사람들에게 유익하리라고 본다. 특히 앞으로 사회복지 전문직에서 아동복지 관련업무를 담당하고자 하는 학생들에게 좋은 길잡이가 되리라고 기대한다.

그리고 이 연구를 위하여 원고를 교정하고 수정한 이화여대 대학원의 전종설, 부산여대 대학원의 김미승, 박지현, 김경숙 모두에게 고마움을 표한다.

이 책의 연구와 출판에 도움을 주신 한림과학원과 도서출판 소화에 다시 한 번 깊은 감사를 드린다.

연구자 일동

차 례

제1부

서론

제1장

아동복지법의 이념 및 발전과정

문선화*

제1부 서론은 두 개의 장으로 구성되어 있다. 제1장에서는 현재의 한국 아동복지법이 제정되기까지의 배경을 중심으로 논의되었다. 이 배경은 아동복지법에는 어떠한 철학과 가치가 필요한가를 그 이념과 발전적 역사를 중심으로 논하였다. 이러한 이념을 합리화하기 위하여 영국, 미국, 그리고 일본의 아동복지법이 지니고 있는 가치, 철학 그리고 그들이 아동복지법을 제정하기 위하여 기울인 노력들을 살펴봄으로써 현재 한국에서의 아동복지법이 어떠한 맥락을 지니고 개정되어야 하며 또 어떠한 방향으로 나아가야 하는가를 살펴보고자 한다.

* 부산대학교 사회복지학과 교수

I. 한국 아동복지법의 이념 및 발전과정

1. 한국 아동복지법의 이념

아동은 한 나라의 장래를 짊어지고 나아갈 귀한 자원이다. 아동들에 대한 국가의 관심과 투자는 그 나라의 미래를 결정지을 수 있다고 믿는다. 20세기를 마감하면서 아동기의 발견이 가장 큰 공적 중의 하나라는 사실을 언급하고 있다. 민주국가들이 형성되는 과정에서 국민의 복지는 민주정부의 관심사였다. 복지는 현재의 문제를 해결하는 것뿐만 아니라 사회보장을 비롯한 대부분의 프로그램들이 미래에 대한 투자에 초점을 두게 된다. 미래에 대한 투자는 아동을 잘 양육하는 것보다 더 중요한 것은 없다고 본다. 그러므로 많은 국가들의 복지의 시작은 아동을 중심으로 한 가족에 집중되어 왔으며, 아동복지를 중심으로 복지 관련법들이 제정되고 프로그램들이 발달되어 왔다고 하여도 과언이 아니다.

현행 아동복지법의 이념은 아동이 지닌 기본적 인권으로서의 생존권, 생활권, 성장권을 명확히 하였고, 이것은 아동복지법 제3조에 나타나 있다.[1] 이념은 어떠한 체계가 존재해야 할 근거와 그 바탕으로서 책임을 의미하며, 원칙은 그러한 체계가 어떻게 운영되어야 하는가에 대한 기본적 틀을 제공해 준다고 본다. 이러한 이념, 즉 아동은 건전하게 보호받고 양육됨으로써

---

1) 아동복지법(2000년 1월 12일 법률 제6151호 전문개정) 제3조는 기본이념을 명시한 조항으로서

① 아동은 자신 또는 부모의 성별, 연령, 종교, 사회적 신분, 재산, 장애유무, 출생지역 등에 따른 어떠한 종류의 차별도 받지 않고 자라나야 한다.

② 아동은 완전하고 조화로운 인격발달을 위하여 안정된 가정환경에서 행복하게 자라나야 한다.

③ 아동에 관한 모든 활동에 있어서 아동의 이익이 최우선적으로 고려되어야 한다.

이 나라의 시민으로서 성장할 권리를 지니고 있다는 것을 바탕으로 하여 아동에 대한 책임의 근거가 존재한다. 그리고 제4조는 그 책임은 국가와 지방자치단체, 보호자에게 주어져 있으며, 이것은 개개 아동과 직접 · 간접으로 관계되는 모든 사람이 포함되는 것이다. 그러므로 아동복지의 기본적 원칙은 아동복지의 대상이 모든 아동에서 일반성인까지 되어야 함을 의미하며, 아동에 대한 일차적 책임은 아동을 보호하는 보호자에게 주어지지만, 아동을 양육하고 교육하는 것은 보호자, 국가, 지방자치단체가 동등한 보호와 책임 아래 수행되어야 한다는 것이다.

이러한 이념에 대하여 장인협 · 오정수(1999)는 헌법과 아동복지법에 나타난 아동복지의 이념을 기초로 하여 아동이 지닌 잠재능력을 최대한 개발하고, 건전한 성장 · 발달을 도모하는 것을 이념으로 전제하고 있다. 표갑수(1994)는 아동 · 청소년 복지의 이념을 우선 그 배경에 따라서 고려해야 한다는 전제를 한 후 Parker, George & Wilding, Room 등의 견해에 기초하여 그 이념을 자유방임주의형, 자유주의형, 사회민주주의형, 사회주의형으로 나누었으며, 이것은 아동 · 청소년의 복지가 개인성과 사회성, 능력과 요구, 최소와 최대, 선택주의와 보편주의 중의 어느것에 기초되어야 한다고 보았다. 김현용 등(1997)은 아동복지의 이념을 아동이 지닌 욕구의 충족과정으로서 그 사회가 지닌 이념의 역할과 작용을 기반으로 하여 아동에게 영향을 미치는 어떤 부분이며, 한국 사회는 가족 중심에서 아동의 인격을 인정하기보다는 친권제도에 의한 아동복지 이념이 지배적이라고 보았다. 이러한 이념들은 Kadushin과 Martin(1988)이 아동복지를 아동과 그 가족에게 주어지는 서비스라는 측면에서 아동의 총체적 복지에 관여하며 이 사회의 욕구와 부응하는 아동의 생물적 · 심리적 · 사회적 가능성의 긍정적 발달을 증진시키는 것과 맥락을 같이하며, 아동을 건전하게 육성한다는 그 신념이 때로는 추상적이지만 가능할 것이라는 기대 속에서 한 사람 한 사람의 책임 있는 시민으로 성장시켜야 한다는 가치추구인 것이다.

2. 한국 아동복지법의 역사성과 발전과정

한국만큼 자녀에 대한 투자가 높은 국가는 아마 찾아보기 힘들 것이다. 그러나 자녀에 대한 높은 투자에 비하여 사회 전반에 걸쳐서 모든 아동(보편성에 근거한)에 대해 국가적 관심을 나타낸 것은 그리 오래되지 않았다고 보아야 할 것이다. 이것은 한국이 지닌 지정학적 위치로 인하여 많은 외침을 당했으며, 결과적으로 자기보호가 가능한 가족 중심의 테두리를 형성할 수밖에 없었고, 미래를 보장받는 방법으로 자녀에 대한 교육적 · 경제적 · 정서적 지지와 투자를 하였다고 본다. 그러나 더 이상 자녀에 대한 투자는 자신의 미래를 보장받을 수 없는 상황에 직면하게 되었고, 국가주의보다 더욱 발달한 가족주의도 급격한 사회구조의 변화와 새로운 기계문화의 도입으로 와해되는 과정에 있다고 본다. 여기에서는 아동복지의 역사적 발달을 고려시대부터 현재에 이르기까지 살펴본다.

1) 고려시대와 이조시대의 아동복지의 발달

한국의 아동복지법의 역사는 그리 오래지 않다. 그러나 아동에 대한 국가나 사회적 관심은 역사가 깊다고 본다. 시대를 지나오면서 그리고 그 시대를 지배해 온 사상의 영향으로 인하여 아동에 대한 관심은 매우 탈색했다고 보아야 한다.[2] 모든 시대를 살아가면서 사회문제는 항상 존재해 왔으며, 그 문제에 대한 그 시대의 반응이 어떠했느냐에 따라서 문제를 가진 개인은 사

2) 삼국사기를 예로 들면, 우리나라는 이미 신라시대에 혈연이 아닌 아동을 입양하여 그가 국가의 왕(신라의 제4대와 탈해)이나 왕비(신라의 시조인 박혁거세의 부인)가 된 사실을 알 수 있으며, 미혼모의 문제가 현대에 와서 발생한 것처럼 인식되고 있으나 고구려의 2대왕은 미혼모에게서 태어났다고 기록되어 있다. 즉 사회적 문제에 대하여 매우 융통성 있게 대처하였고, 문제를 해결하는 방법도 현재의 우리보다 더욱 민주적이었다고 본다.

회나 국가가 제공한 복지의 혜택을 받았다고 본다. 고려시대나 이조시대는 문제를 가진 개인을 환(鰥) · 과(寡) · 고(孤) · 독(獨)[3]으로 나누어서 이들이 필요한 도움을 구제도감(救濟都監), 대비원(大悲院), 혜민국(惠民局), 진휼청(賑恤廳) 등을 통하여 받을 수 있도록 하였다.

① 고려시대의 어린이 수양제도–아동복지와 관련된 고려시대의 제도는 고려사에 기록되어 있는 수양제도를 들 수 있다(한국사회복지총람, 1968). 엄격한 신분차별의 사회제도 아래서 고아를 입양하는 것은 양자보다는 성장한 후에 자기 집의 종으로 삼는 방법을 택했다. 이러한 민가에서의 수양제도는 후에 인신매매, 유괴, 약탈로 이어지기도 하였으며, 사원에서는 고아를 수양하여 승려로 양성하는 관습이 있었다.

② 이조시대–법전에서 본 아동구휼제도(兒童救恤制度)로서는 성종 16년(1485년)에 완성된 경국대전의 예전에 혜휼조(惠恤條)가 노인과 아동에 관련된 내용이며 노인이나 고아에 대한 수양, 관에서 의복 지급, 의료구제 등이 포함되어 있다. 이 대전이 정조 때에 재편집되어 고아뿐만이 아니라 유 · 기아의 수양에 관한 임시사목이 규정되어 있으며, 부랑아에 대한 처우를 자휼전칙에 자세히 규정하기도 하였다(한국사회복지총람, 1968).

③ 자휼전칙(字恤典則)–자휼전칙은 정조 7년(1783)에 유기 및 부랑걸식아동 보호법령으로서 공포 · 실시된 것이다(한국사회복지총람, 1968). 서울과 지방에서 흉년이 들어 기근이 심한 때에 유기를 당하여 호소할 곳이 없는 아동으로서 살기 위하여 걸식을 하는 부랑아동에 대하여 관에서 거두어 기르거나(留養), 민가에 주어서 기르도록(收養) 하는 법령을 말한다. 이와 같은 일은 물론 삼국시대부터 관습적으로 실시되어 왔으나 이조에 들어와 서울에서 유기되어 걸식하는 아동에 대하여 관이 허가제에 의하여 민가수양을 공식화함으로써 이들의 의복을 관에서 지급하며, 10세가 되면 이 아이를 기

---

3) 鰥은 늙고 부인이 없는 사람 · 寡는 늙고 지아비 없는 사람 · 孤는 부모 없는 어린이 · 獨은 늙고 자식 없는 궁한 백성을 의미한다.

르는 사람이 아동에게 사역할 권리를 갖게 하는 것이었다. 1696년(숙종 22년)에 수양임시사목(收養臨時事目)이 제정 실시되고 이후 이것이 속대전속에 공식적으로 편찬되므로 이 제도가 확정된 것이라고 볼 수 있는 것이다. 물론 아동을 양육하여 노비나 고공을 삼는 것은 아동의 인권에 위배되지만 유기되고 부랑하는 아동의 생명에 대하여 국가나 민간이 책임을 가졌다는 것은 중요한 제도라고 본다. 특히 16세기 이후에 도입된 향약은 민간구제사업으로서 위의 '환과고독'에 처한 사람들에게 환란상휼(患亂相恤)의 강목을 통하여 도와준 것이다(김덕준 외, 1970). 위에서 열거한 프로그램들은 국가가 정한 제도로서 실시되었으므로 일종의 법제의 한 부분이라고 볼 수도 있다.

2) 일제시대

1910년 일본의 식민지화는 그들의 제도를 이 땅에 도입하도록 하였고, 아동복지법의 전신이라고 할 수 있는 '조선감화령(1923년 9월 제령 제12호)'을 제정하였다. 이 영은 그 목적(제1조)에서 나타난 바와 같이 불량행위를 행하거나 할 우려가 있는 아동, 친권을 행할 자가 없는 아동 등에 대한 대책으로서, 복지라기보다는 사회질서 내지 치안적 의미를 지닌 법이라 할 수 있다(신섭중 외, 1991). 그리고 1929년 일본에서 제정되고 1932년부터 실시되기 시작한 '구호법'을 1944년 3월 조선총독부에서 전문 31조로 만들어 공포한 구제법으로서의 '조선구호령(朝鮮救護令)'[4]이 있었다. 이 법령은 사실

---

4) 동법의 주요 내용을 보면 구제 대상의 범위는 65세 이상의 노인, 13세 이하의 어린이, 임산부 그리고 불구폐질, 질병, 상병, 그 외 정신 또는 신체장애로 인하여 노무를 하는 데 어려움이 있는 자로서(동법 제1조), 이들에 대한 구호는 생활부조, 의료, 조산, 생업부조의 4가지였으며(동법 제17조), 구호의 방법은 거택구호와 수용보호로 구분하였으나, 거택구호를 원칙(동법 제10조에서 16조)으로 하였으며, 구호비용은 읍면이나 총독부에서 보조하는 것(동법 제18조에서 21조)이었다. 朝鮮總督府官報, 제5120호, 1944.

상 미군정시절이나 대한민국의 건국 이후 제1공화국까지 이어지면서 영향력을 가지게 되었다.

3) 해방에서 1960년까지

1945년 9월부터 한국 정부가 수립된 1948년 8월까지의 미군정은 '미군정 법령 제18호'를 발표하여 보건후생부를 만들고, '미군정 법령 제25호'에 의해서 각 도에 보건후생국을 설치토록 하였다. 이렇게 설치된 보건후생부는 각 도시지사에 '각서(Memorandum)'로 "후생시설의 운영강화에 관한 건"을 지시하며 요보호아동[5]에 대한 수용보호의 시책을 강구하도록 하였으며, 특히 이들을 수용보호할 때 드는 비용은 국비보조에 의하겠으나, 국가재정상 요보호아동에 대한 국비보조가 곤란하다고 하여 그 지방에 있는 민간단체나 유지들로 하여금 후원단체를 구성하여, 인적 · 물적 자원을 동원하여 자급자족하도록 지시함으로써 이미 시설의 사유화를 지도한 것이다.

1948년 제1공화국이 수립되었다. 우선 보건후생부는 노동부와 통합되어 사회부로 그 명칭이 바뀌었으나 1949년 국회에서 보건부의 독립안이 가결되어 법률 제22호로서 공포되었으며, 1955년 법률 제25호에 의하여 보건사회부로 통합되었다. 그러나 국가로서의 기반을 조성하기도 전에 한국전쟁을 3년 이상이나 치르게 되며, 결국 당시의 인구 2천만 명 중 3백만 명 이상의 요구호자를 발생시켰다. 이들 요구호자는 대부분 아동으로서 1,000개소가 넘는 수용보호시설(고아시설)을 양산하게 되었다. 전시였던 1952년 4월에 사회부는 "사회사업을 목적으로 하는 법인설립허가신청에 관한 건"을 지시하였고, 10월에는 전쟁고아시설을 비롯한 각종 수용시설들을 지도감독

5) 2000년 아동복지법이 개정되면서 '요보호아동'이 '보호를 필요로 하는 아동'으로 용어가 바뀌었다. 하지만 본 저자들의 필요에 따라 이후의 내용에서 두 용어를 혼용하여 사용할 것이다.

하기 위하여 훈령으로 "후생시설운영 요령"을 전문 7장 33조로 된 규칙을 제정하여 시설운영과 그 지도감독의 준칙으로 삼았다.

아동복지법이 제정되기 이전에 세계적 추세인 "아동의 권리헌장"에 관한 영향을 받아 1957년 5월 5일 어린이날을 계기로 아동과 관련이 되는 행정관계부처(보사, 내무, 법무, 문교)의 장관 명의로 "대한민국 어린이헌장"을 제정 · 선포하였다.

4) 아동복리법

1961년 5 · 16군사혁명을 일으킨 군사정부는 그 해 9월에 법률 제731호로 전체 11조인 "고아입양특례법"을 제정하였다.[6] 이미 1952년부터 시작된 전쟁고아들에 대한 해외입양은 이 법의 제정으로 해외입양을 합법적으로 추진할 수 있게 되었으며, 이 법에는 양자될 자격, 양친될 자격을 규정하고, 외국인이 한국의 고아를 입양하고자 할 때에는 가정법원의 인가를 받고, 입양을 알선하는 기관은 보건사회부 장관의 허가를 받은 자가 아니면 이를 행할 수 없도록 하는 것을 주된 내용으로 하는 것이다.

1961년 12월 30일(1962년 1월 1일부터 시행) 법률 제912호로 "아동복리법"을 제정 공포하였다. 이 법은 전체 29조로 구성되어 있으며, 아동을 건전하게 육성시켜 그 복리를 보장하고자 하는 데 그 목적(제1조)을 두고 있다. 아동을 건강하게 육성시키기 위한 보편성 위에 제정된 것이 아니라 당시의 사회적 상황을 염두에 두고 주로 요보호아동과 요보호임산부를 주된 대상으

---

6) 고아입양특례법은 그 후 법률 제1745호로 일부 개정되었고, 1990년 법률 제2977호로 입양촉진 및 절차에 관한 특례법으로 새로이 제정되어서 이를 대체하였으며, 1995년 1월 5일 법률 제4914호로 전문 개정되었고, 그 후 다시 2000년 1월 12일 법률 제6151호로 일부 개정되었다. 입양법의 변화는 국외입양 중심에서 국내입양으로, 그리고 입양기관에 대한 변경허가를 신고제로 하며, 특히 아동의 인권침해를 방지하기 위한 불법입양에 대한 벌칙을 강화하기 위한 개정작업이라고 할 수 있다.

로 하여 아동복리시설을 제3조[7]에 열거하고 있으며, 이들 요보호아동을 지도하기 위해 '아동복리지도원' 을 서울특별시와 각 도에 배치하도록 하였다.

아동복리법은 그 후 시대의 변화에 제대로 대응하지 못하고 있다가 1981년 "아동복지법" 으로 전문 개정되었다.

5) 아동복지법

사회구조의 계층화 · 복잡화가 급속도로 진행됨에 따라 질병 · 빈곤 · 약물중독에 의하여 이른바 결손가정이 증대되고 이혼 · 별거 · 미혼모 등에 의한 가족해체 현상이 심화되었다. 이에 따른 요보호아동 · 불우아동의 보호 및 유아보육과 건강한 아동의 출생을 위한 임산부 보호의 취지에서 아동복지법(1981년 4월 13일, 법률 제3438호)이 제정되었으며(신섭중 외, 1991) 기혼여성의 취업확대에 따른 탁아수요증가와 아동의 건전한 육성을 위하여 탁아시설의 설치에 대한 과제에 대처하기 위하여 아동복지법 시행령 중 일부가 1989년 9월에 개정되었다.

전문 개정된 아동복지법과 아동복리법의 차이점을 정리해 보면 다음과 같다.

① 아동복지의 대상자가 요보호아동에서 일반아동으로 확대되었다는 것

② 아동복지에 대한 국가와 국민의 책임조항이 신설되었다는 것

③ 아동복지지도원을 종래 특별시와 도에만 배치하던 곳은 도, 시, 군, 구의 아동상담소에까지 확대 배치하고 별정직 공무원으로 삼았다는 것

④ 아동에 대한 금지행위를 한 자에 대한 형벌을 강화했다는 점

⑤ 아동복지시설의 직원의 자격직무를 별도로 규정하였다는 점

---

7) 아동복리시설이라 함은 아동상담소, 보육시설, 조산시설, 정신박약아보호시설, 맹농아양호시설, 신체허약아보호시설, 지체부자유아보호시설, 모자보호시설, 탁아시설, 아동휴양시설, 교호시설, 부랑아보호시설, 소년직업보도시설 그리고 기타 아동복리를 위한 시설을 말한다(아동복리법 제3조).

⑥ 시설수용아동이 18세가 되면 무조건 퇴원시키던 것을 심신장애 또는 재학중인 경우에 기간을 연장하여 계속 보호를 받을 수 있게 했다는 점(신섭중 외, 1991) 등이다.

이러한 아동복지법의 전면 개정은 선별적이고 분산적이며, 전문성의 결여에서 어느 정도 보편성과 통합성과 전문성을 강구하는 계기가 되기도 하였다. 그러나 전문 개정 이후 10년이 넘은 세월이 지난 현재 아동복지법의 새로운 개정 내지는 제정이 필요하게 되었다. 왜냐하면 그 동안 한국이 OECD의 가입국가가 되었고, 아동의 생존, 보호, 발달을 포함한 아동의 최선의 이익을 고려하여 아동을 보호의 대상뿐만 아니라 적극적인 권리의 주최로 인정한 "아동의 권리에 관한 국제협약"이 1989년 유엔총회에서 채택되었고, 한국도 1991년 11월 20일 국제협약에 서명 비준함으로써 당사국이 되었기 때문이다. 이에 2000년 1월 12일 아동복지법의 전면 개정이 이루어졌다.

6) 2000년 아동복지법(개정)

아동복지학회를 비롯한 아동복지 관련 단체들의 노력으로 정부는 아동복지법을 개정(법률 제6151호, 2000년 1월 12일 공포, 2000년 7월 13일 시행)하였다. 이 법은 여러 가지 측면에서 매우 의의가 있다. 종전의 아동복지법은 그 대상을 요보호아동에 초점을 두었지만 새로이 개정된 법은 '보호를 필요로 하는 아동'이라 하여 누구든지 장기간 혹은 단기간 보호가 필요한 경우 이 법에 명시된 보호를 요청하고 받을 권리가 있다. 특히 아동학대와 관련하여 이 법의 주요 내용(제2조)으로서 그리고 아동보호전문기관(제25조)으로서 아동학대의 발생신고의 의무와 그 절차(제26조)와 긴급조치(제23조의 긴급전화설치, 제27조의 응급조치 의미와 제28조의 학대부모의 법정대리인 선임 등)를 명확히 하고 있다. 또한 다양한 아동복지시설의 법적 허용은 필요한 아동이 보호를 받을 수 있는 적절한 환경을 만들어 줄 수도 있다고 본다.

그러나 새로이 개정된 법은 잘못 사용되었을 경우 아동복지시설의 남용(예를 들면 아동전용시설이라 하여 잘못 운영될 경우 1999년 6월 30일의 화성 씨랜드 사건과 같은 불의의 사고도 가능할 수도 있다고 본다)이 발생할 수도 있으며, 현재의 사회복지관과 차별이 될 수 없는 아동복지관의 난립이 우려되기도 한다. 또한 국민기초생활보장법의 적용을 받는 아동만으로 구성된 가구에 대한 법적 지위와 적절한 조항이 없으므로 이 사회의 윤리적 문제로 여전히 남을 것으로 보인다.

II. 외국 아동복지법의 이념 및 발전과정

1. 일본의 아동복지법의 이념 및 발전과정

일본의 아동복지법(쇼와〈昭和〉 22년 12월 공포)은 제1조에서 "① 모든 국민은 아동이 심신 공히 건강하게 태어나고 또한 육성되도록 노력해야 한다. ② 모든 아동은 평등하게 그 생활을 보장받고 애호되어야 한다." 제2조는 "국가 및 지방공공단체는 아동의 보호자와 함께 심신 공히 건전하게 육성할 책임을 진다." 그리고 제3조는 "제2조에 규정하는 바는 아동의 복지를 보장하기 위한 원리이며, 이 원리는 모든 아동에 관한 법령의 시행에 있어서 항상 존중되어야 한다"로 되어 있다.

그러나 일본은 그 동안 아동복지법을 여러 번 개정하면서 기본적으로 아동복지의 이념을 아동의 건전한 육성과 보호에 기본을 두고 있지만 사회적 변화추세에 따라서 부모의 책임과 국가 · 지방정부의 책임의 소재를 달리하기도 하였다. 특히 1997년 아동복지법을 개정하면서 정부는 1989년의 "아동의 권리에 관한 국제협약"에 준거하였다고 하지만 가장 중요한 가정보호의 원칙에서 벗어난 양호시설이나 육아시설에서의 아동의 성장이나 보호에 지나치게 의존하고 있다는 비난을 받고(Tsuzaki, 1997) 있는 것이다. 다시 말하면 아동복지의 관심이 보편성에서 선별적 경향을 가지게 되며, 모든 아동을 대상으로 하는 아동상담소의 기능을 강화하기보다는 보호를 필요로 하는 아동을 위한 교호원이나 양호시설에 대한 투자를 증가시키고 있다는 사실이다.

아동복지는 아동복지법뿐만 아니라 이에 관계된 6법(京極高宣, 1993)으로 구성되어 있다. 1947년에 제정되어 그 동안 수차례 개정을 한 "아동복지법", "아동수양수당법"(1958년 제정), "특별아동부양수당 등의 지급에 관한 법률"(1964년 제정), "모자 및 과부복지법"(1965년 제정), "모자보건법"(1965년 제정) 그리고 "아동수당법"(1981년 제정) 등이 있다.

1947년 12월 법률 제164호로 제정된 일본의 아동복지법은 약 10년의 간격을 두고 여러 번 개정되었다. 일본의 아동복지법은 아동헌장에 기초를 두고 있기 때문에 한국에 비하여 법이나 서비스 전달체계에서 많은 진보와 변화를 가져오고 있다. 일본의 아동헌장은 제네바선언(1924), 아동의 권리선언(제네바선언을 수정한 국제아동복지연합), 미국 아동헌장(1930), 세계아동헌장(1922, 아동구제기금)이 참조되어 일본으로서는 획기적인 내용이라고 자부한다(福祉士養成講座編, 1994). 1951년에 제정된 이 헌장은 전체 12조로서 아동존재의 존엄, 사회적 존재로서의 아동의 확인, 좋은 환경보존이 그 기본취지이며, 이를 수행하기 위한 성인과 사회의 공동책임의 다면성을 주장하고 있다.

일본은 제2차 세계대전에서 패망한 이후 발생한 심각한 사회적 문제와 아동의 문제를 고려하게 되었고, 특히 그 전해(1946)에 통과된 일본 헌법의 제11조에 명기되어 있는 기본적 인권은 국민은 모든 기본적 인권의 향유를 방해할 수 없다는 것이다. 헌법이 국민에게 보장하는 기본적 인권은 침해할 수 없는 영구의 권리로서 현재 및 장래의 국민에 보장된다. 헌법 제12조의 자유 및 권리의 보장의무에서는 국민에게 보장하는 자유 및 권리는 국민의 부단한 노력에 의해 이것이 보장된다는 것이다. 그러므로 국민은 이것을 남용해서는 안 되며, 항상 공공복지를 위하여 이것을 이용할 책임을 져야 한다(福祉士養成講座編, 1994).

아동복지법은 아동복지의 세 주체인 아동 · 부모 · 국가(사회)에서 특히 아동의 권리와 국가의 책임을 중심으로 제정된 법이므로 그 형평에는 다소 문제가 있다고 보여진다. 결국 아동복지법은 헌법 제820조에서 "친권을 행사하는 자는 자녀의 감호 및 교육을 할 권리를 가지며, 의무를 진다"에 기반을 두고 가정의 책임을 강조하였지만 여러 번의 법 개정을 거치면서 지방공공단체의 책임을 강조하였고, 문제가 있는 아동에 대한 아동심의위원회의 권한 규정이 강조되고 있다.

아동복지의 시행기관인 아동상담소, 복지사무소, 보건소의 역할이 강조되고 있으며, 실제적으로도 복지사무소의 역할은 다양하고 서비스 전달체계로서 이들의 활동은 주도적 역할을 하고 있다. 1988년 개정된 법은 그 대상을 넓혔고 아동상담의 기능이 강조되었지만 여전히 다양한 아동 서비스

일본 아동육성의 책임체제

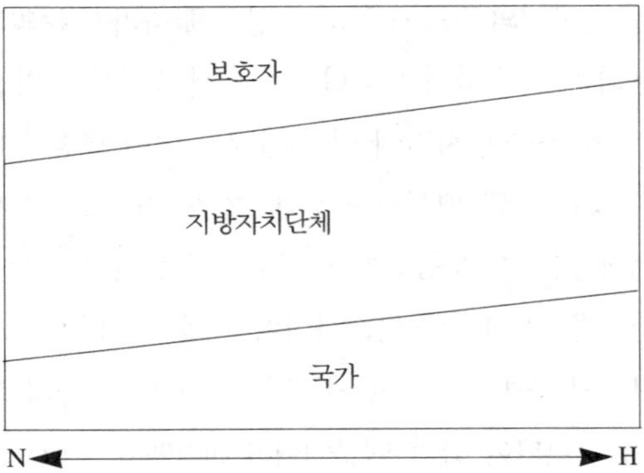

N=정상아동/H=장애나 보호를 요하는 아동

*자료 : 福祉士養成講座編(1994), 兒童福祉論, 中央法規(p.9)

가 없으며 다른 나라에 비해서는 그 내용이나 범위가 좁고 종래의 법으로부터의 발전은 없었다고 본다. 이것은 현행의 우리나라의 아동복지법과 마찬가지로 선별적 보호에 머무르고 있는 실정이다. 그러나 한국이 1961년에 아동복리법을 제정한 후 20년이나 지난 1981년에 개정을 하는 등 많은 문제점들이 발견되고 사회의 변화에 적절히 대처하지 못한 데 비하여 일본은 거의 10년에 한 번씩 필요한 부분들을 보완하거나 개정하였다는 것은 참고하여야 된다.

1997년 아동복지법을 개정하면서 보육제도의 재검토, 아동 자립시책의 충실을 기하기 위하여, 모자가정에 대한 지원시책의 재검토 등을 이유로 들고 있다. 그러나 이러한 개정에도 불구하고 Tsuzaki(1997)는 아동복지법이 거의 2~3년에 한 번씩 개정된다고 할지라도 획기적인 변화나 전면 개정을 통하여 적극적이고 전문적인 사회사업가의 개입을 전제로 하지 않는 한 아동복지의 미래는 기대할 수가 없다고 한다.

2. 미국의 아동복지 관련법과 그 이념

미국의 법은 그 시대의 요구와 사회적 상황에 따라서 논의되고 제정된다. 가장 많이 사용되는 것이 판례에 의한 것으로서 대부분의 법정은 사법적 결정을 내릴 때 이와 유사한 사건에 대한 판례가 어떤 결정을 내렸는가에 영향을 받는다. 이것은 법의 해석이나 선례, 혹은 선례로부터 새로운 해석을 하려는 의도 등에 의하며, 동등하게 사회사업적 논리가 아동복지와 관련된 법의 제정에 영향을 미친다. 즉 사회사업이 전체 미국의 어느 전문집단보다도 긴밀하게 아동의 문제나 복지와 연결되어 있으며, 아동의 장래에 미칠 결정에 가장 많이 관련되어 있기 때문이다(Stein, 1998). 그러므로 사회사업의 가치나 윤리 그리고 철학은 아동복지의 모든 분야에서 기초가 되는 것이다.

미국은 1900년대에 들어오면서 시설보호에서 벗어나기 시작했고, 현재는 아동 중심에서 가족 중심의 단계로 접어들고 있으며, 이런 경향에 맞추어 법들이 개정되어 왔다.

이를 좀더 자세히 살펴보면 다음과 같다. 미국은 그 동안 법들의 제정이 주로 아동의 문제에 대응하기 위함이었다. 이민이 급증함에 따라 보호를 필요로 하는 아동이 늘어나 양육시설이나 고아원의 수는 증가되었으나 여전히 많은 아동이 빈민가나 구빈원에서 생활할 수밖에 없었다. New York주는 아동이 비참한 상황에서 살아가는 것을 방지하기 위하여 어떠한 이유에서든 3세에서 16세까지는 구빈원에 감금하는 것을 허락하지 않는 1875년 아동법(The Children' s Act of 1875)을 제정하였고, 때때로 주어지던 모자가족에 대한 구제적 원조를 구체화하기 위한 1915년의 아동복지법(The Child Welfare Act of 1915)은 16세 미만의 자녀를 둔 과부가 된 어머니에 대한 가정 내 보호법을 제정한 것이다(Zuckerman, 1983). 이러한 법들의 제정은 주로 아동 중심이었으나 최근에는 가족의 책임을 강조하면서 아동을 지원하는 동시에 아동을 가족 내에서 보존하도록 지역사회와 국가가 보조하는 경향을 띤다.

미국은 사회적 관심이 국가의 정책적 지지로 이어질 때 법이 제정되고 실행화되는 국가다. 유 · 기아에 대한 관심은 1825년에 설립된 House of Refuge의 설립으로, 연소 노동자에 대한 보호는 Children's Aid Society의 운동이었으며, 후에 이 단체는 위탁가정보호를 주도하며, 전문적 서비스를 주장하게 된다. 성인의 세기에서 아동의 세기로 변하게 된 가장 큰 계기는 아마도 1909년 제1차 백악관회의일 것이다. 이 회의는 아동들에 대한 국가적, 법적 보호의 필요성을 공식화했으며 1912년 아동국의 설립을 위한 법이 제정되어 아동노동, 학대, 착취와 관련된 조사를 보고하였다. 위와 같은 움직임이 계속되다가 1970년대에 이르러서야 비로소 체계적인 법의 재정이 이루어졌다(Pecora, Whittaker, and Maluccio, 1992). 아동학대예방과 치료법(1974), 청소년비행방지법(1974), 특수교육법(1974), 아동지원시행법(1975), 아동이 가능한 가정 내에서 통합적 보호를 받도록 영구적 거주지(permanent placement)를 보장받을 수 있도록 하는 입양부조와 아동복지법(1980), 1988

년에는 저소득 가정에 재정적 지원을 위한 새로운 접근과 문제가 발생하기 전에 지방정부나 주정부가 개입을 하도록 하는 가족지원법이 제정되었다.

미국에서의 아동복지의 이념은 우리가 흔히 말하는 가치와 신념에 더하여 역동적 의미를 부가하고 있다고 볼 수 있다. 그것은 미국이라는 사회가 지니고 있는 조직과 역동성과 가치에 의하여 아동복지의 수준이나 삶의 질이 좌우되기 때문이라고 본다(Gil, 1985). 그러므로 Gil은 인간의 삶이란 그 사회가 지니는 사회적, 경제적, 정치적 과정과 상호 관련되어 있으며, 보다 좋은 삶을 영위하기 위하여서는 가장 기본적인 자원의 운용과, 그러한 운용으로부터 생산되는 조직과 기구, 그리고 결정과정과 관리 위에 아동의 평등성과 불평등성, 지역사회와 개별성의 확인과 이기성, 협동과 경쟁, 그리고 자유와 독재의 어디에 자리하고 있느냐가 중요하다고 지적한다(Gil, 1985). 인간의 욕구를 똑같이 지닌 아동이 사회로부터 어떻게 인식되고 있으며, 의미 있는 존재로 받아들여지고 있느냐는 중요한 요소이다. 미국과 같이 다양하고 역동적인 사회에서 아동이 ① 기본적으로 요구되는 물질적 공급과 서비스의 욕구가 충족되며 ② 긍정적 독자성의 출현을 도와줄 수 있는 인간적 관계와 ③ 사회적으로 가치 있는 생산적 과정에 의미 있고 창조적으로 참여할 기회의 제공과 ④ 안전함을 느낄 수 있으며 그리고 ⑤ 자기실현이 가능함을 알 수 있는 욕구가 충족될 수(Gil, 1985) 있는 환경이라면 그것은 아동복지의 실천적 이념이 가장 잘 표현된 것이라고 본다.

가족해체가 가장 빈번하게 이루어지고 있는 미국이지만 아동에 대한 관심은 여전히 가족을 중심으로 한 복지에 초점을 맞추고 있는 것이다. 그럼에도 불구하고 미국은 전체 아동을 대상으로 법을 제정하거나 급여를 실시하지 않고 있는 국가다. 이는 미국이 지니고 있는 자유주의와 개인주의의 이념이 아동복지에서도 보호적 서비스와 지지적 서비스에 중점을 두고 실시되고 있는 것이다. 또한 미국은 법의 제정이나 국가적 서비스가 정부에 의하여 시작되는 것이 아니라 자발적인 민간 혹은 시민단체가 서비스를 공급하는 주체로서의 역할을 전통적으로 주도해 왔으며 현재도 같은 시각이다. 이것이 일본이나 한국의 아동복지에 대한 시각과의 차이라고 할 수 있다. 그러기 때문에 무슨 법이 중요한 것이 아니라 어떤 서비스를 연방 · 주 정부가 실시하고 있는가가 중요하다고 본다. 가족 중심의 아동복지법을 제정하고자 하는 차원에 머무르고 있는 미국에 비해 영국은 이러한 과정을 모두 거친 가족 중심의 아동복지법을 가지고 있다.

3. 영국의 아동복지법의 이념 및 발전과정

19세기까지는 아동에 대한 책임이나 권리가 자유방임적(Brandon, Schofield, & Trinder, 1998) 상황이었으나 20세기에 들어오면서 아동의 보호에 대한 국가의 책임론이 대두된다. 국가의 책임은 아동은 미성년자로서 보호의 대상이었으나 1970년대의 사회적 상황하에서 아동이 자신을 둘러싼 환경에 대하여 참여할 수도 있다는 움직임과 법정에서 자신의 미래와 관련된 처우를 받아야 할 때 그 절차에 참여하지 않으면 안 되는 권리를 인정하게 된다(Brandon, Schofield, & Trinder, 1998).

아동복지법[8]이 발달한 영국(Hill and Aldgate, 1996)은 세계에서 최초로 모든 아동에 대한 아동 수당을 지급하고 있는 나라로서, 1908년에 법을 제정한 후, 1948년, 1975년 그리고 1989년에 새로이 법을 제정하였다. 아동복지법과 같은 차원에서 제정되었으나 청소년 비행과 범죄와 관련된 아동 및 청

8) 영국은 아동복지법을 1908년에 제정하였으며, 그 후 여러 차례 보충하거나 조정하는 작업을 하였다. 그러나 그 법들의 어떤 조항은 새로운 법이 제정된다고 할지라도 여전히 효력이 있다. 그리고 그 법들은 새로운 이름이나 개정이라는 명칭을 달기보다는 The Children Act, 1908, The Children, Act, 1948, The Children Act, 1989로 사용되고 있다. 이것은 영국이 아동복지법을 제정하기 위하여 위원회를 임명하고 거의 10년에 걸친 작업을 하는 이유도 있으나 종전의 법을 고치거나 바꿀 필요가 없다면 새로 제정된 법에 몇 년도 법의 몇 조항이라고 표기하고 있다.

소년법(The Children and Young Persons Act, 1933, 1963, 1969 & 1986)은 아동들의 범죄예방과 처벌 그리고 형법상의 책임을 아동들에게 묻기보다는 비행법적 절차를 가지려는 의도가 있었으며, 결국 이러한 노력이 비행 · 범죄아동에 대한 처우는 1989년 아동복지법을 제정하면서 포함시키게 되었다. 이외에도 아동복지와 관련된 법은 1862년에 제정된 영아생명보호법(Infant Life Protection Act, 1862~1897), 아동학대방지 및 보호법(Prevention of Cruelty and Protection of Children Act, 1889), 미성년자를 위한 친권자법(Guardianship of Minors Act, 1971), 아동보호법(Child Care Act, 1980) 그리고 아동유괴방지법(Child Abduction Acr, 1985) 등을 들 수 있다.

1989년 아동복지법은 아동과 부모의 권리에 초점을 두었고 이에 대한 관리를 지방자치단체가 많이 책임지게 되었으며, 아동이 가정 밖에서 장기 체류하는 것을 방지하고자 하는 노력이 포함되었다는 것이 중요한 점이다. 이 노력은 가족권리집단(The Family Rights Group)이 결성되고 아동에 대한 부모로서의 권리를 복구하고자 하는 운동과, 1984년 고등법원의 판사가 친부모의 손해와 양부모에 대한 우선권은 비합리적이라는 판결을 하였다. 새로운 법의 제정을 위한 위원회는 The Short Report(1984)를 제출하였고, Mitchell (1985)과 Robinson(1987)의 오랜 연구결과를 근거로 하여 1987년에 보건복지성은 아동복지법의 개(제)정을 위한 백서를 출간하였으며, 1984년부터 5년간의 연구결과로서 흩어져 있던 모든 아동 관련법을 통합하여 1989년에 아동기본법으로 제정하게 되었다. 즉 위탁보호(foster care)에 대한 부모들의 스트레스와 아동들의 스트레스와 입양절차에 생기는 문제점, 부모들이 자기들의 권리를 비합리적으로 상실하는 데 대한 자각운동, 사회사업가와 부모들의 파트너십에 대한 전문가의 개입, 부모의 아동에 대한 책임이 강조되고 지역사회에 있는 모든 아동에 대한 낙인을 없애고 흩어져 있는 서비스를 통합화해야 한다는 인식에서 새로운 아동기본법이 제정되었다.

1989년 아동복지법은 유엔의 아동권리협약에 근거한 아동의 권리를 중심으로 이루어졌다. 영국은 아동의 권리를 우선 인정하는 것으로 아동복지법을 시작하고 있으며, 아동이 한 인간으로서 지닐 수 있는 자기결정권을 인정하고 있다. 아동복지법은 이 법이 지녀야 하는 구조와 구성을 일목요연하게 보여 주고 있다. 다시 말하면 이 법의 핵심이 아동이라는 것이다. 아동의 복지를 위하여 필요한 부분이 무엇이며, 어떤 경우에 이 법을 필요로 하는가를 설명함으로써 이 법의 존재를 확실시하고 있다. 아동의 성장은 단지 발달이라는 의미가 아니라 신체적 · 교육적 욕구가 만족스럽게 충족될 수 있는 환경하에서의 양육이라는 뜻의 upbringing을 사용하고 있다. 그러므로 아동의 성장에 있어서 "가장 기본요소인 가정의 책임이 아동의 권리와 함께 중요한 부분으로 아동복지법에 포함되어 있다. 만일 문제가 발생하여 아동의 욕구가 만족스럽게 충족될 수 있는 환경의 변화를 위한 어떠한 개입이나 결정이 필요하고, 이것이 부모의 책임과 관련된 것이라면 이러한 절차(family proceedings)는 문제의 내용에 따라서 가정법원(대부분의 아동복지 관련 결정이 가정법원에서 이루어진다)이 될 수도 있고 때로는 가사소송으로 이어지기도 한다."

영국의 1989년 아동복지법에 대하여 영국의 보건성은 아동에 대해 양부모가 전적으로 역할을 수행하며, 될 수 있으면 법정에 의뢰하지 않는 가운데 가정에서 돌보는 것이 일반적으로 가정 적절하다는 믿음에서 비롯된다. 이러한 신념은 다음과 같은 원칙 위에 존재한다.

① 부모의 책임에 대한 새로운 개념의 반영

② 미혼부라고 할지라도 아동의 모와의 협의하에 아버지로서의 책임을 공유할 수 있는 능력의 인정

③ 아동과 그들의 가족을 위한 보조를 수행할 지방정부의 의무

④ 아동의 관심에 반하지 않는 한 지방정부가 이들을 돌본 후 부모에게로 돌려보낼 의무

⑤ 아동이 필요에 의하여 부모로부터 분리되어 지방정부의 보호 아래 있다고 할지라도 가능하다면 언제라도 아동과 접촉할 수 있도록 하는 의무

Brandon, Schofield & Trinder(1998)는 아동의 권리에 대한 논의를 하기 전에 사회복지 실천 분야에 있는 전문가들이 마땅히 가져야 하는 몇 가지의 논점을 제기한다.

① 아동은 성인과 마찬가지로 권리와 욕구가 있다. 자신들의 관점이나 감정을 들어주어야 하고 존중받아야 하는 것이며, 그들을 신뢰하는 성인들과 대화를 나눌 수 있는 욕구를 가진 것이다.

② 아동은 자신들에게 표현하기를 자신들의 목소리가 경청되어야 할 기회를 원한다는 말을 한다.

③ 만일 사회사업가와의 대화가 가능하다면, 사회사업가는 자신들의 세계관과 아동들의 경험에 대하여 보다 많은 지식을 갖게 될 것이다.

④ 아동이 분리, 상실, 학대, 유기 혹은 자신의 가정에서 성장할 수 없는 가운데 자라났다면, 그들에게 무엇이 발생했는가를 이해해 줄 수 있는 사회사업가로부터 더 많은 도움을 받아야 할 것이며, 이러한 아동들의 대부분은 그러한 경험으로부터 자유스러워지기 위하여 정서적인 지지를 요한다.

⑤ 아동이 비행, 약물남용 등으로 인하여 그들의 삶으로부터 심각한 곤경에 처해 있다면 보다 나은 삶을 위한 의사소통이나 경청을 할 수 있는 누군가를 마련해 주어야 한다.

⑥ 아동은 자긍심을 발달시켜야만 하고 자신이 쓸모 있다는 느낌을 가질 필요가 있다. 그들은 자신들의 견해가 자신들의 삶을 결정하는 데 반영되었음을 알 욕구가 있는 것이다.

⑦ 복잡한 세상에서 어떤 어린이들은 그들의 행위에 대하여 변호해 주고 옹호해 줄 수 있는 능력 있고 적극적인 성인이 필요한 경우가 있다.

비록 영국의 아동복지법이 유엔의 아동 및 청소년의 권리협약에 준거하여 제정되었다고 할지라도, 그리고 새로운 법의 제정을 위하여 오랜 기간 위원회를 통하여 준비를 하였다고 할지라도, 급격한 시대의 변화에 모두 만족할 만한 것은 없으며, 아무리 훌륭한 법을 제정한다고 할지라도 그 법을 시행하는 관련 전문가들의 올바른 가치관과 윤리관이 준비되어 있지 못하다면 쓸모가 없다고 본다. 이들의 논쟁은 바로 하나의 법이 제정되어 실천하는 과정에서 전문가의 아동에 대한 올바른 이해와 권리와 욕구가 동시에 받아들여져야 할 인격체로서의 아동에 대한 견해를 다시 한 번 확인시켜 주는 것이라고 본다.

III. 아동의 권리에 관한 국제협약

1. 아동의 권리에 관한 국제협약의 발전과정[9)]

1989년 11월 20일 유엔총회에서 만장일치로 선택된 아동의 권리에 관한 국제협약(United Nations Convention on the Rights of the Child, 1989)은 전문과 3부 4개조로 구성되어 있다. 아동의 권리에 관한 국제협약이 채택되기까지 기록할 만한 역사적 움직임이 있었다.

첫째는 아동복리회(Saved the Children Fund)의 창설자인 E. Jebb 여사에 의하여 작성된 1922년의 아동권리선언(Declaration of the Rights of the Child)이다. 전체 5개조로 된 이 선언은 Jebb 여사가 "인류는 아동들에게 주어야 할 최선의 것(아동의 권리)을 돌려주어야 한다"고 주장하면서 "어린이는 자신의 재능을 자신의 민족을 위한 공헌에 이바지한다는 자각 속에서 양육되어야

9) 이 부분은 구자헌(1968), 아동복지, 한국 사회복지연구소 : 서울 ; 김현용 외(1997), 현대사회와 아동—아동복지의 시각에서, 한림과학원총서, 소화 : 서울 ; 아산사회복지재단(1997), 아동복지편람, 아산사회복지사업재단간행 : 서울 ; 한국보건사회연구원(1994), 아동복리의 증진을 위한 법적 · 제도적 · 행정적 조치 : 정책연구자료 94-02 : 서울 ; 이배근(1998), "아동의 권리에 관한 국제협약", 한국아동복지학 : 제7호, pp.357～379 등을 참고로 하였음.

한다"는 의지를 나타내 주고 있다. Jebb 여사의 아동권리선언은 1924년 9월 26일 국제연맹에 의해 "제네바선언(Declaration of Geneva)"으로 채택되었다.

두 번째는 사회가 변화하면서 발생되는 요보호아동에 대한 국가적 관심의 표현이다. 미국은 보호를 필요로 하는 아동을 위한 백악관회의(White House Conference on Needy Children)를 1909년부터 소집하고 그 첫 번째의 결과로 가정에서 보호와 양육을 기대할 수 없는 아동에 대한 보호를 시설에서 입양과 위탁양육으로 전화하는 계기를 마련해 주었고, 1930년의 백악관회의는 미국 어린이헌장을 선포하는 계기를 만들었으며, 전인적 아동관, 아동의 인격존중, 가정과 아동의 분리금지 등을 포함함으로써 아동의 권리에 대한 국가와 사회의 역할을 표명한 것이다.

세 번째는 이러한 Jebb 여사의 아동권리선언이 1924년 국제연맹에 의하여 제네바선언(Declaration of Geneva)으로 채택된 후 1948년 7개조로 보완하여 재선언하게 된다. 이후 경제사회이사회, 사회위원회 그리고 인권위원회의 공동 노력으로 1959년 11월 20일 세계 78개국 대표에 의하여 10개 조항으로 된 "유엔 아동권리선언(UN Declaration on the Rights of the Child)"을 채택하게 된다.

1924년의 국제연맹이 채택한 제네바선언의 5개 항은 아동의 기본적 보장사상, 아동을 어떻게 보호하여야 하는가에 대한 접근방법, 재난이나 위기에 당면하였을 때 아동은 최우선적으로 구제의 대상이 되어야 한다는 점과 미래의 아동이 성인으로 성장할 수 있도록 착취당하지 않고 자립할 수 있도록 보호되어야 한다는 것, 그리고 장래에 다른 사람에게 봉사할 수 있는 인간으로 성장할 수 있도록 하는 교육이 필요하다는 것을 그 내용으로 하고 있다. 여기에 더하여 1948년 개정 선포된 제네바선언은 7개 조항으로, 아동은 국가와 인종과 종교를 초월하여 차별받지 않고 보호받을 권리가 있고, 아동의 가정이 아동을 성장시키는 중요한 공간으로 보호되고 존중되어야 한다는 것을 첨가하였다.

1959년의 UN 아동권리선언은 모든 인류가 공동으로 아동이 권리를 가진 존재로서 건강하게 성장할 자유를 가진 존재임을 다시 한 번 확인하는 것이다. 이를 좀더 구체적으로 열거하면 ① 아동은 인종, 피부색, 성별, 언어, 종교, 정치적 사상, 국적 또는 사회적, 경제적 출신에 관계없이 어떠한 차별도 받지 않을 권리가 주어져야 한다는 것 ② 아동은 신체적, 정신적, 도덕적, 사회적으로 건전하게 성장할 수 있도록 특별한 보호를 받으며 법이나 기타 여러 가지 수단에 의하여 기회나 시설이 제공되어야 한다는 것 ③ 아동은 태어날 때부터 이름과 국적이 주어져야 한다는 것 ④ 어린이는 사회보장의 혜택을 받음으로써 건강하게 성장 발달할 수 있으며, 특히 산후의 영아와 산모는 특별한 보호를 받아야 한다는 것 ⑤ 신체적 · 정신적 · 사회적 장애를 가진 아동은 그들의 특수한 상황에 필요한 치료, 교육, 보호를 받아야 하며 ⑥ 아동은 조화로운 인격발달을 위한 사랑과 이해를 필요로 하며, 가능한 한 부모의 책임하에 사랑이 포함된 도덕적 · 물질적 안녕을 누릴 수 있어야 하며, 특수한 상황을 제외하고는 아동을 어머니와 분리하여서는 아니 된다. 특히 가정이 없거나 적절한 지지를 받을 수 없는 아동을 위하여서는 국가나 사회가 그 보호를 책임져야 하며 ⑦ 아동은 최소한의 의무교육을 받을 수 있는 기회를 제공받으며, 자신의 문화와 능력을 개발할 수 있는 기회와 자신의 도덕적, 사회적 책임을 판단하고 인식하는 교육의 기회와 사회의 구성원이 될 수 있는 교육적 기회를 받으며 성장하여야 하며 ⑧ 아동은 모든 위기적 상황에서 가장 먼저 보호되고 구출되어야 하며 ⑨ 모든 형태의 방임, 학대, 착취로부터 아동은 보호받아야 하며, 아동은 최저 근로연령 이전, 건강, 교육, 신체적, 정신적, 도덕적 발달 등을 저해할 수 있는 어떤 직업이나 노동에 종사하도록 하여서는 아니 되며 ⑩ 아동은 종교적 · 인종적 혹은 기타 어떤 형태의 차별을 받으며 양육되어서는 아니 된다는 것이 그 주된 내용이다.

1959년의 아동권리선언 후 40년이 되며, "세계아동의 해" 10주년이 되는 1989년 11월 20일 전문 및 54개조의 "아동의 권리에 관한 국제협약"이 채택되었으며, 한국은 1991년 11월 이 협약의 당사국이 되었으며, 또 하나의 국제사회의 노력은 1990년 9월 미국의 뉴욕에서 개최된 개발도상국의 고통받는 아동들의 문제를 해결하기 위한 "아동을 위한 세계정상회담(World Summit for Children)"이었다. 유엔의 협약은 계속하여 각 협약 당사자들에게 대하여 아동의 생존, 보호, 발달을 위한 행동목표를 설정하며, 이의 시행을 위한 지침을 명시하고 있으며, 이의 시행 여부에 대해 2년마다 보고할 것을 요청하고 있다.

지금까지 아동의 권리를 인정하고 이를 협약의 체계로 발달시켜 온 국제적 노력들과 각각의 국가에 대한 협약의 시행 여부에 대한 의무적 보고서의 요청은 아동들의 생존, 보호, 발달이 어떠한 환경, 위치, 조건에 있다고 할지라도 이를 통하여 건강한 시민으로 성장시켜야 할 의무와 책임이 그 사회, 국가에 있다고 보는 것이며, 아울러 아동을 권리를 지닌 인격체로서 받아들인다는 믿음에서 비롯되었다고 본다.

2. 기본적 배경과 이념

아동의 권리에 관한 국제협약은 전문과 본문은 54개조로서 3장으로 구성되어 있다. 서문은 이 협약의 제정 목적과 그 과정을 논하고 있으며, 특히 국가의 책임과 가정의 중요성을 강조하고 있다. 국가와 가정의 역할이 원만히 이루어지며 준비되는 가운데 아동은 개성을 지닌 한 인격체로 성장하여 인류의 평화와 인간에 대한 존엄성을 성취시키는 성인으로 성장할 수 있다는 내용이다.

제1장은 제1조에서 제41조까지이다. 제1조에서 제3조까지는 이 협약의 대상이 되는 아동의 연령과 세계의 모든 아동이 공정하게 이 협약의 대상이 된다는 것을 명시하고 있으며, 사회복지기관을 비롯한 모든 사회 서비스기관들이 아동의 최선의 이익에 우선을 둔 방법을 실시하여야 함을 강조한다. 다음은 아동이 권리의 주체로서의 사항으로, 제5조의 생명권, 제7조의 국적

을 가질 권리, 제13조~제15조에서 의미하는 표현, 종교, 집회의 자유와 제37조는 비행이나 범죄에 가담하였을 경우 고문, 사형, 무기형을 금지하는 조항이다. 그리고 가정이 아동에게 주는 중요한 사항으로서 부모로부터의 분리금지와 양육책임을 제9조와 제11조에 명시하였으며, 제18조에서 제24조까지는 아동학대의 금지, 유해한 환경으로부터의 아동의 보호, 입양이나 탁아 서비스, 그리고 난민이나 장애아동의 보호 등을 포함하고 있다. 그리고 아동에 대한 교육과 문화활동 및 여가생활에 관한 것도 제1장에 포함된다.

제2장은 제42조~제44조까지로 이 협약에 대한 국가의 의무사항으로서 특히 국가가 이 협약을 국민들에게 알려야 할 의무와 국가보고서의 제출, 그리고 아동권리위원회에 대한 규정이 그 내용으로 되어 있다.

제3장은 제46조에서 제54조까지로 보충적 설명을 하고 있다. 이 협약이 협약당사국에 주는 중요한 사항은 아동의 권리에 관한 주요 내용을 이 협약에 준하여 조정하여야 한다는 것이다. 외국인에 대한 차별이 심한 한국과 같은 국가에서는 협약 당사국으로서 국내에 거주하는 제3세계의 아동들에게 한국의 아동과 같은 수준의 교육이나 기타 혜택을 제공하여야 하는 어려움이 있기도 하지만 이를 받아들여야 하며, 특히 경제위기 이후 증가한 연소 근로자 혹은 미성년 유흥업종사자들에 대한 유기와 방임은 커다란 문제로, 해결하지 않으면 안 된다.

이러한 내용을 가진 이 협약은 다음과 같은 네 가지(Brandon, Schofield & Trinder, 1998)의 중요한 권리를 가지고 있다.

첫째, 복지권과 보호의 권리이다. 이것은 생존의 권리라고도 할 수 있다. 제3조에 언급된 이 권리는 두 개의 의미를 지니고 있다. 즉, 민 · 관의 단체들이 그들의 활동에 있어서 최고의 우선권을 "아동의 최대 관심사"에 두어야 한다는 것이다. 다음은 국가가 아동들이 아동의 권리 측면에서 그들의 보호자들로부터 적절하게 보호되고, 양육되고 있는가를 확인하여야 된다는 것이다. 또한 제19조는 정부가 아동이 신체적 · 정신적 폭력, 상해나 학대, 유기나 유기적 대우, 성적 학대를 포함한 혹사나 착취로부터 아동을 보호하기 위하여 모든 적절한 입법적 · 행정적 · 사회적 · 교육적 조치를 취하여야 하며 이것은 또한 아동이 잘못된 조치를 당할 때 이를 방지 · 확인 · 조사 · 치료하는 효과적 절차를 포함하여야 됨을 의미한다.

둘째, 가능한 한 최상의 발달을 할 권리로서 제6조, 제5조, 제18조가 이에 해당된다. 특히 제6조 제2항에서 국가는 가능한 한 최대한도로 아동의 생존과 발달을 보장하는 것으로서, 아동의 생존과 발달은 우선 자신의 가정에서 가족과 함께(제5조) 최선의 보호를 받아야 하지만 만일 이러한 것이 그 아동에게 가능치 않을 경우 국가는 '적절한 보조' 를 함으로써 아동이 건강한 성장을 할 수 있도록 보장해 주어야 함이 명시(제18조 제2항)되어 있다. 특히 현대사회와 같이 자본주의 체제하에서의 경제적 불균형은 국가간 격차, 같은 사회구조 내에서의 격차도 존재하므로 아동을 위한 이러한 격차를 줄이기 위한 국제적 · 사회적 노력을 기울여야 함을 주장하고 있다. 이와 더불어 제4조는 아동의 경제적 · 사회적 및 문화적 권리에 관하여 가용자원의 최대한도까지 그리고 필요한 경우에는 국제협력의 테두리 내에서 모든 노력을 기울여야 한다고 요구하고 있다.

셋째, 참여의 권리로서 제7조, 제8조, 제12조에서 제16조 그리고 제30조가 이에 속한다. 특히 이 협약은 자신의 생존, 성장과 발달에서 발생하는 여러 가지 사건에 대하여 스스로 결정할 수 있도록 연령과 성숙에 따라 필요한 권리에 대단한 노력을 기울였음을 알 수 있다. 제12조를 보면, 국가는 자신의 견해를 형성하고 표현할 수 있는 아동에 대하여 자신에게 영향을 미치는 모든 문제에 있어서 자신의 견해를 자유스럽게 표시할 권리를 보장하며, 이들의 견해는 아동의 연령과 성숙도에 따라 정당한 비중이 부여될 것을 명시하고 있다. 이를 토대로 하여 이 협약은 모든 측면에서 아동의 개인적인 권리를 여러 면에서 다루고 있다. 수동적인 존재로서가 아닌 독립적인 인간 존재로서의 아동의 위치를 부여하며, 결과적으로 자신의 삶에 대한 참여의 권리를 인정해야 하는 것이다.

넷째, 차별을 받지 않을 권리이다. 차별을 받지 않을 권리에 대하여 이 협약은 두 가지 중요한 점을 제시한다. 즉, 제2조에서 언급된 아동의 어떠한 배경에도 관계없이 모든 아동이 동등하게 이 협약에 규정된 권리를 존중하고 보장해 주어야 한다는 것이다. 여기서 배경이라 함은 아동과 부모 혹은 후견인의 배경까지도 포함되며, 인종, 피부색, 성별, 언어, 종교, 정치적 또는 기타의 의견이나 신념, 민족적, 인종적 또는 사회적 출신, 재산, 무능력, 출생 또는 기타의 신분에 관계없이 모든 형태의 차별이나 처벌로부터 보호되고 보장하는 적절한 조치를 요구하고 있다. 그리고 제23조는 특별히 차별받고 있는 집단인 장애아동에 대한 조항을 포함함으로써 이들에 대한 특별한 관심과 권리를 지닌 주체적인 인격체로서의 장애아동에 대한 생존, 성장, 발달을 강조하고 있다.

IV. 아동복지법 개정의 기본원리

아동복지에 대한 관심을 역사적으로 살펴본 것에 의하면 요보호아동 중심의 구제활동에서 근대적 의미의 아동복지는 식민지시대에 도입이 되어 해방과 한국전쟁을 거치면서 수많은 요보호아동의 보호문제를 해결하기 위한 임시방편적 대안으로서 명맥이 이어져 오다가 1961년에 요보호아동의 보호법으로 아동복리법이 제정되었다. 사회의 발전에 따라 요보호아동뿐 아니라 일반아동의 건전육성에 대한 사회적 책임에 대한 요구가 높아지자 1981년에 아동복리법을 아동복지법으로 개정하였다. 그러나 개정된 아동복지법은 보호 대상의 범위를 종래의 요보호아동에서 전체 아동으로 확대되었다고 하나 아동들에게 심각히 부각되고 있는 여러 문제에 대응하는 법적 조치는 물론 아동의 건전육성 및 발달을 위한 법적 조치가 보완되지 못하였다. 1980년대에 들어서 아동문제는 고아, 부랑아, 빈곤에서 범죄, 비행, 자살, 가출, 심신 · 정서장애 등의 사회적 병리 현상을 반영한 문제로 변화되었고 아동 유기, 아동 학대 및 방임, 학교폭력, 약물남용, 가출 등의 문제가 크게 사회문제화 되었다. 부나 모의 사망 · 이혼 · 별거 등으로 인한 가정해체로 편모, 편부 가정 및 소년소녀로 구성된 아동가정이 발생되었고, 다른 한편으로는 미혼모로 인해 버려지는 아동 등의 문제들이 대두되고 있다. 잘못된 교육제도, 부모의 무관심의 결과, 개인적으로 경계지능(borderline : IQ 70~90) 등에 의한 학습장애나 신체 및 정서적 장애아동의 다양한 문제가 있다. 이렇게 다양하게 전개되는 문제들을 해결하고 예방하기에는 1982년에 제정된 아동복지법의 내용은 매우 미약하였다. 2000년 1월 종전의 아동복지법을 대폭 개정하여 새로운 아동복지법의 체계를 마련하였으나, 몇 가지의 문제점을 내포하고 있다. 그것은 시설 위주의 아동복지에서 보호를 필요로 하는 모든 아동을 위한 시설의 다양한 종류를 제시하고 있으며, 꾸준히 논의되던 아동학대의 예방과 처우를 위한 조항들을 상당히 중점적으로 다루고 있지만, 심도 있는 논의가 되지 않은 상태에서 종류의 나열이나 문제로 인하여 도움이 필요한 아동들에 대한 구체적인 서비스나 프로그램의 실체가 제대로 제시되고 있지 않다는 것이다.

아동복지에 대한 세계적인 추세는 아동의 문제를 극소화하고 문제를 예방하기 위해 가정 내에 있는 아동에 대한 지원은 물론 가족기능 강화를 위한 가족에 대한 지원을 확대하고 있다. 선진국들은 아동복지법들이 사회문제화된 아동문제에 대응하도록 아동복지법을 발달시켰고 더 나아가 모든 아동의 건전육성 및 발달 그리고 가족지원을 위한 법적 근거들을 보완시키고 있다.

아동 · 청소년의 문제는 아동이 건강한 가정에서 성장하였다면 이러한 문제의 발생을 예방할 수 있다고 보기 때문에 모든 아동을 건전한 시민으로 육성하는 데 아동복지가 제대로 역할을 해 나가야 할 것이다. 아동복지는 임신에서부터 출산, 양육, 아동발달, 아동보건 및 안전, 가족지원에 이르기까지 아동에게 필요한 모든 지원이 이루어지도록 법적, 제도적 정책적 기반이 뒷받침되어야 할 것이다.

우리나라는 아동복지법이 발전하지 못하여 OECD 국가들의 아동복지법 수준에 상당히 못 미치고 있다. 그러므로 본 연구는 21세기에 걸맞은 아동복지의 가치와 윤리, 철학의 기반 위에서 아동복지법을 개정하기 위한 기초자료를 제공하기 위해 한국과 선진국들의 아동복지법과 그 체계를 분석함으로써 바람직한 아동복지의 가치, 윤리, 철학을 도출하고 그 기반 위에 아동복지법 개정안을 제시하고자 하였다.

첫째, 아동복지법은 "아동의 권리에 관한 국제협약"의 기본원리에 입각하여 개정되어야 한다. 이것은 아동복지법이 아동 개인만을 중심으로 구성되는 것이 아니라 동 협약이 요구하는 자연환경으로서의 아동의 성장과 복지에 막중한 영향을 미치는 가족이 공동체로서의 책임을 받아들이고 수행할 수 있도록 충분한 원조와 보호가 있어야 한다는 것이다.

둘째, 영국에서와 마찬가지로 아동의 성장, 안전, 지위 등과 관련지어 발생하는 모든 사건의 처리와 절차, 그리고 법적 과정까지도 아동복지법에 포함되는 통합적 법적 체계를 가져야 하며, 필요한 관련 법적 조항(예를 들면 입양이나 위탁, 특수아동을 위한 교육법 등, 소년비행 및 범죄 등으로서 별도로 정한 규정이나 제법률들)은 아동복지법 내에 표기함으로써 아동이나 아동의 권익과 함께 종사하는 전문가들의 편의를 도모할 수 있어야 한다.

셋째, 아동의 권리는 부모와 사회의 권리와 동등한 수준에서 받아들여져야 한다. 그러나 아동이 책임이 있는 권리의 이행자로서 성장할 수 있도록 부모와 사회는 그들이 책임과 의무를 다할 수 있는 아동으로 성장시키기 위하여 자유, 존엄, 평화, 관용, 평등의 정신이 제공되어야 한다. 다시 말하면 아동복지법은 아동의 현재 상황이 어떠하든지 간에 인격체로서 받아들이며, 그들이 처한 환경을 긍정적으로 인정하며, 예외적으로 힘들고 어려운 환경하에 놓여 있는 아동들에게 본인의 의사를 존중하면서 필요한 특별한 배려를 제공하여야 한다.

넷째, 특히 어린 아동의 양육에 대한 국가적 책임이 명확히 제시되어야 한다. 자신의 의사를 충분히 표현할 수 없는 영 · 유아기의 아동은 유기 · 방임 · 학대의 대상이 되므로 이들을 보호할 수 있는 아동복지법의 강화된 조항이 필요하며, 이들이 사회의 여러 가지 제도의 희생물로서 이용되어서는 아니 된다.

다섯째, 보호를 필요로 하는 아동에 대한 개념과 범위를 확실히 함으로써 아동이 불필요하게 가족이나 사회로부터 유기되거나 방임되어서는 아니 된다. 아동은 아동복지법에 규정한 연령에 달하기까지 국가, 사회, 가족으로부터 보호받으며 성장하여야 하며 특히 부모, 후견인 등의 사랑 · 지도 · 감독을 받음으로써 건강한 성인이 될 수 있으며, 또한 사회나 국가는 가족 내에 있는 성인이 어떠한 정신적 · 신체적 상황이더라도 그들이 한 가정의 가장으로서의 역할을 할 수 있도록 필요한 배려와 원조를 제공하여야 한다.

여섯째, 특수한 도움과 지도를 필요로 하는 아동에 대한 개념과 범위를 규정하며, 이러한 아동들이 사회에서 불필요하게 낙인을 받지 않도록 하며, 이들이 지닌 최대의 가능성을 개발하고 앞으로 이 사회에 공헌할 수 있는 시민으로 성장하기 위하여 신체적 · 지적 · 정신적 · 도덕적 · 사회적 발달을 할 수 있도록 적절한 환경을 제공하여야 한다.

일곱째, 아동복지법은 아동복지시설의 확충이나 증가를 격려하기보다는 아동이 건강한 가정에서 사랑과 관심을 가지고 성장할 수 있도록 보다 많은 위탁가정과 입양가정을 개발하고 이러한 사업에 동참하는 가족들을 위한 여러 가지 배려와 격려, 그리고 법적 보장 등을 포함하여야 할 것이다.

여덟째, 법에 정한 아동복지위원(중앙과 지방자치단체의 조직을 포함하여), 아동복지지도원의 역할이 보다 전문적이고 체계적인 업무수행이 이루어질 수 있도록 독립적인 정책과 제도로 전환되어야 할 것이다. 특히 아동학대의 예방, 발생, 처리, 치료, 법적 대응 등에 대한 원활한 업무수행을 위한 지위와 신분의 보장이 주어져야 하며 아동보호전문기관의 명확한 개념 규정과 역할이 보다 강화되어야 한다.

많은 사람들은 이제 국가나 사회적 제도를 통하여 자신의 안전을 도모하게 되었으며, 이것이 더욱 사회복지제도의 요구로 진전하게 되는 것이다. 아동복지법은 이러한 의미에서 가장 기본적인 복지체계의 한 부분이라고 보여지며, 그 시대를 반영함으로써 아동을 안전하게 보호하며 성장시켜 줄 수 있으며, 미래에 발생할 수 있는 문제점들을 예방할 수 있는 잣대에서 제정되고 실시되어야 한다고 본다.

● 참고문헌

김덕준 · 김영모 · 이명홍 · 지윤 · 강만춘. 1970. 『신사회사업개론』. 서울 : 한국사회복지연구소.

김만두. 1985. 『사회복지와 법』. 서울 : 홍익제.

김현용 외. 1997. 한림과학원총서 : 『현대사회와 아동—아동복지의 시각에서』. 서울 : 소화.

신섭중 외. 1991. 『한국 사회복지법제개설』. 서울 : 대학출판사.

이배근. 1998. 아동의 권리에 관한 국제협약. 『한국아동복지학』. 제7호. pp.357~379.

아산사회복지사업재단. 1997. 사회복지총서 3 : 『아동복지편람』. 서울 : 아산사회복지사업재단.

한국보건사회연구원. 1994. 『아동권리의 증진을 위한 법적, 제도적, 행정적 조치』. 정책연구자료 94-02.

한국 사회복지협의회. 1977. 『한국 사회복지총람』.

京極高宣(감수), 신섭중 외 역. 1995. 『현대복지학총람』. 서울 : 대학출판사.

福祉士養成講座編輯委員會 編. 1994. 『兒童福祉論』. 東京 : 中央法規.

일본 후생성 아동가정국. 1997. 『아동복지법 개정의 포인트』.

Brandon, M., Schofield, G. & Trinder, L. 1998. *Social Work with Children*.

McMillan Press : London.

Gil, David. 1985. "The Ideological Context of Child Welfare." in Laird & Hartman(eds.). *A Handbook of Child Welfare : Context, Knowledge, and Practice*. Free Press : NY.

Hill, M. & Aldgate, J. 1996. Child Welfare Services : Development in Law, Policy, Practice and Research. JKP : London.

Kadushin, A. & Martin, J.A. 1988. *Child Welfare Services*. McMillan : NY.

Mitchell, A. 1985. *Children in the Middle*. Tavistock : London.

Pringle, K. 1998. *Children and Social Welfare in Europe*. Open University Press : UK.

Robinson, C. 1987. Key Issues for Social Workers Placing Children for Family Based Respite Care. *British J. of Social Work*. vol.17. pp.257~284.

Tsuzaki, Tetsuo. 1997. "The System of Child Welfare without Field Social Work— The Japanese way of anachronism?— paper presented in 한 · 중 · 일 아동 · 청소년복지의 현재와 미래." 가톨릭대학교 사회복지연구소. pp.85~113.

Zuckerman, Erva. 1983. *Child Welfare*. Free Press : NY.

Department of Health, An Introduction to The Children Act 1989. HMSO : London.

Home Office. 1995. *National Standards for the Supervision of Offenders in the Community*. Home Office : London.

제2장

한국 아동복지법 개정과제

김현용* · 허남순**

제2장은 이러한 기본적 이념을 지닌 아동복지가 더욱 아동의 건강한 성장을 기하고, 장래의 국가의 주인으로서 성장시키기 위하여 어떠한 방향으로 개정되어야 할 것인가에 대한 과제를 살펴보았다. 이 과제는 현재 산만하게 분산되어 있는 아동복지 관련 법체계를 하나의 체계로 모았을 때와 분산시켰을 때의 장점과 단점을 중심으로 논의되었다. 이것은 아동복지법이 지녀야 하는 원리 · 주체에 따라서 각각 다른 결과를 기대할 수 있는 것이다. 그러나 가장 중요한 것은 아동이 건강하게 성장하기 위하여 치료보다는 예방에 기초를 둔 국가와 사회 그리고 아동의 권리와 책임이 아동복지법의 가장 중요한 요소임을 강조하고 있다.

* 한림대학교 사회복지학과 교수
** 한림대학교 사회복지학과 교수

I. 서론

아동복지에 관련된 법규는 역사적으로 그 시대의 여건을 가장 많이 반영하면서 발전하여 왔다. 아무리 좋은 사회복지 서비스도 정책을 결정하는 사람들의 머리 속에 그 서비스에 대한 생각이 들어 있지 않으면 정책화되기 어려울 것이고 정책을 결정하는 사람들이 아무리 좋은 생각을 가지고 있다 해도 경제적 여건이 그것을 뒷받침해 주지 않으면 실천에 이르기 어렵다. 그리고 무엇보다 중요한 것은 관련된 모든 사람의 가슴속에 아동의 복지를 향상시키고자 하는 의지가 어느 정도인가 하는 것이다. 관련된 사람들에게 아동의 복지를 실현시키고자 하는 강한 의지가 있다면 장애를 극복하고서라도 그 의지를 현실화시키겠지만, 의지가 약하다면 경제적 잠재력 등 여건이 갖추어져 있더라도 그것이 햇빛을 보기는 어렵다. 그리고 이 의지는 사회적 여론이 그것을 얼마나 문제시하고 그 해결을 열망하는가에 의해서 크게 좌우된다고 볼 수 있겠다.

그러나 불행하게도 한국의 경우 아동을 위한 아동복지를 향상시키고자 하는 사회적 여론을 선도할 수 있는 기전은 미약한 실정이었다. 당사자인 아동들은 그들 자신을 주장할 위치에 있지 못하였으며 보호가 필요한 아동들의 가족 역시 아동복지를 사회에 호소할 수 있는 능력이 부족한 사람들이었다. 이와 같은 환경 속에서 그 동안 아동문제는 사회문제에 민감하고 특별한 기사를 찾는 매스컴에 일시적으로 주목받다가 시간이 지나면 잊혀지는 양상을 반복하여 왔다. 아동문제를 해결하고 아동의 복지를 향상시키고자 하는 장기적인 안목을 가지고 종합적인 계획과 과감한 투자 속에 아동복지가 실천되지 못한 것이다. 우리나라에서는 미국의 1909년의 "요보호아동을 위한 백악관 회의"나, 영국의 아동법 제정의 기초가 된 1946년의 "커티스 보고서", 예방적 프로그램의 중요성을 강조한 1956년의 "잉글비 보고서"와 같은 아동복지에 관한 종합적인 의견이 나오지 못하는 것도 이러한 현상을 보여 주는 것이다.

그러나 한국도 이제는 OECD 가입국으로서 OECD에 가입한 다른 국가와의 비교의 견지에서 그리고 새로운 천년을 시작할 이 시점에서 우리의 아동복지를 다시 생각해 보아야 할 때가 되었다. 실제로 그 동안 사회가 복잡해짐에 따라 아동의 문제도 다양해지고 그 내용도 심각해지는 데 비하여 그와 같은 아동을 보호할 수 있는 제도나 정책이 부족하여 아동들에게 필요한 서비스가 제공되지 못하고 있다는 문제가 꾸준히 제기되고 있었다. 과거에는 문제로 제기되지 않았던 피학대아동을 위한 보호, 급격히 증가하는 가족해체로 인한 편부모 가족의 아동을 위한 지원, 산업화, 도시화로 인한 유해한 사회환경으로부터의 아동보호 등 새롭게 등장한 문제들로 인하여 전에 없던 새로운 서비스를 포함하는 제도가 필요하게 될 것이다. 뿐만 아니라 아동권리에 관한 국제협약의 비준국으로서 국제협약에서 제시하는 아동복지의 내용을 충실히 이행하기 위하여 제도적으로 고려해야 할 부분들이 무엇인가에 대한 연구도 필요하게 된 것이다.

따라서 이 장에서는 지금까지 아동복지 분야에서 논란이 있었던 문제들을 살펴보면서 아동복지법 개정방향을 논의해 보고자 한다.

II. 아동복지의 원리와 아동복지법 개정방향

아동이 자랄 수 있는 가장 좋은 환경은 가정이라고 한다. 가정을 대리할 수 있는 아무리 좋은 시설도 가정만 못하다는 말이 있다. 아동의 양육에 있어 가정의 중요성은 두말할 필요가 없다. 따라서 아동복지의 방향은 아동을 가정에서 머물게 하는 것이어야 하며 본래의 가정에서 분리될 수밖에 없는 아동도 대리가정에서 자라게 해야 하고 불가피하게 시설에서 보호받을 수밖에 없을지라도 가정다운 환경의 시설에서 자라게 해야 한다는 것은 누구도 부인할 수 없는 아동복지의 원리이다.

이러한 사실로 인하여 발전된 나라의 경우 아동복지는 아동이 가정에서 이탈하지 않도록 가정을 보존하고 지키는 예방 서비스, 대리가정을 만들어 주기 위한 입양사업과 위탁양육사업이 아동보호방법의 중심을 이루고 있다. 그리고 비록 시설에서 보호할지라도 소규모의 시설에서 가정다운 분위기 속에서 성장하도록 하고 있다. 시설보호는 아동이 가지고 있는 문제로 보아 가정에서 양육하는 것보다 그 문제에 관련된 전문성을 가지고 있는 특수시설에서 보호, 치료, 재활 서비스를 받는 것이 적절한 아동을 위해서 필요하다고 보고 있다(Kadushin, 1988).

아동은 자기 스스로 그가 필요로 하는 것을 마련하지 못하고 성인에게 의존하는 존재이다. 아동복지가 발전된 사회라면 가정의 불평등이 아동의 심각한 불평등을 야기하지 않도록 노력하는 사회일 것이다. 현대사회는 아동이 성인이 되기 위하여 필요한 다양한 능력을 요구하고 있다. 이러한 요구에 만족스럽게 대처하지 못하는 가정의 아동은 사회적으로 뒤처질 수밖에 없다. 그러나 가족의 기능은 이전의 사회보다 약화되고 있어 많은 가정이 아동의 필요에 충분히 대처할 수 있을 정도의 잠재력을 갖추고 있지 않다. 이것은 국가와 사회가 아동의 사회화와 발달을 위한 일부 기능을 담당할 필요성을 증가시키고 있다.

역시 현대사회는 미리 대처하지 않을 경우 아동이 위험에 처할 수 있는 환경을 조성하고 있다. 학대, 폭력, 약물중독, 교통사고, 아동에게 해로운 식품 및 용품, 위해한 환경이 아동을 위협하고 있다. 스스로 이러한 위기로부터 벗어나거나 그것을 극복할 수 있는 힘이 없는 아동들이 이러한 위기에 노출되지 않도록 아동을 최선을 다하여 지키는 것이 현대를 사는 성인의 책임이고 국가와 사회의 책임이다. 이상의 관점을 제도화하는 것이 법규이고 그 법규는 아동복지법이기 때문에 아동복지법의 개정은 이러한 관점을 검토하는 것으로부터 출발해야 한다.

2000년 전면 개정된 현재의 아동복지법은 종전의 요보호아동이라는 법의 성격을 보호를 필요로 하는 아동으로 전환하였다. 이러한 전환은 요보호 아동을 위한 법적인 규정으로서 시설보호를 중심으로 규정되었던 체계를 벗어나 보다 일반아동을 포함시킨다는 측면에서 아동복지시설의 종류와 그 내용을 상당히 확대시켰다. 그렇지만 일반아동을 중심으로 재구성된다는 아동복지법이 아동학대 부분을 제외한 실제로 도움이 요청되는 버려지는 아동이나 가정해체로 인하여 가정 내에서 혹은 가정의 보호권 외에 있는 아동에 대한 요구가 충족되었다고 보여지지는 않는다. 그러므로 계속하여 아동복지의 욕구에 맞는 체계와 내용에 대한 지속적인 논의와 사고의 전환이 필요하다.

법 개정에서 검토되어야 할 내용으로는 (1) 아동문제 발생에 있어 보호자의 책임과 국가의 책임 규정, (2) 예방조치의 도입, (3) 아동보호시설의 소규모화, 전문시설화, 탈시설화의 문제, (4) 아동복지 전달체계의 현황과 문제이다.

1. 아동문제 발생에 있어 보호자의 책임과 국가의 책임 규정

현재의 아동복지법은 국가의 책임을 다소 포괄적이며 선언적인 의미로 규정하고 있고, 부모의 책임을 구체화하기보다는 부양의무자라는 부모의 책임에서 부양의무자의 역할을 강화하면서 국가의 역할을 감소시키는 규정을 도입하고 있다. 만일 새로운 법이 논의된다면 이 점이 보다 분명해져야 한다. 그리고 비록 부양의무자로부터 필요한 경비를 징수한다고 하였을지라도 부모가 가출하거나 아동을 유기했을 경우 국가가 이러한 부모를 찾아서 양육비를 강제로라도 받을 수 있는 법적 조치를 보다 강구할 필요가 있다. 이러한 조치는 보호를 필요로 하는 아동의 발생을 예방하기 위해서도 필요하다.

선진국의 경우 보호자가 아동보호를 위반하거나 소홀히 할 때 그 보호자를 처벌하며, 아동보호가 부적합하다고 인정될 때에는 그 보호자로부터 아동을 강제로 분리하여 국가의 보호 아래 두는 등 일련의 조치를 취함으로써 국가가 단순히 아동보호를 위한 경제적인 지원을 하는 차원에서 훨씬 더 적극적인 의미에서 아동의 권리를 보호하기 위한 궁극적인 책임을 진다는 강한 의지를 입법에 반영하고 있다(Brandon, Schofield & Trinder 1998).

2. 예방조치의 도입

보호를 필요로 하는 아동의 발생을 예방할 수 있다면 그것은 가장 좋은 아동복지의 방안이 될 것이다. 그것은 아동의 성장 발달에 절대적으로 공헌할 것이며 발생된 보호를 필요로 하는 아동을 위하여 국가가 부담하는 사회적 보호비용을 절감하는 효과를 가져올 것이다. 사후 구호적 성격에서 사전 예방적 성격의 제도는 가장 바람직하며 선진적 제도일수록 예방적 조치에 큰 노력을 기울여 오고 있다.

아동은 가정에서 성장하고 부모를 비롯한 가족의 손에서 자라고 있기 때문에 보호를 필요로 하는 아동 발생의 예방이란 아동이 가정을 벗어나지 않고 가정에서 잘 자라도록 그런 위험이 있는 가정을 지원하는 정책을 시행하는 것이다. 이는 자녀를 기르고 있는 취약한 가정을 금전적으로 지원할 수 있는 조치를 강구한다든지, 가정을 강화하거나 유지할 수 있도록 사회복지 서비스를 제공하는 일 또는 가정을 벗어난 아동을 가정으로 복귀시키는 일 등에 조치를 취할 수 있게 하는 것이다.

우리나라의 경우 아동복지 관련법으로 영유아보육법, 아동복지법, 청소년기본법 등의 법규는 있지만 선진국과는 달리 국가가 아동의 복지를 위해 아동양육 책임을 맡고 있는 가족을 지원해 주는 내용이 들어 있지 않다(김현용, 1998).

새로운 아동복지법에 보호를 필요로 하는 아동 발생의 예방조치로서 금전적 지원조치를 삽입함으로써 앞으로 빈곤한 가정의 아동에게 아동수당을 지급할 수 있는 여지를 법령으로 뒷받침하는 것도 필요하다. 또한 가정의 강화나 유지를 조장하는 사회복지 서비스의 지원조치를 새로운 법 속에 포함함으로써 아동을 가정에서 보호하는 일에 공적으로 사회 · 심리적으로 지원할 수 있는 여지를 둘 수 있고 가정강화 및 가정유지 프로그램을 실시하는 민간 사회복지기관을 육성할 수 있다. 특히 이혼이나 별거 등으로 인한 가족해체시 편부모가정 아동의 건전 육성과 빈곤화를 예방하는 차원에서 아동을 양육하지 않고 있는 부모로부터 부양수당을 강제로 징수할 수 있도록 하는 등의 제도의 도입이 요구된다.

3. 아동보호시설의 소규모화, 전문시설화, 탈시설화의 문제

그 동안 우리나라의 경우 요보호아동을 위한 보호조치는 아동보호시설을 중심으로 이루어지거나 소년소녀가장이란 명칭으로 방치되어 왔다. 그러나 아동의 건전한 성장을 위해서 수용시설 위주의 보호나 소년소녀들이 성인의 보호 없이 단독으로 세대를 이루어 사는 것은 바람직하지 않다는 주장이 꾸준히 제기되어 왔다(문선화, 1998).

따라서 대형 수용시설 위주의 보호방법에서 그룹홈과 같은 소규모 시설 또는 가정위탁보호, 입양 등의 아동복지 프로그램으로 획기적으로 전환해야 된다는 것은 이미 합의가 이루어졌다고 해도 지나친 말은 아니다. 그러나 대형 수용시설 중심에서 그룹홈이나 가정위탁 또는 입양 등의 방법으로 아동을 보호하기 위하여서는 친권보호 중심의 제도로부터 아동 중심 제도로의 전환, 예산의 투입, 불이익을 받는 집단에 대한 보상 등 해결해야 할 과제가 남아 있어 정책결정자의 결단이 요구된다.

기존의 아동보호시설은 가정에서보다는 오히려 시설에서 보호하고 교육훈련하는 것이 필요한, 특수한 문제를 가진 아동을 위한 전문보호시설로 전환하는 것이 요구된다.

4. 아동복지 전달체계의 문제

아동복지법상의 아동의 연령은 18세 미만의 자를 말하고 청소년기본법의 청소년의 연령은 9세 이상 24세 이하의 자로 하고 있어 9세에서 18세까지의 자는 동일한 연령집단에 속한다. 연령에 따른 중복을 피하기 위하여 0세에서 초등학교를 졸업하는 13, 14세까지를 아동으로 그리고 그 이후 24세까지를 청소년으로 구분하자는 주장은 검토할 필요가 있다. 아동은 그 특성상 보호를 필요로 하고 의존적인 성격을 가지고 있는 반면에 청소년은 자기주장과 일정한 능력을 소유하고 있어 아동과 청소년을 구분하여 취급하는 것이 바람직하다고 보기 때문이다. 이런 점은 아동복지법을 제정하면서 한번 검토하고 넘어가야 할 논의의 여지가 있는 과제이다.

아동복지법의 대상을 보호를 필요로 하는 아동 위주에서 일반아동으로 범위를 넓히면서 아동복지법상의 대상 아동과 청소년기본법상의 청소년과의 9세에서 18세까지의 동일연령집단의 대상자의 중복으로 이들에게 제공하는 서비스에 혼선이 있을 수 있다. 양 법을 처리하는 중앙부서가 보건복지부와 문화관광부로 구분되고 업무를 부처간에 서로 구분함으로써 혼선을 피하고 있지만 일부 중복되는 면이 노출되고 있다. 궁극적으로 이 두 개의 체계의 통합을 검토할 필요성이 제기되는 것은 이 때문이다.

문화관광부 내에 청소년 업무를 관장하게 한 것은 과거 체육청소년부를 문화부와 통합함으로써 이루어진 것으로 사실상 업무성격상 문화관광부 본연의 업무로서의 적합성 여부에 재검토의 여지가 있어 왔다. 오히려 교육부 또는 보건복지부의 기능과 부합되는 점이 더 크다는 주장이 설득력이 있기 때문이다. 아동 · 청소년의 수련 및 교육에 초점을 둔다면 교육부에 그리고 아동 및 청소년의 성장 발달과 복지, 비행청소년의 선도에 초점을 둔다면 보건복지부에 속하는 것이 더 바람직하다.

보건복지부에 통합한다면 복지부에 청소년국을 두고 이 안에 청소년과와 아동복지과를 두어 일반아동의 성장 발달과 복지는 청소년과에서 그리고 보호를 필요로 하는 아동의 예방 및 복지조치는 아동복지과에서 담당토록 하는 것이 합리적인 공적 전달체계로 검토될 만하다. 또한 지방으로 갈수록 형식적이고 사무적인 업무만 담당하는 아동복지과나 아동복지계가 전문적으로 업무를 잘 감당하는 방법 등이 논의되어야 한다.

아동복지를 담당하는 민간 전달체계 역시 검토를 필요로 한다. 1982년의 아동복지법은 보호시설 위주의 전달체계만이 규정되어 있고, 전문 아동복지기관은 소홀히 취급되어 있어 이들 전문 아동복지기관을 육성하고 지원할 규정이 미흡한 실정(김현용, 1998)이었으나, 2000년 개정된 법은 시설보호 위주에서 벗어나 아동학대의 예방과 처우에 관한 규정에 집중한 관계로 균형적인 아동복지법이라고 말하기는 어렵다. 특히 아동보호전문기관이 민간 전달체계로서 많은 역할을 기대하지만 지금까지의 관행이나 이 법이 지니고 있는 규정상의 내용으로 보아 이 법이 개정되면서 의도하였던 아동학대 예방과 처우의 측면에서 전문 아동복지기관으로서 어떤 법정 효력을 행사할 수 있으리라고는 보이지 않는다.

그러므로 전문 아동복지기관은 직접 아동복지사업을 실시하기도 하지만 기존의 아동복지시설을 지원함으로써 간접적으로 아동복지 발전에 기여할 수 있다. 그리고 전국적 단위의 모금이나 행사, 아동복지사업의 전문화 또는 기존의 시설이 담당하지 못하는 아동복지사업을 실천할 수 있다. 이와 같이 전문 아동복지기관은 보호를 필요로 하는 아동의 발생을 예방하고, 아동복지시설을 지원하며, 도움이 필요한 아동과 그 가정을 상담하여 문제를 해결하고, 그에 필요한 재원을 마련함으로써 아동의 권리를 보장하고 복지를 증진시킬 수 있기 때문에 이러한 전문 아동복지기관의 존재는 매우 필요하고 따라서 새로운 아동복지법의 규정 속에 이러한 민간 전달체계를 포함시키는 과제를 검토할 필요가 있다.

III. 아동복지법 개정 접근방법과 영역

1. 개정작업 접근방법

아동복지법 개정을 어떤 방식으로 접근할 것인가는 법을 제정하기 전에 고려해야 할 중요한 과제이다. 특히 아동복지법 개정을 논의할 때 세 가지 시각에서 접근방법을 고려해야 할 것이다.

하나는 법의 테두리를 어디까지 염두에 두고 개정할 것인가이다. 현재의 전달체계의 울타리 안에서 좁게 보고 개선시켜야 할 부분을 다룰 것인가, 아니면 전면적으로 재검토하여 전달체계 자체를 크게 재편할 수 있는 것까지 고려하고 다룰 것인가이다.

즉 아동복지법을 전면적으로 검토하고 개편하는 것으로서는 아동복지법과 청소년 관련법을 통합하는 과제, 법을 집행하는 조직을 재편하는 문제 등이 다루어질 수 있을 것이다. 현재의 법의 기조를 유지하면서 필요한 최소한의 부분만 손질하는 범위에 국한하는 것으로서는 사회문제시되고 있는 아동학대 관련 조항의 강화, 아동위탁제도의 강화, 이혼한 가정의 아동양육을 위한 부양수당 등 시대적으로 요청되고 있는 사항들을 개선하거나 삽입하는 것이다.

그리고 두 번째 고려해야 할 시각은 아동의 복지와 관련된 내용들이 그것의 성격에 따라 다른 법 속에 포함되어 있는 현재의 상황을 어떻게 할 것인가이다. 아동복지법이 관련법을 통합하는 일반법으로서의 지위를 가져야 할지 아니면 각각 법규의 성격에 따라 그 법 속에서 독립적으로 포함되도록 하여야 할 것인지도 우리가 결정해야 할 과제이다. 현재는 아동학대 관련 조항이 가정폭력 범죄의 처벌 및 피해자 보호 등에 관한 법률 속에 포함되어 있고, 미성년자의 성폭력 관련 조항이 성폭력범죄의 처벌 및 피해자보호 등에 관한 법률, 윤락행위 등 방지법에 포함되어 있다. 뿐만 아니라 모자복지법, 모자보건법, 국민기초생활보장법, 장애인 관련법 등에 아동에 관련된 내용이 포함되어 있다.

마지막으로 고려해야 할 시각은 아동복지법 개정을 누가 주체가 되어 제안하느냐 하는 것이다. 정부의 관계 부서가 중심이 되어 정부가 발의하는 법으로 국회에 제안할 수 있고, 국회의원의 발의로 입법화 과정을 거칠 수 있으며, 관심 있는 시민단체 또는 아동 관련 전문가집단의 건의에 기초를 두고 국회에서 입법화 과정에 들어갈 수도 있을 것이다. 이전의 법 개정 움직임은 정부 주도로 작업이 진행되어 왔다. 이는 법개정 작업이 실무형으로 진행될 수 있음을 암시한다. 정부기구의 개편이라든지 정부의 예산이 과도하게 요구되는 일 등에서는 현상유지 이상을 기대하기 어려울 것이다.

국회의원에 의한 법 개정작업은 아동복지법 자체가 구체성과 전문성을 띤 성격이 있으므로 법의 내용을 구체화하는 데 한계가 있을 것이다. 전문가 집단으로 특별위원회를 구성하고 상당한 시일에 걸쳐 연구하고 그 결과를 공청회 등을 통하여 의견수렴을 거쳐서 보고서를 작성하게 하여 그것으로 법 개정의 기초작업을 하는 경우가 바람직하지만 시간이 오래 걸리고 현실적으로 실현하기 힘든 이상안으로서만 머물게 될 가능성도 있다. 그러나 발전이라고 하는 것은 가장 바람직한 것, 이상적인 것을 향해 끊임없이 노력할 때 성취할 수 있는 것으로 우선 새 천년에 바람직한 아동복지의 발전을 위한 이상적인 아동복지법의 발전을 계획하는 것이 필요하다.

2. 아동복지법 개정 영역

아동복지와 관련하여서는 다양한 영역이 있지만 이 책에서는 우선 중요하다고 생각되는 11개의 영역을 선정하여 문제점과 개선점을 논의하고 마지막으로 아동의 권리에 관한 국제협약을 논의함으로써 아동복지법의 발전방향을 제시하려고 한다. 11개 영역은 크게 세 분야로 나눌 수 있는데 첫째는 보호를 필요로 하지만 그 동안 관심을 갖지 못하였던 일반아동의 건전 육성을 위한 분야로서 "가족지원을 위한 아동복지법"과 "아동의 보건과 안전에 관한 법률적 문제와 보건복지대책"에 관한 것이다. 한국의 경우 아동복지 관련법인 영유아보육법, 아동복지법, 청소년 기본법은 있지만 국가가 아동의 복지를 위해 양육책임을 맡고 있는 가족을 지원해 주는 법이 아직 없다. 또한 아동의 건강과 안전에 대한 국가의 책임도 미비한 형편이라 이에 대한 국가의 책임을 논하는 법안이 제시될 필요가 있다. 교통사고, 유해식품, 불량 아동용품 및 시설로 인한 사고 등으로부터 아동을 보호하고 아동이 건강하게 성장하도록 하기 위하여 아동보호를 위한 안전기준을 정하고, 안전교육을 실시하며, 유해식품에 대하여 벌칙을 강화하는 등의 일에 대한 제도화가 필요하다.

둘째는 사회가 변화하면서 새로운 사회문제로 등장한 아동부양문제와 아동학대, 아동윤락, 청소년 비행 및 장애아동에 관한 복지를 다루는 법에 관한 것이다. 아동부양, 아동학대, 아동윤락 및 장애아동문제는 과거에는 심각한 사회문제로서 대두되지 않았던 문제들이었으므로 이에 대한 법체계가 없거나 미비한 형편이다. 2000년에 개정된 아동복지법은 지금까지 시설아동에 대한 보호조치를 중심으로 하던 체계에서 학대아동의 발견과 조치, 그리고 치료를 목적으로 하는 아동보호전문기관의 설치에 이르기까지, 아동학대와 관련한 조항이 가장 큰 부문을 차지하고 있다. 그러나 새로운 아동복지법도 아동학대를 방지하기 위한 아동보호전문기관의 기능이나 설치가 많은 문제점을 내포하고 있다. 그러나 이혼이나 별거가 증가하면서 편부모가정의 아동들이 빈곤한 상황에서 성장하게 되거나 부모가 아동양육을 기피하는 현상이 증가하고 있지만 이에 대한 법안은 여전히 미비하여 소년소녀가장세대나 아동의 수용시설이 증가하고 있다. 아동의 윤락과 관련된 규정은 아동복지법 외에도 윤락행위 등 방지법, 성폭력범죄의 처벌 및 피해자보호 등에 관한 법률 등이 있다. 그러나 현행 법규들은 각각 부분적으로만 미성년자의 윤락행위에 대하여 규제하고 있을 뿐, 미성년 윤락에 대해 정확한 개념 규정에서부터 처벌, 서비스, 시설 및 기구, 비용에 이르기까지 총체적이고 일관된 내용을 명시하고 있는 법체계가 마련되어 있지 않다. 따라서 이러한 미비점을 보완하고 아동윤락을 방지할 새로운 법체계의 수립이 요구된다.

그 외에 현대사회에 들어와서 심각한 문제로 대두되고 있는 비행청소년이나 장애아동에 대한 문제도 아동복지법상에서 논의되어야 할 영역이다. 비행 · 범죄청소년의 연령이 낮아지고 있으며 그들의 연령이나 행위로 보아 아동복지의 대상임에도 불구하고 현재의 아동복지법은 비행 · 범죄청소년에 대한 조항이 거의 없다. 장애아동의 경우도 그 수가 증가하고 이들 아동에 대한 복지가 심각한 문제로 대두되고 있으며 장애가 있는 아동이라는 관점에서 아동복지법상에서 다루어야 함에도 불구하고 장애인복지법, 특수교육법 등에서만 다루고 있다. 장애아동은 성인과 다른 특수한 욕구를 갖고 있으므로 장애아동에 대한 조치는 아동복지법상에서 다룰 필요가 있다.

셋째는 가정에서 보호를 받지 못하는 아동을 위한 보호방법으로서 한국에서 가장 많이 실시되고 있는 시설보호와 입양, 소년소녀가장세대를 포함하였고 앞으로 발전될 필요가 있는 가정위탁을 포함하였다. 시설보호는 보호를 필요로 하는 아동의 보호대책으로서 오랜 역사를 갖고 있지만 사회환경의 변화에 따라 시설보호 역시 변화를 필요로 하고 있다. 시설보호의 변화를 위하여 아동복지사업은 가정의 기능을 보조하고 유지하는 역할에 중점을 두고 변화되어야 한다. 국내입양의 경우도 국내입양의 발전을 위하여 비밀입양을 지양하고 공개입양을 하도록 권장하며 불법입양을 제재하는 법안의 개선안이 필요하다. 소년소녀가장세대는 한국에만 존재하는 독특한 양식의 아동보호방법이지만 이들을 보호하고 지도하는 법적 근거가 거의 없다. 소년소녀가장세대를 합법화할 것인가 그렇다고 하면 이들에 대한 복지대책을 어떻게 할 것인가에 대한 법적인 논의가 필요하다. 그리고 보호를 필요로 하는 아동이나 소년소녀가장세대를 위한 보호방법으로서 가정위탁 활성화를 위한 법체계에 대한 논의가 필요하다. 미국이나 영국 등은 대부분의 보호를 필요로 하는 아동이 위탁가정에서 보호를 받는 데 비하여 한국은 가정위탁제도를 지원하는 법적인 근거가 아주 미약하다. 앞으로 보호를 필요로 하는 아동을 위한 보호방법으로서 가정위탁을 활성화하려면 가정위탁제도에 대한 법적인 보완이 필요하다.

마지막으로 아동의 권리에 관한 국제협약을 포함함으로써 아동의 권리에 관한 국제협약의 각 조항에 대한 국내 관련법의 비교를 통하여 우리나라 관련법의 보완해야 할 부분 등을 종합적으로 고려해 보도록 하였다.

IV. 결론

우리의 사회경제적인 조건은 1982년 아동복지법이 개정된 이래 크게 변화하였다. 그러한 변화에 대응하고 한국의 아동의 복지를 한 차원 더 높이기 위하여 아동복지법의 개정이 필요하다는 사실에는 누구나 공감하고 있다(김종해, 1998 ; 김기환, 1998). 그러나 개정 내용에 무엇을 담을 것인가는 견해차이가 있을 수 있다. 전면적으로 개정할 것인가 또는 부분적으로 당장 필요한 부분만을 손질할 것인가에 의견을 달리할 수도 있고, 개정의 과정에서 누가 주도권을 가지고 추진할 것인지도 논의의 여지가 있다. 이러한 우려에도 불구하고 2000년 아동복지법은 거의 전면 개정이 이루어졌다. 우리가 여전히 아동복지법이 새로운 차원에서 제정되어야 한다고 주장하는 것은 아동의 생존과 보호, 발달에 기본적 입장을 두고, 권리를 지닌 주체로서의 아동을 인식하여야 하기 때문이다.

그러나 변하지 않고 합의할 수 있는 내용은 아동은 가정에서 자라야 하고 따라서 가정을 강화하고 보존시켜야 하며, 불가피하게 가정을 이탈한 아동일지라도 가정다운 분위기에서 성장할 수 있게 해 주어야 한다는 것이다. 아동복지법의 근간은 바로 여기서 출발해야 한다.

비록 아동이 권리를 지닌 주체이지만 여전히 성인에게 의존하는 존재이고 따라서 그들이 좌우할 수 없는 생존 수준은 성인이 마련해 주어야 한다. 따라서 우리 사회는 출생의 불평등이 생활의 불평등으로 이어지고 그것은 다시 그들이 성인이 되었을 때의 불평등으로 이어지지 않도록 해야 한다. 빈부의 구별 없이 아동의 욕구를 충족해 줄 수 있는 사회적 장치가 마련되어야 한다.

현대사회는 학대, 폭력, 약물중독, 교통사고, 아동에게 해로운 식품 및 용품, 유해한 환경 등 아동의 정상적인 성장 발달을 위협하는 요소를 조성하고 있다. 아동이 이러한 사회적 · 가정적 위기로부터 벗어날 수 있도록 아동을 보호하고 지키는 일은 현대를 사는 성인의 책임이고 국가와 사회의 책임이다.

이러한 맥락에서 사회가 마련하고자 하는 노력의 결실은 아동복지법을 통하여 나타나는 것이라고 볼 때 아동복지법의 개정작업은 상당히 중요한 의미를 가진다고 하겠다.

● 참고문헌

김기환. 1998. "아동복지법 개정의 개선방향". 『국회복지포럼 연구보고서』. pp.337～334.

김종해. 1998. "현행아동복지법의 문제점과 개선방향". 『국회복지포럼 연구보고서』. pp.287～294.

김현용. 1998. "아동복지시설부문의 개정방향". 『한국아동복지학』. 한국아동복지학회. pp.53～94.

김현용 외. 1997. 한림과학원총서 : 『현대사회와 아동—아동복지의 시각에서』. 서울 : 소화.

김미혜. 1998. "장애아동복지 관련법 조항 신설을 위한 연구". 『한국아동복지학』. 한국아동복지학회. pp.227～268.

노혜련. 1993. 『아동권리국제협약 및 1990년대 어린이의 생존, 보호, 발달을 위한 세계정상 행동계획의 국내 이행상황과 당면과제』. 서울 : 한국 사회정보 연구원.

이배근. 1998. "아동학대 방지법과 아동학대 예방 대책". 『국회복지포럼 연구보고서』. pp.317~336.

변용찬. 1998. "아동복지법, 시설부문". 『국회복지포럼 연구보고서』. pp.305～316.

한국보건사회연구원. 1994. "아동권리의 증진을 위한 법적, 제도적, 행정적 조치". 『정책연구자료』 94-02.

Brandon, M., Schofield, G. & Trinder, L. 1998. *Social Work with Children*. McMillan : NY.

Kadushin, A. & Martin, J.A. 1988. *Child Welfare Services*. McMillan : NY.

제2부

아동복지 분야와 아동복지법

제3장
가족지원과 아동복지법

조홍식*

I. 문제 제기

아동복지가 상당히 발달한 구미에서 최근에 당면한 아동의 생존, 보호, 발달이라는 아동권리 차원에서 아동복지가 안고 있는 이슈들 중 하나는 종합적인 가족정책의 미비로 전체 가족이 함께 공유할 수 있는 아동양육에 필요한 기본적이고도 질적인 보호를 국가적 차원에서 제대로 가족에게 제공하고 있지 못하다는 것으로 이에 대한 보완을 강하게 제기하고 있는 실정이다. 특히 선진국의 아동과 관련된 문제 중 하나는 최근 가족구조의 변화와 가족기능의 약화로 인한 부모의 별거, 이혼 등으로 편모 또는 편부에 의해 양육되는 아동의 수가 증가되고 있다는 것이며 편모 또는 편부에 의해 양육되는 아동의 수가 미국 25%, 뉴질랜드 24%, 영국 21% 그리고 캐나다 20% 등 전체 아동의 평균 20%를 상회하고 있는 것으로 나타나고 있다(Downs &

* 서울대학교 사회복지학과 교수

McFadden, 1996).

현대의 여러 가지 아동문제들, 예를 들어 가족해체에 의한 기아 발생, 미아와 사생아의 증가, 아동학대 및 아동의 인권침해, 아동양육을 저해하는 빈곤가정문제 등 사회병리 현상의 급증에 직면하여 아동의 권리를 인정해 주는 아동복지가 제대로 이루어지기 위해서는 아동 개인에게 초점을 맞추는 것보다 우리나라 가족이 갖고 있는 강점을 살려서 아동을 양육하는 가족 전체에 대한 일관된 사회복지대책이 필요하다고 하겠다. 즉 자녀들이 보다 좋은 환경에서 생활할 수 있도록 하기 위한 접근이 되지 않으면 안 되는 것이다.

따라서 아동 권리가 제대로 이루어지려면 아동 개개인에게 초점을 둔 사회복지대책 수립도 중요하지만 더 긴요한 것은 아동을 보호할 책임의 제일선인 가정을 기반으로 한 더욱 넓은 범위에 관점을 둔 '가족에 대한', '가족을 위한' 사회복지대책을 모색해야 한다는 것이다.

이 글은 이러한 아동의 진정한 권리 확보를 위한 하나의 중요한 방안으로서 가족지원의 필요성을 강조하며, 아동 권리의 기준을 1989년 11월 20일 유엔총회에서 만장일치로 채택된 '아동의 권리에 관한 국제협약(Convention on the Rights of Child)'에 의거하여 우리나라 가족지원의 현황과 아동복지법적 과제를 살펴보는 데 주 목적이 있다.

이를 위해 첫째, 일반적인 가족지원의 내용과 "아동의 권리에 관한 국제협약"의 가족지원 조항을 살펴본 후, 둘째, 우리나라 가족지원의 현황을 살펴보고, 셋째, "아동의 권리에 관한 국제협약"을 토대로 한 우리나라 가족지원과 관련된 아동복지법 및 아동복지 관련법의 개정방안을 제시하고자 한다.

II. "아동의 권리에 관한 국제협약"의 가족지원 내용 분석

1. 가족지원의 일반적 내용

아동의 권리를 확보해 주는 아동복지에서 가족이 특히 중시되는 이유는 다음과 같다.

첫째, 가족이 사회의 기본 단위로서 일차적으로 가족의 구성원인 아동을 보호, 양육하는 주체가 되어 주요한 기능을 다해 오고 있기 때문이다(조홍식 외, 1997).

둘째, 이러한 아동양육에 대한 일차적 책임을 지고 있는 가족이 그 기능을 다하지 못할 때 국가나 사회가 대리가정이나 시설보호에 위탁하지 않으면 안 되는 상황에서 드는 고비용문제는 국가 재정에 심각한 타격을 줄 수 있기 때문이다.

셋째, 아동복지를 위해서는 사후 치유적 방식보다 가족지원을 통한 사전 예방적 방식의 활용이 장차 청소년과 성인기에 닥치게 될지도 모르는 많은 사회문제들을 사전에 차단시킬 수 있기 때문이다.

미국의 경우 최근 아동복지 영역의 새로운 변화는 가족 중심적 아동복지 서비스 체계를 확장하려는 전국적인 노력이 강조되고 있는 것인데, 다음 [그림 3-1]에 있는 것처럼 가족과 아동을 묶어 가족을 강화하는 가족보전 프로그램을 강조하고 있다(Pecora et al, 1995).

일반적으로 아동복지에서 가족지원이 갖는 목적은 첫째, 가족간의 유대와 가족기능(family functioning)의 향상을 통하여 아동문제의 예방을 도모하고, 둘째, 아동양육기술뿐만 아니라 경제적 원조를 부모에게 제공함으로써 부모기능(parental functioning)을 활성화하여 아동의 건전한 인격 성장과 발달을 책임지도록 하며, 셋째, 아동이 성장하면서 변화하는 사회에 대응하여 적극적인 적응능력을 갖도록 하는 아동기능(child functioning)의 향상에 있다

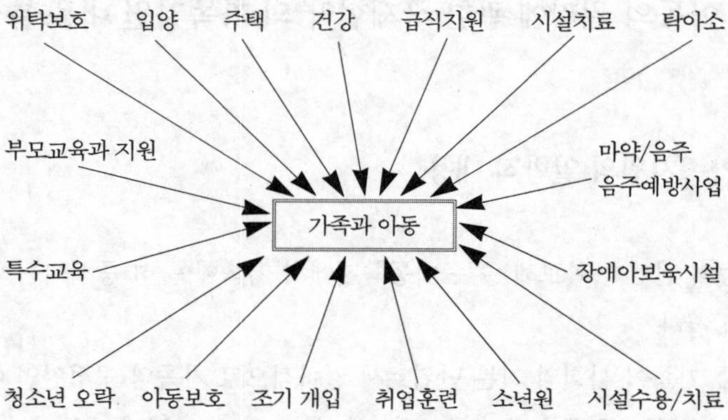

[그림 3-1] 가족보존 프로그램의 기본틀

(Pecora et al, 1992).

따라서 아동복지에서 가족지원은 아동양육에 대한 일차적 책임을 지고 있는 가족이 그 기능을 다함으로써 아동문제의 발생을 예방하도록 국가나 사회가 가족에게 지원하는 모든 것을 말한다고 하겠다. 이러한 가족지원의 구체적인 내용을 보면, 일반적으로 가족지원사업은 경제적인 자원의 제공 및 다양한 서비스의 제공을 들 수 있다.

가족지원사업의 내용을 구체적으로 들면, (1) 가정봉사원 서비스 (2) 형제자매결연(big brother-big sister) 서비스 (3) 가정법률상담 (4) 가정우애방문 (5) 여행자 보조 (6) 학령전 아동을 위한 주간보호 (7) 집단가정(group home) 서비스 (8) 재정상담 (9) 캠핑 (10) 청소년, 장애아동 등을 위한 상황적 보호 프로그램 (11) 빈곤가정 아동을 위한 서비스 (12) 개별학습(tutoring) (13) 직업안내 (14) 학령전 아동의 인지기술과 사회성 및 정서적 발달을 도모키 위한 모자 프로그램 (15) 공공부조 기준에 해당되지 않는 가족의 특수한 욕구 및 공공부조의 수급 대상이 되지 못하면서 빈곤한 가족을 위한 경제적 원조 제공 등을 들 수 있다. 이 외에도 가정위탁보호, 입양, 미혼모가족을 위한 각종 프로그램을 들 수 있다(NASW, 1995).

2. "아동의 권리에 관한 국제협약"의 가족지원 내용

1990년 9월 2일에 발효된 "아동의 권리에 관한 국제협약"(이하 국제협약)에 우리나라는 1990년 9월 25일에 서명하였고, 협약에 나타난 내용 중에서 현행 한국의 관련법들과 저촉되고 있는 일부 조항들에 대하여 유보하는 방식으로 1991년 11월 20일에 비준했다. 이에 따라 우리나라는 1991년 12월 20일부터 국제협약의 당사국이 되었다.

우리나라가 유보하고 있는 국제협약 조항은 제9조 제3항, 제21조 가항, 그리고 제40조 제2항 나(5)호 등이다. 협약의 제9조 제3항은 부모와의 면접교섭권을 보장하고 있는데, 우리나라 민법 제837조의 2는 부모와의 면접교섭권을 보장하고 있으나 아동의 면접교섭권은 보장하지 않고 있다. 협약 제21조 가항은 입양에 관계당국의 허가를 요하도록 규정하고 있으나 우리나라 민법 제871조는 부모가 입양에 동의한 경우에는 법원의 허가를 필요로 하지 아니하고, 후견인이 동의한 경우에만 법원의 허가를 받도록 되어 있다. 협약 제40조 제2항 나(5)호는 아동에 대한 재판에 관한 상소권의 보장을 규정하고 있으나, 우리나라에서는 헌법 제110조 제4항 및 군사법원법 제534조에 따라 비상계엄하의 군사재판에 한하여 단심제를 인정하고 있는 실정이다. 따라서 3개 조항이 유보되어 있는 실정인데 앞으로 현재 유보중인 조항 중 우리나라 현실과 상황을 고려하여 개선이 가능한 부분에 관하여는 국제협약의 취지를 최대한 존중하는 방향으로 국내법을 고쳐 나가야 할 것이다.

이러한 국제협약은 전문과 54개조로 되어 있으며, 본문 54개조는 제1부(제1조~제41조), 제2부(제42조~제45조), 제3부(제46조~제54조)로 구성되어 있는데, 이 중에서 아동양육에 대한 일차적 책임을 지고 있는 가족의 기능을 강화시켜 아동문제의 발생을 예방하도록 국가나 사회가 가족에게 지원해야 함을 명시하고 있는 조항은 부모의 지도와 양육책임(협약 제5조, 제18조 제1항 및 제2항), 가정환경 상실 아동에 대한 국가보호(협약 제20조), 사회보장권(협약 제26조), 생활 수준 향유권(협약 제27조 제1, 2, 3항) 등이다. 이들 각 조항들의 내용을 보면 다음과 같다.

제5조 : 아동이 이 조약에서 인정된 권리를 행사함에 있어서, 당사국은 부모 또는 적용 가능한 경우 현지 관습에 의하여 인정되는 확대 가족이나 공동체의 구성원, 법정후견인 또는 기타 아동에 대한 법적 책임자들이 아동의 능력 발달에 상응하는 방법으로 적절한 감독과 지도를 행할 책임과 권리 및 의무를 가지고 있음을 존중하여야 한다.

제18조 : 1. 당사국은 부모 쌍방이 아동의 양육과 발전에 공동책임을 진다는 원칙이 인정받을 수 있도록 최선의 노력을 기울여야 한다. 부모 또는 경우에 따라서 법정후견인은 아동의 양육과 발전에 일차적 책임을 진다. 아동의 최상의 이익이 그들의 기본적 관심이 된다.

2. 이 조약에 규정된 권리를 보장하고 촉진시키기 위하여, 당사국은 아동의 양육책임 이행에 있어서 부모와 법정후견인에게 적절한 지원을 제공하여야 하며, 아동보호를 위한 기관, 시설 및 편의의 개발을 보장하여야 한다.

제20조 : 1. 일시적 또는 항구적으로 가족환경을 박탈당하거나 가족환경에 있는 것이 스스로의 최상의 이익을 위하여 허용될 수 없는 아동은 국가로부터 특별한 보호와 원조를 부여받을 권리가 있다.

2. 당사국은 자국의 국내법에 따라 이러한 아동을 위한 대체적 보호를 확보하여야 한다.

3. 이러한 보호는 특히 양육위탁, 회교법의 카팔라, 입양 또는 필요한 경우 적절한 아동양육기관에 두는 것을 포함한다. 해결책을 모색하는 경우에는 아동양육에 있어 계속성 보장이 바람직하다는 점과 아동의 인종적, 종교적, 문화적 및 언어적 배

경에 대하여 정당한 고려가 베풀어져야 한다.

제26조 : 1. 당사국은 모든 아동이 사회보험을 포함한 사회보장제도의 혜택을 받을 권리를 가짐을 인정하며, 자국 국내법에 따라 이 권리의 완전한 실현을 달성하기 위하여 필요한 조치를 취하여야 한다.

2. 이러한 혜택을 아동 및 아동에 대한 부양책임자의 재력과 상황은 물론 아동에 의하여 직접 행하여지거나 또는 아동을 대신하여 행하여지는 혜택의 신청과 관련된 여타의 사정을 참작하여 적절한 경우에 부여되어야 한다.

제27조 : 1. 당사국은 모든 아동이 신체적, 지적, 정신적, 도덕적 및 사회적 발달에 적합한 생활 수준을 누릴 권리를 가짐을 인정한다.

2. 부모 또는 기타 아동에 대하여 책임 있는 자는 능력과 재정의 범위 내에서 아동 발달에 필요한 생활여건을 확보할 일차적 책임을 진다.

3. 당사국은 국내 여건과 재원의 범위 내에서 부모 또는 기타 아동에 대하여 책임 있는 자가 이 권리를 실현하는 것을 지원하기 위한 적절한 조치를 취하여야 하며, 필요한 경우에는 특히 영양, 의복 및 주거에 대하여 물질적 보조 및 지원계획을 제공하여야 한다.

이들 협약 조항에 있는 가족지원의 내용을 근거로 하여 우리나라 가족지원 현황과 과제를 살펴보기 위하여, 임신한 어머니, 아이를 출산한 어머니, 일시적으로나 장기적으로 부모의 보호와 양육을 받지 못하는 아이들, 아버지가 없는 모자가족, 부모가 있더라도 경제적으로 빈곤하여 아동양육문제를 지닌 빈곤가족 등 대상별로 가족지원사업을 유형화하면 다음과 같다.

첫째, 아이를 가질 어머니에 대한 모성보호와 모자보건지원사업을 들 수 있다. 이와 관련된 조항은 부모의 지도와 양육책임(협약 제5조, 제18조 제1항 및 제2항), 사회보장권(협약 제26조), 생활 수준 향유권(협약 제27조)이다.

둘째, 아동복지의 주 대상자인 영유아와 아동 자신에 대한 보호, 육성사업을 들 수 있다. 이와 관련된 조항은 가정환경 상실 아동에 대한 국가보호(협약 제20조), 사회보장권(협약 제26조), 생활 수준 향유권(협약 제27조)이다.

셋째, 아버지가 없는 모자가족을 위한 지원사업을 들 수 있다. 이와 관련된 조항은 부모의 지도와 양육책임(협약 제5조, 제18조 제1항 및 제2항), 가정환경 상실 아동에 대한 국가보호(협약 제20조), 사회보장권(협약 제26조), 생활 수준 향유권(협약 제27조)이다.

넷째, 빈곤가족을 위한 지원사업을 들 수 있다. 이와 관련된 조항은 부모의 지도와 양육책임(협약 제5조, 제18조 제1항 및 제2항), 사회보장권(협약 제26조), 생활 수준 향유권(협약 제27조)이다.

III. 한국의 가족지원 현황에 관한 분석

1. 가족지원의 법적 장치

우리나라에서 아동의 복지를 위한 가족지원을 제도적으로 명시한 최고의 법은 헌법 제36조 제1항("혼인과 가족생활은 개인의 존엄과 양성의 평등을 기초로 성립되고 유지되어야 하며, 국가는 이를 보장한다")과 제2항("국가는 모성의 보호를 위하여 노력하여야 한다")으로 가족과 모성에 대한 권리를 헌법에서 명시하고 있다.

이를 바탕으로 일반아동의 건전 육성과 보호를 필요로 하는 아동의 보호라는 아동복지정책의 기본방향을 달성해 나가고 있다.

1) 아동복지의 책임 주체

아동복지정책의 기본방향을 성취하기 위한 책임 주체를 민법 제909조 제1항은 "미성년인 자는 부모의 친권에 복종한다"고 규정하여 부모를 친권자로 규정하고 있으며, 제2항은 부모가 공동으로 친권을 행사하도록 규정하면서 부모의 의견이 일치하지 아니하는 경우에는 가정법원이 이를 정하도록 하였다. 그리고 민법 제913조는 "친권자는 자를 보호하고 교양할 권리의무가 있다"고 규정하여 부모에게 자녀의 보호, 교양의무를 부과하고 있다.

아동복지법 제4조 제1항 "국가와 지방자치단체는 아동의 건강과 복지증진에 노력하여야 하며 이를 위한 시책을 시행하여야 한다", 제2항 "아동의 보호자는 아동을 가정 내에서 그의 성장시기에 맞추어 건강하고 안전하게 양육하여야 한다", 제3항 "모든 국민은 아동의 권익과 안전을 존중하여야 하며, 아동을 건강하게 양육하여야 한다", 그리고 제4항 "국가와 지방자치단체는 장애아동의 권익을 보호하기 위하여 필요한 시책을 강구하여야 한다"고 규정하여 아동의 보호자, 국민, 국가 및 지방자치단체의 아동복지 책임을 명시하고 있다.

2) 모성보호

부모가 자녀를 양육할 수 있도록 도와주는 지원조치로서, 근로기준법 제60조와 제61조는 임신중의 여자에 대하여 출산 전후를 통해 60일의 유급휴가를 갖도록 하고 있으며, 생후 1년 미만의 유아를 가진 여성근로자의 청구가 있는 경우에는 하루 2회 각각 30분 이상의 유급수유시간이 법적으로 보장되어 있다.

그리고 남녀고용평등법 제11조는 생후 1년 미만의 유아를 가진 근로여성이 그 유아의 양육을 위하여 휴직을 신청하는 경우, 육아휴직기간은 근로기준법 제60조의 규정에 의한 산전, 산후 유급휴가기간을 포함하여 1년 이내로 하며, 이 기간이 근무기간에 포함되도록 하고 있다.

3) 모자보건 보장

모성의 생명과 건강을 보호하고, 건강한 자녀의 출산과 양육을 도모함으로써 국민보건 향상에 이바지하기 위함을 목적으로 제정된 모자보건법 제3조는 모성과 영유아의 건강을 유지, 증진하기 위한 국가 및 지방자치단체의 책임을 명시하고 있다. 제4조에서는 영유아보건을 위한 모성 등의 의무, 그리고 제8조에서는 임산부의 신고에 의한 보호, 제9조에서는 신고된 임산부 및 영유아에 대한 모자보건수첩 발급, 제10조에서는 임산부 및 영유아에 대한 정기적인 건강진단, 예방접종, 모자보건요원의 가정방문에 의한 진료 등을 시장, 군수가 하도록 하고 있다.

4) 영유아 및 아동의 보호 · 육성

보호자가 근로 또는 질병 기타 사정으로 인하여 보호하기 어려운 영아 또는 유아를 심신의 보호와 건전한 교육을 통하여 건강한 사회 성원으로 육성함과 아울러 보호자의 경제적 · 사회적 활동을 원활하게 함을 목적으로 하는 영유아보육법의 제3조 제2항에는 "국가와 지방자치단체는 보호자와 더불어 영유아를 건전하게 보육할 책임을 진다"라고 공공책임을 강조하고 있다. 그리고 제21조에서 영유아보육 비용부담의 책임은 원칙적으로 보호자가 지도록 하고 있으나 국민기초생활보장법의 수급자와 저소득층 자녀의 경우 국가 또는 지방자치단체가 일부를 부담하도록 하고 있다.

또한 아동이 건전하게 출생하여 행복하고 건강하게 양육되도록 그 복지를 보장함을 목적으로 하는 아동복지법 제4조 제1항에는 영유아보육법에서와 마찬가지로 "국가와 지방자치단체는 아동의 건강과 복지증진에 노력하여야 하며 이를 위한 시책을 시행하여야 한다"라고 공공책임을 강조하고 있다.

5) 모자가족에 대한 보호

모자가정이 건강하고 문화적인 생활을 영위할 수 있게 함으로써 모자가정의 생활안정과 복지증진에 기여함을 목적으로 하는 모자복지법은 제11조에서 보호 대상자 또는 그 친족 기타 이해관계인이 아동교육지원비, 아동양육비 등 아동 관련 복지급여(제12조)를 관할시장 · 군수 · 구청장에게 신청할 수 있도록 하고 있으며, 제13조에서 국가 또는 지방자치단체는 아동교육비와 관련하여 복지자금 대여를 할 수 있도록 규정하고 있다. 그리고 제14조는 국가 또는 지방자치단체가 모자가정 아동의 고용을 촉진하기 위해 적합한 직업훈련실시와 취업알선을 하게 하며, 모자가정 아동이 우선 고용되도록 하고 있다. 제16조는 국가 또는 지방자치단체가 모자가정 아동이 공공의 편의시설과 기타 공공시설을 우선적으로 이용하도록, 그리고 제17조에서는 모와 아동이 전문 사회사업 서비스를 받도록 노력해야 함을 명시하고 있다.

6) 빈곤가족에 대한 생활보호

생활이 어려운 자에게 필요한 급여를 행하여 최저생활을 보장하고 자활을 조성하기 위해 제정된 국민기초생활보장법의 제7조에서는 빈곤가족에게는 생계급여, 주거급여, 의료급여, 교육급여, 자활급여, 해산급여, 장제급여 등을 제공하도록 명시하고 있다.

2. 가족지원의 현황

1) 모성보호 및 모자보건사업

모성의 생명과 건강을 보호하고, 건강한 자녀의 출산과 양육을 도모하기 위해 임산부 및 영유아에게 전문적인 보건의료 서비스를 제공하여 신체적, 정신적, 사회적 건강을 유지하기 위한 사업으로 모자보건사업이 진행되고 있다. 현재 모자보건법을 바탕으로 이루어지고 있는 모자보건사업 대상은 임산부와 출생 후 6년 미만의 영유아들이며, 모자보건사업은 임산부 · 영유아 등록관리사업, 영유아 예방접종, 임산부와 영유아의 건강진단사업, 엄마젖먹이기운동, 선천성대사 이상검사 등의 장애발생 예방사업, 모자보건수첩 발급 등을 포함한다.

1998년 현재 모자보건 서비스를 제공하는 시설로는 1차 보건의료기관으로서 보건소(245개소), 보건의료원(17개소), 보건지소(1,329개소) 및 보건진료소(2,039개소)가 있다. 아울러 대한가족계획협회 산하 모자보건센터를 운용하고 있다.

첫째, 임산부 · 영유아 등록관리사업을 보면, 1998년 현재 보건소에 등록된 임산부 7만 3천 명에게 산전, 산후 관리를 연계 실시하여 고위험 요인을 사전 방지하였고, 등록된 영유아 35만 5천 명에 대해서는 성장단계별 적기 보건지도 및 서비스를 제공하고 있다.

둘째, 영유아 예방접종의 경우 5세 이하의 모든 어린이에게 필요한 DTap, M.M.R, Polio, D.T, 풍진, 간염 등의 기초예방접종을 무료로 실시하고 있는데, 예방접종 실적을 보면 다음과 같다.

〈표 3-1〉 영유아 등 예방접종 실적

(단위 : 천 명)

연도	1993	1994	1995	1996	1997
계	3,571	3,484	4,359	4,329	4,466
DTap	1,214	1,117	1,095	1,231	1,122
M.M.R	331	282	258	278	302
Polio	1,479	1,416	1,369	1,334	1,438
D.T	547	513	488	394	527
풍진	–	156	383	348	354
간염	–	–	766	744	723

자료 : 보건복지부, 보건복지백서, 1998.

셋째, 임산부와 영유아의 건강진단사업의 목표는 산전 · 산후관리를 통해 아동인구의 사망률, 유병률, 장애율을 감소시키는 것인데, 현재 영유아의 정기검진은 생후 6개월, 18개월에 행해지고 있으며, 1998년 7월 현재 보건소에서 등록 관리하고 있는 국민기초생활보장법의 수급권자 등 저소득층 임산부, 영유아 중 3만 1천 명에게 건강진단을 실시하였다.

넷째, 엄마 젖먹이기운동이 활발하게 전개되고 있다. 여성의 경제활동 참가율이 높아짐에 따라 모유수유 실천율은 점차 낮아지고 있는 실정인데, 1988년 48.1%에서 1997년 14.1%(혼합수유시 52.5%)로 감소하였다. 이러한 모유수유 실천율이 낮아지는 것과 관련하여 정부는 모유 수유 실천율을 높이기 위해 UNICEF 등 국제기구, 민간사회단체 등과 협조하여 홍보활동을 전개하고 있으며, 세계수유의 날(8월 1일) 캠페인 등을 실시하고 있는데, 특히 UNICEF 한국위원회는 "아기에게 친근한 병원만들기" 운동을 전개하고 있으며, 아울러 정부는 1994년 8월 1일부터 모자동실제 실시에 따른 입원환자에 대한 병원관리료 등을 의료보험급여항목에 포함하고 병 · 의원의 모자동실제의 설치 · 확산을 위하여 의료 및 시민단체와 학계의 참여를 권장하고 있다.

다섯째, 정신박약아 발생예방을 위하여 1996년까지 저소득층 신생아를 대상으로 실시해 온 선천성대사 이상검사를 1997년 1월부터 모든 신생아에 대하여 무료로 확대 실시하고, 검사결과 환아로 판명된 저소득층 신생아에 대하여는 특수분유 및 치료비를 지원해 주고 있다.

그러나 이상의 높은 예방접종률과 임산부와 영유아의 건강진단사업 및 정신박약아 발생예방사업에도 불구하고 여전히 유행병 발생이 그치지 않고 있으며, 예방의 질이나 방법에 문제가 있는 것으로 지적되고 있으며, 특히 민간 부문에서 실시하는 예방접종의 비중이 지나치게 높아 관리가 어렵다는 점이 많이 지적되고 있다. 아울러 미혼모와 지불능력이 없는 일부 국민기초생활보장법의 수급권자의 경우 적절한 산전관리가 되고 있지 못하고 있다는 점이 문제로 부각되고, 엄마 젖먹이기운동이 활발하게 전개되고 있지만, 여성의 경제활동 참가율이 높아짐에 따라 모유수유 실천율은 점차 낮아지고 있는 실정이다.

2) 영유아 및 아동의 보호 · 육성

1970년대 이후 산업화와 경제성장으로 여성취업인력, 특히 취업모가 증가하고, 가족이 점차 소가족화의 추세를 보이고 보육수요가 늘어나면서 자녀의 양육문제는 개인적인 차원을 넘어 점차 사회적, 국가적 차원에서의 해결이 불가피해졌다. 한국의 보육사업은 1991년에 제정된 "영유아보육법"에 의해 실시되고 있다. 보육사업은 보건복지부가 일괄적으로 관리하게 되었으며, 저소득가족에 대한 보육료의 지원을 규정하는 등 과거에 비해 진일보한 입법체계와 정책을 시행하고 있다.

정부는 늘어나는 보육수요에 능동적으로 대응하고, 어린이의 건전한 보육과 맞벌이가정의 지원을 위하여, 1995년부터 1997년까지 총 재원 1조 3천억 원을 투자하여 보육시설을 증설하는 보육시설확충 3개년계획을 추진하여 1993년 말 5,490개소에 불과하던 보육시설을 1997년 말 13,315개소로 대폭 확충하여 영유아 456,655명이 보육 서비스를 받음으로써 양적인 면에서 괄목한 만한 성과를 거두었으나(〈표 3-2〉 참조), 질적인 면과 저소득층 보육을 포함한 포괄성면에서 아직도 미흡한 형편이다.

〈표 3-2〉 시설별 보육 현황

구분	1990	1995	1996	1997
국공립보육시설	360	1,029	1,079	1,096
민간보육시설	39	4,125	6,037	6,809
직장보육시설	20	87	117	132
가정보육시설	1,500	3,844	4,865	5,278
계(개소)	1,919	9,085	12,098	13,315
아동수(명)	48,000	293,747	403,001	456,655
예산/국고(억 원)	191	830	1,097	1,330

자료 : 보건복지부, 보건복지백서, 1998.

한편, 아동은 가정에서 태어나고 자라야 하며, 가정은 아동의 성장과 발달을 규정하는 가장 중요한 환경이다. 그러나 아동이 이러한 환경을 가질 수 없거나 가정에서의 양육이 아동의 성장과 발달에 저해요인이 될 것으로 판단되는 경우에는 아동복지법 제10조에 의하여 정부는 아동을 복지시설에 수용하여 필요한 보호조치를 하게 된다. 그리고 시설보호에 대한 대안으로 가정위탁제도가 1985년부터 실험적으로 실시되고 있다. 가정위탁은 탈수용시설화 정책의 하나로서 정책적으로 강조되고 있지만, 아직도 이 제도가 활성화되어 있지 못하여 그 실적이 부진하고, 입양을 위한 전 단계의 조치에 머무르고 있는 실정이다.

3) 모자(부자)가족에 대한 보호

1997년 현재 모자복지법상의 보호 대상 모자가정은 43,801세대이며, 세대원수는 126,826명인데, 우리나라 전체 모자가정의 94.4%인 41,338세대가 보호를 받고 있다. 특히 저소득 모자가정에 경제적 부담이 되는 자녀교육비 및 아동양육비를 지원함으로써 빈곤의 세습화 방지 및 아동의 건전한 양육을 도모하기 위한 사업으로 1997년도에 4인 가족 기준 월 소득 1백만 원 미만 중학생 및 실업계 고교생 자녀 16,377명에게 학비 62억 3천 5백만 원과 6세 이하 아동 5,277명에게 양육비 7억 3천 7백만 원을 지원하였다. 그리고 저소득 모자가정의 조기 자활과 자립 및 생활안정 도모를 위하여 1997년도에 저소득 모자가정 250세대에게 30억 원의 예산을 마련하여 세대당 1천 2백만 원 이내의 생업자금을 융자 · 지원하였다.

한편, 배우자가 있으나 배우자의 물리적, 정신적 학대로 인하여 아동의 건전 육성 또는 모의 건강에 지장을 초래할 우려가 있을 경우에 30일 이내(필요시 30일 범위 내에서 연장 가능)에 일시적으로 보호를 하는 모자일시보호시설을 대도시(광역시 이상)에 1개소씩 7개소를 설치 · 운영하고 있는데, 보호실적(〈표 3-3〉 참조)을 보면 양적으로도 부족함을 알 수 있다.

〈표 3-3〉 모자일시보호시설 보호실적

(단위 : 명)

연도	입소			퇴소			잔류자		
	계	모	아동	계	모	아동	계	모	아동
1992	367	245	122	310	211	99	57	34	23
1993	342	250	92	292	217	75	50	33	17
1994	424	274	150	416	271	145	58	36	22
1995	596	375	221	592	372	220	62	39	23
1996	788	479	309	772	472	300	78	46	32
1997	658	361	297	669	378	291	67	29	38

자료 : 보건복지부, 보건복지백서, 1998.

또한, 생활이 어려운 저소득 모자가정으로서 무주택세대에 대해서 장기적인 모자보호시설에 3~5년 동안 수용 보호하여 기본생계 보조와 자립기반 조성에 힘쓰며, 생활상담교사로 하여금 정신적, 심리적 갈등과 자녀양육 문제 및 직업훈련 등에 관하여 상담지도를 하고, 퇴소세대에게 2백만 원의 자립정착금을 지원하는 등 모자수용보호시설사업을 실시하고 있는데, 보호실적은 다음 〈표 3-4〉와 같다. 입소자수가 조금씩 증가하는 데 반해 퇴소자수는 오히려 조금씩 감소하고 있어 수용보호시설 2~3개의 증설이 필요함을 알 수 있다.

〈표 3-4〉 모자수용보호시설 보호실적

(단위 : 개소)

연도	시설수	입소자수			퇴소자수			연도말 회원					
		계	모	가족	계	모	가족	계	모	부양자수		노령자수	
										남	여	남	여
1992	39	873	293	580	1,122	329	793	2,697	810	906	936	3	42
1993	40	1,038	351	687	948	277	671	2,787	884	901	960	4	38
1994	37	783	283	500	1,047	322	725	2,523	845	825	823	3	27
1995	37	816	288	528	1,009	329	680	2,330	804	727	780	2	17
1996	37	867	309	558	805	276	529	2,392	837	717	819	1	18
1997	37	698	255	443	718	259	459	2,371	833	680	837	1	21

자료 : 보건복지부, 보건복지백서, 1998.

한편, 1997년 말 현재 저소득 부자가정은 13,595세대이며 세대원수는 11,554명이고, 그중 순수 저소득 부자가정으로 지원을 받는 가정은 3,755세대이다. 부자가정 선정기준은 4인 가족 월 소득 1백 22만 5천 원 미만, 재산 4천 5백만 원 이하인 세대로서 가구원에 따라 모자가정과 같이 차등을 두고 있다. 부자가정에 대한 지원 내용을 보면, 중학생 및 실업계 고교생 자녀 3,171명에게 학비 14억 1천 3백만 원과 6세 미만 아동 1,038명에게 양육비 1억 5천 6백만 원을 지원했다. 그리고 생업자금을 36세대에게 4억 1천 9백만 원을 융자하였다.

그러나 주거보호가 이루어지지 않고 있으며, 소득문제에서 파생하는 심리적 문제에 대한 대책은 이루어지지 않고 있는 실정이다.

4) 빈곤가족에 대한 생활보호

이전의 생활보호법은 보호 대상자를 인구학적 조건과 소득, 재산 기준에 따라 거택보호 대상자, 시설보호 대상자, 그리고 자활보호 대상자로 구분하여 자활보호 대상자에게는 생계보호를 제공하지 않았다. 그러나 현 국민기초생활보장법에서는 거택, 자활보호 대상자에 대한 구분이 없으며, 수급권자, 수급자, 보장기관이라는 권리성 용어로 바뀌었다(국민기초생활보장법 제2조 1호, 2호 및 4호). 또한 사회보장제도 중 아동이 있는 빈곤가족에 대한 국민기초생활보장과 관련하여 공공부조제도인 국민기초생활보장법상의 수급권자 안에 부양의무자가 없거나 있어도 부양 능력이 없는 보호자와 함께 사는 18세 미만의 아동이 우선적으로 포함되고 있다.

그러나 현행 국민기초생활보장법에 의한 보호는 경제적 부조에 초점을 맞추고 있기 때문에, 경제적 문제에서 파생하는 개인적 좌절, 무기력, 가족해체 등의 비경제적 문제에 대한 대책이 매우 미약한 실정이다.

2001년 국민기초생활보장 대상자는 약 155만 명이 될 예정이고, 1인당 현금급여액(생계비+주거비)은 최고 286천 원이 지급되며 생계, 주거비는 '최저생계비' 에서 현물로 지급되는 의료, 교육비 및 타 법령지원액, 가구소득을 뺀 나머지를 현금으로 지급하고 있다.

또한 수급자가 공공근로 등 자활사업에 참가해 발생한 소득으로 선정기준을 초과한 경우, 다른 급여는 중지하되 해당 자활사업에는 계속 참여할 수 있도록 자활급여의 특례자로 보호하고 있다. 따라서 자활특례자 가구에 '만성질환 등으로 지속적인 의료비 지출이 필요한 자' 나 '중 · 고등학생' 이 있는 경우는 해당가구원에 한해 의료급여나 교육급여를 실시하고 있다.

IV. 가족지원에 관련된 아동복지법의 개정방안

1. 국제협약을 토대로 한 가족지원의 과제

1) 아동보호와 양육책임 주체의 명료화

현행 민법 제909조 제1항인 "미성년인 자는 부모의 친권에 복종한다"는 내용과 제5항인 "양자는 양부모의 친권에 복종한다"는 내용은 친권의 본질이 자녀에 대한 지배권인 것으로 이해될 소지가 있으므로 친권의 본질이 지배권이 아니라 자의 보호·배려에 관한 책임이라는 사실을 분명히 하기 위하여 제1항은 "부모는 미성년인 자의 친권자가 된다"로, 그리고 제5항은 "양부모는 양자의 친권자가 된다"라는 표현으로 개정되어야 한다.

이와 함께 친권의 효력과 관련하여 제912조의 2에 "친권을 행사함에 있어서는 자의 최선의 복리를 우선적으로 고려하여야 한다"는 규정의 신설을 포함해야 하는데, 이것은 친권제도가 부모를 위한 친권제도에서 자를 위한 친권제도로 전이되고 있는 경향을 반영하기 위한 것으로서 아동의 이익을 최우선으로 하고 있는 협약의 원칙을 명문화하고자 하는 것이다.

2) 모성보호와 모자보건지원사업의 대상자의 포괄성과 급여의 충분성

임산부·영유아 등록관리사업을 보면, 보건소에 등록된 임산부와 영유아만 해당되기 때문에 포괄성의 문제가 있다. 따라서 앞으로 우리나라에 거주하고 있는 전체 임산부와 영유아에 대한 등록이 이루어져야 한다. 그리고 현재 보건소에서 등록 관리하고 있는 국민기초생활보장법의 급여 대상자 등 저소득층 임산부, 영유아 중 4만 6천 명에게만 건강진단을 실시하였는데, 앞으로 등록관리 대상자 모두에게 건강진단을 실시하여야 한다.

아울러 5세 이하의 모든 어린이에게 필요한 P.D.T, M.M.R, Polio, D.T, 풍진, B형 간염 등의 기초예방접종과 엄마 젖먹이기운동, 정신박약아 발생예방사업 등에 대한 국가적 차원에서의 급여가 충분히 제공되어야 한다.

3) 영유아 및 보호를 필요로 하는 아동의 보호 · 육성을 위한 시설 확충과 서비스 질적 제고

정부는 늘어나는 보육수요에 능동적으로 대응하고, 어린이의 건전한 보육과 맞벌이가정의 지원을 위하여, 보육시설을 대폭 확충하여 양적인 면에서 괄목할 만한 성과를 거두었지만 아직도 보육시설의 지역별 분포면에서 문제가 있고, 보육비 자기 부담이 많으며, 보육의 질도 떨어진다. 따라서 보육정책 전반에 대한 재검토가 요청된다고 하겠다.

보호를 필요로 하는 아동과 관련하여 우리나라는 가족 성원의 복지에 가족 자체가 일차적인 책임을 지며, 사회와 국가가 이차적인 책임을 진다는 원칙을 바탕으로 요보호 대상자 중심의 선별주의 복지 프로그램을 제공하고 있다. 따라서 가족의 복지기능 강화와 요보호자의 발생에 대한 예방의 필요성이 절대적으로 강조된다고 하겠다.

1953년 한국전쟁 이후 수많은 전쟁고아들을 수용 · 보호해야 했던 사회적 요구의 대응에서 비롯된 아동보호시설은 계속적으로 그 수가 증가되어 오다가 1970년대 이후 보호를 필요로 하는 아동의 발생감소로 점차 줄어들고 있으나 아직까지도 보호를 필요로 하는 아동에 대한 가장 일반적인 조치는 아동을 보호시설에 수용하는 데 급급한 실정이다.

그러나 보호를 필요로 하는 아동의 수용시설보호에의 치중은 지역사회보호를 통한 시설병을 예방함으로써 아동 개개인의 건전 성장과 계발을 위한 탈시설화(deinstitutionalization), 정상화(normalization), 통합화(integration), 개별화(individualization), 재사회화(resocialization)라는 아동복지의 원칙과 방향에 어긋나는 점이 많다. 따라서 앞으로 다양한 대리양육 환경의 개발이 큰 과제라 하겠다.

한편, 보호를 필요로 하는 아동의 생활 수준을 높이기 위한 조치로서 정부는 사회보장제도로서의 공공부조사업 외에 결연사업을 실시하고 있다. 결연사업은 정부가 현재 공공부조의 실질적 급여 수준이 최저 생계유지에는 못 미침을 감안하여 이를 보완하고자 실시하기 시작한 것으로, 시설보호아동, 소년소녀가장세대, 모자가정의 아동들에게 후원자가 매월 1구좌당 일정액의 단위로 후원금을 보내고, 방문과 초청을 통하여 이웃의 따뜻한 정을 느낄 수 있도록 하는 제도이다. 이러한 결연사업은 1981년부터 민간의 자율적인 참여를 바탕으로 전문 사회사업기관인 한국복지재단이 중심이 되어 추진되고 있다.

특히 부모의 사망, 질병, 심신장애, 가출, 이혼 및 교도소 수형 등으로 인하여 만 20세 이하의 소년소녀가장세대에 대한 후원자 결연사업은 정부가 1985년에 처음 시작한 것이다. 아울러 소년소녀가장세대에 대한 공공부조사업은 정부가 이들에게 경제적으로 필요한 최저생활을 보장해 줌으로써 보호를 필요로 하는 아동의 시설입소를 예방하고, 그들이 지금까지 살아온 지역사회에서 계속 살아갈 수 있도록 하며, 비행청소년화를 방지하고, 자립능력을 배양하여 건전한 사회인으로 육성되도록 보호하기 위한 탈시설화와 통합화운동의 맥락에서 고안되고 발전된 한국 특유의 제도라 할 수 있다. 그러나 아동은 어디까지나 수급권자로서 한 가정의 가장이 될 수 없다는 점에서 소년소녀가장세대에 대한 후원자 결연사업과 공공부조사업은 큰 문제가 된다고 하겠다.

4) 모자(부자)가족에 대한 보호

저소득 모자가정에 경제적 부담이 되는 자녀교육비 및 아동양육비를 지원함으로써 빈곤의 세습화 방지 및 아동의 건전한 양육을 도모하기 위한 사업이 활성화되기 위해서는 모자가족에 대한 국가 지원예산이 증가되어야 한다. 아울러 매년 입소자와 퇴소자의 수가 증가하고 있기 때문에 모자일시 보호시설의 수를 전국적으로 늘여야 하며, 모자자립시설도 늘여야 한다.

그리고 생활이 어려운 저소득 모자가정으로서 무주택세대에 대해서 장기적인 모자보호시설에 3~5년 동안 수용 보호하여 기본생계 보조와 자립기반 조성에 힘쓰며, 생활상담교사로 하여금 정신적, 심리적 갈등과 자녀양육문제 및 직업훈련 등에 관하여 상담지도를 철저히 하는 서비스 제도를 갖추어야 한다.

5) 빈곤가족에 대한 생활보호

한국 헌법은 제10조와 제34조에서 각각 '행복을 추구할 권리'와 '인간다운 생활을 할 권리'의 보장을 명시하고 있다. 특히 국가는 사회보장, 사회복지의 증진에 노력할 의무를 진다고 헌법 제34조 2항에 밝히고 있다. 이러한 헌법상의 권리는 정부의 재정여건에 따라 유보될 수 있는 추상적인 차원에서의 권리가 아니라 구체적인 삶의 권리로서 국민 개개인에게 보장되어야 한다. 따라서 한국 정부는 한국 국민이라면 누구나 최저한도의 인간적이고 문화적인 삶의 영위가 가능한 사회경제적인 조건을 마련해 주어야 할 의무가 있는 것이다.

그러나 현행 사회보장제도를 살펴보게 되면, 첫째, 보호가 가장 필요한 계층이 그 적용 대상에서 제외되어 있어, 모든 구성원을 대상으로 하는 보편성의 원칙에 어긋나고, 둘째, 급여 수준이 가족생활의 풍부한 보장을 위한 가족부양 수준의 원칙을 충족하기에 적절치 못하며, 셋째, 국가의 사회보장 재정지출 수준이 낮아 국가 책임성이 약한 문제를 안고 있다.

따라서 효과적인 사회보장제도가 확립되려면 다음과 같은 과제들이 이루어져야 할 것이다.

첫째, 공공부조 대상자의 확대가 시급한데, 소득 기준과 재산 기준으로 대상자를 선정하여 모든 대상자에게 생계급여를 제공해야 한다.

둘째, 대상자 선정의 공정성 확보가 요구되는데, 신청주의 원칙의 강화와 생활보장위원회 운영을 강화하는 방법을 활용할 수 있다.

셋째, 최저생계비 및 합리적인 급여 수준의 결정이 필요하다. 구체적인 방안으로 매년 최저생계비의 설정을 국회에 보고토록 하고 이에 따라 국민기초생활보장예산을 책정함으로써 복지에 대한 정당들의 책임성을 높이며, 동시에 실질적인 급여 수준의 향상을 꾀할 수 있다.

넷째, 보호의 내용이 강화되어야 한다. 주거비 지급과 함께 주거가 없는 대상자의 경우에 시설입소하도록 하고, 보호기관이 운영하는 공공임대주택에 급여 대상자가 거주할 경우 빈곤으로 인한 임대료 등의 연체를 이유로 계약을 해지하거나 퇴거를 명할 수 없다는 부분이 첨가되어야 한다. 아울러 공공부조 수혜의 조건으로 경제적 문제에서 파생하는 개인적 좌절, 무기력, 가족해체 등의 비경제적 문제에 대한 상담 서비스를 부가하는 방안을 도입하며, 급여 대상자들의 자발적 근로의욕 고취를 위한 자활지원센터 프로그램을 활성화한다.

2. 가족지원의 아동복지법의 개정방안

우리나라의 경우를 보면 아동복지법에서는 국가가 아동의 복지를 위해 양육 책임을 맡고 있는 가족을 지원해 주는 내용이 들어 있지 않다. 그러나 영국과 일본의 경우, 보호를 필요로 하는 아동을 가진 가족에게 지방당국이 지원하도록 하는 조항이 아동복지법에 분명히 명시되어 있다.

영국의 경우 1989년 아동법 제17조에 나와 있으며, 일본의 경우 심신장애아동을 가진 가족을 위한 거택생활지원사업을 지방정부(시 · 정 · 촌)가 할 수 있도록 아동복지법 제21조에 명시하고 있다.

따라서 아동복지법을 개정할 때 제4조 (책임) 부분에 "국가와 지방자치단체는 아동을 건전하게 육성하기 위하여 가족을 지원하여야 한다"를 제4조에 삽입해야 한다.

3. 가족지원의 아동복지 관련법의 개정방안

각 국가들은 정보화 시대에 성숙도가 높아지고 있는 아동과 청소년들에게 아동 권리에 대한 법적 절차를 확대해 왔으며, 계속 확대해 가고 있다. 특히 아동과 청소년들의 욕구를 수렴하고 최대로 충족시킬 수 있도록 가족, 학교, 의료기관, 치안 및 법정 등 사회제도의 보완적 기능을 강화하여 권리적 차원에서 이들의 제반 욕구 수용에 필요한 협력체제에 대한 법적 체계를 마련해 나가고 있다(Gustavsson & Segal, 1994).

이와 관련하여 미국의 경우 이미 연방정부 차원에서 1988년에 저소득가족에 대한 새로운 재정적 지원을 목적으로 "가족지원법(Family Support Act : PL 100-485)"을 만들었으며, 1993년에는 아동복지기관이 아동의 위탁보호 대신 가족보전을 위한 가족지원 서비스를 중점적으로 제공하도록 하는 "사회보장법(Social Security Act)" Title IV-B 수정안으로 "가족 보전 및 지원 서비스법(Family Preservation and Support Services Act)"을 제정하였다. 이에 따라 각 주정부는 나름대로 가족지원 프로그램 규정을 만들었는데, 일리노이주의 경우 "가족지원 시범 프로젝터(Family Support Demonstration Project)"라는 명칭의 규정을 만들어 시행하고 있다.

우리나라의 경우를 보면, 아동복지 관련법인 영유아보육법, 청소년기본법에서는 국가가 아동의 복지를 위해 양육 책임을 맡고 있는 가족을 지원해 주는 내용이 들어 있지 않다. 다만 국민기초생활보장법, 모자복지법 등에 아동양육 책임수행을 위하여 가족에 대해 국가의 지원을 규정한 조항이 일부 있을 뿐이다.

따라서 앞으로 우리나라에서도 전체 가족이 함께 공유할 수 있는 아동양육에 필요한 기본적이고도 질적인 가족지원사업이 잘 이루어지도록 하려

〈표 3-5〉 법 조항 개선안

법 조항	개선안	법체계
민법 제909조(친권자) ① 미성년인 자는 부모의 친권에 복종한다. ⑤ 양자는 양부모의 친권에 복종한다.	민법 〈개정〉 제909조(친권자) ① 부모는 미성년인 자의 친권자가 된다. ⑤ 양부모는 양자의 친권자가 된다. 〈신설〉 제912조(친권자 권리의무) ② 친권을 행사함에 있어서는 자의 최선의 복리를 우선적으로 고려하여야 한다.	민법
사회보장기본법 제6조(국가 등과 가정) ① 국가와 지방자치단체는 가정이 건전하게 유지되고 그 기능이 향상되도록 노력하여야 한다.	사회보장기본법 〈개정〉 제6조(국가 등과 가정) ① 국가와 지방자치단체는 가정이 건전하게 유지되고 그 기능이 향상되도록 지원하여야 한다.	사회보장기본법
	아동복지법 〈개정〉 제4조(책임) ① 국가와 지방자치단체는 아동을 건강과 복지증진에 책임이 있으며, 부모나 보호자가 그 책임을 감당할 수 있도록 가족을 지원하여야 하며, 이를 위한 시책을 시행하여야 한다.	아동복지법
	영유아보육법 〈신설〉 제3조(책임) ③ 국가와 지방자치단체는 영유아를 건전하게 육성하기 위하여 가족을 지원하여야 한다.	영유아 보육법
청소년기본법 제8조(국가 및 지방자치단체의 책임) 국가 및 지방자치단체는 청소년의 수련활동을 장려하고 복지를 증진하며, 제7조의 규정에 의한 국민의 책임수행에 필요한 여건을 조성하고 이에 필요한 법적 · 제도적 장치와 필요한 재원을 조달할 책임을 진다.	청소년기본법 〈개정〉 제8조(국가 및 지방자치단체의 책임) 국가 및 지방자치단체는 청소년의 수련활동을 장려하고 복지를 증진하기 위해 가족을 지원하여야 하며, 제7조의 규정에 의한 국민의 책임수행에 필요한 여건을 조성하고 이에 필요한 법적 · 제도적 장치와 필요한 재원을 조달할 책임을 진다.	청소년 기본법

면 국가가 제대로 가족지원을 제공해 주도록 하는 법적 조항을 사회보장기

본법과 아동복지 관련법에 들어가도록 해야 할 것이다.

그리고 이러한 가족지원을 국가가 제공해 주도록 하는 법적 장치를 제대로 만들려면 전체 가족이 공유할 수 있는 아동양육에 필요한 기본적이고도 질적인 가족지원의 구체적인 목적이 법에 명확히 제시되어야 한다. 즉 가족기능의 향상, 부모기능의 활성화, 아동기능의 향상 등 목적들을 사회보장기본법과 아동복지 관련법 조항에 명확하게 명시해야 한다(〈표 3-5〉 참조).

• 참고문헌

보건복지부. 1997. 『보건복지백서』.

조흥식 · 김인숙 · 김혜란 · 김혜련 · 신은주. 1997. 『가족복지학』. 서울 : 학지사.

Downs, S. W. & McFadden, E. J. 1996. *Child welfare and family services : policies and practice*. White Plains. N. Y. : Longman.

Gustavsson, N. S. & Segal, E. A. 1994. *Critical Issues in child welfare*. Thousand Oaks, CA : Sage Publications.

NASW. 1995. *Encyclopedia of Social Work*(12th ; 19th).

Pecora, P. J., Whittaker, J. K., Maluccio, A. N., Barth, R. P. and Plotnick, R. D. 1992. *The child welfare challenge : policy, practice, and research*. N.Y. : Aldine De Grayter.

______ . Fraser, M., Melson, K., McCroskey, J., & Meezen, W. 1995. *Evaluating family-based services*. New York : Aldine De Gruyter.

제4장

아동의 보건 및 안전과 아동복지법

황성철*

I. 문제 제기

아동은 건강하게 출생하여 건전하게 육성되고 안전한 가정 및 사회생활을 영위할 권리가 있다. 이러한 아동복지의 근본적인 이념은 금세기 이후 채택된 여러 차례의 국제적 아동권리선언들에 잘 나타나고 있다. 즉 1924년 아동권리에 관한 제네바선언에서 인류는 아동에 대해서 최선의 보호를 위한 의무를 가진다고 분명히 하였다. 또한 1959년 국제연합(UN)이 아동권리선언을 공포하여 아동의 인권과 권리를 보장하고 실현시키기 위해서 특별한 조치와 배려를 해야 할 필요성을 강조했다. 그러나 아동권리선언은 선언적 의미 이외에는 별다른 효력을 갖지 못하는 문제를 안고 있었다. 이에 국제연합은 법적 구속력을 갖추는 방향으로 아동권리에 관한 국제협약(Convention on the Right of the Child)을 만장일치로 채택하여 한층 고양된 아

* 신라대학교 사회복지학과 교수

동복지의 이념을 세계적으로 확산시키고자 하였다. 우리나라도 1990년 9월 25일 이 협약에 서명하고 그 이듬해 11월 30일 이를 비준함으로써 협약 당사국이 되어 보다 전향적인 아동복지와 아동보호의 실현방안을 모색해야 하는 입장에 처하게 되었다.

아동권리에 관한 국제협약 전문은 아동의 성장과 복지를 위해서 협약 당사국은 필요한 보호와 원조를 제공할 의무를 지닌다고 천명하고 있다(한국청소년개발원, 1997). 보다 구체적으로 국제협약 제6조는 모든 아동이 생명권을 갖고 있음을 인정하고, 제3조 3항은 협약 당사국은 아동의 보호에 책임있는 기관 및 시설이 아동의 안전과 위생에 관해서 기준을 설정하여 그들의 건강과 안전을 보장하도록 해야 한다고 규정하고 있다. 그리고 제24조에는 아동의 건강권을 확보하는 차원에서 영유아의 사망률을 감소시키고 필요한 건강 및 의료 서비스를 제공할 것을 보장해야 하며 특히 산모를 위해 출산 전후에 적절한 건강권리를 보장할 조치를 취하고 부모를 위한 건강지도 및 가족계획을 실시할 것을 규정하였다.

이상의 아동권리에 관한 국제협약에서 강조되는 부분은 협약 당사국이 아동의 건강한 출생과 건전 육성을 위하여 보다 적극적인 시책을 강구할 것을 권고하고 있다는 것이다. 그러나 우리나라의 경우 아동의 건강한 출생과 안전에 대한 국가의 책임보다는 개인과 가족의 책임이 지나치게 강조되고 있다는 것이 문제시된다. 물론 지난 20여 년 동안 급격한 경제성장으로 인한 국민생활 수준의 향상으로 우리나라의 각종 주요 보건의료지표가 선진국 수준으로 진입하고 있긴 하지만 국가는 아동의 건강과 안전에 관해서 여전히 소극적인 자세로부터 탈피하지 못하고 있다. 일반국민에 대한 의료보험제도와 각종 보건시책에서 아동의 건강권이 부분적으로 보호되고 있고, 빈곤계층의 임산부와 아동에 대해서는 의료보호제도를 통해서 일정한 지원이 이루어지고 있지만, 대다수의 아동 출생과 건강 그리고 안전의 문제는 아동의 보호자나 후견인 또는 그 가족의 책임으로 돌리고 있는 실정이다. 이러한 사실은 우리나라 아동복지시책 가운데 아동의 건강과 안전을 증진시키기 위해 특별히 마련된 프로그램을 거의 찾아보기 힘들다는 사실로 충분히 입증되고 있다.

더욱이 아동의 보건과 안전은 실로 광범위한 연구 대상에 속하고 관련된 우리나라의 법률 또한 광범위하게 분산되어 있어 혼란을 가중시키고 있다. 아동의 보건과 건강에 속하는 영역은 아동의 전염병 및 질병으로부터 보호, 영양상태, 신체검사, 건강상담, 보건위생에 관한 교육 및 지도 등 실로 광범위하다. 그리고 아동의 안전도 식품안전, 시설 및 설비 안전, 유해환경으로부터의 안전 그리고 유기, 학대, 성폭행, 살해 등 폭력이나 범죄로부터의 안전 등을 총망라한다. 아동의 보건과 안전에 관련된 법률 규정에는 아동복지법을 위시하여 국민기초생활보장법, 정신보건법, 전염병예방법, 모자복지법, 유아교육진흥법, 영유아보육법, 학교보건법, 학교급식법, 도로교통법 등을 들 수 있는데 이처럼 아동의 보건 · 안전 관련 조항이 매우 다양한 여러 법률 규정에 분산되어 있다는 것을 알 수 있다. 따라서 여기서는 아동의 건강과 안전에 관한 법률 가운데에서도 아동복지와 밀접한 관련을 갖는 아동복지법, 국민기초생활보장법, 모자보건법, 그리고 도로교통법시행규칙에 관한 법률을 중심으로 아동의 보건과 안전에 관한 문제를 다루고자 한다.

우리나라 아동복지 관련 법률의 개정을 위한 노력의 일환으로 시작된 본 연구는 먼저 아동의 보건과 안전에 관한 법률체계를 분석하여 그 문제점을 규명한 뒤, 외국의 법률과 아동 보건 · 안전을 위한 보건복지대책을 살펴보고 그 시사점을 얻고자 하는 목적에서 시작되었다. 아동의 보건과 안전에 관한 법률의 제정과 효과적인 보건복지대책은 아동의 건강문제와 안전실태에 관한 현황자료의 분석과 그 대안을 제시하는 과정에서 자연히 부각될 것이라 생각한다.

〈표 4-1〉 우리나라 아동의 건강 및 보건과 안전에 관한 법률 규정

법	시행령	시행규칙	내용
아동복지법 제1조 제9조 제10조 제16조		제11조	아동의 건강권과 복지에 관한 국가의 보장 아동의 건강관리 및 보호 · 감독자의 의무 보호를 필요로 하는 아동에 대한 보호조치 아동복지시설 아동복지시설 운영규칙 (시설장의 건강검진, 치료, 급식위생에 관한 의무)
국민기초생활 보장법 제7조			보호를 필요로 하는 아동의 생계급여와 의료급여에 관한 조치 임산부에 대한 해산급여조치
모자복지법 제12, 제13조			아동의 생계비와 의료비 지원에 관한 국가의 의무
모자보건법 제3조			국가와 지방자치단체의 모자보건에 관한 책임
정신보건법 제2조 제4항			미성년의 정신질환자에 대한 특별한 보호 및 치료 보장
전염병예방법 제10조 제2항			아동의 보호자 또는 후견인의 예방접종의무 규정
유아교육진흥법 제3, 제4조 제7조	제3조		국가와 지방자치단체의 유아보건의료에 관한 시책 유아교육기관자의 건강검진과 치료조치 규정 원아 보건관리를 위한 의사 위촉
영유아보육법 제3조 제17조			국가와 지방자치단체의 영유아 건전 보육 책임 생보자 및 저소득층 자녀의 우선 입소
학교보건법 제4조 제9조, 제15조			학교장의 환경위생 및 식품위생에 관한 의무 학교장의 학생 영양관리 및 질병치료 · 예방에 관한 지도 학교 학생의 보건관리를 위한 학교의사 · 양호교사 배치
학교급식법 제6조	제3조 제2항		학교 급식의 영양상태와 위생안정에 관한 조치 교육감 · 학교장의 학교급식과 식품위생의 안전 점검
도로교통법		어린이보호구역의 지정 및 관리에 관한 규칙 제3조, 제9조	초등학교 주 출입문을 중심으로 반경 3,000m 이내의 도로 일정구간을 보호구역으로 지정 자동차 통행제한, 주정차금지, 속도제한 30km 이내

II. 한국의 아동 보건과 안전에 관한 법률에 관한 분석

우리나라 아동복지법 제1조에는 아동의 건강권과 복지에 관한 국가의 보장의무가 명시되어 있다. 이러한 일반적인 법률 규정 아래 제10조에는 시 · 도지사나 시장 · 군수는 그 관할구역 안에서 보호를 필요로 하는 아동에 대한 적절한 보호조치와 더불어 특수한 치료나 요양이 필요한 아동에 대하여 병원 또는 요양소에 입원 또는 입소시키도록 규정되어 있다.

그러나 이러한 법률 규정은 다음과 같은 문제점을 드러내고 있다.

첫째, 제1조의 아동 건강권 보장에 관한 규정은 선언적인 의미 이외에는 별다른 효력을 발휘하지 못하고 있다는 점이다. 건강권과 복지에 관해서도 정부는 주로 보호를 필요로 하는 아동에 대해서 제한된 급여 수준의 의료보호 서비스를 제공하고 있을 뿐이다. 따라서 일반아동에 대한 건강권과 복지는 전적으로 가족의 책임으로 돌리고 있다.

둘째, 제10조에서 도지사나 시장 · 군수 등의 지방자치단체장은 관할구역 내 보호를 필요로 하는 아동을 발견하거나 보호자의 의뢰를 받은 때에는 병원 또는 요양소에 입소시키도록 되어 있어 시설 또는 병원에의 입소가 어느 정도 신청주의로 바뀌어졌지만 여전히 행정관청의 주도에 의해 행해지도록 되어 있다. 이러한 행정관청의 직권주의는 행정행위에서 재량행위에 해당되기 때문에 적절한 조치를 취하지 않아도 별로 문제가 되지 않는다는 것이다. 그 결과 아동의 건강과 보호에 대한 정부의 책임은 희박해지고 상대적으로 그들의 복지권은 적절히 보호되기가 어려워진다.

셋째, 제10조에서 특수한 치료나 요양이 필요한 아동과 어떠한 상태에 있는 아동을 말하는 것인지 명백하지 않다는 점이다. 일반적으로 특수한 치료나 요양이 필요한 아동에는 정신 및 신체장애아동을 지칭하는 것으로 이해할 수 있다. 그리고 의학적인 입장에서 혈우병, 심장병, 결핵 등은 특별한 치료나 요양을 필요로 하는 경우라고 간주할 수 있다(김만두, 1991).

국민기초생활보장법 제7조에서 아동이 국민기초생활보장의 수급자로 책정되는 경우 생계급여, 교육급여와 함께 국가는 의료급여 조치를 취하도록 규정하고 있고 국민기초생활보장법의 급여 대상인 임산부가 아이를 출산하는 경우 해산급여하도록 규정되어 있다. 그리고 모자복지법 제12조와 제13조에서도 보호를 필요로 하는 아동에 대한 의료보호조치를 하도록 규정되어 있다. 이와 같은 법률 규정에서 보호를 필요로 하는 대상 아동과 임산부의 건강권은 일차적으로 의료보호제도를 통해서 어느 정도 확보되고 있다고 말할 수 있다. 그러나 우리나라 의료보호제도는 급여 수준에서 매우 한정적이고 또한 의료보호지정기관에서 서비스를 받는 경우로 제한되고 있으므로 의료 서비스에 대한 접근성에서 문제가 제기된다.

아동의 건강과 관련된 법률에서 모자보건법이 차지하는 비중은 막대하다. 왜냐하면 차세대 국민의 건강은 아동의 건강상태와 밀접히 관련되고 아동의 건강은 임산부의 신체적, 심리적 건강상태에 크게 의존하기 때문이다. 모자보건법 제3조는 국가나 지방자치단체가 모자보건의 증진에 관한 책임이 있고 모성과 영유아의 건강을 증진시키기 위해 필요한 조치를 취해야 한다고 규정하고 있다. 그러나 정부의 모자보건사업은 주로 의료시설이 빈약한 농어촌지역을 대상으로 보건소, 보건의료원, 모자보건센터 등이 주축이 되어 실시되고 있다(박인화 · 황나미, 1993 : 21). 농어촌지역의 모자보건을 향상시키기 위해 존재하는 이러한 기관들은 만성적인 인력 및 재정부족과 적절한 시설을 갖추지 못하여 모자보건의 증진에 크게 기여하지 못하고 있는 실정이다. 예컨대 신생아 집중치료시설을 갖춘 보건소는 전무하고 이러한 시설도 경인지역 민간의료기관에 집중되어 있기 때문에 고위험 임산부와 신생아의 집중관리가 제대로 이루어지지 않고 있다. 결국 모자보건에 관한 정부의 책임은 농어촌지역에 한정해서 일반적인 의료 서비스를 제공하는 수준에 그치고 있다는 점에서 한계가 있고 일반인의 모자보건은 전적으로 개인과 가정의 책임 아래 민간 의료기관이 전담하고 있는 실정이다.

아동 및 어린이의 안전에 관한 법률적 규정에는 도로교통법 시행규칙 제

3조와 제9조에서 초등학교 주 출입문을 중심으로 반경 3,000m 이내의 도로 중 일정구간을 보호구역으로 지정하여 보호구역 내 자동차통행의 금지 또는 제한과 주정차를 금지하고 있으며 속도를 30km 이내로 제한하고 있다. 이러한 법률 규정이 마련된 이유는 최근 우리나라에서 자동차수의 급격한 증가로 교통사고에 의한 재해가 심각한데 그중 어린이 교통사고 사망자와 부상자의 수가 선진국에 비해 매우 높아 이에 대한 대책이 시급했던 때문이다. 그러나 이러한 규정도 학교를 중심으로 보호구역을 설치했기 때문에 그 밖의 지역에서는 여전히 어린이들이 교통사고의 위험에 그대로 드러나 있다. 또한 이러한 조치는 교통단속요원만으로는 엄격한 법률집행이 사실상 어려울 뿐 아니라 다양한 안전시설의 미비와 효과적 교통교육의 부재로 별로 효과가 없는 것으로 분석되고 있다(부산참여자치시민연합, 1996).

III. 영국, 미국의 아동 건강과 안전을 위한 법률과 그 시행에 관한 분석

영국의 아동보호와 복지를 위한 법률 또한 최근까지 다양한 입법으로 분산되어 있었으나 1989년에 제정되어 1991년부터 효력을 발생하기 시작한 아동법(The Children Act)에서부터 보호를 필요로 하는 아동과 가정에 대한 지원뿐만 아니라 아동의 보호를 위한 제반 관련법이 통합형태를 취하게 되었다. 영국의 아동법은 아동의 부모와 법원 그리고 지방당국이 아동의 보호에 대해서 책임을 갖고 아동의 최우선적 이익을 위해서 노력해야 한다고 규정하고 있다.

영국의 아동법 제17조는 지방당국의 서비스를 받을 수 있는 대상 아동을 '정부의 서비스가 부재한다면 상당한 수준의 건강을 유지할 기회와 가능성을 잃을 수 있는 아동' 이라 정하였다(HMSO, 1998). 이러한 규정은 보호를 필요로 하는 아동의 범위를 상당히 확대한 것으로 우리나라의 국민기초생활보장의 대상 아동보다는 포괄적이다. 그리고 영국에서 보다 중요한 것은 일단 보호를 필요로 하는 대상 아동으로 선정되면 각종 보호조치가 실제적으로 이루어져 아동복지의 증진에 크게 기여한다는 점이다.

또한 제31조에서 아동의 건강이란 신체적, 정신적 건강을 포함하며, 아동을 보호하는 지방당국은 적절한 케어와 슈퍼비전을 하도록 규정하고 있다. 그리고 제73조에는 유아에 관한 보호 서비스를 제공하는 각종 복지시설과 데이케어센터는 아동의 안전을 확보할 수 있는 적절한 시설과 설비를 갖추도록 요구하고 있다.

영국의 보호를 필요로 하는 아동에 대한 보건 및 복지 서비스는 지방정부의 사회 서비스부(social service department)가 전적으로 책임을 맡아 직접적인 서비스를 제공하거나 민간기관의 서비스를 구매하도록 하는 방식을 채택하고 있다. 최근에는 지방정부가 점차 민간기관의 서비스를 구매하는 방식으로 전환되고 있다(Brenton, 1985). 보호를 필요로 하는 대상 아동을 제외한 일반아동은 국민보건 서비스(National Health Service)체제에 편입되어 최선의 서비스를 받을 수 있도록 되어 있다.

영국의 국민보건 서비스는 일종의 국영의료체계로 병원은 국가재정으로 운영되며 거의 대부분의 의사들은 공무원 신분으로 월급을 받는 형태로 되어 있다(신섭중 외, 1994). 이러한 의료 서비스 체계는 의료비 상승의 억제는 물론 모든 아동과 임산부에게 질 높은 보건의료 서비스를 제공할 수 있는 장점을 갖고 있다. 영국에서 임산부의 90% 정도가 국민보건 서비스 산하의 병원에서 분만을 하여 퇴원하게 되면 조산소나 가정에서 지역의사나 간호사의 재가의료 서비스를 받을 수 있다. 그리고 모든 아동들은 국립병원에서 치과진료를 포함한 의료적 서비스를 무료로 받을 수 있다(김현용 외, 1997). 영국에서 아동의 기초적인 건강보호를 위해 마련된 특수한 프로그램 또는 보건대책으로는 아동보건감시 서비스(Child Health Surveillance)가 있다. 이것은 지역사회의 의사와 간호사로 구성된 기초보건보호팀이 각 가정 및 복지시설을 방문하여 아동보건의 문제를 조기에 발견하여 적절한 의료 서비스를 제공하는 프로그램으로 거의 대다수 지역사회 가정의(family practitioners)들이 참여하고 있기 때문에 실효성이 상당히 높다.

미국에서 아동의 건강과 보건에 관한 관심은 금세기 초반부터 시작되었다. 즉 1912년에 설립된 아동국(Children's Bureau)은 당시 신생아 10명 중 1명이 일년 이내 사망하는 높은 유아사망률과 산모사망률을 줄여 보자는 의도에서 1921년부터 연방정부의 재정지원으로 산전산후의 건강관리에 관한 모자보건사업을 실시하였다. 이러한 노력은 1935년에 제정된 사회보장법 제5조로 통합되어 모자보건 서비스(Maternal and Child Health Service)로 정착하게 되었다(Lindsey, 1994). 1965년에 제정된 사회보장법 16조의 의료부조(Medicaid) 프로그램은 보호를 필요로 하는 아동과 임산부에게 건강보호 서비스를 제공하고 있다. 특히 이러한 의료부조는 그 급여 수준에서 거의 제한이 없기 때문에 특별한 조치가 필요한 아동과 임산부에게 무료의 질 높은 의료 서비스가 제공되고 있다.

빈곤계층의 임산부와 아동의 건강을 위한 연방정부의 특수 프로그램으로는 식품권(Food Stamp) 프로그램과 보충적 식품(WIC : Special Supplemental Food Program for Women, Infant and Children) 프로그램이 있다. 식품권 프로그램은 소득과 자산이 일정 수준 이하의 저소득 빈곤가정에게 식품구매를 할 수 있는 쿠폰을 지급하는 현물급여제도이다. 1991년 수혜자는 2,400만 명에 달하고 월 평균 급여액은 50달러 정도로 연방정부는 농무성이 관장하나 주정부에서는 복지국이 담당하는 제도이다. 보충적 식품(WIC) 프로그램은 빈곤계층의 임산부와 유아의 영양식과 건강을 도모하기 위한 특별한 식품권 제공 프로그램이다. 아동은 만 5세까지 수혜자격이 있으며 미국 전역의 8,200여 개의 보건소나 복지지소를 통해서 전달되고 1991년 현재 월 220만 명씩의 아동들에게 혜택이 주어진 것으로 집계되었다. 그 밖의 아동의 보건과 복지 향상을 위한 프로그램으로는 주정부 책임하에 각종 프로그램이 마련되고 있는데, 이를 위하여 연방정부는 사회보장법 제20조에 근거하여 주

정부가 사회복지 서비스를 제공하도록 재정지원을 해 주고 있다(Garvin & Tropman, 1998).

미국에서 주정부가 주체가 되어 시행되는 보건복지 서비스 가운데 괄목할 만한 프로그램은 청소년가정생활(Adolescent Family Life) 프로그램이다. 이 프로그램은 임신한 청소년과 청소년의 부모를 대상으로 상담과 교육 서비스를 제공하고 있다. 즉 미성년인 소년소녀들이 임신하여 아이를 갖게 되는 경우 태아와 산모의 건강유지에 필요한 정보를 제공하고 임신에 따른 심리적 문제를 해결하도록 도와주고 있다. 그리고 청소년들이 아이를 출산한 경우 신생아의 건강한 양육을 위해서 부모교육을 실시하고 있다. 이 프로그램의 시행 주체는 연방정부이지만 연방정부는 예산만을 지원하고 실제로는 주정부 산하 각종 보건소와 민간의 클리닉에서 실제적 프로그램이 시행되며 연간 1만 5천 명의 청소년 임산부와 가정에 대해 서비스를 제공하고 있다.

IV. 비교분석

우리나라 아동복지법은 아동을 건강하게 출생시켜 행복하고 안전하게 보호육성하기 위하여 제정된 법률이다. 아동의 건강한 출생과 정신적 · 신체적 · 사회적 · 정서적으로 안전하기 위하여 국가나 지방자치단체는 최선의 노력을 하여야 하며, 필요한 정책을 실시하여야 한다고 명시하고 있다(제4조 제1항). 그러나 이러한 국가 책임의 의무가 전체 아동을 대상으로 한다는 취지를 강조하는 과정에서 장애아동을 제외하는 등 보호를 필요로 하는 아동에 대한 건강한 성장과 안전에 대한 국가나 사회의 책임 부분이 다소 미약하게 되었다고 본다. 전체 아동을 대상으로 아동수당을 지급하는 영국의 아동복지와 건강에 관한 법률 규정도 보호를 필요로 하는 아동과 임산부를 우선시 하고 있지만 대부분의 외국의 경우 아동의 건강과 안전을 위해서는 적극적인 보건 및 복지 서비스로 접근하고 있다.

영국의 아동법(The Children Act)은 아동의 건강과 보호를 위한 기존의 각종 법률을 통합하여 제정되었고 아동권리에 관한 국제협약의 내용을 충실히 반영하고 있다는 점에서 아동복지에 관한 일반법의 형태를 띠고 있다. 반면 우리나라 아동복지법은 사회보장기본법에 대해서는 특별법적 지위를 갖고 있으나 아동의 건강과 보건 및 복지 서비스에 관한 다른 여타의 법률에 대해서는 일반법적 지위를 갖지 못하고 있다. 예컨대 전술한 모자복지법과 모자보건법은 아동복지법과 대등한 법률적 지위를 갖기 때문에 개별 법률과 아동복지법은 별개의 법체계로 작용하고 있다. 이러한 측면에서 아동복지법은 아동의 건강과 안전 그리고 복지에 관한 여타의 복잡 다양한 법률을 통합하는 방식으로 일반법의 성격을 갖도록 개정되어야 한다는 것이다.

아동의 건강과 안전을 보호하기 위해서 정부는 앞서 분석된 다양한 관련 법률에 의해서 여러 형태의 시책을 마련하고 시행하고 있다. 그러나 이러한 시책들은 외국의 프로그램에 비해서 그 적용 대상의 한정성과 사업수행의 효과성을 확보하기 어려운 수준에 있다. 영국과 미국에서 아동의 건강을 위한 프로그램들은 비록 미국의 경우 빈곤계층의 아동을 중시하고 있으나 적용 대상이 포괄적이며 급여 수준도 일반아동과 별로 다를 바가 없다. 이러한 관점에서 우리나라 법률에서 고려되어야 할 것은 국가책임의 실제성을 확보하는 차원에서 우선 다양한 프로그램이 마련되어야 하고 그리고 관련 법규에 그 프로그램을 수행할 수 있도록 재정과 비용에 대한 책임 명시와 구체적인 급여 및 조직과 인력에 관한 규정도 반드시 포함되어야 할 것이다. 즉 대부분의 아동 건강과 복리에 관한 규정들이 국가는 무엇을 할 수 있다고 임의 규정하고 있기 때문에 아동의 건강권은 확보되기가 어려운 것이다. 사회복지 관련 법규에서 국가 책임성을 확보하기 위해서는 상기와 같은 구체적인 명문 규정이 강제 규정으로 포함될 필요가 있다(윤찬영, 1998).

V. 아동의 보건과 안전의 실태와 개정방안

지금까지 아동의 보건과 안전에 관한 한국의 법률체계를 분석하고 외국의 법률 규정을 살펴본 후 한국의 아동 건강과 복지에 관한 관련 규정이 어떤 문제점을 내포하고 있는가를 살펴보았다. 법률의 제정 또는 개정과 관련 시책의 수행에서 전제가 되는 것이 실태분석이다. 따라서 여기서는 우리나라 아동의 건강과 안전의 수준은 어떠한 상태에 있으며 아동의 건강과 안전을 위협하는 요소는 무엇인가를 규명하고 외국의 아동 건강 수준과 비교하여 보다 효과적인 정책대안은 무엇인가를 살펴보고자 한다.

아동의 건강과 관련된 가장 중요한 보건지표는 영아사망률이다. 영아사망률은 1970년 출생 천 명당 53명이었으나 그 동안 국민의 보건의료 수준이 향상되어 1995년에는 9명 수준으로 급격히 저하되어 선진국 수준에 근접해 가고 있다. 이는 전국민 의료보험제도의 실시로 의료이용에의 접근성이 확보되어 99%의 시설분만율에 의한 결과로 해석되지만 일본의 영아사망률보다는 여전히 높다. 1세 이하 유아사망률도 유아 천 명당 8명으로 일본과 스웨덴보다는 높지만 미국보다는 낮은 수준에 있다. DPT, 소아마비, 그리고 홍역 등에 대한 예방접종률도 상당히 높은 수치를 보이고 있어서 미국과 일본보다는 높은 수준에 도달하고 있다. 영아기의 주요 사인을 분석해보면 선천성 이상과 주산기 질환이 주된 원인으로 작용하고 있다(통계청, 1996). 이에 일본에서는 1979년부터 주산기 의료의 지역화사업을 통해서 신생아사망률 감소에 노력한 결과 세계 최고의 낮은 영아사망률을 갖게 되었다(황나미, 1997).

〈표 4-2〉 한국과 선진국의 주요 아동보건지표

(단위 : 인, %, 세)

아동보건지표	한국	일본	스웨덴	미국	영국	프랑스
영아사망률(천 명당)	9	6	6	10	8	9
유아사망률(천 명당)	8	5	5	9	7	7
DPT접종률(1세 아동)	97	87	99	83	92	89
소아마비 예방접종률(1세 아동)	95	90	99	72	95	92
홍역 예방접종률(1세 아동)	89	66	95	83	92	76
평균기대수명	71	79	78	76	76	77

자료 : The State of the World's Children 1995, UNICEF.

우리나라 유아(1~4세)의 사망 수준은 통계로 파악되지 못하고 있다. UNICEF의 수리모형에 의한 측정결과는 출생아 천 명당 8~10명 사이로 추정되고 있다. 1992년까지 유아기 주요 사인은 교통사고를 포함한 각종 사고사가 주를 형성하고 있었으나 1995년부터 교통사고가 단독 1위로 밝혀지고 있다. 그 밖의 유아기 주요 사인으로는 각종 부주의나 관심부족으로 빚어지는 사고성 익수와 추락사고 그리고 유아기의 질병 등으로 나타나고 있다.

〈표 4-3〉 유아기 주요사인의 순위

사인순위	1982	1992	1995
1	사고	사고	교통사고
2	폐렴	선천이상	사고성 익수
3	선천이상	암	선천성 기형
4	수막염	폐렴 · 기관지염	추락사고
5	결핵	마비성증후군	백혈병

자료 : 통계청, 사망원인통계연보, 각 연도.

이상의 영유아와 관련된 아동의 주요 보건지표와 사인을 분석한 결과 다음과 같은 대책이 절실히 요청된다. 우선 영아사망률은 선진국 수준에 근접했지만 선천이상과 주산기 질환이 주요 사인으로 등장하고 있다. 의료기관의 보고자료에 의하면 신생아의 사인과 관련해서 단기임신과 저체중 관련 장애가 선천성 이상과 밀접한 관련이 있기 때문에 이에 관한 장애예방대책과 주산기 의료체계의 구축방안이 요구된다. 특히 낮은 소득 수준과 질병의 밀접한 상관관계에 유념한다면 저소득 빈곤가정의 임산부에 대한 적절한 산전산후관리가 더욱 중요시되고 있다.

전술한 바와 같이 유아기 주요 사인 중에서 으뜸을 차지하는 것은 교통사고를 포함한 각종 안전사고였다. 교통사고나 각종 안전사고는 유아기뿐만 아니라 14세 이하 아동의 주요 사인으로 등장한다. 통계청의 사망원인통계연보에 의하면 우리나라에서의 연간 2,500명이 넘는 아동들이 15세 이전에 사고로 생명을 잃고 있는 것으로 나타났다(통계청, 1996). 0세에서 9세 아동의 사고에 의한 사망원인을 국제비교한 〈표 4-4〉를 보면 교통사고는 영국과 일본에서뿐만이 아니라 우리나라에서도 가장 큰 사망원인으로 나타나고 있다. 그러나 우리나라 아동의 교통사고에 의한 사망률은 다른 나라에 비해서 그 절대적 수치에서도 매우 높게 나타났다.

〈표 4-4〉 9세 이전 아동의 사고에 의한 사망원인 국제비교(1994)

(단위 : 명, %)

사고원인	영국	일본	한국
교통사고	195(48.3)	410(36.4)	970(49.5)
화재사고	74(18.3)	60(5.3)	79(4.0)
추락사고	18(4.5)	57(5.1)	138(7.0)
익사사고	45(11.1)	253(22.5)	401(20.5)
질식사고	29(7.2)	225(20.0)	238(20.0)
중독사고	4(1.0)	-	30(1.5)
기타	39(9.7)	120(10.7)	102(5.2)
아동사망수	404(100.0)	1,125(100.0)	1,958(100.0)

자료 : 통계청, 사망원인통계연보, 1994.

우리나라에서 9세 이전 아동의 사망원인 가운데 교통사고 다음을 차지하는 주요 사인은 익사사고, 질식사고 그리고 추락사고이다. 특히 교통사고에 의한 부상아동수는 사망수의 30배 이상으로 추정되고 그 밖의 사고로 인해서 부상당하거나 장애아가 되는 경우는 엄청나게 많을 것으로 추정되고 있다. 이는 아동의 건강과 안전을 위해서는 교통안전의 확보와 각종 안전사고에 상당한 노력을 기울여야 한다는 점을 시사하고 있다. 교통사고에 의한 아동 사망수를 줄이기 위해서는 현행 도로교통법 시행규칙에 의한 아동보호구역을 학교 주변에만 한정하지 말고 보육시설과 아동의 놀이터 주변에까지 확대하여 적용하고 아동에 대한 각종 안전교육과 안전표지 및 시설물의 설치를 보완해야 할 것이다(한혜경, 1997). 그 밖에 선진국에서 의무화하거나 권장하고 있는 아동의 자전거 헬맷착용제도의 도입과 실습위주의 어린이 교통안전교육을 실시하는 것도 고려해 볼 만하다.

보육시설 내 안전사고는 주로 2~6세까지의 아동에 해당되며 그 원인으로는 시설구조의 부적합과 관리소홀에 의한 상해가 발생되고 있다. 식품으로 인한 사고 역시 부정 및 불량 식품의 제조와 유통단계에서 오염 또는 부패로 변질된 식품복용에 의한 사고가 많다. 장난감으로 인한 사고 위험은 모든 연령층의 아동에게서 일어나는데 품질불량, 유해원소에 의한 중독, 모의 총기류 안전수칙 미준수 등이 원인으로 지적되고 있다(한혜경, 1997). 이와 같이 아동 안전을 위협하는 요소들은 매우 복잡 다양하기 때문에 각 개별 법령에서 보다 구체적인 안전수칙과 지침을 마련하기는 힘들다. 따라서 아동복지법에 아동의 안전에 관한 일반 규정을 신설하고 아동안전특별법과 같은 통합적인 법령을 마련하는 것도 고려해 볼 수 있다.

VI. 결론

아동권리에 관한 국제협약의 당사국이 된 한국은 전반적인 아동복지의 증진을 위해서 노력해야 하며 아동의 보건과 안전을 위해서 보다 전향적이고 적극적인 시책을 마련해야 할 입장에 있다. 한국의 아동보건 수준은 그동안 국민생활 수준의 향상으로 각종 보건의료지표상으로는 선진국에 근접하고 있으나 여전히 아동의 건강과 안전은 크게 위협받고 있다. 이는 아동의 건강과 안전에 관해 국가는 최소한의 책임만을 가질 뿐 적극적인 시책을 마련하지 않은 데서 기인한 현상이다. 특히 국가는 국민기초생활보장 급여 대상 아동과 임산부에 대한 의료보호라는 단일 제도에만 의존하고 있어 그 급여의 수준과 대상의 범위에서 한정적일 수밖에 없다.

법률적 차원에서 볼 때 아동의 보건과 안전에서 문제시되는 것은 실로 다양한 법령과 시책에서 이에 관한 규정을 하고는 있으나 국가는 재량권의 범위에서 최소한의 의무를 지고 소극적으로 대처하면서 대부분의 아동에 대한 책임은 일반 가정과 아동에게 돌리고 있다는 점이 밝혀졌다. 또한 아동복지법은 관련 법령을 통합하는 일반법으로서의 지위를 갖지 못하여 다른 법령들과 무관하게 시행되고 있다는 점도 지적되었다.

아동의 건강 수준의 향상과 안전을 위한 영국과 미국의 법률체계가 주는 시사점은 영국과 미국에서는 이에 관한 국가책임을 성실히 완수하는 각종 보건 및 복지대책이 시행되고 있다는 점이다. 물론 우리나라에서도 아동의 건강과 보건을 위한 각종 법령과 시책이 시행되고 있긴 하지만 위험집단을 대상으로 하는 구체적이며 효과적인 정책이 거의 부재하다는 사실을 고려할 때 이에 관한 법체계의 정비는 심각하게 고려해 볼 사안으로 지적되고 있다. 이때 아동의 건강을 위한 각종 보건복지 프로그램을 수행할 수 있는 전달체계와 재정에 관한 규정도 포함되어야 하며 아동의 안전을 위해 아동복지법의 일반 규정에 덧붙여 아동안전특별법의 형태로 기존의 분산된 법령을 통합하는 방법도 모색할 필요가 있다.

〈표 4-5〉 아동의 건강과 안전에 관한 법령의 제(개)정 방향

영역	법령	조항	제(개)정
아동의 건강과 안전	아동복지법 제1조	이 법은 아동이 건강하게 출생하여 행복하고 안전하게 자라나도록 그 복지를 보장함을 목적으로 한다.	"아동권리에 관한 국제 협약을 준수하고" 첨가
	아동복지법 제10조	도지사나 시장, 군수는 보호를 필요로 하는 아동을 발견하거나 보호자의 의뢰를 받은 때에는 아동의 최상의 이익을 위하여 대통령이 정하는 바에 따라 필요한 보호조치를 하여야 한다.	"반드시" 첨가로 직권주의에 의한 재량권을 축소시킴
	아동복지법 제9조	선언적 의미의 보호자 의무	보다 구체적인 내용으로 수정
	기타 각 법령	국가나 지방자치단체의 책임에 관해서 소극적인 태도를 보이는 규정이 허다하다.	국가나 지방자치단체의 보다 적극적인 책임 명시

● 참고문헌

김만두. 1991. 『사회복지법제론』. 서울 : 홍익제.

김현용 외. 1997. 한림과학원총서 : 『현대사회와 아동—아동복지의 시각에서』. 서울 : 소화.

박인화 · 황나미. 1993. 『모자보건의 정책과제와 발전방향』. 서울 : 한국보건사회연구원.

부산참여자치시민연합. 1996. 『어린이보호구역의 운영실태와 개선방안』. 부산 : 참여자 치시민연대/YMCA.

신섭중 외. 1994.『세계의 사회보장』. 서울 : 유풍출판사.

윤찬영. 1998.『사회복지법제론 I : 총론』. 서울 : 나남출판.

통계청. 1996.『1996년 사망원인통계연보』. 서울 : 통계청.

한국청소년개발원. 1997.『청소년 인권보고서』. 서울 : 인간과 복지.

한혜경. 1997. "아동안전실태와 정책과제".『보건복지포럼, 통권』 제8호. 서울 : 한국보건사회연구원.

황나미. 1997. "아동의 건강 수준과 관리 현황".『보건복지포럼』 통권 제8호. 서울 : 한국보건사회연구원. pp.37~44.

Brenton, M. 1985. *The Voluntary Sector in British Social Service*. New York : Longman.

HMSO. 1989. *The Children Act 1989*. London : HMSO.

Lindsey, D. 1994. *The Welfare of Children*. New York : Oxford University Press.

Garvin, C. D. & Tropman, J. E. 1998. *Social Work in Contemporary Society*. 2nd ed. Needham Height ; MA : Allyn & Bacon.

제5장
아동부양과 아동복지법

정영순*

I. 문제 제기

전통적인 사회에서는 자녀양육에 대한 책임이 부모에게 있다는 것이 당연시되었고, 이혼, 별거, 혼외출생이 상대적으로 적었기 때문에 부모의 권리만 논의되었지 의무는 논의되지 않았다. 그러나 과거와는 달리 이혼·별거 등 가족해체가 많아지고 혼외출생이나 자녀유기 등이 많아지면서 자녀양육에 대한 부모의 도덕적 의무는 물론 경제적 의무가 사회문제시되고 있다.

편부모가정 중 편모가정이 1994년에는 77.5%나 차지하고 있는데, 전체 모자가정 중 이혼이나 별거에 의한 가정이 23.7%에 이르고 있다(공세권·조애저, 1995). 또한 미혼모도 1980년대 이후 30% 이상 급증하여(한인영, 1998) 혼외출생으로 인한 모자가정들도 증가될 것으로 예상되고 있다. 이러한 모자가정들의 경우 대부분의 부가 아동양육에 대한 양육책임을 회피하여 편

* 이화여자대학교 사회복지학과 교수

모 혼자서 아동양육의 책임을 전적으로 부담하고 있는 실정이다. 그럼에도 여성들의 일할 수 있는 직종이 제한적일 뿐 아니라 임금 수준도 남성보다 훨씬 낮아 편모가정의 아동들은 결국 빈곤할 수밖에 없게 되어, 편모가정의 94.4%가 생활보호법과 모자복지법 등에 의해 보호를 받고 있다(보건복지부, 1997). 이러한 정부의 지원에도 한계가 있으므로 많은 편모가정 아동들이 빈곤상태에서 벗어나도록 하기 위해서는 아동을 양육하지 않은 부의 부양 책임을 강화해야 할 필요성이 촉구되고 있다.

이 문제보다도 더욱 심각한 것은 어느 한쪽 부모도 아동을 맡아 기르려 하지 않아, 부모가 있음에도 불구하고 유기되어 소년소녀가장으로 국민기초생활보장 수급을 받거나 시설보호를 받는 아동이 급증하고 있다는 것이다. 소년소녀가장은 1985년에 비해 96년에는 175% 증가되었는데(http://welfare.or.kr/library/library01/text/076.txt), 80년대 중반까지는 60% 이상이 부모 사망으로 소년소녀가장이 되었던 것(김진화, 1997)에 비해 94년에는 69.9%가 부모의 이혼, 가출, 행방불명으로 인해 소년소녀가장세대가 되었다(김응석 외, 1994). 또한 1960년대의 시설보호아동 중 고아와 기아가 64.7%였으나 1995년에는 부모가 모두 생존해 있거나 부모 중 어느 한쪽이라도 생존해 있는 경우가 74.2%나 되었다(김응석 외, 1995). 더욱이 부모의 유기로 인한 소년소녀가장이나 시설보호아동의 수는 최근 경제위기 사태로 인하여 더 급증할 것으로 예상되고 있다. 이러한 아동보호제도들이 아동유기를 조장하지 않도록 아동을 부모에게 돌려보낸다거나 돌려보낼 수 없는 경우에 최소한의 부양책임만이라도 강화해야 할 필요성이 부각되고 있다.

선진국들은 이미 이혼이나 혼외시에도 아동이 부모로부터 경제적 부양을 보장받을 수 있도록 하는 한편 양육을 기피하는 부모에게는 적어도 부양책임이라도 지도록 부모의 부양의무를 법으로 명백히 명시함과 동시에 합리적인 양육비 지급 지침은 물론 불이행 방지를 위한 강력한 부양의무 강제 방안들을 시행하고 있다. 미국은 양육비 지급방식과 부양의무 이행을 강제화하는 방안에 주로 중점을 두어 부모 책임을 강화한 반면에 미국보다 훨씬 진보적인 영국은 부양의무 이행 강제화 방안뿐 아니라 부모의 부양의무 규정도 강화하였는데, 이 두 나라의 부모 부양의무 강화효과는 상당히 다르게 나타나고 있다. 따라서 이 두 나라의 부모의 부양의무 강화전략을 한국과 비교분석한다면, 이혼시, 혼외출생시, 또는 자녀부양을 기피한 경우에 부모의 부양책임 강화방안에 대한 많은 시사점이 제시되리라 사료된다. 그러므로 본 연구는 아동에 대한 부모의 부양책임을 강화하기 위해서 미국, 영국, 한국의 부양의무 규정 및 절차, 양육비 결정방식, 부양의무이행강제화 방안들을 비교분석하여 한국의 아동부양법안을 제시하고자 한다. 그리고 본 연구의 목적을 달성하기 위해 다음과 같은 연구 내용을 구체적으로 연구하고자 한다.

첫째, 부모의 부양의무를 수행하게 하는 데 필수적인 자녀에 대한 부모의 부양의무 규정과 부양의무를 유도하는 절차들을 분석하고자 한다.

둘째, 양육비 지급액 결정시 재판관의 재량권, 양육비 결정 기준, 양육비 결정의 변경 여부를 분석하고자 한다.

셋째, 부양의무 이행 강제화 방안으로서 부양의무 불이행시의 벌칙 및 절차, 추적 및 모니터 시스템, 징수체계, 담당행정기관에 대해 분석하고자 한다.

넷째, 한국, 미국, 영국의 부양의무 규정 및 절차, 양육비 지급액 결정방식, 부양의무 이행 강제화 방안들을 비교분석하여 한국의 아동부양의무강제화법을 제시하고자 한다.

II. 한국의 아동부양 관련법

아동복지법 제4조에서 국가와 지방자치단체는 보호자와 더불어 아동을 건전하게 양육할 책임을 진다고 명시하고 있지만 그 책임의 범위가 명확하다고는 할 수 없을 뿐만 아니라 부모의 양육책임에 대한 국가와 지방자치단체의 후견적 기능이나, 건강한 아동을 건강하게 성장시키기 위한 가정지원에 관한 규정도 마련되지 않고 있다. 결국 한국에서는 부모의 아동에 대한 양육의무는 아직도 사적 책임으로 간주되어 민법에만 근거하고 있다.

1. 부모의 아동부양의무 규정 및 절차

민법 제913조에서 "친권자는 자를 보호하고 교양할 권리의무가 있다"라고 명시하므로 친권에 따른 부모의 양육의무를 규정하고 있다. 이와 같이 부모의 양육의무를 친권에서 구할 경우 혼인중인 때에는 친권을 가진 양쪽 부모 모두가 자녀에 대한 양육 및 부양의무를 공동으로 행사하기 때문에 문제가 되지 않는다. 그러나 이혼시 부모 중 일방을 단독 친권자로 정할 경우 친권자가 아닌 한쪽 부모는 자녀양육 및 부양에 대한 권리의무를 잃는다고 해석되므로 친권자가 아닌 부모에게 양육의무를 적용할 수 없다(이희배, 1986). 또한 혼외출생인 경우에도 이혼시와 마찬가지로 친권이 없는 미혼부에게 양육의무를 부과할 수 없는 것이 문제이다. 이것보다 더 큰 문제는 양육의사가 없는 부모에게 친권이나 양육권을 행사하게 하는 것은 자녀의 이익에 반한다는 사회통념(이화숙, 1996)으로 인해 양육을 기피한 경우라도 부모의 양육책임을 강제화하는 근거 조항이 없어 부모의 양육책임이 강제화되지 못하고 있다.

부양의무가 현행법상 친권과는 별개의 의무이기에 친권에 국한됨으로 인해 야기되는 부모의 양육책임상의 문제들이 부양의무를 가지고 보완될 수 있을 것이다. 또한 친권을 가지고 있으나 양육책임을 이행하지 않은 부모에게도 자녀의 이익에 반하지 않으면서 최소한도로 부모로서의 미성년 자녀에 대한 부양의무를 지도록 할 수 있을 것이다. 그럼에도 부모의 아동부양의무에 대한 특별 규정이 없기 때문에 민법 제974조의 "직계혈족 및 그 배우자간, 그리고 생계를 같이하는 친족간에는 서로 부양의무가 있다"라는 부양의무 일반 규정에 근거해야 하므로 이혼시, 혼외출생시, 또는 양육기피시 미성년 자녀에 대한 부모의 부양책임이 구체적으로 명시되지 못하고 있다. 이로 인해 재판관에 따라 부모의 부양의무가 친권 혹은 부모의 신분이라는 입장에 근거해 해석되고 있다. 친권에 연관시켜 부양의무를 판결하는 경우는 양육의무에서와 같이 친권자가 아닌 부모에게 부양의무를 적용할 수 없는 것이 문제이기 때문에 대다수의 판결은 부모라는 신분관계에 근거하고 있다고 한다(이희배, 1989).

부양의 근거가 부모와 자녀라는 신분관계라고 해석하는 것은 부모가 혼인중, 이혼, 혹은 혼외출생과는 관계없이 부모는 자의 출생시부터 성년이 될 때까지 자의 양육에 대해 공동의 책임을 진다는 것을 의미한다(이화숙, 1994). 그러나 실제로 이러한 입장과는 모순되게 판례에서는 이혼 후 과거 양육비를 청구할 경우 양육자가 그의 고유의 의무를 행한 데 불과하다는 이유로 과거의 양육비 지급이 일관되게 부인되어 왔다(이화숙, 1994). 따라서 친권자이건 아니건 양쪽 부모 모두가 당연히 미성년 자녀에 대한 경제적 의무를 가진다는 것을 법적으로 명백히 명시하지 않는 한 현실적으로 비양육부모의 부양책임을 지도록 하는 데 어려움이 있다.

양쪽 부모 모두에게 부양의무가 있다는 것을 법적으로 명시하지 않았기 때문에 이혼시 친권자가 아닌 부모에게 부양의무를 부과하기 위해서는 민법 제837조(이혼과 자의 양육책임)에 의거해 부모가 협의하거나 당사자의 청구에 의해서 비양육부모의 부양의무를 정하도록 하고 있다. 그러나 부모가 협의하도록 유도하거나 문제가 있을 때 국가가 개입하는 절차마저도 없는 상황이다. 이로 인해 합의이혼시 이혼부모의 2/3 정도가 협의를 하지 않고 있으며, 당사자가 청구하는 경우는 거의 없는 상황이다. 재판상의 이혼시에도 아동양육비에 대해 협의하도록 재판관이 권고할 뿐 강제화하지 않고 있으며 합의상의 이혼시와 마찬가지로 협의가 안 될 경우 소송을 하도록 하고 있다. 자녀양육비를 청구하기 위한 소송이 이혼소송, 재산분할소송과는 별도의 소송이기에 다른 소송의 뒷전에 밀려 포기될 가능성이 높다. 이와 같이 자녀에 대한 부모의 부양의무 규정뿐 아니라 부양의무를 유도하는 절차를 마련하지 않았기 때문에 결국 국가는 이혼시 친권이 없는 부모의 부양책임에 대해 방치하고 있는 상황이다.

혼외출생아 경우에도 부로부터 양육비를 지원받기 위해서는 이혼시와 마찬가지로 협의가 이루어지지 않는 한 양육비 청구소송을 제기해야 한다. 이혼시와 다른 점은 이를 위해서는 먼저 민법 제863조에 의거해 미혼모가 친자관계를 확인하는 인지청구소송을 제기해야 한다. 인지청구소송시 부가 친자관계를 부인하면, 가사소송법 제29조에 의거해 법원이 부에게 혈액형 검사, 유전자 검사 등을 받도록 명할 수 있다. 이때 당사자가 검사를 거부하면 다시 가사소송법 제67조에 의해 벌금과 감옥처분을 명하며 검사를 받도록 촉구하고 있다. 이렇게 복잡한 친자관계 성립과정으로 인해 미혼모들이 소송을 포기하게 되어 부로부터 자녀양육비를 지원받는 경우는 상당히 드물다.

더욱이 부모의 부양책임이 포기 또는 이전될 수 없다고 명시한 조항이 없기 때문에 양육의사가 없는 부모에게 부양의무를 부과할 수 있는 법적 근거가 없다. 단지 형법 제271조에 의거해 자기 또는 배우자의 직계존속을 유기한 때에 10년 이하의 징역 또는 1천 500만 원 이하 벌금에 처하도록 되어 있다. 그럼에도 경찰이 유기된 아동을 발견하여 부모에게 연락하는데도 아동을 찾으러 오지 않을 경우에 아무런 조치를 취하지 못하고 그대로 방치하는 상황이다. 이로 인해 부모가 아동에 대한 양육을 포기하는 경우 아동들은 소년소녀가장이 되거나 시설수용아동이 될 수밖에 없다. 이와 같이 국가가 아동에 대한 최종적 안전망으로서의 역할을 한다는 것은 매우 다행한 일이다. 그러나 이러한 아동들이 종국에는 다시 부모에게로 돌아갈 수 있도록 국가의 의무를 법적으로 명백히 명시하지 않았기 때문에 소년소녀가장 담당직원 또는 시설직원이 부모에게로 돌려보낸다든가 부모의 부양의무를 수행하도록 촉구하지 못하고 있는 실정이다.

2. 양육비 결정방식

민법 제837조에 의거해 양육비 지급액을 당사자가 합의하도록 하며, 합의가 안 될 경우에는 소송에 의해 재판관이 결정하도록 하고 있다. 가정법원이 합의를 확인하거나 거부할 수 있는 절차가 전혀 없어 합의된 양육비 지급액으로 양육비를 충당하기 어려운 것으로 나타났다. 소송에 의해 가정법원이 비양육부모의 양육비 지급에 대한 결정을 한다고 해도 적절한 양육비 지급액을 보장할 수 없는 상황이다. 이는 양육에 필요한 사항을 그 자의 연령, 부모의 재산상황 기타 사정을 참작하여 정하도록 민법 제837조에서 명시하고 있으나 구체적인 기준이 제시되지 않아 재판관이 판례를 토대로 재량으로 판결하고 있기 때문이다. 이로 인해 비슷한 케이스라도 양육비 수준에 상당한 차이가 있으며 적절하지도 않아 자녀양육비 지급의 형평성과 적절성에 문제가 있다.

양육비 결정 당시 지급액이 적절한 경우라도 그 액수가 증가되지 않는다면 장기적으로 볼 때 부적절할 것임이 명백하다. 이러한 상황을 감안하여 이혼 당시 양육비를 약정한 경우에 민법 제837조는 당사자가 청구한다면 가정법원이 언제든지 아동의 양육에 관한 사항들을 정하며 그 사항을 변경 또는 다른 적당한 처분을 할 수 있도록 하였다. 그러나 소송을 한다는 것이 쉽지 않고 변경된다는 보장이 없기 때문에 일반적으로 양육비 변경을 위한 소송은 거의 드물다. 그나마 이혼 당시 양육비를 받지 않는다고 합의할 경우에는 양육비를 지급받을 수 없다는 것이 판례에서 일관된 입장이므로 이 조항에 적용을 받지 못하고 있다. 양육비 조정을 법적으로 보장하지 않았기 때문에 비친권자로부터 적절한 양육비 지급이 보장될 수 없는 상황이다.

지속적인 아동에 대한 지원은 아니지만 자녀양육비에 관한 약정을 하는 대신에 민법 제839조에 의해 이혼시 자녀양육비를 재산분할에 포함시킬 수 있다. 이 조항에 의하면 양육비 약정과 마찬가지로 재산분할을 협의하거나 가정법원에 청구하도록 하였으며, 재산분할에 양육비를 포함하는 것을 유도하거나 강제화하지 않아 대부분의 경우 양육비를 참작하지 않고 재산분할을 하고 있다. 재산분할에 양육비를 포함하더라도 분할의 액수와 방법에 대한 기준이 전혀 제시되지 않았기 때문에 재판시에도 재산분할에 양육비가 제대로 산정되지 못하고 있다.

3. 부양의무 이행 강제화 방안

이혼시 자녀양육비에 관한 약정을 맺었을지라도 비양육부모가 자녀양육비 지급을 불이행하는 경우가 많다. 불이행시 비양육부모들의 양육비 지급을 강제화하도록 법 조항들이 마련되어 있기는 하다. 가사소송법 제64조에 의거해 당사자가 신청을 하면 가정법원은 비양육부모에게 양육비를 지급하도록 명할 수 있다. 그러나 시간도 오래 걸리고 받는다는 보장도 없기 때문에 양육비 지급을 받도록 신청하는 경우는 드물다. 신청을 하여 양육비 이행명령이 비양육부모에게 내려지는 경우라도 다시 불이행하는 경우가 있는데, 이때에는 가사소송법 제67조에 의거해 가정법원의 직권이나 당사자의 신청에 의해 불이행자에게 벌칙으로 100만 원 이하 과태료를 부과할 수 있도록 하였다. 또한 정당한 이유 없이 3번 이상 지급명령을 위반할 때에는 다시 당사자의 신청에 의해, 가사소송법 제68조는 가정법원이 30일의 범위 내에서 의무 이행이 있을 때까지 감옥처분에 처할 수 있도록 하였다. 그러나 그때마다 당사자가 신청을 해야 하므로 당사자가 신청을 포기할 확률이 큰 한편 신청을 하더라도 벌칙금이나 처벌 수준이 매우 경미하여 이행하지 않은 부모가 양육비를 지급하도록 촉구하지 못하므로 불이행시 비양육부모들의 양육비 지급을 강제화하는 데 어려움이 있다.

더욱이 이와 같은 처분을 하기 위해서는 비양육부모의 소재가 파악되는 것이 상당히 중요하고 이행명령 후 양육비 지급이 다시 불이행될시 이행 여부를 모니터하여 촉구할 아동지원집행담당기관과 담당직원이 있는 것이 필수적인데, 담당행정기관은 물론 담당직원도 없기 때문에 아동에 대한 양육비 지급이 현실적으로 강제화될 수 없는 상황이다. 이러한 문제는 양육기피시에도 마찬가지로 자녀를 유기한 죄를 국가가 부모에게 물어야 함에도 담당기관이나 담당직원이 없기 때문에 이를 제기하거나 부모의 소재를 추적하지 못할 뿐 아니라 부모의 소재가 파악되더라도 부모에게 아동을 돌려보낸다든가 최소한 부모가 부양책임만이라도 지도록 강제화할 수 없는 상황이다. 또한 혼외출생인 경우에도 인지청구소송시 생부의 소재를 추적한다거나 생부의 친자확인검사 거부시 이를 촉구하는 데 어려움이 있다.

4. 평가

상기의 분석에 의하면 한국은 부양의무 규정 및 절차, 양육비 결정방식, 부양의무 이행 강제화 방안 모두가 이혼시, 혼외출생시, 또는 양육을 기피하는 부모에게 아동에 대한 부양책임을 지도록 강제화하지 못하고 있다.

무엇보다도 부모의 혼인상태는 물론 아동과의 동거 여부와 상관없이 부모가 부양의무를 가지고 있음이 명백히 법적으로 명시되지 않아 부모의 아동부양을 법적으로 보장하지 않고 있다. 양육비를 받는 경우라도 구체적인 양육비 판정 지침 없이 재판관의 재량에 의해 양육비를 결정하도록 하며, 정기적으로나 상황에 따라서도 양육비가 변경되기 어렵기 때문에 실제적으로 필요한 양육비에 훨씬 못 미치고 있다. 더욱이 불이행시 부양의무이행을 강제화할 수 있는 다양한 전략들이 모색되지 못하였을 뿐 아니라 부양의무 이행을 촉구할 수 있는 담당직원은 물론 담당기관이 없기 때문에 부양의무가 전혀 강제화되지 못하고 있다.

이러한 상황이기에 이혼시, 혼외출생시 또는 양육을 기피하는 부모가 아동의 부양의무를 지는 경우는 거의 드물다. 따라서 이혼시, 혼외출생시 또는 양육을 기피하는 부모의 아동부양의무를 강화하기 위해 부모의 부양책임을 강제화하는 의무 규정 및 절차를 법적으로 명시하여야 하며 부양의무 이행 강제화 방안에 관한 다양한 보완책이 요구되고 있다. 따라서 아동부양제도가 발달된 미국 · 영국과의 비교를 통해 아동부양 관련 법안에 대한 시사점을 도출할 필요성이 부각되고 있다.

III. 미국의 아동부양 관련법

미국에서는 한국과 달리 이혼시 비양육부모가 아동양육을 지원하기 위해 도덕적 의무는 물론 경제적 의무를 지닌다는 생각이 사회적으로 지배적이어서(Schiller, 1996) 오래 전부터 주정부의 가족법에서 비양육부모가 아동양육비를 지불할 의무가 있다는 것을 명시하였다. 그러나 아동에 대한 부모의 부양의무를 지방법원의 재판관이 결정하므로(Garfinkel, 1995) 실제로는 자녀에 대한 부양의무 판정을 받은 케이스가 많지 않았다. 더욱이 의무 판정을 받더라도 아동양육비를 전혀 지불하지 않거나 지불한 경우라도 전액을 지불한 경우는 상당히 적었다.

이혼이나 혼외출산으로 인한 편모가정의 증가로 AFDC(the Aids to Families with Dependent Children) 수혜 대상자가 늘어나자, 연방정부는 AFDC 수혜를 받는 가정을 대상으로 비양육부모의 아동지원을 강제적으로 시행하게 하는 법률을 만들기 시작하였다. 1950년에 첫 연방 아동부양의무법률(Child Support Legislation)을 제정하여, AFDC 수혜를 받는 아동이 비양육부로부터 지원을 받지 못할 때 주복지사무소들이 법 강제집행공무원(law enforcement officials)에게 통고하여 부양의무를 강제화하도록 하였다. 1965년과 1967년에 제정된 연방법에서는 주정부가 AFDC 수혜아동의 비양육 부모로부터 아동지원을 강제적으로 집행하도록 요구되었으며, 혼외 출생아동의 경우에 반드시 친자관계를 성립하도록 요구되었다(Garfinkel, 1995).

1974년에는 별도로 Social Security Act Title IV에 Part D인 아동부양강제집행법(Child Support Enforcement Act)을 제정하여 연방사무소는 물론 주사무소를 설치하게 하였으며, 주정부가 강력히 이를 시행하도록 연방정부가 매칭기금을 제공하였다(Schiller, 1996). 이 법을 1984년에 개정하여 복지 케이스에만 제한하던 서비스를 요구하는 모든 부모들에게까지 확대하였다. 또한 양육비 판정 지침을 도입하도록 하였고, 체납시 부모의 임금 등으로부터 양육비 징수, 친자관계 성립절차를 행정적인 과정으로 처리하도록 하였다(Garfinkel, 1995). 1988년에 제정된 가족지원법(Family Support Act)은 아동부양강제집행법을 개정하여 양육비 판정지침, 양육비 징수, 친자관계 성립 조항 등을 강화시켰다(Roming, 1989). 1996년의 개인 책임과 고용기회 조정법(Personal Responsibility and Work Opportunity Reconciliation Act)은 국가차원의 새로운 고용보고 시스템, 합리화된 친자관계 성립절차, 주상호간 일괄적인 아동부양강제집행규칙, 전 주에 걸친 전산화된 징수체계, 강화된 집행기술과 강력한 새로운 벌칙 규정을 강화하였다.

이러한 아동부양강제집행법의 강화를 통해, 연금제도에 의해 부모 사망시에만 소득이 보장되었던 것을 아동부양보장제도(Child Support Assurance System)에 의해 이혼, 혼외 출생시에도 소득이 보장되도록 시도되었다(Garfinkel, 1995). 그러나 아동에 대한 부모의 부양의무 규정 및 절차의 미비, 그리고 비복지수혜 대상에게 이행 강제화 방안의 적용 불분명성으로 아동부양보장제도가 보편적으로 발전되기에는 상당한 한계가 있다.

1. 부모의 아동 부양의무 규정 및 절차

최근 각 주의 가족법들은 자녀의 이익을 위해 이혼 후에도 부모가 자녀를 공동으로 양육하도록 장려하고 있으며, 공동양육이 아닌 경우에도 부모 각자의 상황에 따라 부양의무를 평등하게 부과하는 경향이 있다. 일반적으로 미국의 대부분의 모들은 자녀양육인으로서 현금보다는 노력과 양육을 통하여 부양의무를 수행하는 반면에 대부분의 부들은 양육비를 지급함으로써 부양의무를 수행하고 있다(한복용, 1996). 가족법에서는 이혼시와 혼외 출생시에도 부모 모두에게 미성년 자녀에 대한 부양의무가 있다는 것이 명시되었다. 주법들의 모델이 되는 법인 자녀부양에 관한 혼인 및 이혼 통일법(The Uniform Marriage and Divorce Act)의 제309조를 보면, "이혼이나 자녀부양절차에서 법원은 혼인과는 관계없이 자녀를 부양할 의무가 있는 부모 중 일방 또는 쌍방에게 자녀의 부양을 위해 상당한 또는 필요한 금액을 지불하도록 명령할 수 있다"고 규정되어 있다. 여기서 명시된 '할 수 있다'는 것은 반드시 부양의무가 있다는 것을 의미하는 것은 아니므로 이혼시 비양육부모의 부양의무를 부과하기 위해서는 당사자들이 합의하거나 지방법원이 부양의무 여부를 판정하도록 하였다. 이로 인해 1994년 이혼한 비빈곤가구의 71.5%, 빈곤가구의 64.0%만이 아동지원의무에 대해 합의를 하거나 아동지원 판정을 받았다(Schiller, 1996).

혼외시에는 미혼부가 자발적으로 친자관계를 인정하지 않는 한 친자관계 성립소송이 우선되어야 하기에 혼외 출생인 경우 아동지원이 합의되거나 판정되는 케이스는 1981년에 1/10 정도뿐이었다(Garfinkel, 1995). 그 동안 부양의무 법 규정을 변화시키려는 노력은 없으면서도 혼외출생시 친자관계 성립절차를 간소화하는 데 많은 노력을 기울였다. 1974년 제정된 아동부양강제집행법은 주정부가 복지수혜자 대상 아동의 경우 상대방은 친자관계조사(유전자 조사 포함)를 반드시 받도록 요구하였다. 이러한 서비스를 복지 케이스에만 제한했던 것을 1984년에는 모든 부모들에게 확대하였고, 친자관계 성립이 사법적인 과정을 통해서가 아니라 행정적인 절차로 처리하도록 하였다. 1988년 개정법에서는 당사자와 연방정부의 요구에 따라 상대방은 유전자검사를 반드시 받도록 하여 거부할 수 없게 하였다(Garfinkel, 1996). 더 나아가 1996년에는 병원에서 태아 출산시 친자관계를 성립하도록 요구하므로 혼외 출생아의 친자관계가 더 많이 성립되도록 하였다.

이와 같이 재판을 거치지 않고도 친자확인을 위한 유전자검사를 의무화하므로 미혼모들이 보다 쉽게 자녀양육비를 지원받을 수 있게 되었다. 그럼에도 아동양육비를 지급받는 미혼모의 수는 3/10 정도에 머무르고 있다(Schiller, 1996). 이는 무엇보다도 친자관계 성립절차가 비복지수혜 대상에게까지 강제적으로 적용하는지 여부가 불분명하며, 검사를 통해 친자관계가 확인되더라도 합법적인 친자관계를 성립시키기 위해 아직도 많은 주들은 법정명령을 요구하고 있기 때문이다(Garfinkel, 1995). 따라서 부모는 결혼상태와 상관없이 미성년 자녀를 양육할 책임이 반드시 있다는 것을 명확히 명시하지 않는 한 혼외출생시 친자확인절차를 간소화하더라도 모든 비양육부모에게 자녀들에 대한 부양책임을 부과하는 데 한계가 있다.

2. 양육비 결정방식

1984년 이전에는 일부 주정부나 지방법원이 아동양육비 판정기준표를 만들기는 하였으나 이 기준표는 예에 불과한 것이기에 지방법원의 재판관이 무제한적인 재량권을 행사하였다(Garfinkel, 1995). 이로 인해 비슷한 상황이라도 아동양육비 수준이 일정하지 않거나 실제 양육비의 절반에도 미치지 못하는 것이 문제점으로 지적되었다(한복용, 1996).

이러한 문제를 해결하기 위해 1984년에는 각 주마다 아동양육비에 대한 지침을 만들도록 하였고, 1988년에는 그 지침을 4년마다 수정하도록 하는 동시에 판사는 이 지침에 따라 양육비를 판결하도록 하였다. 주가 지침을 만들기 때문에 아직도 주마다 양육비 수준에 상당한 차이가 있기는 하나 적어도 주 내에서는 양육비 판정을 형평성 있게 배려하였다. 이로써 합리적인 근거에 의해 아동을 지원할 수 있게 되었고(Roming, 1989), 아동양육비 지원액 기준표를 정기적으로 수정하도록 함으로써 편모가족의 경제적 상태가 확실히 좋아졌다.

널리 알려진 위스컨신주의 아동양육비 판정 규율은 아동수에 따라 비양육부모의 수입에 숫자 지침을 적용하였다. 한 아동인 경우 수입의 17%, 두 아동인 경우 25%, 세 아동인 경우 29%, 네 아동인 경우 31%, 그리고 다섯 아동 이상인 경우에 34%를 양육부모에게 지급하도록 하였다. 비양육부모가 이미 다른 아동을 지원하고 있다면, 그 액수를 공제한 후에 이 규율을 적용하도록 하였다. 또한 부모가 자녀를 공동양육할 경우에는 아동양육기간에 따라 아동양육비가 감소되도록 하였다(http://www.execpo.com/ fairsupport/eco.htm). 대부분의 주들의 아동양육비 지원 수준은 위스컨신의 아동양육비 지원 수준에 비해 상당히 낮아 1990년 비양육부모들의 반 이상이 그들 소득의 15% 미만의 아동양육비를 지불하였다(Sorensen, 1995).

또한 1988년에 개정된 아동부양강제집행법에서는 판정된 아동양육비가 부모의 소득변화 등 변동사항을 감안하여 3년마다 지원명령을 검토하여 수정하도록 하였고, 부모의 재정상황이 급격히 나빠지거나 좋아졌을 경우 수시로 변경할 수 있도록 하였다. 이는 아동양육비 지침설정과 같이 아동의 경제상황을 증진시킬 수 있는 주요한 조치였다. 그러나 아직도 대부분의 주에서는 아동양육비에 대한 명령을 수정하기 위해서는 변호사를 고용하고 복잡한 법정과정을 거쳐야 하므로 아동들의 욕구와 상황이 달라져도 아동양육비가 변경되기 쉽지 않다(Roming, 1989). 그래서 비복지수혜자의 경우 아동양육비가 비양육부모의 수입 증가에 따라 갱신되는 경우는 많지 않은 것으로 보고되고 있다(Garfinkel, 1995).

3. 부양의무 이행 강제화 방안

부양의무 불이행시 연방정부가 개입하기 전에도 지방정부의 재판관들은 임금 압류 혹은 투옥까지도 판결하였다. 이같은 조치에도 지불되지 않은 아동양육비를 받아내는 것은 전적으로 양육부모의 부담이기 때문에 1981년에는 아동지원 판정을 받은 양육부모의 50%만이 받아야 할 액수를 지급받은 반면에 25%는 받아야 할 액수보다 적은 액수를 받았고, 25%는 전혀 받지 못했다(Garfinkel, 1995). 비양육부모에게 의무를 강제적으로 집행할 수 있는 권한을 갖지 못하기 때문에 지불되지 않은 아동양육비를 받아내는 것은 전적으로 양육부모의 몫이었다.

이러한 문제를 해결하기 위해서 연방정부는 1950년에 아동부양강제집행법공무원을 두었고, 1974년에는 아동지원강제집행사무소를 주마다 설치하도록 하여 복지수혜자 대상인 경우 한달 이상의 양육비 지급이 불이행되었을 때 담당공무원이 양육비를 강제 징수하도록 하였다. 복지수혜자가 아닌 경우에도 이러한 서비스를 1984년 이후부터는 사무소에 요구만 하면 똑같은 서비스를 제공받을 수 있게 되었다. 복지수혜자 대상이 아닌 경우는 당사자가 그 비용에 대해 25달러 이하를 지불하거나 비양육부모 혹은 주정부가 지불하도록 하였다(Schiller, 1996). 이 법에서 비복지수혜자까지의 확대가 비복지 케이스에 강제적으로 적용되는 것을 의미하는지에 대해 많은 주에서 논란이 되고 있다(Garfinkel, 1995).

불이행한 부모들의 부양의무를 강제적으로 집행하기 위해서는 부모 소재 파악이 무엇보다도 중요하기에 이를 위해 여러 전략들이 모색되었다. 부모의 소재를 추적할 수 있도록 아동부양강제집행사무소에 세금기록, 자동차 등록, 사회보장 기록, 여러 서비스 체계를 포함한 정부 테이터 뱅크를 이용할 수 있는 권한이 주어졌다(Schiller, 1996). 1988년에는 비양육부모의 소재를 쉽게 찾도록 하고 아동양육비가 지속적으로 지불되는지 여부를 모니터하도록 전산화된 추적 시스템과 감시 시스템을 갖추도록 하였다.

그럼에도 미국에서 이혼이나 별거한 후 부모가 다른 주로 이사할 경우에 아동지원명령을 강제적으로 집행하기가 상당히 어렵다. 다른 주로 이사하는 것은 아동양육비 지원명령을 피하는 길이 되며, 일반적으로 다른 주에서 내려진 이행명령은 이전의 명령보다 지원 수준이 40%로 절감되는 경향이 있었다(Roming, 1989). 이에 1996년에는 연방 케이스 등록과 새로운 고용에 대한 국가지침사무소(Federal Case Registry & National Directory of New Hire)를 설립하도록 요구하고, 고용주는 고용된 신입사원을 보고하도록 하여 다른 주로 이주하는 체납된 부모를 추적하도록 하였다. 또한 주들간의 일률적인 규칙, 절차, 형식을 만들어 주들간의 양육비 지원 판정의 형평성 문제를 해소하도록 하였다(http://www.acf.dhhs.gov/programs/cse/fct/cshdbk.htm).

한걸음 더 나아가 비양육부모의 아동양육비 지불 불이행이 일어나는 것을 기다리지 않고, 1988년에는 비양육 부모의 봉급으로부터 아동양육비를 자동적으로 원천 징수하도록 하였다. 이는 가족지원법에 들어 있는 가장 강력한 아동지원시행 테크닉으로 1990년에는 복지수혜 대상에게, 1994년에는 모든 아동지원 케이스까지도 적용되도록 하였다. 다시 1996년에는 주 차원에서 아동양육비를 징수하고 배분하는 부서를 설립하도록 주정부에 요구하였다(http://www.acf.dhhs.gov/programs/cse/fct/cshdbk.htm). 몬타나주에서는 복지수혜자의 경우 징수된 아동양육비에서 이미 가족에게 지불된 공적 부조급여액을 주정부와 연방정부에 상환하도록 요구하였다. 비복지수혜자가 아동지원징수를 신청을 하게 되는 경우에 징수된 아동양육비는 부모에게 직접 전달되도록 하였다(http://www.dphhs.mt.gov/whomhat/csed/htm). 이러한 강제집행과 더불어 아동양육비 체납시 벌칙 규정도 강화시켰다. 1992년에는 다른 주에 사는 비양육부모가 1년 이상 체납하고 체납액이 5,000달러 이상일 때 연방 형벌이 적용된다. 첫 번째 유죄판결에서는 5,000달러 미만의 벌금, 6개월 이하의 구금, 혹은 동시에 벌금과 구금이 부과되며, 두 번째 유죄판결에서는 25,000달러 미만의 벌금, 2년 이하의 구금, 혹은 동시에 벌금과 구금을 부과한다. 또한 체납된 부모에게는 대출금, 대출보증금, 대출보험금이 지불되지 못하게 하였고 소득세 상환도 받지 못하게 하였다. 이 외에도 아동부양의무의 회피는 심각한 법 위반이라는 강력한 메시지를 전달하기 위해 현상수배 리스트를 만들어 우체국에 붙이도록 하였다. 1996년에는 체납한 부모의 운전면허, 전문직 면허, 레크레이션 및 직업면허를 취소하거나 자산을 압류할 수 있도록 하였다. 1년 이상 체납하거나 5,000달러 이상,

다른 주에 사는 아동에 대해 2년 이상 고의로 체납하거나 10,000달러 이상이면 중죄범으로 간주하도록 하였다(http://www.house/gov/roukema/child25.htm).

4. 평가

비양육부모의 아동양육비 지원에 대해 연방정부가 개입되면서 이혼이나 혼외시 미성년 자녀에 대한 비양육부모의 양육비 지원이 확실히 확대되었다. 아동부양의무강제화로 1993년에는 많은 편부모들이 복지수혜에서 벗어나는 한편 아동들의 빈곤상황이 경감되거나 빈곤에 처하는 것이 예방되었다(Schiller, 1996).

이와 같이 양육비 지원이 확대될 수 있었던 것은 양육비 지원 판정을 받은 비양육부모들이 꼼짝없이 양육비를 지불할 수밖에 없게 하는 부양의무강제집행 전략에 주로 기인되었다고 볼 수 있다. 또한 혼외시 친자확인절차를 사법적 절차가 아닌 행정적인 절차로 전환시킨 것도 많은 혼외출생 아동들이 비양육부모로부터 지원을 받게 할 수 있는 요인이 되었다. 부양의무를 부과시키는 조치는 아니지만 아동양육비 판정을 위한 기준설정은 아동양육비 수준을 향상시키는 데 기여하였다.

그러나 친자관계 성립과 이행 강제화 서비스가 비복지수혜 대상인 경우 요구시에만 적용되므로 부양의무 판정을 받은 부모 모두에게 이행할 것을 강제화하지 못해 아동지원이 제한되고 있다. 이것보다 더 큰 저해요인은 부양의무 여부에 대한 결정이 아직도 당사자의 합의나 재판관의 재량에 맡겨져 많은 아동들이 비양육부모로부터 양육비 지원을 받을 자격조차 없다는 것이다. 이러한 이유들로 이행을 강력히 강제할 전략들이 많이 개발되어 시행되었음에도 보편적인 아동지원보장체계로 발전되기는 상당히 어려운 상황으로 보인다.

IV. 영국의 아동부양 관련법

영국도 미국과 마찬가지로 부모의 아동양육의무를 오랫동안 사적 책임으로만 간주하여 왔기 때문에 부모의 의무를 법적으로 명확히 명시하지 않았다. 그러다가 1987년에 와서야 가족법 개정법(Family Law Reform Act)에서 혼인상태에 상관없이 모든 부모에게 양육의무가 있음을 법 조항에 명시하기 시작하였다. 1989년에는 가족법, 민법 등에 분산되어 있던 아동의 양육·보호에 대한 관련법들을 총괄할 수 있는 아동법을 제정하였다. 이 아동법에서는 양쪽 부모 모두의 자녀에 대한 책임과 아동에 대한 국가의 의무를 강조하였다(Department of Health, 1989). 이후 1991년에 와서는 아동법에서 강조하였던 부모책임을 수행할 수 있는 구체적인 사항을 다룬 아동부양법(the Child Supprot Act)을 제정하였고, 1995년도에는 다시 이 법을 개정하였다.

1. 부모의 아동부양의무 규정 및 절차

영국의 판례들은 일찍부터 자녀에 대한 부모의 권리와 의무를 양쪽 부모 모두에게 평등하게 부과하는 경향이 있었다(한복용, 1996). 이와 같이 판례에 의해서만 강조되었던 부모의 자녀부양의무를 1987년 가족법 개정법(Family Law Reform Act)에서 처음으로 부모가 결혼을 한 상태이거나 결혼을 하지 않은 상태이건 간에 모든 부모는 자신의 자녀에 대해 부모로서의 책임이 있음을 법으로 규정하게 되었다(Department of Health, 1989). 1989년 아동법에서는 아동이 가정 내에서 양육되어지는 것이 최선이라는 이념하에 자녀에 대한 부모책임뿐 아니라 미혼부의 책임과 지방정부의 의무를 구체적으로 강조하게 되었다.

아동법에서는 아동에 관한 부모의 의무, 권리, 권위의 집합으로 부모 책임이라는 용어를 사용하였다. 부모 책임이란 부모가 아동을 양육하고 도덕적, 신체적, 정서적으로 건강하게 키울 부모의 기본적 의무를 말한다. 이 법에서의 부모 책임은 첫째, 법정명령 등에 의해 아동이 부모와 떨어져 있는 것에도 영향을 받지 않을 뿐 아니라, 둘째, 부모의 이혼이나 별거와 같은 가족해체에 의해서도 영향을 받지 않으며, 셋째, 단지 법정명령에 의해서만 약간의 제한을 받을 뿐 부모 책임은 항상 지속되는 것으로 명시되어 있다(Department of Health, 1989). 부모 책임이 이혼이나 별거에 상관없이 지속된다는 것은 이혼시 친권을 갖지 않은 부모도 당연히 자녀가 성인이 될 때까지 부모로서의 책임이 있다는 것을 의미하는 것이다. 이와 같이 결혼상태에 상관없이 미성년 자녀에 대해 부모 책임이 있다는 것을 법적으로 명확히 명시하였기 때문에 친권을 갖지 않은 부모에게 부양의무를 부과하기 위해서는 합의나 소송이 더 이상 필요 없게 되었다.

또한 아동법 제2조 제9항에 "아동의 부모 책임을 가진 자는 그 책임의 여하한 부분도 다른 자에게 포기 또는 이전하여서는 아니 된다"라고 명시하였으므로 아동양육에 대한 부모 책임을 기피할 시에 법적 제재를 가할 수 있는 근거 조항이 마련되였다. 그럼에도 불구하고 자녀양육에 문제가 있거나 아동이 유기당할 시 국가가 그 아동들에 대한 보호책임을 지도록 하기 위해 아동법 제20조 제1항에서 "아동이 보호가 필요하다고 판단될 때에는 각 지방정부가 보호를 필요로 하는 아동을 위해 거주보호(accommodation)를 제공해야 한다"고 명시하였다. 한편 아동이 가정 내에서 양육되는 것이 최선이라는 신념하에 거주보호 아동을 가족에게 되돌려 보내야 하는 국가의 의무를 명백히 명시하였다. 또한 아동이 거주보호를 계속 받더라도 지방정부의 파트너로서 부모들이 아동의 양육에 참여하도록 하고 그렇지 못한 경우에는 적어도 부모가 아동과의 접촉만이라도 지속되도록 하는 것도 국가의 의무임을 강조하였다(Department of Health, 1989).

이와 같이 결혼상태에 상관없이 부모 책임을 명시하였므로 혼외 출생아에 대해서도 미혼부의 양육책임이 있음이 명백해졌다. 그럼에도 이혼시와는 달리 미혼부가 친자관계를 거부할 경우에는 미혼모가 소송을 하여 친자관계를 위한 검사를 요구해야 하는데, 이 과정이 미혼부에게 양육책임을 부과하는 데 큰 저해요인이 되었다. 이러한 문제를 해결하기 위해 1991년 아동부양법에서는 미혼부가 친자관계검사를 거부할 경우 아동부양기관(Child Support Agency)이 법원의 검사명령을 받아 유전자 테스트(DNA testing)를 실시하도록 하고, 검사에 의해 친자관계가 확인되면 검사비용뿐 아니라 양육비를 미혼부로부터 회수하도록 하여(CANS, 1998), 혼외 출산시에도 미혼부에게 부양책임을 부과하기 쉽게 하였다.

또한 그 동안은 생부가 자녀부양책임을 회피시에 부에게 부양책임을 강제화하는 데 주력했던 것과는 달리 최근에는 생부가 부양책임을 희망할 시에도 보다 쉽게 부모 책임의 의무를 미혼모와 나눌 수 있도록 하였다. 이전에는 생부들이 미혼모와 부모 책임을 나누기 위해서는 법정명령을 얻어야만 가능하였던 것을 1984년 이혼법에 의해 미혼모의 단순 동의만으로 법정에까지 가지 않고도 미혼부가 아동양육에 참여할 수 있게 되었다. 또한 1989년 아동법 제4조 제1항에서도 "자의 부모가 아동의 출생시에 혼인한 관계가 아닐 경우 재판소는 부의 신청에 의해 부가 아동의 친권책임을 가질 것을 명할 수 있거나 부모 합의(부모 책임합의)에 의해 부가 아동의 부모 책임을 갖는다고 결정할 수 있다"라고 명시하였다. 부모 책임에 대한 동의를 한다는 것은 부모 책임에 대한 법정명령과 똑같은 효력을 갖도록 하여 미혼부가 부양책임을 희망할 시에 쉽게 부모 책임을 나눌 수 있도록 하였다.

2. 양육비 결정방식

과거에는 아동부양에 대한 지불방법과 금액에 관해 법원이 광범위한 재량권을 부여받았다. 그러나 최근 부모의 자녀양육은 법원이 판결할 필요조차 없는 당연한 의무사항으로 법에 명시되었기 때문에 재판관이 양육비 지급액을 결정할 필요는 없게 되었다. 이에 1991년 아동부양법은 미성년자에 대한 양육비 지급명령에 대한 결정을 법원이 아닌 아동부양기관이 할 수 있게 하였다.

또한 그 동안 법원이 판결한 양육비 지급액에 일관성이 없었고, 수준이 지나치게 낮았다는(이화숙, 1994) 폐단을 개선하기 위해 아동부양법은 아동 양육비 결정에 대한 일정 지침을 규정하였다. 즉 부모의 수입에 자녀의 수를 고려한 일정 비율을 곱하여 양육비를 산출하였는데(Andrews, 1992), 이때 비양육부모의 순임금을 계산하여 양육비가 순임금의 30%를 넘지 않는 선에서 액수가 결정되도록 하였다. 그러나 만약 비양육부모가 정부의 복지수혜 대상자이거나 장애인, 또는 환자일 경우는 자녀에 대한 양육비를 지급하지 않아도 되도록 하였다(http://www.dss.gov.uk/csa/courts.htm).

그러나 양육비 금액이 결정된 후에도 비양육부모의 경제적 변화가 있을 수 있다는 점을 감안해 행정기관 직원의 재조사에 의해 부양비가 재조정될 수 있도록 했다. 양육비 사정절차규칙(the Maintenance Assessment Procedure Regulations)에 의해 1994년 4월 18일 이후부터는 2년마다 재조사를 실시하여 정기적으로 자녀에 대한 양육비를 재조정하도록 했다(CANS, 1998). 정기적인 부양비 재조정 이외에도 아동부양법 제17조는 비양육부모 또는 양육자나 아동의 신청에 의해 비정기적으로도 양육비 재조정을 할 수 있도록 하였다. 정기적이건 비정기적이건 양육비 재조정 결과에 불만이 있는 사람은 결정통고를 받은 당일부터 28일 이내에 재판을 상소할 수 있고, 재판 결과에 불만인 사람이나 행정기관의 직원은 아동부양위원들에게 이를 또다시 상소하여 양육비의 적절성 여부를 판결받을 수 있도록 하였다(CANS, 1998).

이혼시 재산분할의 경우 판사는 재량권을 가지고 재산의 분할 및 부부간, 친자간 부양문제를 병합하여 분할할 수 있도록 하였다. 일정한 분할 지침이 있는 것은 아니지만 판례상 대개 아동을 양육하는 처에게는 2분의 1 이상의 재산분할과 자녀양육비가 지급되도록 하거나 재산분할과 자의 양육비 명목으로 주택의 소유권이 양도되기도 하였다. 부부의 주택이 유일한 재산인 경우에는 흔히 처의 몫과 자녀양육비를 합산하여 자를 양육하는 부모(특히 처인 경우)에게 주택의 소유권을 주거나, 자녀가 성년이 될 때까지 주택의 매각을 연기하고 그 동안은 양육자인 처에게 임차권을 주는 대신 임대료는 자녀양육비로 대신하기도 한다(이화숙, 1994). 그러나 법원에 의해 재산분할 및 자녀양육비를 합산하여 재산의 양도를 받았더라도 양육자가 그 판결 이후에 자녀양육비가 증가하였음을 입증하면 아동부양법에 의해 아동부양기관이 비양육부모에게 증가된 자녀양육비를 지급하라고 명령할 수 있게 되었다(이화숙, 1994). 이는 이혼시 자녀양육비 명목으로 재산분배가 있다 할지라도 부모 책임 수행이 끝나는 것이 아니라, 비양육 부모는 지속적으로 자녀에 대한 부양책임을 지는 것을 의미한다.

3. 부양의무 이행 강제화 방안

부양의무 불이행시 비양육부모의 소재가 불분명할 경우에는 행정기관이 소득세 기록이나 국민보험 기록을 통해 부모의 소재를 추적하여 아동부양의무를 강제적으로 이행하게 하였다(http://www.dss.gov.uk/csa/courts.htm). 아동부양법 제35조 제1항에 의거해 부모가 자녀부양에 대한 책임을 이행하지 않을 시에 아동부양기관은 부양책임이 있는 부모의 재산 압류나 경매에 의해 적정 금액을 징수하도록 하였다. 그러나 재산압류항목에서 연장, 책, 운송수단 등 고용이나 직업상으로 개인에게 필요한 장비나 의류, 침구나 가제도구 등 가사생활에 필요한 기본적인 물품은 제외된다(CANS, 1998). 양육비나 압류금액 전부를 징수하지 못하면, 아동부양법 제20조 제1항과 제2항에 근거하여 아동부양기관이 부양책임이 있는 비양육부모를 투옥시키도록 법원에 영장을 청구하고 법원은 비부양부모의 재산과 불이행이 의도적이거나 태만한 것인지의 여부를 조사하여 영장을 발급할 수 있도록 하였다(CANS, 1998).

또한 아동부양의무 불이행을 사전에 막기 위한 방안으로서, 당사자가 양육비 지급을 아동부양기관에 신청하면 아동부양기관이 행정적인 절차로서 직접 비양육부모의 계좌에서 양육자의 계좌로 아동양육비가 이체되도록 하였다. 또는 아동부양법 제31조에 의해 아동부양기관이 고용주에게 아동양육비와 양육비 연체금에 대해 비양육부모의 임금으로부터 공제하도록 명령을 내리고 공제된 금액을 행정기관에 지불하면 아동부양기관은 지급받은 금액을 1992년의 아동부양 규정에 따라 수표나 현금으로 지정된 날에 양육자의 계좌로 이전되도록 하였다. 이 같은 공제는 임금이나 연금, 법정질병수당에서 하게 되어 있다. 임금은 요금, 보너스, 커미션, 시간외 수당을 포함하고, 연금은 손실에 대한 배상, 양도 또는 정기적인 지급을 포함하고 있다.

4. 평가

영국은 혼인상태에 상관없이 양쪽 부모에게 자녀에 대한 부양의무를 당연한 의무사항으로서 법으로 명시하고 있으므로 모든 부모에게 아동에 대한 부양의무를 보편적으로 적용할 수 있게 되어 이혼시, 혼외시 또는 양육기피시에도 아동에 대한 부양이 보장될 수 있게 되었다. 이와 같이 부모의 부양의무를 법적으로 명백히 명시하였으므로 이혼시 부모의 부양의무를 부과하기 위한 부모간의 합의나 소송절차가 필요 없게 되었다. 그럼에도 혼외출생시 친자관계 성립절차가 여전히 부모 부양의무 부과의 저해요인이 되므로 행정적인 절차로 간소화하였다. 또한 부양의무가 포기 또는 이전되지 못하도록 명시함은 물론 아동에 대한 부모의 책임을 지원하고 강화하는 국가의 의무를 명시하므로 양육기피를 하는 부모에게 아동부양책임을 강화할 수 있게 되었다.

이와 같이 부모의 신분으로 모든 부모에게 부양의무를 부과하므로 양육비 수준이 사법적인 과정이 아닌 행정적 절차로서 아동부양기관에 의해 결정되는 것이 가능하게 되었다. 이뿐만 아니라 양육비 수준을 아동부양기관이 일괄적으로 정하는 것은 물론 정기적으로 재조정하는 것도 가능하게 되어 아동의 부양상황이 합리적으로 향상될 수 있게 되었다. 더욱이 부양책임 불이행시 모든 부모에게 이행을 강제화하기 위해 아동부양기관이 비양육부모의 소재를 추적하여 양육비를 징수하거나 법원과 연계해 감옥처분을 하는 것은 물론 불이행 이전에 비양육부모의 임금으로부터 양육비를 징수하여 양육자에게 전달하므로 아동부양이 실제로 보장되도록 하였다.

V. 한국, 미국, 영국의 아동부양 관련법 비교분석

세 나라의 아동부양 관련법을 비교해 보면, 아동에 대한 부모의 부양책임에 관심을 갖지 않은 한국에서는 부모의 부양의무가 민법에만 명시되어 있고 불이행시 부양의무 이행을 강화시키는 특별법안은 없는 상황이다. 반면에 부모의 부양의무를 사적 책임에서 부모의 당연한 의무로 전환시키는 과정에 있는 미국에서는 부양의무를 아직도 가족법에만 명시하고 있으나 부양의무가 부과된 경우에 한해 아동부양강제집행법을 별도로 만들어 국가차원에서 아동부양을 보장하도록 하였다. 더 나아가 부모의 부양의무를 보편적으로 적용하는 영국에서는 자녀에 대한 부모의 부양의무를 가족법은 물론 아동의 권리로서 아동법에 명시하였다. 그뿐 아니라 미국과 같이 양육비결정사항과 부양의무이행강제화방안을 포괄하는 아동부양법을 별도로 만들어 국가가 확실히 아동부양을 보장하도록 하였다. 이러한 미국과 영국의 법체계를 볼 때 국가가 아동부양을 보장하기 위해서는 한국에서도 부모의 부양의무를 민법뿐 아니라 아동권리로서 아동복지법에서도 명시하여야 하며 아동부양법도 별도로 만드는 것이 바람직할 것으로 보인다. 한국, 미국, 영국의 아동부양의무 규정 및 절차, 양육비 결정방식, 부양의무 이행 강제화 방안을 구체적으로 비교해 보면 다음과 같다.

1. 부모의 아동부양의무 규정 및 절차

한국은 현행법상 이혼시 또는 혼외시 부모의 부양의무에 대해 규정하지 않고 있음은 물론 소송을 통해 비양육부모에게 부양의무를 부과하는 절차로 인해 비양육부모에게 부양의무를 부과하는 것이 흔하지 않은 편이다. 미국에서는 일반적으로 비양육부모도 아동에 대한 부양책임이 있다고 생각하지만, 법적으로 부양의무를 부과할 수 있다고만 명시하고 소송을 통해 비양육부모에게 부양의무가 부과되므로 이혼이나 별거시 1994년 비빈곤 대상의 55.8%, 빈곤 대상의 37.1%만이 부양의무 판정을 받았다(Schiller, 1995). 반면에 영국에서는 결혼상태와 아동과의 동거 여부와 상관없이 부모의 신분으로 부모 책임이 당연한 것으로 규정되므로 모든 부모에게 부양의무가 보편적으로 적용되어 비양육부모에게 부양의무를 부과하기 위한 소송절차가 필요 없게 되었다. 따라서 이혼시와 혼외시 친권자가 아닌 자의 양육 및 부양의무를 부과하기 위해서는 영국과 같이 부모의 부양의무를 명시해야만 확실히 해결될 수 있다. 이렇게 되면 비양육부모에게 부양의무를 부과하기 위한 소송절차도 필요 없게 되어 비양육부모의 부양의무를 부과하는 절차상의 장애도 동시에 없어질 수 있음을 알 수 있다.

혼외 출생인 경우 한국에서는 친자관계 성립을 위한 소송절차가 생부에게 부양의무를 부과하는 데 장애요인이 되고 있다. 이러한 문제를 해결하기 위해 미국은 친자관계 성립절차를 소송이 아닌 행정적인 절차로 간편하게 하고 생부가 친자관계 성립을 위한 검사를 거부할 수 없도록 하여 생부에게 쉽게 부양의무를 부과할 수 있게 되었다. 복지수혜 대상이 아닌 미혼모는 원하지 않는다면 친자관계를 성립시킬 필요는 없으나 복지수혜 대상인 미혼모는 복지급여의 대가로 아동의 친자관계를 반드시 성립시켜야 한다. 부양의무를 명백히 명시한 영국에서도 저해요인이 되기에 친자관계 성립절차를 행정적인 절차로 간편하게 하여 미혼모가 원한다면 생부에게 부양의무를 부과하고 있다. 그러므로 혼외 출생아동의 부양을 보장하기 위해서는 부양의무를 명백히 부과할 뿐 아니라 친자확인절차를 행정적인 절차로 간편하게 하고 검사를 거부할 수 없도록 해야 할 것이다.

〈표 5-1〉 한국, 미국, 영국의 부양의무 및 절차 비교

<table>
<tr><th colspan="3">나라</th><th>한국</th><th>미국</th><th>영국</th></tr>
<tr><td rowspan="2">이혼시</td><td colspan="2">법 규정</td><td>이혼시 비양육부모의 자녀부양의무를 명시하고 있지 않음</td><td>이혼시 비양육부모에게 부양의무를 부과할 수 있다고 명시함</td><td>이혼시 비양육부모에게 부양의무가 있음을 명시함</td></tr>
<tr><td colspan="2">절차</td><td>소송으로 부양의무 결정</td><td>소송으로 부양의무 결정</td><td>당연한 부모의 책임으로 간주하여 소송이 필요 없음</td></tr>
<tr><td rowspan="3">혼외시</td><td colspan="2">법 규정</td><td>혼외 출생시 생부모의 자녀부양의무를 명시하고 있지 않음</td><td>혼외 출생시 생부모에게 자녀부양의무를 부과할 수 있다고 명시함</td><td>혼인상태에 관계없이 부모 책임을 의무사항으로 명시함</td></tr>
<tr><td colspan="2">친자 성립</td><td>소송절차로 친자확인 검사명령이 내려지나 검사를 거부하지 못한다는 규정 없음</td><td>행정절차로 친자확인검사명령이 내려지고 상대방이 검사를 거부할 수 없게 함</td><td>행정절차로 친자확인검사명령이 내려지고 상대방이 검사를 거부할 수 없게 함</td></tr>
<tr><td colspan="2">절차</td><td>친자성립 후 다시 소송을 제기하여 부양의무 결정</td><td>친자관계가 성립되면 부양의무를 부과할 수 있음</td><td>친자관계가 성립되면 자동적으로 부양의무 부과</td></tr>
<tr><td rowspan="2">기피시</td><td rowspan="2">법 규정</td><td>부모</td><td>부모 책임의 이전 · 포기에 관한 조항 없음</td><td>부모 책임의 이전 · 포기에 관한 조항 없음</td><td>부모 책임은 이전 · 포기될 수 없다고 명시함</td></tr>
<tr><td>국가</td><td>부모 책임을 강화하는 국가의 후견적 의무를 명시하지 않음</td><td>부모 책임을 강화하는 국가의 후견적 의무를 명시함</td><td>부모 책임을 강화하는 국가의 후견적 의무를 명시함</td></tr>
</table>

부모가 양육기피시 부모 책임을 강제화하는 조항이 없음은 물론 이를 위한 국가의 의무도 명시하지 않는 한국에서는 부모 책임을 강제화하는 데 어려움이 있다. 최근 미국에서는 아동이 부모와 분리되는 것을 방지하고 분리시 가능한 한 아동을 부모에게 돌려보내는 국가책임을 강조하고 있다. 한편 영국에서는 분명하게 부모 책임은 포기 또는 이전이 안 된다고 법적으로 명

시하는 동시에 부모 책임을 강화시키도록 하는 국가의 의무도 명백히 명시하였다. 따라서 부모의 양육기피를 강력히 방지하기 위해서는 한국은 어떠한 상황이라도 부모 책임을 포기해서는 안 된다고 명시하는 법 조항은 물론 이를 위한 국가의 의무에 대한 법 조항도 반드시 있어야 할 것이다.

2. 양육비 결정방식

한국의 경우 부양의무가 소송에 의해 재판관이 재량으로 자의 연령, 부모의 재산 상황, 기타 사정을 고려하여 양육비를 결정하므로 양육비의 형평성은 물론 적절성에 문제가 있다. 미국에서도 여전히 재판관이 부양의무 결정 시 양육비 지급액에 대한 판정을 하기는 하나 재판관의 재량이 아니라 지침에 따라 양육비를 결정하도록 하여 어느 정도 적절성의 문제가 해결되었다. 영국의 경우도 지침에 근거해 양육비 액수를 결정하도록 하였는데, 미국과는 달리 부양의무가 모든 부모에게 보편적으로 적용하는 것이기에 재판관이 아니라 아동부양기관이 일괄적으로 결정하도록 하였다. 따라서 한국은 재판관이 양육비를 결정하더라도 형평성과 적절성을 위해 양육비 지침이 반드시 필요하며, 부양의무를 보편적으로 적용하도록 할 시에는 재판관이 아니라 행정기관이 양육비를 결정하는 것이 효과적일 것이다.

미국이나 영국 모두 기본적으로 부모의 수입에 자녀의 수에 따른 일정 비율을 곱하여 양육비를 산출하는 단순한 공식을 사용하였는데, 부모의 아동양육시간, 비양육부모의 양육자녀수를 고려하여 양육비가 약간 다르게 산출되고 있다. 한국도 영국 또는 미국과 같이 단순한 양육비산출 기준을 채택하는 것이 좋을 것 같으나 자녀수에 따른 일정 비율을 어떻게 정할지는 연구를 통해 결정하여야 할 것이다.

양육비 판정의 적절성을 유지하기 위해, 미국은 지침을 4년마다 변경하도록 하는 동시에 소송하는 대신 행정적인 절차로 미국은 3년 영국은 2년마다 재조사를 통해 정기적으로 양육비를 변경할 수 있도록 하였다. 여기서 영국과 미국이 다른 점은 영국에서는 모든 대상 부모에게 양육비 변경이 적용되는 반면에 미국에서는 복지수혜 대상의 경우 자동적으로 적용되나 비복지수혜 대상의 경우 신청시만 재조정될 수 있도록 하였다. 따라서 양육비 적절성을 위해 양육비 판정지침이 적어도 5년마다 정기적으로 변경되어야 함은 물론 판정된 양육비도 소송에 의해서가 아니라 5년마다 행정적으로 변경되도록 하는 것이 바람직할 것이다.

한국의 경우 양육비를 지원하는 것보다 재산분할시 자녀양육비를 포함시키는 경우가 많은데, 재산분할시 양육비산정 기준이 제시되지 않아 제대로 자녀양육비가 산정되지 못하고 있다. 반면에 영국의 경우 양육비 포함시 재산분할 기준이 구체적으로 제시되며, 재산분배가 있다 할지라도 자녀에 대한 부양책임은 지속되도록 하여 자녀에 대한 부양이 보장되도록 하였다. 따라서 한국도 부모에 따라 양육비 또는 재산분할방식을 택하도록 하되, 재산분할에 양육비 산정기준을 정확히 제시하고 재산분할을 하더라도 부모책임이 없어지지 않는다는 것을 분명히 명시해야 할 것이다.

〈표 5-2〉 한국, 미국, 영국의 양육비 결정방식 비교

나라	한국	미국	영국
대상	이혼, 혼외 출산한 부모 중 소송청구자	이혼, 혼외 출산시 부모 중 소송청구자	이혼이나 혼외 출산시 모든 부모에게 적용
지침	양육비 판정지침 없음	양육비 판정지침 있음	양육비 판정지침 있음
절차	재판관이 재량으로 결정	재판관이 지침에 의해 결정	행정기관이 지침에 의해 결정
변경	당사자의 소송에 의해 비정기적으로 변경	행정절차로 3년마다 재조사를 통해 복지수혜 대상은 자동적, 비복지수혜 대상은 신청에 의해 양육비 변경	행정절차로 2년마다 재조사를 통해 모든 대상 부모의 양육비 변경

3. 부양의무 이행 강제화 방안

부양의무 불이행시 한국에서는 처벌 규정만을 두어 사법적인 처리를 하도록 하고 있으나 이를 담당하는 행정기관이 없기 때문에 부모의 소재파악 등의 문제로 사법처리가 상당히 어렵다. 이러한 문제를 해결하기 위해 미국은 물론 부양의무를 보편적으로 적용시킨 영국도 담당행정기관을 통해 불이행시 당사자의 신청에 의해 부양의무를 강제화하고 있다. 이러한 이행강제 서비스는 복지수혜 대상의 비양육부모에게 강제적용되나 비복지수혜 대상인 경우 당사자의 신청에 한해서 이행강제 서비스가 제공되고 있다.

이행강제화전략이 상당히 다양한데, 담당행정기관은 부모가 양육비 체납시 부모소재를 파악하여 양육비를 징수하거나, 법원에 영장을 청구하고 비양육부모의 재산과 불이행이 의도적인 것인지의 여부를 조사하여 재산압류, 벌금 및 구금 등의 사법처리를 받도록 하고 있다. 가중한 벌금 및 구금 외에 미국은 벌칙을 다양화하여 대출금, 대출보증금, 대출보험금, 소득세 상환도 받지 못하게 했고, 부모의 운전면허, 전문직 면허, 레크리레이션 및 직업면허가 취소되도록 했다. 또한 명령 후에도 부모가 양육비 지불을 다시 불이행하는 것을 방지하기 위해 부양의무 이행 여부를 모니터하도록 하였다.

〈표 5-3〉 한국, 미국, 영국의 이행 강제화 방안 비교

나라	한국	미국	영국
대상	신청에 한해서 적용	복지수혜 대상에게는 강제적용, 비복지수혜 대상은 신청에 의해 적용	복지수혜 대상에게는 강제적용, 비복지수혜 대상은 신청에 의해 적용
벌칙	사법적 처리	행정적 처리	행정적 처리
추적	없음	부양의무불이행 부모의 소재를 추적함	부양의무불이행 부모의 소재를 추적함
징수	없음	양육비를 강제징수 및 배분함	양육비를 강제징수 및 배분함
담당행정기관	없음	추적 및 징수 · 배분을 수행하는 기관이 있음	추적 및 징수 · 배분을 수행하는 기관이 있음

더 나아가 영국과 미국은 부양의무 불이행 이전에 양육비체납을 방지하기 위해 행정기관이 고용주와 연결하여 양육비를 임금으로부터 직접 징수하여 아동을 양육하는 부모에게 배분하는 방법을 쓰는데, 이는 양육비징수율을 높이는 강력한 조치가 되고 있다. 영국에서는 이러한 서비스가 양육비를 지불하는 모든 부모에게 적용되나 미국의 경우는 비복지수혜 대상에 대한 강제적용 여부가 명확하지 않아 신청시에만 적용되고 있다.

따라서 미국은 물론이고 영국과 같이 법적으로 부양의무를 부과한 나라도 이행 강제화를 위한 전략이 필수적임을 알 수 있다. 부모의 부양의무가 강력히 집행되도록 하기 위해서는 불이행시 다양한 벌칙과 이행명령 모니터가 반드시 도입되어야 할 것이다. 더 나아가 불이행을 예방하기 위한 양육비 직접 징수 및 배분 전략들이 도입되어야 할 것이다. 이러한 전략들은 행정기관이 없으면 실시되지 못하기 때문에 담당기관 설치 및 직원배치가 필수적일 뿐 아니라 실제로 이 기관이 부모소재를 추적하고 이행명령을 모니터하고 양육비를 징수배분할 수 있는 임무를 제대로 수행할 수 있게 하기 위해서는 강력한 권한과 전산화된 추적 시스템과 모니터 시스템을 갖추도록 하는 것이 매우 중요한 것으로 보인다.

VI. 결론

한국의 경우는 기존의 부양의무 조항을 변경하려고 노력하지 않을 뿐 아니라 부양의무 이행 강제화 방안에 대한 관심도 없어 이혼시, 혼외 출생시, 양육기피시 아동부양이 방치되고 있는 상황이다. 반면에 미국에서는 부모의 부양의무를 사적 책임하에 둔 법적 조항을 변경하지 않지만 국가는 혼외 출생시 친자관계 성립을 촉진시키기 위해 절차를 간소화하고 양육비의 적절성을 위해 양육비 판정지침을 마련하며 이행을 강제화하는 방안에 상당히 많은 노력을 기울였다. 이와 같은 미국의 노력에도 불구하고 아동부양을 법적으로 보장하지 않았기 때문에 이러한 방안들을 적용하는 데 한계가 있고 비용에 비해 효과적이지 못하였다. 한편 영국은 결혼상태에 상관없이 부양의무를 부과하고, 이전 및 포기가 안 된다고 법적으로 명확히 명시하여 어떠한 상황에서든 아동부양이 보장될 수 있도록 하였다. 이와 더불어 부모의 부양책임 이행을 강제화하는 방안도 마련하여 법적으로 보장된 자녀에 대한 부모의 부양이 실제로 보장되도록 하였다.

상기 분석에 따르면 부모의 부양의무를 법적으로 강화하지 않을 경우 부양의무 이행을 강제화하더라도 모든 부모에게 부양의무를 부과하는 데 제한적일 것임이 명백하다. 따라서 아동에 대한 부모의 부양을 보장하기 위해서는 영국과 같이 어떠한 상황이든 부모가 아동에 대한 부양의무가 있음을 무엇보다도 먼저 법적으로 명백히 명시하여야만 할 것이다. 법 규정과 더불어 아동에 대한 적절한 부양을 보장하기 위한 양육비 지급액 지침이 필수적으로 마련되어야 할 것이다. 또한 이러한 부양의무가 실질적으로 이행되도록 불이행을 방지하기 위한 강력한 부양의무 이행 강제화 방안들도 반드시 병행되어야만 할 것이다.

이와 같이 부양의무 규정, 양육비 지급액 결정, 부양의무 이행 강제화 방안들을 동시에 병행하는 것이 바람직함에도 단시간 내에 부양의무 이행 강제화 방안을 제대로 도입하기는 상당히 어려울 것이다. 그래서 우선 부양의무에 대한 법 규정 및 절차, 양육비 판정 지침 등을 개정하여 부모로부터의 아동부양이 법적으로나마 보장되도록 해야 할 것이다. 비용이 많이 드는 부양의무 이행 강제화 방안은 단계적으로 양육기피로 인한 소년소녀가장이나 시설보호아동의 부모에게 우선적으로 도입적용하고 다음으로 국민기초생활보장이나 모자복지 대상 비양육부모에게 확대하며, 이것이 정착되면 모든 부모에게까지 적용하는 방향으로 나아가야 할 것이다.

이러한 시사점에 근거해 한국아동부양 관련 법안(〈표 5-4〉 참조)을 제시해 보면 다음과 같다.

첫째, 법체계 비교분석을 통해 도출된 시사점에 의하면, 한국은 아동에 대한 부모의 양육 또는 부양책임에 관한 법들을 민법뿐 아니라 아동의 권리로서 부모로부터의 부양을 보장하기 위해 아동복지법에도 명시하며, 부모의 책임을 촉구하기 위한 국가의 의무도 아동복지법에서 명시하여야 할 것이다. 부모의 부양의무에 관한 구체적인 사항인 혼외시 친자관계절차, 양육비 지급에 대한 지침, 부양의무 이행 강화조치들은 아동부양법을 별도로 만들어 포괄하여야 할 것이다.

둘째, 현행법상 이혼시와 혼외시 친권자가 아닌 자는 양육책임이 없게 되는 양육상의 문제를 해결하기 위해 민법 제913조를 개정하여 "부모는 미성년 자녀를 보호하고 양육할 권리의무가 있다"라고 명시하여야 할 것이다. 이 양육의무 조항만으로 양육과 부양이 분리될 경우 아동의 부양을 보장받을 수 없기 때문에 민법 제974조의 직계혈족에 대한 부양의무 조항에서 미성년 자녀에 대한 부양의무를 특별조항으로 분리하여 제1항에서 "부모의 결혼상태와 부모와 아동과의 동거 여부에 상관없이 부모는 미성년 자녀에 대한 부양의무가 있다"라고 규정하고, 제2항에서 "부모의 부양의무는 포기되거나 이전될 수 없다"라고 명시하므로 이혼시와 혼외 출생시 양육을 하지 않는 부모 또는 양육을 기피한 부모에게 부양의무를 부과할 수 있도록 해야 할 것이다.

셋째, 양육 및 부양이 법적으로 보장되더라도 국가가 이를 유도하는 절차상의 장치가 없다면 이혼시 부모로부터의 아동부양이 보장되지 못할 것이다. 따라서 협의는 물론 재판이혼시 아동의 이익에 준하여 양육과 부양책임에 대한 결정을 내리도록 강제화하기 위해서 민법 제837조를 개정하여 제1항에서는 "당사자는 그 자의 양육에 관한 사항을 협의에 의하여 정하되, 가정법원은 협의사항을 확인하고 심사하며 부적절한 경우에 거부할 수 있다"라고 명시해야 할 것이다. 협의가 이루어지지 않을 때 아동에 대한 양육과 부양책임에 대한 공백상태가 발생하는 것을 막기 위해서는 제2항에서는 "제1항의 양육에 관한 사항의 협의가 되지 아니하거나 협의할 수 없는 때에는 가정법원이 아동의 이익에 준해서 결정한다"라고 개정해야 할 것이다.

넷째, 혼외 출생일 경우 친자관계 성립절차를 소송에 의해서가 아니라 행정적 절차로 간소화하기 위해 민법 제863조의 인지청구의 소를 개정하여 "자와 그 직계비속, 그 법정대리인 또는 가정법원이나 아동부양기관이 부 또는 모를 상대로 친자확인명령을 할 수 있다"라고 명시해야 할 것이다. 또한 가사소송법 제29조 대신 아동부양법에 혈액형 등의 수검명령 조항을 두어 제1항에서 "아동부양기관이 친자관계를 확정할 필요가 있는 경우에 당사자 또는 관계인에게 혈액채취에 의한 혈액형의 검사 등 유전인자의 검사, 기타 상당하다고 인정되는 방법에 의한 검사를 받을 것을 명할 수 있다"라고 명시하고, 제2항에서 "명령을 받은 자는 검사를 거부할 수 없다"라고 명시해야 할 것이다.

다섯째, 아동유기를 방지하기 위한 부모의 부양의무 강화 규정과 더불어 부모 책임을 강화하게 하는 국가의 후견적 기능을 명백히 규정하기 위해 아동복지법 제4조를 개정하여 제1항에서 "국가 및 지방자치단체는 아동의 건강과 안전, 복지증진에 책임이 있으며, 부모의 책임을 강화하기 위해 가정을 지원하여야 한다"로 고치고, 제5항에서는 "부모가 아동을 양육하는 것이 불가능하다고 판단될 시에는 국가가 아동을 거주보호할 책임이 있으며, 이때 부모는 최소한 아동을 부양할 책임이 있다", 제6항에서 "아동이 거주보호된 경우 국가는 가능한 아동을 부모에게 돌려보내도록 하고 부모와 자녀관계가 지속되도록 하여야 할 책임이 있다"고 명시하여야 할 것이다.

여섯째, 양육비 지급의 일관성과 적절성을 위한 합리적인 지침에 근거해 양육비 지급액이 결정된다면 굳이 재판관이 결정할 필요가 없기 때문에 양육비 지급액 결정에 대한 법 조항을 별도로 두어 제1항에서는 "양육비는 행정기관의 직권으로 조사를 하여 양육비 지침에 근거해 결정한다"라고 명시해야 할 것이다. 이와 더불어 제2항에서는 양육비 결정을 위한 구체적인 산출근거는 연구를 통해 신중히 제시되어야 하고 산출근거가 5년마다 재조정되도록 하여야 할 것이다. 이렇게 산출된 양육비의 적절성을 자녀가 성인이 될 때까지 유지하기 위해서는 "아동의 양육상황, 부모의 소득 등의 변화를 고려하여 양육비 지급액을 5년마다 변경할 수 있으며, 급작스런 부모의 소득상황 혹은 자녀양육상황 등의 변화시 재조정의 필요성이 입증되었다면 언제든지 변경될 수 있다"고 명시해야 할 것이다.

일곱째, 이혼시 비양육부모가 매달 양육비를 지원하는 대신에 양육비를 재산분할에 포함시킬 수 있도록 민법 제839조항(재산분할청구권)과는 별도의 조항을 두어 제1항에서는 "아동을 양육하는 부모는 다른 일방에 대하여 아동양육비 대신 재산분할을 청구할 수 있다"라고 명시하고, 제2항에서는 "제1항의 재산분할에 관하여 협의가 되지 아니하거나 협의할 수 없는 때에는 가정법원은 당사자의 청구에 의하여 분할의 액수와 방법을 정한다"라고 명시하여야 하며, 제3항에서는 제2항의 재산분할시 양육비산정 결정을 위한 기준을 연구를 통해 제시하여야 할 것이다. 제4항에서는 "자녀에 대한 양육비를 재산분할에 포함시킨 경우라도 미성년 자녀에 대한 부양의무는 지속된다"라고 명시하여야 할 것이다.

여덟째, 부모의 책임을 강화하는 법 규정 및 절차들이 마련되었더라도 이를 이행하지 않으면 아무 의미가 없기에 이행을 강화하기 위해서는 가사소송법 제64조 대신 아동부양법에 부양의무이행명령 조항을 두어 제1항에서는 "아동부양기관은 양육비 지급 의무 또는 아동의 양육책임의무를 이행하지 아니할 때에는 당사자의 신고에 의해 일정한 기간 내에 그 의무를 이행할 것을 명할 수 있다"라고 명시하고, 제2항에서는 "아동부양기관은 체납된 부모에게 대출금, 대출보증금, 대출보험금이 지불되지 못하도록 명령할 수 있고, 운전면허, 전문직 면허, 직업면허 등 각종 면허를 취소하거나 자산을 압류할 수 있다"고 명시해야 할 것이다. 다시 불이행시에는 가사소송법 제67조 대신 아동부양법에 부양의무불이행에 대한 벌칙조항을 두어 제1항에서는 "양육비 이행명령을 위반한 때에는 가정법원 판사는 직권 또는 권리자의 신청에 의하여 결정으로 1년 이하의 징역 또는 100만 원 이하의 벌금에 처한다." 제2항에서는 "제1항의 규정에 의한 재판을 받고도 정당한 이유

없이 다시 이행명령을 위반한 때에는 3년 이하의 징역 또는 500만 원 이하의 벌금에 처한다"라고 명시해야 할 것이다.

아홉째, 이렇게 벌칙이 강화하더라도 비양육부모의 소재를 파악하지 못하면 이행을 강제화할 수 없기 때문에 행정기관이 부모의 소재를 추적하도록 하고, 이행명령 후 이행사항인 아동양육비가 지속적으로 지불되는지 또는 아동이 제대로 양육되는지를 모니터하여야 이행이 보장될 수 있다. 더 나아가 불이행이나 체납이 되는 것을 사전에 예방하기 위해서는 현재로서는 어려울 수는 있으나 비양육부모의 임금으로부터 직접 양육비를 징수하여 지정된 날에 수표나 현금으로 양육자에게 지급하는 방법도 모색할 수 있다. 이와 같은 강력한 이행 강제화하는 방안은 물론 양육비 지급액 결정 등의 업무를 수행하기 위해서 아동부양기관 설치가 반드시 전제되어야 한다. 이 기관은 업무를 수행하기 위해서는 다양한 능력을 가진 직원이 필요한 동시에 전산화된 시스템도 갖추어야 할 것이다. 따라서 아동부양법에 아동부양기관 설치 및 아동부양지도원 배치 조항을 두어 제1항에서는 "국가 및 지방자치단체는 아동부양기관을 설치한다." 제2항에서는 "아동부양기관에는 아동부양업무를 담당하는 아동부양지도원을 둔다." 제3항에서는 "아동부양기관에는 전산화된 부모소재 추적 시스템, 양육비 지급 이행 모니터 시스템, 양육비징수 및 배분 시스템을 둘 수 있다"라고 명시해야 할 것이다. 또한 아동부양기관과 아동부양지도원을 정의하는 조항을 두어 1에서는 "아동부양기관이라 함은 아동에 대한 부모의 부양의무에 관한 업무를 수행하는 기관으로서 대통령령으로 정하는 기관을 말한다." 2에서는 "아동부양지도원이라 함은 아동부양기관에서 부모의 소재파악, 체납시 양육비 지급 이행 모니터, 양육비 징수 및 배분, 양육비 지급액 결정, 친자관계 성립, 양육기피시 부모와 아동지도관리 등에 관한 업무를 담당하는 자를 말한다"라고 명시해야 할 것이다.

〈표 5-4〉 한국의 아동부양 관련 법안

법 조항	개선안	법체계
민법 제913조(보호, 교양의 권리의무) 친권자는 자를 보호하고 교양할 권리의무가 있다.	민법 제913조(부모의 양육권리의무) 부모는 미성년 자녀를 보호하고 양육할 권리의무가 있다.	민법
민법 제974조(부양의무) 다음 각호의 친족은 서로 부양의 의무가 있다. 1. 직계혈족 및 그 배우자간 2. 삭제 〈90 · 1 · 13〉 3. 기타 친족간(생계를 같이하는 경우에 한한다)	민법 〈신설〉(부모의 부양의무) ① 부모의 결혼상태와 부모와 아동과의 동거 여부에 상관없이 부모는 미성년 자녀에 대한 부양의무가 있다. ② 부모의 부양의무는 포기되거나 이전될 수 없다.	민법
민법 제837조 (이혼과 자의 양육책임) ① 당사자는 그 자의 양육에 관한 사항을 협의에 의한다. 〈개정 90 · 1 · 13〉 ② 제1항의 양육에 관한 사항의 협의가 되지 아니하거나 협의할 수 없는 때에는 가정법원은 당사자의 청구에 의하여 그 자의 연령, 부모의 재산상황 기타사정을 참작하여 양육에 필요한 사항을 정하며 언제든지 그 사항을 변경 또는 다른 적당한 처분을 할 수 있다. 〈개정 90 · 1 · 13〉 ③ 제2항의 규정은 양육에 관한 사항 외에는 부모의 권리의무에 변경을 가져오지 아니한다.	민법 제837조(이혼과 자의 양육책임) ① 당사자는 그 자의 양육에 관한 사항을 협의에 의하여 정하되, 가정법원은 협의사항을 확인하고 심사하여 부적절한 경우에 거부할 수 있다. ② 제1항의 양육에 관한 사항의 협의가 되지 아니하거나 협의할 수 없을 때에는 가정법원이 아동의 이익에 준해서 결정한다.	민법
민법 제863조(인지청구의 소) 자와 그 직계비속 또는 그 법정대리인은 부 또는 모를 상대로 하여 인지청구의 소를 제기할 수 있다.	민법 제863조 (인지신청) 자와 그 직계비속, 그 법정대리인의 신청에 의해 가정법원이나 행정기관이 부 또는 모를 상대로 친자확인명령을 할 수 있다.	민법
	아동복지법 제4조(책임) ① 국가 및 지방자치단체는 아동의 건강과 안전, 복지증진에 책임이 있으며, 부모의 책임을 강화하기 위해 가	아동복지법

아동복지법 제4조(책임) ① 국가나 지방자치단체는 아동의 건강과 복지증진에 노력하여야 하며 이를 위한 시책을 시행하여야 한다. ② 아동의 보호자는 아동을 가정 내에서 그의 성장시기에 맞추어 건강하고 안전하게 양육하여야 한다.	정을 지원하여야 한다. ② 부모 또는 보호자는 아동을 가정 내에서 그의 성장시기에 맞추어 건강하고 안전하게 양육하여야 할 책임이 있다. ⑤ 부모가 아동을 양육하는 것이 불가능하다고 판단될 시에는 국가가 아동을 거주보호할 책임이 있으며, 이때 부모는 최소한 아동을 부양할 책임이 있다. ⑥ 아동이 거주보호된 경우 국가는 가능한 한 아동을 부모에게 돌려보내도록 하고 부모와 자녀관계가 지속되도록 하여야 할 책임이 있다.	아동복지법
② 민법 제837조(이혼과 자의 양육책임) …그 자의 연령, 부모의 재산상황 기타사정을 참작하여 양육에 필요한 사항을 정하며 언제든지 그 사항을 변경 또는 다른 적당한 처분을 할 수 있다. 〈개정 90 · 1 · 13〉	아동부양법〈신설〉(양육비결정) ① 양육비는 아동부양기관의 직권으로 조사를 통하여 양육비 지침에 근거해 결정한다. ② 양육비 결정을 위한 구체적인 산출근거를 명시한다(연구에 의해 제시). ③ 아동의 양육 상황, 부모의 소득 등의 변화를 고려하여 양육비 지급액을 5년마다 변경할 수 있으며, 급작스런 부모의 소득상황 혹은 자녀양육상황 등의 변화시 재조정의 필요성이 입증되었다면 언제든지 변경할 수 있다.	아동부양법
민법 제839조(재산분할청구권) ① 협의상 이혼한 자의 일방은 다른 일방에 대해 재산분할을 청구할 수 있다. ② 제1항의 재산분할에 관하여 협의가 되지 아니하거나 협의할 수 없는 때에는 가정법원은 당사자의 청구에 의하여 당사자 쌍방의 협력으로 이룩한 재산의 액수 기타 사정을 참작하여 분할의 액수와 방법을 정한다. ③ 제1항의 재산분할청구권은 이혼한 날부터 2년을 경과한 때에는 소멸한다.	민법 〈신설〉(양육비와 재산분할) ① 아동을 양육하는 부모는 다른 일방에 대하여 아동양육비 대신 재산분할을 청구할 수 있다. ② 제1항의 재산분할에 관하여 협의가 되지 아니하거나 협의할 수 없는 때에는 가정법원은 당사자의 청구에 의해 분할의 액수와 방법을 정한다. ③ 제2항의 재산분할시 양육비산정 결정을 위한 기준을 명시한다(연구를 통해 제시).	민법

	④ 자녀에 대한 양육비를 재산분할에 포함시킨 경우라도 미성년 자녀에 대한 부양의무는 지속된다.	민법
가사소송법 제29조 (혈액형 등의 수검명령) ① 가정법원은 당사자 또는 관계인 사이의 혈족관계의 존부를 확정할 필요가 있는 경우에 다른 증거조사에 의하여 심증을 얻지 못한 때에는 검사를 받을 자의 건강과 인격의 존엄을 해하지 아니하는 범위 안에서, 당사자 또는 관계인에게 혈액채취에 의한 혈액형의 검사 등 유전인자의 검사, 기타 상당하다고 인정되는 방법에 의한 조사를 받을 것을 명할 수 있다. ② 제1항의 명령을 함에 있어서는 제67조의 규정에 의한 제재를 고지하여야 한다.	아동부양법 〈신설〉(혈액형 등의 수검명령) ① 아동부양기관이 친자관계를 확정할 필요가 있는 경우에 당사자 또는 관계인에게 혈액채취에 의한 혈액형의 검사 등 유전인자의 검사, 기타 상당하다고 인정되는 방법에 의한 검사를 받을 것을 명할 수 있다. ② 명령을 받은 자는 검사를 거부할 수 없다.	아동부양법
가사소송법 제64조(이행명령) ① 가정법원은 판결 · 심판 · 조정조서 또는 조정에 갈음하는 결정에 의하여 금전의 지급 등 재산상의 의무 또는 유아의 인도의무를 이행하여야 할 자가 정당한 이유없이 그 의무를 이행하지 아니할 때에는 당사자의 신청에 의하여 일정한 기간 내에 그 의무를 이행할 것을 명할 수 있다. ② 제1항의 명령을 함에는 특별한 사정이 없는 한 미리 당사자를 심문하고 그 의무이행을 권고하여야 하며, 제67조 제1항 및 제68조의 규정에 의한 제재를 고지하여야 한다.	아동부양법〈신설〉(이행명령) ① 아동부양기관은 재판 또는 조정에 의하여 양육비 지급의무 또는 아동의 양육책임의무를 이행하지 아니할 때에는 당사자의 신고에 의해 일정한 기간 내에 그 의무를 이행할 것을 명할 수 있다. ② 아동부양기관은 양육비를 체납한 부모에게 대출금, 대출보증금, 대출보험금이 지불되지 못하도록 명할 수 있고, 운전면허, 전문직 면허, 직업면허 등 각종 면허를 취소하거나 자산을 압류할 수 있다.	아동부양법
가사소송법 제67조(의무불이행에 대한 제재) ① 당사자 또는 관계인이 정당한 이유없이 제29조 또는 제64조의 명령이나 제62조의 처분에 위반한 때에는 가정법원 · 조정위원회 또는 조정당	아동부양법 〈신설〉(부양의무불이행에 대한 벌칙) ① 양육비 이행명령을 위반한 때에 가	아동부양법

사자 담당판사는 직권 또는 권리자의 신청에 의하여 결정으로 100만 원 이하의 과태료에 처할 수 있다. ② 제29조의 규정에 의한 수검명령을 받은 자가 제1항의 규정에 의한 제재를 받고도 정당한 이유없이 다시 수검명령을 위반한 때에는 가정법원은 결정으로 30일의 범위 내에서 그 의무이행이 있을 때까지 위반자를 감치에 처할 수 있다.	정법원 판사는 직권 또는 권리자의 신청에 의하여 결정으로 1년 이하의 징역 또는 100만 원 이하의 벌금에 처한다. ② 제1항의 규정에 의한 재판을 받고도 정당한 이유없이 다시 이행명령을 위반한 때에는 3년 이하의 징역 또는 500만 원 이하의 벌금에 처한다.	아동부양법
〈신설〉	아동부양법 〈신설〉(아동부양기관설치 및 아동부양 지도원 배치 등) ① 국가 및 지방자치단체는 아동부양기관을 설치할 수 있다. ② 아동부양기관에는 아동부양업무를 담당하는 아동부양 지도원을 둔다. ③ 아동부양기관에는 전산화된 부모 소재 추적 시스템, 양육비 지급 이행 모니터 시스템, 양육비 징수 및 배분 시스템을 둘 수 있다.	아동부양법
〈신설〉	아동부양법 〈신설〉(용어의 정의) 이 법에서 사용하는 용어의 정의는 다음과 같다. 1. '아동부양기관' 이라 함은 아동에 대한 부모의 부양의무에 관한 업무를 수행하는 기관으로서 대통령으로 정하는 기관을 말한다. 2. '아동부양지도원' 이라 함은 아동부양기관에서 부모의 소재파악, 체납시 양육비 지급 이행 모니터, 양육비 징수 및 배분, 양육비 지급액 결정, 친자관계 성립, 양육기피시 부모와 아동지도관리 등에 관한 업무를 담당하는 자를 말한다.	아동부양법

• 참고문헌

공세권 · 조애저. 1995. 『편부모 가구의 생활실태와 복지대책』. 서울 : 한국보건사회연구원.

김응석 · 이상헌. 1994. 『소년소녀가장가족의 생활실태와 정책과제』. 서울 : 한국보건사회연구원.

김응석 · 김현옥 · 이상헌 · 오정수. 1995. 『아동복지수용시설 운영평가 및 개선방안』. 서울 : 한국보건사회연구원.

김진화. 1997. 『한국 소년소녀가장의 발생원인과 지원사업에 대한 연구』. 석사학위논문. 중앙대학교.

변진강. 1985. "이혼후의 미성년인 자녀 관련된 법률문제". 『사법논집』 16. pp.295~320.

보건복지부. 1997. 보건복지백서.

양승주 · 권수진 · 황정임. 1997. 『1996 여성통계연보』. 서울 : 한국여성개발원.

이강희. 1996. 『가족법』. 서울 : 법원사.

이화숙. 1996. "현행 친권법상 자녀의 이익과 부모의 책임". 『정신건강연구』 제15집. pp.1~26.

이화숙. 1994. "부모의 자녀부양비지급책임". 『사법행정』 8월(404). pp.13~24.

이희배. 1989. 『민법상의 부양원리』. 서울 : 삼영사.

최진섭. 1994. 『이혼과 자녀』. 서울 : 삼화사.

한복용. 1996. 『전환기의 가족법 : 구미의 국가, 법, 그리고 가족』. 서울 : 길안사.

한인영. 1998. "미혼모복지의 현황과 과제". 『한국 사회사업의 쟁점과 과제』(편). 서울 : 학문사. pp.133~157.

Anderews, Sarah & Eadie, Carolin. 1992. *Common Law Statutes Annotated 1991*. LONDON : Sweet & Maxwell.

Department of Health. 1989. *An Introduction to The Children Act 1989*. LONDON : HMSO.

Garfinkel, Irwin. 1995. *Encyclopedia of Social Work: Child Support*. Washington D.C. : NASW Press.

Roming, Candace L. 1989. *Family Policy : Recommendations for Stateaction*. Washington, D.C. : The Children, Families, and Social Services Committee.

Schiler, Bradley R. 1995. *The Economics of Poverth and Discrimination(6th ed.)*. New Jersey : Prentice-Hall, Inc.

Sorensen, Elaine. 1995. *Wellfare Reform : The Benefits of Increased Child Support Enforcement*. Washington, D.C. : the Urban Institute. pp.55～58.

Citizens Advice Notes Service Trust(CANS), volume 3. 1998. LONDON : Stock Well Green.

http://www.dphhs.mt.gov/whomhat/csed/htm

http://welfare.or.kr/library/library01/text/076.txt

http://www.co.law.cornell.edu/usccode/42/ch7/html

http://www.dss.gov.uk/csa/courts.htm

http://www.execpo.com/fairsupport/eco.htm

http://www.acf.dhhs.gov/programs/cse/fct/cshdbk.htm

제6장

보호시설아동과 아동복지법

김현용*

이 연구는 아동복지법상의 아동복지시설 관련 조항의 개정에 대한 의견을 개진하려는 것이다. 사전적인 의미에서의 시설은 건물을 뜻하는 것으로 일반적으로 아동복지시설이라 하면 가정상실아동을 24시간 주거시설에서 집단보호하는 것으로 이해된다. 그러나 아동복지법 제2조 제5항은 아동복지시설을 '제14조의 규정에 의하여 설치된 시설'을 말한다고 정의하고 있어 아동복지시설은 시설보호뿐만 아니라 보호를 필요로 하는 아동을 위해서 상담, 입양, 위탁보호 그리고 기타 아동복지 증진을 위하여 설치된 곳으로 아동복지 프로그램과 서비스를 제공하는 종합적인 의미로 사용하고 있다. 이 연구에서는 주거시설에서 아동을 24시간 보호하는 시설보호 프로그램인 좁은 의미의 아동복지시설에 대한 관련법의 개정을 검토하려는 것이다. 입양과 위탁보호는 다른 장에서 논의되고 있다.

* 한림대학교 사회복지학과 교수

I. 문제 제기

아동복지법이 최초로 제정되었던 1960년대 초와 전문이 개정된 1980년대 초에 비하여 현재는 보호를 필요로 하는 아동에 영향을 주는 시대적 상황이 적지 않게 변하였으므로 시설보호의 대상 아동, 시설보호형태, 보호의 질적 수준을 개선시킬 필요성이 제기되고 있다. 아동 인구의 감소로 서비스 대상 인구는 축소되고 있으며, 가정의 약화, 각종 사회문제의 발생 등으로 보호를 필요로 하는 아동의 성격이 변하고 있고, 보호를 필요로 하는 아동을 위해서 적합한 시설의 형태에 대한 새로운 의견이 제기되고 있다. 최근에는 국제금융위기로 인한 실직, 불경기의 여파로 고통받는 가족과 아동이 발생하여 이에 대응하는 아동복지 서비스의 필요성이 나타나고 있다. 그리고 경제 수준의 향상으로 생활 수준이 향상됨에 따라 뒤떨어진 시설의 아동보호 수준을 향상시켜야 한다는 주장이 제기되고 있다. 따라서 이에 대응하는 시설보호에 대한 새로운 정책이 수립되고 그 정책은 아동복지법규 속에 반영되어야 한다.

아동 인구의 변화는 아동을 둘러싸고 있는 환경의 변화를 이해하는 데 가장 기초적인 요인이다. 18세 미만의 아동 인구는 1970년까지 계속 증가하여 전체 인구의 49.0%를 차지하다 그 후 계속 감소하여 1998년 현재 27.2%이고 이러한 아동 인구의 총 인구에 대한 구성비는 2000년 26.2%, 2010년 24.1%, 2020년 21.0%로서 계속 낮아질 것으로 전망된다. 아동 인구가 감소함으로써 아동의 인적 자원으로서의 가치가 높아지고, 이에 따라 아동에 대한 대우를 향상시키려는 사회적 분위기를 조성하면서 아동에게 제공되는 제반 서비스의 질이 높아질 것으로 전망된다. 그리고 아동을 대상으로 하는 학교, 시설, 문화, 산업 등 여러 제도의 규모와 구성에 점차적인 변화가 야기되며, 아동보호시설의 아동수도 감소하는 추세가 계속될 것이다. 현재도 대부분의 시설이 정원의 70%에 못 미치는 아동을 보호하고 있다(변용찬, 1998).

현대사회의 산업화와 도시화 현상은 가족의 구조와 기능 및 가족과의 관계에 많은 변화를 가져와 가족규모의 축소 및 가족세대의 단순화, 친족유대의 약화 현상이 뚜렷이 나타나고 있다. 가족환경의 변화 중 아동에게 부정적인 현상은 결손가정의 증가이다. 1995년 현재 편부, 편모 및 무의탁아동가구는 전체 가구의 8.4%를 차지하고 있으며, 대부분 배우자의 사별과 이혼 및 별거에 원인을 두고 있다. 이들 가구 중 18%가 생계의 어려움으로 인해 정부 지원보호 대상으로 지정되고 있다. 가족의 구조적 결손은 가족의 기능과 관계에 심각한 장애를 가져와 아동의 건전한 성장을 저해하는 경제적, 정서적, 사회적 문제를 낳고 있는 것으로 지적되었다(김현용 외, 1997).

〈표 6-1〉 아동 인구 변화 추이

구분	1970	1980	1990	1998	2000	2010	2020
총인구(천 명)	32,241	38,124	42,869	46,430	47,275	50,618	52,358
아동인구(천 명)	15,811	15,621	13,704	12,651	12,383	12,205	10,980
구성비(%)	49.0	41.0	32.0	27.2	26.2	24.1	21.0

자료 : 통계청, 『장래인구추계』, 1996.

그뿐 아니라 현대생활의 긴장은 알코올중독, 정신질환, 기타 부적응적이고 일탈적인 행동을 유발하는 요인이 되고 있다. 또한 산업재해, 교통사고 등의 재해가 증가함으로써 피해가정의 아동들을 그 희생자로 만들고 있다. 그래서 불구 폐질의 부모나 생활능력이 없는 조부모와 동거하는 아동이 증가하는 현상을 초래하고 있다.

역시 현대생활의 긴장 좌절은 부모의 자녀에 대한 학대와 방임으로 이어져 희생자인 아동이 고통을 당하고 있으며 견디지 못할 경우 아동이 가출하는 사례를 증가시키고 있다.

한편 심신의 장애 및 백혈병, 선천성심장병, 자폐증 등 특수한 장애를 가진 아동 역시 특별한 사회적 보호를 필요로 하며 이들 중 그 문제의 성질에 따라 그들을 위해서 마련된 아동복지시설에서 보호, 치료와 교육을 받는 것이 적절한 아동 역시 다수 존재한다. 이러한 결함을 가진 아동들은 최근까지 그들의 가정에 맡겨진 채 관심 밖에 있었으나 최근에는 이들의 문제가 사회적으로 주목을 받고 있어 이들을 대상으로 하는 아동복지시설의 필요성이 증가하고 있다.

최근에는 국제외환위기로 인한 실직, 부도 등으로 가계수입이 감소하고 있으며 이로 인하여 가정해체 현상이 증가하고 있어 부모가 자녀를 보육원이나 일시보호소에 위탁하는 경우가 과거보다 15~20% 정도 증가하고, 아동위탁을 상담하는 건수가 두 배 정도 증가하고 있어 아동의 유기, 방임, 위탁아동건수가 증가할 전망이다(중앙일보. 1998. 2. 28).

이상과 같은 아동의 사회환경의 변화는 아동복지에 미치는 영향이 크며 특히 아동복지시설의 운영에 적지 않은 영향을 주고 있다. 우선 아동복지시설의 대상 아동이 변화하고 있다. 전통적으로 아동복지의 대상 아동은 고아, 기아, 미아, 가출아가 상당한 비중을 차지하여 왔다. 그러나 이러한 아동의 수가 감소하고 있으며 그 대신에 가정불화로 인하여 이혼, 별거, 부모의 가출 등으로 부모와 함께 살지 못하는 아동이 크게 증가하고 있으며 이러한 경향은 앞으로도 계속되리라 예측된다. 현재 시설에 있는 아동의 58.4%가 시설에 입소하기 전에 부모(편부모 포함)가 있었으며 여기에 친척이 있었다는 비율 17.3%를 포함하면 75.7%가 부모나 연고자가 있는 것으로 나타나고 있는 것으로 이러한 사실을 확인할 수 있다(김응석, 1995).

따라서 시설보호 서비스는 비록 아동이 부모로부터 이탈되었을지라도 아동의 바람직한 성장 발달을 위하여 부모와 협조하는 관계를 유지 발전시키며, 궁극적으로는 부모의 가정으로 복귀할 수 있도록 지원하는 프로그램의 개발이 필요하다. 또한 부모로부터 아동의 이탈을 막을 수 있는 가정강화 및 보존과 같은 예방적 프로그램의 개발과 실천이 요구된다.

우리의 아동복지 서비스는 역사적으로 불가피하게 시설보호 중심으로 전개되어 왔다(김현용, 1994). 그러나 가정을 상실한 아동을 위한 시설보호 프로그램은 그 아동을 위해서 선택할 수 있는 최후의 방법이 되어야 한다는 것이 보편적인 시각이다(Kadushin, 1988). 미국의 1909년의 보호를 필요로 하는 아동을 위한 백악관회의(The White House Conference for the Dependent Children)와 1960년대의 탈시설화(Deinstitutionalization) 정책, 영국의 1948년의 아동법 제정의 기초가 된 커티스위원회(the Curtis Committee)의 보고서는 빈민법하에서 발전된 아동에 대한 시설보호는 아동의 발달에 손상을 가져온다고 주장하면서 가정 중심으로 보호할 필요성을 역설하였다(김융석 외, 1995). 우리의 아동복지사업에 있어서도 보호를 필요로 하는 아동을 위해서 가정 중심 서비스로 획기적으로 전환할 필요성이 있으며, 시설보호를 제공하는 것이 불가피한 아동일지라도 시설 안에서도 가정환경과 같은 분위기를 조성하여 보호하는 것이 필요하다는 주장이 꾸준히 제기되어 왔다.

따라서 아동의 환경과 보호를 필요로 하는 아동 발생상황이 변하였고, 아동보호 서비스에 대한 사람들의 생각이 달라졌으므로 이를 수렴하여 법규속에 반영해야 할 필요가 있다.

II. 한국의 아동시설보호에 관한 분석

1. 시설보호 중심의 법 규정

현재의 아동복지법은 2000년 개정으로 종전까지 '요보호아동' 이라는 명칭에서 '보호를 필요로 하는 아동' 이 중심이 됨으로써 전체 아동을 대상으로 그리고 어떠한 아동이라도 도움이 필요하면 보호를 필요로 하는 아동의 범주에 포함시키는 아동복지법으로 그 성격을 전환시켰다. 그러나 충분한 토의 없이 급하게 이루어진 관계로 아동복지시설의 종류는 다양하게 되었지만 그 내용은 보충과 논의가 더욱 필요한 미완성의 법이라고 할 수 있다.

또한 여전히 보호를 필요로 하는 아동을 위한 법적인 규정이 핵심을 이루고 있으며, 종전의 법과의 차별성은 아동학대에 대한 조항의 첨가와 이러한 아동들에 대한 '전문보호기관'이 설립되었다는 것이다.

종전의 아동복지법(1982)은 시설과 관련된 것이 '조치'에 관한 7개 조문과 '시설설치 및 운영'에 관한 8개 조문, 합하여 15개 조문이며 이 외에도 보호를 필요로 하는 아동에 관한 실태파악과 대책 심의, 행정적 조치 수행 등에 필요한 '전달체계'에 관한 조문 5개 그리고 이들에 대한 '비용보조 및 혜택'에 관련된 조문 5개 등 10개 조문을 합하면 모두 25개 조문으로서 거의 대다수가 협의로 규정된 보호를 필요로 하는 아동에 관한 조문들로 구성되어 있었다(이태수, 1998). 새로이 개정된 아동복지법은 부칙을 포함하여 47개의 조문으로 구성되어 있으며, 종전의 시설의 의미가 확대되어 이 장에서 논의되는 주거시설에서 아동을 24시간 보호하는 시설보호 프로그램인 좁은 의미의 아동복지시설에 관한 조항이 분산되어 있다.

우선 '보호를 필요로 하는 아동'(제2조 제2항)은 보호자가 없거나 보호자로부터 이탈된 아동, 또는 보호자가 아동을 학대하는 경우 등 그 보호자가 아동을 양육하기에 부적당하거나 양육할 능력이 없는 경우의 아동으로서 대부분의 경우 위탁, 입양, 시설보호가 필요시 되는 것을 의미한다. 이러한 보호가 필요시 되는 아동을 위한 보호조치(제10조)는 종전의 시설보호조치를 의미하는 것이지만 새 아동복지법은 가정으로부터 이탈되는 모든 아동에 대한 보호조치를 여기에 포함시켰으며, 그중 제1항 - 2와 제4항에서 시설보호조치에 대한 규정을 논하고 있다. 특히 시설보호아동에 대한 개별보호와 관리계획을 명시하고 있어 보다 발전된 점을 볼 수 있다. 그리고 제14조부터 시설의 설치와 그 종류를 열거하고 있으며, 특히 아동복지시설의 다양화와 더불어 시설이 종래에 지니고 있던 고유의 역할 외에 가정지원사업이나 소규모 가정형태의 시설을 권장하고 있음(제16조 제3항)도 알 수 있다.

보호를 필요로 하는 아동과 관련된 법조문은 이러한 아동이란 가정상실아동으로서 대리보호를 제공해야 할 아동을 의미하며 이 대리보호는 바로 시설보호라고 해석하는 것이 가능할 정도이다. 중요한 것은 국가가 책임을 면할 수 없는 영역의 경우 그 책임을 명시하려 하게 되고 이것이 법조문으로 표현되며, 가정해체와 더불어 많은 아동들이 시설보호를 받게 됨으로써 시설의 장은 아동을 시설에 위탁한 부양의무자로부터 비용을 징수할 수 있다고 하여서 아동에 대한 책임 부분의 강조도 되지만 비용의 징수에 따르는 여러 가지 폐해도 발생할 여지가 있다고 보여진다. 이것은 대리보호 프로그램 중 입양조치는 입양특례법의 적용을 받으므로 제외되기도 하지만 보호를 필요로 하는 아동을 시설에 수용하여 보호하는 것은 재정적으로나 시설의 운영으로 보아 많은 노력이 필요하고 이러한 노력은 민간에 의하여 수행되지만 사실상 정부의 뒷받침이 없으면 거의 불가능한 것이다. 만일 정부의 뒷받침을 제도화한 이러한 조문이 부양의무자의 비용부담으로 해석된다면 시설의 운영에 관한 여러 가지 문제가 발생할 수 있을 것이라고 보여진다.

아동복지에 있어서의 국가의 책임이 보호를 필요로 하는 아동에 대한 구호 원조 차원의 범위로 한정되어 왔고 그러한 책임을 명문화한 것이 아동복지법으로 나타났기 때문에 법상에 보호를 필요로 하는 아동에 대한 조치가 핵심을 이루는 법이 되지 않을 수 없었던 것이다. 그리고 이러한 국가 책임의 형태도 전통적인 아동보호의 방법인 시설보호형태에 대하여 심각하게 그 결과를 분석하거나 평가하면서 다른 바람직한 형태에 대한 검토의 과정을 거치지 않고 관습적으로 유지해 오고 있는 것으로 볼 수 있다. 따라서 비록 부양의무자의 책임이 확대된다고 할지라도 아동복지에 대한 국가 책임의 확대와 아동복지의 형태에 대한 국가적인 검토작업이 이루어지고 이 결과에 따라 아동복지법이 제정되어야 보다 발전된 아동복지법이 나올 수 있을 것이다.

2. 보호를 필요로 하는 아동에 대한 협소한 정의

아동복지법 제2조 제2항의 '보호를 필요로 하는 아동' 은 앞에서도 언급한 바와 같이 보호자가 없거나 보호자로부터 이탈된 아동 또는 보호자가 아동을 학대하거나 양육하기에 부적당하다고 보여지는 경우에 처하였다면 이 법에 의하여 보호를 받을 아동을 말한다. 이러한 조항은 아직도 부모를 부정적인 입장에서만 보고 있음을 알 수 있다. 이 법은 여전히 많은 보호가 필요한 아동의 부모에 대하여 존재가 불확실하거나 아동을 버렸거나 아동을 양육하기에 부적당한 것으로 규정하고 있는 것이다. 부모를 이렇게 규정함으로써 그들의 자녀인 보호가 필요한 아동에 대하여도 부정적인 입장에서 편견을 가지고 볼 수 있는 여지를 남기는 것이다.

현대사회의 가족의 변화는 능력이 있고 올바른 태도를 가진 시민도 일시적으로 자녀를 양육하지 못하는 상황에 처할 수 있다. 사회참여로 인하여 주간에 자녀를 보호하지 못하는 여성이 증가하여 영유아보육시설이 불가피하게 증가하지 않을 수 없는 상황과 동일하게 어떤 경우 일시적으로 자녀를 아동보호시설에 위탁하게 될 필요성이 증가하고 있다. 노인을 위한 단기보호소가 필요한 이유와 유사하다고도 볼 수 있다.

현재의 아동보호시설은 부모나 가족 등 부양의무자가 없는 아동을 대상으로 하여 장기간 수용보호하는 서비스 위주로 운영되고 있다. 그러나 최근 보호자의 가출, 이혼, 재혼, 아동학대, 심신의 장애, 질병 등의 사유로 아동을 건전하게 양육하는 데 문제가 있는 사례가 늘어나고 있다. 새로운 아동복지법이 단기보호시설을 설치하도록 규정하였고, 기존의 시설이라도 가정지원사업이나 주간보호사업을 할 수 있도록 하여 그 종류나 가능성은 종전의 아동복지법에 비하여 상당한 발전을 하였으나 이에 부관된 시행령이나 시행규칙에는 보다 명확한 기준이나 절차를 제시하고 있지 않기 때문에 많은 문제를 내포하고 있다고 본다. 더구나 제16조의 시설의 종류에서 아동단기보호시설의 경우 "일반가정에 아동을 보호하기 곤란한 일시적 사정이 있는 경우…"라고 하여서 일반가정에 위탁이나 입양이 가능하지 않은 보호를 필요로 하는 아동만이 이 대상이 될 수도 있다는 해석을 내릴 수 있으므로 현행의 단기아동복지시설 입소 기준을 보다 명확히 하여 부모나 보호자가 있다고 하여도 실질적으로 돌볼 수 없다고 판단될 경우에도 입소가 가능하도록 하며, 이러한 가정의 아동들을 단기간 수용보호하고 부모가 안정된 후 가정에 복귀하도록 해야 한다. 이러한 아동단기보호시설을 아동양육시설에 포함하여 필요한 경우 단기수용보호 목적의 아동복지시설로서의 역할을 할 수 있도록 하여야 한다. 경제위기로 인한 실직과 가정해체가 급속히 증가하고 있는 현실에서 이러한 조치는 더욱 요구된다.

이러한 관점에서 최근에 정부가 다양한 수요를 가진 보호를 필요로 하는 아동의 욕구에 부응하기 위하여 아동복지시설 입소 대상을 경제적으로 불우한 아동 위주에서 일반가정의 보호가 어려운 아동 등으로 대상을 확대하고 아동복지시설의 기능과 종류도 장기수용보호 위주에서 가정기능을 보완하거나 지지하는 방향으로 다양화하고자 정책방향을 설정하고 있는 것은 적절하게 보이지만(보건복지부, 1997a) 보다 구체적인 도움이나 보호의 방향이나 실천지침을 마련하는 것이 필요하리라고 본다.

아동의 특수한 사정으로 시설보호가 필요한 아동들이 있다. 신체적 정신적 장애, 불량행위 등의 문제로 인하여 가정에서 양육하기보다는 그의 문제에 맞는 전문시설에서 보호받으면서 치료 및 재활 서비스를 받는 것이 필요한 아동들이다. 이러한 아동들도 아동복지법상의 보호를 필요로 하는 아동에 포함되어야 한다는(김응석, 1995) 것을 받아들여 아동보호치료시설(제16조 제1항 제3호)을 설치하고 알코올이나 약물중독, 정서장애, 발달장애 등으로 특수한 치료나 요양 등의 보호를 필요로 하는 아동에 대하여 전문적인 치료를 위하여 입원이나 입소를 위한 보호조치도 포함하고 있으나 한국적인 상황에서 문제행동아동을 보호시설에 입소하는 것은 인정하나 치료시설에의 보호조치 등은 신중한 고려가 있어야 한다. 더구나 세계적인 추세가 지역사회 내에서 정상화의 방향을 선택하는 현실에서 문제가 있다고 하여 보호조처만을 고려하는 것은 문제의 여지가 많다고 보여진다.

3. 보호시설형태의 부적합성

아동복지시설이란 아동복지사업을 실천하는 전달체계상의 일선기관을 의미한다. 따라서 아동복지 서비스의 다양한 기능은 시설을 통해서 실천된다고 보아도 좋을 것이다. 새로운 아동복지법은 시설의 정의를 따로 마련하지 않고 다만 제14조에서 제16조의 사업을 실시하는 아동복지시설을 국가 또는 지방자치단체는 시설을 설치할 수 있으며, 그 외의 누구도 관할 시장, 군수, 구청장에게 신고함으로써 시설을 설치 운영할 수 있다고 하여 많은 문제점을 남기고 있다. 그러므로 종전의 아동복지시설인 아동 및 임산부의 복지를 위한 시설로서 대통령령으로 정하는 시설을 의미한 아동상담소, 영아시설, 육아시설, 아동일시보호시설, 아동직업보도시설, 조산시설, 아동전용시설, 교호시설, 아동입양위탁시설, 정서장애아시설, 자립지원시설 등 11개의 종류로 분류된 시설이 아닌 아동양육시설, 아동일시보호시설, 아동보호치료시설, 아동직업훈련시설, 자립지원시설, 아동단기보호시설, 아동상담소, 아동전용시설, 아동복지관 등으로 구분하고 있는데 이는 종전 아동문제 중심의 시설분류에서 시설의 형태에 의한 분류를 함으로써 한 개의 시설에서 필요한 여러 가지 사업을 수행할 수도 있지만 동법 제16조 제2항에서 제시하는 바와 같이 아동복지시설이 종합시설로서 설치되는 경우가 증가할 것이며, 그렇게 된다면 보호를 받는 아동에 대한 질적인 서비스의 문제가 다시 대두될 것이라고 보여진다.

이러한 시설 중에 아동복지시설(institution, children's home)은 아동양육시설, 아동일시보호시설, 아동보호치료시설, 아동직업훈련시설, 자립지원시설, 아동단기보호시설, 아동상담소, 아동전용시설, 종합시설 등 아홉 가지 종류지만 이 가운데 우리가 이해하는 아동복지시설은 아동양육시설, 아동일시

보호시설, 아동보호치료시설, 아동단기보호시설, 자립지원시설 등을 꼽을 수 있다. 이와 같이 아동복지시설에 대한 새로운 법은 수용보호 위주의 분류에서 벗어났지만 여전히 발생하고 있는 보호를 필요로 하는 아동에 대한 입양, 위탁보호, 시설보호, 아동후견인제도에 대한 보다 구체적인 제시와 전체 아동을 위한 아동복지관이나 이용(전용)시설에 대하여서도 같은 비중으로 다루는 것이 그 각각의 중요성을 인정하는 점에서 필요하다.

〈표 6-2〉 아동복지시설 현황

구분	시설수	수용인원	시설당 평균 아동수
영아원	26	1,856	72
육아원	212	14,397	68
직업보도	5	189	38
교호	6	509	85
자립지원	13	214	17
계	262	17,165	66

자료 : 보건복지부 아동보건복지과, 내부자료, 1999.

종전에는 3세 미만 아동을 수용하여 보호하는 영아시설과 3세 이상의 아동들의 육아시설로 구분하여서 아동의 욕구에 맞게 시설과 인력을 갖추는 것이 경제적이고 편리하였지만 이제는 아동양육상의 조건을 고려할 때 나이가 고르게 분포되어 있는 것이 아동의 성격발달에 더 적합하여 영아시설과 육아시설을 통합하여서 아동양육시설화하였으며, 앞으로는 교호시설이나 정서장애아시설에서 치료시설로 포함하여 그 현황을 살펴보아야 할 것이다.

보호시설의 대부분이 아동을 기숙사시설(dormitory system)의 형태로 보호하고 있어 아동이 가정다운 분위기를 경험하는 것이 용이하지 않다. 기존시설을 점차 소숙사시설(cottage system)이나 그룹홈(group home) 형태로 개조하여 시설아동이 가족적인 분위기에서 성장할 수 있도록 하려는 정부의 계획은 바람직한 것으로 보인다(보건복지부, 1997b).

미국이나 영국, 일본의 시설보호의 경우 시설이 소규모화되고 있어 위탁가정보호와 시설보호의 구분이 모호할 정도가 되고 있다. 우리나라의 시설에서 아동이 감소되고 있긴 하지만 〈표 6-2〉에서 보여 주는 바와 같이 시설의 평균 아동수가 63명으로, 미국에서는 표준이 8~10명으로 되어 있는 것과 비교하면 우리는 대시설 위주의 시설보호를 운영하고 있는 것을 알 수 있다(노자와 마사코, 1991). 대시설을 그룹홈으로 만들어 지역사회에 분산하여 생활하게 하면서 하나의 사무실에서 이 소규모 시설을 관리하는 형태로의 시설 전환을 고려해 볼 필요가 있다.

4. 시설보호 서비스의 보호 수준의 미약

1) 직접적인 서비스

아동의 건전한 성장에는 보호 수준의 향상이 무엇보다 중요하다. 우리의 경제 수준의 향상과 함께 의식주를 비롯한 시설아동의 보호 수준이 향상되어 왔다. 정부는 매년 시설에 지원하는 비용을 증액하고 있다. 1998년부터 정부는 시설아동의 정서함양 및 사회적응능력을 향상시키기 위한 목적으로 스포츠 · 예술 · 오락 프로그램에 아동의 참가를 지원하고 있다(보건복지부. 1998).

그러나 전반적으로 아동복지시설의 보호 수준은 최소한의 의식주 해결에 머물고 있으며 교육, 의료, 재활, 여가 등의 서비스가 충분히 제공되지 않아 시설아동의 삶의 질은 만족스러운 수준에 이르지 않고 있다. 또한 시설아동은 일반가정의 아동에 비하여 학업성적 및 사회성 발달 등에서 뒤떨어지고 있으며 이는 아동복지시설이 해결해야 할 과제로 지적되고 있다. 시설아동에게도 각 아동의 특성에 맞게 세심하게 관심을 가지고 돌보고 의식주의 제공에서 더 나아가 그들의 인간적인 면을 보살피고, 그들이 과거 성장과정에서 받았을지도 모르는 마음의 상처를 치유하는 데 관심을 기울여야 한다.

〈표 6-3〉 연도별 영 육아보호시설 및 아동 현황(1975~1998)

(단위 : 개소, 명)

연도	시설수	아동수
1975	350	32,996
1980	287	23,357
1985	271	24,430
1990	261	22,535
1995	273	17,319
1997	274	16,937
1998	272	17,820

자료 : 보건복지부 아동보건복지과, 내부자료, 1999.

친부모가 있는 시설아동은 부담없이 부모와의 관계를 유지할 수 있어야 한다. 통계자료는 시설아동의 다수가 부모 또는 부모 중의 하나가 존재하고 있음을 보여 주고 있다(김응석 외, 1995). 부모가 자녀를 시설에 맡겨야 할 형편이라도 그들이 자녀와 완전히 결별하기보다는 어떤 방법으로든 아동에게 기여토록 하는 것이 필요하다. 다른 아동에게 부정적인 영향을 준다는 이유로 부모에게 시설을 개방하지 않는 일부 아동복지시설의 폐쇄적인 운영은 시정되어야 한다.

불가피한 사유로 아동을 가정에서 양육하지 못하는 경우 보호자가 아동복지시설에 아동의 수용보호를 의뢰할 수 있도록 하고, 경제적으로 가능한 부양의무자에게는 보호비용을 징수할 수 있도록 결정한 정부의 조치는 적절한 것으로 보인다(보건복지부, 1998). 다만 이러한 정책이 정부의 방침으로 운용되기보다는 제도화하기 위하여 법규 속에 포함되는 것이 바람직하다.

시설아동이 18세가 되면 퇴소해야 하는 현 제도는 재검토가 필요하다. 현대생활은 한 인간이 독립해서 살기 위한 준비기간을 과거와는 달리 상당히 연장하고 있다. 시설아동에게 있어서도 이 현상은 예외가 아니다. 18세의 청소년은 그의 상황에 따라 더 긴 준비기간을 거친 뒤 사회에 진출하는 것을 필요로 할 수 있다. 따라서 아동 개개인의 사정에 맞게 시설을 떠나는 시점을 정할 수 있도록 하는 것이 바람직하다.

2) 아동복지시설 종사자

아동복지시설에서 아동을 돌보는 종사자는 일반가정에서 부모나 그 밖의 다른 성인 가족원과 같은 역할을 하고 있다. 따라서 종사자의 자질과 적합한 인원수는 아동의 성장에 절대적으로 중요하다. 그런 점에서 적합한 종사자의 확보를 위해서 처우의 향상이 요구된다. 종사자의 처우는 비록 점차 향상되고 있지만 아직 미흡한 실정이다.

임금 수준은 동일한 능력을 가진 공무원이나 기타 다른 직종에 종사하는 사람들이 받는 수준보다 낮으며 근무시간 역시 교대자 없이 하루 온종일을 일해야 한다. 따라서 이러한 열악한 대우로 종사자의 교체가 빈번하며, 일하고자 하는 열의가 적고, 일에 대한 전문성의 수준이 낮은 형편이며, 인력을 구하기가 어렵다. 이러한 이유로 다수의 시설이 종사자의 정원을 충원하지 못하고 있다.

따라서 아동복지시설 종사자의 임금 수준의 현실화가 이루어져야 하며 일하는 분야에서 전문적인 자질을 가질 수 있도록 자격증제도를 엄격히 실시하고 재교육의 기회가 정기적으로 주어져야 한다. 그리고 현재 시설종사자의 근무를 2교대한다는 계획이 실행단계에 왔다고 하지만 그 운영은 다소 기술적이어야 한다. 따라서 보모 1인당 아동의 수를 우선 조정하여야 하고, 2교대를 하는 것보다는 오전시간 동안 시간제 보모를 고용하도록 하여야 한다. 이것은 아동들에게 혼란이 야기되지 않도록 하기 위한 것이다.

3) 시설의 운영

시설이 지역사회에 통합되지 못하고 고립되어 있는 경향이 강하다. 이사회의 구성에 있어 지역사회 주민의 참여는 매우 제한적이고 오히려 시설장의 친인척의 참여로 법적으로 규정된 이사회는 매우 형식적인 운영에 그치고 있다. 따라서 아동복지시설의 이사회의 기능이 회복되어야 한다.

또한 지역사회 주민과의 인적 교류가 활발하지 못하고 시설이 지역사회에 기여하기 위한 노력도 부족한 실정이다. 따라서 시설운영에 있어서 지역주민의 참여, 시설아동과 지역사회 주민의 인적 교류, 시설의 지역사회에 대한 기여 등은 각 시설의 실정에 맞게 활성화되어야 한다.

4) 아동복지시설의 심사와 평가

아동복지기능을 실천하는 운영 주체는 정부기관, 사회복지법인, 사단법인, 재단법인, 사회단체 등 비영리법인 및 단체로 되어 있으며, 사전에 정부의 허가를 받고 시설을 운영하여 왔다. 그러나 1997년 12월 27일 제정(2000년 1월 일부개정)된 사회복지사업법에 의하면 사회법인과 기타 비영리법인에 한하여 사회복지시설을 설치 운영할 수 있었던 것을 법인이 아닌 개인도 사회복지시설을 설치 운영할 수 있도록 하였으며 시설의 설립을 허가제에서 신고제로 전환함으로써 보다 용이하게 사회복지사업을 시작할 수 있도록 하였다. 이러한 제도의 개선으로 아동복지사업이 앞으로 보다 더 활성화될 것으로 기대된다. 한편 이러한 정책변화로 무분별한 아동복지시설이 난립하여 서비스의 질이 저하되지 않도록 적절한 감독과 평가가 요구된다.

아동보호시설은 매년 지방자치단체 관계 부서에 의하여 정기적인 종합감사를 받고 있다. 또 필요할 때 수시 감사를 받고 있고 관계 부서에 의하여 항상 지도 감독을 받는다. 그러나 이러한 심사는 정부가 정한 지침에 시설이 충실히 따르고 있는가를 심사하는 것으로 아동을 위한 질적인 서비스 제공과 효율적인 시설의 운영에 대한 전문적인 평가에는 이르지 못하고 있다.

5. 아동복지수용시설의 타목적 시설로의 전환을 위한 유연성 부족

현재 아동복지시설의 아동은 평균적으로 정원의 70% 정도에 머물고 있다. 국제통화위기로 인한 여파로 그러한 감소의 경향이 반전되고 있지만 장기적으로 보아 감소추세는 그대로 계속될 것으로 예측된다. 그뿐만 아니라 아동을 위한 바람직한 보호의 형태가 가정형태의 양육인 이상 그러한 이념이 실천되면 현재의 수용보호시설은 목적을 변경하지 않을 수 없을 것이다. 과거 다수의 아동수용보호시설이 타 목적의 아동복지시설로 전환되어 왔다. 그러나 사회적 여건의 변화에 맞게 원활하고 신속하게 전환하고 있는 것으로 볼 수는 없다.

그러한 이유는 재산상의 변동의 어려움이라든지 시설운영자의 경직된 시각, 정부 정책의 부적절성 등이 작용하고 있는 데서 찾을 수 있을 것이다. 앞으로 수용시설의 자원을 아동복지의 발전을 위해서 효과적으로 활용하기 위해서는 이러한 시설을 효과적으로 보다 가치 있는 아동복지 프로그램으로 전환할 수 있는 유인책 및 정부의 강력한 추진이 요구된다.

6. 아동복지 전달체계의 중복

아동복지법의 아동의 연령은 18세 미만의 자를 말하며 청소년기본법의 청소년의 연령은 9세 이상 24세 이하의 자로 정하고 있다. 9세에서 18세까지는 아동과 청소년에 해당하는 연령이 동일한 것이다. 중앙정부의 아동복지업무는 보건복지부-사회복지정책실-가정복지심의관-아동복지과의 조직과, 문화관광부-청소년정책실-청소년국으로 크게 주무부서가 나누어져 있다.

지금까지의 업무형태로 보아 보건복지부의 아동복지업무는 주로 보호를 필요로 하는 아동의 구호차원의 서비스를 제공하는 데 초점을 두고 있기 때문에 보건복지부의 업무로 정해졌고 또한 보호를 필요로 하는 아동이라는 제한된 대상을 취급함으로써 과의 수준을 유지하게 된 것이라고 볼 수 있다. 그러나 아동복지법의 적용범위를 일반아동으로 확대하고 있기 때문에 이는 청소년기본법에서 다루려는 내용과 중복될 소지를 가지고 있다.

청소년업무는 전체 아동과 청소년이라는 보편적 대상을 취급하고 있기 때문에 과의 수준보다 상당히 격이 높은 정책실이 직접적인 업무를 담당하고 있다. 보건복지부의 사회정책실과 같은 수준에서 기능하는 것이다. 지방자치단체에 있어서도 도 수준에서 존재하는 아동복지법상의 아동상담소와 청소년기본법상의 청소년상담실은 동일한 연령의 대상자를 취급하므로 상당히 중복되는 업무를 가지고 있다. 정부의 현 조직구조를 유지한다면 사실상 아동복지법은 보호를 필요로 하는 아동에 중심을 둔 법으로서의 위치를 벗어나기 어려울 것이다.

따라서 아동복지법과 청소년기본법을 현재의 상태로 구분하더라도 중앙정부의 구조에 있어 이 두 업무를 한 조직에 통합하는 것이 바람직하다. 청소년정책실이 보건복지부의 조직에 통합되거나 아니면 아동복지업무가 문화관광부의 청소년정책실 내 청소년국의 하나의 과로 통합하는 것을 고려해 볼 필요가 있다. 이러한 구조통합이 효율성을 높이고 낭비를 없앤다는 점에서 바람직하게 보인다.

III. 외국의 아동시설보호에 관한 분석

외국의 아동복지법으로서 일본, 미국, 영국의 관계법을 살펴보고자 한다.

1. 일본

일본의 사회복지 서비스는 시설입소자에 대한 시설보호가 전후 현재까지 주류를 이루고 있어 이 같은 상황은 우리와 비슷하다고 볼 수 있다. 일본의 아동복지법은 이러한 경향을 뒷받침하고 있다. 따라서 일반아동을 포함하여 주민을 대상으로 하는 서비스 체계가 발전하지 못하고 있어 사회복지 서비스를 재편하는 것이 일본의 시급한 현안이 되고 있다(김응석 외, 1995). 또한 출산 인구의 저하로 현재 사회복지시설의 약 70%인 아동복지시설의 정원이 줄고 있고, 줄어든 공간을 다른 프로그램으로 메우고자 하는 노력 역시 우리와 비슷한 상황이다.

일반주민의 사회복지시설에 대한 시각이 변하여 한 지역에 필요한 사회복지시설이 존재하고 그 시설은 수용자에 대하여 적절한 보호를 하면 된다는 식의 시설 중심의 사고에서, 전체 지역주민의 복지체계에 그 지역의 사회복지시설을 참가시키는 것이 바람직한 것이라고 보는 견해로 바뀌고 있다. 이러한 시각에 따라 시설복지 중심의 서비스 공급체계는 재가복지 중심의 체계로 전환되고 있다. 그러나 현실적으로 볼 때에는 역시 사회복지시설이 중요한 역할을 할 수밖에 없을 것으로 보인다. 그만큼 사회복지시설체계의 비중이 큰 것이다.

그러나 일본의 시설보호는 오랫동안 입양보호의 차선책으로 여겨져 왔지만, 현재에는 점차 그 위치가 변화되어 지역사회보호의 일환으로서, 가정양육의 일시적 대체로서, 가정복귀를 위한 단기적 치료와 교육적 보호시설로서, 연장아동의 장기양육시설 등 소규모의 시설보호로서 기능하고 있다(노자와 마사코, 1991). 특히 소규모화의 현상으로 시설분원형 그룹홈을 제도적으로 시행함으로써 일반가정에서 양육하는 것과 유사한 경험을 하게 하려고 노력하고 있다.

1995년의 아동복지법에 근거하여 볼 때, 아동복지시설은 14개 종류로 분류된다. 즉 조산시설, 유아원, 모자시설, 보육소, 아동후생시설, 양호시설, 정신박약아시설, 정신박약아 통원시설, 맹 · 농아시설, 허약아시설, 지체부자유아시설, 중증심신장애아시설, 정신장애아단기치료시설, 교호원 등으로 분류된다. 일본의 아동복지시설이 우리와 다른 점은 심신장애아동을 위한 시설을 아동복지시설로 분류하고 있는 점이다. 아동의 욕구와 문제에 따라 거기에 적합한 전문시설을 설립하려는 취지를 살리고 있다고 볼 수 있다.

정부에서 아동복지시설을 지원하는 비용(조치위탁비)이 시설운영비의 거의 전부를 차지하고 있다. 지원금액(조치비)은 시설직원의 인건비, 시설의 유지관리에 요하는 관리비, 시설입소자의 일반생활비로 구분된다. 직원의 급여는 국가공무원의 대우에 준하는 수준을 목표로 하고 있고, 일반생활비의 경우도 매년 국민의 생활 수준에 연동하여 개선이 이루어지고 있다.

시설에의 입소보호는 모든 대상에게 무료인 것은 아니다. 입소자 자신이나 부양의무자는 입소에 따른 비용을 소득에 따라 일부 혹은 전액 지불해야 한다. 일본의 아동복지시설의 입소는 비교적으로 자유로워서 일반시민의 불가피한 사정에 따라 아동을 위탁하고 찾아가는 것이 용이하고 또한 입소한 아동과 부모나 친척간에 자유로운 상호왕래가 이루어지고 있다.

2. 영국

영국의 아동복지시설은 빈민법하에서 아동과 성인이 혼합수용되었던 수용시설로서의 빈민원과 작업장에 역사적 근원을 두고 있다. 아동을 빈민, 부랑인 등 성인과 다른 존재로 인식하기 시작한 것은 19세기 이후이며, 이때부터 아동을 혼합수용시설에서 분리하기 시작하였다.

빈민법의 폐지와 함께 1948년 제정된 아동법은 아동의 복리를 증진하고 아동에게 적절한 발달기회를 제공하는 것을 정부의 책임으로 규정하였다. 한편, 아동법 제정의 기초가 된 커티스위원회(Curtis Committee)의 보고서는 빈민법하에서 발전된 아동에 대한 시설보호는 아동 발달에 손상을 가져온다고 주장하면서 가정위탁보호에 의한 정상적인 가정생활의 중요성을 역설하였다(Curtis Report, 1946 ; 김응석 외, 1995에서 재인용). 이에 따라 아동들은 대규모 수용시설에서 퇴소하여 위탁가정에 배치되었다. 또한 수용시설에 남아 있는 아동들도 보다 소규모의 아동주거시설에 배치되었다. 소규모

아동시설은 핵가족의 모델을 모방한 가족그룹홈으로 고안되었으며, 수용시설은 특수한 욕구를 지닌 아동을 위하여 발전하였다.

1956년 아동보호에 관한 잉글비위원회(Ingleby Committee)가 구성되어 4년 후인 1960년 보고서를 발간하였다(Ingleby Report, 1960). 이 보고서는 예방적 프로그램의 중요성을 강조하였으며, 이러한 내용은 1963년의 아동청소년법에 반영되었다. 이 보고서는 비행과 가족의 역할, 가족 서비스의 필요성을 부각하였으며 곧이어 구성된 시봄위원회(Seebohm Committee)의 보고서에 기초하여 지방정부 사회적 서비스의 행정조직을 전면 개편하여 그 동안 분리되어 있던 아동국과 복지국을 통합하여 사회 서비스국(Department of Social Service)이란 하나의 부서를 조직함으로써 서비스의 통합과 개혁이 이루어졌다. 이에 따라 1960년대 후반까지 아동보호 서비스는 상당히 발전했고 대체로 대리가정 서비스와 예방사회사업 서비스의 제공에 기여하였다.

그러나 1960년대 후반 이후 대인사회 서비스 분야는 커뮤니티케어 정책에 의하여 가정과 지역사회 중심의 서비스가 강조되면서 사회복지 서비스 분야에서도 새로운 변화가 수반되었다. 커뮤니티 케어법의 기초가 된 그리피스위원회(Griffiths Committee)의 보고서는 지방정부 사회 서비스국이 서비스의 직접 제공자가 아닌 조정과 구매자의 역할로 변화를 가져오게 하였으며, 서비스 전달 주체로서 민간의 비영리, 영리 부문의 확대를 가져오는 계기가 되었다(Griffiths Report, 1988). 또한 시설의 감소와 함께 증가한 가정위탁보호와 특별한 욕구를 지닌 아동에 대한 주거보호는 아동을 위한 영구적 대안이 아니라 가족에로의 복귀와 재활을 위한 수단으로 간주하게 되었다.

보호를 필요로 하는 아동에게 제공되는 대리보호는 전반적으로 시설보호아동의 비율이 1946년 70%, 가정위탁보호가 29%였으나 이후 지속적으로 감소하여 왔으며, 1980년대에 급속히 감소하여 1985년 현재 시설보호아동의 비율이 21%, 위탁보호가 50%에 이르고 있다. 이러한 수용보호시설의 감소 현상은 수용보호의 주변화(marginalization of residential care)로 일컬어진다. 그 원인으로는 영구배치계획, 공공지출삭감, 시설에 대한 비판을 들 수 있다.

아동보호시설의 유형으로는 아동 홈, 특수학교, 의료시설, 교호시설로 구분되며, 1990년 현재 수용인원은 13,990명으로 이 중 75%는 지방정부 운영의 공공시설인 아동 홈에(커뮤니티 홈)에 수용되고, 8.5%가 특수학교에, 그리고 나머지가 기타 시설에 수용보호되고 있다(김응석, 1995).

시설보호 대상 인구의 감소는 지방정부들이 가능한 한 아동을 가정에 배치하는 정책을 시행함으로써 수용시설이 주변화하는 현상과 관련이 있다. 따라서 수용시설은 행동상의 문제나 가정에의 배치가 어려운 문제를 지닌 아동을 수용하는 경향을 가지게 되었다. 이로 보아 시설보호는 연령상으로는 성장한 아동이나 청소년을 대상으로 한 서비스가 되어가고 있으며, 기능적으로는 정신장애의 문제나 비행, 문제행동과 같이 특수한 욕구를 지닌 아동을 대상으로 발전하고 있다.

와그너 보고서는 아동복지시설의 기능으로서 임시보호(Respite Care), 영구적 배치를 위한 준비, 가족관계의 유지, 보호와 통제, 치료 및 교정의 제공의 다섯 가지로 설명하고 있어 영국의 아동복지시설의 경향을 짐작게 한다(Wagner Report, 1988).

3. 미국

미국의 아동복지시설은 식민지시대 영국에서 도입된 빈민원에 뿌리를 두고 있다. 19세기 동안 아동수용시설은 일부 주 단위의 공공사회복지시설이 설립되었지만, 대부분 민간기관이 주체가 되어 설립 운영하였으며, 혼합수용에서 아동 중심시설로의 발전이 이루어졌고, 인구의 증가와 서부로의 영토 확장과 함께 민간 아동시설이 급속하게 증가하여 1904년 약 1,000개의 시설이 운영된 것으로 기록되고 있다(Dorothy Zietz, 1969 ; 김응석 외, 1995에서 재인용). 그러나 19세기 후반에는 보호를 필요로 하는 아동을 위한 위탁가정(foster home)운동이 전개되어 가정위탁보호는 계속적으로 발전하여 1950년대에 이르면 아동복지 분야의 가장 중요한 서비스로 자리잡게 되었다.

특히 1909년의 '보호를 필요로 하는 아동을 위한 백악관회의' 는 미국의 보호를 필요로 하는 아동을 위한 아동복지를 수용보호시설 중심에서 일반 가정보호 중심으로 전환하는 큰 계기가 되었으며, 또한 1950년대의 사회복지의 탈시설화 정책은 공공 정신병원과 아동시설의 감소, 그리고 다른 형태의 주거환경의 배치로 나타났다.

미국의 탈시설화 정책은 다음과 같은 이유로 시행되었다(Segal, 1995 ; 김응석 외, 1995에서 재인용).

① 시설의 부정적 영향에 관한 사회과학의 문헌과 언론의 비판

② 다른 대안에 비하여 상대적으로 높은 시설보호의 비용

③ 심리학, 의학의 진보로 시설의 격리와 감금이 불필요하게 됨

④ 시민권운동의 발전, 수용과 치료에 있어 개인적 권리의 보호와 적절한 절차의 강조

⑤ 사회보장법 제정 이후 AFDC를 비롯한 광범위한 공적 부조제도의 발전으로 수용시설의 기능이 클라이언트에 대한 다수의 현금급여에 의하여 대체됨

그러나 이러한 탈시설화 정책의 추진 가운데서도 특수한 욕구를 지닌 아동의 치료에 초점을 둔 시설은 유지되거나 증가하는 경향을 보여 주고 있다. 특히 주목되는 현상은 정서장애아동을 위한 주거치료센터, 청소년비행을 위한 교정시설의 증가이다. 정서장애아동을 위한 시설의 수와 수용자는 1970년 261개 시설 5,270명에서 1990년 501개 시설 27,781명으로 증가하였다. 청소년 교호시설은 1965년 212개에서 1979년 2,576개, 1989년 3,267개로 증가하였다. 이와 동시에 1979～1989년간 이들 시설의 수용인원은 74,113명에서 93,945명으로 증가하였다(Segal, 1995).

아동을 위한 보호의 형태에 있어서 24시간 보호를 받는 보호를 필요로 하는 아동의 71.4%는 위탁가정의 보호를 받고 있으며, 18.6%는 그룹홈, 주거치료시설, 임시보호소, 10%는 기타 시설에 수용되어 있다. 1988년 현재 보호를 필요로 하는 아동을 위한 중심적인 프로그램인 가정위탁보호아동 중 가족재결합을 목표로 하는 아동은 61.9%이고 나머지 38.1%의 아동은 입양 대상 아동이다(김응석, 1995).

미국의 시설보호는 시설의 소규모화의 방향으로 진행되어 왔다. 생활 단위 하나당 아동수는 1950년경에는 30~40명에서 20~25명으로 되었고, 1960년대에는 15~18명으로 되었으며, 1960년대 말에는 상한이 12명, 표준은 8~10명으로 되었다. 1981년부터는 정원 25명 이상의 공립 아동복지시설에는 연방보조금을 지급하지 않는다는 결정이 내려졌다(노자와 마사코, 1991).

IV. 개정방안

1. 보호를 필요로 하는 아동에 대한 정의(定義)의 재조명

2000년 개정된 법은 기존의 법 제2조 제3항의 '요보호아동'의 정의가 지니는 보호자나 아동에게 상처를 줄 수 있는 표현이었기 때문에 '보호를 필요로 하는 아동'으로 바뀌었다. 종전의 태아에서 만 18세까지의 아동을 그 대상으로 한 것에 비하여 보다 적극적으로 보호가 필요한 아동에 대한 법적 테두리를 마련하였으나 여전히 부모가 능동적으로 아동의 미래를 결정하기보다 부모는 그의 자녀에 대하여 외부로부터 내려지는 어떤 결정에 피동적으로 따르는 입장임을 암시하고 있다. 보통시민도 불가피한 경우 아동을 위탁할 수 있도록 하는 여지가 이 정의 속에 포함되어 있지만 이것은 대부분의 경우 아동학대사건과 관련되어 있음을 의미한다. 가정해체가 발생할 경우 법원은 이혼절차에서 부모가 아동양육비를 아동을 보호하고 있는 친권자, 후견인, 위탁자 혹은 시설의 장에게 지불하여야 한다는 것은 보다 명확히 밝힐 필요가 있다고 본다. 이상과 같은 입장에서 다시 정의한다면 다음과 같다.

"보호를 필요로 하는 아동이라 함은 보호자가 없거나, 보호자가 불가피한 사유로 일정한 시간 동안 양육할 수 없는 경우에 이 법에 의하여 보호받을 아동을 말한다."

2. 보호를 필요로 하는 아동발생의 예방조치의 명문화

아동복지법 제9조(보호조치)의 조항 이전에 별도로 예방조치의 조항을 추가하여 이 법이 보호를 필요로 하는 아동의 발생 후 사후보호에 치중하는 성격에서 예방에도 동등하게 비중을 두고 있음을 명시하고 이에 따른 구체적인 예방조치 내용도 삽입해야 한다. 이 조항의 바람직한 법 조항을 정리하면 다음과 같다.

국가와 지방자치단체는 보호아동의 발생을 예방하기 위하여 대통령령이 정하는 바에 의하여 다음의 예방조치를 할 수 있다.

1. 취약한 가정의 아동을 금전적으로 지원할 수 있는 조치를 취한다.
2. 가정을 유지하거나 강화할 수 있는 사회복지사업을 운영하거나 지원한다.
3. 미아 또는 실종아동에게 가정을 찾아주는 조치를 취한다.

보호아동이 발생하지 않게 할 수 있다면 그것은 가장 바람직한 아동복지사업이다. 그리고 이 시점에서 우리는 그러한 사업을 심각하게 생각할 필요가 있다. 따라서 예방적 조치는 선언적 의미에서나 이 조치가 있음으로 해서 가져올 효과적인 결과로 볼 때 아동복지법에 필히 포함되어야 할 중요한 내용이다.

〈표 6-4〉 연도별 어린이찾아주기종합센터 운영실태

연도	아동카드접수 (미아, 유기아)	아동카드열람자수 (가족이 카드열람)	미아발생신고	상봉	상담
1986～1992	48,276	4,523	1,896	1,325	4,169
1993	559	195	82	70	1,069
1994	678	151	92	70	1,127
1995	529	156	64	51	820
1996	498	147	121	117	1,076
1997	458	167	153	134	970
1998(9월 말)	368	67	94	73	1,105
합계	51,366매	5,406건	2,502명	1,840건	10,336건

자료 : 한국복지재단, 1998. 10 업무자료.

특히 금전적 지원조치를 삽입함으로써 앞으로 빈곤한 가정의 아동에게 아동수당을 지급할 수 있는 여지를 법령으로 뒷받침할 수 있다. 그리고 가정의 강화나 유지를 조장하는 사회복지사업의 지원 규정을 포함함으로써 아동복지차원에서 아동을 가정에서 보호하도록 하기 위하여 공적으로 가정을 사회심리적으로 지원할 수 있는 여지를 둘 수 있고 가정강화 및 가정유지의 프로그램을 가진 민간기관을 육성하고 지원할 수 있다.

국민의 여가활동의 증가와 생활환경의 변화 등으로 유원지, 공원 등 다중이용장소에서 매년 많은 미아가 발생하고 있다. 미아의 발생을 예방하고 미아가 발생했을 때 신속히 연결해 주도록 하는 프로그램을 통하여 시설에서 보호를 받을 수밖에 없을지도 모르는 다수의 아동이 부모에게 인도될 수 있을 것이다. 이 사업을 법규 속에 명문화하여 그 중요성을 강조하고 의무적, 전국적으로 실시하는 것이 보다 효과적이다. 이 사업의 실시를 통하여 시설에서 보호를 받을지도 모르는 다수의 아동이 그의 가정으로 복귀할 수 있다. 실제로 정부는 어린이찾아주기종합센타를 한국복지재단에 위탁하여 운영하고 있으며, 이는 좋은 예방효과를 거두고 있다.

3. 보호를 필요로 하는 아동의 보호조치의 개선

보호를 필요로 하는 아동의 성격을 명확히 파악하고 분류하여 그에 따라 각 아동의 성격에 적합한 조치가 이루어지도록 구체적 조치가 명문화되어야 한다.

발생된 보호를 필요로 하는 아동은 시설보호, 위탁보호, 입양, 연고자 인계, 소년소녀가장세대 등으로 보호조치된다. 보호 내용 중에 시설보호조치된 아동이 전체 발생건수의 58%에 이르고 있어 우리의 대리보호에서 시설보호가 차지하는 비중이 매우 큰 것으로 파악된다.

아동을 양육하는 최상의 장소는 가정이라는 것을 전제로 할 때 가정이 없는 아동에게 대리가정을 정해 주어 그 가정에서 자라게 하는 것이 가장 가치 있는 아동복지정책이 될 것이다. 이는 국내입양에 의하여 일차적으로 이루어질 수 있다. 역시 위탁보호도 그 차선책으로 고려할 수 있는 방안이다. 마지막 대안이 시설보호이다. 아동의 처지와 상황에 따라 다음의 대리보호 프로그램의 선택적 조치가 의무적으로 이루어지도록 법규에 명문화하는 것이 바람직하다.

첫째, (입양조치) 미혼모가 포기하는 사생아나 부모가 사망한 고아, 부모를 찾을 수 없는 기아 등 미래에 부모와의 관계가 회복될 수 없는 아동은 입양 조치한다.

둘째, (위탁보호조치) 상기범주에 속하는 아동이면서 연령으로 보아 입양이 부적절하거나 입양을 원하지 않는 아동 또는 일시적으로 부모가 부양하기 어려운 아동은 위탁보호조치한다.

셋째, (시설보호조치) 입양 또는 위탁보호조치가 어려운 아동이거나, 부모가 일정 기간 의뢰하는 아동은 시설보호조치한다. 또한 신체장애아동, 정서장애아동, 비행아동과 같이 아동 자신에 문제가 있어 가정에서 양육하는 것보다 그 문제에 관련된 전문성을 가지고 있는 특수시설에서 보호, 치료 및 재활 서비스를 제공하는 것이 적절한 아동들에게 시설보호조치한다.

소년소녀가장세대는 성인의 보호를 상실한 아동만으로 구성된 가정을 의미하며 넓게 보아 가정을 상실한 형제자매인 아동들이 자기들의 힘으로 가정의 형태를 유지하면서 생활하는 것이다. 그러나 미성년인 소년소녀가 한 세대를 구성하여 생활을 책임지는 것은 재검토가 필요하다. 미성년자는 사회생활에 미숙하고 신체적으로 가사를 부담할 능력이 없으며 생활비를 벌어들이지 못한다. 소년소녀가정을 정상적인 가정으로 간주할 수 없고 아동권리 국제협약의 정신에도 일치하지 않는다. 소년소녀가장세대가 친척, 법정후견인이나 아동에 대하여 법적 책임이 있는 성인의 보호를 받도록 하는 조치가 검토되어야 하며 가정위탁이나 시설보호 등의 방법으로 성인의 보호감독하에서 성장하게 해야 할 것이다.

〈표 6-5〉 소년소녀가장세대 현황 : 1990~1998

(단위 : 가구, 명)

연도	세대수	세대원					
		계	미취학	초등학생	중학생	고등학생	기타
1990	6,696	13,778	142	3,593	4,009	2,998	3,036
1995	8,107	15,118	124	2,914	5,261	4,392	2,427
1998	8,407	13,627	150	2,428	4,515	5,141	1,393

자료 : 보건복지부, 『업무자료』 각 연도.

결론적으로 우리의 가정상실아동에 대한 대리보호는 시설보호 위주의 프로그램에 집중되어 있어 아동복지법이나 정부의 아동복지정책 수행은 주로 가정상실아동을 시설보호하기 위한 조치를 규정하고 실행하는 데 치중하여 왔다. 그러나 앞으로의 정책은 가정상실아동에게 대리가정을 정해주는 데 과감한 노력을 기울여야 할 것이다. 미국은 1909년 보호를 필요로 하는 아동의 보호를 위한 백악관회의의 건의 사항에 따라 그 이전까지의 시설보호 위주의 아동복지에서 입양 및 위탁보호의 아동복지로 과감하게 전환하였으며(White House Conference Proceedings, 1909) 이 당시 미국의 국민 일인당 소득은 우리의 현재의 수준과 비교하여 큰 차이가 없었다. 우리의 현재의 여건으로 보아 위와 같은 아동복지 서비스의 전환은 충분히 가능하며 다만 국가적 의지가 필요하다. 그리고 이러한 국가적 의지가 위의 각 조치에서 설명한 내용으로 법에 명문화되어야 한다.

4. 아동복지시설 형태의 개선

현재의 법규에 규정된 아동복지시설은 9가지 형태로서 이 중 아동상담소, 아동전용시설, 아동복지관을 제외하고는 모두 보호를 필요로 하는 아동을 위한 시설이다. 아동상담소의 기능은 아동복지법이 전면 개정됨으로써 상당히 위축되었고, 그렇다고 이것이 학대아동을 위한 아동보호전문기관으로의 전환을 위하여 상담뿐만 아니라 시설보호기능이 수행된다고는 볼 수 없다. 그리고 나머지의 시설형태 중 치료와 재활이 목표인 시설이나 새로운 아동복지관을 제외하면 여전히 보호를 필요로 하는 아동을 보호양육하는 형태의 시설이 대부분이다. 사실상 정서장애아동을 위한 시설은 법 상에 포함되어 있지만 실제 이런 시설이 존재하고 있지 않으므로 정서장애와 심각한 과잉행동장애(ADHD)을 포함한 시설을 설치하는 것이 더욱 필요하다고 본다.

현 시대에 아동에게는 다양한 종류의 문제가 발생하고 사람들의 아동복지 서비스에 대한 욕구와 기대도 높아지고 있기 때문에 이에 맞추어 아동복지시설도 다양한 시설의 형태로 확대 발전해야 한다. 그래서 지금까지 모든 아동복지시설에 획일적으로 적용하던 아동복지정책을 시설 각각의 기능에 맞는 다양한 정책으로 바꿔야 한다. 아동복지시설은 크게 세 가지 영역으로 구분된다. 이 각 영역은 그 기능이 서로 크게 다르기 때문에 다른 정책을 수립해야 할 필요가 있다. 이 세 영역으로 아동수용보호시설(institution), 아동전용시설(facility), 전문아동복지기관(agency)으로 분류하고 이 세 영역의 범위 안에서 그 기능에 따라 그에 맞는 프로그램 명으로 소분류하는 것이 바람직하다. 아동복지사업을 실천하기 위하여서는 대략 다음과 같은 성격의 시설이 필요하다. 그러한 분류틀에 따라 아동복지시설의 바람직한 형태를 설명하고자 한다.

1) 일반아동을 위한 이용(전용)시설

2) 아동을 장기보호하는 24시간 보호시설

3) 부모가 일시 위탁하는 아동을 24시간 보호하는 단기보호시설

4) 아동의 문제에 따른 치료와 재활을 목표로 하는 치료시설

5) 가정의 강화 및 유지와 보존을 통하여 아동의 가정으로부터의 이탈을 예방하기 위한 가정조성시설

6) 가정위탁사업을 주관하는 시설

7) 아동의 입양을 주관하는 시설

8) 기존의 아동복지시설을 지원할 목적으로 설립된 모금 및 후원시설

9) 아동의 학대를 예방하고 치료하기 위한 시설

10) 아동의 권리를 향상하기 위하여 사회운동을 전개하는 시설

따라서 이러한 기능을 수행하는 아동복지시설을 위에서 지적한 세 영역으로 구분하여 정리하고 이 세 영역을 각각 한 개의 법조문으로 다루는 것이 바람직하다.

첫째, (수용보호시설) 아동을 수용하여 24시간 보호하고 양육하기 위하여 설치하는 시설로서 다음의 시설을 말한다.

1) 아동을 장기보호하는 24시간 보호시설

2) 부모가 일시 위탁하는 아동을 24시간 보호하는 단기보호시설

3) 아동의 문제에 따른 치료와 재활을 목표로 하는 치료시설

둘째, (전용시설) 모든 아동에게 건전한 놀이 오락 · 기타 각종 편의를 제

공하여 심신의 건강을 유지 증진하고 정서를 조장시키는 것을 목적으로 하는 시설이다.

1) 아동전용시설

2) 아동복지관

셋째, (전문아동복지기관) 전문아동복지기관은 보호를 필요로 하는 아동의 발생을 예방하고, 아동복지시설을 지원하며, 도움이 필요한 아동과 그 가정을 상담하여 문제를 해결하고, 그에 필요한 재원을 마련함으로써 아동의 권리를 보장하고 복지를 증진시키기 위하여 설립되는 기관 및 단체를 뜻한다.

전문아동복지기관이 우리의 아동복지 발전에 기여하는 바는 매우 크다. 선명회, 한국복지재단, 홀트아동복지회, 대한사회복지회 등의 기관은 직접 아동복지사업을 실시하기도 하지만 기존의 아동복지시설을 지원함으로써 간접적으로 아동복지발전에 기여하고 있다. 그리고 전국적 단위의 모금이나 행사, 아동복지사업의 전문화 또는 기존의 아동복지시설이 실시하지 못하는 아동복지기능을 일부 실천하고 있다. 따라서 전문아동복지기관은 매우 필요하고 정부는 이의 육성 발전을 위해서 노력해야 한다.

우리의 아동복지법에 전문아동복지기관과 관련된 조항은 없고 사회복지법상의 사회복지시설로서 취급되고 있으나 아동복지의 발전을 위해서 전문아동복지기관에 관한 조항이 아동복지법에 포함되어야 하며 정부는 이의 육성 발전을 위하여 노력하여야 할 것이다. 전문아동복지기관 단체의 종류는 다음과 같이 정하는 것이 바람직하다.

1) 가정지원기관 : 가정의 강화 및 유지와 보존을 통하여 아동의 가정으로부터의 이탈을 예방하기 위한 시설이다. 가정강화 및 보존사업, 소년소녀 가정세대 보호, 그룹홈, 가정관리사업, 기타 가정을 단위로 하는 아동복지사업을 수행하는 아동복지기관.

2) 아동상담소 : 아동, 가족 및 임산부의 복지에 관하여 상담, 치료, 예방,

조사, 연구 등을 담당하는 것을 목적으로 하는 아동복지기관

3) 입양 및 위탁보호기관 : 보호를 필요로 하는 아동의 입양 및 위탁보호에 관한 일을 수행하는 아동복지기관

4) 아동복지모금기관 : 아동복지기관 및 시설의 사업을 지원하기 위하여 기금관리 및 모금업무를 수행하는 아동복지기관

5) 아동학대예방 및 보호기관 : 아동학대의 발견, 치료, 예방, 보호에 대한 처리를 담당하는 아동복지기관

6) 특수목적을 성취시키기 위한 기관 : 문제아동, 비행아동, 정서 · 행동장애아동, 약물이나 알코올 중독 아동 등의 일탈행위 아동들을 위한 치료와 예방사업, 그리고 보호처분이나 봉사 · 수강명령 등을 받은 아동들에 대한 프로그램의 실시를 행하는 기관

7) 기타 : 아동의 권리를 향상시키기 위한 사회운동을 목적으로 설립된 시설

5. 기존 아동복지시설의 목적변경과 설치에 따른 아동의 안전에 대한 제고

법적으로 인가된 아동복지시설의 대부분이 아동수용보호시설이다. 그런데 경제성장과 아동 절대수의 감소의 추세와 함께 보호를 필요로 하는 아동도 감소되고 있기 때문에 대부분의 시설이 정원을 채우지 못하고 있다. 이 추세는 외환위기가 불러온 경제적 어려움으로 일시 반전되고 있지만 장기적으로는 이 추세가 계속될 것이다. 따라서 법적으로 재산이 묶여 있어 다른 아동복지시설로의 목적변경이 쉽지 않은 것이 지금까지의 현실이었다. 그러나 이러한 시설들이 아동복지시설로서 존속하면서 새로이 필요시되는 아동복지시설의 형태로 바꾸어 아동복지에 이바지할 수 있도록 목적변경이 용이할 수 있도록 조치할 필요가 있다.

"第16조의 제3항은 아동복지시설이 다양한 사업을 부수적으로 실시할 수 있다고 규정함으로써 지금까지 설치된 목적 이외의 사업도 할 수 있도록 융통성을 제공하고 있다. 그러나 아동복지관이나 아동보호전문기관, 그리고 아동전용시설의 설치에 따르는 명확한 기준, 다시 말하면 아동의 권리에 관한 국제협약에서 제시하는 아동의 안전과 성장에 합당한 시설 규정이나 제한이 명확하게 시행령이나 규칙에 포함되어야 한다. 그 동안 아동이 이용하거나 이용할 가능성이 높은 시설에 대한 안전수칙의 미비로 인하여 많은 아동들의 안전사고가 있었음에도 불구하고 이러한 사항은 여전히 매우 미흡하다."

6. 아동보호시설에서의 아동보호 수준의 개선

최근 아동보호시설에 대한 정부의 지원이 수용아동의 기초생계를 유지할 수 있을 정도로 상당히 개선되어 왔다. 그러나 수용아동의 적성이나 능력개발과 자활에 필요한 직업교육 및 훈련 등 질적인 서비스가 부족하고, 퇴소아동들의 자립기반조성을 위한 지원시책은 여전히 미약한 실정이다. 더욱이 퇴소아동들은 수용시설에서 생활하는 동안 가정이나 사회에 적응할 수 있는 프로그램이 부족하여 퇴소 후의 급격한 환경변화로 인한 사회적응에 어려움을 겪고 있다(김응석 외, 1995).

경제가 어느 정도 향상된 지금 시설의 보호 수준은 일반가정에 비하여 상당히 뒤떨어져 있는 것이 사실이다. 그러나 우리 사회의 의지 여하에 따라서는 일반가정에 버금가는 수준으로 향상시키는 것이 가능한 일이다. 그리고 이러한 사회적 의지는 법 규정을 통해서 천명되어야 확고히 실천될 수 있을 것이다. 단순히 정부의 지침으로 이를 실천할 수도 있으나 이는 정부의 예산투쟁에서 항상 뒤로 밀리는 결과를 가져올 수도 있을 것이다.

아동복지의 관계 법규 가운데 시설에서 수용보호를 받고 아동에게 제공되는 보호 및 양육의 수준이 최소한 어느 정도에 이르러야 한다는 기준을 규정하고 있는 내용은 없다. 단지 법규상 시설의 설치기준을 정하고 있으나 이것은 시설의 구조를 정의하는 것이고 아동보호를 위한 질적 서비스의 제공을 의무화하는 것과는 다른 것이다. 따라서 법규 속에 아동보호의 최저기준을 정하는 것이 국가가 의무적으로 이를 수행하기 위하여 필요하다. 그 내용을 다음과 같이 예시한다.

"(아동보호의 최저 기준 설정) 아동복지사업의 지원을 받는 아동의 최저 보호 수준은 일반가정아동의 평균적 보호 수준에 이르러야 한다."

이러한 최저기준을 달성하기 위해서는 다음의 조치가 뒤따라야 한다.

1) 아동의 시설에서의 퇴소시기는 18세를 기준으로 하되 아동 개개인의 사정에 맞게 퇴소시기를 정한다.

2) 퇴소 후의 자립생활을 뒷받침하기 위하여 퇴소 후에도 계속 시설과의 관련 속에서 지원할 수 있어야 한다.

3) 아동의 개인적인 특성에 따른 별도의 지원이 있어야 한다. 소질과 재능 개발, 개인적인 결함의 교정, 심리적인 상처의 치유, 전인적 성장을 위한 개인 또는 집단별 지도 등의 기회를 제공한다.

4) 개인의 능력에 따라 그에 상응하는 교육의 기회를 제공한다.

5) 가정의 분위기 속에서 성장하게 하기 위하여 시설에서 성장하더라도 그룹홈, 소숙사제도를 실시하여 보호한다.

7. 아동복지시설 종사자의 처우개선

아동복지시설 종사자의 처우를 개선하지 않고는 아동의 보호 수준을 향상시킬 수 없다. 따라서 자격 규정을 상향조정하고 그에 합당한 대우를 해야 하며 이러한 내용은 다음과 같이 법 규정 속에 명문화되어야 한다.

"아동복지시설 종사자의 자격은 사회복지사 또는 기타 시설직원으로서 필요한 자격증을 소지한 자로 하며 대우는 그 자격증을 가진 공무원에 준한다."

그리고 아동복지시설 종사자들에 대한 교육 및 재훈련은 전문대학을 포함한 대학에 위탁하여 실시하여야 한다. 그 동안 교육이나 재훈련을 제공할 수 있는 대학이 많지 않았으나 전국의 어디에서도 복지 관련 학과가 있으므로 이제는 더 이상 아동복지단체나 별도의 교육훈련시설이 필요치 않다고 보기 때문이다.

8. 아동복지시설의 평가

현재 아동복지시설에 대하여 시설기준, 운영기준이 있고 이런 기준이 처음에는 형식적으로 적용되고 실제상황은 그 기준과는 거리가 멀었으나 현재 이러한 기준에 보다 충실하려고 노력하고 있다. 그러나 아직 미흡한 실정이며 이러한 기준 자체도 현실화, 충실화할 필요가 있다. 따라서 아동복지시설의 표준운영체계가 새로이 마련될 필요가 있다. 이 속에서 아동복지시설별 설치 규정, 시설보호의 원칙과 가치, 시설의 표준조직과 종사자의 업무분장, 아동의 의견존중을 위한 아동으로 구성된 자치회 운영에 관한 내용, 시설운영업무의 규정 및 절차가 포함되어야 한다.

2000년부터 아동복지시설의 평가와 심사가 아동복지시설을 이해하는 평가전문가집단에 의뢰하여 평가를 실시하고 있으며, 평가결과는 앞으로 그 시설에 대한 운영과 업무에 직접적으로 영향을 미치고, 시설의 발전을 위해서 활용되리라고 본다. 그리고 이러한 내용이 아동복지법 시행령 또는 시행규칙 속에 적절히 포함되어 있으나 아동복지법 제21조의 시설의 개선…등의 조항에도 "평가와 심사에 의하여 시설의 개선, 정지, 등의 조처를 명할 수 있다"가 첨부되어야 한다.

<표 6-6> 한국의 아동복지시설 관련 법안

법 조항	개선안	법체계
아동복지법 제1조 제2항	(보호를 필요로 하는 아동의 정의) 보호를 필요로 하는 아동이라 함은 보호자가 없거나, 보호자로부터 유기된 아동, 또는 보호자가 아동을 학대하는 경우 등 그 보호자가 아동을 양육하기에는 부적당하거나 양육할 능력이 없는 경우의 아동을 말한다.	아동복지법
〈신설〉	(보호를 필요로 하는 아동발생의 예방조치) 국가와 지방자치단체는 보호아동의 발생을 예방하기 위하여 예방조치를 할 수 있다. ① 취약한 가정의 아동을 금전적으로 지원할 수 있는 조치를 취한다. ② 가정을 유지하거나 강화할 수 있는 사회복지사업을 운영하거나 지원한다. ③ 미아 또는 실종아동에게 가정을 찾아주는 조치를 취한다.	아동복지법
아동복지법 제10조	(보호를 필요로 하는 아동의 보호조치) ① (입양조치) 미혼모가 포기하는 사생아나 부모가 사망한 고아, 부모를 찾을 수 없는 기아 등 미래에 부모와의 관계가 회복될 수 없는 아동은 입양조치한다. ② (위탁보호조치) 상기범주에 속하는 아동이면서 연령으로 보아 입양이 부적절하거나 입양을 원하지 않는 아동 또는 일시적으로 부모가 부양하기 어려운 아동은 위탁보호조치한다. ③ (시설보호조치)입양 또는 위탁보호조치가 어려운 아동이거나, 부모가 일정기간 의뢰하는 아동은 시설보호조치한다. 또한 신체장애아동, 정서장애아동, 비행아동과 같이 아동 자신에 문제가 있어 가정에서 양육하는 것보다 그 문제에 관련된 전문성을 가지고 있는 특수시설에서 보호, 치료 및 재활 서비스를 제공하는 것이 적절한 아동들에게 시설보호조치한다.	
아동복지법 제16조	(아동복지시설형태) ① (수용시설) 아동을 수용하여 24시간 보호하고 양육하기 위하여 설치하는 시설로서 다음의 시설을 말한다. 1. 아동을 장기보호하는 24시간 보호시설 2. 부모가 일시위탁하는 아동을 24시간 보호하는 단기보호시설	아동복지법

아동복지법 제16조	3. 아동의 문제에 따른 치료와 재활을 목표로 하는 치료시설 ②(전용시설) 모든 아동에게 건전한 놀이 · 오락 · 기타 각종 편의를 제공하여 심신의 건강을 유지 · 증진하고 정서를 조장시키는 것을 목적으로 하는 시설이다. ③(전문아동복지기관) 전문아동복지기관은 보호를 필요로 하는 아동의 발생을 예방하고, 아동복지시설을 지원하며, 도움이 필요한 아동과 그 가정을 상담하여 문제를 해결하고, 그에 필요한 재원을 마련함으로써 아동의 권리를 보장하고 복지를 증진시키기 위하여 설립되는 기관 및 단체를 뜻한다. ○ 가정지원기관 : 가정의 강화 및 유지와 보존을 통하여 아동의 가정으로부터의 이탈을 예방하기 위한 시설이다. 가정강화 및 보존사업, 소년소녀가정세대 보호, 그룹홈, 가정관리사업, 기타 가정을 단위로 하는 아동복지사업을 수행하는 아동복지기관 ○ 아동상담소 : 아동 및 임산부의 복지에 관하여 아동복지법 제8조 제3항 각호의 업무를 담당하는 것을 목적으로 하는 아동복지기관 ○ 입양 및 위탁보호기관 : 보호를 필요로 하는 아동의 입양 및 위탁보호에 관한 일을 수행하는 아동복지기관 ○ 아동학대예방 및 보호기관 :아동학대의 발견, 치료, 예방, 보호에 대한 처리를 담당하는 아동복지기관 ○ 기타 아동의 권리를 향상시키기 위한 사회운동을 목적으로 설립된 시설	아동복지법
〈신설〉	(아동보호의 최저기준 설정) 아동복지사업의 지원을 받는 아동의 최저보호 수준은 일반가정아동의 평균적 보호의 수준에 이르러야 한다. ① 아동의 시설에서의 퇴소시기는 18세를 기준으로 하되 아동 개개인의 사정에 맞게 퇴소시기를 정한다. ② 퇴소 후의 자립생활을 뒷바침하기 위하여 퇴소 후에도 계속 시설과의 관련 속에서 지원할 수 있어야 한다. ③ 아동의 개인적인 특성에 따른 별도의 지원이 있어야 한다. 소질과 재능 개발, 개인적인 결함의 교정, 심리적인 상처의 치유, 전인적 성장을 위한 개인 또는 집단별 지도 등의 기회를 제공한다. ④ 개인의 능력에 따라 그에 상응하는 교육의 기회를 제공한다.	아동복지법

	⑤ 가정의 분위기 속에서 성장하게 하기 위하여 시설에서 성장하더라도 그룹홈, 소숙사제도를 실시하여 보호한다.	
아동복지법 시행령 제13조	(아동복지시설 종사자의 처우) 아동복지시설 종사자의 자격은 사회복지사 또는 기타 시설 직원으로서 필요한 자격증을 소지한 자로 하며 대우는 그 자격증을 가진 공무원에 준한다.	아동복지법

● 참고문헌

보건복지부 . 1995. 중앙아동복지위원회 회의자료 (1995. 12).

_____. 1997. 『보건사회 통계연보』.

_____. 1997a. 『보건복지백서』.

_____. 1997b. 중앙아동복지위원회 회의자료 (1997. 8).

_____. 1998. 『아동복지 사업지침』.

한국복지재단. 1998. 통계자료(1998. 9).

김현용 외. 1997. 한림과학원총서 : 『현대사회와 아동—아동복지의 시각에서』. 서울 : 소화.

김현용. 1994. "요보호아동을 위한 시설보호의 개선방향". 『아동복지학』 2호, pp.76～84.

노혜련. 1993. 『아동권리 국제협약 및 1990년대 어린이의 생존, 보호, 발달을 위한 세계정상 행동계획의 국내 이행상황과 당면 과제』, 한국 사회정보연구원.

노자와 마사코. 1991. 『아동양육의 위기와 사회적 보호』(장영인 역). 서울 : 인간과 복지.

김응석, 김현옥, 이상헌, 오정수, 이정호, 박광준. 1995. 『아동복지수용시설 운영평가 및 개선방안』. 한국보건사회연구원, 연구보고서 95-23.

손의목. 1994. "아동수용보호시설의 서비스 개선방안". 『아동복지학』 3호, pp.74～80.

변용찬. 1998. "아동복지법 개정의 주요 부문-아동복지시설아동복지법 개정". 아동복지법 개정대토론회, 서울가톨릭사회복지회, 98 사회복지 정책토론 자료.

이태수. 1998. "아동복지법 개정의 주요 부문-아동복지법의 개정시안". 아동복지법 개정대토론회, 서울가톨릭사회복지회, 98 사회복지 정책토론 자료.

아동권리증진을 위한 법적 행정적 제도적 조치에 관한 국가보고서. 1994. 8.

Alfred Kadushin. 1988. *Child Welfare Services*, New York : Macmillan Publishing Co.

Martha N. Ozawa. 1991. "Child Welfare Programs in Japan." *Social Service Review*. March.

Richard Gaskins. 1993. "Comprehensive Reform in Child Welfare : The British Children Act 1989." *Social Service Review*. March.

제7장

국내입양과 입양법 및 아동복지법

배태순*

I. 문제 제기

입양은 한 아동의 친가정이 부모사망, 부모이혼, 미혼모, 혼외임신, 경제적 빈곤 등의 이유로 친부모에 의한 아동양육이 영구적으로 불가능하게 된 경우에, 사회 및 정부가 그 아동을 위해 영구적으로 친가정을 대신할 수 있는 대리가정을 제공해 주는 아동복지사업이다. 따라서 정부는 친부모와 영구적으로 헤어져 친부모와 함께 살 수 없는 아동에게 최선의 양육환경으로서 친가정을 대신할 수 있는 대리가정인 입양가정을 제공해 주어야 할 책임이 있게 된다(Kadushin, 1980).

그러나 국내에서는 공식적인 국내의 입양수가 감소되고 있으며 친부모와 헤어진 많은 영구가정이 없는 아동들이 최선의 양육환경인 입양가정을 발견하지 못하고 있다. 즉 1986년의 2,854명, 89년의 1,888명에서 91년에는

* 경남대학교 사회과학부 사회복지 전공 교수

1,241명, 93년에는 1,154명, 94년에는 1,207명, 96년에는 1,229명으로 연간 약 1,200명 정도의 아동이 국내에서 입양됨으로써 국내입양되는 아동의 수가 80년대에 비해 급격하게 감소되는 현상을 보이고 있다(보건복지부 통계). 그러므로 본 연구의 목적은 국내입양의 문제점과 국내입양의 발전을 저해하는 주 요소들을 먼저 파악해 보고, 어떻게 이것이 제도적으로 보완됨으로써 국내의 아동들에게 더 많은 입양가정이 제공되며, 입양아동들의 복지가 향상될 수 있는가에 대해서 논해 보고자 한다. 이것은 국내의 현행 입양법 및 입양 관련법에 대한 개정 제안 및 입양 관련 프로그램 개발안을 통해서 제시될 것이며, 궁극적으로 우리나라 입양의 발전을 꾀할 수 있게 될 것이다.

II. 한국의 입양에 관한 분석

1. 불법적인 개인입양이 증가한다

먼저 현재 우리나라 입양의 현황과 문제점을 살펴보면, 공식적으로 국내에서 입양되는 아동수의 감소를 들 수 있다. 그러나 현 국내입양의 문제는 이러한 입양수의 감소가 입양이 필요한 아동의 수가 감소되어 발생하는 자연적인 현상이 아니라는 데에 문제의 심각성이 있다 하겠다. 즉 이것은 소위 '암시장(black market)' 으로 불리는, 입양알선기관으로 인가받지 않은 (조산소 및) 산부인과의원에 의해 아기거래가 되고 있기 때문에 발생하는 현상이라는 것이다. 즉 국내의 입양부모들이 산부인과의원을 통해 미혼모가 출산한 아동을 공적인 입양절차를 취하지 않고 불법적으로 입양하기 때문에 발생하는 현상인 것이다.

인가받은 입양알선기관을 통하지 않고 입양하는 불법적인 개인입양을 막아야 하는 이유는, 이렇게 해서 입양되는 아동의 안전과 복지를 보장할 수 있는 확신이 없기 때문이다. 즉 아동을 악이용—유흥업소 강제출연, 앵벌이 이용 등의 착취 및 학대—하기 위해 입양하는 경우가 발생할 수 있다는 것이다(배태순, 1995). 아동은 반드시 그의 안전과 복지가 확신되며 보장받을 수 있는 가정에 입양되어야 하며, 이런 까닭에 모든 입양은 사회적 책임으로서 반드시 입양기관으로 허가를 받은 입양알선기관에 의해서만 아동에게 입양가정을 제공해 주도록 되어 있는 것이다(Laird & Hartman, 1985).

입양기관을 통하지 않는 비전문인들에 의한 불법적인 입양은 입양되는 아동의 복지에 우선적인 중점을 두지 않고 자신들의 금전적인 보상에만 관심이 있게 된다. 그러므로 이처럼 인가받지 않은 (조산소 및) 산부인과의원의 비전문인들에 의해 계속 국내아동의 입양이 행해지도록 방치해 둔다면, 국내입양의 전망은 그 진정한 발전이 요원하게 되는 위기에 처할 수 있게 된다 하겠다. 따라서 이러한 불법적인 개인입양은 현재 국내입양의 큰 문제점으로 대두하고 있는 것이다.

현재 이처럼 비전문인들에 의한 불법적이며 사적인 개인입양이 횡행함에도 불구하고 아무런 효과적인 대책을 강구하지 못하고 있는 것은, 국내입양사업의 주 근거법령이 되는 입양특례법 및 입양 관련법이 제대로 제도적 장치구실을 하고 있지 못하기 때문이다. 따라서 이에 대한 보완이 절실히 요구된다 하겠다.

2. 건강한 신생아만이 입양되고 있다 : 국내입양 대상 아동에 대한 제한성

현재 국내입양의 또 다른 중요한 문제점은 국내에서 입양되는 아동들의 약 95% 이상이 생후 5개월 미만의 건강한 신생아들로만 구성된다는 점이다.

즉 국내에서는 눈에 띄게 남들과 다른 신체적 및 정신적인 특성을 지닌 신체장애아동이나 정신지체아동, 그리고 나이가 든 연장아동들(예를 들면, 국내의 경우 만 2세 이상의 아동들)은 입양이 거의 되지 않고 있는 실정이다. 이것은 미국의 경우와 비교해 볼 때 극히 대조적이라고 할 수 있다. 즉 미국의 경우에 공공아동복지기관의 입양 대상 아동으로서 신생아는 극히 드물며, 대부분이 '특별한 욕구를 지닌 아동들(special-needs children)'로 불리는 나이든 연장아동, 신체적(정신적) 장애가 있는 아동, 소수민족 아동, 형제가 있는 아동들이기 때문이다. 즉 다양한 유형의 아동들이 입양 대상 아동으로 간주되며 입양가정을 찾을 수 있게 된다. 그러나 이러한 유형의 아동들이 국내에서는 입양되기가 어려운데 그것의 가장 큰 이유는 무엇보다도 이들 아동들이 신생아에 비해 입양의 비밀유지를 어렵게 만들기 때문이다(배태순, 1995).

그러나 입양의 진정한 발전은 모든 유형의 아동들이, 즉 신체장애를 가진 아동이나, 나이가 든 아동, 정신적인 지체를 가진 아동 등 다양한 특성을 지닌 아동들이 모두 입양될 수 있는 아동으로 간주되어 입양가정을 발견할 수 있을 때에야 가능하다 하겠다(Churchil, 1979). 그러므로 신체적 및 정신적 장애가 없는 신생아들만이 입양 대상 아동으로 국한되지 아니하고, 다양한 유형의 가정이 없는 모든 아동들이 입양될 수 있는 아동으로 간주되며 입양가정을 찾을 수 있는 제도적 장치가 마련되어야 할 것이다.

3. 국내의 비밀입양실무는 국내입양발전의 저해요소가 되고 있다

1) 입양의 비밀성이 입양 대상 아동의 유형에 미치는 부정적인 영향

비밀입양은 아동을 입양하는 입양부모가 입양아동과 타인에게 입양사실을 숨기며, 마치 입양부모가 입양아를 출산한 것처럼 가장하며 입양의 비밀을 계속 유지하는 것을 뜻한다.

국내의 입양실무(adoption practice)는 이러한 비밀입양이 주류를 이루어 왔으며, 국내의 입양기관들은 입양부모들의 입양 비밀유지 노력에 사실상 협조해 주는 개방적이 아닌 폐쇄적인 입양실무를 해 왔다.

즉, 한국 입양부모들은 입양의 비밀유지를 위해 아동을 입양한 후 즉시 아무도 입양을 알아채지 못하는 곳으로 이사가는 방법을 많이 택하고 있다. 또한 한국 입양부모들은 입양아동에게도 입양사실을 비밀로 함으로써 입양아동의 그들에 대한 애정과 충성심이 그의 생부모에게 빼앗길지도 모른다는 심리적 두려움을 감소시키려고 노력한다.

현재 대부분의 국내입양은 입양부모들의 불임문제를 해결하고, 사회문제로 간주되는 혼외출산의 문제, 특히 미혼모의 사생아문제를 해결하는 수단으로 간주되고 있다. 즉 국내의 입양은 입양의 핵심인 가정이 없는 아동에게 가정을 제공해 준다는 아동의 복지가 중심적인 입양사업이 아니라, 아동이 없는 가정에 아동을 제공해 준다는 입양부모 중심적인 입양실무가 되어 왔다. 따라서 이 과정에서 입양부모 외의 입양의 다른 주역들인 입양아동과 친생부모들의 권익은 입양실무에서 무시되어 왔던 것이다(Pannor & Baran, 1984).

이러한 오래된 국내의 비밀입양실무의 배경에는 한국의 문화적 요소인 강력한 혈연의식이 있다 하겠다. 즉 혈연으로 부와 연관되지 않은 자녀의 경우에는 사회에서 그 자녀의 가계계승 및 자녀로서의 정당성에 의문을 던지는 경우가 많다는 것이다(배태순, 1989). 그러므로 한국 사회에서는 입양아동(입양아)이 그의 출생과 관련하여 사회에서 존경받지 못하는 혼외관계와 연관되어 그에 상응하는 낮은 대우를 받는 것보다는, 정당한 혼인관계를 가진 입양부모에게서 태어났다고 함으로써 사회의 편견으로부터 입양아를 보호할 수 있게 된다는 것이다. 따라서 입양아의 입양사실을 감추는 것이 오히려 그의 복지를 증진한다는 논리가 한국 입양실무의 근간을 이루어 왔으며, 이런 이유로 국내입양은 개방적이 아닌 폐쇄적인 비밀입양실무가 주류를 이루어 왔다.

그러므로 대부분의 국내입양부모들은 자연히 입양의 비밀유지가 어렵지 않은 형태의 아동의 입양을 선호해 왔다. 즉 눈에 띄는 신체적 장애가 없는 건강한 신생아만의 입양을 원해 왔던 것이다. 따라서 국내에서 신생아가 아닌 다양한 특성을 지닌 아동들의 입양을 가능케 하기 위해서는 무엇보다도 국내입양의 비밀성이 지양되고, 입양부모들이 입양이 밝혀지는 것을 두려워하지 않게 되는 개방입양의 실무가 실현될 필요가 있게 되는 것이다. 즉 입양의 개방성이 보편화되기 전까지는, 신생아가 아닌 장애아동들이나 연장아동들의 입양은 힘들게 되며 입양의 발전은 그만큼 저해되기 때문이다 (Kirk, 1984). 그러므로 국내입양의 발전을 위하여 입양의 개방성을 유도하며 개방입양이 보편화될 수 있는 방안이 입양법 및 입양관련법에 제도적으로 강구되어야 할 것이다.

2) 입양의 비밀성이 입양아동의 심리정서적인 면에 미치는 부정적인 영향

입양은 본질적으로 출산과 다르다. 즉 입양은 한 아동이 자신이 태어난 친가정을 떠나서 다른 가정의 자녀가 되는 것이며, 입양부모에게는 출산의 과정을 거치지 않고 자녀를 가질 수 있게 해 주는 것이다. 따라서 입양가족은 그 형성과정에 있어서 혈연에 의해서가 아니라, 약속(commitment)에 의해서 그 가족관계가 형성된다 하겠다(Schaffer & Lindstrom, 1990).

성공적인 입양을 위해서는 무엇보다도 입양부모가 이러한 출산과 입양의 차이를 깨닫고, 입양아가 자신의 뿌리인 친부모에 대해 알고 싶어하는 욕구를 인정하는 것이라 하겠다. 즉 모든 개인은 자신의 생물학적 혈통 및 뿌리에 대해 알고 싶어하며, 이것은 개인의 존재적인 욕구이자 기본적인 권리라는 것이다(Campbell et al., 1991). 또 입양된 아동의 지속성의 욕구가 충족되어야 한다는 것이다.

그러나 국내에서 수행되고 있는 입양실무에서처럼 입양 사실을 입양아

동과 타인에게 알려 주지 않고 입양아가 마치 입양부모에게서 태어난 것처럼 행동하는 비밀입양의 경우에는, 입양아의 입양 이전의 과거는 입양이 됨과 동시에 단절되어 있으며 잊혀진 상황이라 하겠다. 이 경우 입양아의 한 개인으로서의 지속감이나 정체감은 파열되고 있다는 것이다(Shaffer & Lindstrom, 1990 ; Silverman et al., 1994).

따라서 입양아가 자신이 타고난 유전적인 근원과 혈통에 대해 알고 싶어 하는 기본적인 욕구가 충족되어야만이 비로소 자신에 대한 정체감을 형성할 수 있게 된다 하겠다. 즉 입양아동은 입양되기 위해서 자신이 태어난 친생부모 체계를 떠나야 했던 것이므로, 이러한 자신의 친생부모를 상실한 데에 대한 심리적인 애도를 성취할 수 있어야만이 정서적 안정과 더불어 정체감 형성을 할 수 있게 된다는 것이다(Etter, 1993). 입양아의 과거와의 연결에 대한 욕구, 즉 자신의 근원에 대해 알고자 하는 심리적인 욕구는 반드시 충족되어야 하며, 이것은 입양아의 출생과 입양과 관련된 다른 얘기가 계속 반복되어 입양부모와 함께 자유로이 대화할 수 있을 때에 가능하다 하겠다(Silver & Dorner, 1990 ; Wadia-Ellis, 1995).

그러므로 입양이 비밀입양인 경우에는 이러한 입양아의 욕구는 결코 충족될 수가 없게 되며 이것은 입양아의 성장에 지대한 부정적인 영향을 끼칠 수 있게 된다. 그러므로 입양아의 건전한 성장 발달을 위해서도 입양의 비밀성을 유지하는 비밀입양실무는 지양되어야 하며 입양에 대해 자유롭게 얘기할 수 있는 개방적인 입양실무로의 전환을 위한 제도적인 방안이 강구되어야 할 것이다(Clegg & Toll, 1996).

4. 비불임(非不姙)부부의 국내입양 참여가 부족하다

국내입양은 90% 이상이 불임부부(infertile couples)에 의해 이루어지고 있다. 즉 국내에서 아동을 입양하는 입양부모들의 90% 이상이 불임이 원인이 되어, 불임의 문제를 해결하기 위한 수단으로 입양을 하게 되었다는 것이다(배태순, 1989). 이것은 구미 선진국의 경우와 비교해 볼 때 많은 차이를 보여주며 큰 대조를 이룬다 하겠다.

즉 미국의 경우에는 불임문제로 인해 입양을 하는 입양부모들은 전체 입양부모들 중에서 50% 미만을 차지하고 있으며 미국 입양부모들의 50% 이상은 자신이 낳은 친자가 있는 불임이 아닌 비불임 입양부모들이라는 것이다. 이들 대부분의 미국 비불임 입양부모들은 한국 입양부모들과는 달리 입양을 하게 되는 동기로서 자신들의 문제(불임문제 등)를 해결하기 위한 수단이 아니라, 영구가정이 없는 아동에게 가정을 제공해 준다는 아동 중심적인 동기로서 입양을 하게 되는 경우가 많다는 것이다(Silverman & Feigelman, 1981).

이러한 미국의 비불임 입양부모들은 불임부부들이 입양하기를 꺼려하는 유형의 아동들을 많이 입양하고 있다. 즉 미국에서는 나이든 아동들이나, 장애아동, 형제와 함께 입양되어야 하는 아동, 흑인을 포함한 소수민족 아동 등, 입양가정을 발견하기가 힘든 '특별한 욕구를 지닌 아동들(children with special needs)'의 대부분이 친자를 낳아 본 경험이 있는 비불임 입양부모들에 의해 입양이 되고 있다는 것이다(National Committee for Adoption, 1988).

비불임 입양부모는 불임 입양부모와는 달리 불임으로부터 기인된 고통스러운 상실의 경험을 하지 않았기 때문이라 할 수 있다. 즉 불임인 입양부모들은 자신들의 예상치 않았던 준비되지 않은 불임으로 인해, 실제는 아니라 하더라도 마음속에 그려 왔던 상상의 자녀를 상실한 것이나 다름없다는 것이다(Covington, 1988). 그러므로 불임인 입양부모들은 이러한 상실에 기인된 심리적 고통을 겪고 있기 때문에, 가능하면 출산시의 아동과 비슷한 나이의 아동인 신생아의 입양을 선호하게 되며, 그 외의 다른 유형의 아동들인 장애아동, 나이든 아동, 형제가 있는 아동들의 입양을 할 수 있는 정신적인 여유가 없게 되는 것이다.

즉 미국의 경우에도 이러한 입양하기 힘든 유형인 '특별한 욕구를 지닌'

아동들의 입양가정을 찾는 것이 쉽지는 않다. 이것은 오로지 입양부모를 찾는 능동적인 프로그램과 노력의 결과로서만이 가능하다 하겠다. 이처럼 미국의 비불임부부가 입양사업에 많이 참여하게 되는 가장 큰 요인은 무엇보다도 가정위탁보호사업제도의 영향을 들 수 있겠다(Hollingsworth, 1998 ; Usher et al., 1999).

예를 들면, 미국의 전체 (친척에 의한 입양이 아닌) 무연관 아동 입양의 약 40%가 아동들을 위탁받아 먼저 키워 왔던 위탁가정의 위탁부모들에 의한 입양이라는 것이다. 특히 '특별한 욕구를 지닌 아동들'—장애아동, 나이든 연장 아동, 형제와 함께 입양되어야 하는 아동들, 소수민족 아동들—의 입양과 관련한 경우에는, 70% 이상이 위탁부모로서 이들 아동들을 먼저 양육해 본 위탁부모들에 의한 입양이었던 것이다(National Committee for Adoption, 1988). (물론 대부분의 이들 위탁부모들이 입양을 할 수 있었던 것은 The Adoption Assistance and Child Welfare Act of 1980에 의거한 입양보조금의 제도가 있었기 때문에 가능했던 것도 사실이다.)

국내의 경우에도 입양발전을 위해서 필수적으로 비불임부부의 입양참여를 적극적으로 권장할 수 있는 방안이 제도적으로 강구되어야 하며, 이것을 위하여 가장 중추적인 역할을 할 수 있는 가정위탁보호사업의 제도화와 그 정착화가 반드시 요구된다 하겠다.

5. 입양아를 친자로 입적하는 것이 어렵다

현행 국내의 입양특례법에 의한 입양의 효력 발생은 호적법에 의해 신고함으로써 발생하며(입양특례법 제7조〈입양의 효력발생〉), 동법 제8조(양자)는 양자로 되는 자는 양친이 원하는 때에는 양친의 성과 본을 따를 수 있도록 되어 있다.

그러나 실제 이러한 과정을 겪으면서 입양아를 양자로 신고한 후에 양친의 성과 본을 따르도록 한 경우에도 입양아의 양자로서의 신분은 계속 호적에 남아 있게 되어 있다. 이것은 한국 문화의 강렬한 혈연의식을 감안할 때에, 입양아동이 성장하는 동안에 부와 핏줄이 연관되지 않음으로 인해 겪을 수 있는 사회의 편견에 불필요하게 노출시킨다 할 수 있겠다. 그러므로 거의 모든 한국 입양부모들은 아동을 이러한 사회의 편견으로부터 보호하기 위해 입양아를 친자로 입적하고 있으며, 이 친자 입적의 절차는 법적으로 정당하지 않은 부적절한 방법에 의하고 있다는 데에 국내입양의 문제점이 있다 하겠다.

즉 국내에서는 자녀의 호적 입적시에 현재 호적예규에 의해 병원에서 출생한 자녀의 경우에는 병원발행의 출생증명서를 요구하나, 자녀가 집에서 출생하였을 경우에는 출생증명서 없이 2인의 인우보증인만을 요구하고 있다. 따라서 한국의 거의 모든 입양부모들은 이 후자의 방법을 이용하여 입양아동을 자신의 친자로서 호적에 입적하고 있으며, 이렇게 함으로써 입양아가 받을 수 있는 사회의 편견으로부터 입양아를 보호하고자 한다. 그러나 엄격히 따지면 현재 국내의 입양부모들은 입양아를 친자로서 호적에 입적시키기 위하여 모두 법을 어기고 있는 상황이며 정당한 방법에 의한 것이 아니라고 하겠다.

그러므로 국내의 입양부모들이 좀더 적절하며 정당한 방법으로 입양아를 친자로 입적시킬 수 있게 되어 입양아가 성장하는 동안에 사회의 편견으로부터 보호받을 수 있는 방안이 강구되어야 하겠다. 더욱이 이 호적예규에 의한 2인의 인우보증인제도는 입양알선기관에 의하지 않고 입양하는 불법적인 개인입양을 가능케 하는 원인제공이 되고 있으므로 이에 대한 개선은 더욱 시급하다 하겠다.

6. 입양 대상 아동들 중에서 친부모의 호적에 입적된 아동들은 입양되기 어렵다

국내에서는 한 아동이 태어나서 일단 친부모의 호적에 자녀로서 입적이 되어 있다면 이 아동의 입양은 힘들게 된다. 이것은 일단 호적에 입적되어 있는 아동의 경우에는 입양부모의 호적에 양자로서만 입적이 가능하며, 이후 양부모의 성과 본을 따르게 하는 절차가 어려운 까닭에 국내입양부모들은 호적이 있는 유적아동들의 입양을 꺼려하고 있다.

이런 이유로 국내에서는 부모가 사망한 아동이나, 편부 · 편모가정 혹은 이혼한 가정에서 부나 모가 친권을 포기한 아동들이 이미 친부모의 호적에 입적되어 있는 경우에는 입양이 되지 않고 있다. 따라서 부모와 사별하였거나 친권이 포기된 아동들은 개별적인 보호를 받을 수 있는 입양가정을 갖지 못하고, 계속 아동복지육아시설에서 집단적으로 보호양육되고 있는 실정인 것이다(배태순, 1996).

이것은 앞에서 언급되었던 정당한 절차를 통한 입양아의 친자입적이 가능토록 하여야 하는 문제와 마찬가지로, 호적이 있는 유적아동들의 경우에도 입양시에 친자로서의 입적이 어렵기 때문에 국내입양부모들이 입양하기를 꺼려하는 이유가 되고 있는 것이다. 그러므로 친부모의 호적에 일단 입적되어 호적이 이미 있는 유적아동의 경우에도 원호적은 보관되면서 입양부모의 친자로 입적되어 입양부모와 같은 성과 본을 가질 수 있는 방안이 제도적으로 강구되어야 할 것이다. 이렇게 함으로써 입양아동이 성장하는 동안 부(父)와 성(姓)이 다름으로 해서 받을 수 있는 사회의 편견으로부터 보호할 수 있으며, 동시에 아동이 성인이 된 후에는 본래의 원호적을 볼 수 있게 됨으로써 자신의 뿌리에 대한 궁금증도 풀 수 있게 될 것이다(Berry, 1991 ; Clegg & Toll, 1996).

유적아동의 경우에 국내입양뿐만 아니라, 해외입양의 기회도 박탈되는 경우가 많다. 즉 입양특례법 제4조(양자될 자격)는 양자의 자격으로서 보호시설에 보호의뢰된 아동으로 되어 있으나, 실제 아동이 아동복지시설에 일단 입소하게 되면 부모사망이나 친권이 포기된 입양이 가능한 아동의 경우에도 해외이주허가를 해 주지 않는 까닭에, 아동이 해외에서나마 영구적 가정을 가질 수 있는 권리가 박탈되고 있는 상황이다.

그러므로 시설에서 보호받고 있는 아동들 중에서 부모가 사망하거나 친권이 포기된 아동들의 경우에, 국내입양이 되지 않으면 곧 해외입양이 될 수 있도록 조치하기 위해 해외이주허가를 해 주어야 할 것이다. 또한 기아인 아동들도 입양특례법 제17조(외국에서의 국외입양)에 명시된 6개월 이상이 경과되면 적법한 절차에 의해 해외이주허가를 하여 가능한 빨리 국외에서라도 입양가정을 가질 수 있는 행정적인 협조방안이 강구되어야 할 것이다.

7. 성인이 된 한국의 해외입양아에 대한 복지대책이 부족하다

해외에 입양되는 우리 한국 아동들은 자신들의 자발적인 의사에 의해 고국을 떠나고 있지 않다. 그들은 국내에서는 입양가정을 찾을 수 없었기에 국외의 입양가정을 찾아서 고국을 떠나게 된 것이다. 이들 한국 입양아동들이 성장하여 성인이 된 후에 자신들의 뿌리가 있는 모국을 찾아보고 싶어하는 것은 너무나 당연한 이치라 하겠다. 그러므로 성장한 한국의 해외입양아들이 고국을 방문할 수 있도록 그들에 대한 복지대책이 체계화되어야 함이 마땅하다 하겠다.

이들 국외로 입양된 국내아동들을 위한 복지대책으로서 현재 입양특례법은 제12조(입양기관의 의무) 제6항에, "입양기관의 장은 국외로 입양된 아동을 위하여 아동이 입양된 국가의 국적을 취득한 후에도 모국방문사업 등 필요한 서비스를 제공하여야 한다"고 명시되어 있다. 동법 시행령 제6조(모국방문사업 등)는 이 모국방문사업 등 필요한 서비스로서 1) 모국방문사업, 2) 모국어연수사업, 3) 모국에 관한 자료지원사업, 4) 기타 보건복지부 장관이 필요하다고 인정하는 입양아동의 사후관리사업 등 필요한 서비스로 규정하고 있다.

그러나 그 동안 해외에 입양된 10여만 명이 넘는 한국의 해외 성인 입양아들이 고국을 방문할 수 있도록 하기 위해서는, 단순히 입양기관의 장에게만 이 의무를 지우는 것보다는 정부가 더 적극적인 책임과 지원을 맡을 수 있는 방안이 강구되어야 한다. 즉 성인 해외입양아들의 고국방문과 관련하여, 경제적 부담이 어려운 경우나, 그들 중 고국에 장기간 체류를 원하는 경우 등을 위하여 이들 해외입양아들에 대한 서비스가 체계적으로 제공되어야 한다는 것이다.

8. 입양보조금 지급의 현실화가 요구된다

현재 국내에서는 장애아동 등의 입양을 권장하기 위해 입양특례법 제23조(양육보조금 등의 지급)에서 아동의 양육을 위하여 필요한 경우에는 의료비 등 양육보조금의 명목으로 입양보조금을 지급할 수 있는 것으로 명시되어 있다.

그러나 그 지급절차가 너무 까다롭고 또한 장애 · 질환상태 등을 조사하는 과정에서 입양사실이 타인들에게 알려지는 점 등으로 인해 입양보조금의 혜택을 받고 있는 입양가정은 거의 없는 실정이다. 그러므로, 장애아동을 포함한 입양하기 힘든 유형의 아동을 입양하는 입양가정에는 실질적으로 경제적 지원이 제공될 수 있도록 입양보조금 지급의 현실화에 대한 방안이 강구되어야 할 것이다.

III. 미국의 입양실무의 변천과 입양법

미국의 입양법에 관한 분석은 미국 입양실무의 변화를 고찰해 봄으로써, 입양실무에 가장 큰 영향력을 미치는 중요한 입양법에 대한 비교분석이 가능하다 하겠다.

1. 미국의 입양실무에 따른 입양법의 변화과정

미국은 한국과는 달리 다양한 형태의 입양실무를 거쳐오고 있다. 즉 초기의 폐쇄적인 입양실무에서 현재의 개방적인 입양실무로 변천해 오고 있다. 그 각각의 내용을 고찰해 보면 다음과 같다.

1) 전통적인 폐쇄적 입양실무(closed adoption)

미국의 입양도 혼외출산에 대한 사회의 편견이 완화되기 전인 1970년대 초까지는 입양아나 입양아의 생부모 특히 생모인 미혼모들의 진정한 권익은 고려되지 않은 실무가 수행되었었다.

즉 입양아동이 입양가정의 구성원으로 빨리 흡수되기 위해서는 입양아의 친생부모와의 관계를 완전히 단절하여 멀리하게 하는 것이 그의 복지를 위해 최선이라는 주장이 그 당시 미국 입양실무의 주류를 이루었다(Dukette, 1984 ; Kirk, 1984 ; Pannor & Baran, 1984).

입양이 종결되면 입양부모의 성을 딴 새로운 입양아의 출생증명서가 가정법원으로부터 발부되어 부여되며, 그의 친생부모에 대한 정보는 그 법원에 밀봉되어 보관되며, 그의 유전적인 근원에 대한 정보는 특별히 요청된 법원의 허락 없이는 입양아동에게 제공되지 않았었다(National Committee for

Adoption. 1988). 그 결과 입양기관이 입양부모에게 입양아의 입양 사실을 알려주라고 지시는 하나, 성인이 된 입양아가 그의 유전적인 신원배경에 대한 정보에 접할 수 있는 기회는 제공되지 않았던 폐쇄적인 입양실무가 수행되었던 것이다.

2) 개방적 입양실무(open adoption)로의 전환

(1) 성인 입양아들의 조직적인 단체운동의 영향력

1970년대 중반부터 시작된 성인이 된 입양아들의 조직적인 단체운동은(예를 들면, 대표적인 조직으로서 the Adoptees Liberty Movement Association〈입양아자유연합운동〉이나 the Washington Adoptees Rights Movement〈위싱턴입양아권리운동〉 등) 자신들의 생물학적 근원과 혈통에 대한 정보에 접근하는 것을 막는 입양법 개정을 요구해 왔다.

지금도 계속되는 이러한 노력의 결과로, 1989년에 이미 미국의 33주(州)가 입양아가 성인이 된 후에는 자신의 친생부모에 대한 정보에 접근할 수 있는 입양법으로 바뀌어 왔으며, 현재 입양아동의 출생적 배경에 대한 정보 제공을 금하고 있는 나머지 주들도 곧 입양아동과 친생부모를 위한 상호동의등록제(mutual consent registry)를 채택하여 정보를 제공하고 있는 추세이다(National Committee for Adoption, 1988).

이러한 성인 입양아들의 조직적인 운동은 그 동안 입양실무에서 무시되어 왔던 입양아동과 생부모의 권익에도 관심과 중요성을 부여하게 되는 입양실무, 즉 개방된 입양실무로의 전환에 큰 역할을 하였다 할 수 있다.

또한 이와 때를 같이하여 1970년대 중반에 입양 대상 아동들 중에서 입양될 건강한 신생아의 수가 대폭 줄게 되면서부터, 입양부모들은 그 동안 '입양할 수 없는 아동들(unadoptable children)'로 간주되었던 나이가 든 연장아동이나 신체장애아동들도 입양 대상으로 고려하기 시작했다(Churchil, 1979 ; Triseliotis & Cobban, 1971). 이미 친부모를 알고 있는 나이가 든 아동들을 입양함으로써 입양부모들은 입양아의 친생부모의 존재를 인정하고 수용하는 입양태도를 가지게 되었으며, 입양은 비로소 입양아동 중심적인 실무가 되기 시작했다(Gallager, 1972 ; Sinanoglu & Maluccio, 1981).

(2) 입양아의 출생기록에 대한 접근권리의 입양법 개정과 생모의 입양부모 선택의 기회

현재 미국의 입양실무는 입양의 세 주역—입양아, 입양부모, 친생부모—들의 권익을 공평하게 반영하려고 노력한다. 즉 입양아의 타고난 친생부모의 가족체계를 부인하지 않으며, 따라서 입양아는 성인이 된 후 자신의 출생과 관련된 기록에 접할 수 있게 되며, 아동을 포기했던 생부모도 상호 (입양아와 생부모 모두) 원하면 성인이 된 아동에 대해서 알 수 있고 만날 수도 있게 된다(National Committee for Adoption, 1988).

또한 현재 아동을 포기하는 생모들은 입양기관이 선정한 입양부모들 중에서, 즉 입양가정으로 승인된 입양가정 중에서 자신의 아동을 양육할 입양부모를 직접 선택하기까지 하고 있다. 이렇게 함으로써 자신의 아동을 포기하는 생모로 하여금 아동의 인생방향을 결정하는 데에 결정적인 역할을 하였다는 느낌을 갖도록 해 주어, 포기하는 고통에 위로가 될 수 있도록 배려해 주는 것이다(Fish & Speirs, 1990). 또한 입양기관은 입양부모가 생부모의 간섭 없이 입양아에 대해 보호양육권을 가지는 유일한 부모라는 것을 입양부모와 친생부모 모두에게 확신시킨다(Bradbury & Marsh, 1998).

현재의 미국 입양부모는 입양아의 친생부모의 존재를 인정하며, 그들의 아동포기의 고통을 이해함으로써 그들에 대한 두려움이나 경쟁심 없이, 어느 일정 기간 동안 입양기관을 통하여 생부모에게 입양아에 관한 소식을 전해 주는 데까지 동의하며 동참하고 있다.

이러한 입양실무는 생모가 자신의 아동을 입양으로 포기한 후에는 그 아동과의 관계를 완전히 절단하여, 아동의 생사 여부조차 확인하지 못했던 1970년 이전의 입양부모가 중심이 되는 폐쇄적 입양실무와는 많은 차이가

나며 또한 훨씬 인간적이라 할 수 있을 것이다. 이 경우에 입양기관은 입양부모의 양육권을 보호하기 위해 입양부모가 생부모의 간섭 없이 입양아에 대해 유일하게 보호양육권을 가지는 부모라는 것을 입양부모와 생부모 모두에게 분명하게 확신시킨다(Berry, 1991).

3) 반 개방입양과 완전 개방입양

현재 미국에서 실행되는 개방적 입양실무는 반 개방입양과 완전 개방입양의 형태를 취하고 있다 하겠다.

(1) 반 개방입양(semi-open adoption)

반 개방입양은 생부모와 입양부모 간에 서로 여러 형태의 의사소통을 갖는 것을 의미한다. 즉 입양기관을 통하여 편지와 사진을 서로 교환하며 입양부모와 생모가 만나는 것은 처음 한 번 만나지만 지속적인 만남이나 직접적인 접촉은 없다. 반드시 입양기관을 통해 입양아의 소식을 전하게 된다.

생부모와 입양부모 양쪽 모두에게 상대방의 신원을 파악할 수 있는 성명 등의 정보는 제공되지 않으며, 단지 이름만 주어질 뿐이다. 처음에는 반 개방으로 시작한 미국의 입양부모들이 완전 개방적인 입양으로 전환하는 경향이 높은 것으로 보고되고 있다(McRoy, Grotevant, & White, 1988 ; Silbe & Dorner, 1990).

(2) 완전 개방입양 (fully-disclosed adoption)

완전히 개방된 입양은 아동이 입양가정에 입양된 후에도 입양부모, 입양아, 생부모(주로 생모)가 계속 지속적인 관계와 접촉을 갖게 되는 것을 뜻한다. 접촉의 형태—편지나 방문 등—나 빈도수는 입양부모와 생부모 당사자들에 의해서 결정되고 있다(Berry, 1991, 1993). 이것은 입양된 후에는 입양아가 출생기록에 접할 수 없었던 전통적인 폐쇄적 입양실무의 특성이었던 비밀과 수치가 정직과 개방성으로 대치되었다고 할 수 있다.

완전 개방입양의 주창자들은 이러한 형태의 입양실무가 입양아의 건전한 정신건강을 촉진시킨다고 믿는다. 즉 입양아가 가정 내에서 입양에 관한 의사소통을 자유로이 할 수 있고, 그럼으로써 생부모에 대한 호기심과 질문을 가지는 것이 입양부모에 대한 충성심이나 사랑의 부족이 아님을 알게 된다는 것이다. 즉 입양아는 죄의식을 느끼지 않고 두 세트의 부모를 생각할 수 있도록 허용이 된다는 것이다. 또한 입양아는 자신의 친부모가 현재의 부모를 (자신을 양육할) 입양부모로서 선택했다는 것을 알기 때문에 입양부모와 더 강한 소속감을 갖게 된다는 것이다(Silber & Dorner, 1990).

① 생모의 승인된 입양가정 중에서 입양부모 선정 허용 : 완전 개방입양에서는 반드시 생부모, 특히 생모가 자신의 아동을 양육할 입양부모를 입양기관에 의해 가정조사가 끝나고 입양가정으로 승인된 가정의 입양부모들 중에서 선정하며, 대부분 아동을 직접 입양부모에게 건네준다(현재 미국의 많은 입양부모들이 이것을 녹화하여 성장하는 입양아동에게 보여 주고 있다). 이것은 현재 미국에서 개방입양의 중요한 의식으로 자리잡아 가고 있다(Silber & Dorner, 1990 ; Clegg & Toll, 1996). 이러한 소속감은 입양아에게 긍정적으로 입양부모와의 결속감을 다질 수 있게 해 준다는 것이다.

완전 개방입양은 생부모, 특히 생모가 아동의 양육보호권을 포기하는 고통에 더 잘 대처할 수 있도록 돕고 있다는 것이다. 즉 생모는 자신이 직접 입양부모를 선정하고 만났으며, 자신의 아동을 유기한 것이 아니라 아동을 위해 계획을 세웠다는 생각과 또 계속 아동에 대한 소식과 접촉을 가질 수 있음으로 해서 "그들이 내 애기를 정말 사랑할까?"라는 두려움을 가지면서 살게 되지 않게 되어, 마음의 평화를 가질 수 있게 된다는 것이다(Silber & Dorner, 1990).

② 생부모에 대한 입양부모의 두려움 : 또한 완전 개방적인 입양은 입양부모들이 입양아의 친생부모에 대해 가지는 두려움을 없애 준다는 것이다. 즉 입양부모는 입양아의 생부모를 모를 경우에 생모가 찾아와서 아이를 도

로 데려가거나 납치를 하지 않을까 등으로 불안해 할 수 있다는 것이다.

그러나 완전 개방입양을 경험한 미국 입양부모들은 생부모나 생모를 일단 만난 후로는 더 이상 생모를 두려워하지 않게 되었다고 보고하고 있다(Silber & Dorner, 1990 ; McRoy, Grotevant & White, 1988). 즉 입양부모는 생모와의 처음 면담과 계속적인 의사소통을 통해, 생모가 자신의 아동에 대한 입양결정에 만족해 하며 아동의 삶을 흐트릴 수 있는 행동은 절대 하지 않을 것이라는 의사를 입양부모에게 전달할 수 있음으로 해서, 입양부모들은 더 이상 생모를 위협으로 간주하지 않게 되어 마음의 평화를 가질 수 있게 되었다는 것이다. 입양부모들도 자신들이 생모에 의해 입양아의 부모로서 선정되었다는 것에 대해 아주 긍정적인 생각을 가지게 되며, 이러한 기분은 입양아에 대한 부모로서의 정당성 확립에도 중요한 기능을 하는 것으로 보고되고 있다(McRoy, Grotevant, & White, 1988).

전통적인 폐쇄적 입양실무로 입양된 입양아들이 성인이 되어 생모와 재회한 결과에 대한 한 연구는, 입양아들이 생모와 만난 이후에 입양부모와의 관계는 오히려 더 개선되었다는 결과를 보여 주고 있으며, 따라서 이 연구결과에 의해 입양의 비밀성은 입양의 세 주역에게 불필요한 비애, 고통, 두려움을 유도한다고 주장하고 있다(Sachdev 1989, 1992).

그러나 이 완전 개방입양실무는 그 성공적 수행을 위해서는 필수적으로 반드시 질 높은 입양상담 서비스와 함께 제공되어야 한다는 것이다(Silber & Dorner, 1990 ; Berry, 1993). 즉 입양은 삶의 전과정 동안 진행되는 지속적인 과정이며, 입양아가 입양가정에 들어가는 것으로 입양이 끝나는 것이 아니라, 그것이 곧 입양의 시작이라는 개념이 이 완전 개방입양실무의 근간이 되고 있다 하겠다.

IV. 한국과 미국의 입양법 및 입양 관련법 비교분석

1. 개인입양에 관한 한국과 미국의 입양법 비교분석

입양가정은 반드시 인가받은 입양알선기관에 의해 승인되어 선정되어야 한다. 이것은 아동의 미래의 안전과 복지가 확신되며 보장받을 수 있는 가정이 입양가정으로 선정되어야 하기 때문이다. 이렇게 함으로써 아동을 착취하거나 악이용하기 위해 입양하는 것을 막을 수 있게 된다.

미국의 경우, 입양과정과 절차에 필수적인 요소로서 인가받은 입양기관에 의한 승인된 가정조사가 반드시 요구되고 있다. 즉 미국에서는 입양부모가 한 아동을 입양하기 위해서는 법원에 입양신청을 하여야 하는 데, 이때에 반드시 첨부되어야 할 서류가 인증받은 입양기관에서 행해진 가정조사이다. 즉 입양가정으로서 승인된 가정조사가 없이는 입양신청이 불가능한 것이다.

그러므로 미국에서의 입양부모들은 개인적으로 아동을 발견하여 입양을 하게 되는 경우에도, 즉 의사나 변호사 등을 통해서 혹은 스스로 신문 등에 입양을 원한다는 광고를 내어 생모와 접촉이 되어 입양을 하게 되는 경우에도, 입양가정으로서 적합하다는 것을 법원에 보여 줄 수 있는 공적인 서류가 필요하게 되는 것이다.

미국의 경우, 법원을 거치지 않으면 입양된 아동에 대한 출생증명서가 발부되지 않기 때문에 반드시 법원을 통한 공식적인 입양절차가 입양과정에 포함되게 된다 하겠다. 이렇게 미국의 모든 입양이 법원을 통한 입양과정을 입양의 절차 속에 포함시키는 입양법에 의해, 미국은 불법적인 개인입양을 막게 되는 탄탄한 제도적 장치가 되어 있다 하겠다.

한국의 경우, 그 제도적인 미비점으로 인해 입양알선기관으로 인가받지 않은 산부인과나 조산소를 통해 불법적으로 아동을 입양하는 것이 가능하게 되어 있다. 즉, 한국에서 입양의 종결은 미국의 경우처럼 입양부모의 자녀라는 것을 보여 주는 법원에 의한 새로운 출생증명서의 발부가 아니라, 입양부모의 호적에 자녀로서 입적되는 것을 뜻한다. 그러나 현재 한국에서는 현실적으로 입양기관을 통한 공식적인 입양절차를 밟지 않고도, 타인의 아동을 자신의 호적에 자녀로서 입적시키는 것이 가능하다. 따라서 이것이 한국에서 불법적인 개인입양이 횡행하게 되는 소지가 되는 것이다. 즉 한국에서는 자녀의 호적입적절차에 관한 미비점으로 인해 불법적인 개인입양을 막지 못하고 있다는 것이다.

즉 현재 한국에서는 호적법의 호적예규에 의해, 자녀의 호적입적을 위해 자녀 출생신고를 할 때 병원에서 출산시 출생증명서를 요구하나, 집에서 출산했을 경우는 2인의 인우보증인만으로 병원 발행의 출생증명서 없이도, (동사무소에서) 자녀의 출생신고가 가능하며 따라서 자녀의 호적입적이 가능하기 때문이다. 즉 타인 2인의 도움만 있으면 어떤 아동이든 간에 자신의 자녀로서 호적에 입적시킬 수 있다는 것이다. 이것은 입양의 비밀을 원하는 입양부모의 관점에서 볼 때에, 굳이 복잡한 입양절차를 거치며 자신들의 기록을 입양기관에 남기는 입양방법이 아니더라도 다른 입양방법이 있다는 것을 제시해 주는 것이라 하겠다.

즉 출생증명서 없이도 자녀를 호적에 입적시키는 것이 가능하게 한 한국의 2인의 인우보증인제도는 공식적인 입양절차 없이도 타인의 아동을 자신의 호적에 입적시키는 것을 가능하게 하며, 따라서 이것이 산부인과나 조산소를 통한 불법적인 개인입양을 증가시키는 주 원인제공이 되고 있다 하겠다.

2. 입양사후지도에 관한 한국과 미국의 입양법 비교분석

입양실무가 비밀인 경우에는 입양되는 입양 대상 아동의 유형을 신생아에만 국한시키게 되므로 입양의 발전에 부정적인 영향을 미치고 있다. 또한 입양의 비밀성은 입양아동에게 친부모에 대한 사실을 비밀에 부치게 되므로 이것은 사실상 입양아의 뿌리와의 단절을 요구하는 것이 되어 뿌리를 모르는 입양아는 정체감 형성이 어렵게 된다(Hoopes, 1990 ; Wadia-Ellis, 1995). 따라서 입양의 비밀성은 입양아의 복지를 위해서도 바람직하지 못하다 하겠다.

그러므로 입양의 발전을 위해서는 입양 사실을 밝힐 수 있는 개방적 입양실무로의 전환이 모색되어야 한다. 입양실무가 개방적으로 전환되기 위해서는 앞에서 설명된 입양절차의 정비와 더불어 무엇보다도 입양사후지도에 대한 제도화의 정비가 요구된다 하겠다.

입양사후지도란 입양 전문가가 입양이 된 후에 입양가정에서의 입양아의 적응상태를 도와주며 입양아의 복지를 확인하기 위해 반드시 거쳐야 할 과정이라 하겠다.

미국의 경우에 입양사후관리 규정은 입양된 후 6개월에서 1년 정도의 기간 동안 입양가정에서의 입양아의 복지에 관한 보고서를 전문 입양사회사업가가 입양부모 거주지의 가정법원에 제출함으로써 입양의 마지막 단계인 입양종결이 될 수 있다. 즉, 이 공식적인 입양종결이 됨과 동시에 입양부모의 성과 본을 딴 새로운 출생증명서가 법원에 의해 발급된다(이렇게 함으로써 앞에서 설명된 불법적인 개인입양을 막는 제도적 장치가 될 수 있게 된다).

미국에서의 입양사후지도에 대한 단계를 살펴보면 다음과 같다.

① 첫째 단계로서, 입양기관에 입양을 신청한 입양가정을 전문 입양사회사업가가 가정조사를 통해 입양가정으로서 승인을 한 후에, 입양아의 양자될 자격에 관한 서류와 함께 입양부모의 가정상황에 관한 서류 등을 첨부하여 입양부모 거주지의 가정법원에 입양부모의 입양인가를 신청하게 되며, 가정법원은 제출된 자료에 근거하여 입양가정의 입양을 심의한 후에 입양을 인가하게 된다(이때 법원에 입양인가심의를 위한 판사와 아동복지사회사업가 등의 팀이 구성되어 있다).

② 둘째 단계로서, 일단 가정법원에 의해 입양이 인가되면 입양아동은 입양부모의 자녀로서 입양가정으로 들어갈 수 있으며, 그 후 주마다 기간이 다르지만 주로 6개월에서 1년 정도의 기간을 입양사후보고기간으로 설정하여 이 기간 동안 입양사회사업가는 2회 이상의 입양가정의 사후방문을 통해 사후보고서를 가정법원에 제출하며, 이 보고서에 기초하여 가정법원은 입양을 종결시킴과 동시에 입양부모의 성과 본을 딴 입양아의 새 출생증명서를 발급해 준다.

③ 셋째 단계로서, 입양은 입양이 종결됨으로써 끝나는 것이 아니라 입양아동이 전생애에 걸쳐 지속되는 과정이라는 인식이 확산되면서, 입양가정에 대한 사후지도적인 상담 서비스 등이 입양종결 이후에도 입양가정이 요청할 시에는 반드시 제공되어야 함을 규정하고 있다. 이것은 입양이 단순히 입양가정에 아동이 들어가는 것으로서 끝나는 것이 아니라 입양아의 전인생에 걸친 과정이기 때문이다(Brodzinsky et al., 1992).

한국의 경우, 1995년에 개정 시행된 입양촉진 및 절차에 관한 특례법에서는 국내입양의 개방성을 유도하고 입양아동의 복지에 대해 확신을 기할 수 있는 방안으로서 입양사후관리에 대한 규정을 국내입양 사상 처음으로 명문화하였고, 이는 2000년 1월에 개정된 동법에서도 규정되고 있다. 즉, 입양특례법 제12조(입양기관의 의무)의 제5항은 "입양기관의 장은 입양 성립 후 6월까지 양친과 양자의 상호적응상태에 대하여 보건복지부령이 정하는 사후관리를 하여야 한다"로 규정하며, 국외입양에 대하여는 "다만 국외로 입양되는 자의 사후관리는 그 국가의 국적을 취득할 때까지로 한다"로 명시하고 있다.

이로써 한국도 국내입양의 경우에 국내입양기관은 입양성립 후 6개월까지 입양아동의 입양가정에서의 적응상태에 대하여 사후관리를 할 수 있게 된다. 해외입양의 경우에는 해외에 입양된 아동이 그 국가의 국적을 취득할 때까지 해외의 협력기관을 통해 사후관리를 할 수 있도록 사후관리에 대해 명문화하였다. 이 사후관리 규정에 의해 국내의 입양기관은 입양가정에 대한 입양상담 서비스도 입양가정의 요구시에 제공하도록 규정되어 있다.

그러나 한국의 입양사후지도는 단순히 입양기관의 장의 의무로 규정함으로써 이행되지 않을 수 있는 많은 여지를 제공하고 있는 것이 그 문제점이라 하겠다. 미국의 경우처럼 사후지도의 과정이 법원에 의한 입양절차에 포함되어 있지 않음으로 해서, 사후지도가 수행되지 않음에 대한 규제가 없다는 것이다. 즉 입양기관의 인적 자원 등의 부족으로 인해 현재 사후방문이 필요한 만큼 수행되지 못하고 있다는 것이다. 그러므로 한국의 입양사후지도에 대한 규정에 외부의 공적 기관인 가정법원의 관여를 명문화하는 작업이 요구된다 하겠다(배태순, 1995).

3. 위탁가정의 위탁아동 입양과 입양보조금에 관한 한국과 미국의 비교분석

한국의 문화적인 요소인 강력한 혈연의식으로 인해, 국내 대부분의 일반인들은 자신과 혈연이 닿지 않는 무연관 아동(nonrelated children)을 자신의 자녀로서 사랑할 수 있을지에 대해 확신을 하지 못하는 경우가 많다. 그러나 한국의 일반가정들이 아동을 영구히 책임지는 입양가정의 입양부모로서가 아니라, 일단 일시적인 위탁가정의 위탁부모로서 입양이라는 부담감 없이 타인의 아동을 키워본다면, 혈연과 상관없이 아동을 사랑할 수 있다는 인식을 가질 수 있게 될 것이다. 이러한 인식이 널리 퍼지게 된다면 이것은 일반인들이 입양을 자연스럽게 수용할 수 있도록 도와줄 수 있게 되어, 더 많은 입양가정이 국내에서 확보될 수 있을 것이다. 이처럼 가정위탁보호사업은 혈연의 중요성이 강한 한국 사회의 일반인들, 특히 친자가 있는 비불임부부들의 입양참여를 유도하는 데에 큰 역할을 할 수 있는 사업이 될 수 있다 하겠다. 예를 들면 나이가 10세 정도의 아동이나 혹은 소아마비의 신체적 장애를 가진 아동은 먼저 키워 본 위탁부모가 이러한 아동들을 입양할 확률이 많을 것이기 때문이다(Hollingsworth, 1998 ; Sinanoglu & Maluccio, 1981).

미국의 경우에, 나이든 아동들이나 장애아동, 형제와 함께 입양되어야 하는 아동, 흑인을 포함한 소수민족 아동 등, 입양가정을 발견하기가 힘든 '특별한 욕구를 지닌 아동들'의 대부분이 친자를 낳아 본 경험이 있는 비불임 입양부모들에 의해 입양이 되고 있다는 것이다(National Committee for Adoption, 1988).

즉 미국의 경우에도 이러한 입양하기 힘든 유형인 '특별한 욕구를 지닌' 아동들의 입양가정을 찾는 것이 쉽지는 않다. 이것은 오로지 입양부모를 찾는 능동적인 프로그램과 노력의 결과로서만이 가능하다 하겠다. 이처럼 미국의 비불임부부가 입양사업에 많이 참여하게 되는 가장 큰 요인은 무엇보다도 가정위탁보호사업제도의 영향을 들 수 있겠다(Hollingsworth, 1998 ; Usher et al., 1999).

예를 들면, 미국의 전체 (친척에 의한 입양이 아닌) 무연관 아동 입양의 약 40%가 아동들을 위탁받아 먼저 키워 왔던 위탁가정의 위탁부모들에 의한 입양이라는 것이다. 특히 '특별한 욕구를 지닌 아동들'—장애아동, 나이든 연장 아동, 형제와 함께 입양되어야 하는 아동들, 소수민족 아동들—의 입양과 관련한 경우에는 70% 이상이 위탁부모로서 이들 아동들을 먼저 양육해 본 위탁부모들에 의한 입양이었던 것이다(National Committee for Adoption, 1988. 물론 대부분의 이들 위탁부모들이 입양을 할 수 있었던 것은 The Adoption Assistance and Child Welfare Act of 1980에 의거한 입양보조금의 제도가 있었기 때문에 가능했던 것도 사실이다). 즉 입양가정이 경제적 사정으로 인해 아동을 입양하는 것을 주저할 때에, 아동양육과 관련한 제반 비용에 대한 입양보조금의 지원은 많은 아동들, 특히 '특별한 욕구를 지닌 아동들'의 입양에 커다란 촉진제 역할을 해 왔던 것이다.

한국의 경우, 가정위탁보호에 대한 정부의 책임으로서 처음 1995년 1월 5

일에 개정된 "입양촉진 및 절차에 관한 특례법"에 의해, 입양을 전제로 하는 가정위탁 서비스가 제공되었으나, 입양 대상 아동들에게만 제한되었으며 친부모와 일시적으로 헤어져 입양이 될 수 없는 아동들에게는 해당되지 않았다. 가정위탁보호기간도 최고 2년까지 입양가정이 선정되어 아동이 입양가정에 들어가기 전까지만으로 제한되어 있다(2000년 아동복지법 개정과 더불어 이 제한이 없어지게 되었다).

현재 가정위탁보호에 대한 보상 수준이 국내의 국민기초생활보장법 규정에 의한 미미한 수준임에 따라서 가정위탁보호사업의 활성화와 그 제도의 정착화를 위해서는 위탁보호에 대한 보상 수준을 상향조정하여 개선시킬 필요가 있다.

한국은 입양보조금의 경우에도, 장애아동의 입양에만 제한되어 보조금을 지원하며, 지원금액도 제한되어 있다(1인에 월 20만 원). 의료비 지원도 치료비 본인 부담분을 신청한 가정에 한하여 제한하여 지원하고 있다(1인에 년 40만 원. 보건복지부, 2000).

미국의 입양보조금의 경우 모든 '특별한 욕구를 지닌 아동들'의 입양은 모두 해당될 수 있으며, 양육 보조금 또한 입양아동의 양육과 관련하여 필요한 경비를 지원하고 있다(Swartz & Fishman, 1999). 따라서 미국의 아동에 대한 가정위탁보호 서비스의 제도화와 현실적인 입양보조금 지급은 위탁부모의 위탁아동에 대한 입양, 특히 입양하기 힘든 아동들로 간주되는 '특별한 욕구를 지닌 아동들'에 대한 입양 가능성을 높이고 있다 하겠다.

그러나 한국의 경우 이와는 대조적으로 아동들에 대한 가정위탁보호 서비스는 극히 제한적으로 시작되었으며, 입양보조금 또한 장애아동 입양의 경우에만 지극히 제한된 보조금이 지원되고 있을 뿐이라 하겠다.

V. 국내입양법 및 입양 관련법 개정방안

1. 불법적인 개인입양 지양을 위한 개정방안

입양가정은 반드시 인가받은 입양알선기관에 의해 선정되어야 한다. 이것은 아동의 안전과 복지가 확신되며 보장받을 수 있는 가정이 입양가정으로 선정되어야 하기 때문이다. 그러나 현재의 국내에서는 그 제도적인 미비점으로 인해 입양알선기관으로 인가받지 않은 산부인과나 조산소를 통해 불법적으로 아동으로 입양하는 것이 가능하게 되어 있다. 이것은 아동을 착취하거나 악이용하기 위해 입양하는 것을 가능하게 만들고 있으므로 반드시 시정되어야 한다.

그러므로 입양기관을 거치지 않고도 산부인과나 조산소 등을 통해서 신생아를 입양하는 것이 가능한 현재의 제도를 정비 및 강화할 필요성이 절실히 요구된다 하겠다. 이러한 불법적인 개인입양의 발생을 막기 위한 제도적 정비가 요구되는 영역을 살펴보면 다음과 같다.

1) 자녀의 호적입적절차에 관한 제도적 정비의 필요성

입양은 자녀를 자신이 출산하지 않고도 가질 수 있도록 해 주는 제도이다. 한국의 현실에서 이것은 곧 자신의 호적에 한 아동을 입적시킬 수 있는 허락을 받는 절차라고 할 수 있다. 그러나 현재 국내에서는 출산에 의한 것이든 입양에 의한 것이든 간에, 자녀 호적입적절차에 있어서는 현실적으로 차이가 없다는 점이 그 문제라 하겠다.

현재 호적법의 호적예규에 의해, 2인의 인우보증인만으로 병원 발행의 출생증명서 없이도, (동사무소에서) 자녀의 출생신고 및 자녀의 호적입적이 가능하다.

즉 출생증명서 없이도 자녀를 호적에 입적시키는 것이 가능한 2인의 인우보증인제도는 공식적인 입양절차 없이도 타인의 아동을 자신의 호적에 입적시키는 것을 가능하게 한다. 이것이 산부인과나 조산소를 통한 불법적인 개인입양을 증가시키는 주 원인제공이 되고 있다. 즉 출산이 아닌 경우에는, 오로지 공식적 입양에 의해서만 아동을 호적에 자녀로서 입적시킬 수 있게 허락하는 제도적 장치가 미흡하기 때문에 입양부모들이 굳이 입양기관을 통해 입양할 필요성을 느끼지 못하게 되어 있다.

그러므로 국내입양의 발전을 위해서 현행의 자녀의 호적입적의 용이성은 반드시 개선되어야 할 사항이라 하겠다.

2) 입양아를 친자로서 호적에 입적하는 방안

현재의 자녀 호적입적의 용이성은 불법적인 개인입양 성행의 주 요인이 되고 있으므로, 자녀 호적입적 절차에 관한 개선안으로서 인우보증인제도의 폐지를 들 수 있다.

(1) 출산에 의한 자녀의 호적입적시 출생증명서 제출 강화와 인우보증인 제도 폐지

자녀를 자신의 호적에 입적시킬 때에 요구하는 구비서류로서 출산에 의한 경우와 입양에 의한 경우를 다르게 제도화하여야 한다. 즉 출산에 의한 경우에는 병원 발행의 출생증명서 제출을 요구하나, 병원 외의 장소에서의 출산시에는 현재 2인의 인우보증인만으로 대체하는 것을 폐지하고, 대신 각 구청에 배치되어 있는 보건소의 직원이 발행한 출생증명서 제출을 제도화한다는 것이다. 병원 발행의 공식적인 출생증명서나 보건소 직원에 의한 출생증명서를 제출할 수 없는 경우가 입양에 의한 자녀 호적입적이 될 수 있도록 제도화시킨다. 즉 아동의 출생증명서 제출이 강화되면 지금처럼 자신이 출산하지 않고도 집에서 출산하였다고 주장할 수 있는 여지가 적게 되

며, 따라서 이것은 불법적으로 입양할 수 있는 가능성을 축소시킬 수 있게 된다. 다시 말하면 아동의 출생증명서나 입양과 관련된 서류가 없으면 자녀의 호적입적이 불가능하게 제도화시킨다는 것이다.

(2) 입양에 의한 자녀의 호적입적절차 개선안

출산과 달리 입양에 의한 자녀의 호적입적시에 요구되는 구비서류는 가정법원이 발행한 입양부모의 성과 본을 딴 입양아의 새 출생증명서로 될 수 있도록 제도화시킨다는 것이다. 즉 입양부모가 입양기관의 도움으로 입양아에 대한 입양허가신청을 자신이 거주하는 가정법원에 제출한 후에, 가정법원의 승인이 있게 되면 입양아를 가정에 맞이하게 된다. 이후 일정기간의 입양사후지도를 거쳐 입양이 종결되면, 입양아동의 성명과 본적, 친생부모에 관한 정보가 기재된 입양아동의 원호적은 법원에서 보관하고, 입양아에게는 입양부모의 성과 본을 딴 새 출생증명서를 법원이 발급해 주는 것을 제도화한다는 것이다. 입양부모는 이 출생증명서를 가지고 입양아를 자신의 친자로서 호적에 입적할 수 있도록 한다는 것이다. 이러한 절차를 제도화함으로써, 입양아는 후에 자신의 진정한 혈통 및 뿌리에 관해 알 수 있는 기회가 있을 뿐만 아니라, 성장하는 동안에 부와 성이 다를 경우에 받을 수 있는 사회의 편견으로부터도 보호받을 수 있게 된다. 이것은 또한 만약 형제가 있는 경우에도 입양아가 형제와 성이 다름으로 해서 느낄 수 있는 이질감도 예방할 수 있다고 하겠다(배태순, 1995).

3) 불법 개인입양 적발시의 처벌 대상자의 명시와 처벌강화의 필요성

국내입양의 발전을 저해하고 있는 불법적인 개인입양을 규제하기 위한 자녀의 호적입적절차에 관한 제도적 정비의 강화를 위해서는 이러한 불법입양에 참여하거나 협조하는 자에 대한 처벌 규정이 또한 명시되어야 한다.

즉 2000년 1월에 입법 개정된 국내입양사업의 주된 근거법령이 되는 입양촉진 및 절차에 관한 특례법에서는 불법입양을 규제하기 위한 벌칙을 강화하여, 제27조(벌칙)에 "허가를 받지 아니하고 입양알선업무를 행한 자는 3년 이하의 징역 또는 2천만 원 이하의 벌금에 처한다"고 규정하고 있다.

1995년 1월에 새로이 개정된 입양특례법의 개정이 전에는 따로 불법적인 개인입양을 규제하는 벌칙은 없었다. 다만 1981년에 개정된 아동복지법 제18조(금지행위) 제6호에 인가를 받지 않고 국내아동의 입양알선업무를 행하였을 경우에, "1년 이하의 징역 또는 100만 원 이하의 벌금"으로 명시된 아주 미약한 벌칙이 있었을 뿐이다. 그리고 1995년에 개정된 입양촉진 및 절차에 관한 특례법 제27조(벌칙)에 "허가를 받지 아니하고 입양알선업무를 행하자는 2년 이하의 징역 또는 500만 원 이하의 벌금에 처한다"고 규정한 바 있었다.

그러므로 불법입양을 지양하기 위해서는 처벌 대상자를 분명하게 명시하여야 할 필요가 있다. 명시될 처벌 대상자로서는 불법 개인입양에 직접 관여하게 되는, 1) 입양을 알선하는 산부인과 및 조산소, 2) 불법적인 아동거래에 직접적으로 참여하는 입양부모 및 친생부모, 3) 또한 자녀의 출생증명서의 요구가 강화됨에 따라서 가짜 출생증명서를 발행하는 병원, 4) 호적입적에 요구되는 구비서류인 출산인 경우에 병원이나 보건소 직원에 의해 발행한 출생증명서나, 혹은 입양인 경우에 가정법원이 발행한 출생증명서가 없는 자녀의 호적입적을 가능케 한 동사무소직원이나 구청직원, 5) 또한 각 구청의 보건소 직원이 병원 외에서 출산된 아동의 경우에 그 출생을 확인한 후에 발행하여야 할 출생증명서를 허위로 발행했을 경우에 각각 그 처벌 대상이 될 수 있다.

그러므로 이러한 불법적인 개인입양에 참여하게 되는 처벌 대상자에 대한 벌칙이 따로 명시되어야 함을 논자가 주장한 바 있으며 이 주장은 2000년 1월에 개정된 입양촉진 및 절차에 관한 특례법에서 불법적인 개인입양의 참여자와 그 알선자에 대하여 "3년 이하의 징역 또는 2천만 원 이하의 벌금"으로 명시됨으로써 한층 더 강화되었다고 본다.

2. 입양사후지도에 대한 제도적 정비 필요성

입양사후지도란 입양전문가가 입양이 된 후에 입양가정에서의 입양아의 적응상태를 도와주며 입양아의 복지를 확인하기 위해 반드시 거쳐야 할 과정이라 하겠다.

입양사후지도에 관한 규정은 입양이 된 후에 입양가정에서의 입양아의 복지에 관한 보고서를 전문 입양사회사업가가 입양부모 거주지의 가정법원에 제출함으로써 입양의 마지막 단계인 입양종결이 될 수 있으며, 이 공식적인 입양종결 없이는 입양부모의 호적에 입양아동이 자녀로서 입적될 수 없는 방향으로 규정되어야 할 것이다. 즉 입양종결이 됨과 동시에 입양부모의 성과 본을 딴 새로운 출생증명서가 발급되며, 이것으로서 입양아가 입양부모의 호적에 친자녀로서 입적이 될 수 있게 하는 것이다(이렇게 함으로써 앞에서 설명된 불법 개인입양을 막는 제도적 장치와 연결되게 된다).

1) 입양사후지도에 대한 규정

입양사후관리에 대한 규정을 국내입양 사상 처음으로 명문화한 법은 1995년에 개정되고 1996년 1월에 시행된 입양촉진 및 절차에 관한 특례법이며, 이는 2000년 1월에 개정된 동법에서도 반영되고 있다. 즉 이러한 규정은 국내입양의 개방성을 유도하고 입양아동의 복지에 대한 확신을 기할 수 있는 방안이라고 할 수 있다.

즉 국내입양의 경우에 국내입양기관은 입양성립 후 6개월까지 입양아동의 입양가정에서의 적응상태에 대하여 사후관리를 할 수 있게 된다. 해외입양의 경우에는 해외에 입양된 아동이 그 국가의 국적을 취득할 때까지 해외의 협력기관을 통해 사후관리를 할 수 있도록 사후관리에 대해 명문화하였다.

입양사후관리 서비스가 제공됨에 따라서 입양부모는 입양아동에 대한 이해의 폭을 넓힐 수 있는 장을 마련하게 된다. 즉 입양아는 자신의 뿌리와 유전적 기원에 대해 알고 싶어하는, 즉 친부모에 대해 알고 싶어하는, 기본적인 욕구가 있다는 것을 입양사회사업가를 통한 입양사후 서비스를 받음으로써 입양부모가 이해할 수 있게 되는 확률이 높게 된다는 것이다(Wadia-Ellis, 1995 ; Winkler et al., 1988). 입양아동은 자신의 뿌리와 관련된 입양에 대해 자유로이 얘기할 수 없게 될 때에 자신에 대한 정체감을 형성하기가 어렵게 되며, 이것은 입양성공의 확률을 감소시키는 요소가 된다 하겠다(배태순, 1998). 그러므로 한국의 입양발전의 가장 큰 저해요소인 비밀입양실무의 지양을 위한 첫 단계로서 입양사후관리 서비스의 명문화는 입양아동들의 진정한 복지향상에 지대한 역할을 할 수 있을 것이다.

2) 입양사후지도의 단계

국내의 입양사후지도는 단순히 입양기관의 장의 의무로 규정함으로써 이행되지 않을 수 있는 많은 소지를 가지고 있다. 즉 인적 자원 등의 부족으로 현재 사후방문이 규정대로 수행되지 못하고 있다는 것이다. 그러므로 국내의 입양사후지도에도 가정법원과 같은 외부의 공적 기관의 관여를 명문화하는 것이 요구되며 바람직한 입양사후지도에 대한 규정은 대체적으로 다음과 같은 단계를 내포한 것이어야 한다.

즉 첫째, 입양기관의 전문 입양사회사업가가 가정조사를 통해 입양가정을 승인한 후에, 입양아의 양자 될 자격에 관한 서류와 함께 입양부모의 가정상황에 관한 서류 등을 첨부하여 입양부모 거주지의 가정법원에 입양부모의 입양인가를 공식적으로 신청하여 가정법원이 제출된 자료에 근거하여 심의한 후에 입양을 인가하게 한다는 것이다.

둘째, 일단 가정법원에 의해 입양인가가 되면 입양아동은 입양부모의 자녀로서 입양가정으로 들어갈 수 있으며, 그 후 6개월간을 입양사후보고기간으로 설정하여 이 기간 동안 입양사회사업가는 2회 이상의 입양가정의 사후방문을 통해 사후보고서를 가정법원에 제출하며, 이 보고서에 기초하여 가정법원은 입양을 종결시킴과 동시에 입양부모의 성과 본을 딴 입양아의 새 출생증명서를 발급해 준다는 것이다.

셋째, 이 새 출생증명서를 가지고 입양부모는 자신의 호적에 입양아를 친자로서 입적할 수 있게 된다는 것이다(이때 입양사후보고기간은 현 입양특례법 제9조 "입양취소 청구의 소"의 제소기간과 일치하여야 할 것이다).

이상과 같이 국내입양의 입양사후지도에 대한 규정이 요구된다. 즉 입양사후지도는 입양아의 출생증명서 발급을 위해 반드시 필요한 요소가 된다는 것이다. 입양부모의 사후지도에 대한 참여 및 협조는 의무적으로 요구된다는 것을 명시하는 것이 필요하다(Winkler et al., 1988).

3. 가정위탁보호 서비스 제도화와 입양보조금 지원확대의 필요성

1) 가정위탁보호 서비스 제도화

한국의 일반가정들이 아동을 영구히 책임지는 입양이라는 부담감 없이, 일단 위탁가정으로서 타인의 아동을 키워본다면 혈연과 상관없이 아동을 사랑할 수 있다는 인식을 가질 수 있게 될 것이다.

따라서 이러한 인식이 널리 퍼지게 된다면 이것은 일반인들이 입양을 자연스럽게 수용할 수 있도록 도와줄 수 있게 되어, 더 많은 입양가정을 국내에서 확보할 수 있게 되는 중요한 자원이 될 수 있을 것이다. 이처럼 가정위탁보호사업은 혈연의 중요성이 강한 우리 사회에 일반인들의 입양에 대한 인식전환과 더불어, 국내의 입양활성화에 필요한 친자가 있는 비불임부부들의 입양참여를 유도하는 데에 반드시 필요한 제도라 하겠다. 예를 들면 10세 정도의 나이가 든 아동을 일단 키워 본 위탁부모가 이러한 아동들을 입양할 확률이 많을 것이기 때문이다(Usher et al., 1999).

국내에서는 1996년 개정 시행된 입양특례법 시행령 제12조(가정위탁보호)에 가정위탁보호 서비스 제공에 대한 정부 책임의 언급이 처음으로 명문화되었으며, 이로써 입양 대상 아동에 한하여 국가가 위탁가정에 대한 보호금품을 지급하는 것이 최초로 규정되었다. 그러나 현재 가정위탁보호에 대한 보상 수준이 국내의 국민기초생활보장법 규정에 의한 미미한 수준임에 따라서 가정위탁보호사업의 활성화와 그 제도의 정착화를 위해서는 위탁보호에 대한 보상 수준을 상향조정하여 개선시킬 필요가 있다.

즉 체계화된 가정위탁사업 수행을 위한 전문가의 확보와 더불어 위탁가정에 대한 수혜혜택을 한층 보완한 수준으로서의 가정위탁보호 서비스의 활성화가 요구된다 하겠다. 정부는 현재의 아동복지기관, 즉 아동복지육아시설, 입양기관, 아동보호 전문기관 등에 1인 이상의 가정위탁보호 전문가를 고용하여 위탁가정을 개발하도록 지원하여야 할 것이다. 가정해체로 인해 부모와 헤어진 모든 아동들은 일차적으로 시설이 아닌 가정에서 위탁보호를 받을 수 있도록 가정위탁 전문가를 점차적으로 확대 고용하여야 할 것이다.

위탁가정에 대한 수혜도 아동양육에 따른 실질적인 비용과 더불어 수고비 명목의 비용도 반드시 부가되어야 하겠다.

2) 입양보조금지원의 확대

국내입양발전을 위한 장기적인 방안으로서 장애아동을 입양한 가정이나 경제적 지원이 필요한 입양가정의 경우에 양육보조금을 지급할 수 있는 규정이 1995년 개정된 입양특례법에서뿐만 아니라 2000년에 개정된 동법에서도 명문화되었다. 이것은 장애아동이나 기타 나이 든 아동들의 입양을 권장하기 위한 방안으로 제도화되었다. 즉 입양아동의 건전한 양육을 위하여 의료비 등의 양육보조금이 입양기관의 알선을 받아 입양된 장애아동들에게 지급되고 있다. 또한 분만시 조산 · 체중미달 · 분만장애 · 유전 등으로 인한 질환을 앓고 있는 입양 대상 아동들에게도 의료비가 지급되고 있다.

입양보조금의 지급은 장애아동들의 국내입양을 촉진하는 요소가 되기 위한 목적이다. 그러나 현재 양육보조금 지급 수준이 미미하고, 신청과정이 너무 복잡하여 혜택을 포기하는 경우가 발생한다는 점이 보완되어야 할 사항이다. 즉 현재 장애아동 등을 포함한 입양 대상 아동들의 양육보조비와 관련하여, 장애아동에 대한 보조비는 의료비지원으로만 제한되어 있으므로 이것도 재활치료비 등과 같은 지원 명목을 더 확장하여 양육보조금 지급 수준을 높여야 그 실효를 거둘 수 있다 하겠다. 더욱이 국내입양에서 장애아동 입양이 차지하는 비율이 연 2% 이하인 점을 감안하면, 장애아동 입양에만 국한된 미미한 수준의 입양보조금 지급은 사실상 명목상에 지나지 않는다 하겠다.

그러므로 국내에서도 장애아동뿐만이 아니라, 신생아가 아닌 3세 이상의 아동, 형제가 있는 아동 등을 입양하는 입양가정에도 경제적인 이유로 인해 입양가정이 원하면 입양보조금을 지원하는 방향으로 입양법이 개정되어야 할 것이다.

4. 한국의 성인 해외입양아에 대한 복지대책 강화의 필요성

해외에 입양된 한국의 아동들은 자신들의 의사와 상관없이 조국을 떠났다. 즉 모국에서는 입양가정을 찾을 수 없었기에 국외의 입양가정을 찾아서 떠나게 된 것이다. 그러므로 이들 아동들이 조국에서 버림받았다는 생각을 갖지 않도록 한국 정부와 사회는 노력을 기울여야 마땅하다.

이들 해외입양아들이 입양된 국가의 국적을 취득한 후에도 이들에 대한 처우는 해외에 거주하는 한국인으로 대우해 주어야 할 것이다. 그러므로 다음과 같은 사항이 입양법 개정에 명시되어야 한다.

즉 한국 정부는 해외에 입양된 한국 아동들의 거주지에서 가장 가까운 곳에 위치한 한국대사관이나 영사관에 이들의 명단을 보낸다. 또한 한국 해외입양아들의 입양부모들도 이들 한국대사관이나 영사관에 아동의 입국을 보고토록 한다. 이후 한국대사관이나 영사관은 이들 한국 해외입양아동들에게 한국인에 준하는 모든 재외한국인 서비스를 제공토록 한다. 이렇게 하여 해외입양아들이 성장하면서 수시로 모국의 영사관을 방문할 수 있게 되면 모국과의 거리감도 줄어들 수 있게 될 것이다.

아동들이 해외에서 성장하여 모국방문을 원할 때에는 입양아의 경제적 상황이 어려울 경우를 감안하여 원한다면 항공료와 같은 정부의 경제적 지원이 가능하여야 할 것이다(이것은 정부의 국내항공사와의 협조로도 가능할 것으로 사료된다). 이들 성인 해외입양아들이 모국을 방문하여 저렴한 가격으로 숙박할 수 있는 유스호스텔 같은 숙박시설 제공도 필수적으로 요구될 수 있을 것이다.

또한 현재 한국 방문시 방문비자로 모국을 방문하는 까닭에 단기간밖에 고국에 머무를 수 없는 상황이며, 비자를 연장할 경우 불필요하게 외국을 한 번 나갔다 와야 하는 번거러움도 겪고 있다. 이들 성인이 된 한국 해외입양아들이 원한다면 고국에서 일할 수 있는 기회를 열어주는 것이 마땅하다. 그러나 이들에게 주어지는 현재의 방문비자로는 고국에서 일을 할 수 없으므로 조국에서 자신들의 기량을 발휘해 보고 싶은 성인 해외입양아들에게는 원하는 비자를 발급해 줄 수 있어야 한다. 성인 해외입양아들이 고국을 떠날 때는 자신들의 의사와 상관없이 떠났으나, 이제 성인이 되어 고국을 찾아왔고 원한다면 자신들의 의사대로 고국에 장기간 머무를 수 있도록 배려해 주는 것은 한국 정부와 사회가 이들에게 진 빚으로서 마땅히 수행하여야 할 의무라 할 수 있다.

그러므로 이상과 같이 성인이 된 한국의 해외입양아들이 원할 때는 언제나 고국을 찾을 수 있고, 또한 원하는 만큼 고국에 머무를 수 있는 복지대책이 제도화되어 입양법에 포함되어야 할 것이다.

IV. 결론

국내입양의 발전을 위해서는 무엇보다도 입양알선기관으로 인가받지 않은 산부인과의원 등에서 불법적으로 아동이 입양되는 것을 막아야 한다. 이것은 입양 이후의 아동의 안전과 복지가 확신될 수 없기 때문이다. 비전문인에 의한 불법적인 개인입양의 성행을 계속 방치해 둔다면 국내입양의 발전은 위기에 처할 것이다. 따라서 무엇보다도 이러한 산부인과의원에서의 불법적인 개인입양이 지양될 수 있는 제도적 방안이 강구되어야 한다. 이를 위해서는 자녀의 호적입적절차와 관련한 출생증명서 제출강화와 인우보증인제도의 폐지와 함께 입양에 의한 자녀의 호적입적절차 개선안을 들 수 있다.

또한 국내의 입양실무가 계속 비밀성을 유지하는 것도 국내입양발전의 큰 저해요소가 되고 있다. 그것은 입양의 비밀성은 입양 대상 아동을 건강한 신생아에만 국한시키며, 입양아의 심리정서적인 면에도 부정적인 영향을 미치기 때문이다. 그러므로 국내입양실무의 개방성을 향한 전환이 요구되며 이것은 입양사후지도에 대한 제도적 정비의 필요성이 강조된다 하겠다.

국내의 강력한 혈연의식의 중요성도 또한 국내입양발전의 저해요소가 된다 할 수 있다. 이것은 비불임부부의 입양참여를 유도하며, 가정위탁보호서비스의 제도화를 요구한다. 입양보조금 지급의 확대로 국내 장애아동 입양의 촉진을 꾀하며, 또한 국내에서 입양가정을 찾지 못해 자신들의 의사와 상관없이 조국을 떠나게 되는 한국의 해외입양아들에 대한 복지대책을 강화함으로써 진정한 국내입양의 발전을 꾀하게 될 것이다.

즉 입양은 입양기관을 통해서만이 가능하여야 하며, 입양아동이 입양부모의 친자로 호적에 입적되는 것이 바람직하며, 입양아동에게 입양사실이 적당한 시기에 알려져야 하며, 위탁가정을 개발하여 신생아만이 아니라 입양하기 힘든 유형의 아동인 장애아동이나 나이가 든 아동들의 입양이 가능토록 하는 것이 국내입양발전의 핵심적인 요소들이다. 입양가정의 경제적 상황과 상관없이 장애아동 등을 입양하는 가정에는 입양보조금 지급을 현실화하는 것도 여기에 포함될 수 있다.

국내입양발전을 위한 입양법 개정 개선방안과 프로그램 개발안의 주요 핵심은 무엇보다도 입양의 비밀성은 유지되어서도 안 되며 또한 유지될 수 없다는 인식을 심어 줄 수 있는 것이다.

입양법 개정에 대한 개선안은 〈표 7-1〉에 제시되어 있다(〈표 7-1〉 참조 요망).

〈표 7-1〉 입양법 개정에 대한 개선안

법 조항	개선안	법체계
〈신설〉	(입양아동의 친자호적입적 절차 및 가정법원의 관여) ① 입양기관의 입양전문가에 의한 가정조사를 거쳐 입양가정으로 승인을 받은 입양부모는 입양기관의 도움을 받아 입양부모 거주지의 가정법원에 입양인가를 신청한다. ② 제출 자료는 제7조(입양의 효력발생)에 정하는 서류로 한다. ③ 가정법원은 제출된 자료에 근거하여 심의하여 입양을 인가한다. ④ 아동이 입양된 후 처음 6개월간 입양 전문가는 2회 이상의 입양가정 사후방문을 통한 사후보고서를 가정법원에 제출한다. ⑤ 이 사후보고서에 기초하여 가정법원은 아동의 입양을 종결시키며 입양부모의 성과 본을 딴 입양아동의 새 출생증명서를 발급한다. ⑥ 가정법원이 발급한 출생증명서로 입양아동은 입양부모의 호적에 친자로 입적이 가능하다.	입양촉진 및 절차에 관한 특례법

〈호적법 호적예규〉 자녀출생신고시에 병원외의 출산시에는 2人 인우보증인으로 병원 발행의 출생증명서 없이도 출생신고가 가능하다.	(호적법) (자녀출생신고) ① 자녀의 호적입적시에는 반드시 출생증명서를 제출하여야 한다. ② 자녀가 병원외의 장소에서 출생하였을 시에는 해당지역 보건소장이 발행한 출생증명서를 제출하여야 한다. ③ 자녀가 입양되었을 시에는 가정법원 발행의 출생증명서를 제출하여야 한다.	호적법
제12조(입양기관의 의무) ⑥ 입양기관의 장은 국외로 입양된 자를 위하여 입양된 자가 그 국가의 국적을 취득한 후에도 모국방문사업 등 대통령령이 정하는 사업을 시행하여야 한다.	⑥ 입양기관의 장은 국외로 입양된 자를 위하여 입양된 자가 그 국가의 국적을 취득한 후에도 모국방문사업 등 필요한 서비스를 보건복지부 및 기타 관련 정부기관과 협조하여 제공한다.	입양촉진 및 절차에 관한 특례법
〈신설〉	(국외입양아동의 복지대책) ① 보건복지부 및 관련 정부기관은 국외에 입양된 아동이 입양된 국가의 국적을 취득한 후에도 국외에 거주하는 한국인으로서 대우해 주어야 한다. ② 보건복지부 및 기타 관련 정부기관은 다음 각호의 서비스를 국외에 입양되어 그 국가의 국적을 취득한 자가 모국을 방문할 시에 제공한다. 1. 모국방문을 위한 항공료 후원과 숙박시설을 제공한다. 2. 장기간 모국에 체류하기를 원하는 경우 비자를 연장해 준다. 3. 모국에서 장기간 직업을 원하는 경우 장기체류를 인가한다. 4. 정체감 형성을 위한 모국에서의 자조집단 활동을 지원한다.	
〈신설〉	(입양부모의 의무) ① 입양아동의 양친이 될 자는 입양기관에서 행하는 입양에 대한 사전교육에 반드시 참여하여야 한다.	입양촉진 및 절차에 관한 특례법

	② 양친은 입양아동의 뿌리 및 친생부모에 대해 알고 싶은 욕구를 수용한다. ③ 입양아동이 성인이 되어 뿌리를 찾고자 할 때에는 이것을 지원한다.	
(동법 시행령) 제12조(가정위탁보호) ① 보호시설의 장 또는 입양기관의 장이 당해 보호 시설 또는 입양기관에 보호 의뢰된 법 제4호 각 호의 1에 해당하는 입양 대상 아동을 타인의 가정에 위탁하여 보호하는 경우에는 생활보호법 제18조의 규정에 의하여 시장 · 군수 · 구청장에 게 당해 아동에 대한 보호를 신청할 수 있다. ② 제1항의 보호신청을 받은 시장 · 군수 · 구청장이 당해 아동에 대해 보호의결정을 한 경우에는 생활보호 법 제9조의 규정에 의하여 보호금품을 위탁받은 가정에 지급한다.	〈신설〉(가정위탁보호) ① 보호시설 또는 입양기관에 보호의뢰된 보호를 필요로 하는 아동은 타인의 가정에 위탁하여 보호받을 수 있다. ② 입양기관은 입양을 원하는 가정 중에 서 위탁가정을 개발하도록 한다. ③ 입양 대상 아동에 대한 가정위탁은 입양을 원하는 가정에 우선적으로 아동의 위탁을 의뢰한다. ④ 입양 대상 아동에 대한 가정위탁보호에 대한 보상은 필요한 경비의 수준을 상회해서 지급한다. ⑤ 경비지급은 관련 정부기관의 보조로 지급한다.	입양촉진 및 절차에 관한 특례법
〈신설〉	(입양아동의 뿌리에 대한 정보) ① 입양아동이 성인이 되어 자신의 뿌리 및 친생부모에 대해 알고자 할 때는 입양기관 및 기타 관련 기관은 정보를 제공해 주어야 한다. ② 입양된 자와 그의 친생부모의 요청이 서로 다르더라도 성인이 된 입양된 자의 요청을 우선한다 ③ 보건복지부 및 기타 관련 정부기관, 입양기관 및 아동보호시설은 성인이 된 입양	입양촉진 및 절차에 관한 특례법

	아동의 뿌리 추구를 지원한다.	
제23조 (양육보조금 등의 지급) ① 국가 및 지방자치단체는 입양기관의 알선을 받아 입양된 장애아동 등 입양아동의 건전한 양육을 위하여 필요한 경우 대통령령이 정하는 범위 안에서 의료비 등 양육보조금을 지급할 수 있다.	(양육보조금 지급) ① 국가 및 지방자치단체는 입양기관의 알선을 받아 입양된 다음 각호의 아동들에 대하여 필요한 경우에 양육보조금을 입양가정에 지급한다. 1. 장애아동의 경우 의료비 및 재활치료비 등의 양육보조금을 입양가정에 지급한다. 2. 입양아동이 형제가 있는 경우 형제를 함께 입양하는 입양가정에 필요하면 양육보조금을 지급한다. 3. 입양아동의 장애유무와 상관없이 필요한 경우에 양육보조금을 입양가정에 지급한다.	입양촉진 및 절차에 관한 특례법
제27조(벌칙) ② 제10조 2항 또는 제12조 제3항의 규정에 위반한 자는 1년 이하의 징역 또는 300만원 이하의 벌금에 처한다. ③ 〈신설〉 ④ 〈신설〉	제27조(벌칙) ② 제10조 제2항 또는 제12조 제3항의 규정에 위반한 자는 2년 이하의 징역 또는 1,000만 원 이하의 벌금에 처한다. ③ 입양아동의 출생증명서를 허위로 발행하는 자는 2년 이하의 징역 또는 2,000만 원 이하의 벌금에 처한다. ④ 입양아동의 출생증명서 등의 구비서류 없이 아동을 호적에 입적시킨 구청 또는 동사무소 담당자는 2년 이하의 징역 또는 2,000만 원 이하의 벌금에 처한다.	입양촉진 및 절차에 관한 특례법

• 참고문헌

배태순. 1989. "한국 입양부모들의 입양태도에 관한 연구". 『사회과학연구』 창간호. 경남대학교사회과학연구소, pp.201～244.

_____. 1990. "입양 서비스와 가족체계이론". 『한국 사회복지학』 통권 제16호. pp.74～101.

_____. 1992. "산업사회의 兒童福祉를 위한 가정과 地域社會의 역할". 『대학원 논총』 제7집. 경남대학교대학원, pp.97～114.

_____. 1993. "國內 入養문제와 관련한 入養法 改正 제안". 『한국아동복지학』 창간호. 한국아동복지학회. pp.1～22.

_____. 1995. "入養사업 제도개선 및 활성화 방안". 『한국아동복지학』 제3호. pp.107～126.

_____. 1996. "양질의 아동복지 서비스 제공을 위한 국내 아동복지 영육아시설 운영의 내실화 방안". 『한국아동복지학』 제4호. pp.109～134.

_____. 1998. 『현대사회에서의 입양의 이해와 입양의 성공』. 마산 : 경남대학교 출판부.

보건사회부. 1991. 『아동복지사업 지침 1991년도』. 보건사회부.

_____. 1995. 『아동복지사업 지침 1995년도』. 보건복지부.

_____. 1996. 『아동복지사업 지침 1996년도』. 보건복지부.

_____. 1998. 『아동복지사업 지침 1998년도』. 보건복지부.

_____. 1999. 『아동복지사업 지침 1999년도』. 보건복지부.

_____. 2000. 『아동복지사업 지침 2000년도』. 보건복지부.

장인협. 1984. 『아동복지론』. 서울대학교 출판부.

Anderson, Robert S. 1988. "Why Adoptees Search : Motives and More." *Child Welfare*. 67. Nov. pp.15～20.

Bai, Tai-Soon. 1987. *Attitudinal Differences Among Prospective Adoptive Parents in Korea*. Unpulished Ph. D. Dissertation, the University of Chicago.

Berry, Marianne. 1991. "The Effects of Open Adoption on Bio-Adoptive Parents and the Children : The Arguments and the Evidence." *Child Welfare* 70(6). November-December. pp.637～651.

______ . 1993. "Adoptive Parents' Perceptions of, and Comfort, with, Open Adoption." *Child Welfare* 72(3). May-June. pp.231～253.

Borgman, R. 1982. "The Çonsequences of Open-Closed Adoption for Older Children." *Child Welfare* 61(2). March-April. pp.217～226.

Bradbury, S. and Marsh, N. 1988. "Linking Families in Preadoption Counseling : A Family System Model." *Child Welfare*. 67(4) July-August. pp.327～ 335.

Brodzinsky, D. M., Schechter, N. D. & Henig, R. M. 1992. *Being Adopted : The Life Long Search for Self*. New York : Doubleday.

Campbell, L. H., Silverman, P. R. & Patti, P. B. 1991. "Reunions between Adoptees and Birth parents: The Adoptees Experience." *Social Work* 36(4) July. pp.329～339.

Chippindale-Bakker, Victoria & Foster, Linda. 1996. "Adoption in the 1990s : Sociodemographic Determinants of Biological Parents Choosing Adoption." *Child Welfare* 75(4) July-Aug. pp.337～355.

Churchil, Sallie R. 1979. *No Child is Unadoptable*. Bevery Hills, Ca : Sage Publication Inc.

Clegg, Paula & Toll, Ken. 1996. "Videotape and the Memory Visit : A Living Lifebook for Adopted. *Children Welfare* 75(4) July-Aug. pp.311～319.

Conway, P. and Valentine, D. 1988. "Reproductive Losses and Grieving." in Valentine, D(ed.). *Infertility and Adoption : A Guide for Social Work Practice*. New York : Haworth Press. pp.43～64.

Costin, L. B., & Rapp, C. A. 1984. *Child Welfare : Policies & Practice*. New York : McGraw-Hill Book Co.

Covington, S. 1988. "Psychosocial Evaluation of the Infertile Couple: Implications for Social Work Practice." in Valentine, D(ed.). *Infertility and Adoption : A Guide for Social Work Practice*. New York : Haworth Press. pp.85～72.

Dukette, Rita. 1984. "Value Issue in Present-Day Adoption." *Child Welfare* 63(3). May-June. pp.233~243.

Elbow, M. 1986. "From Caregiving to Parenting : Family Formation with Adopted Older Children." *Social Work* 31(5) September-October. pp.366~370.

Etter, Jeanne. 1993. "Levels of Cooperation and Satisfaction in 56 Open Adoptions." *Child Welfare* 72(3) May-June. pp.257~284.

Fish, Anne and Speirs, Carol. 1990. "Biological Parents Choose Adoptive Parents : The Use of Profiles in Adoption." *Child Welfare* 69(2) March-April. pp.129~140.

Hartman, A. & Laird, J.(eds.). 1992. *A Handbook of Child Welfare : Conent, Knowledge, and Practice*. New York : Free Press.

Hartman, Ann & Laird, Joan. 1990. "Family Treatment After Adoption : Common Themes." In D. Brodzinsky & M. Schechter(eds.). *The Psychology of Adoption*. New York : Oxford Univ. Press. pp.221~238.

Hollingsworth, L. D. 1998. "Promoting Same-Race Adoption for Children of Color." *Social Work* 43(3). pp.104~126.

Hoopes, Janet L. 1990. "Adoption and Identity Formation." in D. Brodzinsky & M. Schechter(eds.). *The Psychology of Adoption*. New York : Oxford Univ. Press. pp.144~166.

Kadushin, Alfred. 1980. *Child Welfare Services*. 3rd ed. New York : Columbia University Press.

Kirk, David H. 1984. *Shared Fate : A Theory and Method of Adoptive Relationships*. Rev. ed. Port Angeles, Wash. : Ben-Simon Publications.

LePere, W. D. 1988. "Vulnerability to Crises During the Life Cycle of the Adoptive Family." In Valentine, D.(ed.). *Infertility and Adoption : A Guide for Social Work Practice*. New York : Haworth Press. pp.73~85.

Lifton, B. J. 1979. *Lost and Found : The Adoption Experience*. Bentam Books Inc.

Mahlstedt, P. P. & Johnson, P. T. 1988. "Support to Persons Experiencing Infertility : Family and Friends Can Help." in Valentine, D(ed.). *Infertility and Adoption : A Guide for Social Work Practice*. N.Y. : Haworth Press. pp.65～71.

McRoy, R. G., Grotevant, H. D. & Ehite, K. L. 1988. *Openness in Adoption : New Practice*. New Issues. N.Y. : Praeger.

National Committee for Adoption. 1988. *Adoption Fact Book : United States Data, Issues, Regulation, and Resources*. Washington, D.C. : National Committee for Adoption.

Pannor, R. & Baran, A. 1984. "Open Adoption as Standard Practice." *Child Welfare* 63(3) May-June. pp.245～250.

Reitz, M. & Watson, K. W. 1992. *Adoption and the Family System : Strategies for Treatment*. New York : The Guilford Press.

Sachdev, P. 1989. "The Triangle of Fears : Fallacies and Fact." *Child Welfare* 68(5). September-October. pp.491～503.

_____ . 1992. "Adoption Reunion and After: A Study of the Search Process and Experience of Adoptees." *Child Welfare* 71(1) January-February. pp.53～68.

Schaffer, J. & Lindstrom, C. 1990. "Brief Solution-Focused Therapy with Adoptive Families." in D. Brodzinsky & M. Schechter(eds.). *The Psychology of Adoption*. New York : Oxford Univ. Press. pp.240～252.

Schwartz, I. M. & Fishman, G. 1999. *Kids Raised by Government*. Westport, Connecticut : Praeger.

Segal, E. C. 1985. *Adoption of Children with Special Needs: Issues in Law and Policy*. Washigton D. C. : American Bar Association.

Silverman, Arnold R., and Feigelman, William. 1981. "The Adjustment of Black Children Adopted by White Families." *Social Casework* 61. pp.529～536.

Silber, K. and Dorner, P. M. 1990. *Children of Open Adoption*. San Antonio, TX : Corona Publishing Co.

Silverman, Phyllis R., Campbell, Lee, & Patti, Patricia. 1994. "Reunions between Adoptees and Birth Parents : The Adoptive Parents' View." *Social Work*

39(5) September. pp.542～549.

Sinanoglu, P. & Maluccio, A.(eds.). 1981. *Parents of Children in Placement : Perspectives and Programs*. N.Y. : Welfare League of America.

Sorosky, A. D., Baran, A., & Pannor, R. 1978. *The Adoption Triangle : The Effects of the Sealed Record on Adoptees, Birth Parents, and Adoptive Parents*. Garden City, N.J. : Anchor Press.

Usher, C. L., Randolph K. A. & Gogan, H. C. 1999. "Placement Patterns in Foster Care," *Social Service Review* 73(1). pp.22～36.

Wadia-Ellis, Susan(ed.). 1995. *The Adoption Reader : Birth Mothers, Adoptive Mothers and Adopted Daughters Tell Their Stories*. Seattle, Washington : Seal Press.

Ward, M. 1981. "Parental Bonding in Older-Child Adoption." *Child Welfare* 60(1). January-February. pp.24~34.

Winkler, R. C., Brown, D. W., Keppel, M. V., & Blanchard, A. 1988. *Clinical Practice in Adoption*. Elmsford, N.Y. : Pergamon Press

제8장

가정위탁양육과 아동복지법

허남순*

I. 문제 제기

아동은 국가의 미래다. 아동들이 제대로 성장할 수 있어야 미래의 사회는 튼튼한 기초 위에 설 수 있다. 하지만 오늘날 많은 아동들이 부모의 이혼이나, 사망, 질병, 실업으로 인한 가족해체, 학대, 유기 등으로 일시적 또는 장기간 가족으로부터 일탈되어 사회의 보호를 받아야 하는 경우가 증가하고 있다.

이와 같은 아동을 위한 보호조치의 하나로 가정위탁보호제도가 있다. 가정위탁 보호사업이란 보호자가 일시적 또는 장기적으로 아동을 양육할 수 없거나 양육하기에 적절하지 못할 때, 아동의 성장 발달을 위하여 건전한 가정을 선정하여 일정한 기간 대리양육하도록 하는 제도이다. 가정위탁보호의 궁극적인 목적은 가정으로부터 일탈된 아동이 보호자에게 다시 돌아갈 때

* 한림대학교 사회복지학과 교수

까지 가정적인 분위기에서 건강하게 성장하도록 보호하며 빠른 시일 내에 보호자에게로 돌아가거나 다른 좋은 가정에 입양되도록 돕는 데 있다.

과거에는 보호를 필요로 하는 아동을 위한 보호방법으로 시설보호를 실시했으나 시설보호가 아동의 성격발달이나 행동에 미치는 여러 가지 문제로 인하여 차츰 그 방법의 활용이 제한되고, 미국이나 영국 등 대부분의 서구 사회에서는 이미 오래 전부터 가정위탁보호제도를 실시해 오고 있다. 그러나 한국의 경우는 아직도 보호를 필요로 하는 아동을 위한 보호조치로는 시설보호가 주를 이루고 있으며 정부가 지원하는 가정위탁보호제도는 거의 실시되지 않고 있다. 현재 실시되고 있는 것으로는 민간 입양기관에서 입양 대상 아동을 위하여 실시하는 단기가정위탁보호가 있을 뿐이다. 보호를 필요로 하는 아동의 보호 실태를 보면 1996년 현재 영아원에 있는 아동이 1,624명, 육아원에서 보호받고 있는 아동이 14,302명, 소년소녀가장이 14,372명이다(보건복지부, 1997). 그중 특히 영아시설에 있는 7세 미만의 아동은 대규모의 시설보다 가정위탁보호가 가장 바람직함에도 불구하고 가정위탁보호를 받지 못하고 있는 형편이다. 더구나 IMF로 인한 가족해체, 아동학대 및 가정 폭력이 증가하면서 일시적으로 가정에서 일탈되는 아동은 앞으로 더욱 증가할 것이다. 불가피하게 부모와 단기간 헤어져야 되는 아동을 위한 최선의 대책은 가정위탁보호이다. 정부는 보호를 필요로 하는 아동을 위한 보호대책으로서 가정위탁보호의 활성화를 위하여 보다 적극적인 노력을 기울여야 할 것이다.

그 동안 정부는 가정위탁보호제도의 활성화를 위하여 1985년 5월부터 인천과 광주의 2개 광역시를 대상으로 가정위탁보호사업을 실시하였고 1991년부터는 이를 전국에 확대할 방침이었다(허남순, 1991). 그러나 위탁아동이나 위탁가정에 대한 지원 및 지도의 미비로 그 소기의 목적을 달성하지 못하고 현재는 중단한 상태이다. 이렇게 1985년에 정부가 실시한 가정위탁보호제도는 행정적, 경제적인 충분한 지원 없이 실시되어 결국 실패할 수밖에 없었다. 그리고 여기에는 여러 가지 이유가 있었음에도 불구하고 이것이

가정위탁보호제도가 한국에서는 힘든 것으로 손쉽게 생각하도록 만드는 원인이 되었다.

그러나 그 동안 민간 입양기관에서 입양 대상 아동을 중심으로 실시해 온 가정위탁사업이 활발하게 운영되고 있는 것을 보면 한국의 경우도 위탁가정에 대한 적절한 경제적인 지원과 교육, 관리가 이루어지면 가정위탁보호제도가 활성화될 수 있을 것으로 본다. 그러기 위해서는 먼저 아동복지법이나 관계 법령에 제시되어 있는 가정위탁보호에 대한 제도와 내용이 보다 구체적으로 명시되어야 한다. 현재의 아동복지법이나 관계 법령은 가정위탁보호제도에 대하여 명시만 되어 있을 뿐 위탁 대상 아동의 선정과 위탁가정의 기준, 위탁가정 및 아동에 대한 지도감독, 재정적인 지원 및 행정적인 전달체계 등에 대한 제도가 법이나 시행령으로 규정되어 있지 않다. 따라서 위탁가정제도를 활성화시키기 위하여 위탁가정제도에 대한 보다 구체적인 제도와 정책 수립을 위한 연구가 필요하다. 본 연구는 위탁가정제도가 잘 발달된 영국과 미국의 위탁가정제도를 먼저 살펴보고 한국의 위탁가정제도와 관계된 법률 내용과 문제점을 미국과 영국의 제도와 비교분석하면서 한국에 맞는 법안을 제시하는 데 그 목적이 있다.

II. 한국의 가정위탁제도에 관한 분석

1. 가정위탁양육 관계 법 조항의 소재 및 내용

보호를 필요로 하는 아동을 위한 가정위탁 서비스의 법적 근거는 아동복지법(1981년 법률 제3438호 전문 개정, 1997년 법률 제5454호로 일부 개정, 2000년 법률 제6151호 전문 개정)과 입양촉진 및 절차에 관한 법에 근거하고 있다. 이들 법률에 명시되어 있는 가정위탁 관련 내용을 구체적으로 분석하고자 한다.

가정위탁보호를 위한 법적 장치는 아동복지법 제10조 제1항 제2호와 제3호 및 제2항 그리고 동법 시행령 제5조와 제10조에 명시되어 있다. 위의 조항에 의하면 가정위탁은 보호를 필요로 하는 아동을 위한 조치로서 보호자 또는 연고자에 의한 대리양육(동법 제10조 제1항 제2호)과 희망하는 가정에 보호를 위탁하는 것으로 (동법 제10조 제1항 제3호) 규정하고 있다. 또한 아동복지법 제16조 제2호에서는 아동일시보호소는 보호를 필요로 하는 아동을 일시보호하고 아동에 대한 향후의 양육대책수립 및 보호조치를 행하는 것을 목적으로 하는 시설 그리고 동법 제16조 제6호에서 아동단기보호시설은 일반가정에 아동을 보호하기 곤란한 일시적 사정이 있는 경우 아동을 단기간 보호하며 가정의 복지에 필요한 지원조치를 하는 것을 목적으로 하는 시설이라고 명시함으로써 가정위탁을 담당하는 기관임을 분명히 나타내고 있다.

가정위탁보호된 아동을 위한 양육비용보조에 관하여는 아동복지법 제31조와 입양촉진 및 절차에 관한 특례법 시행령 제12조에 명시되어 있다. 아동복지법 제31조에는 국가와 지방자치단체는 아동복지시설의 설치 및 운영에 요하는 비용 또는 수탁보호중인 아동의 양육에 요하는 비용의 일부 또는 전부를 보조할 수 있다고 명시하고 있다. 또한 입양촉진 및 절차에 관한 특례법 시행령 제12조 제1항에서 입양 대상 아동을 타인의 가정에 위탁하여 보호하는 경우에는 생활보호법 제18조의 규정에 의하여 당해 아동에 대한 보호를 신청할 수 있으며 제2항에서는 시장, 군수, 구청장은 생활보호법에 근거하여 보호금품을 위탁받은 가정에 지급하여야 한다고 명시하였다.

위의 법 조항들에 의하면 가정위탁보호는 보호를 필요로 하는 아동을 위한 보호대책의 하나로서 규정되고 있다. 그러나 위에서 명시된 가정위탁 서비스 관련 조항은 너무도 간략하고 형식적인 내용으로, 위탁 아동에 대한 후견인문제, 가정위탁된 아동에 대한 보호조치, 친부모와의 관계 및 가정위탁된 아동의 의료비, 교육비 및 양육비 지급 등에 관한 내용을 구체적으로 명시하지 않고 있으며 명시된 경우에도 "할 수 있다" 등으로 명시함으로써 정부의 책임에 대해 명확하게 규정하지 않고 있다. 가정위탁제도를 활성화하기 위하여서는 가정위탁양육의 중요성을 강조하는 선언적인 조항으로 개정할 필요가 있다. 가정위탁에 대한 분명한 정부당국의 재정적인 지원 의지도 법 조항으로 나타낼 필요가 있다. 가정위탁에 관한 내용을 위탁보호대상 아동, 위탁가정 선정방법, 재정적인 지원, 전달체계로 나누어 보다 구체적으로 살펴보도록 하겠다.

2. 가정위탁보호 대상 아동 선정

가정위탁보호는 18세 미만의(동법 제2조 제1호) 보호를 필요로 하는 아동을 대상으로 한다. 보호를 필요로 하는 아동이란 보호자가 없거나 보호자로부터 이탈된 아동 또는 보호자가 아동을 학대하는 경우 등 보호자가 아동을 양육하기에 부적당하거나 양육할 능력이 없는 경우의 아동을 말한다(동법 제2조 2호)고 하여 부모가 양육하기에 부적당하거나 양육할 수 없는 18세 미만의 모든 아동이 가정위탁보호 대상이 될 수 있음을 명시하고 있다. 그러나 현 아동복지법은 보호를 필요로 하는 아동이 발생한 경우 가정위탁보호를 우선적으로 고려하도록 하는 조항이 없으므로 가정위탁보호제도가 발달되지 않은 한국의 상황에서는 보호를 필요로 하는 아동이 발생하면 손쉬운 시설보호조치나 소년소녀가장으로서의 보호조치를 먼저 취하고 있다.

그 실례를 보면 다음과 같다. 1997년 현재 영 · 육아시설에서 보호받고 있는 보호를 필요로 하는 아동이 15,362명이며 소년소녀가장으로 지정된 아동이 16,547명으로서 아동복지법에 의하면 이들 아동들이 모두 가정위탁보호 대상이 가능한 아동들이다(〈표 8-1〉).

〈표 8-1〉 보호를 필요로 하는 아동

연도	영아시설	육아시설	소년소녀가장세대(명)	가정위탁아동수
1996	1,575	14,342	8,849(16,001)	727
1997	1,589	13,873	9,544 (16,547)	1,209

자료 : 보건복지부(1998), 보건복지 통계연보(1998).

그러나 실제로 가정위탁보호를 받고 있는 아동은 1997년 현재 1,209명이며 이들 위탁아동의 대부분이 입양기관에서 운영하는 위탁가정에 있는 입양 대상 아동들이다. 보건복지부가 1999년도에 시 · 도를 통하여 조사한 바에 의하면 입양 대상이 아닌 보호를 필요로 하는 아동으로서 가정위탁보호를 받고 있는 아동은 500명이었다(길호섭, 1999). 그중 거택보호로 책정되어 지원을 받는 아동이 278명이며 정부의 지원을 받고 있지 않는 경우가 222명이었다(길호섭, 1999). 이는 전체 보호를 필요로 하는 아동의 1.5% 정도의 수준으로서 미국의 경우 보호를 필요로 하는 아동의 약 70%(Everett, 1995), 영국의 경우 약 65%(Sellick, 1996 cited in Department of Health, 1994)가 가정위탁보호를 받고 있는 것과 비교하면 한국의 경우는 지극히 적은 수의 보호를 필요로 하는 아동만이 가정위탁보호를 받고 있음을 알 수 있다. 이와 같이 대부분의 보호를 필요로 하는 아동이 시설보호나 소년소녀가장으로서 보호를 받는 이유는 그 동안 가정위탁제도가 발달하지 않은 것도 그 이유가 되지만 보호를 필요로 하는 아동발생시 가정위탁을 먼저 고려하는 위탁 대상 아동에 대한 선정 기준이 없었기 때문이다. 특히 친척이나 연고자와 동거하는 소년소녀가장의 경우도 가정위탁의 대상으로서 그 동안은 간주하지 않았다.

보호를 필요로 하는 아동을 위한 보호 조치로서 가정위탁보호제도를 정착시키고 활성화하기 위해서는 보호를 필요로 하는 아동이 발생하면 먼저 가정위탁을 고려하도록 하는 위탁 대상 아동의 범주가 제시되는 것이 필요하다. 즉 7세 미만의 학령 전 아동이나, 단기간의 보호가 필요한 아동, 아동학대, 성폭력 등으로 특별한 치료가 필요한 아동 또는 주위에 친척이나 연고자가 있는 경우는 가정위탁 또는 친척위탁을 우선적으로 고려하는 적극적인 의지가 담긴 법안이 필요하다.

3. 위탁가정의 자격 및 선정기준에 대한 내용

위탁가정의 선정은 아동복지법 시행령 제5조와 동법 시행규칙 제3조에 명시되어 있다. 동법 시행령 제5조 제1항에 의하면 아동복지법 제10조 제1항 제2호 또는 제3호의 규정에 의한 대리양육 또는 위탁보호를 하고자 하는 자는 보건복지부령이 정하는 바에 따라 보호를 필요로 하는 아동의 거주지를 관할하는 특별시장 · 광역시장 · 도지사 또는 시장 · 군수 · 구청장에게 아동의 보호양육을 신청하도록 하였다. 시 · 도지사 또는 시장 · 군수 · 구청장은 제1항의 규정에 의하여 신청을 받은 때에는 보건복지부령이 정하는 바에 따라 보호양육을 결정하고 그 사실을 지체 없이 신청인 및 당해 아동을 보호하고 있는 아동복지시설의 장에게 통보하도록 함으로써 가정위탁선정방법에 대한 규정을 제시하였다.

아동복지법 시행규칙 제3조에는 대리양육 또는 위탁보호를 신청하는 방법과 신청을 받은 관계 기관이 취해야 할 조치에 관하여 언급하고 있다. 동 시행규칙 제3조 제2항에 의하면 신청을 받은 시 · 도지사 또는 시장 · 군수 · 구청장은 아동복지지도원(아동위원을 포함) 또는 관계 공무원으로 하여금 별지 제2호 및 제3호 서식에 의하여 신청인의 가정과 대상 아동에 관하여 조사하게 하고 그 결과에 따라 대리양육 또는 위탁보호를 결정하여야 한다고 명시해 놓고 있다. 동 시행규칙 제3조 제3항에서는 대리양육 또는 위탁보호가 결정된 아동에 관하여 카드를 작성하여 대리양육 또는 위탁보호자에게 한 부 주고 한 부는 시 · 도 또는 시 · 군 · 구에 비치하도록 하였다.

그러나 아동복지법이나 시행령 및 시행규칙에는 위탁가정을 신청한 가정에 대한 객관적인 자격조건이나 기준 등에 관한 명시가 되어 있지 않다. 또한 위탁가정으로 선정된 가정은 그 아동에 한하여서만 위탁이 가능한 것인지 또는 다른 아동도 위탁이 가능한지, 한 번 위탁가정으로 선정되면 계속해서 위탁가정으로서의 자격을 유지하는 것인지 등에 관한 규정이 전혀 명시되어 있지 않다. 따라서 담당 아동복지지도원이나 상담원의 주관적인 판단이 위탁가정의 자격을 결정하는 데 크게 영향을 미친다고 하겠다.

4. 재정적인 지원과 경비의 수납

아동복지법 제32조는 위탁가정에 대한 비용의 징수를 명시한 것으로서, 시 · 도지사 또는 시장 · 군수 · 구청장 또는 아동복지시설의 장은 제10조 제1항 제3호 또는 제5호, 동조 제2항의 보호조치 또는 제25조 제1호의 학대받은 아동의 보호 및 치료에 필요한 비용의 전부 또는 일부를 대통령령이 정하는 바에 의하여 각각 그 본인 또는 그 부양의무자로부터 징수할 수 있다고 명시하고 있다. 아동복지법 제31조와 동법 시행령 제19조 제1항에는 아동복지시설의 설치 및 운영과 프로그램의 운영에 필요한 비용 또는 수탁보호중인 아동의 양육 및 보호 관리에 필요한 비용의 지원에 대하여만 보조하도록 규정하고 있고, 시설에서 수탁보호중인 아동의 양육에 요하는 비용의 지원에 대하여만 보조하도록 규정하고 있으며, 가정위탁의 경우는 수탁보호중인 아동에 대한 재정적인 지원을 어떻게 할 것인가는 전혀 명시하지 않고 있다.

동법 시행령 제19조에 보호를 필요로 하는 아동을 위한 비용보조가 명시되어 있으나 역시 시설에 수탁중인 아동을 위한 것으로서 구체적인 내용은 다음과 같다. 동법 제19조 제1호는 아동복지법 제31조의 규정에 의한 비용은 국가와 지방자치단체가 그 비용의 전부 또는 일부를 예산의 범위 내에서 보조한다고 명시하고 있고, 이 경우 보조비용은 보조금의 예산 및 관리에 관한 법률 시행령이 정하는 바에 의한다고 하였다. 단 입양촉진 및 절차에 관한 특례법 시행령 제12조에 입양기관에 의뢰된 입양 대상 아동을 타인의 가정에 의탁하여 보호하는 경우에는 생활보호법 제18조의 규정에 의하여 시장 · 군수 · 구청장에게 당해 아동에 대한 보호를 신청할 수 있도록 하고 시장 · 군수 · 구청장은 생활보호법 제9조의 규정에 의하여 보호금품을 위탁받은 가정에 지급하도록 규정함으로써 위탁가정에 의뢰된 입양 대상 아동에 대한 재정적인 지원만 법에 명시하고 있을 뿐이다.

다행히 보건복지부의 아동복지지침에 운영기관의 소재지 관할 시장 · 군수 · 구청장은 위탁가정에 보호되는 아동을 국민기초생활보장법의 수급자로 수시 책정하여 생계급여, 교육급여(국민기초생활보장법 제8조 및 동법 제10조), 의료보호(의료보호법 제4조 1항 1호)를 실시하여야 한다고 지시하고 있다. 또한 생계 및 의료급여비용은 국민기초생활보장법 제9조 제3항에 의거, 운영기관의 소재지 관할 지방자치단체장이 생계급여비용을 위탁가정에 지급하도록 함이라고 지시하고 있다. 뿐만 아니라 시 · 도지사 · 군수 · 구청장은 위탁보호아동에 대한 생활보호지원 이외에도 결연 후원자 발굴에 노력하도록 하여야 한다고 제시하고 있다. 그러나 이와 같은 보건복지부의 지침은 법적인 강제성을 갖고 있지 않으므로 지역의 재정적인 형편과 담당자의 노력에 따라 위탁가정에 재정적인 지원을 하는 경우도 있고 그렇지 못한 경우도 있다.[1)]

---

1) 한국의 수양부모협회장(가정위탁부모협회장)과의 면담에서 밝혀진 내용에 의하면 1998년 현재 약 19가정이 가정위탁을 하고 있으나 정부로부터 재정적인 지원을 전혀 받지 못하고 있다고 한다. 서울시 아동복지 담당자와 몇 번 재정적인 지원문제로 면담을 하였으나 현재는 가정위탁된 아동을 지원할 수 있는 법적 근거가 없다는 답변뿐 전혀 재정적, 정신적인 지원을 받을 수 없었다고 한다. 박영숙 수양부모협회 회장은 영국대사관 공보관으로서 현재 1명의 보호를 필요로 하는 아동을 보호중이다. 한국수양부모협회는 박영숙 회장의 노력으로 1998년에 창설됐으며 세계수양부모협회에 가입되어 있다. 현재 약 19위탁가정이 보호를 필요로 하는 아동을 가정에서 보호하고 있으며 약 100여 가정이 가정위탁을 신청하고 있으나 아동과 가정을 연결하

수탁중인 아동에 대한 경비를 수납하는 것에 관하여는 사회복지사업법 제42조 제1항에 국가 또는 지방자치단체는 사회복지사업을 수행하는 자 중 대통령령이 정하는 자에 대하여 필요한 비용의 전부 또는 일부를 보조할 수 있다고 규정하고, 동법 제44조 제1항에는 복지조치에 필요한 비용을 부담한 지방자치단체의 장, 기타 시설을 운영하는 자는 그 혜택을 받은 본인 또는 그 부양 의무자로부터 대통령령이 정하는 바에 의하여 그가 부담한 비용의 전부 또는 일부를 징수할 수 있도록 하고 있다. 즉 국민기초생활보장 수급자를 수용보호할 경우는 법인과 국가 또는 지방자치단체가 비용을 부담하나 국민기초생활보장 수급자가 아닌 경우에는 복지조치에 필요한 비용을 본인으로부터 경비를 수납받아 운영할 수 있다고 규정하고 있다.

그러나 가정위탁된 아동의 경우는 그에 대한 명시가 없다. 유료위탁의 경우 아동복지법 시행규칙 제5조에 유료위탁보호는 양육비용을 위탁자가 부담하는 위탁보호를 말한다고 되어 있으나 국민기초생활보장 수급자가 아니지만 경제적으로 어려운 경우 또는 아동학대 등으로 아동을 강제로 가정위탁시켜야 하는 경우 위탁비용을 누가 부담할 것인가에 대한 규정이 없다. 또한 양육비를 어떤 기준에 근거하여 책정할 것인가와 위탁자가 양육비를 부담하지 않는 경우에 대한 처리방법에 대한 것도 법으로 제시된 것이 없다.

현재 한국복지재단에서 실시하고 있는 가정위탁의 경우 사회복지 전문요원의 협조를 얻어 위탁아동을 국민기초생활보장 수급자로 한시적으로 책정하여, 아동에 필요한 생활비 및 교육비, 의료비 등을 지원하고 있으며 그 외에 아동양육비용으로 월 10만 원 정도의 비용을 지원하고 있다. 아동복지법이나 국민기초생활보장법에 의하면 사회복지 전담공무원이나 단체장의 관심과 국민기초생활보장법 제46조에 근거하여 가정위탁된 아동이

는 데 어려움이 있어 19명의 아동만 가정에 위탁하고 있다. 그런가 하면 일부 지역에서는 가정위탁된 아동을 생활보호 대상자로 책정하여 재정적인 지원을 하고 있기도 하였다.

국민기초생활보장 수급자로 책정될 수도 있고 그렇지 못할 수도 있다. 그러나 가정위탁제도가 확대되기 위해서는 재정적인 지원에 대한 내용과 규모 및 위탁자의 양육비 부담 등에 대해 법으로 분명하게 명시되어야 한다. 이혼이나 재혼 또는 아동학대 등이 증가하면서 보호자의 사망이나 경제적인 이유가 아니더라도 부모가 아동을 돌볼 수 없는 보호를 필요로 하는 아동이 발생한다. 이들 아동의 경우 가족법 제974조의 부양의무의 책임을 근거로 직계혈족이 경제적인 능력이 있는 경우 보호자가 위탁아동에 대한 재정적인 지원을 하도록 아동복지법에 명확하게 명시되어야 한다.

재정적인 지원은 위탁아동이나 위탁가정뿐만 아니라 가정위탁을 담당하는 기관에 대하여서도 필요하다. 가정위탁이 필요한 경우 아동상담소가 하도록 아동복지법에 명시하고 있지만 가정위탁의 활성화를 위해서는 가정위탁 전담기관을 지방자치단체별로 지정하고 운영비를 지원하도록 법으로 명시해야 한다.

5. 가정위탁 서비스를 위한 전달체계

좋은 위탁가정을 선정하고, 위탁아동이 위탁가정에서 잘 적응하며 조속한 시일 내에 보호자에게 복귀하도록 하기 위하여 가정위탁 서비스 전달체계를 분석하고 이해하는 것이 중요하다. 가정위탁을 위한 서비스 전달체계가 잘 조직화됨으로써 더 많은 보호를 필요로 하는 아동을 시설보다는 가정위탁을 통하여 보호할 수 있으며, 아동이 위탁가정을 여러 번 옮기는 것을 예방할 수도 있다. 이러한 업무를 활성화하기 위하여 먼저 가정위탁을 담당할 전문기관이나 책임기관이 필요하다. 그러나 한국의 아동복지법상에는 가정위탁을 전담할 기관에 대한 규정이 없으며 그 기관의 책임에 대한 규정도 명확하게 명시되어 있지 않다. 다만 아동복지법 제7조 제1항 제1호에 시 · 도 및 시 · 군 · 구의 아동복지지도원은 보호를 필요로 하는 아동에 대한 적절한 보호조치를 수행한다고만 되어 있어 아동복지지도원이 위탁가정을 선정하고 보호하는 책임을 갖고 있음을 알 수 있지만 전국적으로 아동상담소가 없는 지역이 훨씬 더 많은 한국의 실정을 감안하면 대부분의 지역이 가정위탁을 전담할 기관 자체가 존재하지 않는 형편이다.

가정위탁 담당자는 동법 시행규칙 제3조 제3항에 의하면 아동복지지도원 또는 관계 공무원으로 하여금 대리양육 또는 위탁보호에 관한 사후지도 상황과 그 아동에게 지급되는 금품의 상황을 기록하게 한다고 규정하고 아동복지지도원이 없는 지역에서는 자원봉사자로 구성된 아동위원이나 비전문가인 관계 공무원이 하도록 되어 있다. 아동복지지도원의 경우도 시 · 군에 한두 사람이 있고 그들이 하는 역할도 탁아시설 관리에서 영육아보호시설 지도감독까지 다양하며 전문적인 훈련을 받지 않은 경우도 많아 사실상 가정위탁을 담당하는 데 어려움이 있다.

위탁가정 선정이나 가정위탁 대상 아동을 결정하는 것은 시 · 도지사 또는 시장 · 군수 · 구청장으로서 관할 구역 안에서 보호를 필요로 하는 아동을 발견하거나 보호자의 의뢰를 받은 때에는 아동의 최상의 이익을 위하여 대통령이 정하는 바에 의하여 아동에 대한 대리양육 또는 보호위탁을 조치할 수 있도록 규정하고 있다(아동복지법 시행령 제5조, 동법 제10조 제1항 제2호와 제3호). 아동이 시설에 입소되는 경우는 시설의 장이 아동의 후견인이 되지만 가정위탁된 아동의 경우 지방자치단체장이 후견인이 될 것인지 아니면 보호자가 후견인으로 그냥 남아 있을 것인지도 명확하지 않고 위탁아동의 보호자가 아동위탁 후 행방불명되거나 보호자로서의 책임을 수행하지 않는 경우 이에 대하여 어떠한 조치를 취할 것인가도 법에 명시된 것이 없다. 이런 것이 분명하지 않을 때 아동이 위탁가정에서 장기간 성장할 수 있으며 아동의 권리가 유린될 수 있다. 아동복지법 제12조나 민법 제924조에 의하면 시 · 도지사 또는 시장 · 군수 · 구청장은 아동의 친권자가 친권을 남용하는 경우 친권상실을 신청할 수 있지만 협조를 거부하는 보호자들에게 상담이나, 교육 등에 대한 조치를 취하기가 어렵다. 또한 현행 아동복지법에는 보건복지부와 지방자치단체의 책임과 권리 및 위탁가정을 담당하는 민간기관의 책임과 역할에 대한 것도 명시되어 있지 않다. 단 입양촉진 및 절차에 관한 특례법에 의하면 입양기관의 장이 가정위탁보호를 할 수 있도록 되어 있으나 그 외의 다른 아동복지기관이나 시설에서 가정위탁을 하는 경우에 대한 내용은 법으로 명시되어 있지 않다. 위탁가정 활성화를 위하여 위탁가정 운영기관의 지정 및 감독, 가정위탁을 담당하는 전문가에 대한 자격, 위탁기간, 위탁종결방법, 위탁가정 관리지침 및 위탁아동의 보호자와의 관계 등에 대하여 법적인 명시가 필요하다.

가정위탁에 관하여는 아동복지법보다 보건복지부 지침서에서 보다 구체적으로 언급하고 있는데 보건복지부지침서에 의하면 가정위탁 운영기관은 공립아동상담소장 · 보호시설장 또는 입양기관장이 하도록 되어 있으며 시 · 도지사는 시장 · 군수 · 구청장의 책임하에 지역 실정에 따라 운영기관을 지정하고 전담인력을 채용하여 가정위탁사업을 추진할 수 있도록 지도 감독하여야 한다고 명시하고 있다(보건복지부, 1997).

위탁기간은 1년 이내로 정하고 더 연장하기를 원하는 경우에는 관할 단체장에게 연장 신청을 받도록 하였으며 가정위탁 운영기관장이 시설의 장과 협의하여 시설에 있는 보호를 필요로 하는 아동을 위탁 대상 아동으로 선정하도록 하였으며 소년소녀가장도 위탁보호 대상 아동으로 선정할 수 있도록 하고 있다. 또한 위탁아동은 위탁 전에 건강 진단을 하도록 하며 아동카드를 작성하여 위탁가정에 알려 주도록 하고 있다. 또한 위탁가정 신청서를 위탁가정운영기관에서 받으면 아동복지지도원이 희망 위탁가정을 직접 방문하여 판단하며 그 결과를 운영기관에 통보하도록 하고 있다. 위탁가정에 대한 교육은 운영기관장이 하도록 하고 있으며 위탁아동 배치 후에는 관할지방자치단체장은 아동복지지도원으로 하여금 매월 위탁가정을 방문하여 아동의 적응상태 및 양육실태를 파악한 결과를 작성하도록 하고 있으며 보호기간이 일년 이상인 경우에는 분기별로 하도록 되어 있다.

그러나 이와 같은 가정위탁에 대한 제도나 지침은 형식적인 것일 뿐 전혀 그 체계가 이루어지지 않고 있다. 가정위탁을 운영하고 있는 한국복지재단이나 수양협회(위탁가정 협회)의 경우도 가정위탁조사서를 정부에 보고하여 자격증을 교부받거나 보호를 필요로 하는 아동을 위탁가정에 배치할 때 허락을 받거나 위탁아동의 사후관리에 대한 지도감독을 받는 경우에도 이루어지지 않고 있다.

III. 외국의 가정위탁양육제도에 관한 분석

1. 미국의 가정위탁제도

1) 가정위탁의 역사 및 실태

미국에서의 위탁가정은 대규모 시설에 수용되어 있는 아동들을 구제하는 방법으로서 19세기 초에 시작되었다. Charles Loring Brace에 의하여 설립된 뉴욕 아동구호협회(New York Children's Aid Society)는 수용시설이나 뉴욕의 거리에서 발견된 보호를 필요로 하는 아동들을 오하이오, 미시간, 일리노이 등 중서부의 농촌 지역으로 보내어 아동들에게는 가정이라는 환경과 노동기회를 제공하고, 농가나 상인들의 가정에는 필요한 노동력을 제공하도록 하였다(Pecora, etc. 1992). 이들 아동들은 기차를 이용하여 동쪽의 큰 도시로부터 중서부로 보내졌으며 기차가 멈추는 역마다 아동을 필요로 하는 가정들이 나와서 아동을 선택하는 형식이었다. 이와 같은 Brace의 활동은 아동들에게 가정생활과 노동기회를 제공한다는 데는 의의가 있었으나 이들 가정들이 위탁가정으로 적합한가에 대한 조사나 위탁 후의 사후 관리 등은 거의 이루어지지 않았으므로 다른 부수적인 문제를 발생시켰다. 이러한 방식으로 무료 위탁된 아동이 75년 동안 약 100,000명 정도 된다고 보고되었다(Kadushin & Martin, 1988, McGowan & Meezan, 1983). 그러나 사회사업가들이나, 종교단체 그리고 중서부의 여러 지역에서 이 문제에 관심이 있던 많은 사람들은 위탁가정에 대한 아무런 조사 없이 아동을 위탁가정에 배치하거나 아동을 위탁한 후 사후 지도를 전혀 하지 않는 것 등에 대하여 문제를 제기하기 시작했다.

이와 같은 문제가 대두되면서 1886년대에 보스턴 아동구호협회(Boston Children's Aid society)의 Charles Birtwell이 아동을 위탁가정에 위탁할 때는 아동의 욕구를 먼저 고려하고, 위탁가정의 환경조사, 사후관리, 아동과 부모의 재결합 등을 고려하여 아동을 위탁하도록 하여야 한다고 강조함으로써 현대적 의미의 가정위탁제도가 도입되었다(Kadushin, 1974). 이와 같은 고려하에 아동을 가정에 위탁할 때는 다음과 같은 절차를 밟도록 하였다. 첫째로 아동의 개별적인 욕구를 조사하고, 두 번째로 위탁가정 신청자를 조사하고 세 번째로 아동이 위탁된 후에는 위탁가정에 대한 슈퍼비전을 제공하는 것이다. 이와 같은 Birtwell의 주장은 1909년에 아동복지를 위하여 열린 제1회 백악관 회의에서 아동을 위한 최선의 방법으로 재확인되었다. 백악관 회의에서 모든 아동들은 안전하고 사랑이 있는 가정에서 성장하여야 하며 전문가가 주의 깊게 선정한 위탁가정은 부모가 돌볼 수 없는 아동에게 가장 최선의 방법이라고 선언되었다. 이에 힘입어 위탁가정 프로그램은 민간단체뿐 아니라 정부기관에서도 실시하기 시작하였으며 미국 전지역으로 확대되었다.

그러나 이렇게 좋은 의도로 시작된 가정위탁제도는 부모가 돌볼 수 없는 아동을 일시적으로 보호하고자 하는 초기의 의도와는 관계없이 많은 아동들을 위탁가정에서 성장하도록 만드는 결과를 초래하였다. 단지 위탁가정에서 보호받고 있는 적은 수의 아동만이 자신의 가정으로 돌아가거나 입양될 뿐이었다(McGowan & Meezan, 1983). 전문가들은 이와 같은 문제를 해결하기 위하여 1960년과 1970년에 다음과 같은 제도를 만들었다. 즉 연방법으로 아동들이 위탁가정에 오래 머물지 않고 자신의 가정으로 돌아가도록 하는 것을 목표로 하여 위탁가정에 있는 아동들 개개인에 대한 사례계획을 세우도록 하였다. 또한 친부모에게 돌아갈 수 없는 아동을 위하여 어떻게 입양 등 아동을 위한 장기적이고 영구적인 계획을 세울 수 있는가에 대한 논의가 시작되었다(Wulczyn & George 1992).

1992년 현재 미국의 위탁가정 아동의 수는 302,500명으로서 부모를 떠나서 24시간 보호를 받는 전체 아동 442,000명의 약 2/3(70%)에 달한다(Everett, 1995). 위탁아동의 평균 연령은 8.6세이며 5세 미만이 36%이고 그 다음이 6세에서 12세로서 32.3%이다. 아동이 위탁가정에 들어오는 이유는 아동학대가 50.2%로서 가장 많으며 다음이 부모가 없거나 부모가 돌볼 수 없는 상황에 있는 경우가 20.9%, 아동의 비행이나 문제행동으로 위탁되는 경우도 11.5%이다. 위탁아동에 대한 장기 목표는 가정으로 복귀하는 것이 58%이며 입양이 14%, 장기위탁이 13%로서 많은 경우가 가정으로 되돌아가는 것이다. 위탁아동이 위탁가정에 머무는 기간은 1년에서 2년 사이가 23.9%로서 가장 많으며 6개월 이내가 17.8% 그리고 3년에서 5년 사이도 15.8%나 된다. 대부분의 아동들이 한 위탁가정에 머물지만 그러나 약 28%의 아동들은 적어도 한 번 정도는 위탁가정을 이동한 경험이 있다. 위탁아동의 친권은 친부모가 갖고 있는 경우가 대부분으로서(87.5%) 법원에 의하여 친권을 상실한 경우는 11.8%에 지나지 않는다.

2) 가정위탁보호제도 및 전달체계

미국의 사회복지 서비스는 대부분 민간기관을 중심으로 제공되고 있으며, 연방정부와 지방정부는 이를 재정적으로 지원하고 감독하는 체계로 구성되어 있다. 가정위탁보호제도도 지방정부가 직접 운영하는 경우도 있으나 민간단체가 운영하는 경우가 많으며 각 주법에 의하여 지원을 받고 감독을 받고 있으나 기본적인 프로그램은 1935년에 제정된 사회보장법의 Title IV-E, Title IV-B와 Title XX 그리고 입양보조 및 아동복지법(Adoption

Assistance and child welfare Act)에 의하여 연방정부의 재정적인 지원과 규제를 받고 있다(Everett, 1995). 연방정부는 재정지출 기준을 작성하여 주 정부와 민간기관으로 하여금 이를 준수하게 한다. 주 정부는 연방 입법과 주 입법에 따라 주 정부가 직접 주관하는 위탁가정이나 민간기관에 대한 재정적인 지원을 한다. 정부는 필요한 가정위탁 서비스에 대하여 민간기관과 계약구매를 하여(Purchase of Service) 가장 비용 효율적인 방법으로 정부의 서비스 책임을 달성하고자 한다. 가정위탁양육과 관련된 사회보장법을 구체적으로 살펴보면 Title IV-E와 Title IV-B는 AFDC를 받을 수 있는 아동에게 위탁양육을 제공하는 경우에 연방정부로부터 재정적인 지원을 받는 것으로 아동이 가정으로부터 분리되는 것을 예방하고 아동과 가정을 재결합하는 것을 강조하고 있다.

특별히 Title IV-E 프로그램은 1) AFDC를 받을 수 있는 아동의 위탁양육비를 주 정부에 지원하며, 2) AFDC나 보충적인 사회보장연금을 받을 수 있는 아동으로서 장애가 있는 아동이나 특별한 문제가 있는 아동을 입양하는 가정에 대한 보조금을 지급하며, 3) 행정적인 경비의 일부를 보조한다. 연방정부는 주 정부에서 가정위탁사업을 위하여 지급한 금액의 정도에 맞추어(Matching fund) 주 정부에 지급하고 있다.

Title IV-B는 원래는 농촌 지역에 사는 부모가 없는 아동이나 학대받는 아동, 부모가 돌볼 수 없는 아동에게 도움을 줄 뿐 아니라 아동이 가정에서 일탈되는 것을 예방하거나 아동을 가정으로 복귀시키는 데 필요한 경비로 사용할 수 있도록 한 것이다. 그러나 실제로는 Title IV-B의 예산의 대부분이 아동의 일탈을 예방하거나 복귀시키는 데 사용되기보다는 아동을 위탁가정이나 시설에 보호하는 비용으로 사용되었다(Stein, 1987). Title XX는 Block Grant로서 AFDC 가족이나 보충적 사회보장연금을 받는 가족 또는 저소득 가정(저소득 가정을 위한 대상 인구, 욕구사정, 기획과정, 평가와 보고서 계획 등)을 위하여 사용하도록 되어 있으나 실제로는 전체 예산의 1/3이 아동복지를 위하여 사용되고 있으며 그중 많은 부분이 가정위탁을 위해서 사용되고 있다(Stein, 1987). 따라서 연방 정부는 아동의 가정으로의 복귀나 일탈의 예방보다는 위탁가정을 위한 사업에 우선권을 행사하는 것처럼 보였다.

미국의 경우 위탁가정의 종류는 크게 친척위탁과 일반가정위탁으로 나눈다. 친척위탁은 친척만을 위탁하는 것으로서 1990년 통계에 의하면 친척에게 위탁되어 있는 아동은 전체 위탁아동의 31%이다. 일반위탁가정은 일정한 교육과 조사를 받은 후 주 정부에서 발행하는 위탁가정 자격증을 받아야 한다. 현재 미국 내에 자격증을 받은 일반가정위탁은 131,100가정으로서 한 위탁가정에서 위탁받을 수 있는 아동의 수는 평균 약 3.1명이다. 일반위탁가정은 응급시의 위탁가정(emergency care), 집단가정위탁(Family Group care) 그리고 전문화된 위탁가정(Specialized foster Home care) 등으로 나눌 수 있다. 전문화된 위탁가정은 비행청소년이나 심한 정서나 행동장애가 있는 아동을 치료하는 가정, AIDS 걸린 아동, 또는 장기 보호가 필요한 아동을 위탁받는 가정, 친부모와 아동을 모두 위탁하여 보호하는 가정 등으로 나누어진다(Everett, 1995).

위탁아동을 위한 서비스로는 의료 서비스, 교육, 심리검사 및 필요한 사회적인 도움이 제공된다. 위탁가정에 의뢰된 아동은 의료부조를 받으며 위탁가정에 의뢰되는 즉시 가능한 빠른 시간 내에 건강진단을 받도록 하며 필요에 따라 적절한 치료를 받도록 한다. 또한 위탁아동은 위탁된 후 가능한 빠른 시간 안에 학교를 다니도록 하여야 하며 만약 아동에게 특별한 문제가 있어 일반학교에 갈 수 없을 때는 아동에게 적합한 특수학교에 입학하도록 한다. 그 외에 아동을 진단하기 위하여 특별히 지능검사나 성격검사들이 필요한 경우 적절한 검사를 받도록 조치를 취해야 한다.

위탁가정에 대한 서비스로는 (보충적 사회보장이나 AFDC) 위탁양육비를 지급하며 그 외에 아동과의 갈등이나 아동의 행동을 다루는 데 어려움을 상담해 주는 서비스를 제공하고 위탁가정에 탁아 서비스나 가정부 파견 서비스를 제공하거나 일시적인 휴식 서비스를 제공함으로써 위탁가정의 부모들이 휴식을 취할 수 있도록 한다. 그 외에 위탁가정을 사회사업가와 함께 아동의 복지를 위하여 일하는 파트너로 인정하여 위탁가정에 아동발달이나 아동치료 등과 관계된 다양한 교육과 훈련을 제공한다.

2. 영국의 위탁가정제도

1) 위탁가정의 역사 및 실태

영국은 19세기 이후에 보호를 필요로 하는 아동들을 빈민이나 부랑인시설에서 분리하여 따로 수용하기 시작하였다. 작업장에 수용된 보호를 필요로 하는 아동을 성인들과 분리하는 조치와 함께 보호를 필요로 하는 아동을 위한 소규모의 집단 홈, 주거 홈 등이 발달하기 시작하였다. 주거 홈은 대리모와 함께 거주하면서 직업과 가사훈련을 행하는 형태였다(Frost & Stein, 1989 : 25~26). 이 시대의 사람들은 고아원이 버려진 아이들이나 고아들을 양육하는 유일한 방법이라고 믿었다. 그러나 제2차 세계대전은 아동보호의 측면에서 많은 변화를 가져왔다. 현대적 의미의 가정위탁보호는 1948년에 아동법 제정의 기초가 된 커티스위원회(the Curtis Committee) 보고서의 영향이 크다(김응석 외 1995 : 49). 커티스위원회의 보고서는 보호를 필요로 하는 아동을 위한 서비스는 가정위탁보호가 시설보호보다 우월하다고 주장함으로써 가정위탁보호에 의한 정상적인 가정생활의 조건을 선호하였다. 1948년 부모들이 돌볼 능력이 없거나 돌보지 않는 모든 아동들에 대한 정부의 책임을 규정한 아동법이 개정되면서 아동의 발달에 적절한 기회를 제공하는 것이 지방정부의 책임으로 규정되었다. 개정된 아동법은 보호를 필요로 하는 아동을 위한 보호방법으로서 시설보호보다는 지역사회 내의 가정위탁보호가 더 바람직하다는 인식에 기초한다.

이러한 정책의 영향으로 아동들은 대규모 시설에서 퇴소하여 위탁가정에 배치되었다. 영국의 경우 1950년대에는 보호를 필요로 하는 아동 중 약

35%가 위탁가정에서 보호받고 있었으나 1995년에는 약 65%(31,500명)로 증가하였다. 현재 영국 내에 위탁가정 수는 27,000으로서 약 31,500명의 아동이 가정위탁보호를 받고 있다. 특히 연령이 10세 미만 아동의 경우는 약 90%가 위탁가정에서 보호받고 있다(Sellick, 1996 cited in Department of Health, 1994). 가정위탁은 기본적으로 단기간의 보호를 목적으로 하는 것으로서 약 40~50%의 아동이 12주 이내에 가정으로 돌아간다. 특히 10세 미만의 아동들은 약 50%가 위탁가정에 입소한 지 14일 만에 가정으로 되돌아가는 것으로 나타났다. 가정위탁된 아동의 약 1/3은 8주에서 2년까지의 중기간의 보호기간을 가지며 약 15% 정도의 아동들이 영구적인 보호 또는 가족과 떨어진 장기간(2년 이상)의 보호를 받는 것으로 나타났다. 아동의 연령이 많을수록 그리고 위탁가정에 머무르는 기간이 오래될수록 가정에 되돌아가는 비율이 적은 것으로 나타났다. 사회사업국의 조사에 의하면 가정위탁보호 대상 아동의 12%는 3회 이상 위탁가정을 이동한 것으로 보고되었으며 아동이 문제가 많을수록 그리고 오랜 기간 위탁가정에 머무를수록 이와 같은 현상이 나타났다. 이와 같은 아동의 잦은 이동은 위탁가정에 대한 부적절한 평가와 배치, 부적절한 아동보호계획 그리고 위탁가정의 부족 등이 그 원인으로 조사되었다.

2) 가정위탁제도 및 전달체계

영국의 경우는 1960년대 초까지는 중앙정부가 직접 위탁가정 서비스와 보호를 필요로 하는 아동 예방 서비스를 실시하였으나 1960년대 후반에 커뮤니티 케어법의 기초가 된 커티스위원회 보고로 지방정부 사회 서비스국이 서비스의 직접 제공자로서 가정위탁 프로그램을 운영하고 동시에 민간기관에서 운영하는 가정위탁 프로그램을 지원하기도 한다.

중앙정부는 아동보호 서비스에 대한 지침을 제공하며 지방정부가 아동서비스의 계획을 수립하여 시행하도록 하며 지방정부에 대하여 재정적인 지원을 통한 통제와 감독을 한다. 지방정부 사회 서비스국은 아동보호를 위한 계획을 수립하며 위탁가정에 대한 자격증 발부와 관리, 아동을 가정보호 위탁 대상 아동으로 선정할 것인가에 대한 결정 및 재정적인 지원 등에 관한 책임을 맡고 있다. 1989년에 개정된 아동법은 보호자의 의견과 아동의 의견을 존중하며 아동과 부모의 접촉을 중요시하여 아동을 위탁하는 경우 부모나 보호자 그리고 아동의 의견을 참작하도록 하며, 부모가 아동을 다시 데리고 가기를 원할 때는 위탁가정이나 지방당국이 적절하다고 생각하지 않아도 아동을 데리고 갈 수 있도록 함으로써 부모의 권한을 많이 확대하였다(Department of Health, 1989).

지방정부는 필요시 지방법원의 허가 없이 아동을 가정위탁시킬 수 있으며 이때에는 부모의 권리를 위임받지 않지만, 아동에 대한 개입이 많이 요구되는 경우는 법원으로부터 부모의 책임을 위임받아야 한다. 그러나 부모가 아동을 다시 데려가기 원하나 보호자에게 돌아가는 것이 아동의 안전에 위험을 초래할 수 있다고 판단되는 경우는 지방당국이나 위탁가정을 관리하는 기관이 법원의 허가를 받아야만 하도록 하였다. 또한 정부에 의해 양육, 보호 또는 치료를 받는 아동들의 모든 배정된 상황은 정기적으로 평가되어야만 한다고 명시함으로써 위탁가정에 있는 아동들에 대한 정부의 책임을 강조하였다. 지방정부는 정기적으로 가정위탁된 아동을 평가함으로써 아동의 건전한 성장 발달을 돕는 동시에 아동이 부모에게 다시 돌아갈 수 있도록 하는 데 중요한 목표가 있다. 또한 부모가 아동들에게 필요한 적절한 생활 기준의 혜택을 누릴 수 있도록 해 주지 못할 때 정부는 필요한 경우 생활비 지원을 통해 책임이 달성될 수 있도록 보장할 의무가 있다는 아동법에 따라 가정위탁된 아동들에 대한 기본적인 생활비와 의료비 교육비 및 위탁가정의 수고비를 위탁가정에 지급하고 있다. 심한 신체적, 정서적 장애가 있는 아동을 위탁할 때는 일반아동을 위탁할 때보다 배 이상의 양육비를 지급하는 경우도 있다. 위탁 대상 아동은 부모가 현재 질병 등으로 보호할 수 없는 아동, 부모가 학대하는 아동 그리고 부모가 감당하기 힘든 문제 행동을 하는 아동 등이지만 부모의 학대로 인하여 가정위탁되는 경우가 대부분이다. 영국은 미국과 달리 필요에 따라 단기간 아동을 가정위탁하는 것이 보다 보편화되어 있으며 사회적으로도 허용되는 분위기로 정부는 이를 부모의 권리로서 인정하고 지원하고 있다고 하였다.[2)]

IV. 한국과 외국의 가정위탁양육제도에 관한 비교분석

한국과 미국, 영국 세 나라에서 실시되고 있는 보호를 필요로 하는 아동을 위한 가정위탁제도를 비교해 보면 한국의 경우 가정위탁에 관한 내용은 아동복지법과 입양촉진 및 절차법에만 한 조항 명시되어 있을 뿐 가정위탁 활성화를 위한 담당기관이나, 재정 지원은 물론 위탁아동 및 위탁가정과 위탁아동의 보호자에 대한 지도 감독 등에 대한 것도 분명하게 명시되어 있지 않은 지극히 형식적인 법조문으로 되어 있다. 반면에 미국이나 영국은 보호를 필요로 하는 아동을 위한 보호조치로서 가정위탁이 우선적인 방법으로 고려되고 있으며 따라서 가정위탁 대상 아동뿐 아니라 가정위탁 신청가정에 대한 자격 요건 및 위탁아동의 보호자 관리까지도 구체적으로 법률로서 명시하고 있다. 미국과 영국을 비교하면 미국의 경우 문제가 있는 가정이나 아동을 대상으로 하는 문제 중심의 가정위탁에 초점을 두는 데 비하여 영국의 경우는 부모의 휴가나 질병 등과 관계없이 원하는 보호자는 누구라도 가정위탁보호제도를 활용할 수 있도록 되어 있어 미국에 비하여 가정위탁제도가 보다 보편화되어 있음을 알 수 있다. 미국이나 영국의 가정위탁 보호

---

2) 한영 아동복지 세미나에 참석한 버나도 아동복지기관의 정책담당관인 Liz Garrett 여사는 본 연구자와의 면접에서 1989년의 아동법 개정 이후 영국에서는 질병이나 휴가 등으로 아동을 가정위탁시키는 것이 법적으로 허용되며 정부의 지원을 받고 있다고 하였다.

제도를 좀더 구체적으로 한국과 비교하면 다음과 같다.

1. 가정위탁 대상 아동 선정방법

한국의 경우 부모의 가출이나 사망 등으로 보호를 필요로 하는 아동이 발생하면 이웃이나 친척들이 시청이나 군청, 구청에 신고하게 되고 조사에 의하여 아동은 시설로 입소하게 되어 있다. 이웃에서 특별히 보호를 필요로 하는 아동을 위탁보호하기 원하는 경우에만 가정위탁을 맡기고 있다. 반면에 미국이나 영국의 경우는 아동을 자신의 부모로부터 분리하여 다른 가정이나 시설에 위탁하는 경우에 다음의 두 가지 다른 경로를 취하게 된다(Virginia Department of Social Services, 1995, Department of Health, 1989). 하나는 비자발적인 위탁보호로서 법원이 가정위탁이나 시설위탁의 명령을 내리는 경우이다. 이런 경우는 비행청소년이나 특별한 지도가 필요하다고 인정되는 청소년의 경우 또는 부모로부터 학대나 방임되는 아동들이 이 범주에 속한다. 입양 등의 목적으로 친권이나 후견인의 권리가 포기된 아동의 경우도 비자발적인 위탁의 범주에 속한다. 두 번째는 자발적인 위탁으로 친부모나 후견인이 사회복지사와의 협의를 거쳐서 아동을 자발적으로 다른 가정이나 시설에 위탁하는 것인데, 위탁기간이 일정 기간 초과되는 경우는 법원의 허락을 받아야 하며 이런 경우는 비자발적인 위탁에 속한다. 영국과 미국 모두 위탁아동의 연령은 18세까지나 아동이 학교를 다니거나 학교와 유사한 기술학교를 다니는 경우는 21세까지 가능하다. 또한 아동의 부모가 아직 18세 미만으로서 청소년인 경우는 아동과 부모를 함께 위탁할 수도 있도록 하였다. 그러나 사회복지기관은 아동을 다른 가정에 위탁하기 전 아동이 부모로부터 일탈되는 것을 예방하기 위하여 충분한 노력을 기울였다는 증거를 법원에 제시하여야 한다. 영국은 미국보다 가정위탁시 보호자의 의견을 중요시하며 아동과 친부모의 의견을 충분히 반영하도록 법으로 강조하고 있다. 그러나 미국과 영국 모두 아동을 일시적으로 보호한다는 목적으로 실시한 가정위탁이 그 본래의 취지와는 관계없이 많은 아동들이 위탁가정에 머무는 시간이 길어지고 위탁기간이 장기화될수록 부모에게로 다시 돌아가는 비율이 적어지자 아동이 부모로부터 분리되는 것을 예방하는 조치와 위탁기간을 단기화하는 방안에 대하여 특별한 노력을 기울이도록 제도화하고 있다.

2. 위탁 대상 가정 선정 및 위탁가정의 유형

한국의 경우 아동복지법에 의하면 위탁을 원하는 가정이 가정위탁을 시 · 군 · 구에 신청하면 아동복지지도원이나 아동위원 및 관련 공무원의 가정조사를 거쳐 도지사 · 시장 · 군수 및 구청장이 자격증을 교부하도록 되어 있다. 그러나 위탁가정 선정 기준이나 위탁가정을 위한 훈련 등에 대한 명시가 없으며 한 번 위탁가정 자격증을 교부받으면 몇 년간 유효한가에 관한 내용도 법으로 명시되어 있지 않다. 또한 보호를 필요로 하는 아동의 친척이나 연고자가 가정위탁을 신청하는 경우와 일반인들이 가정위탁을 신청하는 경우 등에 어떠한 차이가 있는가 등에 대한 명시가 되어 있지 않으며 위탁가정의 종류도 비현실적으로 구분되어 있다.

미국은 위탁 대상 아동이 누구이며 어떤 기관과 함께 일하느냐에 따라 위탁가정의 자격요건에 차이가 있다. 주나 지방 사회복지국과 일하는 경우 위탁가정은 사회복지국으로부터 위탁가정 자격증(Licensed Foster Home)을 발급받으며 민간기관과 함께 일하는 위탁가정의 경우는 그 민간기관에서 발급하는 위탁가정 수료증(Certificate of Foster Home)을 받게 된다(Kaye & Cook, 1993). 손자나 조카 등의 가까운 친척아동을 위탁하는 경우는 특별한 훈련을 필요로 하지 않으나 그 아동을 보호하기에 적절한가에 대한 조사는 이루어진다. 그러나 다른 위탁가정에 대한 조사와 같이 엄격하거나 어떤 일정한 기준이 제시되어 있지 않으므로 이에 대한 전문가들의 염려가 증가하고 있다.

일반 위탁가정의 경우 주 정부나 민간단체기관은 위탁가정에 대한 자격증이나 수료증을 부여하기 전에 다음과 같은 절차를 밟는다. 위탁부모는 물론 위탁가정에서 거주하는 성인 가족의 범죄 기록과 아동학대나 방임에 대한 기록을 조사한다. 위탁가정은 위탁부모로서 적절한가에 대한 주위 사람들의 추천서를 첨부하여야 하며 가족원의 건강진단서를 제출하고 아동위탁에 필요한 훈련을 받아야 한다. 그 외에 사회복지사는 가정방문을 통하여 위탁가정으로서 아동을 보호양육하는 데 필요한 주거시설이 구비되어 있는가를 조사한다. 그 외에 위탁아동을 위한 침실, 청결 정도, 식구 수에 따른 집의 크기 등에 관한 구체적인 사항들이 법에 명시되어 있으므로 객관적인 기준에 의하여 위탁가정 여부를 결정할 수 있다. 뿐만 아니라 위탁가정은 일년에 한 번씩 위탁가정 자격증을 재발급받아야 하며 이혼이나 이사 등으로 위탁가정에 변동이 있는 경우도 위탁가정으로서 적절한가에 관한 재조사를 받아야 한다. 위탁가정 자격증에는 적절한 위탁아동의 연령, 가능한 위탁아동의 수 등을 기재함으로써 적절한 아동을 위탁할 수 있도록 하였다. 미국은 이와 같이 위탁가정의 선정에 많은 관심과 배려를 함에도 불구하고 약 30%의 아동이 위탁가정에 머무는 동안 아동의 부적응 또는 위탁가정의 문제 등으로 위탁가정을 한 번 이상 옮긴다고 한다(Everett, 1995).

영국의 경우 위탁가정은 단기위탁가정, 휴식을 위한 위탁가정(Respite care), 일반위탁가정, 특수위탁가정으로 분류된다. 영국의 경우도 미국의 경우와 같이 부부의 범죄 기록 및 아동학대의 기록이 있는가를 조사하며, 가정위탁부모로서 적당한가에 관하여 주위 사람들의 추천을 받도록 하며, 교육훈련 및 자격증 발급 등은 미국과 같은 절차를 밟는다. 미국과 다른 점은 추천해 준 사람들로부터 추천서만 받는 것이 아니라 이들과 직접 면접을 실시하는 것이다. 초기에는 위탁가정의 자격조건으로 부부 중 한 사람은 적어도 집에 있어야 하며 방이 3개 이상이어야 한다는 등의 조건이 있었으나 현재는 부부가 모두 직장에 다니는 경우도 위탁가정으로 선정하고 있다. 영국이나 미국 모두 보호를 필요로 하는 아동이 위탁가정을 옮기는 횟수가 많을수록 학교 중퇴, 비행, 임신 등의 문제가 증가한다고 한다. 위탁가정을 바르게 선정하는 것이 가정위탁의 성공을 좌우할 수 있을 뿐 아니라 위탁아동의 정서적, 신체적 학대를 예방할 수 있는 중요한 문제이다. 그러나 현재 한국은 법으로 명시되어 있는 가정위탁 선정 기준이 명확하지 않으며 그나마도 실시되지 않고 있는 형편이다.

3. 재정적인 지원

한국의 경우 가정위탁된 아동이나 위탁가정에 대한 지원은 입양 대상 아동을 위하여 입양촉진 및 절차에 관한 특례법 시행령에 구체적으로 언급되어 있을 뿐 다른 위탁아동에 대하여는 구체적으로 명시된 것이 없다. 입양대상 아동의 경우는 생활보호법에 의하여 위탁아동을 지원하기로 명시되어 있다. 입양 대상 아동이 아닌 경우는 민법에 의해 부양의무자가 경제능력이 있는 경우는 부양을 하도록 되어 있으나 부모가 부양을 거부하거나 경제적으로 부양을 할 수 없는 경우는 어떻게 조치할 것인가에 관한 규정이 없다. 또한 아동이 갖고 있는 행동상의 문제나 장애 등으로 인하여 특별한 유형의 가정위탁이 필요한 경우 등에도 어떻게 문제를 해결할 것인가에 대한 언급도 되어 있지 않다.

미국의 경우 정부에서 가정위탁 양육비를 지급하는 경우는 법원에서 의뢰한 아동이나 지방사회복지국에서 필요하다고 인정하여 임시로 위탁을 받는 경우로서 주에 따라 다르기는 하지만 법원의 허락이 없는 경우는 30일을 초과하지 못하도록 한다. 그러나 이와 같은 경우도 아동을 입양 보내기 위하여 친권을 포기하였거나 친권을 박탈당한 경우가 아니면 부모의 아동양육의무법에 근거하여 비록 이혼하여 친권이 없는 부나 모 또는 미혼부의 경우라고 할지라도 부모가 아동 양육비의 일부를 지방정부에 지급하도록 한다. 그러나 가정위탁경비는 아동의 부모로부터 양육비를 받는 것과는 관계없이 정부가 직접 위탁가정에 지급한다. 가정위탁 양육비는 가정위탁을 담당하는 직원의 월급, 기관운영비와 아동의 등록금, 학용품비, 용돈, 음식, 옷, 특별활동비, 의료부조로 지급되지 않는 질병을 위한 아동 의료보험비등 아동양육에 직접적으로 관계된 양육비 그리고 위탁부모의 수고비 등을 지급하도록 구체적으로 법안으로 규정해 놓았다. 뿐만 아니라 장애가 있는 아동이나 특별한 주의가 필요한 아동을 위탁하는 경우는 일반위탁가정과는 차등하여 위탁비용을 지급하도록 규정하고 있다. 또한 위탁양육비를 계속해서 지급받기 위해서는 위탁가정에 머무는 것이 아동을 위하여 가장 좋은 대책인가에 대한 법원의 정기적인 검토를 받아야만 한다.

영국은 위탁가정에 수탁중인 아동에 대한 양육비와 위탁가정에 대한 수고비를 정부가 부담하며 미국과 같이 위탁아동의 문제의 심각성에 따라 양육비와 수고비를 차등지급하고 있다. 십대 아동을 위탁하거나, 행동에 문제가 심하거나 장애아동을 단기간 위탁하는 등의 경우는 다른 경우보다 재정적으로 더 많은 지원을 하고 있다. 그러나 이와 같이 위탁아동을 특별한 형태로 분류하여 양육비를 차등지급하는 것에 대한 문제점들이 제기되고 있다. 즉 위탁가정의 노력으로 위탁아동의 행동장애가 치료되는 경우 이에 대한 보상보다는 오히려 정상아동으로 취급되어 양육비가 줄어드는 등의 문제들이 논의되고 있다.

4. 가정위탁 전달체계

한국은 아동상담소로 하여금 필요시 위탁가정을 선정하고 아동을 관리하도록 하였지만 아동상담소가 없는 지역이 많고 아동상담소가 있는 곳도 한두 명의 아동복지지도원이 있을 뿐이어서 가정위탁을 전담할 수 없는 실정이다. 아동상담소가 없는 지역의 경우 지방자치단체장이 가정위탁을 담당할 전담기관을 지정하도록 하는 내용도 법으로 명시되어 있지 않다. 또한 가정위탁기관의 책임, 가정위탁 종사자에 대한 자격 및 교육훈련, 위탁가정에 대한 관리 및 위탁아동의 보호 등에 대한 질적인 관리, 친부모와 위탁아동과 위탁가정과의 관계, 가정위탁기관과 위탁아동에 대한 재정적인 책임을 중앙정부와 지방정부가 어떻게 분담할 것인가 등에 관한 기준이나 전달체계도 전혀 법으로 명시되어 있지 않다.

미국의 경우 가정위탁은 지방정부가 직접 위탁가정 선정 및 아동위탁 등을 담당하기도 하지만 대부분은 민간기관을 중심으로 제공되고 있으며, 연방정부와 지방정부는 이를 재정적으로 지원하는 체계로 구성되어 있다. 연방정부의 가정위탁 담당 부서는 연방정부의 재정지출 기준을 작성하여 주정부와 민간기관으로 하여금 이를 지키게 하며 주 정부는 연방 입법과 주입법에 따라 민간기관에 재정 지원을 한다. 주 정부의 사회복지 담당 부서는 주 정부 차원의 지침 감독과 평가를 한다. 미국의 경우 민간 사회복지기관이 가정위탁 서비스 제공의 직접적인 책임을 갖는 전달 주체로서 정부는 민간기관과 계약구매(Purchase of Service)를 맺고 가정위탁에 대한 서비스를 민간기관에 의뢰하며 이에 대한 비용을 제공하고 있다. 정부는 6개월에 한 번씩 정기적으로 개개 아동에 대한 상황을 점검하여 아동이 위탁가정에 있는 것이 적당한지 아동을 위한 계획이 잘 진행되고 있는가를 검토한다 (Everett, 1995). 연방정부나 주 정부 이상으로 가정위탁에 큰 영향을 주는 기관은 가정법원으로서 아동을 부모로부터 분리하여 위탁가정이나 시설에 입소 위탁시키는 것, 위탁기간을 연장하는 것, 후견인을 지정하는 것 또는 부모의 친권을 박탈하는 것 모두 담당 사회복지사의 의견을 참작하여 가정법원의 판사가 결정하는 것이다. 연방정부가 주 정부에 주 정부가 지방정부나 민간단체에 벌칙을 가하는 방법은 규정을 어겼을 때 재정적인 지원을 하지 않거나 계약한 재정적인 지원 중에 일부만을 지급함으로써 벌칙을 가한다.

영국의 경우 가정위탁은 미국과 달리 주로 지방정부가 담당하고 있으나 민간단체가 운영하는 곳도 있다. 가정위탁은 미국과 같이 아동이나 보호자가 자발적으로 사회복지국이나 관계 기관에 신청하거나 아동학대 등의 이유로 법원의 판결에 의하여 강제로 의뢰되는 경우가 있다. 어느 경우이든 법원이나 전문가는 보호자와 아동의 의견을 중요하게 생각하며 보호자도 필요시 아동을 위탁하고 휴식을 가질 권리가 있다고 생각한다. 개정된 영국 아동복지법의 특징 중 하나는 보호자를 사회복지사와 함께 일하는 동반자로 생각하여 그들의 의견을 중요시하며 아동의 의견도 역시 중요하게 생각한다. 법원은 아동과 보호자가 빠른 시일 내에 다시 결합하도록 하는 목적으로 아동에 관한 계획에 대하여 정기적인 보고서를 제출하도록 하며 위탁된 아동의 학대를 예방하거나 문제의 발생을 예방하기 위한 관리나 슈퍼비전을 강조하고 있다. 뿐만 아니라 지방당국은 아동과 보호자나 관계 있는 다른 사람과 아동이 정기적으로 만날 수 있도록 필요한 경우 교통비 등도 지급하고 있다. 또한 아동의 복지를 위하여 사회복지사가 아동을 개별적으로 만나서 아동의 의견을 듣는 것을 의무화하고 있으며 법원은 아동을 위한 보호를 결정할 때 아동이나 담당 사회복지사의 의견을 청취하도록 하고 있다.

V. 가정위탁 관련법 개정방안

위에서 논의한 한국의 가정위탁제도의 문제점과 미국과 영국의 제도를 비교하여 가정위탁양육제도를 발전시키기 위하여 필요한 법 개선에 관하여 제안하고자 한다.

1. 위탁아동 선정에 관한 건

보호를 필요로 하는 아동을 위하여 가정위탁보호제도가 시설보호보다 우선적으로 고려되도록 제도화되어야 한다. 현재의 아동복지법은 시설보호를 위주로 제정되어 있다. 그러나 아동을 양육하는 최고의 장소가 가정이라는 것을 고려할 때 보호를 필요로 하는 아동이 발생하면 가정위탁제도가 시설보호에 우선하여 고려되도록 법에 명시되어야 하겠다. 이를 위하여 다음과 같이 가정위탁 대상 아동 선정 기준 확대 및 대상자 책정과정에 관한 것을 법으로 규정하는 것이 필요하다.

첫째, 연령이 어린 7세 미만의 아동은 가정위탁을 우선적으로 고려하도록 한다.

둘째, 부모의 질병이나 한쪽 부모의 가출, 수감 또는 아동학대 등의 사정으로 인하여 단기간 아동을 위탁하여야 하는 경우는 가정위탁을 우선으로 고려한다.

셋째, 위탁 대상 아동이 형제인 경우는 형제를 같은 가정에 위탁하는 것을 원칙으로 한다는 내용이 법이나 시행규칙으로 명시되어야 한다.

넷째, 보호를 필요로 하는 아동을 시설이나 가정위탁보호하는 경우 아동복지지도원이나 가정위탁운영기관의 전문가와의 상담을 통하여 위탁 여부를 결정하여 지방자치단체장의 허락을 받도록 한다. 단 1개월 미만의 단기보호를 원하는 경우는 지방자치단체장의 허가 없이도 위탁을 할 수 있도록 하며 위탁허가를 의뢰받은 지방자치단체장은 일주일 이내에 결정하여 통보하도록 한다. 가정폭력방지법에 의하여 보호자의 폭력, 학대 등으로 법원이나 지방자치단체장이 강제적으로 개입하여야 하는 경우 반드시 해당 아동과 상담을 한 아동복지 전문가의 의견을 듣고 결정을 하도록 한다. 그리고 미아나 기아 등 보호자를 알 수 없는 경우 또는 아동을 단기간 위탁한 후에 기간이 지나도 보호자가 소식이 없는 경우 등에 관한 처리를 법으로 명시함으로써 아동의 권리를 보장해 주는 것이 필요하다.

2. 위탁가정의 자격 및 선정 기준에 대한 것

위탁가정 선정 기준 및 선정 절차를 법이나 시행령에 제시함으로써 아동복지지도원의 개인적인 지식이나 주관적인 판단에 의존하지 않도록 한다. 선정을 위한 기준으로 다음과 같은 내용이 포함되도록 한다.

첫째, 위탁가족원의 범죄기록 및 가정폭력이나 아동학대에 관한 고발이나 기록 등을 점검한다.

둘째, 위탁가족원의 알코올 및 약물 중독 여부와 건강진단서 등을 반드시 첨부하도록 한다.

셋째, 위탁가정은 위탁가정으로 적절하다는 2명 이상의 친지들의 추천서를 받아야 하며 담당 직원은 이들 추천자들과 전화 또는 면접을 하도록 한다.

넷째, 위탁가정은 성이 다른 자녀들이 각각 사용할 수 있는 방이 있어야 한다.

다섯째, 위탁가정으로 선정된 가정은 일정한 교육을 받으며 지방자치단체장이 발급하는 자격증을 교부받으며 정기적인 훈련과 위탁가정으로서의 자격증을 유지하기 위하여 일년에 한 번씩 재교육을 받도록 한다.

여섯째, 할머니나 큰아버지 등의 친척이 아동을 보호하기를 원하며 정부로부터 가정위탁양육비를 지급받고자 하는 경우도 일단 위와 같은 내용의 조사와 절차를 밟도록 한다. 그리고 그와 같은 경우에도 아동의 의견을 존중하여 친척이나 일반가정에 위탁하도록 한다.

3. 가정위탁의 유형 및 친척위탁제도의 현실화

구 아동복지법의 시행규칙에 무료 위탁, 입양위탁, 고용위탁 등의 위탁가정 유형을 명시하였지만, 2000년 신법에서는 명시되지 않고 있다. 그러나 앞으로 위탁이 보다 활성화된다면 친척위탁, 일반위탁, 특수아동위탁, 입양위탁 등으로 분류하여 아동의 문제와 상황에 따라 적절한 가정에 위탁하도록 한다. 특히 소년소녀가장세대 중 69.3%(문선화, 1998)가 친척과 함께 동거하는 것을 친척위탁으로 현실화하여 제도화한다.

4. 재정적인 지원과 경비의 수납

위탁아동과 가정에 대한 재정적인 지원방법과 내용이 법으로 명시되어야 하며, 지원 내용으로는 다음과 같은 것이 포함되어야 한다.

첫째, 위탁아동과 위탁가정을 위하여 정부는 식비, 교육비, 의료비, 피복비 등의 양육비를 지급하며 장애 등 위탁아동의 문제 유형에 따라 위탁가정의 수고비도 지급하도록 명시하여야 한다.

둘째, 가정위탁을 운영하는 위탁기관의 운영비와 직원 인건비, 직원 교육비 등을 지급하도록 한다.

셋째, 보호자나 아동이 국민기초생활보장 수급권자가 아닌 경우는 보호자의 경제적인 능력에 따라 위탁양육비를 면제해 주거나 일부 또는 전부를 부담하도록 한다.

넷째, 무료 위탁가정의 경우도 위탁가정의 수고비를 제외한 아동에 대한 식비, 교육비, 의료비, 의복비 등에 대한 기본적인 지급을 하는 것을 원칙으로 하도록 하여야 한다.

다섯째, 친척위탁의 경우도 무료위탁과 같은 수준의 재정적인 지원을 하도록 함으로써 보다 많은 친척들이 아동을 양육할 수 있도록 격려하여야 한다.

여섯째, 부양의무자가 경제적인 능력이 있는 경우 위탁양육비를 부담하도록 하며 위탁양육비 액수는 정부에서 일반위탁가정에 지원하는 액수를 기준으로 한다.

5. 가정위탁관리의 전달체계와 지방자치단체의 책임

가정위탁을 지도 감독하는 중앙정부기관의 역할과 지방자치단체의 역할, 법원과 지방정부와의 관계 및 가정위탁 전담기관의 지정 전달체계에 대한 규정이 법에 포함되어야 한다. 이를 위하여

첫째, 지방자치단체는 지역별로 위탁가정을 관리하는 담당기관을 지정하여야 한다.

둘째, 지방자치단체가 위탁가정을 관리하는 기관에 대한 지도와 감독을 책임지도록 법에 규정하여야 한다.

셋째, 보건복지부는 가정위탁 전담기관의 직원 교육, 홍보 및 재정적인 지원과 아울러 지방자치단체나 전담기관이 가정위탁을 위하여 최선의 노력을 기울이고 있는가를 지도 감독하도록 하여야 한다.

넷째, 지방자치단체장은 가정위탁이 필요한 아동에 대한 승인 및 재정적인 지원에 대한 승인을 하고 위탁아동에 대한 계획 및 친부모와의 연락 등에 관한 보고를 가정위탁기관으로부터 분기별로 받도록 법으로 명시한다.

다섯째, 1개월 미만의 단기간의 가정위탁보호는 가정위탁 운영기관장이 결정하도록 하며, 정부는 이에 대한 경우도 재정적인 지원을 하도록 한다. 그 이상의 경우는 지방단체장의 승인을 받도록 한다.

6. 위탁아동과 보호자 권리 및 후견인에 대한 규정

가정위탁된 아동이 부모로부터 오랫동안 방치되는 것을 예방하며 동시에 부모의 친권과 아동 및 위탁가정의 권리를 보호하기 위한 제도가 다음과 같이 법으로 명시되어야 한다.

첫째, 아동위탁에 대한 보호자의 의견이 존중되어야 한다. 또한 보호자가 아동을 정기적으로 만날 수 있도록 아동복지법에 면접권을 신설함으로써

아동과 보호자의 권리를 보장해 준다. 단 위탁가정과 아동 및 보호자는 만나는 시간 및 장소 등에 대하여 협의를 하도록 한다.

둘째, 아동이 가정위탁된 동안 보호자의 방문이나 전화, 편지 등의 일정한 소식이 전혀 없는 경우 또는 보호자가 아동에게 계속해서 해를 끼치는 경우 민법 제924조와 아동복지법 제12조에 의하여 법원에서 친권상실을 받을 수 있도록 함으로써 아동에게 입양 등의 기회를 가질 수 있도록 한다. 따라서 보호자가 아동을 가정위탁시킨 후 몇 년 동안이나 소식이 없거나 책임을 이행하지 않으면 친권을 상실하도록 할 것인가에 대한 구체적인 명시가 있어야 한다.

셋째, 보호자가 있는 아동은 계속적으로 보호자가 후견인이 되는 것을 원칙으로 하나 보호자가 아동을 학대하였거나 보호자가 질병, 수감, 가출 등으로 후견인의 역할을 할 수 없는 경우는 가정위탁 전담기관의 장이 후견인이 되도록 하며 정부가 직접 운영하는 위탁가정에 있는 경우는 관할 시 · 도지사, 시장, 군수 등의 단체장이 후견인이 되도록 하여야 한다. 이와 같은 내용이 아동복지법이나 시행령에 명시되어야 한다.

넷째, 아동의 보호자가 아동을 계속해서 학대하는 경우는 아동에 대한 면접권을 박탈하는 법안이 아동복지법에 명시되어야 한다.

VI. 결론

현재 보호를 필요로 하는 아동은 영 · 육아보호시설에 있는 아동들과 소년소녀가장세대를 합하여 30,000여 명이 넘는다. 그에 비하여 가정위탁보호를 받고 있는 아동은 지극히 적은 수에 불과하다. 부양의무자가 단기 또는 장기적으로 돌볼 수 없는 아동을 위한 최선의 보호방법이 가정위탁이라는 것은 이미 잘 알려진 사실이다. 미국이나 영국 등의 보호를 필요로 하는 아동을 위한 대책으로서 가정위탁을 실시한 지가 100년이 되어가고 보호를 필요로 하는 아동의 65%가 가정위탁보호를 받고 있는 데 비하여 한국은 가정위탁에 대한 제도 자체가 거의 전무하다고 할 수 있다. 입양기관에서 입양 대상 아동을 대상으로 한 가정위탁은 그 역사도 40년 가까이 되었고 활발하게 진행되고 있지만 일반보호를 필요로 하는 아동을 위한 가정위탁은 거의 실시되지 못하였다.

이에 대한 이유로는 한국의 혈연 중심의 대가족제도와 열악한 주거환경 등이 주요한 원인으로 손꼽힐 수 있을 것이다. 그러나 이에 못지않게 가정위탁에 대한 법제도의 미비와 이에 대한 관심 부족도 큰 이유로 지적할 수 있다. 가정위탁을 하는 경우 이에 대한 전담기관의 지정, 전담기관이나 위탁가정에 대한 재정적인 지원 등에 대한 규정이 전혀 법으로 명시되어 있지 않을 뿐 아니라 소년소녀가정의 경우 친척들과 함께 동거하여도 친척위탁으로 간주되지 않는 사회적 분위기와 제도로 인하여 가정위탁은 활성화될 수 없었다. 가정위탁제도를 활성화하기 위해서는 가정위탁제도가 보호를 필요로 하는 아동을 위한 보호방법으로서 우선적으로 고려되어야 하며 가정위탁 보호 대상 아동의 선정에 관한 규정, 위탁가정의 자격 및 선정 기준, 가정위탁 전담기관 및 위탁가정에 대한 지도 감독, 위탁가정에 대한 재정적인 지원 등에 대한 것이 법에 명시되어야 한다.

〈표 8-2〉 한국의 가정위탁 관련 법안

법 항목	법 조항	개선안	법체계
용어의 정의	아동복지법 제2조(용어의 정의)	아동복지법 제2조〈신설〉(위탁양육가정에 대한 정의) ① 위탁양육가정이라 함은 친권자가 아닌 자가 가정에서 아동을 일시적으로 보호양육하는 것을 말한다. ② 가정위탁양육 아동과 연고가 있는 자가 아동을 보호하기를 원하는 경우는 친척위탁이라고 한다. ③ 아동과 관계가 없는 자가 아동을 위탁보호하기를 원하는 경우는 일반가정위탁이라고 한다. ④ 아동복지시설이라 함은 아동 및 임산부의 복지를 위한 시설로서 수용시설뿐만 아니라 위탁가정도 포함한다.	아동복지법
가정위탁보호 대상 아동 선정	아동복지법 제10조(보호를 필요로 하는 아동에 대한 보호조치)	아동복지법 제10조〈신설〉(보호조치) ① 보호를 필요로 하는 아동 발생시 도지사 또는 시장 · 군수는 시설보호에 앞서 가정위탁양육을 우선적으로 고려한다. 아동복지법 〈신설〉(가정위탁보호 대상 아동 선정) 1) 보호를 필요로 하는 아동 중 7세 미만의 학령 전 아동은 가정위탁을 우선적으로 하도록 고려하며 형제가 있는 경우 가능한 같은 가정에 위탁보호하도록 한다. 2) 아동학대나 성폭력 등으로 특별한 치료가 필요하거나 부모가 통제하기 어려운 행동장애를 갖고 있는 아동들은 가정위탁보호를 우선적으로 고려한다.	아동복지법
위탁가정의 자격 및 선정 기준	아동복지법 시행령 제5조(아동보호신청 등)	아동복지법이 아닌 일반가정위탁에 대한 선정 기준을 구체적으로 명시 1) 위탁가정 신청자는 가정폭력이나 범죄기록이 없어야 한다. 2) 위탁가정 신청자는 3명 이상으로부터 위탁가정으로 적합한가에 관한 추천서를	아동복지법

	1) 아동의 대리양육 또는 위탁보호를 하고자 하는 자는 보건복지부령이 정하는 바에 따라 보호를 필요로 하는 아동의 거주지를 관할하는 시 · 도지사 또는 시장 · 군수 · 구청장에게 아동의 보호양육을 신청하여야 한다. 아동복지법 시행규칙 제3조 제1, 2항 1) 별지 서식에 의하여 신청자의 가족과 대상 아동을 조사한다.	제출하도록 한다. 3) 아동복지지도원은 신청자가 위탁가정으로서 적절한가를 결정하기 위하여 함께 사는 온 가족을 면담하여야 한다. 4) 위탁가족원의 건강진단서를 제출하도록 한다. 5) 위탁가정은 일정한 훈련을 받아야 한다. 6) 도지사 또는 시장 · 군수는 위탁가정으로서 필요한 모든 절차를 필한 가정에게 가정위탁자격증을 교부한다 7) 가정위탁자격증을 교부받은 후에 위탁가정에 이혼, 별거 등의 변화가 있는 위탁가정으로서 적절한가에 대한 재조사를 받아야 한다. 8) 위탁가정으로서의 자격을 유지하기 위하여 일년에 한 번씩 정규적인 교육을 받아야 한다. (친척위탁의 경우) 1) 보호자나 아동의 연고자가 아동을 가정위탁하기 원하는 경우 일반가정위탁과 같이 아동학대와, 범죄기록, 건강진단서, 주위의 추천서를 받도록 한다. 2) 보호를 필요로 하는 아동이 7세 이상인 경우는 위탁아동의 의견을 참고한다.	아동복지법
재정적인 지원	아동복지법 제31조 (비용보조) ① 아동복지시설 설치 및 운영과 프로그램 운용에 필요한 비용 또는 수탁보호중인 아동의 양육 및 보호 관리에 필요한 비용 ② 보호를 필요로 하는 아동의 대리양육이나 가	아동복지법 제31조 〈수정〉(비용보조에 위탁가정에 대한 지원 명시)) ① 아동복지시설의 설치 및 운영에 요하는 비용 또는 아동복지시설이나 위탁가정에서 수탁보호중인 아동의 양육 및 아동의 보호관리에 요하는 비용(시설이나 위탁가정 퇴원시의 생업자금을 포함한다)을 국가와 지방자치단체가 보조하도록 한다.	아동복지법

	정위탁보호에 따른 비용 아동복지법 시행령 제19조(비용보조) ① 아동복지시설의 설치에 필요한 비용은 국가와 지방자치단체가 부담한다.	아동복지법 시행령 제19조 〈수정〉(비용보조) ① 아동복지시설이나 가정위탁운영기관 설치에 필요한 비용은 지방자치단체가 부담한다. ② 위탁가정운영에 필요한 비용은 국가와 지방자치단체가 부담한다.	
위탁가정의 종류	〈신설〉	아동복지법시행규칙 〈신설〉(친척위탁양육 및 위탁보호) 1. ① 무료 친척위탁이라 함은 양육비용을 국가나 지방자치단체 또는 친척가정위탁양육자가 부담하는 것을 말한다. ② 유료 친척위탁양육이라 함은 양육비용의 전부 또는 일부를 위탁자가 부담하는 것을 말한다. 2. ① 무료 위탁보호라 함은 양육비용을 국가나 지방자치단체 또는 아동 입양위탁시설 등이 부담하는 위탁보호를 말한다. ② 유료 위탁보호라 함은 양육비용의 전부 또는 일부를 위탁자가 부담하는 가정위탁보호를 말한다. 유료 위탁의 경우도 위탁자가 부담치 못하는 비용의 나머지 부분은 국가나 지방자치단체가 부담한다.	아동복지법
	민법(제924조)법원에 의한 친권상실선고 아동복지법 제12조(친권상실선고 등	아동복지법 제12조〈수정〉 (친권상실선고 등의 청구)도지사 · 시장 · 군수 또는 아동복지시설의 기관장은 아동의 친권자가 그 친권을 남용하거나 심각한 학대나 방임 또는 장기간 행방불명 기타 친권을 행사할 수 없는 중대한 사유가 있는 것을 발견한 경우 아동의 복지를 위하여 필요하다고 인정할 때에는 법원에 그 친권상실의 선고를 청구할 수 있다.	아동복지법 민법

	의 청구) 시 · 도지사 또는 시장 · 군수 · 구청장은 아동의 친권자가 그 친권을 남용하거나 현저한 비행 기타 친권을 행사할 수 없는 중대한 사유가 있는 것을 발견한 경우 아동의 복지를 위하여 필요하다고 인정할 때는 법원에 친권행사의 제한 또는 친권상실의 선고를 청구하여야 한다. 아동복지법 제13조(아동의 후견인 선임청구)	아동복지법 시행령〈신설〉 아동의 친권자가 아동을 위탁가정에 위탁한 후 1년 이상 전혀 소식이 없는 경우 담당 위탁기관장과 도지사 또는 시장 · 군수는 친권자를 찾기 위한 최대의 노력을 기울인 후 아동의 복지 증진을 위하여 필요하다고 생각되는 경우 법원에 아동의 친권상실을 신청할 수 있다. 아동복지법 제13조〈수정〉(아동의 후견인 선임청구) 도지사 또는 시장군수는 친권자 또는 후견인이 없는 아동을 발견한 경우 법원에 후견인의 선임을 청구하여야 한다. 1) 아동복지보호시설에 입소중인 아동에 대하여는 보호시설에 있는 고아의 후견직무에 관한 법률 제2조의 규정을 적용한다. 2) 친척위탁이나 일반가정위탁된 아동 중 친권자 또는 후견인이 행방불명이거나 친권자 또는 후견인 직무를 행하는 데 문제가 있는 경우 보호시설에 있는 고아의 후견 직무에 관한 법률 제2조의 규정을 적용한다. 아동복지법 면접권(신설) 가정위탁된 아동과 아동의 보호자는 아동에게 해가 되지 않는 한 정기적으로 만날 수 있도록 한다.	

• 참고문헌

김응석 · 김현옥 · 이상헌 · 오정수 · 이정호 · 박광준. 1995. 『아동복지시설수용시설 운영평가 및 개선방안』. 한국보건 사회연구원. 연구보고서 95-23.

문선화. 1998. 아동복지법과 소년소녀가장세대. 『한국아동복지학』. 한국아동복지학회. pp.200～226.

보건복지부. 1997. 『보건복지백서』.

_____. 1997. 『보건복지통계연보』.

_____. 1997. 『아동복지 지침서』.

허남순. 1991. "미혼모 복지를 위한 제도 및 개선 방안". 『여성단체 협의회세미나 자료집』.

Department of Health. 1989. *An Introduction to the Children Act* 1989. London: HMSO.

Everett, J. 1995. Child Foster Care. *Encyclopedia of Social Work*(19th ed.). Silver Spring, MD : National Association of Social Workers. Vol.1. pp.375～389.

Frost, N. & Stein, M. 1989. *The Politic of Child Welfare: Inequality, Power and Change*. London : Harvester & Wheatsheaf. pp.25～26.

Kadushin, A. 1974. *Child Welfare Services*(2th ed.). New York : MacMillan.

Kadushin, A. & Martin, J. 1988. *Child Welfare Services*(4th ed.). New York : Columbia University Press.

McGowan,B. & Meezan, W. 1983. *Child Welfare : Current Dilemmas, Future Directions. Itasca*, IL. : F. E. Peacock.

Pecora, P. Wittaker, J., Maluccio, A., Barth, R. & Plot-nick, R. 1992. *Child Welfare Challenge : Policy, Practice and Research*. New York : Aldine De Gruyter.

Kaye, E. & Cook, R. 1993. *National Survey of Current and Former Foster Parents*. Washington, D.C. : U.S. Department of Health and Human Services, Administration on Children, Youth and Families.

Sellick, S. 1996. *In Child Welfare Services : Development in Law, Policy, Practice and Research*. Short Term Foster Care. In Christine, F. London: Jessica Kingley Pub. pp.160～169.

Stein, T. 1987. "Foster Care for Children in A." *Encyclopedia of Social Work*(19th ed.). Silver Spring, MD : National Association of Social Workers. Vol.1. pp.639～650.

Virginia Department of Social Services. 1995. *Child Welfare Law and Regulation*.

Wulczyn F. & George. R. 1992. "Foster Care in New York and Illinois : The challenge of Rapid Change." *Social Service*, *Review*. Vol.66.

제9장

소년소녀가장세대와 아동복지법

문선화*

I. 문제 [illegible]기

과연 소[illegible]소녀가장세대가 가능한[illegible]? 18세 미만의 아동으로 구성된 가정을 사회적[illegible]로 인정하며, 이들이 하[illegible]의 가정으로서의 역할을 하고 있다고 믿는가? 이[illegible]한 질문에 대한 회답[illegible]많은 갈등을 야기한다. 왜냐하면 대한민국의 어[illegible]이헌장에서 모든 아동[illegible]따뜻한 가정에서 사랑 속에 성장하여야 하며(제[illegible]조), 버림을 당해서는 안[illegible]다(제9조)는 전제가 있기 때문이다.

사회문[illegible]는 시대의 변화에 따라[illegible] 그 양상이 다양하며 또한 전혀 예기치 못한 구조[illegible] 생산하기도 한다. 한[illegible]은 1960년대 말부터 시작된 경제발전과 급격한 생[illegible]양식의 변화로 지난 수[illegible] 년간 유지하여 온 사회의 기본적 틀의 와해 현상[illegible] 심화되었고, 그 결과 [illegible]계 어느 나라도 경험하지 못한 사회구조적 문제[illegible]들에 부딪히고 있다. 그[illegible] 몇 가지를 들어 보면 급격한 도시화로

* 부산대[illegible] 사회복지학과 교수

인한 가족구조의 변화, 산업화의 영향으로 인한 가족 내에서의 부모역할의 혼동 또는 부재, 경제발전과 부의 축적은 도덕이나 윤리보다는 금전이 우선시 하며, 사교육제도의 확산은 가정교육의 자리를 침식하였으며, 그리고 가족간 유대감의 약화는 가족해체를 증가시키고 있다. 이러한 변화의 와중에서 아동은 때로 사회문제의 희생자로서 혹은 원인 제공자로서 언제나 문제들의 중심에서 이리 저리 이끌려 다녔다고 본다.

소년소녀가장세대는 1980년대 중반부터 나타나기 시작한 청소년가정에서 비롯되었다. 당시 가정해체가 급속화되고 시설의 문제점이 장기화된 현실에서 이러한 가정의 아동들을 시설에 계속 수용보호할 수 없는 관계로 정부는 1985년부터 '선 가정 후 시설보호' 라는 정책을 도입하였다. 1990년대에 소년소녀가장이라는 이름으로서 모든 사회모금의 중심에 나타나기 시작하였고, 국가나 사회단체들은 이들을 돕는 데 나서지 않으면 안 되는 모습을 보이기 시작했다. 과연 소년소녀가장이란 무엇인가?[1] 그 어느 나라에도 없는 이러한 집단을 만든 것은 무엇인가? 현행의 아동복지법에도, 어린이헌장에도 18세 미만은 아동으로서 국가, 사회, 보호자들이 이들이 독립된 인간으로 성장하기 위하여 미성년자로서 보호하여야 한다고 명시하고 있다. 그럼에도 불구하고 가장이라는 역할을 강조하며 온갖 사회적 동정을 동원하는 것은 무슨 근거일까? 가족이란 그 집단이 소속한 문화에 따라서 다르게 정의할 수도 있겠으나 많은 경우 결혼으로 맺어진 남녀와 그들의 미혼자녀—핵가족—를 지칭한다고 볼 수 있겠으나 근래에 이르러 가족해체가 보편화되면서 단독가구, 노인가구, 가족재구성에 의한 혼합가족의 형태도 증가하고 있다. 그러나 이 모든 종류의 가족형태는 성인의 존재를 일차적으

1) 소년소녀가정이라는 용어를 영어로 표기한다면 child headed family 혹은 youth headed family라고 할 수 있을 것이나 영어로는 emancipitated minor로 사용하는 것이 바르다고 본다. 이는 원래 로마법에서 유래하며 주인의 허락 아래 자유의 몸이 된 노예 혹은 부권으로부터 해방된 아동을 지칭한다고 보여지나 현재는 부모의 권한 밖에 있는, 부모의 권한을 이양받은 미성년자로 이해된다. NASW, 1987년도 사전, p.282.

로 인정하고 있다는 점이다. 다시 말하면 미성년자로 이루어진 가족의 형태는 일단 사회적으로도 법적으로도 인정을 하지 않고 있는 것이다. 따라서 미성년자만으로 구성된 가족이 발생한다면 국가나 사회가 개입을 하여야 한다는 의미가 내포되어 있는 것이며 만일 현재와 같이 이 사회에서 계속하여 미성년세대를 인정하고자 한다면 법적으로 인증된 새로운 가족의 개념을 도입하지 않고서는 소년소녀가장가정을 인정하기란 쉽지가 않을 것이다.

현재 소년소녀가장은 이 나라의 보호를 필요로 하는 아동의 전형으로 일컬어지고 있다. 그 숫자는 날로 증가하고 현재는 일종의 가정형태로 자리매김하고 있다고 보아야 하겠다. 이러한 사회적 흐름에도 불구하고 소년소녀가장이 공식화되는 것에 우려를 표하는 이유는, 먼저 미성년자인 이 아동들을 일종의 가족구조로 인정한다는 것은 사회적 · 윤리적으로 용납하기가 쉽지 않다는 것, 이들에게는 공식적 혹은 비공식적 자원망이 존재하고 있다는 것, 아직까지 가장의 역할을 수행할 만큼 성장하지 못했다는 것, 정부에서 제공하는 공적 부조의 수준이 부족하다는 것 그리고 정부와 민간기관 간의 협력하에 결연사업이 진행되고 있으나 심한 불균형으로 이들간에도 빈부의 격차가 높아지고 있다는 점 때문이다.

많은 논란에도 불구하고 아동복지적 차원에서 이들의 권리와 사회적 책임을 확인하기 위하여서는 이러한 논의가 계속되어야 하기 때문이다.

II. 한국의 소년소녀가장세대에 대한 분석

여기에서는 우선 소년소녀가장의 실태를 분석한 후 아동복지법(1981년 법률 제3438호 전문 개정, 1997년 법률 제5454호 일부 개정, 2000년 법률 제6151호 전문 개정)과 국민기초생활보장법(1982년 법률 제3623호 전문 개정, 1997년 8월 법률 제5360호, 1997년 12월 법률 제5453호로 부분 개정, 1999년 9월 법률 제6024호)을 분석하고자 한다.

1. 소년소녀가장세대의 실태[2)]

현재 보건복지부가 시행하고 있는 아동복지사업은 크게 시설보호사업과 아동건전육성사업으로 나눌 수 있는데, 이 중 소년소녀가장세대는 아동건전육성사업의 하나이다. 정부는 부모의 사망, 이혼, 질병, 심신장애, 가출, 복역 등으로 부모가 없거나 또는 노동력과 생활능력이 없는 직계혈족(또는 방계혈족)을 모시고 있으며, 이로 인하여 생계가 곤란한 결손·결함세대로서 만 18세 미만의 소년소녀가 경제적, 정신적으로 가사의 실질적인 책임을 지고 생활하는 가정을 소년소녀가장세대라 정의하고 있다. 이 사업은 1985년부터 시작되었으며, 이들 세대에 대하여 국민기초생활보장법 제5조의 규정에 의하여 국가는 경제적으로 필요한 최저한의 생활을 보장해 주는 것이다. 소년소녀가장세대를 보호해 주는 것은 이들이 가정 속에서 성장할 수 있도록 생계·교육·의료급여를 실시하고 배양하여 건전한 사회인으로 육성하고자 함에 있는 것이다. 소년소녀가장세대는 정부가 1985년 처음 이 사업을 실시할 당시 4,900명이었으며, 해마다 증가추세에 있었으나 최근에는 점차 안정되어 가고 있으며, 1997년에는 9,544세대에 16,547명이며, 이를 연도별로 보면 다음 〈표 9-1〉과 같다.

2) 이 실태는 1997년도 청소년백서 : 문화체육부, pp.464~467 ; 보건복지부, 1998년 아동복지사업지침, pp.36~37 ; 보건복지부, 1995년 아동복지사업지침, pp.44~46 등을 참고하여 재구성하였음.

〈표 9-1〉 소년소녀[illegible]세대 현황(1999)

연도	[illegible]수	세대원					
		계	미취학	초등학생	중학생	고등학생	기타
1985	[illegible]696	13,778	142	3,593	4,009	2,998	3,036
1989	[illegible]029	13,233	450	3,749	3,814	1,632	3,588
1990	[illegible],696	13,778	142	3,593	4,009	2,998	3,036
199[illegible]	[illegible],107	15,118	124	2,914	5,261	4,392	2,427
199[illegible]	[illegible]8,849	16,001	149	2,854	5,447	4,833	2,718
199[illegible]	[illegible]9,544	16,547	174	2,830	5,382	5,516	2,645
199[illegible]	[illegible]8,407	13,627	150	2,428	4,515	5,141	1,393

자료 : [illegible]부(단위 : 세대, 명).

위의 [illegible]와 같이 연령만을 기준[illegible]로 본다면 현재 소년소녀가장들의 가정이 얼마[illegible] 문제가 많은가를 단[illegible]으로 보여 주고 있다. 고등학생이 전체의 34%로 [illegible] 이들을 세대주로 계산[illegible]다고 하더라도 대부분(약 2/3 정도)의 가정들은 [illegible]15세 이하의 아동들로 [illegible]성되었다고 말할 수 있다. 과연 이들이 가정이 [illegible]지되기 위한 최소한의 [illegible]할을 할 수 있다고 인정하면서 이들 세대를 하나의 가정으로 받아들인 것[illegible]가? 물론 1998년도 아동복지지침에서 세대주의 [illegible]령이 15세 미만일 경우 [illegible]동 단독세대를 지정하지 않고 아동복지시설로 [illegible]소방안을 강구한다고 [illegible]였으나 이들을 수용할 만한 시설이 있는지를 고[illegible]해 보아야 할 것이다.

이[illegible]들이 소년소녀가장이 [illegible] 발생원인별 현황이 〈표 9-2〉에 나와 있다. 199[illegible]년을 예로 들면 부모의 [illegible]망으로 인한 발생이 49%이며, 부모의 가출이나 [illegible]방불명이 31.9%이며 [illegible]다음은 부모의 이혼과 재혼으로 이들은 미성년[illegible]정이 된 것이다. 이 표[illegible]서도 알 수 있듯이 많은 수의 이들 부모가 어딘[illegible]에 존재한다는 뜻이다. [illegible]구나 1997년 말부터 시작된 경제위기가 가정해[illegible], 부모의 가출, 이혼 등[illegible] 증가시키는 경향을 보이고 있으므로 그 동안 [illegible] 안정되었던 소년소녀[illegible]장세대수가 이보다는 훨씬 많아질 것으로 보[illegible]다.

〈표 9-2〉 소년소녀가장의 발생원인별 현황(1999)

연도별	세대수	부모사망	심신장애	가출행불	이혼재혼	노령	복역 등 기타
1991	6,902 (13,985)	3,455	389	1,859	1,016	30	153
1992	7,089 (14,081)	3,409	375	1,999	1,076	26	204
1993	7,322 (14,293)	3,418	416	2,107	1,146	17	218
1994	7,540 (14,372)	3,580	386	2,392	896	18	268
1995	8,107 (15,118)	4,222	404	2,414	679	14	374
1996	8,849 (16,001)	4,345	451	2,825	865	10	353
1998	8,407 (13,627)	4,202	478	2,534	803	49	341

주 : ( )는 세대주 및 세대원 포함 전체 가족수, 단위는 세대임.
자료 : 보건복지부.

소년소녀가장세대가 발생하여서 국가가 공식적으로 도움을 제공한다고 하더라도 이들은 친척(69.3%) 그리고 비혈연가구(4.6%)와 동거하고 있으며 그중 과반수 이상이 조부모와 살고 있다. 문제는 소년소녀가장가구의 26.4%가 단독으로 이루어진 세대이며, 이 중 72.4%가 2명 이하이며, 22.0%는 혼자 살고 있다는 점이다(노혜련, 1997). 즉 약 6%인 1,000명 가량의 미성년자가 단독으로 거주하고 있으므로 이들에 대한 보호와 지도의 문제가 제기된다.

그리고 〈표 9-3〉에서 나타나듯이 이들의 주거형태는 1996년 말 현재 친척 또는 친지의 집에 거주하는 경우가 50%로 가장 많으며 그 다음이 영구임대(19.4%), 자가(16.5%)이다. 영구임대아파트에 약 20%에 가까운 가정들이 혜택을 받은 것은 1992년 본 연구자의 조사시 90% 이상이 거주지문제를 안고 있었으며 이를 시정하기 위하여 1993년 이후 한국아동복지학회가 정부에 대하여 정책적으로 꾸준한 건의를 하였고(문선화, 1993 ; 1995), 정부의

〈표 9-3〉 소년소녀가장 주거형태별 현황(1998. 12. 31)

세대수	자가	전세	월세	친지	영구임대	기타
8,407 (100%)	1,271 (15.1)	694 (8.3)	[illegible]	4,423 (52.6)	1,284 (15.3)	128 (1.5)

자료 : 보건복지부(단위는 세대).

지원도 더욱 활발해졌음을 보여 주는 것이다.

2. 아동복지법에서의 소년소녀가장

아동복지법은 1982년에 전문 개정되었으나 그 당시에는 소년소녀가장이라는 용어가 존재하지 않았다. 현재 소년소녀가장에 대한 법적 근거를 제공하고 있는 생활보호법도 1982년에 전문 개정되었다. 물론 1997년에 부분적으로 개정이 되었으나 이러한 아동들에 대한 조항을 삽입하지는 않았으며, 2000년 1월 12일 많은 조항이 개정되었으나 이들에 대한 언급은 없고 단지 학대와 보호를 필요로 하는 아동이라는 항목으로 볼 수 있다. 그리고 생활보호법도 국민기초생활보장법으로 2000년 10월부터 시행되기 시작하였으므로 계속적인 논의가 필요하다고 본다.

그러나 아동복지법에는 소년소녀가장이 존재할 가능성과 가능치 않음을 밝히는 조항들이 몇 군데 있다.

① 제2조 제3항에서 보호를 필요로 하는 아동은 보호자가 아동을 양육하기에 부적당하거나 양육할 능력이 없는 경우에 발생할 수 있음을 밝히고 있다. 보호자라 함은 친권자, 후견인, 아동을 보호 · 양육 · 교육하거나 그 의무가 있는 자 또는 업무 · 고용 등의 관계로 사실상 아동을 보호 · 감독하는 자를 의미한다. 다시 말하면 아동은 누군가에 의하여 보호되고 양육되어야 한다는 목적이 기본적으로 제시되고 있다.

② 제4조에서 국가와 지방자치단체를 포함한 모든 국민(여기에서는 20세

이상을 의미한다고 해석할 수 있음)은 아동의 건강, 복지, 권익과 안전을 책임져야 하며, 아동은 가정 내에서 양육되어야 함을 명시함으로써 일차적으로 아동이 책임 있는 보호자의 도움을 받아 건강하고 안전하게 양육되지 않으면 안 된다고 하였다. 그리고 제6조의 아동위원은 해당 아동의 생활상태와 가정환경을 상세히 파악하고 관계 기관과 협력하도록 되어 있으며, 필요한 원조와 지도를 행하여야 한다고 명시되어 있다.

③ 18세 미만의 아동이 친권자나 후견인의 보호 없이 방치되어 있다면 보호조치(제10조)를 취하여야 한다. 이 부분이 불명확하지만 소년소녀가장의 발생을 법적으로 예방하고 있음을 밝히는 것으로서 친권자나 후견인의 보호 없이는 방치할 수 없다는 의미로 볼 수 있다. 그리고 제13조는 친권자 또는 후견인이 없는 아동을 발견한 경우 그 복지를 위하여 법원에 후견인의 선임을 청구할 수 있어야 한다.

④ 제10조 제1항 제4호에서는 만일 아동이 보호자 없이 방치되었을 때에는 시설에 입소시켜야 한다고 정하였다. 또 특별한 보호가 필요한 약물 · 알코올 중독, 정서장애, 발달장애 아동 등에 대해서는 치료, 요양시설에의 입원 · 입소조치를 취하여야 한다고 하였다. 소년소녀가장의 경우 보호를 필요로 하는 아동으로서 만일 이들이 보호자나 친권자와 동거하지 않고 아동들만 거주하고 있다면 당연히 아동복지법에 의하여 시설보호조치를 취해야만 하고 제11조에 의하여 만 18세까지 혹은 가능하면 20세까지 시설보호를 받아야 할 것이다.

⑤ 아동복지법에서 가장 분명치 않은 부분이 후견인의 존재와 그의 선임에 관한 것이라고 본다. 즉 고아를 발견한 때에는 필요하다면 후견인의 선임을 청구할 수도 있다는 것이다. 아동이 성장하는 데 있어서 필요한 것은 보호자이다. 물론 성인이 다 완전할 수는 없고, 때로 아동학대, 아동유기사건이 발생하나 대부분의 성인은 아동을 보호할 능력은 있다고 본다. 그리고 후견인이나 친권자 혹은 보호자에 의한 부당한 행위는 제29조에, 이에 대한 벌칙은 제40조에 명기되어 있다.

3. 국민기초생활보장법

1) 적용 대상

소년소녀가장이 가능할 수도 있는 것은 국민기초생활보장법 제5조 제1항에서 부양의무자가 없거나 부양의무자가 있어도 부양능력이 없거나 부양을 받을 수 없는 자, 다시 말하면 동법 시행령 제4조 1항과 제7조에서 의미하는 '근로능력이 있는 수급자'의 대상에서 제외되는 생활이 어려운 부양의무자이거나 또는 부양의무자가 부양을 하는 경우라도 그 생활 수준이 동법 제5조 제2항의 규정에 의한 보호의 기준에 미치지 못하였을 때이며, 이는 "…국민의 소득 · 지출 수준과 수급권자의 생활실태, 물가상승률 등을 고려하여 최저생계비를 결정하여야 하며…최저생계비를 결정하기 위하여 필요한 계측조사를 5년마다 실시하며…"라는 것에 근거한다. 이러한 아동이 있는 가정을 국가가 보호해야 하며 생활보호법은 그 대상을 만 18세까지로서 이 기간이 지나면 그 사유가 소멸되나 국민기초생활보장법에서는 연령에 관계없이 소득이 최저생계비 이하인 경우 수급권자가 될 수 있다.

(1) 소년소녀가장세대 선정 기준—이러한 법에 근거하여 1998년에는 그 이전에 비하여 강화되었다.

① 부모의 사망, 질병, 심신장애, 가출, 이혼, 수형 등으로 인하여 만 18세 미만의 소년소녀가 가정생활을 이끌어가야 함으로써 정부의 보호가 필요한 국민기초생활보장 수급자 선정 기준에 적합한 자(부득이한 경우에 한하여 20세까지 인정 가능)

② 소년소녀가장세대주의 연령이 15세 미만으로 보호자(부, 모, 조부모 등)와 함께 생활하지 않는 아동 단독 구성세대는 세대 지정을 제한하고 아동복지시설로 입소방안 강구

③ 소년소녀가장세대로 지정된 세대도 부적격한 경우는 제외조치(예 : 조

부모와 동거하는 세대로 조부모의 부양능력이 있는 경우 제외)

1998년과 그 이전을 비교하면 소년소녀가장의 연령이 20세에서 18세로 하향 조정되었고, 소년소녀가장세대주의 연령이 15세 미만일 경우 아동복지시설에 입소하여야 하며, 그들의 조부모가 동거하면서 부양능력이 있다면 이를 대상에서 제외한다는 것이다. 선정 기준의 강화는 장점도 보이나 여러 가지 문제가 나타나고 있음을 지적하지 않을 수 없다. 현재도 아동복지시설에 수용보호중인 아동도 만 18세가 되어도 독립이나 자립할 수 있는 사회적 여건이 어려우므로 연장아 보호라는 측면에서 계속 지원을 하고 있는 것이다. 그런데 20세까지 인정한다고 하였으나 '인정'이라는 사실만으로는 이들이 도움을 받을 정확한 근거는 되지 않는다는 것을 지적해야 한다.

다음으로는 조부모의 부양능력과 관련된 것이다. 부양능력의 수준이 얼마나 되는 것인가가 문제다. 물론 국민기초생활보장법의 기준에 근거하리라고 보지만 조부모의 생활능력(즉 경제적 능력)이 소년소녀가장에 대한 생활책임과 어떠한 관계가 있느냐이다. 만일 이들 소년소녀가장의 부모가 남긴 유산이라면 당연하겠으나 이것이 조부모들이 자신들의 노후를 위하여 준비된 경제적 능력이라면 이것이 과연 판단의 기준이 될 것인가가 문제이다. 새로이 마련된 기준은 이들 소년소녀가장의 지금까지의 비공식적 관계망을 인정하지 않는 오직 이들의 조부모나 친척만을 대상으로 하고 있는 것이다. 어떤 경우는 친척보다 이웃의 관심이나 보살핌이 훨씬 효과적이라는 것을 고려치 않았다고 보아야 한다. 결국 이러한 선정 기준은 보건복지부가 이미 선정 대상에서 두 개의 메시지를 전달하고 있음을 보여 준다. 미성년자가 누군가 보호자와 함께 동거해야 한다는 것을 의미하면서도 구태여 그들에게 이들의 양육권을 인정하지 않겠다는, 그럼으로써 소년소녀가장세대를 유지시키겠다는 것이다.

(2) 소년소녀가장 책정

소년소녀가장의 책정은 국민기초생활보장법 제5조에 의한 수급권자로 우선 책정된다. 만일 이들의 부모가 [illegible] 등으로 인하여 주민등록 정리가 안 된 경우에는 사회복지사 2급 이상이 [illegible]격 여부를 판단하여 책정한 후 보호조치한다.

신규로 책[illegible]하여야 할 때는 다음 달[illegible]터 보호조치하고 1998년부터는 국고보조는 예[illegible]상에 책정된 범위 내에[illegible]만 지원이 가능하므로 국고예산 부족시에는 지[illegible]비로 보호조치하여야 [illegible]다. 지방자치시대에 지방정부의 책임은 당연하나 현재와 같이 지방간의 [illegible]이가 많을 경우 대상자로 책정되었다고 하더라도 모든 대상자가 충분한 [illegible]호를 받고 있다고 보기는 어렵다. 그리고 전에는 보호기간이 만 20세까[illegible]였으나 1998년부터는 만 18세가 되는 해의 말일[illegible]지로 하며 보호기간이 [illegible]료되면 그 내용을 반드시 사전에 통보하도록 되[illegible] 있다. 그러나 연령의 [illegible]한이 없어진 현재로서는 책정상의 기준이 대단히 [illegible]호해졌다고 볼 수 있다.

2) 급[illegible]

이러[illegible] 조문에 근거하여 부양[illegible]무자가 없거나 부양의무자가 있어도 부양능력[illegible] 없는 아동으로 이루어[illegible] 가정에 대하여 국가는 제7조에서 급여: 생계급[illegible], 의료급여, 자활급여, [illegible]육급여 등의 종류를 제시한다. 여기에서는 생계급[illegible]와 기타 정부의 구체적[illegible] 지원으로 나누어서 논의한다.

(1) [illegible]계급여

생[illegible]급여는 수급자에 대하여 의복, 음식물 및 연료비와 기타 일상생활에 기본[illegible]으로 필요한 금품을 지[illegible]하며 그 생계를 유지하게 하는 것(제8조)으로 국민으로서의 최저생계에 [illegible]요한 금품의 제공을 의미한다. 그러나 문제는 [illegible]에서 언급한 바와 같이 [illegible]요한 계측조사를 매 5년마다 실시한다고 하였으나 현재와 같이 실생활의 변화가 극심한 상황하에서는 5년이라는 기간이 [illegible]무 길다고 보여진다. 그[illegible]고 생계급여에 대한 방법(금전 제9조)과 장소

(수급자의 주거지 제10조)를 정하고 있다. 문제는 위의 〈표 9-1〉에서도 알 수 있듯이 소년소녀가장의 약 50%가 중학생 이하라는 점이다. 이들이 제공되는 금품만으로 생계를 원만히 유지할 수 있을 것이라고 기대하는 것은 문제점으로 지적된다.

(2) 구체적인 지원 내용

이러한 국민기초생활보장법에 의거하여 소년소녀가장에게 주어지는 구체적인 서비스는 아래와 같다.

보건복지부의 아동복지예산은 1998년에 45,159백만 원이다. 이 중 대부분은 시설보호(80.8%)에 투입된다. 소년소녀가장에게 지급되는 예산은 8,674백만 원(19.2%)으로서 입양기관, 결연기관 운영, 장애아동 가정돕기, 취업알선센타 운영, 어린이 찾아주기 프로그램 등과 비교할 때 결코 적은 몫은 아니라고 본다. 15,118명에게 매달 5만 원씩 지급하는 것이다. 이것은 중앙정부가 지급하는 기본적인 일반보호비용으로서 학용품비, 영양급식비, 간식비, 교통비, 교복비, 운동화, 의약품비, 부교재 등이 여기에 포함된다. 그러나 생계급여비(주식 · 부식비, 연료비, 피복비, 월동대책비) 교육급여비(중학생 혹은 고등학생 수업료 및 입학금) 등은 환가로 치면 매달 162,000원이 지급되고 결국 매달 이들 소년소녀가장에게 지출되는 비용은 국비와 지방비를 합쳐서 212,000원이 들어가고 기타 사회 자활급여의 혜택을 받음으로써 자립할 수 있는 대책과 자활급여 서비스를 사용할 수 있도록 사회복지기관의 도움이 필요하리라고 본다. 복지단체나 후원자들과의 결연으로 인하여 발생되는 비용은 여기에 포함되지 않았다.

정부는 소년소녀가장세대원들에 대하여 학비를 지원하고 있다. 그러나 한국보건사회연구원의 조사(김응석 · 이상헌, 1994)는 이들 중 15.3%가 학교에 재학하고 있지 않으며, 1998년에는 18세 미만자만을 대상으로 선정하였다는 것을 감안할 때 적어도 전체의 16.2%는 학교에 취학하지 않고 있으며, 이것은 청소년 사이에 문제점으로 대두되고 증가추세인 중퇴나 자퇴와 연결되리라고 보[illegible], 이들에 대한 개별적 [illegible]근의 필요성을 고려하지 않으면 안 될 것이다.

그리고 자[illegible]급여는 지금까지 20세 [illegible]상의 성인에게 제공되는 서비스라고 할 수 있[illegible] 그러나 연령의 제한이 [illegible]어진 현재 18세 미만의 가정의 아동들도 이들이 [illegible]하면 항상 국민기초[illegible]활보장법의 수급권자로서 자립할 수 있는 시기까[illegible] 대책을 마련하기 위하[illegible] 이러한 자활급여 서비스를 사용할 수 있도록 [illegible]회복지기관의 도움이 필[illegible]하리라고 본다.

3) 전달[illegible]계

국민기[illegible]생활보장법 제9조, 제1[illegible], 제12조, 제15조 그리고 제4장의 제21조에서 제[illegible]조까지는 정부 혹은 [illegible]간기관의 전달과 그 방법에 대한 조항들이다. 이를 [illegible]정부의 지원과 민간기[illegible] 지원으로 나누어서 살펴본다.

먼저 [illegible]년소녀가장세대를 위한 [illegible]정부의 지원은 정부기관을 통한 공적인 지원과 [illegible]간단체를 통한 비공식[illegible]지원이 있다. 공적 지원은 국민기초생활보장법[illegible]의거한 지원사업과 아[illegible]의 생활이나 성장과 관련한 지원을 실시하고(아[illegible]의 [그림 9-1]) 있다.

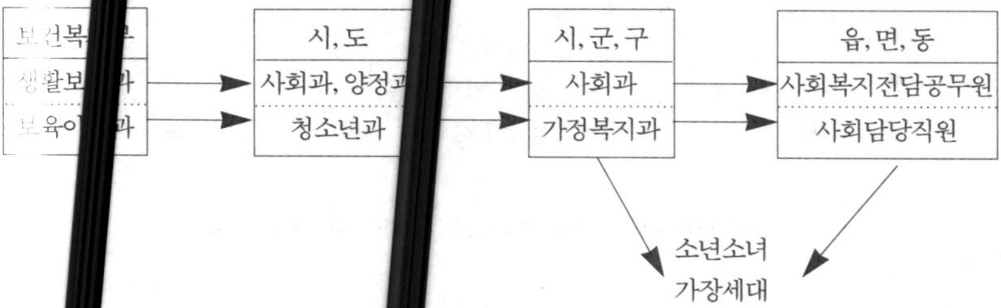

[그림 9-1] 소년소녀가장[illegible]지원사업을 위한 행정전달체계(1999년 현재)

우[illegible] [그림 9-1]에 의한 행[illegible]적 전달체계는 이중적이라고 볼 수 있다. 하나는 국민기초생활보장사업을 중심으로 한 전달체계로서 보건복지부의 생활보호과 소관이다. 여기서 소년소녀가장과 일선에서 함께 일하는 전문가가 사회복지 전담공무원이다. 이들은 대부분이 사회복지를 전공하고 이들의 복지를 책임진다. 그러므로 이들의 역할은 국민기초생활보장 수급자로서의 선정뿐만이 아니라 이들의 사후관리에도 막중한 역할을 한다고 본다. 그러나 소년소녀가장들에 대한 사례관리는 보육아동과에서 각 시, 도의 청소년과와 시, 군, 구의 가정복지과를 통하여 실시되고 있다. 이것을 미루어 보면 대부분이 같은 행정체계 내에서 같은 대상을 가지고 이중적 서비스를 시행함으로 인하여 시간, 예산, 인력의 소모가 많음을 볼 수 있다.

아래의 [그림 9-2]는 민간기관, 즉 보건복지부와 민간기관인 한국복지재단에 의한 서비스 전달체계이다. 한국복지재단은 소년소녀가장세대에 대한 사회적 관심이 주어지기 전부터 이들에 대한 서비스를 지지해 왔으며, 그동안 이들을 위한 후원자 개발과 관리 그리고 전국민을 대상으로 이들의 현실적 어려움을 알리는 데 많은 노력을 기울여 왔다.

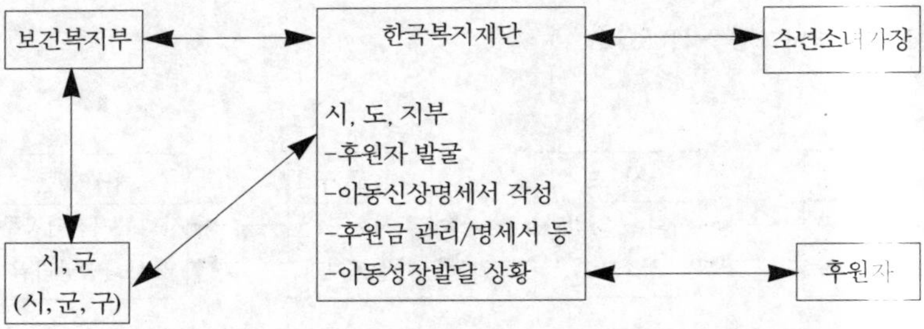

[그림 9-2] 한국복지재단의 소년소녀가장세대 지원체계

[그림 9-2]에서 보건복지부는 우선 시, 도(시, 군, 구를 포함하여)에 지침을 전달하고 예산을 배정(위의 [그림 9-1]과 같이)하며, 한국복지재단에 대하여서는 소년소녀가장세대에 대한 사업지침을 전달하며, 시, 도에서 올라온 보

고서에 준거하여 사업실적 등을 평가한다. 시와 도에서는 한국복지재단의 해당 15개 지부를 대상으로 하여 지침을 전달하며, 필요한 예산을 배정하기도 한다.

이에 대하여 한국복지재단은 우선 15개의 지부를 운영관리하며, 각 지부는 위에 열거한 것과 같이 후원자 발굴, 아동에 관한 신상명세서, 그들의 성장발달에 관한 상황을 관리하며 아울러 후원금 관리도 하고 있다. 각 지부는 소년소녀가장들과의 긴밀한 관계를 가짐으로써 그들의 성장에 관한 추이를 살펴볼 수 있고, 이들이 후원금이나 기타 수입을 어떻게 관리하는가를 알 수 있는 것이다. 그리고 각 지부의 사회복지사는 대상 아동으로 하여금 그들의 후원자들에 대한 감사서한이나 후원자들의 초청과 관련한 제반 사항들을 관리한다. 또한 지부는 후원자들에 대한 관리도 한다. 후원자와의 지속적인 관계유지(후원금의 사용내역에 대한 보고 등)는 후원금의 원활한 납부뿐만 아니라 다른 후원자의 발굴이나 그들이 돕고 있는 아동에 대한 관심을 지속적으로 유지시켜 준다.

III. 외국 법에서의 소년소녀가장에 관한 분석

1. 미국 법의 분석

한국의 경우 소년소녀가장의 발생은 부모의 사망, 질병, 심신장애, 가출, 이혼, 수형 등으로 인하여 친권자가 그들의 책임과 의무를 원만히 수행하지 못할 때 발생한다고 본다.

그러나 세계 어느 곳에도 youth-headed-family라는 용어는 없다. 단지 emancipated minor라는 명칭으로 사용되기도 하지만 이것은 우리가 현재 실시하고 있는 것과는 거리가 있다고 본다.

외국의 경우 부모의 사망, 가출, 이혼시 가정법원은 심리를 통하여 아동을 가장이라는 자리에 두기보다는 친권을 행사할 수 있는 후견인이나 위탁가정을 마련하는 것이 상례이다. 영국의 아동복지법 section 5(section은 우리의 條와 같으나 그 내용이 훨씬 방대하다. 이후 section을 sec.로 함)의 1에서 국가가 후견인을 지정해 주어야만 하는 아동을 명기하고 있다. 즉 아동을 방치해서는 안 된다는 것을 확실히 하고 있다. 또한 sec. 53에서는 지방정부가 운영하는 지역사회가정, 그리고 sec. 66에서는 개별적으로 혹은 정부의 주선에 의한 위탁가정에 관한 것이 기술되어 있다. 다시 말하면 아동을 방치함으로써 건강한 성장에 방해되는 조처는 절대로 취하지 않는다는 것이다.

영국은 1989년 아동복지법을 전문 개정하면서 이 법이 적용되는 모든 경우 아동의 복지에 긍정적으로 공헌할 때만 개입을 한다는 기본적인 철학을 앞세웠다. 즉 부모의 이혼이 부부간의 갈등에 의한 것이라고 하더라도 아동의 장래를 위한 법적 결정(order)이 아동의 성장과 보호에 도움이 되는 방향에서 부모간의 합의와 협조 아래 이루어져야 한다는 것과 이 결정이 아동의 복지를 증진시킬 것이라는 확신이 있을 경우에 취해져야 한다는 목적을 지니고 있다(Home Office, 1993). 그러므로 아동만의 가정을 고려한다는 것은 방치(neglect)한다는 의미이며, 이것은 전혀 고려의 대상도 되지 않는 것이다. 비록 이 법은 모든 가사소송의 경우에도 sec.1의 3에서 아동의 바람, 느낌, 그의 신체적, 정서적, 교육적 욕구, 환경의 변화에 대한 그의 견해를 받아들이지만, 그의 부모가 법적으로 결혼을 했든 하지 않았든 상관하지 않고 부모의 책임성을 가장 강하게 부각시킨 법이다(sec.3과 sec.5에서 부모의 책임, 제4조에서 부모의 책임의 의미 등). 부모가 그의 책임을 다할 수 없을 때 sec.5에서는 후견인을 둘 것을 명령한다.

그러므로 영국 아동복지법이 지닌 동반적인 관계와 비개입의 추정[3](sec.1

3) 어떤 부모이든지 간에 그 부모에게 문제가 있다는 사실이 법원에 의하여 밝혀지기 전까지는 개입을 하지 않는다는 원칙.

의 5)의 철학에 아동의 복지는 가장 중요한(paramount) 것이며, 마지못해 시행해서는 안 되며, 이 법률에 의하여 시행되는 모든 명령은 아동의 이익이 우선되지 않는 한 결정되지 않아야 한다는 주장 등의 새로운 원칙들을 포함하고 있다. 그러므로 sec.2에서 밝힌듯이 가장 기초적 원리는 부모의 권리에 대한 문제와 부모로서의 책임에 의한 의무인 것이다.

미국의 경우 대단위의 아동양육시설이 문을 닫은 후 부모와 함께 살 수 없는 아동을 위하여 입양과 위탁가정이 주된 대리적 서비스라고 볼 수 있다. 그러나 위탁가정에 장기간 거주해야 하는 아동이 점차 성장해 가면서 독립해야 하는 만 18세가 되었을 때 자신의 삶을 준비할 수 있는 경험의 부족으로 인하여 많은 문제점이 발생하게 되어서 1985년에 사회보장법의 일부 수정으로 만 16세에서 18세의 청년들이 자신들의 의지에 따라서 성인기를 준비할 수 있는 수정안을 통과시켰다(Section 477, Title IV-E of the Social Security Act).[4] 그러나 이 법은 아동이 혼자서 독립하여 살아가는 것이 아니라 AFDC의 자격이 있는 18세 미만의 아동이 현재 자격증이 있는 위탁가정에 거주하거나 25명 이하의 공공사회복지시설(주로 그룹홈 혹은 이와 유사한 소규모 생활거주제)에서 보호를 받고 있는 경우에 해당된다. 즉

① 고등학교 졸업증을 따기 위한 혹은 직업훈련을 받으려는 의지가 있는 아동

② 독립하여 생활할 때 필요한 집을 구하거나 관리하는 일이나 가사, 수입과 지출관리 방법, 장래계획

③ 개인적 집단적 상담

④ 초기에 참여하는 아동에 대한 통합적이고 조정된 모든 가능한 서비스

⑤ 이 프로그램에 참여하는 아동이 관심 있어 하는 외적 활동에 대한 계

---

4) 이 조항은 미국 사회보장법의 위탁양육 관련인 Title IV-E의 일부를 수정하면서 Independent-Living Initiative로서 1985년에 통과되었다. 이 조항은 P.L. 99-272로서 통과된 the Consolidated Omnibus Reconciliation Act of 1985(Sec. 2307 ; codified at 42 U.S.C. Sec.677)에 있다.

획과 실행

⑥ 각각의 아동에게 장래계획과 관련된 필요와 욕구의 사정과 그것을 토대로 하여 독립된 생활에 필요한 제반의 전환계획을 서면으로 작성할 수 있도록 도와주는 것이다(Allen, Bonner & Greenan, 1988). 이 법은 아동의 생활비나 훈련비, 혹은 기관의 제반 경비에 소용되는 것을 의미하는 것이 아니라 위에서 제시된 서비스와 프로그램만을 위하여 마련된 보조적 성격을 띤 연방지원이다.

일본의 아동복지법에도 소년소녀가장이나 이와 비슷한 경우를 언급한 조항은 없다. 단지 우리나라에서 소년소녀가장이 쉽게 발생할 수 있는 상황인 부모의 사망, 질병, 심신장애, 가출, 이혼 수형 등일 때 제24조는 乳兒 나 幼兒일 경우 보육소(우리나라의 보육시설)에 입소시켜 보호를 해야 한다고 하였으며, 이보다 연령이 많으면 보호를 필요로 하는 아동으로서 아동상담소에 통고(제25조)한 후 복지사무소장이 아동의 상황에 따라 제26조 혹은 제27조의 조치를 취하도록 한다고 명기되어 있다. 그러나 제26조, 제27조에 해당되는 아동은 주로 보호를 필요로 하는 아동 중에서 부모에게 문제가 있는 아동이라기보다는 아동 자신에게 문제가 있기 때문에 보호의 대상이 된 경우를 의미한다. 복지사무소장은 제33조의 1에 의거하여 일단 아동을 일시보호하고, 제41조에 제시한 양호시설이나, 제33조의 8에 준거하여 후견인 선임청구를 하여야 한다. 후견임 선임은 물론 아동의 부모가 사망이나 기타의 사유에 의하기도 하지만 친권자가 그 친권을 남용하고 복지적 차원에서 그 아동이 불행하다고 보이는 경우 친권상실선고를 청구할 수도 있다는 것이다. 그리고 후견인이 선임되었지만 부정한 행위나 나쁜 행적, 그 외에 후견인으로서의 임무에 적절치 못한 이유가 분명한 때에는 민법의 규정에 의하여 해임의 청구도 할 수 있다고 정하고 있다.

그러나 일본의 경우도 한국의 소년소녀가장과 같은 상황이 발생할 가능성이 높음에도 불구하고 양육시설이나 후견인제도에만 한정을 시키고 위탁가정이나 그 외의 방법을 개발하지 못하며, 법의 개정을 위한 작업(후생성 아동가정국, 1997)에도 이러한 가능성을 전혀 고려하지 않고 있다. 단지 아동 자립지원시책을 제안하고 있는데 주로 지역복지적 차원에서 상담과 지원을 위한 체제를 강화시키려는 노력을 하고 있으며, 양호시설 등에 거주하는 아동의 자립지원에 초점을 두고 있으며, 우리나라의 그룹홈과 같은 '자립지원 홈'을 강화하여 법제화하여 제2종 사회복지사업으로 확고히 하려는 것이다.

2. 아동의 권리에 관한 국제협약에 의한 소년소녀가장의 비합법성 분석

① 제2조—현재 동거하고 있는 성인이 노인, 장애, 질병, 혹은 수형중이라고 할지라도, 다시 말하면 협약 제2조 제1항은 그들의 부모나 법적 대리인이 ··· 사회적 원천, 재산 정도, 능력 정도 등 어떤 이유로도 그 권리(아동이 건강하게 성장하기 위하여 보호를 받아야 되는 권리)가 침해당할 수 없다는 것이다.

② 제3조—아동의 최적 생존이 가장 중요한 고려의 대상이 되어야 하며, 국가는 아동의 복지에 필요한 보호와 관심을 보장하기 위해서 모든 적정한 사법적 행정적 방법을 강구해야 하며, 국가는 책임 있고 능력 있는 기관이나 단체를 선별하여 아동의 보호를 담당하여야 한다고 하였다. 그러면 과연 아동에게 가장이라는 책임을 맡기게 한 단체나 사회복지기관은 어디인가. 한국의 경우 지금까지 한국아동복지재단이 이러한 사업을 수행해 왔다. 이 기관이 지금까지 수행해 온 소년소녀가장에 대한 사업들이 아동복지의 측면에서 합리적이었던가에 대한 재고가 요청된다. 물론 아동만으로 버려진 가정에 대한 복지재단으로서의 새로운 사업이 사회적 환기를 가능케 했다는 측면에서 그 공적을 인정할 수 있으나 책임 있는 사회복지기관으로서 아

동의 가장 기본적인 보호의 차원을 고려하지 못했다는 것은 문제의 소지가 있다. 아동을 방치하기보다는 아동의 보호와 건전육성이라는 차원에서 일단 관심의 환기가 이루어진 후에는 아동을 위한 법적 후원제도 마련을 위하여 노력하였어야 했으며, 아동의 공식 · 비공식 원조망을 동원하여 그들로 하여금 이 아동의 공식적 혹은 법적 보호자가 되도록 조처를 취했어야 했고, 더 나아가 만일 이 아동들이 방치된다면 발생할 수도 있는 문제점들을 고려하여 가정위탁을 체계화했어야 한다. 이것은 다음의 제5조에 더욱 분명히 나타난다.

③ 제5조—국가는 아동의 부모나 다른 가족 구성원들이나 공동체 사회뿐만 아니라 지역의 관례에 의해서 법적 대리인이나 아동에 대해 법적 책임이 있는 제3자의 책임이나 권리, 의무 등을 존중해야 하며 또한 본 협약에 나타난 권리를 아동이 잘 향유할 수 있도록 아동의 능력을 개발시키는 방법으로 모든 적정한 방향지시와 안내를 제공해야 한다고 되어 있다. 이는 아동이 정상적인 인간으로 성장하기 위하여 아동에 대하여 법적 책임이 있는 자를 선정해야 하며, 이들의 책임, 권리, 의무 등을 존중해 줌으로써 이들이 아동에 대하여 적절한 지도감독과 바른 방향으로의 성장이 가능하도록 도움을 주어야 한다는 것이다.

제6조—만일 위의 두 조항(제3조와 제5조)이 아동을 하나의 인격체로 보고 그를 국민의 한 사람으로 인정한다면 국가는 일차적 보호자로서의 책임이 있으며 이를 법적으로 보장하여야 한다는 것이다. 이에 더하여 국가는 아동의 생존과 복지에 적합한 최적의 환경을 마련해 주어야 하여야 한다는 것을 명시하고 있다.

④ 제9조는 아동의 의지와 상관없이 아동을 부모로부터 분리할 수 없다는 것이다. 그러나 아동의 생존과 관계될 겨우 합법적인 절차에 따라서 이를 실행하여야 한다. 아동은 어떠한 경우이든 성인의 보호 아래 놓여야 함을 다시 한 번 밝히고 있다. 그리고 제2항에서는 아동이 그들의 의견을 발표할 수 있는 기회를 제공하고 자신의 장래를 결정함에 아동의 의지를 존중해

주어야 한다는 것이다. 한국의 소년소녀가장은 1996년 현재 49%가 양부모의 사망에 의한 것이고 연령별로 본다면 62%가 중학교에 다니고 있다. 이미 부모의 사망을 경험한 이들을 위하여 국가는 보호자로서의 책임을 감당하여야 한다고 본다. 그러므로 국가가 아동을 방치하는 이러한 행위를 재고하여야 한다. 더구나 이것이 과연 [illegible]법적인 절차에 의한 국가의 조처라고 보기에는 많은 문제점이 있다.

⑤ 제12조—국가의 보호자(혹은 친권자)로서의 책임은 이 조항에서 명백히 표현되고 있다.

[국가는 그 자신의 의견을 표현할 수 있는 능력이 있는 아동에게, 그 아동에게 영향을 끼친 모든 문제에 있어서 의견을 발표할 권리를 보장해야 한다. 아동들의 의견은 그의 나이와 성숙도에 따라서 합당한 가치가 결정될 것이다.] 과연 국가는 이들이 가장이 되는가에 대한 그들의 의견을 참조하였을까? 가장이 됨으로써 발생할 수 있는 모든 문제에 대하여 의견을 발표할 권리를 보장하였을까? 가장이란 집안의 어른이란 뜻이다. 법적으로 이 아동들에게 가장이라는 말이 타당한가?

⑥ 제18조—아동의 최적 생[illegible]의 기본요건이란 아동의 가정환경, 즉 양친이 양육과 성장에 책임을 지닌다는 원칙을 다시 한 번 강조하고 있다. 만일 부모나 법정대리인이 이를 수행하는 데 어려움이 있다면 국가가 원조를 해주어야 한다는 것이다. 대부분의 소년소녀가장들은 보호자 혹은 후견인이 될 수도 있는 성인과 동거하고 있다. 이러한 현실을 국가는 왜곡하지 말아야 할 것이다.

⑦ 제25조—아동의 육체적·정신적 건강을 위한 예방, 보호, 치료 등을 위한 전문적 기관의 역할을 의미하고 있다. 만일 아동이 가장으로서 활동하고 있으며, 경험이 부족하여 어떻게 치료를 받아야 하는가를 알지 못한다면 이들에게 다가오는 위험을 누가 보호해 줄 것인가?

⑧ 제27조—국가의 전[illegible]적인 책임을 논하고 있다. 아동의 권리와 관련된 조항은 특히 소년소녀가장가정이 가능할 때 국가의 막중한 책임을 논하

고 있기도 하다. 아동은 그들의 건전한 육체적 · 심리적 · 정신적 · 도덕적 · 사회적 성장을 위해 알맞은 생활 수준을 요구할 수 있는 권리를 제시하고 있다. 만일 현재의 소년소녀가장들이 그들의 이러한 권리를 충분히 인지하고 있다면 국가에 대한 그들의 요구를 얼마나 감당해 낼 수 있는지 의문이다. 이들의 건전한 도덕적 · 사회적 · 정신적 · 심리적 성장을 기대한다면 사회복지 전담공무원의 역할은 막중해질 것이며 현재와 같이 사무직으로 활용하는 시점에서는 그 성과를 기대하기가 어렵다.

3. 비교분석

사실 외국의 법에도 한국의 법에도 소년소녀가장이 존재하지 않으므로 이를 비교할 수는 없다. 미국에서 오랫동안 위탁가정에 거주하는 아동들에 대한 독립심을 고취시키기 위하여 사회보장법의 일부를 수정하여 16세 이상의 아동을 위한 독립거주 준비기를 마련하고 아동복지협의회(Child Welfare League of America)가 기준(1988)을 마련하기도 했으나 한시적 법이었고, 이후 별다른 발전은 없었다. 그것은 아동이 가정환경에서 성장해야 하며 특별한 프로그램이나 서비스를 받지 않아도 부모(위탁부모를 포함)에 의해 자연스럽게 습득되며, 대부분의 미국 고등학교에서 직업훈련이나 졸업 후의 계획에 대한 준비를 철저히 시키고 있기 때문이라고 본다. 즉 모든 아동이 가정에서 성장한다는 전제가 받아들여지기 때문이다.

이에 더하여 영국은 부모의 책임(역할)을 1989년 아동복지법에서 더욱 강화시켰으며, 거의 모든 가능한 문제의 발생(소년범까지도)에 대한 조처를 거의 완벽하게 했다고 본다.[5] 한국은 국민기초생활보장법에서 국민기초생활

5) 영국의 1989년 아동복지법은 그전에 존재하던 모든 아동 관련 법들을 포함시켰으며, A_4용지의 218쪽에 달하는 막대한 분량이다. 이 법은 10년간의 준비기간과 2년간의

보장 수급자[illegible]에 만 18세 미만이 포함[illegible]으로써 이러한 소년소녀가 국민기초생활보장 [illegible]급자가 될 수 있다는 것[illegible] 규정하지만, 이들이 가장이 된다는 의미는 아니[illegible]고 본다. 물론 해석상의 [illegible]이는 있겠으나 생활상의 도움이 필요한 가정에 [illegible]국가가 지원을 해 주는 [illegible]은 필요하지만 결코 가장은 될 수 없다고 본다.

IV. 개[illegible]방안

1. 이[illegible]및 기본원리

1) 이[illegible]

국가[illegible] 아동의 후견인이다. 이[illegible] 12세기부터 아동에 대한 국가의 책임을 논한 서[illegible]에서는 아동의 부모가 [illegible]녀를 양육할 수 없을 때 그 책임은 국가가 가[illegible]. 소년소녀가장세대도 [illegible]국은 국가가 책임을 지고 이들에 대한 복지를 [illegible]당해야 된다. 현재 국가[illegible] 이들에 대하여 주로 경제적 도움에 중점을 두[illegible] 있다. 그러나 아동의 성[illegible]과정에 있어서 인간이 전인격으로 다듬어지기 [illegible]해서는 신체적 성장에 [illegible]치중하는 경제적 도움도 중요하지만 정서적 · [illegible]신적 · 영적 · 신체적 그[illegible]고 사회적 성장의 기틀이 마련될 수 있는 전인[illegible]적 차원의 도움도 중요[illegible]며, 따라서 인간의 기본적 욕구인 성장과 안전(B[illegible], 1983)과 상호 관련되어[illegible] 어느 한쪽에 치우쳐서는 안 된다고 본다.

[illegible]동은 건강하고 안전하게 [illegible]어나 따뜻한 가정에서 사랑을 받으며 자라

[illegible]험기간, 그리고 제정공포된 [illegible] 1년 6개월간의 적응기간을 거친 후 본격적으로 실[illegible]되었다.

나도록 하여야 한다. 아동은 출생에서 끝나는 것이 아니라 계속 사랑과 관심을 받으며 성장하여야만 한다. 소년소녀가장이 된다는 것은 보호와 성장상의 장애가 있다는 것이다. 그러므로 국가, 사회, 이웃 혹은 관련된 모든 책임 있는 사람들의 노력과 관심이 필요한 것이다. 이들은 비록 소년소녀가장이라고 할지라도 몸이나 마음에 장애가 없도록 사회적 관심과 치료 프로그램이 제공되어야 할 것이며, 이것이 이들에게 학대로서 혹은 버림으로 사회문제화되지 않아야 할 것이다.

2) 기본원리

소년소녀가장이 하나의 세대로 아동복지법상에 포함되어야 한다면 다음과 같은 몇 가지의 기본적 원리가 고려되어야 할 것이다.

① 아동복지법 제13조에도 아동의 후견인 선임청구에 대한 조항이 있다. 문제는 친권자 또는 후견인이 없는 아동에 대한 것이다. 현재 대부분의 소년소녀가장세대에는 친권자 혹은 후견인이 될 만한 성인이 있다. 이러한 이중적 혹은 어떠한 비합리적 사실을 합리화시키려는 이 제도에 대한 어떤 법적 조처가 있어야 한다.

② 현재 동거하고 있는 성인들에 대한 권한을 유지시켜야 한다. 다시 말하면 이들에 대한 급여가 성인의 명의로 지급되므로 그들이 능력이 없는 노인, 장애인, 수형자, 만성질환자일지라도 그들은 성인으로서 이들을 책임지고 있다는 인식을 하여야 한다. 그리고 동거인이 전혀 없는 경우 비공식적 원조망을 구축한 도움의 틀을 제시해 주는 것이 필요하며, 현재와 같이 동단위의 전문 사회복지사의 주재 아래 진행시켜 이를 강화해야 할 것이다.

③ 이들을 위한 서비스 전달체계를 일원화하여야 한다. 현재는 국민기초생활보장사업의 대상자로서의 전달체계, 소년소녀가장에 대한 보호사업으로서의 전달체계, 그리고 한국복지재단의 지원체계가 중복되어 있다. 결국 이것은 전달의 불균형을 초래한다고 볼 수 있다.

④ 장기적인 차원에서의 도움의 체계를 마련하여야 한다. 보육시설에서 연장 아동을 위한 프로그램을 마련하거나 이들에 대한 도움도 성장하여 자립할 수 있을 때까지 자원의 연결과 확보가 필요하다.

⑤ 현재도 많은 사회복지관에서 이들에 대한 원조를 제공하고 있으나, 아동복지법에서 이러한 사업을 할 수 있는 근거를 마련하고, 특히 정서적 지지와 지원망을 구축하는 것이 필요하다. 자원봉사자제도의 활용을 위하여 이를 법으로 확보하는 것도 도움이 된다고 본다.

2. 조치

아동복지의 기본적 철학과 이념과 원리에 준거하여 일반적인 보호의 차원과 시설보호의 차원에서 소년소녀가장에 대한 조치를 하여야 한다. 즉 일반적인 보호의 조치는 다음과 같다.

첫째, 국가는 소년소녀가장세대와 같은 비합리적인 가정형태가 발생하지 않도록 사회교육이나 정책을 준비하는 것이 더욱 바람직하리라고 본다. 많은 대중매체의 프로그램들은 소년소녀가장가정을 조장하고 있는 것처럼 보일 때가 많다. 최소한 이들의 어려움을 사회에 보여 줌으로써 동정심을 자극하는 것만은 사실이다. 물론 소년소녀가장세대는 부모의 사망에서 비롯되었으나, 이보다는 부의 사망이 모자가정을 만들었고, 한국과 같은 사회적 여건은 전통적으로 여성에게 자립할 수 있는 기회를 제공하지 않았으며 무능력한 여성이 가사를 책임질 때 경제적 어려움과 더불어 가족간의 유대관계를 약화시킬 수 있는 상황이 쉽게 발생하게 된다. 이러한 어려움을 해결하기 위한 국가의 도움은 충분하지 못하고 결국 모는 힘든 상황을 이겨내지 못하고 병에 걸리거나, 가출이나 재혼을 선택하기도 한다.

또한 부의 실직이나 질병, 장애 등도 부자가정의 발생을 가능케 하기도 한다. 1970년대 이전의 여성들은 아무리 어려움이 발생한다고 하더라도, 때로는 남편으로부터 학대를 당한다고 하더라도 참고 견디며 가정을 유지하려는 사고를 지녔다. 그러나 시대는 급변하였고 모든 것의 척도가 금전과 연결되는 현재는 어려움을 받아들이기보다는 이러한 환경을 회피하려는 사고가 널리 확산되어 있는 것만은 사실이다. 이것은 매년 기하급수적으로 늘어가는 부자가족의 실태에서 잘 알 수 있다(문선화 · 조성혜, 1998). 장기간의 실직, 질병, 장애는 사회적으로 아버지의 무능력을 합리화시키며, 이러한 가정은 결국 소년소녀가장세대가 될 수밖에 없는 것이다.

둘째, 공식적 혹은 비공식적 양육자에게 후견인 혹은 유료 위탁자로서의 권한을 부여하여야 한다. 친척, 혹은 이들의 양육을 도와주거나 책임을 지고 있는 사람을 그들의 양육권자로 인정하며 이들에 대한 지원을 하도록 법이 개정되어야 한다. 위에서 지적한 바와 같이 약 22% 정도의 공적인 지원을 제외하면 모든 것을 혼자서 책임지며 살고 있다. 이들을 위한 후견인제도, 위탁양육제도 등을 보다 강화시켜 나가야 하며 이들의 역할을 아동복지법 등에 명시하여야 할 것이다. 만일 지금과 같이 그대로 방치한다면 한국사회는 아동을 방임하며 유기하고 있는 셈이다. 만일 이들이 위탁양육을 거절한다면 그룹홈의 형태를 만들어서 지역복지관이 운영하든가 아니면 관심 있는 후견집단들이 도움을 주는 방향도 필요하리라고 본다.

다음으로는 시설보호의 차원이다. 만일 이들 소년소녀가장의 상황이 15세 미만의 아동으로 구성되어 있으며, 주위에 아무도 친권자 혹은 후견인의 역할을 할 성인이 없다면 반드시 시설보호조치를 취해야 된다고 본다. 물론 아동의 의견을 존중해야 하고, 아동이 지닌 욕구나 특성 등이 고려된 후에 결정되어야 할 것이며 만 18세가 되었을 때 혹은 보호의 목적을 달성하였을 때 퇴소할 수 있음을 아동이나 시설장이 인지하여야 한다고 본다.

그러나 가장 중요한 것은 부모(혹은 친권자)의 책임조항을 마련하고 이들이 아동을 가정에서 원만하게 성장시킬 수 있도록 국가가 물질적, 정신적 지원의 체계를 마련하는 것이 가장 바람직한 조치라고 본다.

3. 벌칙

① 지방자치단체나 아동복지지도원 등은 아동이 보호자 없이 방치되어 있다면 그 책임을 우선 가져야 한다.

② 아동의 후견인이나 친권자는 아동이 가장의 역할을 하도록 방치할 경우 그 책임을 물어야 할 것이다.

③ 학교, 지역복지관, 아동상담소 그리고 아동보호전문기관 등은 아동이 방치되었거나, 친권자가 있음에도 가장의 역할을 하는 사실을 발견하고도 이에 대한 조치를 취하지 않았다면 그 책임을 물어야 하며, 이러한 아동에 대한 상담과 조치에 대한 조항이 명시되어야 한다.

4. 조직 : 전달체계

(1) 복잡한 행정지원체계로 인해 소년소녀가장들에 대한 서비스가 효율성 있게 전달되지 못하고 있다. 현재 소년소녀가장들을 위한 서비스 지원체계는 행정지원체계뿐만 아니라 각 지역의 복지관에서 제공하는 서비스 전달체계 또한 복잡하게 뒤엉켜 있다.

정부의 행정기구가 일원화된 서비스를 제공할 수 있기 위하여서는 우선 법체계가 정비되어야 할 것이며, 일선 행정기구나 지역복지관 등에서 제공하는 서비스나 관리 등도 형평성을 이루어야 한다. 예를 들면 각 구청에서도 소년소녀가장돕기 후원사업을 종교단체나 관내 소속기관들에 의뢰하여 지원을 받고 있다. 이것은 분명히 결연이나 후원금이 편중되게 사용될 수도 있다는 의미를 내포하며, 만약 이러한 서비스의 제공이 지속적이지 못하다면 청소년들인 소년소녀가장들은 받게 되는 정서적 손상이나 기대감의 상실을 경험하게 된다.

(2) 정서적 문제의 발생예방과 치료를 위한 전문 사회복지사를 활용해야 한다.

위에서도 잠시 언급되었지만 만일 이들에게 정서적 문제가 발생했을 때 해결할 연결망을 제공해 주어야 된다고 본다. 이들은 우선 사춘기의 소년소녀들이다. 인간의 성장과정에서 자연스럽게 발생할 수 있는 신체적 · 정신적 · 정서적 변화에 만족스럽게 적응하고 대처할 수 있도록 도움을 주어야 한다. 성숙되지 못한 상황에서 가사를 책임져야 하는 어려움도 있다. 부모가 있는 청소년들은 학교수업 외에 과외나 학원 등에 다니고 있다. 스스로 결정을 하는 경우도 있겠으나 대부분 부모들의 지도하에 이루어진다. 학교 내외에서 발생하는 크고 작은 사건들에 대처하기 위한 자긍심의 훈련도 필요하다. 만일 이들이 전문가가 운영하는 그룹홈이나 유료 위탁가정에 있다면 이러한 문제는 대부분 해결될 수 있을 것이다. 후견인이나 관심 있는 후원자와 지속적으로 만남을 가진다면 이러한 문제는 아마도 발생하지 않을 수도 있는 것이다. 결국 손쉬운 방법의 하나는 현재 동사무소에서 근무하고 있는 사회복지 전담공무원을 본연의 업무인 상담이나 가족문제 해결자로서 활용한다면 효과가 높을 것이라고 기대해 본다. 단기간의 프로그램 참가는 위안은 될 수 있으나 진정한 문제의 해결은 아니라고 본다. 사회복지 전담공무원들은 비록 이동이 있을지라도 계속적인 접근이 용이하리라고 본다.

(3) 아동복지법을 모법으로 하여 보호를 필요로 하는 아동들을 지원하는 체계를 확립한다면 행정지원체계나 사회복지기관을 통한 지원도 일원화될 수 있으리라고 본다.

이 문제에 대하여 위에서 많은 언급이 있었다. 문제는 복잡한 행정지원체계가 될 수밖에 없는 것은 법체계가 복잡하고도 미묘하게 얽혀 있기 때문이다. 이러한 복잡한 절차를 하나의 법(아동복지법)으로 묶을 수만 있다면 현재 일선에서 이들을 대상으로 서비스를 제공하는 사회복지 전담공무원들은 보다 효과적이고 효율성 있는 서비스를 소년소녀가장들에게 제공할 수 있을 것이라고 [illegible]다. 일단 정부의 체계가 [illegible]일원화되면 사회복지기관의 서비스도 쉽게 체계[illegible]될 수 있으리라고 본다[illegible]

5. 비용([illegible]앙정부/지방정부/본[illegible])

(1) 소년[illegible]녀가장들에 대한 국가의 [illegible]지원은 아동복지법상에 준거하여 실시되어야 [illegible]며 그 지원의 수준은 [illegible]어도 최저생계 수준은 되어야 한다. 2000년 개[illegible] 아동복지법은 보호를 [illegible]요로 하는 아동의 정의에서 보호자가 없거나 보[illegible]자로부터 이탈된 아동, [illegible]는 보호자가 아동을 학대하는 경우 등 그 보호자[illegible] 아동을 양육하기에 부[illegible]당하거나 양육할 능력이 없는 경우의 아동이 [illegible]가로부터 보호를 받을 수 [illegible]있다고 하였으나 국가나 지방자치단체가 보조하[illegible] 비용은 국가가 인정하[illegible] 아동복지시설, 대리양육, 위탁보호, 기타 전문[illegible]관이나 아동복지와 관련[illegible] 사업을 의미하며, 아동들만으로 이루어진 가[illegible]에 거주하는 경우는 해[illegible]되지 않는 것으로 나타난다. 또한 제32조의 비용[illegible]수는 아동의 보호자가 [illegible]호조치를 받을 경우 아동의 치료와 보호에 필요[illegible] 비용을 부담하여야 한[illegible]는 것을 의미하고 있다.

문제[illegible] 발생하고 있는 현실을 [illegible]인정하면서도 이러한 아동들에 대한 국가적 책임[illegible]의 범위를 정하지 않은 [illegible]이다. 결국 보호를 필요로 하는 아동인 소년소녀[illegible]장들은 공적 서비스의 [illegible]대상으로서 생계급여, 의료급여, 교육급여, 자활[illegible], 주거급여 등이 주어지[illegible]는 국민기초생활보장법상의 수급권자가 된 것이[illegible]

국[illegible]기초생활보장법은 제4[illegible]제1항에서 "건강하고 문화적인" 수준에서 최저[illegible]활이 가능하여야 한다[illegible]하였고 소년소녀가장세대는 제5조에 근거하여 [illegible]국가가 아동을 건강하게 [illegible]성장시키기 위하여 정책적으로 이들을 공적 부조[illegible]서비스의 대상으로 지정[illegible]였으므로 그에 알맞은 공적 부조가 이루어져[illegible]한다. 물론 한 논문(나[illegible], 1998)에 의하면 소년소녀가장세대의 경우

거택보호노인이나 장애인 혹은 자활급여 대상자들에 비하면 공적 부조에 의한 생계비가 많고, 여기에 후원금까지 포함하면 다른 수급권자들에 비하여 높은 수준의 최저생계급여를 받는다고 할 수 있다.

그러나 위의 전달체계에서도 보았듯이 분산된 행정체계는 서비스의 효율성이나 효과성에 있어서 많은 문제점(나경희, 1998)을 야기시키고 있다. 왜냐하면 공적 서비스의 수혜가 사회과의 국민기초생활보장업무에서 생계급여, 의료급여, 학비급여를 담당하고 있으며, 가정복지과에서는 피복비, 학용품비 등을 지급하고 있다. 내부로 들어가서 교육급여 서비스를 예로 들면 그 행정체계가 보건복지부, 교육부, 농수산부, 문화관광부 등으로 분산되었거나 뒤엉켜 있으며, 만일 수급자가 농어촌에 살고 있다면 여기에 농수산부까지 관여하게 된다.

(2) 비록 소년소녀가장세대에 대한 공적 부조가 다른 수급권자들에 비하여 높다고 할지라도 현실화시킬 수 있어야 한다.

1998년의 소년소녀가장세대에 대한 정부의 예산은 1995년의 수치에 근거하여 책정되어, 그 예산액이 전혀 증가되지 않았고, 다른 공적 부조에 비하여 다소 높은 지원이 주어지지만 (현재 아동복지 부문의 정부지원 예산 중 시설보호 프로그램을 제외하고는 가장 많은 투자를 하고 있다) 이것이 오늘의 한국 사회에서 생존해 가기에는 결코 충분하지는 않다. 결국 정부의 이들에 대한 대책은 상당 부분 후원자들의 후원금에 의존하고 있다고 보아야 할 것이다. 그러나 후원자들의 후원이 얼마나 증가되고 지속적인가에 대하여서는 확실한 것이 없다. 이것은 후원이라는 자체가 아직 한국 사회에서는 고정적이지 못하며, 앞으로 경제적 어려움이 지속된다면 이러한 후원도 상당한 어려움에 처하리라고 본다. 그러므로 현재 과다하게 후원에 의존하고 있는 이들에 대한 서비스에 대한 현실적 책정이 요구되며, 전체적으로 한국 사회에서 '삶의 질' 이라는 차원에서 기본적 생존권에 위협을 주지 않는 공적 부조의 수준을 매년 책정하는 것이 시급하다고 본다.

(3) 소년소[illegible]가장세대의 책정상의 문[illegible]점 등을 고려하여야 한다

정부의 지[illegible]은 누가 이러한 대상에 [illegible]절하느냐에 따라서 매우 차이가 난다고 볼 수 [illegible]다. 현재의 급여 대상자 [illegible]정 기준에 속하는 소년소녀들은 가장이 될 자[illegible]이 있다기보다는 사회나 가정으로부터 유기(neglected)되거나, 기아(aband[illegible]ed) 혹은 고아이므로 이[illegible]에게 적절한 양육책임자를 지정해 주고 이들에[illegible] 아동의 양육에 필요한 [illegible]적 서비스를 지원해 주는 것이 적절하다고 본다. [illegible]998년 대상자 선정에서 [illegible]이러한 기본적 태도를 분명히 하였음에도 불구[illegible]고 아동의 성장에 관한 [illegible]가나 사회적 책임과 의무를 회피하는 정책을 [illegible]속한다는 것은 문제의 소[illegible]가 많다. 그리고 조부모의 부양능력이 있는 경[illegible] 이를 제외한다는 것은 [illegible]들 소년소녀들을 유기하겠다는 의지로밖에는 [illegible] 수 없다. 조부모의 경제[illegible] 능력이 어떻든 간에 이들이 부모가 부재한 손[illegible]녀를 책임지고 양육하[illegible]다는 그 자체가 국가적으로 지원을 받아야 할 [illegible]이다. 만일 조부모가 이[illegible]을 양육시설에 보낸다면 그것은 당연히 국가적[illegible]몫이라는 사실을 간과해[illegible]는 아니 될 것이다.

또[illegible] 부모의 질병, 심신장애, [illegible]형의 경우 부모를 계속 가장으로 인정해 주어[illegible] 할 것이다. 부모는 어떠[illegible] 경우이더라도 부모이다. 만일 부모가 생존하였[illegible]나 일시적인 역할상의 [illegible]려움으로 가장의 자리를 물려주는 것이 생활안[illegible]을 위하여 이익이라면 [illegible]가는 정책적으로 가정파괴를 조장한다고 보[illegible]야 할 것이다. 그리고 현[illegible]의 선정 기준은 미성년자인 소년소녀들이 보호[illegible]와 함께 동거해야 한다는 것을 강조하면서도 이들과 함께 동거하는 성인[illegible]에게 양육권이나 가장의 위치를 허락하지 않겠다는 모호하고 이중적 의[illegible]를 전달하고 있다. 더구[illegible] 소년소녀가장의 부모 생사 여부에 관해 부모 모두가 사망한 것은 25%[illegible]도이고, 대부분이 질병(65.9%)이나 교통사고 ([illegible].6%)에 의한 것이다. 이에 반해 부모 모두 생존(12.1%)했거나 부 사망/모 [illegible]존(57.8%)으로서 이들에[illegible]는 공식적 혹은 비공식적 지원체계를 개발할 [illegible] 있는 여지가 있음을 보[illegible] 준다.

6. 법체계

(1) 아동복지법에 소년소녀가장이라는 항목이 들어가야 할 경우의 전제 사항

소년소녀가장의 발생 가능성을 우선 명시해야 할 것이다. 아동의 권리라는 측면에서, 그리고 아동이 소년법에서 의미하는 자기결정권이나 거부권을 가질 수 있듯이 어느 정도의 연령(예를 들면 만 16세 이상 된다면 —이것은 미국의 경우 부모가 허락을 하면 운전면허증을 가질 수 있는 연령으로 1990년대 이후 하향된 것임)에 달하면 이들이 자신과 형제를 중심으로 한 가정체제를 유지할 수도 있으며 이들에 대한 공적인 도움을 주어야 할 것이다.

현재 가정에 동거하고 있는 성인의 정의에 대한 정리가 요구되며, 이미 정서적으로 한국인의 생활에 이 용어는 대단히 깊게 인지되어 있고, 대부분의 공동모금이 이들을 돕는 데 사용되고 있다는 것도 무시할 수 없는 점이다.

그리고 학계를 중심으로 이들을 인정하는 것이 아동학대가 아닌지 학대 부분에서 다루어야 할 것이다.

마지막으로 소년소녀가장을 인정한다면 아동의 관리를 책임지는 공적 감독자(책임자)는 누가 될 것인가. 보건복지사무소가 제대로 시행이 된다면 이들이 공적인 후견인이 되어야 할 것이고, 그렇지 않다면 현재와 같이 사회복지 전담공무원이나 후원자를 공적 후견인으로 전환하는 제도를 선택할 것인지에 대한 논의가 필요하다.

(2) 권리보호와 제한

아동을 위한 국가의 개입과 정책은 아동의 권익보호와 건전한 성장에 기인하여야 한다. 방치되어 있던 보호를 필요로 하는 아동들과 청소년들에 대해 국민기초생활보장법에 준거하여 국가가 개입하는 것은 아동의 복지를 위하여 당연하다고 하겠으나 장기간 이들을 소년소녀가장으로서 그리고 세대주로서 방치하는 것은 아동복지의 가치적 관점에서 많은 문제점들이

다. 비록 아동은 미성년자로서 보호를 받아야 하지만 인격을 지닌 독립체로서의 권리를 지니고 있으며, 국가의 국민 중 한 사람이다. 그러므로 아동복지는 아동의 권리만 주장하는 것이 아니라 권리와 함께 책임과 의무를 동시에 포함하고 있는 것이다. 아동이 권리 · 의무 · 책임을 다하기 위하여서는 그를 둘러싼 가족과 그들의 친권을 보호하고 그들에게 맡겨진 역할을 할 수 있도록 도와주어야 하며 이를 통하여 아동은 장래에 자신에게 맡겨진 책임을 수행할 수 있을 것이다. 소년소녀가장들에게는 분명 공적 혹은 사적인 연결망이 있다. 이것을 무시한 현재의 조처는 분명히 시정되어야 하며, 이들에게 맡겨진 가장, 세대주의 권한을 제한시켜야 한다고 본다.

(3) [illegible]체계를 논의할 때

① 현재 동거하고 있는 성인에 대한 권한을 유지시켜야 한다. 다시 말하면 이들에 대한 급여가 성인의 명의로 지급되므로 그들이 능력이 없는 노인, 장애, 수형, 만성질환자일지라도 성인으로서 이들을 책임지고 있다는 인식을 하여야 한다. 그리고 동거인이 전혀 없는 경우 비공식적 원조망을 구축한 도움의 틀을 제시해 주는 것이 필요하며, 현재와 같이 동 단위의 전문사회복지사의 주재 아래 진행시켜 이를 강화해야 할 것이다.

② 이들을 위한 서비스전달체계를 일원화하여야 한다. 현재는 국민기초생활보장사업의 수급권자로서의 전달체계, 소년소녀가장에 대한 보호사업으로서의 전달체계, 그리고 한국복지재단의 지원체계가 중복되어 있다. 결국 이것은 전달의 불균형을 초래한다고 본다.

③ 장기적인 차원에서의 도움의 체계를 마련하여야 한다. 보육시설에서의 연장아동을 위한 프로그램을 마련하듯이 이들에 대한 도움도 성장하여 자립할 수 있을 때까지 장기적인 자원의 연결과 확보가 필요하다.

④ 현재도 많은 사회복지관에서 이들에 대한 원조를 하고 있으나 아동복지법에서 이러한 사업을 할 수 있는 근거를 마련하고, 특히 정서적 지지와 지원망을 구축하는 것이 필요하다. 특히 자원봉사자제도의 활용을 위하여

이를 법으로 확보하는 것도 도움이 된다고 본다.

⑤ 시설보호조치가 필요하지만 본인들이 원하지 않을 때 그러나 아동을 그대로 방치할 수도 없을 때를 위하여 소단위 규모의 그룹홈을 제공해 주어야 할 것이며 이를 아동복지법상에 명기하여야 한다. 제13조의 후견인 선임에서 보호시설에 있는 아동에 대한 후견인만을 지칭하는데 이를 시정하여 "부모가 없으나 현재 그룹홈 등에서 보호를 받는다면 국가나 지방자치단체가 이들의 건강한 성장과 독립을 가능케 할 수 있는 후견인을 선임한다"를 명시하여야 한다.

⑥ 영국의 아동복지법에는 아동이 부모 혹은 친권자로부터 받은 재산에 관한 보호 조항이 있다. 만일 아동이 부모의 사망 등으로 인하여 고아가 되어 위탁, 입양, 시설이나 이나 기타의 환경에 처할 때에는 부모로부터 남겨진 모든 재산 혹은 이와 유사한 물품에 대한 소유권 등을 인정해 주어야 한다. 일본의 아동복지법에도 자신의 소유물이나 재산에 대하여서는 아동이 일차적으로 청구할 권리가 있음을 명시한다(제33조의 2).

V. 결론 및 사회적 관심의 제고

왜 국가가 정책적으로 소년소녀가장세대에 대한 개입을 지속하느냐에 대한 논의는 많은 갈등을 야기시킨다. 물론 계속하여 발생하는 미성년세대를 방치할 수만은 없었던 것이다. 이제 새로이 제정된 국민기초생활보장법은 생활능력이 제한된 모든 국민을 그 수급권자로서 규정하고 있기 때문에 18세 미만의 아동으로 구성된 가정에 대하여 정부가 지원을 하는 것은 논의의 여지가 없다고 보아야 한다. 이것은 지금까지 전통이나 역사적 사실을 통하여 훨씬 어린 나이에도 가족을 책임져 왔던 이야기들을 더욱 현실화시키는 계기를 마련한 것이라고 보아야 한다. 더구나 그 동안 유지되었던 가족간의 유대관계가 허물어지고 책임의 소재가 불분명해지고 부모의 역할에 대한 사회적 요구가 느슨해진 현실에서 이러한 가정의 발생과 미성년자들로 구성된 가정에 대하여 국가적 보호와 급여가 지속된다는 것은 놀라운 일이 아니라고 할지도 모른다.

그러나 이들의 아동은 아동으로서의 시기가 연장되었고, 많은 위험에 노출되어 있으며, 아동이 성장하며 보호를 받아야 하는 존재로서라기보다는 때로 일종의 상품이나 성인들의 매개물이 되는 일이 발생한다. 이것이 오늘날 아동이나 청소년에 대한 권리를 사회적으로 요구할 수밖에 없는 상황을 만들었다고 본다. 아동은 내일의 세대를 책임져야 하는 생명체이다. 그 생명체가 앞으로 여러 가지 책임이나 의무, 역할을 원만히 수행하기 위하여서는 우선 교육의 기회를 제공하고, 훈련을 시키며, 사랑과 보호의 경험을 갖게 함으로써 자신도 그러한 기회를 다음 세대에게 베풀 수 있는 것이다.

이러한 전제에도 불구하고 정부가 지원하고 있는 소년소녀가장들에 대한 정책은 아동복지의 기본방향인 보호를 필요로 하는 아동의 발생예방이나 건전가정보호제도의 확립에 많은 걸림돌이 되고 있다. 왜냐하면 사회적 관심제고와 국가적 지원을 한다는 측면에서는 아동의 성장에 도움이 되고 있으나 미성년자만으로 구성된 세대에게 건전가정 운운한다는 것은 위에서 언급한 기본적 아동복지의 이념에서 많이 이탈되어 있기 때문이다. 그러나 이것을 정부에만 의존해서는 안 된다고 본다.

이제, 사회가 책임을 질 수 있도록 어떠한 자각 운동이 일어나야 할 것이다. 이들 소년소녀가장세대를 인정해야 할 것인가에 대한 논의는 지속되어야 한다. 아동이 보호를 받으면서 성장을 하더라도 문제는 끊임없이 발생하고 있다. 그러나 자신의 성장상의 문제를 제대로 감당할 수 없는 아동에게 모든 생활상의 책임을 감당시킨다는 것은 문제가 있다고 보아야 한다. 분명 이들에게는 부모와 같은 역할을 감당할 자원체계가 있다. 만일 생존하고 있는 부모 중 한쪽이 장애인 혹은 무능력자라고 하여서 가장의 자리를 물려줘야 한다면 궁극적으로는 더 많은 문제를 야기할 수도 있기 때문이다.

둘째, 아동복지사업에 대한 정부의 태도나 조직이 강화되어야 한다. 보건복지부가 아동복지과를 보육아동과로 전환한 것은 보육의 중요성 때문이다. 그러나 우선 보육이 아동복지의 중요한 프로그램 중의 하나인 것을 받아들이는 태도가 필요할 것이다. 만 5세 미만의 아동은 1996년 말 현재 약 400만 명이며, 이 시기는 인간성장에 있어 가장 중요한 때이다. 그러나 현재 보육에 종사하는 이들이 보육의 기본이념인 보호, 양육, 교육 세 부분의 조화를 무시하고 교육에만 중점을 두려는 경향으로 인하여 일부에서는 보육을 교육부로 이전하여야 한다는 의견을 주장하기도 한다. 이것은 보육이 아동복지의 중요한 영역이며, 따로 떼어 고려될 수 없다는 점을 주장하는 것이다. 결국 아동보건복지과보다는 전체 한국 어린이의 복지를 책임진다는 의미에서 아동복지과가 되어야 한다.

셋째, 사회적 관심이 사후대책보다는 예방적 차원에서 실시되도록 사회단체들의 노력이 요구된다. 한국의 소년소녀가장세대에 대한 후원자 결연사업은 정부가 1985년 처음 시작한 것으로, 보호를 필요로 하는 아동의 시설입소를 예방하고, 그들이 지금까지 살아온 지역사회에서 계속 살아갈 수 있도록 하기 위하여 탈시설화와 통합화운동의 맥락에서 고안되고 발전된 한국 특유의 제도이다. 선정 대상은 부모의 사망 · 질병 · 심신장애 · 가출 · 이혼 및 수형 등으로 인하여 만 18세 이하의 소년소녀가 가정생활을 이끌어 가는 세대로, 정부는 이들에게 경제적으로 필요한 최저의 생활을 보장해 줌으로써 지역사회에서 성장할 수 있도록 하며, 비행청소년화를 방지하고, 자립능력을 배양하여 건전한 사회인으로 육성되도록 보호하고 있다.

이러한 관심의 시작도 예방적 차원이라고 볼 수도 있었으나 현재는 사후대책적 지원에 중점을 두고 있다고 보여진다. 탈시설화나 사회 내 혹은 가정 내에의 통합화는 이루어지지 않은 채 가정해체의 해결책으로 사용되고 있는 것이다.

그러므로 소년소녀가장세대의 발생은 어쩌면 가정해체의 마지막 선택일 수도 있다. 이 사회의 미래가 건강한 아동의 성장에 달려 있다면 아동이 가정에서 보호와 도움을 받으면서 양육될 수 있도록 정책적 뒷받침이 이루어져야 한다. 정책적 배려는 우선 모자복지법의 강화(혹은 부자가족을 위한 규례나 어떤 조처 등을 포함)를 통하여 가정해체의 위기를 사전에 방지하는 것이 훨씬 효과적이며 저비용이라고 보는 것이다. 둘째는 현재의 복지관에서의 재가복지사업에 의한 상담의 내실화가 필요하다. 복지관에서의 재가복지 담당 사회복지사는 그 본래의 목적인 지역사회보호 및 사례관리나 지역사회조직을 위한 자원동원이나 사례관리에 대한 만족한 환경의 창출보다는 단순한 서비스 제공과 과다한 사례관리에 집중되고 있다(한명섭, 1997). 복지관의 프로그램 수혜자들의 욕구조사(문선화 · 김혜란, 1995)에서 복지관에서 가장 시급한 문제가 교통문제(28.9%), 프로그램의 변화(27.9%), 서비스의 전문성(21.3%)임을 지적하였다. 가장 많이 지적된 교통문제는 대부분의 복지관이 이동이 불편한 지역에 위치하고 있어서 복지관의 이용에 어려움이 있는 것이다. 문제는 프로그램의 변화와 서비스의 전문성이다. 이들 수혜자들은 현재 사회복지사들의 서비스가 특별히 전문적 수준이 아니라는 점에 초점을 맞추고 있는 것이다. 이것은 사회복지사들의 전문성에도 문제가 있지만 그보다는 전문적 서비스를 제공할 만한 공간, 시간, 배려 등이 부족하다는 데 더 큰 문제가 있다. 이에 대하여 大橋謙策(1998)은 소년소녀가장세대가 지역사회에 거주하면서 자립할 수 있도록 생활지원을 하여야 한다고 보았다. 가능한 범위 내에서 가족과 함께 생활하면서 그 사람의 수준과 상황에 맞는 서비스가 제공되어야 하며, 더욱 중요한 것은 그 서비스를 제공하는 시스템(전문인/행정조직)의 운영체계이다. 이러한 시스템에 관한 논의는 넷째로 일원화된 체계를 요구하게 된다.

어쩌면 소년소녀가장들에게 가장 시급한 문제는 그들의 생활안정이라는 과제도 있지만 그보다는 이들이 현재 겪고 있는 정서적 · 감정적 안정, 통제, 성장 등과 관련된 지원이 필요하다는 것이다.

소년소녀가장이라는 한국만이 지닌 이 독특한 프로그램에 대한 어떤 법적 근거를 마련하기 전에 이러한 가정을 승인하는 것이 아동의 권리에 관한 국제협약에 준거하여 결코 합법적이지 않다는 원래의 문제로 다시 돌아가, 사회 구성원 모두의 심각한 책임감과 아동의 권리를 존중하는 측면에서 더 이상 소년소녀가장세대가 발생하지 않도록 사회적 운동을 시작하여야 한다고 본다.

아래의 〈표 9-4〉는 이러한 제안을 중심으로 소년소녀가장세대와 관련될 법안을 제안한 것으로서 이것의 기본전제는 소년소녀가장세대를 이 사회에서 인정할 수 없다는 것, 아동부양법이 마련된다면 이의 일부분이 된다는 것과, 아동을 책임지고 있는 보호자, 친권자, 지방자치단체 혹은 국가가 아동의 건전한 육성에 책임이 있다는 것에 초점을 둔 것이다.

〈표 9-4〉 한국의 소년소녀가장세대 관련 법안

법 조항	개선안	법체계
아동복지법 제4조(책임) ① 국가와 지방자치단체는 아동의 건강과 복지증진에 노력하여야 하며 이를 위한 시책을 시행하여야 한다. ② 아동의 보호자는 아동을 가정 내에서 그의 성장시기에 맞추어 건강하고 안전하게 양육하여야 한다. ③ 모든 국민은 아동의 권익과 안전을 존중하여야 하며, 아동을 건강하게 양육하여야 한다.	아동복지법 제4조(책임) ① 국가 및 지방자치단체는 아동의 건강과 안전, 복지증진에 책임이 있으며, 부모나 보호자가 그 책임을 감당할 수 있도록 가정을 지원하여야 한다. ② 부모 또는 보호자를 포함한 모든 국민은 아동이 가정 내에서 그의 성장시기에 맞추어 건강하고 안전하게 양육하여야 할 책임을 지고 있다. ③ 국가는 아동의 보호책임자로서 가정에 부모나 보호자가 부재한 경우 그리고 18세 미만의 아동으로 가정이 구성된 경우 아동의 성장과 안전에 합당한 결정을 내려야 할 책임을 지니고 있다.	아동복지법
아동복지법 제7조 ① 아동복지지도원은 아동복지에 관한 다음의 각호의 사항을 수행하게 하기 위하여 특별시 · 광역시 · 도(이하 '시 · 도'라 한다) 및 시 · 군 · 구에 아동복지지도원을 둔다.	아동복지법 제7조 아동복지지도원은 다음… 1. 보호를 필요로 하는 아동의 발견과 그에 대한 적절한 보호조치	

1. 보호를 [illegible]하는 아동에 대한 적절한 [illegible]조치 2. 아동 및 그[illegible]족 또는 관계인에 대한 상담 3. 아동지도에 필요한 가족환경의 조사 5. 아동복지시[illegible] 또는 보호를 필요로 하는 [illegible]동에 대한 조사 · 지도 및 감[illegible] 6. 아동을 [illegible] 지역사회자원의 활용	2. 아동 및 [illegible]가족 또는 관계인에 대한 개별적 또는 [illegible]단적 면담, 가정환경의 조사 3. 아동의 [illegible]도와 보호결정에 필요한 가정환경의 [illegible]사, 자원의 개발과 활용 5. 보호를 [illegible]필요로 하는 아동에 대한 위탁보호, 입[illegible] 거택보호 또는 아동복지시설에 대한 [illegible]사, 지도 및 감독 6. 보호를 필요로 하는 아동을 위한 지역사회자[illegible] 및 후원자의 개발, 알선, 활용	아동복지법
〈신설〉	아동[illegible]법(국가의 후견인제도) ① [illegible]과 같은 상황이 발생할 경우 국가는 [illegible]인으로서의 책임과 역할을 갖게 된다. 1. [illegible]복지법 제15조, 민법 제924조에 의하[illegible] 부모가 친권상실 선고를 받은 아동 2. [illegible]동복지법 제18조에 해당되는 금지행위[illegible] 강요한 부모, 친권자, 후견인의 보호하[illegible] 있는 아동 3. [illegible]모의 사망, 행방불명 등으로 인하여 18[illegible] 미만의 아동으로 구성된 가정	아동복지법
〈신[illegible]〉	[illegible]국가는 위의 ①과 같은 아동이 발생한 경우 해당 아동의 의견을 개진하여 다음과 같은 조처를 취해야 한다. [illegible]아동들 스스로 독립적 생활을 하려고 하면, 국가는 책임있는 후견인을 지정할 수 있으며, 이들을 지도 감독하여야 한다. [illegible]. 전문 사회복지기관이 운영하는 위탁가정이나 그룹홈에 위탁을 의뢰한다. 3. 아동복지시설에 의뢰	아동복지법
[illegible]설 ([illegible]법 제916조, 제918조, 제[illegible]20조 등을 참조)	아동복지법(부모의 재산에 관한 권리) ① 아동의 부모 혹은 친권자가 사망하여 그 재산의 권한이 아동에게 있을 때, 국가는 재산을 관리할 친권자나 후견인을 선임하여야 한다. ② 아동에게 법적으로 인정된 재산에 관하여 그 재산을 관리하는 자는 임의로 처분	아동복지법

	할 수 없다. ③ 아동이 성인에 이르렀을 때에는 재산의 관리를 즉시 이양하여야 한다.	
조치	아동복지법(조치) ① 아동이 아무런 보호자 없이 방치되어 있다면 지방자치단체나 아동상담소 등이 그 일차적 책임자이다. ② 아동의 후견인이나 친권자가 아동이 가장의 역할을 하도록 방치할 경우 아동복지법 제40조에 의거 벌칙을 받아야 한다. ③ 학교, 지역복지관, 기타 책임 있는 아동복지기관에서 아동이 방치되었거나, 친권자가 있음에도 아동이 가장의 역할을 하는 사실을 발견하고도 이에 대한 적절한 조치를 취하지 않았을 경우 그 책임을 물어야 하며 아동복지법 제40조에 준하여 처벌을 받아야 한다.	아동복지법
아동복지법 제31조, 국민기초생활보장법 제4조, 아동복지법 제32조(비용보조 및 보조금)	아동복지법 제31조(비용보조) 혹은 아동부양법(신설) ① 아동의 부모가 사망, 유기, 행방불명 등으로 인하여 아동의 친권자, 후견인, 혹은 유료위탁가정이 이들을 보호하고 육성시키는 경우, 국가는 이들이 '건강하고 문화적인 수준에서' 최저생활이 가능하도록 공적 부조가 주어져야 한다. ② 각각의 아동에 주어지는 교육비를 비롯한 제반 비용은 아동복지 관련 시설에 준거한다. ③ 아동을 보호하고 있는 친권자(특히 조부모)나 후견인의 재산이나 수입이 아동의 공적 부조에 영향을 미쳐서는 아니 된다.	
	아동복지법(보호기관) ① 아동이 부모가 아닌 친권자, 후견인, 유료위탁부모와 함께 거주하며, 공적 부조를 수혜하는 경우 서비스의 일차적 전달자는 복지사무소(혹은 보건복지사무소)의 전문 사회복지(1급)요원이다.	

신설	② 아동의 건전한 육성과 정서적 문제의 발생을 예방하고 치료하기 위하여 서비스 전달기관은 아동의 거주 지역 내에 있는 사회복지관의 재가복지 사회복지사와의 긴밀한 관계를 유지하도록 하여야 한다. ③ 아동이 만 18세가 되어 더 이상의 공적 부조혜택이 주어지지 않을 경우 복지시설의 가장아동에 대한 수준의 서비스를 주어야 한다.	아동복지법

● 참고문헌

김응석 · [illegible]상헌. 1994.『소년 · 소녀가장가족의 생활실태와 정책 과제』. 한국보건사회연구원.

나경희. 1998. "공적부조 서비스 전달체계의 실태 및 대안". 정진영교수 정년퇴임 기념논총『한국 사회사업의 쟁점과 과제』. 서울여자대학교 사회사업학과.

노혜련. 1997. "아동복지 서비스". 한림과학원총서 :『현대사회와 아동—아동복지의 시각에서』. 서울 : 소화.

문선화. 1995. "소년 · 소녀가장세대 아동들의 복지증진 방안".『한국아동복지학』 제3호. 한국아동복지학회.

_____. 2000. "소년소녀가장 후견인 제도의 정착방안". 한국아동복지학회 2000년 추계학술대회.

문선화 · 김혜란. 1995. "부산지역 복지관의 실태조사 및 지역주민 욕구조사".『사회복지연구』 제5집. 부산대학교 사회복지연구소 편.

문선화 · 조성혜. 1998. "부자가정의 사회적응을 위한 프로그램 개발". 정진영교수

정년퇴임기념논총 『한국 사회사업의 쟁점과 과제』. 서울여자대학교 사회사업학과.

한명섭. 1997. "사회복지관의 실천과 과제". 『1997년도추계학술대회자료집』. 한국사회복지학회.

大橋謙策. 1998. "지역복지의 실천 · 연구의 도달단계와 금후의 과제." 日韓社會福祉學術심포지엄. 日本 東京.

일본후생성아동가정국. 1997. 『아동복지법개정의 포인트』. 日本 東京 : 후생성.

Allen, M., Bonner, K. & Greenan, L. 1988. "Federal Legislative for Independent Living." *Child Welfare* Vol. LVVII(6). pp.515～527.

Freeman, Michael D.A. 1992. *Children, Their Families and the Law: working with the Children Act*. BASW : McMillan.

Brill, N. 장인협 · 문인숙 역. 1983. 『사회복지의 원리와 방법』. 서울 : 집문당.

보건복지부. 1997 · 1998. 『아동복지 사업지침』.

제10장

장애아동과 아동복지법

김미혜*

I. 문제제기

1995년 한국보건사회연구원에서 실시된 장애인 실태조사에 의하면 추정된 장애인 가운데 18세 미만의 장애인은 약 5만여 명(5%)으로, 1985년 실태조사 결과([illegible].3%)와 비교하였을 때 장애아의 비율이 큰 폭으로 감소한 것으로 나타났다. 하지만 장애아동의 장애건수는 총 92,500여 건으로 대부분 중복장애가 있어, 전체적인 장애아 비율의 감소에도 불구하고 장애아동에 대한 지원이 매우 필요함을 알 수 있다.

아동의 장애는 성인기에 재해나 사고로 인해 단순장애를 갖게 되는 경우와는 다르게 어린 시기부터 장애를 지니고 평생을 살아야 하기 때문에 성인 장애인과는 다른 독특한 복지욕구가 있다. 첫째, 아동의 장애는 모든 면에서 왕성한 발달이 이루어지는 단계에서 발생하므로 아동의 신체적 · 정서적 ·

* 이화여자대학교 사회복지학과 교수

정신적 발달과 함께 극복되어야 하고, 따라서 장애아동의 성장과 발달에 따른 적절한 복지적 조치가 요구된다고 하겠다. 둘째, 아동기에 장애가 재활되어야 이들이 자라서 독립적이고 자립된 생활을 하게 되어 사회적 부담을 덜 수 있고, 동시에 생산적인 사회의 한 성원으로서 사회에 공헌하며 인간다운 삶을 살아갈 수 있게 된다. 셋째, 아동의 장애는 우선적으로 아동 자신이 일생 동안 지니고 있어야 할 개인적 불행인 동시에 장애아동을 돌보는 가족에게도 큰 부담이 되고 있다. 장애아동을 가진 가족은 그에 따른 경제적, 심리적 부담으로 가족간의 갈등이 야기되어 그 기능을 제대로 하지 못하는 경우가 많고, 이러한 가족의 역기능으로 인해 장애아동의 보호가 소홀해지고 심지어 가족이 장애아동의 보호를 포기하고 있다. 따라서 장애아동이 가족 내에서 정상적으로 보호받고 재활을 통해 사회의 한 성원으로 성장하기 위해서는 장애아동의 지원이 가족을 중심으로 이루어져야 할 것이다.

장애아동복지의 궁극적 목적은 사회적 통합이며 이를 위해 정상인과 같은 권리와 의무를 누릴 수 있도록 잔존 능력과 더불어 잠재 능력을 개발해 줄 수 있어야 할 것이다. 장애아동이 자신의 장애를 극복하고 자신의 능력에 따라 사회인으로서 성장하려면 다면적이고 다차원적 재활이 이루어져야 한다. 이런 재활과정은 지속적이고 조직적이어야 하는데, 우선 장애를 진단하고 진료할 수 있는 의료적 재활에서부터 심리적, 직업적, 사회적 재활과정을 거치며 통합되는 과정이어야 한다. 장애의 재활과정은 장애를 지닌 아동에게도 길고 어려운 시간이지만 재활에 필요한 지원을 해야 하는 가정에게도 커다란 부담이 된다. 장애아동의 경우 재활과정이 성인기에 들어설 때까지 연장되기 때문에 비용이나 부담면에서 다른 세대에 비해 매우 높은 편이어서 자칫 장애아동의 방임이나 유기로 이어질 수 있는 소지를 안고 있다. 이런 문제를 해결하기 위해 장애아동과 장애아동의 가정을 지원하는 체계가 절실히 필요한 데도 불구하고 제대로 이루어지고 있지 않은 실정이다.

장애아동의 복지는 장애인 영역과 아동 영역에서 동시에 다루어야 할 문제인데 각 영역간에는 기본적 시각이 다르므로 접근방법도 다를 수밖에 없다. 즉 장애인 영역에서는 장애아동의 장애에 초점을 두고 접근할 것이고, 아동 영역에서는 아동에 초점을 두고 특별히 장애를 가진 문제를 해결하려는 접근을 할 것이다. 그러나 장애아동은 장애인이기 이전에 아동이라는 점에 강조를 두고 장애를 가졌지만 건강한 성인으로 성장하기 위한 제반 지원이 주어져야 한다는 점에서 장애 영역보다는 아동 영역에서 중점적으로 다루어야 할 것이다. 또한 1991년에 채택된 "아동의 권리에 관한 국제협약"의 규정에서는 장애아동의 존엄성과 특별 서비스를 받을 권리의 인정 등 특별한 사회적 지원을 하도록 명시하고 있어, 장애아동의 복지는 아동복지의 근거가 되는 아동복지법에서 다루어야 할 것으로 보인다. 하지만 우리나라 아동복지법은 장애아동에 대해 정서장애 · 발달장애 등 보호를 필요로 하는 아동에 대한 시설입소조치만을 언급하고 있으며 포괄적인 장애아동의 복지조치에 관한 조항이 거의 없다. 또한 장애아동에 대한 접근이 특수교육 측면에서 다루어져 왔기 때문에 현재에도 사회적으로 장애아동에 대한 특별 지원이 매우 미비하고, 그나마 특별 지원을 위한 제도적 체계가 산만하여 효율성이 떨어지고 있다. 장애인복지에 대한 정부의 정책적 의지가 "장애인복지발전 5개년 계획(안) 1998~2002"에 명시되어 있는데 여기에도 장애아동의 특수교육 및 직업훈련 관련 조치는 제시되어 있지만 장애아동의 재활을 지원하는 사회적 배려인 복지에 대한 특별 조치는 전혀 언급되지 않아서, 장애인복지가 전반적으로 향상된다고 해도 장애아동복지가 함께 향상된다는 기대를 하기는 어렵다. 그러므로 장애아동의 복지향상을 위해서는 이를 주도할 수 있는 새로운 법적 근거가 필요하다. 즉 장애인복지법에 의한 장애아동의 보호도 필요하겠지만 장애아동은 장애를 지닌 아동이라는 관점에서, 우선적으로 아동복지법에서 장애아동에 관한 전반적인 규정을 두어야 한다. 이에 본 연구자는 장애아동의 실태와 복지욕구를 살펴보고, 외국의 장애아동에 대한 복지적 조치를 분석하여, 우리나라 장애아동에게 필요한 법적 내용을 제시해 보고자 한다.

II. 한국의 장애아동복지에 관한 분석

1. 장애아동의 실태 및 복지욕구[1)]

1) 일반적 사항

1995년 장애인 실태조사 결과에 따르면, 전국적으로 추정된 장애인 가운데 18세 미만의 지체, 시각, 청각 · 언어, 정신지체 장애아동 및 청소년의 비율은 전체 장애 인구의 약 5%인 5만여 명이며, 장애건수는 총 92,500여 건으로 추정되어 중복장애를 가진 장애아동이 많음을 알 수 있다. 1985년에는 전체 장애인의 19.3%가 18세 미만이었던 데 비해, 90년에는 8.3%, 95년에는 5.0% 등으로 양적인 측면에서는 큰 폭의 감소 추세를 보이고 있다. 이는 외국과 비슷한 경향을 보이는 것인데, 가족계획정책에 의한 저출산, 모자보건사업의 지속적 실시 등으로 인한 장애발생요인의 감소 때문인 것으로 설명될 수 있다(보건사회연구원, 1996).

18세 미만의 전체 아동의 장애 출현율은 인구 천 명당 3.88명이며, 장애 종류별로는 지체장애가 1.25, 시각장애는 0.14, 청각장애 0.32, 언어장애 0.53, 정신지체 1.64이다. 〈표 10-1〉을 보면, 지체 장애아동의 경우 연령의 증가에 따라 장애 발생이 높아지고 있으며, 시각장애의 경우에도 마찬가지로 연령증가에 따라 증가를 보이고 있으나 청각장애와 언어장애의 경우에는 일정한 경향을 보이고 있지 않다. 장애아동에서 가장 높은 출현율을 보이는 정신지체의 경우에는 6세 이후에서 일정한 출현율을 나타내고 있다.

---

1) 장애아동에 대한 조사연구는 1995년에 실시한 장애인조사에서 나온 결과를 정리한 "장애인구 대상별 특성과 정책과제"(1996)에 발표된 내용이 가장 최근 자료로 본문의 내용에 인용하였다.

〈표 10-1〉 장애아동의 연령별[illegible]장애 종류별 장애 출현율

(단위 : 1/1,000명)

연령	지체장애	시각장애	청각장애	언어장애	정신지체
5세 이하	0.34	0.01	0.10	0.35	0.56
6~11세	1.20	0.06	0.51	0.80	2.21
12~14세	1.54	0.14	0.26	0.57	2.01
15~17세	2.59	0.51	0.46	0.36	2.10
계	1.25	0.14	0.32	0.53	1.64

자료 : 한국보건[illegible]회연구원, 「1995년도 장애인 실[illegible]조사」, 1995.

장애 종[illegible]별 분포에서는 장애아동 중 정신지체가 42.1%로 가장 큰 비중을 차지하[illegible] 지체장애 32.2%, 언어[illegible]애 13.7%, 청각장애 8.3%, 시각장애 3.6%의 순[illegible]로 우리나라 전체 장애[illegible]류별 분포(지체 67.7%, 시각 7.1%, 청각 14.9%, 언어 [illegible]5%, 정신지체 6.8%)와 [illegible]교해 보면, 장애아동의 장애 출현과 전체 장애 출[illegible]과는 큰 차이를 보이고 있다. 결론적으로 아동기의 장애는 정신지체가 [illegible] 요인이므로 이에 대한 [illegible]절한 대응과 복지적 대처가 요구된다.

2) 장애아동의 문제와 욕구

(1) 의료적 욕구

장애아동의 경우, 장애의 출현 [illegible]시 치료를 받고 장애가 더 이상 진행되지 않도록 조치하는 것이 가장 중[illegible]하다고 할 수 있다. 그러나 이런 중요성과는 달[illegible] 의료적 처치가 장애아[illegible]에게 제대로 전달되지 않고 있는 실정이다. 장애아동이 의료적 처지를 제[illegible]로 받지 못하는 이유는 〈표 10-2〉에 제시된 대[illegible], '그냥 두어도 괜찮아[illegible]것 같아서', '곧 나을 것 같아서' 등 장애에 대한 [illegible]지로 인해 치료를 받[illegible] 않은 경우가 많았으며, '경제적 이유로' 치료를 [illegible]지 않은 경우도 23% 정[illegible]로 큰 비중을 차지하고 있다. 장애별로는 시각과 [illegible]체의 경우 비용 때문에 치료받지 않은 비율이 상대적으로 높고, 정신지[illegible]의 경우 장애 발견이 쉽[illegible] 않다는 점과 장애에 대한 이해의 부족으

〈표 10-2〉 장애 치료를 받지 않은 이유

(단위 : %)

구분	괜찮을 것 같아서	곧 나을 것 같아서	경제적 곤란	치료해도 낫지 않을 것 같아서	기타	계
비율	27.4	15.2	22.9	12.2	22.3	100

자료 : 한국보건사회연구원, 「1995년도 장애인 실태조사」, 1995.

로 인해 치료받지 않은 비율이 높은 것으로 유추된다.

장애를 치료한 장소로는 역시 병 · 의원이 대부분(86.9%)을 차지하고 있었으며, 장애인복지관 등 재활 관련 기관이 6.5%, 한의원 3.8%, 민속치료 1.0% 등의 순이었다. 치료 장소를 장애별로 보면 정신지체와 청각 · 언어장애의 경우 장애인복지관 등을 치료 장소로 이용한 비율이 다른 장애에 비해 높았다.

장애인이 의료적 재활 서비스를 받을 수 있는 곳으로 국립재활병원을 포함하여 전국에 14개소로 510병상이 확보되어 있다. 또한 의료비 지원을 저소득 장애인에게 외래 50%와 입원의 본인부담금을 지원해 주고 있다 (보건복지백서, 1997 : 317). 그러나 100만 명(보건사회연구원 96년 조사결과)이 넘는 장애인 인구를 감안했을 때 의료재활 서비스가 극히 미비하며, 특히 전문화된 장애아동 의료재활기관이 존재하고 있지 않아 아동의 성장 발달을 감안한 의료적 재활 서비스가 없음을 알 수 있다. 또한 장애아동이 의료적 서비스를 받지 못하는 이유 중의 하나가 경제적인 문제로, 장애아동에게 있어 의료적 재활 서비스와 더불어 경제적 여건을 고려한 의료비 지원이 절실한 실정이다.

장애아동의 건강상태는 다른 연령층에 비해 비교적 양호한 것으로 나타나고 있는데, 조사 대상자의 주관적 건강상태에 대한 응답[2)]을 보면, '매우 건강하다' (33.2%), '건강한 편이다' (40.8%)로 전체적으로 74%의 장애아가

2) 조사 대상 중 장애아의 부모가 응답한 경우는 84.8%이며, 15.2%가 장애아 본인이 응답한 비율임.

비교적 건강하다고 생각하는 것으로 나타나 다른 연령층의 장애인(약 48%)과 차이를 보이고 있다. 객관적 건강상태에 대한 응답은 지난 1년 동안 장애 이외의 다른 질병을 앓았던 경험에 있어서 44.3%의 장애아가 질병을 앓았으며, 장애별로는 지체장애와 정신지체의 경우 다른 질병을 앓았던 비율이 시각이나 청각, 언어장애보다 높은 것으로 나타났다.

교육부 자료에 의하면, 이들 장애 외에 간질, 심장병, 백혈병, 알레르기 등 난치병을 앓고 있는 초 · 중 · 고교생이 크게 증가하여 전체 학생(약 618만 명)의 0.32%인 약 2만여 명이 학교수업에 지장을 받고 있는 것으로 집계되었다. 종류별로는 알레르기가 65.4%로 가장 많고, 심장병(16.0%), 간질(8.2%), 백혈병(2.7%), 신부전증(1.7%)의 순이었다(교육부, 1996). 즉 장애에 대한 정의가 매우 협소한 관계로 학교생활이나 일상생활에서 지장을 받고 있는 다양한 장애아동이 보호와 지원을 제대로 받지 못하는 실정이다.

(2) 보호의 욕구

① 재택보호

일상생활이 어느 정도 불편한지에 대해 묻는 질문에서 '매우 불편하다'(18.2%), '불편하다'(20.4%)로 전체적으로 39% 정도의 장애아동이 집안에서 불편을 느끼는 것으로 나타났으며, 장애별 불편 정도는 지체장애가 가장 크고(51.3%), 다른 장애는 불편 정도가 유사하였다.

집안에서 활동하는 데 다른 사람의 도움을 필요로 하는 경우를 보면, '모든 일을 스스로 할 수 있다'(30.1%), '대부분 도움 없이 할 수 있다'(15.5%)로 도움이 필요한 경우보다는 도움 없이 할 수 있다는 경우가 더 많고 장애별로 도움이 필요한 정도는 정신지체가 가장 높고(51.5%), 지체장애(32.3%), 시각장애(18.[illegible]%)의 순이었다. 정신지체가 다른 장애유형보다 일상생활 영위에 있어 도움이 필요한 경우가 많다는 것을 알 수 있다.

가정에서 장애아동을 보호하기 위해서는 장애아동을 돌봐주어야 하는 보호수발인(caregiver)이 있어야 한다. 대부분의 장애아동(91.9%)이 가정에서 보호수발인의 보호를 받고 있으며, 보호수발인이 없는 경우도 8.1%로 적지 않은 장애아동이 가정에서 방치되고 있음을 알 수 있다. 장애아동의 보호수발인으로는 부모가 85.3%, 형제 · 자매 3.8%, 기타 가족 8.9%였으며, 유료간병인을 두고 있는 경우는 거의 전무하였다. 또한 장애아동의 문제에 대한 상담이 주로 가족 내(부모 63.2%, 형제 · 자매 4.9%, 기타 친척 3.7%)에서 이루어지는 형편이어서 장애아동을 보호하는 가족이 갖게 되는 심리적 및 신체적인 부담도 매우 크다는 것을 알 수 있다.

장애아동이 가정에서 보호될 경우 의료 · 교육 · 재활 서비스 등을 받기 위해서 이동을 해야 하는데 장애아동의 경우에도 일반 성인 장애인과 마찬가지로 외출시 불편함을 느끼는 경우가 많다. 전체적으로 54.3%가 외출에서 불편하다고 응답하였으며 장애별로는 시각장애의 불편 정도가 가장 크고 정신지체, 지체장애 등의 순으로 불편한 정도가 높았다. 그 밖에 장애아동들이 느끼는 불편한 점으로는 외출시 가족을 비롯하여 보호자의 역할을 담당할 수 있는 사람이 없는 경우가 가장 많았고, 남의 이목, 교통수단, 편의시설의 순으로 나타났다. 장애아동의 경우에 일반아동보다 외출시 보호의 부담이 크며, 한편으로 다른 사람의 장애에 대한 부정적인 인식으로 인해 심리적인 부담도 크다는 점을 알 수 있다

② 시설보호

아동복지의 원칙에 따르면 모든 아동들은 가능한 자기 가정에서 부모의 보호 아래 가족과 함께 성장해야 하지만 장애아동은 장애 정도 등의 특정한 사정으로 인하여 도저히 가정에서 돌볼 수 없는 경우가 발생하여 불가피하게 시설에서 보호하게 된다(황의경 외, 1994).

그러나 시설에 대한 전반적인 사회의 부정적 인식 때문에 장애아동과 부모 역시 수용시설 또는 치료시설에 대한 입소 의향에 있어서는 부정적인 의견이 지배적인 것으로 나타났다. 무료시설에 대한 욕구는 17% 정도였으며

유료시설은 [redacted]7%만이 입소 또는 이[redacted]할 의사가 있는 것으로 나타났다. 이와 함께 최근[redacted]확대되기 시작한 주간보[redacted]시설에 대한 욕구(16.1%)나 단기보호시설에 대[redacted] 욕구(16.4%), 그리고 그[redacted]홈에 대한 욕구(약 10%)는 이들 서비스에 대한[redacted]식이 확산되지 않아서[redacted]지 아직까지 이에 대한 이용욕구 정도가 낮았다[redacted]는 단순히 장애아동과[redacted]모의 시설입소에 대한 욕구가 낮은 데서 비롯되[redacted]다기보다는, 아직까지 [redacted]리나라의 장애아동 수용시설이 대상자가 가진 [redacted]러 측면의 욕구를 해소[redacted]킬 만큼 발전되지 못하였고, 따라서 시설에 대한[redacted]정적인 인식이 많아 자[redacted]연히 이용욕구도 낮은 것으로 유추해 볼 수 있을 [redacted]이다.

장애별로[redacted] 무료 시설이나 유료 [redacted]설 공통적으로 정신지체아의 이용 의향이 높았다[redacted]이는 장애아동 중에 정[redacted]지체아동이 차지하는 비율이 높고 이들에 대한 [redacted]담도 다른 장애보다 높[redacted] 것을 감안하면 시설에 대한 부정적 인식에도 [redacted]구하고 정신지체아동의[redacted]설욕구가 높은 것은 당연한 것으로 보여진다.

또한 시[redacted]보호에서 한 가지 주목[redacted]야 할 것은, 장애아동이 시설에 입소하게 된 동기[redacted]다. 시설에 입소되는 장[redacted]아동은 부모가 아동을 보살필 능력이 없는 경우[redacted]그의 부모들의 이혼, 유[redacted], 사망 등으로 가정 파탄이 있을 경우, 그리고 장[redacted]아가 가정에서 잘 지낼[redacted] 없는 행동문제 등을 갖고 있는 경우인데 이 중[redacted]가장 많은 비율을 차지하[redacted]것이 부모들의 유기라고 할 수 있다(황의경 외 19[redacted]. 즉 시설에 수용되는 [redacted]애아동은 불가피한 이유에서라기보다는 부모의[redacted]애에 대한 무지와 몰이[redacted]로 인해 아동을 유기하는 경우가 많아 장애에 대[redacted]사회적 인식 변화가 절[redacted]하다.

(3) 보장[redacted] 욕구

장애아[redacted]의 보장구 소지실태를 [redacted]아보면, 전체의 22.6%가 보장구를 소지하고 있[redacted] 성인 장애인(41.6%)에[redacted]해 낮은 소지율을 보이고 있다. 장애별로 보장구[redacted]를 소지하고 있는 현황[redacted]〈표 10-3〉에서 보면, 시각장애의 경우

보장구(안경, 콘택트 렌즈)를 모두 착용하고 있었고, 청각장애의 경우 83.8%가 보청기를 사용하고 있었다. 지체장애아의 소지 보장구 중에는 휠체어 43.0%, 목발 34.9%, 보조기 20.0%, 의수족 11.0%, 보조화 12.5%, 워커 19.1% 등을 사용하는 것으로 나타났고, 언어장애와 정신지체의 경우에는 다른 장애의 중복장애로 인해 안경이나 보청기 등을 사용하는 것으로 나타났다.

〈표 10-3〉 장애아의 보장구 소지율

(단위 : %)

구분	지체장애	시각장애	청각장애	언어장애	정신지체
보장구 소지율	31.4	100.0	83.8	3.2	3.5

자료 : 한국보건사회연구원, 「1995년도 장애인 실태조사」, 1995.

장애아동은 현재 소지하고 있는 보장구를 대부분 잘 활용하는 것으로 나타났다. 보장구 활용 여부에 대한 질문에 '매우 잘 활용한다'(63.2%), '잘 활용한다'(27.6%)로 활용도가 높았으며, 거의 활용하지 않는 경우는 소수에 불과하여, 보장구 소지율이 높은 성인 장애인들이 활용도가 낮은 데 비해 장애아동의 보장구 활용 정도가 높음을 알 수 있다. 보장구를 거의 또는 전혀 사용하지 않는 이유로는 장애가 심해서 또는 보장구의 비효과 등 사용할 필요성이 적기 때문으로 나타났다. 장애아동의 경우는 장애가 심해 보장구의 효력이 없는 경우를 제외하고는 보장구의 활용도가 높기 때문에 보장구가 필요한 모든 장애아동에 대한 지원이 요구된다고 하겠다.

(4) 교육적 욕구

장애아동에게 교육재활은 이들의 사회참여 및 취업과 관련되는 핵심적 재활과정이라 할 수 있다. 장애 특성에 따른 적절한 교육은 결국 성인이 된 후 독립된 생활과 사회 구성원으로서의 생산적 역할과 의무를 할 수 있게 하는 기반을 만들어 준다는 점에서 매우 중요하다. 하지만 장애아동은 비장애아동과 달리 통학이나 학교 적응과 같은 문제가 심각하기 때문에 교육을

〈표 10-4〉 장애 정도별 교육 수혜

(단위 : 명, %)

장애 정도	대상자수	교육 수혜자	비교육 수혜자
중도 장애유아	9,103(100.0)	1,269(13.9)	7,834(86.1)
경도 장애아동	182,762(100.0)	26,087(14.3)	156,675(85.7)
중도 장애아동	42,000(100.0)	21,948(52.3)	20,052(47.7)

자료 : 장애인복지발전 5개년 계획(안) 1998~2002, 1997. 65~67쪽 표에서 재구성, 보건복지부.

받기 위한 제반 여건이 미흡할 경우 학교를 다니기 어려워진다.

장애 정도에 따른 특수교육 수혜실태를 〈표 10-4〉에서 보면 중도장애유아 중 13.9%가 교육혜택을 받고 있고 경도장애아동은 14.3%, 중도장애아동은 52.3%로 장애가 심할수록 특수교육의 혜택을 더 받고 있으나 전체적으로 특수교육이 필요한 많은 아동이 그 혜택을 받지 못하고 있다. 특히 특수교육의 효과를 가장 많이 얻을 수 있는 경도장애아동의 경우에 오히려 특수교육의 혜택을 못 받고 있어 이들의 능력 개발과 재활 기회가 제한된다고 하겠다.

5~17세 장애아동 중 특수교육 대상자(대학교 진학자 제외) 225,000명의 특수교육 수혜비율을 보면, 유치원 대상자의 6.8%, 초등학교 34.0%, 중학교 17.7%, 고등학교 8.9%, 대학교 0.9%로 전체 대상자의 약 30% 정도가 특수교육의 혜택을 누리고 있다(교육통계연보, 1997). 결국 특수교육 대상자의 70%가 일반학급에서 교육을 받을 수밖에 없기 때문에 고등교육과정으로 갈수록 장애아동의 교육 수혜가 줄어들고 있음을 알 수 있다. 특히 고등교육이라 할 수 있는 대학교의 진학률이 너무 저조하여 첨단지식과 기술을 요하는 직업으로의 진출이 그만큼 제한되고 있다고 하겠다. 1995년부터는 지체·시각·청각장애인에 대한 대학 및 전문대학의 특례입학제도를 도입하여 정원 외 입학을 할 수 있도록 하여 일부 대학에서 실시하고 있다. 이렇게 대학교육 수혜의 기회가 넓어졌으나 대부분의 대학들이 장애아동을 교육할 수 있는 준비가 되어 있지 않아 즉각적인 교육혜택의 효과가 나타나기는 어려운 실정이다. 결국 특수교육을 받을 수 없는 장애아동이 학교를 그만두

거나 상급학교로 진학하지 못하기 때문에 교육 수혜율이 낮고, 이는 다시 자립을 하지 못하는 주요한 요인이 되고 있다.

현재 장애아의 특수교육은 지체장애, 시각장애, 청각 · 언어장애, 정신지체 외에 자폐아를 포함한 정서장애, 그리고 학습장애아를 대상으로 실시되고 있는데, 〈표 10-5〉에 제시된 전국의 특수학교는 1998년 현재 총 118개소가 있으며 학급수는 2,415개이고 22,487명이 재학중이며, 일반학교 2,952개소에서 특수학급 3,728학급을 운영하여 25,031명을 수용하고 있다.[3] 1994년에 "특수교육진흥법"이 개정되면서 장애아동에 대한 초 · 중등과정의 의무교육이 규정되고 "교육법" 제98조에서 장애아동이라는 용어가 삭제됨으로써 법적으로는 장애아동의 의무교육권이 확보되었으나 실제로는 대상 아동의 1/2이 넘는 아동이 교육을 받지 못하는 것으로 추정된다.

〈표 10-5〉 특수학교 및 특수학급

종류	학교수	학급수	학생수
특수학교	118	2,415	22,487
특수학급	2,952	3,728	25,031

자료 : http://sece.tagu.ac.kr

장애 유형별로는 자폐아동과 정신지체아동을 위한 교육시설이 절대적으로 부족하여 자폐아동은 7.8%, 정신지체아동은 61.3%만이 교육 수혜를 받고 있는 형편이다. 또한 특수학교가 지역적으로 편중되어 있고 12개 시 · 도에 특수교육학교가 없어 특수교육의 기회가 박탈되고 있다고 하겠다(장애인복지대책위원회, 1997).

또한 장애아동의 무상교육은 특수학교 유치부에서만 이루어지고 있으며, 그 외의 대다수 장애유아들은 복지관, 종교시설, 사설조기교육실 등에서 월

3) 인터넷 http://sece.tagu.ac.kr에서 자료를 받았음.

20~30만 원의 높은 교육비를 내고 치료와 교육을 병행하고 있다. 이는 장애아동의 조기교육을 위한 대책 마련이 매우 시급함을 보여 주고 있다.

(5) 직업재활욕구

직업은 사회발전의 원동력이며 인간생활에서 기본적인 것으로 사람에게 생계수단 이상의 의미가 있기 때문에 자신의 존재에 대한 자부심과 자기성취 및 현대문명의 발달을 도모하는 데 반드시 필요한 것이라 할 수 있다. 헌법 제28조에서는 근로의 권리를 보장하고 있으며, 인간다운 생활의 보장도 근로를 떠나서는 보장하기는 어렵다고 하겠다.

현재 특수교육진흥법 제20조에서는 중학교 이상의 과정을 설치한 특수교육기관에서는 직업상담 및 지도를 위하여 직업담당교사를 두도록 되어 있고, 직업교육에 필요한 시설, 설비를 갖추도록 하고 있다. 이 법에서는 고등부 졸업생이 입학하는 전공과(수업연한 1년 이상)를 둘 수 있다고 하고 있다. 또한 특수학교 고등부 교육과정은 진로교육을 실시하도록 하고 있고, 교육과정도 실업계에 맞추어 구성되었기 때문에 교육의 50% 정도가 직업교육과 관련되어 있어 직업교육과 직종교육에 대한 기초적인 면모를 가지고 있다고 하겠다. 하지만 현실은 이와는 다르다는 데 문제가 있다. 일선학교에서는 장애 유형별 특성을 고려한 직업교육이 이루어지지 않고, 직업교육을 담당할 직업교사의 배치가 거의 없으며, 직종 개발도 극히 한정되어 사양사업의 직업교육이 이루어지고 있고, 산업현장과 연계성도 부족하며, 시설 설비가 부족하여 직업교육이 제대로 이루어지지 못하고 있다. 따라서 장애아동을 위한 전문적 직업교육 프로그램과 직종교육 프로그램이 거의 전무한 실정이다.

(6) 재정적 지원욕구

장애아동이 생활하는 데 경제적인 어려움 정도는 '매우 어렵다'(22.9%), '어려운 편이다'(31.6%)로 '어렵지 않다'(25.0%)보다 훨씬 큰 비중을 차지하여 장애아동 가정의 경제적인 어려움이 크며, 장애별로는 지체장애와 정신지체의 어려움이 큰 것으로 나타났다.

장애아 가정의 월 평균 가구소득은 111만 7천 원으로 조사 시점 기준인 1995년도 2/4분기 도시 근로자 가구당 월 평균 소득(180만 원)의 62.1%를 차지하고 있으며, 전체 장애인 가구소득(약 90만 7천 원)에 비해서는 약간 높은 수준을 보이고 있다(보건사회연구원, 1996). 한편 장애로 인해 추가비용이 드는 경우는 전체의 47%로 낮은 소득과 함께 장애아로 인해 경제적 부담이 가중되고 있음을 알 수 있다. 추가로 지출하고 있는 금액은 평균 162,000원으로 나타나 전체 장애인 가구의 평균 추가금액인 106,000원에 비해 높은 지출 수준을 보이고 있어 장애아동의 보호와 부양에 추가적 비용이 많이 들고 있음을 알 수 있다.

추가비용의 소요 내역에서는 성인 장애인의 경우 지출의 대부분이 의료비로 90% 이상을 차지하였다. 그러나 장애아동의 경우에는 의료비로 59.9% 그리고 교육비로 34.2%를 지출하여 추가적인 의료비 및 교육비의 부담이 크고 성인 장애인에 비해 상대적으로 교육비가 차지하는 비중이 높은 편이다.

2. 장애아동복지 관련 법 규정

우리나라는 장애아동 복지조치에 관한 직접적이고 포괄적인 법적 조항은 장애인복지법이나 아동복지법에는 없으며 단편적인 복지조치들이 여러 법 및 시행령에 산재해 있는 형편이다. 〈표 10-6〉에 제시된 관계법령과 복지조치는 입양 및 시설보호 등 특별히 장애아동을 대상으로 한 것도 있지만 대부분이 장애인을 대상으로 한 내용에서 장애아동도 수혜를 받을 수 있는 것들을 찾아서 입양, 재정, 교육, 재활, 고용, 장애 예방으로 나누어 제시하였다.

〈표 10-6〉 관련법상에 나[illegible]난 장애아동복지 조항

영역	법	복지조치	목적	주무 부처
입양	입양촉[illegible] 및 절차에 [illegible] 특례법 제2[illegible] 제1항	· 입양장애아동에게 [illegible]료비와 양육비 지원	유기된 장애아동의 입양 촉진	보건복지부
재정	장애인[illegible]지법 제34조[illegible]행규칙 제20조	· 장애아동의 교육[illegible]지원	경제적 곤란으로 인한 학업중단 방지	보건복지부
	장애인[illegible]지법 제45조	· 장애아동부양수[illegible] 및 보호수당	장애가정의 경제적 어려움 지원	
	장애인[illegible]지법 제33[illegible]	· 의료비 지원	장애인의 의료적 처지비용 지원	
	장애[illegible]복지법 제57[illegible] 의료[illegible]험(보호)	· 보장구교부 및 [illegible]리비용 지원 · 의료와 직결된 [illegible]장구를 의료보험 급[illegible] 대상급여	보장구의 구입, 수리비용이 부족한 장애인에게 보장구비용 지원	
	장애[illegible]복지법 제2[illegible]	· 세제상의 조치[illegible]공공시설 이용료 감면	장애가정의 경제적 부담 경감지원방안	
보호	장애[illegible]복지법 제1[illegible]	· 장애인 입학의 [illegible]부 금지 · 교육시설에 [illegible] 장애인 편의시설 [illegible]	사회통합 이념에 따른 교육의 강화	보건복지부
	장애[illegible]복지법 제[illegible]조	· 장애 유형별 [illegible]활 서비스 제공	장애욕구에 따른 일상생활 편의증진 및 사회활동 참여증진	
	아[illegible]복지법시행령 [illegible]11조	· 장애아동의 [illegible]보호기간의 연장	귀가 · 취업이 어려운 20세 미만 아동 연장해서 보호	
	아[illegible]복지법 제10조 [illegible]4, 5항	· 정서장애, 발[illegible]장애 등으로 특수한 [illegible]료나 요양이 필요한 [illegible]동에 대한 보호조치	특정한 아동의 보호조치	
교육	[illegible]법 제143조, [illegible]4조, 제145조	· 특수학교 설[illegible] 및 특수학급 설치 [illegible]과 설치	장애아동에 대한 특수교육 제공의 근거	교육부

교육	교육부 교육법 시행령 제71조 제2항	· 대학특별전형	차등적인 교육적 보상 기준에 의한 특별전형에 특수교육 대상자도 포함	교육부
	특수교육진흥법	· 특수교육 제공 및 교육방법 및 여건 개선	장애아동의 특수교육을 받을 권리 및 제공해야 할 의무 규정	
	장애인복지법 제18조	· 장애인 입학의 거부 금지, 교육시설에 대한 장애인 편의시설 제공	사회통합을 위한 교육 강화	보건복지부
고용	장애인복지법 제19조 장애인복지법 제31조	· 직업지도, 직업훈련 및 직업소개 · 직종개발 및 보급, 장애인고용권유	아동의 능력에 따른 적절한 직장 선택을 지원	보건복지부
	장애인고용촉진법	· 직업지도, 직업훈련, 법정고용지도	장애인 고용촉진대책 수립 및 추진	노동부
	특수교육진흥법 제20조, 제21조, 제22조	· 직업담당교사 채용, 직업교육시설 · 설비확보 · 고등부 졸업생을 위한 전공과 설치, 진로교육 실시	학교과정에서 취업을 위한 교육 훈련 등의 준비과정 마련	교육부
장애 예방	장애인복지법 제15조	· 모자보건사업강화 · 장애원인이 되는 상병의 조기발견 및 조기치료 촉진	장애아동의 발생 예방	보건복지부
	모자보건법 제10조 제1항 모자보건법시행령 제13조	· 임산부 및 영유아에게 건강진단과 예방접종을 실시	태아 및 영유아의 장애발생 예방	

1) 장애아동 입양

"입양촉진 및 절차에 관한 특례법" 제23조 제1항 "국가 및 지방자치단체는 입양기관의 알선을 받아 입양된 장애아동 등 입양아동의 건전한 양육을 위하여 필요한 경우에는 대통령령이 정하는 범위 안에서 의료비 등 입양보조금을 지급할 수 있다"라는 법 조항에 의해 장애아동을 입양하는 경우 입양가정에서 장애아동 양육비를 국가나 지방자치단체로부터 지급받을 수 있다.

이를 실천하기 위해 아동복지사업지침(1998)에서 아동의 건전육성사업 내용 중에 장애아동 입양가정의 양육보조수당과 의료비 지원 지급을 활성화할 것과 양육보조금의 신청을 기피하는 경우 입양기관에서 대리로 신청하는 것을 인정하고 있다.

법 조항 자체가 장애아동 입양을 촉진하기 위한 독립적 조항이라기보다는 국내입양을 활성화하기 위한 조항으로 특정한 입양 대상의 장애아동이 언급되어 있고, 실제 정책 실천은 아동복지사업지침에 의해서 보건복지부에서 이루어지고 있다.

2) 재정적 지원

재정적 지원은 장애아동 모두에게 지원되는 것이 아니라 국민기초생활보장법의 수급권자나 저소득층 장애아동 가정에 각각의 법 조항에 대한 대통령령이 정하는 수준에 따라 정해진다. 대상자 장애아동에 대한 범위가 매우 협소하여 대부분의 장애아동 가정은 혜택을 받기가 어렵다. 장애아동 가정에게 장애로 인해 발생하는 지출을 보조해 줄 수 있는 재정적 지원이 요망된다.

(1) 자녀교육비 지급

장애인복지법 제34조의 자녀교육비 지급에 대한 규정에 따른 장애인복지법 시행규칙을 보면, 제20~제[illegible]조에 장애자녀의 자녀교육비 지급 대상 및 지급방법에 대해 규정되어 있다. 제20조는 지급 대상에 대한 것으로 제1항에 '학교에 입학 또는 재학하는 장애인을 부양하는 자'에 대해 교육비 지급 대상자로 규정하고 있다.

장애자녀 교육비는 장애 정도, 소득과 재산 정도에 따라 매년 예산범위 안에서 지원하도록 하고 있어 지원 대상이 매우 협소하다. 또한 저소득층 장애가정의 경우 다른 법령에 의해서 받는 교육비만큼 감액하여 지원을 받을 수 있도록 하고 있다.

(2) 장애아동부양수당

장애인복지법 제45조 제1항은 국가와 지방자치단체는 장애아동을 보호 · 양육하는 보호자의 경제적 생활 수준, 장애 정도를 고려하여 장애아동의 보호자에게 장애로 인한 추가적 비용보전을 위해 장애아동부양수당을 지급할 수 있다고 규정하고 있다. 제2항은 장애인을 보호하는 보호자의 경제적 생활 수준, 장애 정도를 고려하여 장애인의 보호자에게 장애로 인한 추가적 비용 보전을 위해 보호수당을 지급할 수 있다고 규정하였다. 이에 따라 장애아동의 경우 부양수당 및 보호수당을 지급받을 수 있다.

(3) 의료비 지원

장애인복지법 제33조에 따르면 "장애인복지 실시기관은 의료비부담이 곤란하다고 인정되는 장애인에 대하여 장애 정도, 경제적 부담능력 등을 고려하여 장애의 정도에 따라 의료에 소요되는 비용을 지급할 수 있다"고 규정하여 생활보호 대상 및 저소득층 장애아동의 경우 의료비를 지급받을 수 있다.

(4) 재활보조기구 교부

장애인복지법 제55조에 의하면 장애인이 장애의 예방과 보완 및 기능 향상을 위하여 사용하는 의자, 보조기, 기타 보건복지부 장관이 정하는 보장구와 일상생활의 편의증진을 위하여 사용하는 생활용품을 '재활보조기구'라 규정하고 있다. 이에 대한 지원은 제57조에 국가와 지방자치단체는 장애인의 신청이 [illegible]을 때에는 예산의 범위 [illegible]에서 재활보조기구를 교부 · 대여 또는 수리하[illegible]나 재활보조기구의 구[illegible] 또는 수리에 필요한 비용을 지급할 수 있다고 규[illegible]하고 있다.

장애아동[illegible] 아동기에 있기 때문에 [illegible]체적 성장에 따른 계속적인 보장구의 교체가 불[illegible]피하다. 그러나 이에 [illegible] '예산의 범위 내에서' 지급함을 한정하고 있어 [illegible]속적인 보장에 어려움[illegible] 따를 것으로 예상된다.

(5) 세제[illegible]택 및 공공시설 이용료 [illegible]면

장애인복[illegible]법 제27조에 의해서 [illegible]시되는 장애인 및 장애인을 부양하는 사람에 대[illegible] 세제혜택과 공공시설 [illegible]용료, 운임 감면 등의 혜택이 장애아동에게도 적[illegible]되어 혜택을 받을 수 있[illegible]

3) 보호[illegible]

(1) 아[illegible]복지시설

장애아[illegible]시설은 아동복지법에 [illegible]정되어 있는 정서장애아시설이 유일한 것이었으[illegible], 아동복지법이 2000년[illegible]정되면서 그나마 장애인복지법에 장애인시설이 규정되어 있다는 이유로 폐지되었다. 다만, 장애아동의 시설수용기간 연[illegible]에 대해서 아동복지법 [illegible]행령 제11조 제3호에 '장애인으로서 귀가 · 취업[illegible]이 곤란한 20세 미만의 [illegible]를 수용보호기간 연장 대상으로 규정하였다.

현실[illegible]으로 유기되는 아동 중[illegible] 장애아동이 많은 것을 감안하면 장애아동을 위[illegible] 시설을 별도로 규정하[illegible] 않고 있다는 것은 장애아동보호가 제대로 이루[illegible]지지 않는다는 것을 말[illegible] 준다고 하겠다.

(2) [illegible]호조치

아동복지법 제10조에 의하면 특별한 조치가 필요한 아동을 대상으로 2

가지의 보호조치가 제시되고 있다. 즉, 제4항 보호를 필요로 하는 아동에 적합한 아동보호시설에 입소시키는 것, 제5항 약물 및 알코올 중독, 정서장애, 발달장애 등으로 특수한 치료나 요양 등의 보호를 필요로 하는 아동에 대하여 전문치료기관 또는 요양소에 입원 또는 입소시키는 것이다.

또한 장애인복지법의 신설조항 제32조에 따르면, 국가와 지방자치단체는 장애인의 일상생활에서의 편의증진 및 사회활동 참여증진을 위하여 장애 유형별 재활 서비스 제공 등 필요한 시책을 강구하여야 하며, 예산의 범위 내에서 이를 지원할 수 있다고 규정하고 있다. 장애아동의 경우도 이에 따른 재활 서비스의 제공을 기대해 볼 수 있을 것이다.

그러나 여기에도 '예산의 범위 내에서' 라는 단서가 있을 뿐 아니라 보호조치가 국가와 지방자치단체의 임무로 되어 있으나 대부분의 관련 규정이 임의 규정이기 때문에 법적 구속력이 없어 조치가 제대로 실행되지 않는 등 문제가 많다. 보호조치는 임의 규정보다는 강제 규정이 법적 구속력을 갖추게 되어 실질적인 지원이 가능하므로 법 개정이 필요한 조항은 임의 규정에서 강제 규정으로 개정해 나가야 할 것이다.

4) 특수교육

교육기본법(1997년 제정) 제18조 '특수교육' 조항에 따르면 국가 및 지방자치단체가 신체적 · 정신적 · 지적 장애로 특수교육이 필요한 자를 위해 학교 설립과 경영을 해야 하고 정책과 시책을 제공하여야 한다는 법적 근거를 제시하고 있어 특수교육진흥법에서 특수교육과 관련된 조항을 제정할 수 있다.

1977년 특수교육진흥법이 제정되었으나 일반교육과정과는 유리되어 소외된 교육제도로 명맥을 유지하다가 94년 개정되면서 장애아동을 위한 특수교육과정이 제공될 수 있는 기틀을 마련해 주었다. 1994년 개정된 법에는 특수교육 대상자의 의무교육과 경비보조, 유치원과 고등학교과정의 무상교육, 사립 특수[illegible]교육기관에의 위탁교육, [illegible]회교육, 통합교육, 개별교육, 직업교육, 전공과 [illegible], 진로교육 등이 주요 [illegible]용을 이루고 있다. 또한 2000년 일부 개정된 법에 [illegible]하면 제13조의 차별금[illegible]에 관한 조항을 위반하여 특수교육 대상자에게 [illegible]애를 이유로 입학의 [illegible]원을 거부하거나 입학전형합격자의 입학을 거부[illegible]는 등의 불이익한 처분[illegible] 한 각급 학교의 장은 1년 이하의 징역 또는 1,0[illegible]만 원 이하의 벌금에 처[illegible]다는 처벌 조항을 두고 있다.

이렇듯 [illegible]수교육진흥법에 따르면 [illegible]든 장애아동은 교육을 받을 권리가 있으며, 장[illegible]에 따라 개별화된 교육[illegible]제공받아야 하고, 사회통합을 위한 통합교육이 [illegible]공되어야 하며, 교육기[illegible]를 잃은 아동의 경우 순회교육을 받을 수 있도록 [illegible]였다. 하지만 이 법에 [illegible]른 정책집행은 미흡하여 장애아동의 현황에서 [illegible]석된 것과 같이 특수교[illegible]을 받아야 하는 많은 장애아동들이 교육의 혜택[illegible] 받지 못하는 실정이다[illegible]

5) 재활[illegible]

장애인[illegible]지법 제31조에 재활상[illegible]과 필요한 조치를 취하도록 하고 있다. 그러나 [illegible]애아동에 대한 특별한 [illegible]급도 없으며 장애아동에게 필요한 통합적 재활[illegible]근, 즉 의료, 심리, 직업, [illegible]회의 모든 측면에서의 재활이 이루어지도록 하[illegible] 지원체계가 제시되고 [illegible]지 않다. 의료적 재활을 위한 의료비 지원이 재[illegible]적 분야에서 다루어졌[illegible]만 이것도 생활보호 대상자에게 한정되어 있어[illegible]반장애아동에게는 혜택[illegible] 없다.

6) 직[illegible]준비 서비스

장애[illegible]복지법 제13조와 제30[illegible]에 직업지도, 직업훈련, 직업소개, 직종개발 및 [illegible]급 그리고 사업장에서 [illegible]애인을 고용하도록 권유하는 내용을 담고 있다. [illegible]애인 고용과 관련해서[illegible]특별법인 장애인고용촉진법에 직업지도,

직업훈련, 고용에 관한 실질적 내용이 자세히 들어 있다. 또한 장애아동이 고용을 준비할 수 있도록 특별교육진흥법 제20조, 제21조, 제22조에 장애아동이 직업교육을 받을 수 있도록 직업담당교사 확보 및 시설과 설비 확보, 전공과 설치, 진로교육 내용을 담고 있다. 장애아동의 자립적인 사회인으로서의 성장을 도모할 수 있는 취업준비와 고용지원은 매우 중요하다. 하지만 실제로 고용된다는 것이 더욱 중요하므로 적어도 장애아동의 첫 고용에 대해서 적극적인 대처를 할 수 있는 법적 보장이 있어야 할 것이다. 장애아동의 고용문제는 아동복지법에서 다루기보다는 오히려 현재와 같이 장애인복지법, 장애인고용촉진법, 특수교육진흥법에서 다루는 것이 좋을 것 같다.

7) 장애예방

장애인복지법 제15조 "모자보건사업강화, 장애원인인 질병의 조기발견 및 조기치료 촉진"에 따라 모자보건사업을 모자보건법 제10조 제1항 규정에 따른 시행령 제13조에 의해 다음 각 호에 건강진단 및 예방접종을 실시해야 한다. ① 임산부 진단과 종합검진 및 산전 · 분만 · 산후관리 ② 영유아의 건강관리와 3세 이하 영유아의 종합검진 ③ 영유아 및 임산부의 건강상의 위해 요인 발견 ④ 전염병예방법 제11조의 규정에 의한 질병과 풍진 · 수두 · 간염 · 볼거리 기타 보건복지부 장관이 심의회를 거쳐 정하는 질병의 예방접종 등이다.

우리나라 사회복지 서비스의 대상들이 주로 생활보호 대상자로 한정되어 있는 경우가 많아 재정적 지원 측면에서는 일반장애아동들이 혜택을 받을 수 있는 부분은 거의 없는 형편이다. 부모에게 버림받거나 유기된 장애아동을 보호하는 것은 국가의 책임으로 보호 대상이 되고 복지조치가 취해지지만 일반가정에서 보호받고 있는 장애아동은 가정의 부담으로 방치되거나 제대로 양육되지 못하는 경우도 많다. 따라서 이들 장애아동의 건전한 성장과 재활을 위한 법적 근거를 마련해야 할 것이다.

III. 외국의 장애아동복지에 관한 분석

1. 일본

1) 장애인 관련 법률(장애인 재활협회, 1995)

일본은 장애인의 생활을 돕기 위해 제정된 관련 법률이 30여 개가 제정되어 있다. 1) 장애자기본법, 2) 신체장애자복지법, 3) 정신박약자복지법, 4) 아동복지법, 5) 복지용구의 연구개발 및 보급촉진에 관한 법률, 6) 사회복지사업법, 7) 정신보건 및 정신장애자복지에 관한 법률, 8) 모자보건법, 9) 학교교육법, 10) 맹아학교 농아학교 및 양호(특수)학교 취학장려에 관한 법률, 11) 장애자 고용촉진 등에 관한 법률, 12) 고용대책법, 13) 고용보험법, 14) 직업능력개발촉진법, 15) 신체장애자의 편리증진에 이바지하는 통신 · 방송의 신체장애자 이용활성화 사업의 추진에 관한 법, 16) 고령자 · 신체장애자이용활성화 사업의 추진에 관한 법률, 17) 고령자 · 신체장애자 등이 원활히 이용할 수 있는 특정건축물과 건축의 촉진에 관한 법률, 18) 도로교통법, 19) 우편법, 20) 전기통신사업법, 21) 공용주택, 22) 특수아동부양수당 등의 지급에 관한 법률, 23) 국민연금법, 24) 후생연금법, 25) 생활보호법, 26) 노동자재해보상보험법, 27) 소득세법, 28) 조세특별조치법, 29) 상속세법, 30) 소비세법, 31) 지방세법. 이들 장애인 관련법들이 우리나라에 비해 다양하고 광범위한 영역에서 장애인을 지원하고 있다. 이들 각각의 법률을 통해 장애아동도 수혜를 받는다는 점에서는 우리나라와 같으나, 일본은 우리나라와 달리 장애아동의 복지조치에 대한 법적 근거를 아동복지법에 법 조항으로 두고 있다. 또한 특수아동 부양수당 등의 지급에 관한 법률은 장애아동의 재정적 지원에 대한 법적 근거로 앞으로 우리나라 장애아동을 위한 도입방안으로 연구해야 할 부분이다.

2) 아동복지법상의 장애아동 복지조치

우리나라 아동복지법에 반영할 장애아동의 보호에 관한 복지조치에 대한 함의를 찾아내기 위해 일본의 아동복지법상의 장애아동의 복지조치에 대해서 알아보면 아래와 같다.

(1) 장애아동에 대한 보호 · 양육지도를 위한 기관 지정

제18조 제3항의 3 "신체에 장애가 있는 아동 및 질병에 의해 장기간에 걸쳐 요양을 필요로 하는 아동의 보호 · 양육에 관해 지도를 행한다"고 보건소 업무 규정으로 되어 있어 장애아동의 보호 · 양육을 보건소에서 지도할 책임이 있음을 명확히 밝히고 있다.

(2) 보육(치료와 양육)

제19조 제1항 "보건소장은 신체에 장애가 있는 아동에게 진료조사를 하거나 상담에 응해 필요한 치료와 양육의 지도를 행하지 않으면 안 된다"라고 함으로써 다른 아동들보다 장애아동의 치료와 양육지도에 책임을 부여하고 있다.

제20조 제1항 "도도부현(都道府縣)은 신체에 장애가 있는 아동에게 생활능력을 갖게 하기 위해 필요한 의료(육성의료)의 급부를 행한다. 또한 이것에 대한 육성의료에 요하는 비용을 지급하는 것이 가능하다." 제2항 "비용의 지급은 육성의료의 급부가 곤란하다고 인정되는 경우에 한해서 이것을 실행한다"에 의해 가급적 현물적 의료 급부가 제공되고, 즉 의료적 급부가 곤란할 경우 비용도 지불할 수 있게 하고 있다. 제3항에 육성의료를 진찰, 약제 또는 치료재료의 지급, 의학적 처지, 수술, 그 외의 치료를 병행한 시술, 거택에 있어서의 요양상의 관리 및 그 요양에 준하는 보살핌과 그 외의 간호, 병원 또는 진료소에의 입원 및 이에 준하는 보살핌과 그 외의 간호, 이송까지 포함하고 있다. 육성의료의 급부는 장애아동에 있어 재활의 첫 단계인

의료적 재활을 위한 지원으로 장애아동이 수혜를 받을 수 있도록 아동복지법에 법적 근거를 마련한 것으로 보인다. 또한 의료육성의 내용이 의료적 처치와 관련된 것과 이를 위해 필요한 재료 및 의료적 급부를 받을 수 있게 하는 이송까지 광범위하게 포함하고 있다. 모든 장애아동이 법에서 지급하는 의료적 급부를 실질적으로 수혜받을 수 있도록 배려한 것이 보인다.

(3) 보장구

보장구의 교부, 수리비용 지급에 관한 사항이 제21조 제6항, 제7항, 제8항에 걸쳐서 규정되어 있다. 도도부현은 신체장애자 수발의 교부를 받는 아동에 대해 맹인안전지팡이, 보청기, 의지, 장구, 휠체어와 그 외 후생대신이 정하는 보장구를 교부하고 혹은 수리하고 또 이것에 대신해서 보장구의 구입 혹은 수리에 요하는 비용을 지급하는 것을 가능하게 하였다. 물론 현물교부가 우선이고 필요시 현금급부도 가능하게 하고 있다.

(4) 개호 등의 조치

제21조의 제10항 1에 "신체에 장애가 있는 아동 또는 정신박약의 아동에게 일상생활을 포함한 지장이 있는 것에 관해서, 필요가 있다고 인정될 때는 정부령에서 정하는 기준에 따라 그 사람의 가정에 있는 입욕, 배설, 식사 등의 개호와 그 외 일상생활을 포함한 필요한 편의에 있어서 후생성령에서 정하는 것과 더불어 또는 담당 시정촌(市町村) 이외 사람에게 해당편의를 제공하는 것을 위탁하는 조치를 취하는 것이 가능하다"라고 규정되어 있다. 제10항 2에서 시정촌의 심신장애아동에 대한 복지조치를 개호와 시설보호에 대하여 규정되어 있다. 제10항 3과 4에서 도도부현에서 실시해야 할 시설보호와 개호에 대해서 규정하고 있고 위탁조치도 하도록 하고 있다.

제21조는 장애아동에게 실질적으로 필요한 개호를 제공할 수 있는 법적 근거를 제시하고 시설조치에 대해서도 규정하였으며, 제42~제43조에 정신박약아시설, 정신박약아 통원시설, 맹농아시설, 허약아시설, 지체부자유아

시설, 중증심신장애아시설이 규정되었다. 장애아동을 위한 시설은 신체장애아시설과 정신박약아시설로 나누어져 있다. 신체장애아시설은 아동을 대상으로 입소 또는 통원에 따라 의료적 치료, 기능훈련, 직업지도, 생활지도를 행하며 독립자활에 필요한 지식기능을 길러주는 것을 목적으로 하여 ① 지체부자유아시설 ② 지체부자유아통원시설 ③ 맹아시설 ④ 농아시설 ⑤ 난청유아통원시설 ⑥ 중증심신장애아시설이 제공되고 있다. 정신박약아시설은 ① 정신박약아시설 ② 정신박약통원시설 ③ 중증심신장애아시설이 제공되고 있다. 시설보호에서 주목해야 할 점은 아동의 연령(15세 혹은 18세)에 따라 구분하여 장애아동을 성인장애인과 분리하여 수용보호하고 통원서비스를 제공하고 있다.

3) 장애아동수당

장애아동을 위한 수당은 장애아동복지 증진을 위해 정신 또는 신체에 장애를 가진 아동에게 지급하는 것을 목적으로 공적 부조체계에서 이루어지고 있다. 장애인수당은 "특별아동수당 등의 지급에 관한 법률"에 기초를 둔 제도로 무차별 평등과 국가책임주의적 입법원리에 의해서 실시되고 있다. 장애아동을 위한 수당의 종류는 특별아동부양수당과 장애아동복지수당이 있다.

1) 특별아동부양수당은 장애 정도가 1~3급에 해당되는 아동을 보호양육하고 있는 부모 또는 그 밖의 보호자에 대해 지급된다. 단 수급자격자가 일정액수의 고소득자이거나 수급 대상 장애인이 장애기초연금을 받고 있는 경우는 제외한다. 수당액은 1995년 1급 장애아의 경우 월 50,350엔(375,000원)이 지급되고, 2급인 경우 월 33,530엔(240,000원)이 지급된다.

2) 장애아복지수당은 20세 미만으로 정신 또는 신체에 중등도 이상의 장애가 있는 아동으로 일상생활에서 상시개호를 필요로 하는 재택장애아에게 지급되며 1995년 월 14,270엔(105,000원) 정도이다.

2. 영국

1) 장애[illegible]관련법(나운환 외, 1996[illegible]

영국의 [illegible]애인과 관련된 법은 13[illegible]야에 38개의 법들이 제정되어 있다. 1) 건축법, 2) [illegible]애인차별금지법, 3) 선[illegible] 장애(시민자유)법, 4) 지방정부 재정법, 5) 조세[illegible]제(장애를 위한 조세 경[illegible], 6) 교육법, 7) 고등교육법, 8) 교육법(장애아), 9) [illegible]육(학교)법, 10) 교육개[illegible]법, 11) 장애인(서비스, 자문 및 대표)법, 12) 전기법[illegible]3) 이동법, 14) 고용과 [illegible]련법, 15) 기업법, 16) 청각보조협의회법, 17) 도[illegible]법, 18) 도로에서의 활동[illegible] 관한 법, 19) 만성질환과 장애인법, 20) 토지보[illegible]법, 21) 주택법, 22) 주택[illegible] 계획법, 23) 지방정부와 주택법, 24) 국민보건 [illegible]비스와 지역사회보호법[illegible]5) 공공교통법, 26) 도로교통법, 27) 지방정부법, [illegible]) 정보보호법, 29) 개인[illegible]료접근법, 30) 건강기록접근법, 31) 런던 지역운[illegible]법, 32) 접근권, 33) 국민[illegible]건 서비스 재조직법, 34) 국민보건 서비스법, 35[illegible]지역사회보호(시설수용)[illegible]36) 보건사회 서비스와 사회보장판결법, 37) 사회[illegible]보장기여 및 급여법, 38) [illegible]가지원법.

영국도 [illegible]애인과 관련된 법이 다[illegible]하게 있으며 이런 법들을 통해 장애아동도 혜택[illegible] 받을 수 있도록 하고 [illegible]다. 영국은 일본과 달리 아동복지법에 장애아동[illegible]표적으로 한 구체적 복[illegible]조치를 규정하지는 않고 있다. 영국의 아동복지[illegible]은 매우 포괄적이고 모[illegible]아동에 대한 보편적인 서비스와 보호가 필요한 [illegible]아동에게 적절한 서비스[illegible] 제공될 수 있도록 규정하고 있다. 장애아동을 [illegible]반아동이나 요보호아동 중에서도 특별히 보호해야 할 아동으로 차별하[illegible] 않고 일반아동과 같다[illegible] 가치를 바탕으로 장애아동을 보호하는 데 책임을 지겠다는 의지가 보[illegible]다고 하겠다. 장애아동에 대한 수당은 일본과 마[illegible]가지로 공적 부조체계 [illegible]에서 제공되고 있다.

2) 아동복지법상의 복지조치

아동복지법 제3부 “아동과 가족을 위한 지방당국의 지원”의 제17조[요보호아동, 그 가족 기타 서비스의 제공]에서 지방자치단체에서 요보호아동의 보호에 필요한 서비스의 범위와 수준에 따라 제공하는 것을 규정해 놓고, 요보호아동에 대한 정의에 장애아동을 포함하고 있다. 장애아동의 정의는 맹 · 농아, 모든 정신장애 또는 질환, 상해, 선천적 기형 혹은 소정의 기타 장애에서 실질적 또는 항구적 장애가 있는 경우를 말한다. 장애아동에게 제공되는 서비스는 요보호아동(발달과 건강상의 문제가 있는 아동)과 구별해서 특정한 서비스를 지정하지는 않고 장애아동도 요보호아동이라고 규정하여 아동복지법 제18조(탁아 서비스), 제20조(시설보호), 제23조(시설보호와 부양), 제24조(조언과 원조)에 있는 복지조치를 하도록 하고 있다. 복지조치의 기본적 원칙은 보호가 필요한 아동에게 적절한 수준의 서비스를 제공하여 아동복지를 보강하고 증진시키는 것이다. 복지조치는 아동에게 직접 제공되기도 하고 아동을 보호하고 있는 가족에게 제공되기도 한다. 특히 장애아동에게 주어지는 서비스는 장애로 인한 영향을 최소화하고 최대한 정상적인 생활을 할 수 있도록 하는 것을 목적으로 하고 있다.

아동복지법 제9부는 위탁아동법을 대치한 것으로 법적 수속 없이 양자가 되는 사적 위탁양육 관계에 대한 내용으로 제66조에 위탁양육 연령을 16세 미만으로 규정하였는데 장애아동은 18세까지 적용된다는 조항을 두었다. 이는 장애아동의 위탁양육기간의 연장을 보장해 주는 조치라 하겠다.

3) 장애아동수당

영국에는 장애인을 위한 재정적 지원이 사회보험과 공공부조에서 나오는데 장애아동의 경우 공공부조제도에서 제공되고 있다. 직접적 지원으로는 장애아 할증금과 장애생계수당제도에서 나오는 이동 콤포넌트(Mobility

Component)를 [illegible]을 수 있고 간병에 대[illegible] 수당을 지불하는 간접적 지원이 있다(오혜경, 19[illegible]).

(1) 장애아[illegible]증금(Disabled Child Pre[illegible]m)

장애생계[illegible]당을 받거나 시각장애인[illegible]로 등록된 19세 미만의 아동을 책임지고 있으[illegible] 소득지원을 받는 자에게 지급되고 있다.

(2) 보호 [illegible]포넌트(Care Component)

개인보호[illegible] 필요한 자를 대상으로 [illegible]호의 정도에 따라 3등급으로 구분하여, 최고율[illegible] 주야로 도움이 필요한 자에게 지급, 중간율은 정신 혹은 신체상 중증의 [illegible]장애인으로 낮기간 동안 [illegible]움이 필요한 자에게 지급, 최저율은 정신, 신체상[illegible] 장애로 일상생활을 유[illegible]하기 위해 타인의 도움이 필요한 자에게 지급하[illegible] 있다.

(3) 이동[illegible]포넌트(Mobility Compon[illegible])

5세 이상[illegible] 장애인에게 적용되며 [illegible]등급으로 구분하여 최고율은 전혀 보행을 못하거나, 보행에 지장이 있거나 [illegible]선천적으로 다리나 발이 없거나 발목 위쪽으로 [illegible]다리가 절단되었거나 중[illegible]의 행동상 문제와 중증의 정신장애를 가진 자[illegible]게 적용하고 있고, 최저[illegible]은 장애인으로서 타인의 도움 없이 보행 가능[illegible] 경우로 장애수당을 받기 위해서는 3개월간의 경과기간이 필요하며 영구[illegible]인 질병이 있는 자는 경[illegible]기간 없이 가능하다.

3. 일본[illegible] 영국의 아동복지법[illegible]주는 함의

장애아[illegible]을 위한 복지조치는 일[illegible]이나 영국 모두 다양한 법적인 근거를 가지고 있[illegible]나 일본의 경우는 장애[illegible]동에게 가장 필요하다고 요구되는 복지조치를 아동복지법에 명확히 명시하고 있다. 반면에 영국은 장애아동을 요보호를 받아야 할 아동으로 규정하고 요보호아동이 받아야 하는 사회적 서비스 등을 받을 수 있도록 하고 있다. 물론 요보호아동에 대한 서비스는 무조건적이고 적절하게 제공하는 것을 전제로 하고 있어 장애아동이 충분한 서비스를 받을 수 있도록 법적 보장을 하고 있다. 또한 위탁양육과 같은 사적 양자관계를 18세까지 연장함으로써 이들의 독립준비기간을 충분히 준다는 의지가 표현된 것이라 하겠다.

결국 일본과 영국에서 아동복지법상에 장애아동에 대한 복지조치가 다르게 제정되어 있는 것은 영국이 일본보다 포괄적이고 보편적인 아동복지법을 가지고 있기 때문일 것이다. 우리나라의 경우는 일본과 같은 맥락으로 법이 제정되어 있기 때문에 아동복지법에 장애아동에 대한 복지조치가 분명하게 규정되는 것이 필요할 것이다.

장애아동에 대한 재정적 지원은 일본이나 영국 모두 공공부조제도에서 지원하고 있고 재정적 지원도 한 가지로 국한되는 것이 아니라 일본은 2가지 영국은 3가지 이상으로 다양한 형태와 기준으로 장애아동을 위한 지원과 동시에 이들을 양육하는 가정을 위해 지원하고 있다. 두 나라 모두 재정적 지원과 동시에 사회적 서비스를 강화하여 장애아동의 재활을 통한 통합화와 정상화를 꾀하고 있다.

IV. 비교분석을 통한 장애아동복지 관련법 조항 신설에 관한 제언

1. 아동복지법상의 장애아동을 위한 복지조치 도입

장애아동에 관한 관심이 장애인복지 영역에서나 아동복지 영역에서 모두 크게 미흡[redacted]다는 것은 이에 대한 논[redacted]이나 정책적 제언이 제대로 제시되지 않았다는 [redacted]에서 알 수 있다. 다만 [redacted]동기에 중요한 과업 중의 하나이며 권리와 의무[redacted] 교육에 관해서는 다양[redacted] 정책개발과 꾸준한 발전이 있었으며 1994년 [redacted]수교육진흥법이라는 결[redacted]을 가져왔다. 그러나 장애아동의 복지적 측면에[redacted]는 이들을 위한 특별한 [redacted]지적 조치가 제공되지 못하는 현실이다.

장애아동[redacted] 대한 복지조치가 필요하[redacted]다는 것은 모든 국민의 인간다운 생활을 보장하[redacted]록 규정한 대한민국 헌[redacted] 제34조 제1항과 제2항에서 법률적 근거를 찾을[redacted] 있다. 특히 제5항에서[redacted] "신체장애자 및 질병 · 노령 기타의 사유로 생활[redacted]력이 없는 국민의 법률[redacted]정하는 바에 의하여 국가의 보호를 받는다"라고[redacted]규정하고 있다. 이는 장애[redacted]인에 대한 국가의 책임을 명확히 보여 주는 것일[redacted]뿐만 아니라 그 자체로도[redacted]보호가 필요함과 동시에 신체장애로 인해 어떤 인[redacted]층보다 더 많은 복지적[redacted]조치를 필요로 하는 장애아동에 대한 특별한 보호[redacted] 필요로 함을 내포하는[redacted]률적 근거라 할 수 있다.

장애아동[redacted] 복지와 관련하여 가장 [redacted]절한 복지적 조치를 규정한 것은 국제협약으로[redacted]는 여러 국가의 장애아[redacted]복지를 위한 법적 근거로 사용되고 있다. 아동의[redacted]권리에 관한 국제협약은[redacted]991년 11월 20일 비준서 기탁, 12월 20일 대한민[redacted]에 대해 발효(조약 제[redacted]2) "아동의 권리에 관한 국제협약(International[redacted]onvention on the Right of[redacted] Child)"에서 규정하는 바에 따르면 장애아동을[redacted]한 서비스에 대한 관련[redacted]항들의 내용은 다음과 같다.

제23조 : [redacted]신적 · 신체적 장애아동[redacted] 대한 보호

1. 당사국[redacted] 정신적 또는 신체적 [redacted]애아동의 존엄성이 보장되고 자립이 촉진되[redacted] 적극적 사회참여가 조[redacted]되는 여건에서 충분히 품위 있는 생활을 누[redacted]야 함을 인정한다.
2. 당사국[redacted] 장애아동의 특별한 보[redacted]를 받을 권리를 인정하며, 신청에 의하여 그[redacted]고 아동의 여건과 부모[redacted] 다른 아동양육자의 사정에 적합한 지원이[redacted]용 가능한 재원의 범위[redacted]에서, 이를 받을 만한 아동과 그의

양육책임자에게 제공될 것을 장려하고 보장하여야 한다.

3. 장애아동의 특별한 어려움을 인식하며, 제2항에 따라 제공된 지원은 부모나 다른 아동양육자의 재산을 고려하여 가능한 한 무상으로 제공되어야 하며, 장애아동의 전면적인 사회참여와 문화적 · 정신적 발전을 포함한 개인적 발전의 달성에 이바지하는 방법으로 그 아동이 교육, 훈련, 건강관리지원, 재활지원, 취업준비 및 오락기회를 효과적으로 이용하고 제공받을 수 있도록 계획되어야 한다.
4. 당사국은 국제협력의 정신에 입각하여, 그리고 당해 분야에서의 능력과 기술을 향상시키고 경험을 확대하기 위하여 재활, 교육 및 직업보도 방법에 관한 정보의 보급 및 이용을 포함하여, 예방의학 분야 및 장애아동에 대한 의학적 · 심리적 · 기능적 처치 분야에 있어서의 적절한 정보의 교환을 촉진하여야 한다. 이 문제에서 개발도상국의 필요에 대하여 특별한 고려가 베풀어져야 한다.

이 조항의 내용을 보면, 아동권리 국제협약은 장애아의 존엄성을 보장하고, 특별한 보호를 받을 권리를 인정해 주며, 서비스를 가능한 한 무료로 다양하게 제공하여야 하고, 국가간에 장애아동을 위한 정보를 교환할 것을 규정하고 있음을 알 수 있다. 우리나라는 아동복지법 및 대한민국 어린이헌장을 통해 아동의 권리를 명시하고 있어 장애아동도 모든 대한민국 어린이로서 필요한 조치를 받을 수 있는 권리가 보장되었다고 하겠다. 하지만 장애아동에 대한 구체적 복지조치가 법적으로 명시된 것이 미약하여 장애아동의 권리 보장이 실현되지 못하고 있다. 장애아동의 권리를 가장 잘 보장해 줄 수 있는 법에 필요한 복지조치에 관한 법 조항들을 명시해야 할 것이다. 우리나라는 장애인복지법에서 장애아동에 대한 법적 조항은 전혀 없으나 법 조항의 해석에 따라 장애아동도 수급을 받을 수는 있어 장애아동의 복지적 조치는 임의적이고 제한적일 수밖에 없다.

앞 장에서 분석한 바와 같이 일본과 영국에서는 장애아동의 복지조치를 다양한 장애 관련법을 통해 다른 장애인과 마찬가지로 수급을 받을 수 있도록 하고 있지만 특히 아동에게 필요한 서비스에 대해서는 아동복지법에 명시하고 있다. 이는 장애아동이 심신장애가 있지만 아동으로서의 특성도 있기 때문에 아동복지법에서 다루는 것이다. 결국 장애아동의 문제해결을 장애 중심으로 할 것인지 아동 중심으로 할 것인지에 따라 장애아동에 대한 법적 복지조치의 향배가 정해진다고 한다면, 당연히 장애아동은 아동 중심적 시각에서 접근되어야 한다고 본다. 선천적 장애 및 영유아기에 발생하는 장애를 극복하기 위해서 가장 필요한 복지적 지원은 재정적인 지원과 재활을 위한 각종 서비스(사회적 · 심리적 · 직업적 · 도구적 서비스)라 하겠다. 장애아동은 장애인이기 이전에 아동이기 때문에 장애가 있다고 해서 아동으로서 누려야 할 권리가 제한되어서는 안 될 것이다. 오히려 장애가 아동의 정상적인 발달에 최소한의 영향을 미치도록 특별한 복지조치가 필요하게 된다. 결국 장애아동에 대한 특별한 복지조치는 아동복지법에서 다룰 수밖에 없으나, 현 아동복지법의 구조적이고 내용적인 성격을 고려하여 장애아동에 대한 권리를 포괄적으로 다루어야 하고, 필요시 구체적 복지조치를 분명하게 규정하여야 하며 더 나아가 장애인복지법 등 장애 관련법에서도 실행될 수 있도록 해야 할 것이다.

2. 기본이념

장애아동을 위한 복지조치의 방향과 목적을 제시하는 기본적 이념은 아동복지와 장애인복지에서 유추해야 할 것이다.

아동복지의 기본적 이념은 19세기 자본주의 발달과정에서 생겨난 아동의 수난에서 아동을 보호하려는 노력에서 발전하여 1957년 유엔(UN)의 아동복지선언에서 집약되어 나타났다. 기조로 되어 있는 내용은 차별의 금지, 법률에 의한 보호, 사회보장, 교육 및 의료를 받을 권리, 장애아의 권리, 방임 · 학대 · 착취로부터의 보호 등을 규정하고 있다(신섭중, 1993). UN에서는 아동복지선언을 1989년에 아동의 권리에 관한 국제협약으로 격상시켜 비준국들이 이를 준수하게 하고 있고 우리나라도 비준국 중의 하나로 이를 준수할 의무가 있다. 이 협약에서 강조하는 4가지 기본권리는 아래와 같다.

1) 생존의 권리 : 아동의 생존과 발달을 최대한 보장한다.

2) 발달의 권리 : 교육 · 놀이 · 여가 · 정보를 누릴 수 있어야 하며, 문화활동 · 사상 · 양심 · 종교의 자유를 가질 수 있어야 한다.

3) 보호의 권리 : 각종 착취와 학대에서 보호받아야 하며, 가족과의 인위적인 분리나 형법 등의 폐습으로부터 보호받을 수 있어야 한다.

4) 참여의 권리 : 자신의 의사를 표현할 자유와 자기생활에 영향을 주는 일에 대해 말할 수 있는 권리 및 자신의 능력에 맞는 사회활동에 참여할 기회를 가질 권리를 말한다.

또한 김만두 · 한혜경(1993)과 황의경 · 배광웅(1994)이 제시하는 장애인 복지의 기본적 이념을 살펴보면 다음과 같다.

1) 전인격의 존중 이념 : 결손이나 잔존기능을 가진 것으로 생각되는 장애를 통해 장애인 전체를 보는 것이 아니라 '장애' 특징을 포함한 전인격을 가진 사람으로 이해해야 한다.

2) 평등의식 : 장애인을 정상인과 같은 권리를 가진 사람으로 인정하는 의식이다.

3) 정상화 이념 : 장애를 가져도 정상적인 생활을 할 수 있으며 장애인은 어느 사회에나 존재함을 인정한다.

4) 통합화 이념 : 사회가 장애인에게 필요한 정신적 물질적 환경을 제공하여 장애인을 사회에 통합시켜야 한다.

5) 교육과 성장의 이념 : 사람은 교육을 통해 성장하고 사회에 기여할 수

> 있게 되듯이 장애인도 자신에게 맞는 교육과 훈련을 통하여 자립 · 성장하여 사회의 일원이 되어야 한다.

위에서 제시한 아동복지와 장애인복지의 기본이념들을 종합해 보면 결국 장애아동이 건강하게 성장할 수 있도록 하는 것이다. 즉 사회 안에서 정상인과 같이 생활할 수 있도록 평등하고 전인적인 취급을 받을 수 있도록 보장되어야 하며, 이를 위한 교육 서비스 등 특별히 필요한 서비스를 받을 권리가 보장되어야 한다.

3. 구체적 복지조치

장애아동의 복지향상을 위해서 구체적으로 특별히 필요한 서비스를 규정한다는 것은 매우 어렵고 필자의 주관적인 편견이 들어갈 수 있으나 외국의 예와 위에 언급된 기본이념을 살릴 수 있도록 제시해야 할 것이다. 장애아동복지에 대한 신설 법 조항은 아동복지법이 장으로 나누어 있지 않기 때문에 제11조(시설보호 아동에 대한 조치) 이후에 몇 조항으로 정리하는 것이 좋을 것이다.

현 아동복지법의 제2조(용어의 정의) 제2항에 '보호를 필요로 하는 아동'이라 함은 보호자가 없거나 보호자로부터 이탈된 아동 또는 보호자가 아동을 학대하는 경우 등 그 보호자가 아동을 양육하기에 부적당하거나 양육할 능력이 없는 경우의 아동을 말한다고 규정하고 있다.

이 정의만으로는 장애아동의 권리 보장을 받기에는 부족하기 때문에 이에 있는 규정을 개정하거나 새로운 항을 신설하여 장애아동에 대한 정의를 내리는 것이 좋을 것이다. 장애아동에 대한 복지적 조치가 차별이 되지 않도록 장애아동을 '보호를 필요로 하는 아동' 규정 속에서 정의하는 것이 바람직할 것이다.

장애아동을 위한 복지조치를 논의하기 전에 우선적으로 장애아동이 규정된 복지조치를 제대로 전달받고 성장할 수 있도록 이들을 양육하고 보호하는 의무를 행하는 기관을 지정해야 법의 실효성이 있을 것이다. 이들 기관의 역할과 기능은 장애아동의 재활과정에서 필요한 상담을 제공하고 적절한 서비스를 직접 제공하거나 제공할 수 있는 기관과 연계를 하는 것이 될 것이다.

장애아동은 무엇보다도 성장과 발달에 맞추어 적절한 의료적 재활과 재활기구 등이 필요하게 된다. 일반아동도 능력개발을 위해서 조기교육을 실시하고 있는 것이 현실인데 장애아동은 장애를 극복하고 능력을 개발하기 위해서 조기에 재활개입이 요구된다고 하겠다. 장애아동이 의료적 서비스를 받을 수 있는 법적 근거를 마련하여 장애에 대한 적절한 의료적 처치로 장애가 심화되는 것을 막고 장애를 극복할 수 있어야 한다. 의료적 재활을 보완해 줄 수 있는 보장구는 필요한 모든 장애아동에게 제공되어야 하며, 성장에 따른 교환과 수리를 해 주어야 한다. 이와 같은 복지조치를 아동복지법에 규정하고 실질적으로 장애인복지법을 통해 실행될 수 있도록 해야 할 것이다.

장애아동은 가능한 한 가정에서 보호받을 수 있어야 하나 아동의 장애 정도에 따라 보호와 양육에 큰 부담이 되는 경우가 많기 때문에 장애아동을 가정에서 보호할 수 있도록 지원이 요구된다. 그러나 장애 정도에 따라서는 가정 내에서 도저히 보호할 수 없거나 가정보다는 전문적 보호를 받는 것이 장애아동에게 더 필요할 경우에는 시설에서 보호되어야 할 것이다. 그러므로 장애아동의 장애 정도와 가족의 부양능력에 따라 아동의 양육방법을 결정할 수 있도록 다양한 지원이 이루어져야 할 것이다. 재가장애아동을 위해서는 가족에게 장애아동보호와 양육을 지원해 줄 수 있는 재가 서비스가 제공되어야 할 것이다. 또한 장애아동이 장애의 종류와 정도에 따라 적절하게 보호와 양육을 받을 수 있도록 다양한 시설보호가 제공되어야 할 것이다.

아동복지법에 규정되었던 정서장애아동시설도 2000년도 아동복지법 개정에서 삭제되어 실제로 장애아동을 위한 시설확보는 어렵게 되었다. 장애인복지법에 근거하여 장애아동시설이 확보된다는 것이 쉽지 않으므로 장애인복지법에 장애아동시설에 대한 규정을 분명히 하든지 혹은 아동복지법에 다시 장애아동시설을 위한 법 규정이 요구된다고 하겠다.

장애아동이 교육을 받을 수 있는 권리를 아동복지법에 근거를 확보하여 장애아동들이 특수교육진흥법에서 교육을 보장받을 수 있도록 해야 한다. 장애아동의 마지막 단계라고 할 수 있는 고용문제를 해결하기 위해서 특수교육진흥법에 따라 충분한 교육과 직업훈련 및 직업 상담을 받을 수 있도록 아동복지법에 교육, 취업훈련, 고용에 필요한 서비스를 받을 수 있는 권리를 확보해야 한다.

장애아동의 생계수당 지원문제는 일본이나 영국에서도 아동복지법에서 다루지 않고 공공부조체계 안에서 해결하고 있다. 우리나라의 경우 장애아동부양수당에 대해 장애인복지법에 의거 지급을 추진하려 하고 있으나 장애아동의 보호 및 생활안정 측면에서 국민기초생활보장법에 법적 근거를 갖는 것이 바람직하리라 여겨진다.

4. 조직

장애아동복지를 위한 새로운 조직을 만드는 것보다 현재 있는 조직에 대해 책임을 분명히 하는 것이 더 효과적일 것이다.

아동복지법에 근거한 장애아동의 복지조치는 중앙조직인 보건복지부의 보육아동과에서 책임을 지도록 해야 하나, 장애 관련 서비스는 재활지원과와 연계해서 제공되어야 할 것이고 장애아동수당은 생활보호과에서 제공되어야 할 것이다.

아동에 대한 복지 서비스의 전달은 중앙의 보건복지부 보육아동과에서 출발하지만 현재 지방조직은 행정자치부의 조직체계를 활용하고 있어 특별시 · 광역시 · 도의 사회과, 시 · 군 · 구의 사회과, 읍 · 면 · 동의 사회계를 통해서 전달되고 있다. 사회복지 서비스 전달체계가 변화하지 않는 한 장애아동을 위한 서비스전달도 현 전달체계에 따라 제공될 수밖에 없다. 장애아동의 보호와 양육을 관리하는 책임기관이 공적 전달체계의 마지막 단계인 읍 · 면 · 동의 사회계에서 등록하고 상담과 연계업무를 해 주어야 할 것이다. 결국 읍 · 면 · 동에 있는 사회복지전문요원이 장애아동관리를 맡아 주어야 할 것이다.

중앙조직에서는 보육아동과가 장애아동의 재활과정을 지원하기 위해 재활과정에 개입되는 보건복지부의 외적 조직인 교육부의 특수교육과와 수평적 관계를 형성하여 교육과 직업재활 서비스가 원활히 제공되도록 협조체계를 구축하고 보건복지부 내부적으로는 생활보호과와 재활지원과와 수평적 관계에서 연계를 통해 장애아동에게 서비스가 제공되도록 한다.

현재 논의되고 있는 전달체계의 개선방안에서 보건의료통합을 위한 대안으로 제시된 보건복지센터나 보건복지사무소가 설치되면 이곳의 사회복지전문요원이 지역의 장애아동을 관리하면서 장애아동에게 필요한 서비스를 연계하는 역할을 담당하도록 한다.

5. 재정

장애아동의 복지조치에 필요한 재정은 제공되는 서비스에 따라 다양한 원천에서 마련될 수 있다. 보장구와 의료적 지원은 현재 장애인복지예산 중에 보장구사업과 의료지원사업예산에서 장애아동의 부분을 확보해야 할 것이고, 장애아동수당은 공공부조의 일반재정에서 확보되어야 할 것이다. 수발지원은 공공부조의 일반재정이나 의료보험에서 수발지원사업을 유도하여 예산을 확보해야 할 것이다. 장애아동에게 보편적으로 서비스를 제공하기 위해서는 재정적 확대가 불가피하므로 여러 재정적 원천에 확산하여 확보함으로써 아동복지예산에서 모든 것을 해결해야 하는 부담을 덜어야 한다. 장애아동을 위한 시설 전환이나 건립을 위해서 필요한 재정은 아동복지예산에서 확보되어야 할 것이다.

6. 법체계

장애아동에 대한 법적 조치는 헌법 제34조 1항과 2항 및 5항에 따라 사회복지 서비스법에 근거하여, 사회복지사업법에 규정되어 있는 사회복지 서비스법들 중에서 아동복지법이나 장애인복지법에 장애아동에 대한 복지조치를 만들 수 있다. 하지만 현재 아동복지법이나 장애인복지법에 장애아동의 복지조치에 대한 법적 근거가 없기 때문에 어떤 서비스법에 법적 근거를 만들어야 하느냐는 논의는 또 다른 연구제목이 될 수 있다. 본 논문은 장애아동을 장애를 가진 아동이라는 시각으로 장애아동의 복지조치가 아동복지법에 법적 근거를 가져야 한다고 주장한다. 그러므로 장애아동에 대한 복지조치는 아동복지법에 법적 근거를 갖도록 하여 장애아동의 복지와 관련된 법적 내용을 가지는 다른 법에 우선하도록 한다.

장애아동에 관한 복지는 아동복지법이 있다고 해도 특별법 우선주의에 의해서 장애인복지법에 있는 장애아동에 관한 법 조항이 아동복지법의 일반 내용보다 우선할 것이나 현재 우리나라 장애인복지법에는 장애아동에 관한 법적 근거가 부분적으로 삽입되어 있다. 따라서 아동복지법에 신설하게 되는 장애아동의 복지조치에 관한 법 조항에 따라 체계적으로 장애아동에게 서비스를 제공하는 것이 바람직하다. 예를 들어 보장구의 수급과 의료조치에 관해서는 장애인복지법에 규정되어 있는데, 장애아동에 대해서는 대상 및 수급 내용 등은 아동복지법에 근거하도록 해야 한다.

장애아동 복지조치 중에 장애아동수당은 공공부조체계에서 지원되도록 일본과 같이 특별법을 제정하여 실시해야 할 것이다. 교육, 직업재활 및 고용에 대해서는 아동복지법에 구체적 내용의 법 조항보다 권리선언적 법 조항을 두어 이와 관련된 법의 구체적 내용은 특별법인 특수교육진흥법이나 장애인고용촉진법이 우선하도록 한다.

V. 장애아동을 위한 법적 개정방안

현재 장애아동의 수는 1985년에 비해 감소하고 있지만 대부분의 아동이 중복장애가 있기 때문에 장애아동에 대한 지원이 더욱 절실히 요구되고 있다. 또한 이러한 장애아동은 성인장애인과는 다르게 장애를 지니고 평생을 살아야 하고, 가족들의 부담이 커 아동을 유기하는 경우가 많다. 따라서 장애아동이 가족 내에서 정상적으로 보호를 받고 재활을 통해 한 사회 성원으로 성장하기 위해 장애아동을 위한 지원이 필요하다. 그러나 장애아동의 경우는 신속한 의료적 개입이 필요함에도 불구하고 의료재활 서비스가 미비하고, 교육적 환경이 열악하여 교육 수혜율이 낮아 이는 결국 직업재활의 과정이나 자립을 할 수 있는 기반의 상실을 의미한다고 할 수 있을 것이다.

이러한 다양한 문제들이 존재하고 있음에도 불구하고 장애아동에 관한 복지대책에서는 대부분이 장애인 복지법에서 일반적인 성인장애인과 같이 다루고 있기 때문에 장애아동에 대한 특수한 욕구 충족에는 부족한 것으로 보인다.

장애아동복지와 관련한 법적 조치를 아동복지법에서 다루고 있으며, 이는 아동의 권리에 관한 국제협약이나 우리나라의 헌법, 아동복지법 등의 법률적 규정에서도 함의하고 있는 바이다. 즉 아동의 권리보장은 장애아동의 권리를 보장해야 함을 의미하는 것이고, 장애아동은 성인과는 다른 욕구와 특수성을 지니므로 아동복지법에서 이를 구체적으로 규정해야 하는 것이다. 따라서 본 연구는 장애아동을 아동복지의 한 영역에서 다루어야 한다는 전제에서 아래와 같은 복지적 조치에 대한 법적 조항을 다루는 것이 바람직하다고 생각하고 이를 〈표 10-7〉에 정리하였다.

첫째, 아동복지법 제2조의 제2항 "보호를 필요로 하는 아동에 대한 규정"에 장애아동을 명시하도록 하는 것이 필요하다. 그리고 장애아동은 장애인복지법에 규정되어 있는 장애인 정의에 준한다.

둘째, 장애아동을 관리하기 위해 동사무소(보건복지사무소)의 사회복지전문요원이 아동을 전문적으로 관리할 수 있도록 법 조항을 신설하여 장애아동에 대한 보호조치를 할 수 있도록 하는 것이 바람직하다.

셋째, 장애아동의 보호조치에 대한 법적 개정은 시설 및 재가아동을 위해서 이루어져야 한다. 장애아동의 시설보호를 위해서 아동복지법상에 조항을 삽입하여야 할 것이다. 장애아시설은 ① 신체장애아 시설 ② 정서장애아 시설 ③ 정신지체아시설 ④ 맹 · 농아시설 ⑤ 중증장애아시설 ⑥ 기타 장애아시설로 구분한다.

아동복지법 제10조 제4항과 제5항에 있는 보호조치가 약물 및 알코올 중독, 정서장애, 발달장애 등으로 특정한 욕구나 행동을 보이는 아동에 한하여 제공되도록 규정되어 있기 때문에 이를 포괄적인 의미의 장애아동으로 대치하는 것이 바람직할 것이다. 또한 이들에 대한 치료시설 및 요양소, 아동복지시설에의 입원이나 입소에 국한하지 않고 재활기관 등에의 통원 서비스도 포함하는 것이 바람직하다.

재가장애아동을 위해서는 법적으로 규정되어 있는 것이 없기 때문에 법 조항을 신설해야 하는데 법 조항은 "장애로 인해 가정 내에서 보호와 양육에 지장에 있을 시 대통령이 정하는 기준에 따라 수발과 일상생활 활동에 필요한 활동을 지원하는 것"으로 규정한다.

넷째, 아동이 일상생활에 필요한 재활보조기구를 지속적으로 지원받을 수 있도록 법 조항에 명시되어야 한다. 이는 장애아동의 경우는 일반장애인과는 다르게 지속적으로 성장하기 때문에 재활보조기구의 교체가 필수적이며, 재활보조기구의 활용도도 높기 때문에 장애아가 일상생활에 어려움을 적게 느끼도록 재활보조기구의 교체를 명시하는 조치로서 "① 장애아동은 일상생활에 필요한 재활보조기구를 지원받을 수 있다. ② 지급받은 재활보조기구는 아동의 성장에 따라 적절한 수준의 재활보조기구로 교환해 주어야 한다"라는 내용을 포함하는 조항의 삽입이 필요하다.

다섯째, 장애아동이 일상생활에 지장이 없도록 전문적인 의료적 서비스를 제공하고, 이에 소요되는 비용은 필요시에 지원하도록 하는 복지조치 조항이 신설되어야 한다. 이는 장애아동의 경우 장애아동을 가진 가족의 월 소득이 일반가정의 월 소득보다 낮기 때문에 아동이 치료를 받지 못하는 경우가 많으므로 이에 대한 보호조치로서 "① 장애아동에 대해서 생활에 지장이 없도록 의료적 서비스를 제공해야 한다. ② 의료 서비스에 소요되는 비용은 필요시 지원한다. ③ 의료 서비스는 현물로 지원하되 이것이 불가능할 경우 현금으로 지원할 수 있다"라는 내용을 포함하는 조항의 신설이 필요하다.

여섯째, 현재 우리나라의 장애아동의 경우에는 특수교육을 받고 있기는 하지만 이러한 교육이 장애아동이 직업을 준비하는 데 현실과 괴리가 있기 때문에 이를 위해서는 장애아동의 교육과 직업훈련을 받을 수 있는 권리를 확보해 줄 수 있는 법적 조항을 아동복지법에서 다루어야 한다. 법 조항은 구체적 조치 내용보다는 선언적 내용으로 "장애아동은 적절한 교육과 재활을 위한 직업훈련을 받고 고용을 위한 지원을 받을 권리를 확보해 주어야 한다"라고 규정한다.

〈표 10-7〉 장애아동의 복지 관련 법안

영역	법령	제(개)정	법체계
	아동복지법 제2조 제2항(용어의 정의) 2. '보호를 필요로 하는 아동'이라 함은 보호자가 없거나 보호자로부터 이탈된 아동, 또는 보호자가 아동을 학대하는 경우 등 그 보호자가 아동을 양육하기에 부적당하거나 양육할 능력이 없는 경우의 아동을 말한다.	개정 2. …이탈된 아동, 장애아동, 또는 보호자가 아동을 학대하는 경우… . 장애아동은 장애인복지법에 규정된 장애 범주에 준한다	아동복지법
	신설〉	제정(조항 신설) (보호기관) 장애아동의 보호와 양육을 지원하기 위해 장애아동관리를 동사무소(보건복지사무소) 사회복지전문요원이 담당한다.	아동복지법
보호 권리	〈신설〉	제정(조항 신설) (장애아동시설) 장애를 가진 아동을 입소시켜 수용 · 보호하거나 보호자로부터 위탁받아 통원시켜 치료하는 것을 목적으로 하는 시설 장애아시설은 다음과 같다. ① 신체장애아시설 ② 정서장애아시설 ③ 정신지체아시설 ④ 맹 · 농아 아동시설 ⑤ 중증장애아시설 ⑥ 기타 장애아시설	아동복지법
	아동복지법 제10조(보호조치) 제4, 제5항 4. 보호를 필요로하는 아동에 적합한 아동보호시설에 입소시키는 것 5. 약물 및 알코올중독 · 정서장애 · 발달장애 등으로 특수한 치료나 요양 등의 보호를 필요로 하는 아동에 대하여 전문치료기관 또는 요양소에 입원 또는 입소시키는 것	개정(시설보호) 5. 장애아동에 대하여 병원, 요양소, 치료기관 및 재활기관에 입원 또는 입소, 통원으로 서비스를 제공받도록 하는 것	아동복지법

	〈신설〉	제정(조항 신설) (복지조치 : 재가보호) "장애로 인해 가정 내에 보호와 양육에 지장에 있을 시 대통령이 정하는 기준에 따라 수발과 일상생활에 필요한 활동을 지원하는 것	아동복지법
의료	〈신설〉	제정(조항 신설) (복지조치) ① 장애가 있는 아동에 대해서 생활에 지장이 없도록 의료적 서비스를 제공해야 한다. ② 의료 서비스에 소요되는 비용은 필요시 지원한다. ③ 의료 서비스는 현물로 지원하되 이것이 불가능할 경우 현금으로 지원할 수 있다.	
재활보조기구	장애인복지법 제57조(재활보조기구의 교부 등) ① 국가와 지방자치단체는 장애인의 신청이 있을 때에는 예산의 범위 내에서 재활보조기구를 교부 · 대여 또는 수리하거나 재활보조기구의 구입 또는 수리에 필요한 비용을 지급할 수 있다. ② 제1항의 규정에 의한 비용의 지급은 재활보조기구의 교부 또는 수리가 곤란하다고 인정되는 경우에 한한다.	제정 : 법체계 변경 (복지조치) ① 장애아동은 일상생활활동에 필요한 재활보조기구를 지원받을 수 있다. ② 지급받은 재활보조기구는 아동의 성장에 따라 적절한 수준의 보장구로 교환해 주어야 한다.	아동복지법
교육	〈신설〉	제정(조항 신설) (교육, 직업재활, 고용권) 장애아동은 적절한 교육과 재활을 위한 직업훈련을 받고 고용을 위한 지원을 받을 권리를 확보해 주어야 한다.	

● 참고문헌

교육부. 1996. 『교육백서』.

권선진 외. 1996. 『장애인구 대상별 특성과 정책과제』. 보건사회연구원.

김만두 · 한혜경. 1993. 『현대사회복지개론』. 서울 : 홍익제.

김현용 외. 1997. 한림과학원총서 : 『현대사회와 아동—아동복지의 시각에서』. 서울 : 소화.

나운환 · 유명화 · 오수경 · 김성수 · 최지선 · 김철규 · 황성주 · 박혜화. 1996. 『비교장애인복지정책』. 서울 : 한국장애인재활협회.

보건복지부. 1997. 『보건복지백서』.

______. 1998. 『아동복지 사업지침』.

신섭중 · 신복기 · 현외성 · 김경호 · 박경일 · 김익균. 1997. 『한국 사회복지법제론개설』. 서울 : 대학출판사.

오혜경. 1997. 『장애인복지학 입문』. 서울 : 아시아미디어 리서치.

______. 『각국의 장애인 소득보장제도에 관한 연구—스웨덴, 영국, 미국, 일본 그리고 한국』.

장애복지 21. 1998. 2002년 장애아 100% 교육기회 부여. 『장애복지 21』.

장애인 복지대책 위원회. 1997. 『장애인 복지발전 5개년 계획(안)』.

장애인 재활협회. 1995. 일본 장애인 생활을 돕기 위한 30가지 법률. 『장애인 재활』 가을호.

통계청. 1997. 『교육통계연보』.

황의경 · 배광웅. 1991. 『심신장애인 재활복지』. 서울 : 홍익제.

일본의 아동복지법. 1998.

영국의 아동복지법. 1989.

한국의 아동복지법. 2000.

한국의 장애인복지법. 1999.

한국의 특수교육진흥법. 2000.

http://www.welfare.net.

http://www.sece.tagu.ac.kr

http://www.sece.tagu.ac.kr/special/tendency/spe-edu/year.htm

http://www.goodlife.net/03/ted0101.htm

제11장

비행 · 범죄청소년과 아동복지법

문선화*

I. 문제 제기

아동 및 청소년의 비행이나 범죄에 대한 교정은 그 시점이 어디에 있느냐에 따라서 접근이 다양해질 수 있다. 그러나 아동복지(법)의 입장에서 비행과 범죄를 고려한다면 아마도 사회적 인간으로서의 자리매김을 하는 도덕발달의 보편화와 상대성에 근거(Kohlberg, 1981)를 두고서 아동의 사회화가 본격적으로 이루어지는 사회제도에의 관여로부터 시작되어야 한다는 믿음이다. 이 시기는 각각의 아동에 따라서 다르다. 어떤 아이는 부모가 직업을 가짐으로 인하여 상당히 어린 시기부터 사회화를 강요당하고 있으며, 또 어떤 아동은 공교육이 실시되는 초등학교부터 사회적 접촉으로 인한 사회화의 과정을 걷게 된다고 본다. 어느 경우의 아동이든 이러한 사회적 관여는 그 집단이 지닌 가치에 의하여 차이를 보인다. 그러므로 아동의 비행

* 부산대학교 사회복지학과 교수

성이나 범죄에의 관여가 과연 어느 시기로부터 시작된다는 것에 대하여서는 합치된 연구가 없다.

사회와의 끊임없는 상호작용은 아동의 성장에 대부분 긍정적 영향을 주고 있다고 믿어지나 사회가 지닌 어떤 특성이나 구조는 부정적 영향을 주며 아동으로 하여금 일탈적 혹은 반사회적 가치나 윤리규범을 발달시키게 한다. 아동은 분명히 권리와 자유를 가진 인간으로서 성장하여야 하며, 이와 동시에 자신의 권리와 자유를 유지하며 사회적 존재로서의 책임을 가지기 위한 의무와 책임을 수행할 기본적 훈련이나 교육을 받아야 하는 것이다. 만일 아동이 보호와 원조만 받고 자신에게 주어질 책임이나 의무가 무엇인가를 교육, 훈련받지 못한다면 이것은 주체적인 개체로서의 아동의 완전하고 조화로운 인격발달의 저해요인이 될 것이라고 본다.

아동 혹은 청소년이 비행이나 범죄에 관여되었다는 것은 개인으로서도 불행한 일이지만 사회나 국가로서도 불행한 일이다. 그러므로 이러한 문제적 집단에 관여하게 된 아동 · 청소년을 보호 · 선도 · 치료 · 예방하는 것은 개인적 차원보다는 국가적 차원에서 실시되어야 하기 때문이다. 그러므로 아동의 비행과 범죄에 대한 조처는 현행의 소년법(형사법 범주 내에 있는)에만 근거할 경우 아동의 기본권이나 필요한 보호가 제공되지 않을 것이다.

그러므로 이 논의는 지금까지 소년법에만 의존되어 왔던 비행 · 범죄소년들에 대한 관심과 개입이 아동복지 차원에서 다루어져야 한다는 전제를 지니고 시작되었다. 왜냐하면 1989년 보호관찰법의 실시 이후 이들에 대한 처우가 사회 내 보호라는 기본적 이념을 지니고 실시되게 되었으며, 이들의 시기가 아동기이며, 비행이나 범죄의 내용이 아동의 성장이나 사회적 문제에서 비롯되기 때문이다. 사회 내 처우라 함은 종전의 시설 내 수용 혹은 구금에서 벗어나 가능한 한 사회나 보호자의 보호와 감독하에 이들을 성장시킨다는 방향이다. 이것은 분명히 아동복지의 분야이므로 아동복지의 법체계에 포함시켜야 할 것이다. 따라서 이 연구는 우리나라의 아동복지의 법체계와 그 적용 영역에 비행/범죄소년을 포함시켜야 하는 타당성을 검증하고

자 우선 현재의 청소년 비행 · 범죄의 처리과정과 현황을 살펴보고, 그 기본이 되는 자료와 관련법의 분석과 영국과 일본의 아동복지법, 그리고 아동 · 청소년의 권리에 관한 국제협약 등을 분석함으로써 앞으로 아동복지법이 개선될 경우 기본적으로 비행이나 범죄와 관련된 조항이 아동복지법의 체계에 어떻게 포함되어야 하고 필요한 범위와 부분이 어디까지인가를 논의하고자 하였다.

II. 한국의 비행 · 범죄청소년에 대한 분석

1. 청소년 비행과 범죄의 현황

지난 30년간의 소년 범죄 추이를 발표한 『범죄백서』에 의하면 한국에서의 소년범 증가는 인구증가의 2.4배에 달한다(청소년 인구 일만 명 당 1966년 82.1명에서 1995년에는 193.8명이다). 이와 더불어 소년 범죄의 양상은 저연령화, 흉포화, 그리고 강력범화되었다는 사실이다. 다음 〈표 11-1〉은 전체 범죄와 비교한 청소년 범죄의 숫자이다. 이 표에서도 알 수 있듯이 청소년 범죄는 꾸준히 증가하고 있으며 총 범죄에서 차지하는 비율도 점차 높아지고 있다. 보호관찰의 실시 후 기소율은 다소 감소하고 있으나 소년 범죄에서 폭력, 강도, 절도범 등의 증가로 여전히 검찰의 기소율은 높다고 보여진다.

범죄소년의 통계에는 포함되지 않았으나 요보호소년 혹은 불량행위소년들은 장래에 비행 혹은 범죄화할 수 있는 소지가 다분히 있다. 이들을 경찰은 소년풍기사범으로 단속하고 처리한다. 1996년에 269,569명이 단속되고 처리되었다. 단속의 이유는 음주와 흡연(42%), 집단싸움(11.9%), 흥행장출입(1.3%), 남녀혼숙(0.7%), 흉기소지, 환각물질사용(0.3%) 등이다. 이 중 즉심에 넘겨진 사건은 약 1%(2,284명)이며 나머지 96%는 훈방처리되었다.

〈표 11-1〉 총 범죄대비 청소년 범죄 구성비

구분	1994	1995	1996	1997	1998
총 범죄	1,660,973	1,804,405	2,018,296	2,117,759	2,341,431
소년 범죄	108,342	124,244	146,986	164,182	161,277
구성비율(%)	6.5	6.9	7.3	7.6	6.9
기소율(%)	37.7	36.8	35.4	36.8	

자료 : 법무부, 1999(단위 : 명, %).

〈표 11-2〉는 소년 범죄의 유형에 따른 통계이다. 위에서도 지적했듯이 한국에서의 소년 범죄는 이미 성인의 수준을 능가하고 있다. 이는 소년 사건이 많은 문제점을 내포한다는 점을 단적으로 표현하고 있다. 가장 많은 범죄가 폭행과 상해에 의한 폭력행위로서 이는 특히 청소년기의 집단화의 경향과 순간적 충동을 억제치 못하는 데서 비롯된 것이라고 할 수 있다.

〈표 11-2〉에서도 나타나듯이 여전히 청소년들은 재산 관련 범죄와 높은 상관관계를 가지고 있음을 알 수 있다. 성인들과는 달리 소년범들은 주로 절도와 관련되어 있으나 이는 물질만능주의 풍조로 인한 재산 관련 범죄의 증가라고 보여진다. 만일 현재와 같은 경제위기가 지속된다면 실업, 가정해체, 빈부 격차의 급증 등은 청소년들에게 많은 갈등을 야기하게 될 것이며 이들 청소년들에게 갖고자 하는 욕구가 좌절될 때 이들은 더욱 쉽게 범죄와 연루하게 될 것이다. 이 표에서는 나타나지 않았으나 재산 관련범들의 저연령화가 특히 두드러지는 현상을 감안한다면 경제위기가 지속되는 동안은 소년 범죄의 증가는 계속되리라고 본다.

〈표 11-2〉에서 나타나는 또 다른 문제는 청소년들과 성 관련 범죄이다. 청소년기는 성적 호기심이 증가되는 시기이며, 이를 알고자 하는 욕구도 상당히 높으므로 이를 성장과정의 자연스런 현상으로 받아들여 이들을 교육하여야 한다. 그러나 이 사회는 이것을 상업적 매개물로 이용하려는 경향으로 말미암아 청소년들의 건전한 성적 욕구가 성폭력행위나 강간 등으로 범죄화되고 있는 것이다. 강간이나 성 관련 범죄에서 18세 이상의 소년들보다

는 16세 혹은 그 이하의 소년들의 비율이 점차 높아지고 있는 현상이다.

〈표 11-2〉 청소년 범죄 유형별 현황

구분	연도	1992	1993	1994	1995	1998
	계	99,301	110,604	108,342	124,244	161,277
강력범	소계	3,324	4,662	6,101	4,349	6,134
	살인	93	116	62	65	65
	강도	2,074	2,762	3,464	2,684	4,273
	강간	1,069	1,696	2,522	1,526	1,703
	방화	88	88	53	74	93
폭력범	소계	36,622	40,380	40,559	47,523	57,080
	폭행, 상해	36,369	40,088	40,140	46,696	56,461
	공갈, 협박	253	292	388	802	557
	감금, 유인 등			31	25	62
재산범	소계	26,073	28,099	30,247	32,338	45,561
	절도	23,455	25,428	26,841	28,616	39,894
	횡령, 배임	581	684	921	1,056	887
	장물	694	624	812	739	819
	사기	1,343	1,363	1,673	1,927	3,961
	교통 사범	22,875	21,457	23,485	30,808	41,665
	기타	10,407	16,006	7,950	9,226	10,837

자료 : 대검찰청(단위 : 명).

* 폭행 · 상해에는 폭력행위 등 처벌에 관한 법률위반 사범이 포함되어 있음.
* 강간에는 1994년 4월 1일부터 시행된 성폭력범죄의 처벌 및 피해자보호 등에 관한 법률위반 사범이 포함되었음.

〈표 11-3〉은 소년 범죄의 연령별 통계를 나타낸 것이다. 1996년을 예로 들면 소년범은 146,989명으로서 16~17세가 53,130명으로 가장 많고, 18~19세가 51,112명, 14~15세가 38,084명이며 14세 미만도 4,660명이다. 표에서도 나타나듯이 범죄의 구성에서 15세 미만의 소년들이 차지하는 비율이 점차 높아지고 있으며 문제가 되는 것은 촉법소년들인 14세 미만의

소년들이 수적으로 상당한 부분을 차지한다는 것이다.

〈표 11-3〉 소년 범죄 연령별 현황

연도	소년 범죄자	14세 미만		14세~15세		16세~17세		18세~19세	
	인원	인원	구성비	인원	구성비	인원	구성비	인원	구성비
1992	99,301	2,200	2.2	18,482	18.6	31,022	31.2	47,597	47.9
1993	110,604	2,307	2.1	23,290	21.1	37,176	33.6	47,831	43.2
1994	108,342	3,000	2.8	25,424	23.5	37,418	34.5	42,500	39.2
1995	124,244	2,551	2.1	32,352	26.0	45,707	36.8	43,634	35.1
1998	161,277	1,886	1.2	35,964	23.3	59,833	37.1	63,594	39.4

자료 : 대검찰청(단위 : 명, %).

위의 표들에서도 나타나듯이 폭력에 의한 높은 범죄율이나 범죄 소년들의 저연령화 현상 등은 결국 범죄의 동기에서도 23.5%가 우발적 충동에 의한 것이었으며 이와 유사하게 자신의 부주의로 인한 범죄에의 가담도 13.6%에 이른다. 생활비, 유흥비, 허영과 사치 등에 사용하려는 목적으로 저지른 범죄는 17%이며, 음주로 인한 호기심도 10.6%를 차지하였다. 그러나 원한이나 분노(1.3%), 현실불만(1.2%), 유혹 등도 결코 작은 수치는 아니라고 보여진다. 또한 현실불만으로 인한 범죄는 1,693명이다. 이들 중에 학생(현재 재학중으로서 구속된 학생임)이 1,328명으로서 현실불만에서 오는 소년 범죄의 대부분은 현재 재학중인 학생들이 저지르고 있다고 보아야 할 것이다. 문제는 근래에 이르러 가정해체 현상이 증가하고 있으며, 경제적 불안정 등은 청소년들에게 더욱 현실불만의 소지를 제공하므로 청소년들에 대한 긍정적 자긍심이나 위기나 어려움을 극복할 수 있는 내용의 교육적 기회를 제공할 필요가 있다고 보여진다.

그러나 문제는 교육적 기회를 제공하여야 하는 학교제도에서 발생한다는 것이다. 학생들은 현실불만에서 오는 문제로 인하여 다른 범죄에 비하여 상대적으로 높게 범죄에 가담하게 된다고 본다. 그리고 학교는 문제에 직면하기보다는 문제학생을 제도 밖으로 제외시키는 정책을 시행하고 있는 것도 사실이다. 예를 들면 부산지역에서 1997년에 정학 · 퇴학 · 자퇴형식으로 학교를 떠난 중 · 고등학생이 8,000명이었으며, 1998년에도 현재 6,500명 가량이 학교제도에서 제외되고 있는 것이다. 다시 말하면 1996년 소년 범죄의 62.4%가 학생 범죄로 나타나 있는데, 이들 범죄소년들의 교육 정도별에서 불취학, 초등학교, 대학교, 기타를 제외하면 87.6%가 중 · 고등학교에 재학 중이거나 학교에서 문제와 관련되어 정학 등의 처분을 받은 것으로 보인다. 이는 현행의 학교제도가 획일적인 교육방법을 사용하는 데서 발생한 문제라고 보여지며 이에 대한 변화가 시도되지 않는 한 학생들의 범죄 혹은 인간에 대한 교육 부재에서 오는 범죄는 더욱 증가할 것이다.

아래 〈표 11-4〉는 소년 범죄의 남녀별 현황을 나타낸 것이다. 여전히 소년들의 범죄율이 높지만 소녀들의 범죄율도 꾸준히 증가하고 있으며 더욱 큰 문제는 숫자의 증가에 있다. 1992년에 비해 약 3배의 증가를 보이고 있는데 이는 종전까지 다소 여성들에 대한 동정적 견해를 보이던 사법기관의 태도의 변화일 수도 있으나 전체적으로 여성 범죄자의 수가 증가되고 있으며, 범죄 내용도 종전의 사기나 풍속사범에서 일반 형법범으로 이전되고 있는 사실로 미루어보아 소녀들의 비행증가도 이와 같은 추세라고 사료된다.

〈표 11-4〉 청소년 범죄의 남녀별 현황

연도	계	남자		여자	
	인원	인원	점유율	인원	점유율
1992	99,301	94,386	95.1	4,915	4.9
1993	110,604	104,263	94.3	6,341	5.7
1994	108,342	101,625	93.8	6,717	6.2
1995	124,244	115,271	92.8	8,973	7.2
1998	161,277	144,907	89.9	16,370	10.1

자료 : 대검찰청(단위 : 명/%).

2. 비행에 대한 법적 처리과정

한국에서의 비행문제에 대한 처리과정([그림 11-1])은 그가 범죄소년인가 혹은 촉법소년 · 우범소년인가[1]에 따라 다르다. 범죄 소년은 검거과정을 통하여 경찰 등에서 통고처분, 즉결청구 그리고 기소가 된다. 촉법소년, 우범소년을 발견한 경찰은 이를 직접 소년법원에 송치하여야 하고, 촉법소년, 우범소년 혹은 범죄소년을 발견한 보호자 또는 학교나 사회복지시설의 장은 이를 관할 소년법원에 통고할 수 있다. 현재까지 우범소년에 대하여 소년법원에 송치하는 사례는 거의 없는 실정이다.

검사에 의하여 접수된 사건은 수사과정을 거처 범죄의 성립 여부를 확정한다. 범죄가 성립된다고 하여도 여러 가지 사정에 의하여 처벌이 필요 없다고 판단되면 불기소나 기소유예처분을 하고, 벌금 이하의 형에 해당하는 범죄이거나 보호처분에 해당되는 사유가 있다고 인정하는 경우 소년법원에 송치하여야 하며, 그 이외에는 일반형사법원에 기소가 된다. 검사에 의하여 기소된 사건은 형사법원의 절차를 따라서 벌금 이하의 형에 해당하는 범죄이거나 보호처분에 해당하는 사유가 있다고 인정한 때에는 결정으로써 사건을 소년법원에 이송하여야 하며, 소년법 제59조는 범행시 18세 미만의 소년에 대한 사형 · 무기형으로 처할 것인 때에는 15년의 유기징역으로 형의 완화가 규정되어 있으며, 그리고 보호관찰법은 소년에 대한 보호관찰부 선고유예 및 집행유예의 규정을 두고 있으며, 또는 실형을 선고받고 소년교도소에 입소한다(범죄백서, 1997).

---

1) 소년법 제4조는 범죄소년을 죄를 범한 소년으로서 형사책임의 연령을 만 14세 이상 20세 미만으로 정하였고, 촉법(觸法)소년은 형벌법령에 저촉되는 행위를 하였으나 형사책임연령에 달하지 않았기 때문에 형사책임을 묻지 않는 만 12세 이상 만 14세 미만의 소년, 그리고 우범(虞犯)소년은 보호자의 정당한 감독에 복종하지 않고, 이유 없이 가정에서 이탈하는 자, 범죄성이 있거나 부도덕한 자와 교제하는 성벽이 있는 12세 이상의 소년 등을 보호사건으로 심리한다.

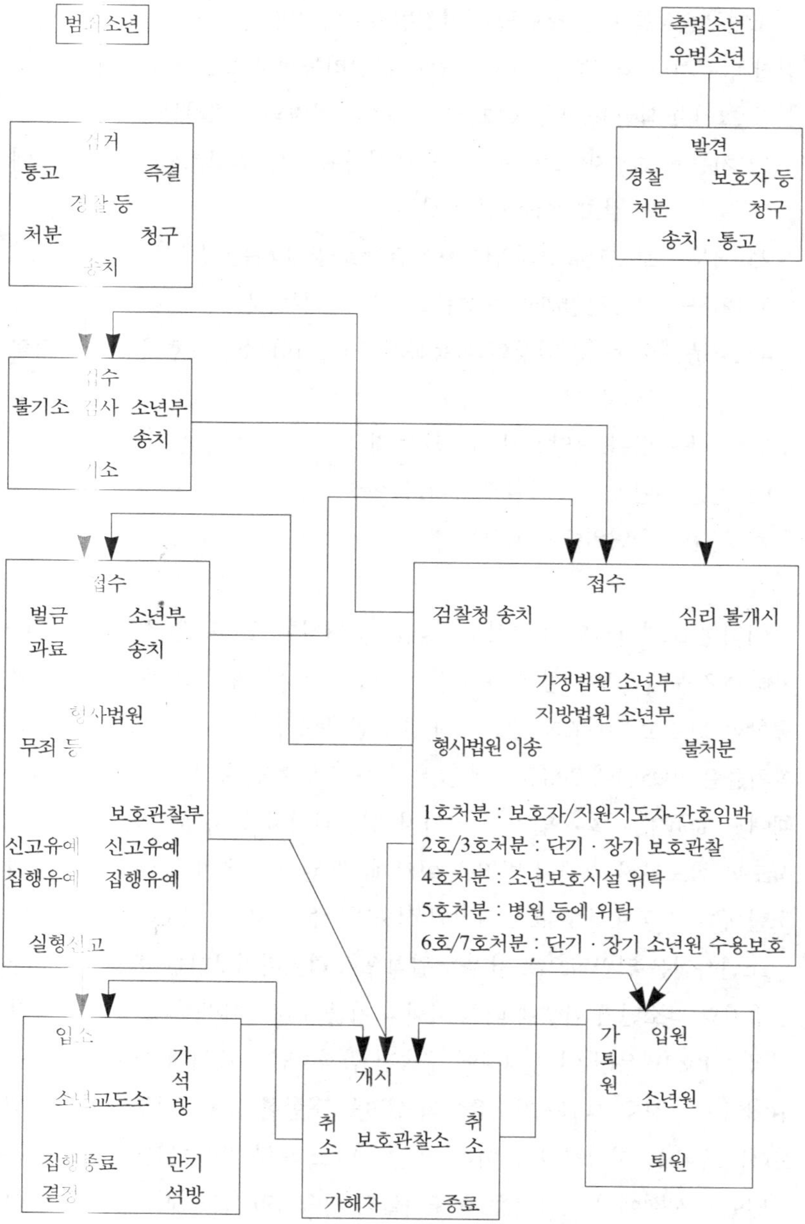

[그림 11-1] 비행소년의 처리과정

소년부송치를 받은 소년들은 가정법원이나 지방법원의 소년부에서 다시 검찰청 송치나 형사법원 이송이 있거나 심리불개시 혹은 불처분을 받기도 한다. 그리고 심판을 받은 소년들은 다음의 7가지의 보호처분을 받는다.

1호처분—보호자 또는 보호자를 대신하여 소년을 보호할 수 있는 자에게 감호를 위탁하는 것

2호처분—보호관찰관의 단기보호관찰을 받게 하는 것

3호처분—보호관찰관의 보호관찰을 받게 하는 것

4호처분—아동복지법상의 아동복지시설, 기타 소년보호시설에 위탁하는 것

5호처분—병원, 요양소에 위탁하는 것

6호처분—단기로 소년원에 송치하는 것

7호처분—소년원에 송치하는 것

이러한 소년사건의 보호처분을 내리기 위하여 소년법은 소년사건을 조사하는 경우에 범법사실뿐 아니라 소년의 가정상황과 환경 등 모든 사항을 종합적으로 고려하도록 함으로써 소년분류심사원의 판정과 법원결정의 합치율은 1995년에 79.1%로서 높은 정확도를 보였다. 소년사건을 심리할 때에도 교육자, 사회사업가, 심리학자, 정신과학자 등 전문가의 의견을 참작도록 함으로써 소년이 범죄에 이르게 된 원인을 올바로 파악하고 당해 소년에 대한 실효성 있고 구체적인 선도방안을 찾을 수 있도록 하고 있다.

소년사건은 일반적으로 처벌을 원칙으로 하였다기보다는 도움이 필요한 성장기의 청소년의 비행에 대한 사회적 처분의 차원이라고 보는 것이 옳다. 한국은 1983년부터 이미 검찰에 구속된 범죄소년에 대하여 교도소나 소년원에의 수용보호보다는 기소유예의 성격을 포함한 선도조건부 기소유예제도(선도유예)를 시작하였다. 이는 죄질이 다소 중하지만 개선의 점이 있는 소년에게 사회에서 관심 있는 지도자들의 계속적인 선도, 보호를 받도록 실시된 제도이다. 매년 이 선도유예는 전체 소년 범죄의 7% 이상에게 내려지

고 있다.

소년원법 제8조는 남자와 여자, 16세 미만의 자와 16세 이상의 자는 분리 수용한다고 규정하여 비행오염 방지를 위한 원칙을 제시하고 있으며 전국 11개 소년원 중 1개소가 소년 비행자를 위한 소년원이다. 한국은 소년 비행자들에 대한 사회적 낙인을 예방하기 위하여 전국의 소년원을 교과과정 중심과 직업훈련 중심 소년원으로 대체하고 그 명칭도 학교로 전환하였다(예를 들면 부산소년원은 부산오륜직업전문학교로). 그리고 7개의 소년원에는 병설 중학교를, 1개의 소년원에는 고등학교를 운영하고 있다.

〈표 11-5〉 소년원의 기능별 분류운영 현황(1998)

기능	대상소년원	교육과정	대상자
교과 교육 소년원	서울, 대구, 춘천, 전주, 청주	교육법에 의한 초등학교, 중학교 및 고등학교 과정 수업	14세 미만 소년, 학업계속 소년
직업훈련 소년원	부산, 광주, 대전	직업훈련 기본법에 의한 직업훈련	무의탁 소년, 연장 소년, 취업희망 소년
여자소년원	안양	교과교육, 직업훈련 병행	전국 소년원의 여자 소년 전원
특별소년원	대덕	직업훈련(영농), 심리치료	전국 소년원의 강력, 상습, 재입원, 문제유발 소년
종합소년원	제주	교과교육, 직업훈련 병행	학업계속 소년, 취업희망 소년

신입소년은 일반보호소년과 분리수용하고 10일간에 걸쳐 분류조사를 실시하며 보호소년 처우심사위원회에서 분류조사 결과 밝혀진 사실과 소년분류심사원에서 보내 온 분류심사 결과를 종합하여 분류수용, 처우기간, 교육과정 등을 구체적으로 심의 · 결정하도록 하고 있다(동법 시행령 제4조, 제11조, 제14조, 제15조). 소년원에 송치된 소년은 장기와 단기로 나누어진다. 단기는 6개월을 넘지 못하며 장기의 경우 비행의 요보호성이 제거되어 교정교육의 목적을 달했다고 인정된 때까지로 추정할 수 있으나 소년이 23세에 달하면 자동적으로 퇴원조치하도록 되어 있다(소년원법 제43조 제1항).

형사처벌을 받은 소년 범죄자는 성인 범죄와 분리하여 소년교도소를 설치운영하고 있다. 한국은 천안과 김천에 소년교도소가 있으며 만 20세까지 수용보호하고 있다. 소년교도소의 프로그램은 소년원과 별 차이가 없으며, 범죄적 성향의 교정과 재범을 하지 않고 건강한 사회인으로 성장시키는 교육에 중점을 두고 있다.

다른 나라와는 달리 한국에서의 보호관찰의 역사는 매우 짧다. 그러나 이미 1950년대에 범죄인들의 갱생보호활동이 성인뿐만 아니라 소년범들에게도 적용되어 왔다. 갱생보호가 형의 만기 후(혹은 수용보호기간 만료)에 관찰보호 및 귀주보호 등을 실시하는 반면 보호관찰은 소년사건의 처리과정에서 다양하게 적용될 수 있으며, 특히 소년보호처분의 대부분이 보호관찰처분과 관련되어 있다고 하여도 과언이 아니다.

이를 좀더 구체적인 통계자료를 통해 살펴보면 1996년도 전체 소년 범죄자 146,986명 중 약 77.4%, 기타 촉법 소년 혹은 우범 소년(22.3%) 가운데서 보호사건에 접수된 것은 32,697명이다. 위에서도 언급했듯이 소년보호사건은 7개의 보호처분을 하고 있다. 초기 보호관찰이 실시되었던 1990년대 초에는 1호처분과 2, 3호처분의 병행이 높지 않았으나 1993년 이후로 병행처분의 수치는 높아졌다. 이것은 대부분의 비행청소년의 비행행위가 가족문제와 관련되어 있으며, 이들을 보호자에게 위탁 감호한다는 자체가 그 효과면에서 큰 의의가 없었기 때문이라고 본다. 즉 1호처분을 받는 소년들 중 6개월의 감독위탁을 받는 경우 이는 2호처분과의 병행으로서 50시간 내의 사회봉사명령과 수강명령을 받도록 한 것이다. 그리고 1년간의 감독위탁을 받는 경우 200시간 이내의 사회봉사명령 또는 수강명령을 이행하여야 하도록 되어 있다. 5호처분은 병원이나 요양소에 위탁하는 처분이지만 1996년에는 단지 82명만이 이 처분을 받았다. 그러나 소년보호사건 중 약 7%의 강간범과 11.6%의 약물남용자가 포함되어 있는 사실을 감안한다면 적어도 10% 정도인 3,000명 가량이 5호처분을 받아서 병원이나 요양소에 위탁되어야 한다고 본다.

〈표 11-6〉 소년보호사건 처리상황

구분 / 연도	계	보호처분								불처분	심리불개시	검찰청송치	기타
		소계	1호 처분	2호 처분	3호 처분	4호 처분	5호 처분	6호 처분	7호 처분				
92	21,370	20,677	17,352	315	222	784	1	1,401	602	353	311	6	23
				[6,478]	[6,907]								
	(100)	(96.8)	(81.2)	(1.5)	(1.0)	(3.7)		(6.6)	(2.8)	(1.7)	(1.4)		(0.1)
93	27,824	26,903	23,431			904	12	1,731	825	268	631	19	3
				[8,427]	[7,807]								
	(100)	(96.7)	(84.2)			(3.3)		(6.2)	(3.0)	(1.0)	(2.3)		
94	26,958	25,671	21,754	5	6	772	43	2,038	1,053	448	782	10	47
				[8.919]	[7,465]								
	(100)	(95.2)	(80.7)			(2.9)	(0.2)	(7.5)	(3.9)	(1.6)	(2.9)		(0.2)
95	29,677	28,641	25,229	1	2	675	42	1,671	1,021	322	656	26	32
				[11,517]	[8,981]								
	(100)	(96.5)	(85.0)			(2.3)	(0.1)	(5.6)	(3.5)	(1.1)	(2.2)	(0.)	(0.1)
98	39,300	37,081	33,139			851	10	1,884	1,197	897	1,250	26	46
				[12,719]	[13,712]								
	(100)	(94.3)	(84.3)			(2.2)	(0.0)	(4.8)	(3.0)	(2.3)	(3.2)	(0.0)	(0.1)

주 : 1) 2호 및 3호처분 [ ] 내는 다처분과 병합된 인원수임.
자료 : 법무부(단위 : 명, %).

위의 처분(〈표 11-6〉) 중 6호처분과 7호처분을 받은 소년들은 소년원에 이송된다. 이들 중 6호처분자는 6개월을 초과하지 않는 수용보호이다. 이들의 잘못된 행동과 태도의 순화를 위하여 주로 정신교육, 체험교육, 체육훈련, 그리고 심성개발 프로그램 등을 제공하고 있다. 그러나 그 동안 소년원의 종사자들 가운데 전문적 훈련을 받은 직원이 늘었으나 여전히 교과교육이나 직업훈련 위주로 그리고 특별채용의 기회가 있으나 공무원 채용의 요건에 적합해야 하는 관계로 이들 단기보호소년들을 위한 전문적 프로그램의 실시는 미약하다고 본다.

7호처분을 받은 장기수용보호를 받아야 하는 소년들은 그들의 배경에 따라서 각각 다른 목적과 기능을 가진 소년원에 배치(앞의 〈표 11-5〉를 참조)가 되고 1년 이상 수용보호된다.

III. 한국의 비행 · 범죄청소년에 관한 법의 분석

아동복지법에 비행 · 범죄소년과 관련된 조항의 필요성과 그 당위성을 합리화하기 위한 분석은 제3장에서 우리나라 법, 즉 한국아동복지법, 소년법, 소년원법, 보호관찰법 등을 논의하였고, 제4장에서는 외국의 아동복지법들과 아동 · 청소년의 권리에 관한 국제협약을 참고로 하였다. 우리나라와 다른 나라와의 차이는 있으나 이 두 개의 법을 간단히 비교한 것이 제5장이다. 이러한 분석의 틀은 신섭중 외 1990년『한국 사회복지법제개설』의 틀을 참고로 하였다.

1. 관련법 조항

아동 및 청소년의 비행과 관련된 법률은 아동복지법, 소년법, 소년원법, 보호관찰법, 청소년보호법 등이 있다. 이 중 아동복지법은 거의 비행 관련 조항이 없다. 청소년보호법 역시 청소년 유해 매체물, 유해약물, 유해업소 등을 중심으로 다루어져 있으며, 청소년을 중심으로 제정된 법률이라기보다는 이들을 유해하게 만드는 사회적 환경의 제재에 초점이 맞추어져 있다. 그러므로 이 관련법 조항의 분석에서는 청소년보호법은 필요시 삽입만 할 것이다.

1) 아동복지법

2000년에 전문 개정된 아동복지법은 보호를 필요로 하는 아동을 중심으로 구성되어 있다고 보여지나 보호를 필요로 하는 아동의 대부분을 차지하고 있는 비행 및 범죄소년들에 대한 조항은 극히 국한되어 있다. 물론 제7조의 아동복지지도원의 업무에서 '아동지도에 필요한 가정환경의 조사', '보호를 필요로 하는 아동에 대한 조사 · 지도 · 감독', '아동을 위한 지역사회 자원의 활용알선', '지역사회의 학교 부적응아, 비행청소년에 대한 예방 · 지도 및 원조', 제10조 제1항 제5호에서 '약물 및 알코올중독 · 발달장애 등으로 특수한 치료나 요양 등의 보호를 필요로 하는 아동에 대하여 전문치료기관 또는 요양소에 입원 또는 입소시키는 것' 등으로 매우 미약하다.

2) 소년법

소년법은 형사법의 한 부분으로서 존재한다. 1988년 12월 전문 개정된 후 1995년 1월 법률 제4929호로 소년원법이 분리되었고, 소년원직제가 교육법에 근거하여 학교체재로 개편하기 위하여 1995년 12월 일부 개정되었으며, 또한 보호관찰 등에 관한 법률의 개정으로 일부 개정되었다.

이 법은 제1조에서 밝히듯이 "반사회성 있는 소년에 대하여 그 환경의 조정과 성행의 교정에 관한 보호처분을 행하고 형사처분에 관한 특별조치를 행함으로써 소년의 건전한 육성을 기함을 목적으로 한다"로서 12세 이상 20세 미만의 소년과 이러한 소년을 감호하고 교육하는 보호자의 의무를 규정하고 있다. 이 법은 20세 미만의 모든 비행아동을 포함하므로 이 법 전체가 관련 조항이라고 말할 수 있다.

3) 보호관찰 등에 관한 법률

1989년 12월에 제정된 "보호관찰법"은 1996년 12월 법률 제5178로 기존의 보호관찰법과 갱생보호법을 종합 · 개정하였다. 이 법의 제3조에서 보호관찰 대상자를 소년법 제32조에 근거하였고, 이들 소년보호 대상자에 대한 보호관찰 업무는 보호관찰관(제16조)과 보호선도위원(제18조, 제19조)에 의하여 이행된다. 소년범에 대한 보호관찰은 제24조에서 보호관찰을 조건으로 한 형의 선고유예, 즉 "법원은 소년에 대하여 형의 선고유예를 함에 있어 지도 및 원호가 필요하다고 판단되는 때에는 판결로서 이 법에 의한 보호관찰을 받을 것을 명할 수 있다", 제25조에서 보호관찰을 조건으로 한 형의 집행유예 "법원은 소년에 대하여 형의 집행유예를 선고함에 있어 지도 및 원호가 필요하다고 판단되는 때에는 판결로서 이 법에 의한 보호관찰을 받을 것을 명할 수 있다"를 규정하고 이러한 판결을 내리기 위한 필요성으로 제25조에서 판결 전 조사를 명한다. 보호관찰은 유예제도와 마찬가지로 가석방이나 가퇴원에도 적용(제27조)되며, 특히 소년원생에 대하여는 수용 후 6월을 경과한 때에는 이 소년의 장래를 위하여 보호관찰 심사위원회에 통보하여야 한다(제29조). 판결 전 조사와 마찬가지로 이 법은 교정시설에 재원중인 수용자에 대한 환경조사, 환경개선활동 그리고 이러한 활동에 대한 결과를 보호관찰심사위원회에 통보(제31조, 제32조, 제33조)하여야 된다고 명시한다.

소년에 대한 보호관찰의 기간은 소년법 제32조, 제66조 그리고 보호관찰심사위원회의 결정에 의하며, 이러한 보호관찰기간 동안의 준수사항은 제37조에 명기되어 있다. 이 준수사항은 ① 주거지에 상주하고 생업(학업)에 종사할 것 ② 나쁜 습관을 버리고 선행을 하며 범죄성이 있는 자들과 교제하거나 회합하지 말 것 ③ 보호관찰관 및 보호선도위원의 지도 · 자문에 응할 것 ④ 주거를 이전하거나 1월 이상의 국내외 여행을 할 때에는 미리 보호관찰관에게 신고할 것 등이다. 이러한 준수사항이 지켜지기 위한 지도(제

38조)와 원호(제39조), 그리고 준수사항이 지켜지지 않을 경우의 긴급구호(제40조), 경고(제43조), 구인(제44조), 유치(제45조) 등을 명기하고 있다. 특히 보호관찰이란 형의 만기, 정지, 무혐의 혹은 무죄가 아니라 자신의 범행에 의하여 결정된 형기를 자신들의 거주지인 지역사회 내에서 이행하는 사회 내 처우이므로 보호관찰이란 현재 그들이 지역사회 내에서 지도 · 감독을 받지 않으면 안 되는 것이며, 명백한 위반의 경우 그들은 보호관찰의 자격을 상실하여 결국 교정시설에 재입소하지 않으면 안 된다.

보호관찰의 종료는 형기의 종료(제53조, 제54조)나, 형의 해제(제55조), 취소(제50조, 제51조), 변경(제52조) 그리고 정지(제56조) 등이 있다.

위와 같은 아동복지법, 소년법, 보호관찰법 등에 근거하여 청소년 비행 · 범죄에 대한 내용을 적용 대상, 급여, 전달, 관리주체 · 권리보호와 제한의 측면에서 분석하고자 한다.

2. 적용 대상

(1) 아동복지법

아동복지법상에는 아동의 범위를 만 18세 미만(청소년보호법 역시 18세 미만의 자이다)으로 정하고 있으나 구체적으로 비행과 관련하여서는 언급되어 있지 않다. 다만 문제아동보다는 보호를 필요로 하는 아동으로서 아동이 보호자가 없거나 보호자로부터 이탈된 아동, 또는 보호자가 아동을 학대하는 경우 등 그 보호자가 아동을 양육하기에 부적당하거나 양육할 능력이 없는 경우의 아동을 보호하기 위함이라고 하였다. 이 법의 책임 조항에서 아동복지법이 대한민국의 모든 아동에게 적용이 되며, 국가와 국민 그리고 보호자는 아동을 보호양육하고 사회생활에 적응하도록 교육할 책임을 진다고 한다면 비행이나 범죄아동에 대한 법이 소년법에 있다고 할지라도 구체적인 조문이나 규정이 아동복지법 내에 마련하는 것이 가장 먼저 선행되어야 할 과제이며, 특히 유해화학물질이나 중독성 약물 사용과 관련하여 제29조에 있는 금지행위에 아동에게 유해한 화학물질이나 향정신성 의약품 그대로 판매행위에 대한 엄격한 규제 등이 제시되어야 한다.

그리고 요보호소년과 같은 차원에서 미성년자보호법에 있는 불량행위소년도 포함시키고, 이를 좀더 전문적으로 구분하여 소년법과의 호환이 가능하도록 하여야 한다.

2) 소년법

소년법에서 가장 문제점으로 대두되는 것이 연령이다. 아동복지법, 청소년보호법 모두 그 대상을 18세 미만으로 하고 있음에도 불구하고 소년의 연령을 20세 미만이라고 한 것은 문제가 있다고 본다. 대부분의 청소년들이 만 19세에 고등학교를 졸업하며, 20세에는 이미 대학 2학년이거나 직장생활을 한다. 더구나 소년 범죄의 연령대도 80% 이상이 18세 미만이며, 20세는 이미 성인 범죄에 포함되며(청소년백서. 1997 ; 범죄백서, 1997), 14세 미만도 점차 높아져 가고 있고 특히 청소년의 사춘기 시작이 빨라지고 있는 것에 대한 고려도 하여야 된다고 본다.

소년법은 보호의 대상(제4조)을 범죄소년, 촉법소년, 우범소년 등으로 구분하고 있으며, 제4조의 제3항은 아동복지법이나 청소년보호법에서 구분한 불량행위소년이나 요보호소년 등의 내용을 이미 포함하기 때문에 아동복지법에서 이러한 대상을 명확히 구분할 필요가 있다고 본다.

3) 보호관찰법

이 법은 소년사건만을 취급하는 것이 아니라 성인 보호관찰 대상자들을 포함하며, 소년 대상자들에 대하여는 소년법과의 상호의존성을 명확히 하고 있다. 그러므로 보호관찰의 대상은 소년법 제32조 제1항의 제2호와 제3호에서의 보호관찰을 받도록 규정된 자이며, 보호관찰은 심사위원회의 심사와 결정에 따라 가석방 · 가퇴원에 대한 취소 · 가해제 · 정지 · 종료 등을 실시한다. 특히 보호관찰제도의 도입시 우선 소년 범죄자를 그 대상으로 실시한 관계로 이 법은 다른 법에 비하여 소년범에 대한 대상, 처리 등의 규정이 비교적 잘되어 있는 편이다.

3. 급여

(1) 아동복지법

아동복지법은 문제아동에 대한 총체적인 서비스가 매우 미약하고 결과적으로 이들에 대한 보호, 선도, 교육을 위한 서비스의 제공에 대한 조항이 존재하지 않으며, 비행 · 범죄소년에 대한 담당 주체, 재원조달의 책임 등이 없다고 본다. 그러나 비행 · 범죄소년들을 보호를 필요로 하는 아동의 범주에 포함시킨다면 서비스의 내용은 부족하지만 건강한 아동으로서 성장시키기 위한 사회적 전달체계가 되어 있으므로 아동복지법상에 비행 · 범죄소년에 대한 규정이 명시된다면 이들의 반사회적 행동을 예방하는 차원에서도 활용이 가능하리라고 본다.

특히 제16조 제1항 제3호에서 아동보호치료시설에는 문제소년들에 대한 보호조치로서 시설보호, 예방활동 등이 있으나 제10조의 보호조치나 제16조의 시설보호 등에 문제소년들에 대한 규정을 첨가한다면 서비스 급여는 보다 용이해질 것이라 믿는다.

(2) 소년법

이 법은 비행소년에 대한 보호처분(제4조)과 그 절차 : 송치(제6조), 조사와 심리(제2장 2절) 그리고 처분(제32조)을 받은 소년에 대한 서비스 제공(소년원법[2])에 관한 규정이 있으며, 범죄소년에 대한 형사사건에 대한 검사의 송치(제49조)와 판사의 송치(제50조), 심판절차 등에 대한 규정이 있다. 소년 범죄자는 성인과 달리 사형이나 무기형에 해당되는 범죄일지라도 18세 미만일 경우 15년의 유기징역으로 완화하며, 선고를 받은 소년에 대한 가석방의 허가사항이 명시되어 있다. 그리고 보호처분은 처분을 받은 소년의 장래의 신상에 아무런 영향을 미치지 않는다고 명시되어 있다(제32조 제5항).

비행 · 범죄소년들이 아동이라는 입장을 고려하여 그들의 잘못에 대하여 조사라는 특별과정을 거친다. 특히 분류심사원은 비행성에 대한 전문적 조사를 하려는 노력을 기울이고 있으며 문제소년들뿐만 아니라 일반소년들에 대한 검사를 실시하는 전문적 기관으로서의 역할을 하려는 노력을 기울이고 있다. 다만 소년부 지원에서의 심사를 위한 조사서는 조사관의 역할(소년심판규칙 제38조)이 매우 불분명하며, 분류심사원의 결과보고서에 의존하는 경향이 있다고 보여진다. 이는 조사의 필요성이 매우 중요하지만 조사 규정사항이 중복(소년법 제9조, 제56조, 소년원법 제10조에서 원장의 면접, 보호관찰법의 제26조 판결 전 조사, 제31조 환경조사, 제42조 보호관찰 대상자의 조사)되고 있어 일관성의 결여나 체계상의 문제를 내포하고 있다고 보아야 한다. 다시 말하면 각각의 서비스 기관의 편의에 의한 법체계로 말미암아 서비스 급여자의 중복되는 진술은 결국 무성의를 자초할 수도 있을 것이다.

---

2) 소년원법(법률 제5178호, 1996년 12월)은 크게 그 기능이 소년원과 소년분류심사원으로 되어 있으며, 수용 · 보호, 분류심사, 직업훈련 · 교과교육 · 생활교육 · 특별활동 등을 포함한 교정교육을 실시하는 것을 중심으로 구성되어 있다.

3) 보호관찰법

보호관찰법은 그 대상자들에 대하여 법적으로는 체계가 비교적 잘되어 있다고 보아야 한다. 보호관찰 대상 아동에 대한 서비스 제공을 위한 준비단계로서의 사전조사(제26조)와 환경조사(제31조) 등을 명기하고 있으나 이러한 서비스를 원활히 진행하기 위한 수강명령, 사회봉사명령(제15조 제1항) 등에 관하여는 체계적으로 조정되어 있지 않으며, 명령을 수행하기 위한 적절한 사회적 환경 조성의 부족과 보호관찰의 시행을 위한 서비스기관과의 유대관계가 법적으로 명확히 제시되지 않았으며, 이러한 명령을 수행함에 있어서 필수적으로 동반되어야 할 지도감독명령이 법으로 명시되지 않았다는 것이다.

이 법이 지니는 서비스의 급여와 관련하여 제기되는 문제는 보호관찰의 프로그램보다는 보호관찰의 위반시의 경고(제43조), 구인(제44조), 유치(제45조, 46조, 47조), 취소(제50조, 제51조) 등에 관한 제반 규정이 보호관찰 본래의 서비스보다 더 강조되어 있다는 사실이며 이것은 결국 한국의 보호관찰체계가 검사선의주의에서 비롯되었기 때문이라고 사료된다.

4. 전달체계

1) 아동복지법

비행이나 범죄소년과 관련된 조항이 현행 아동복지법에서 존재하지는 않으나 아동복지법 제16조 제1항 제3호에는 아동보호치료시설에 대한 규정이 있다. '불량행위를 하거나 불량행위를 할 우려가 있는 아동으로서 보호자가 없는 아동, 친권자나 후견인이 입소를 신청한 아동 또는 가정법원, 지방법원, 지방법원 소년부지원에서 보호위탁된 아동을 입소시켜 그들을 선도하여 건전한 사회인으로 육성하는 것을 목적으로 하는 시설' 로서 아동복지법 제14조에 근거하여 마련된 법이다.

아동복지법상 비행소년에 대한 구체적 대상이나 급여가 전혀 없는 것은 아님을 이 조항이 뒷받침하고 있다. 단지 비행이나 범죄에 대한 사회적 처우가 공적 전달체계라는 입장을 견지하고 있을 뿐이다. 그러나 보호관찰이 지닌 보다 지역사회 중심의 교정(Abadinsky, 1991)은 아동복지법에서도 비행·범죄소년에 대한 적용 대상과 구체적인 서비스에 대한 규정이 마련되고 이를 적절하게 제공할 수 있는 전달체계가 마련되어야 하리라고 본다.

2) 소년법

문제가 발생하여 한 아동이 사회적 제재를 받아야 된다면 그 전달체계는 대단히 복잡하고 많은 절차를 거치게 된다. 경찰에서부터 시작된 공적 전달체계의 개입은 검찰, 소년분류심사원(혹은 구치소), 법원(보통 소년부 지원), 소년원(때로는 소년교도소), 보호관찰소 등을 거치게 된다. 검찰에서 선도조건부기소유예를 받은 소년이나 보호관찰에 부한 소년들은 자원봉사자들인 보호선도위원들의 도움을 받지만 비록 이들이 자원봉사자라고 할지라도 결코 민간전달체계라고 보기는 어렵다.

소년이 반사회성 있는 소년에 대한 보호처분(제32조)과 이에 대한 시행은 이 사회 전체가 이들의 서비스 전달체계의 범주임을 명시하고 있으나 처분의 결과를 보면 민간기관에 이들을 의뢰하는 제32조 제1항 제4호(아동복지법상의 아동복지시설 기타 소년보호시설에 감호를 위탁하는 것)와 제5호(병원, 요양소에 위탁하는 것)의 경우는 약 2%에 불과하며, 나머지는 보호자에게 이양하거나 공적 전달체계인 보호관찰이나 소년원에 송치하는 것이다.

소년원법은 이들 비행소년들을 위한 대표적 시설인 소년원과 소년분류심사원에 대한 시설의 설치, 운영, 보호, 교육, 상담, 안전 등을 규정하고 있다. 한국의 소년 비행자에 대한 처우는 법무부 산하에 놓여 있는 관계로 관련 기관과의 연계성은 비록 관료주의적 명령하달의 경향이 있지만, 그 동안 소년원의 직제개편이나 소년분류심사원의 전문화 노력 등으로 종합적인 서비스가 어느 정도 이루어지고 있다고 보아야 할 것이다. 그러나 동적 조직이 지닌 한계로 인하여 이들에게 적절한 서비스를 제공할 전종자의 진출이 아직도 매우 어려운 편이다.

서비스의 전달에 또 하나의 문제점은 소년법의 목적에 나타난 '환경의 조정과 성행의 교정, 그리고 소년의 건전한 육성'을 기하려면 교육기관이나 직업훈련기관으로의 전환에 앞서 이들을 치료하고 교정할 수 있는 적절한 시설, 인적 자원을 확보하여야 함에도 불구하고 학교제도로 전환시킨 것인데, 이것은 어느 정도 시정이 필요하다. 특히 1990년대를 들어서면서 약물남용 관련 범죄의 증가로 소년원에 의뢰되는 소년비율이 높아지고 있으므로 이들에게는 교과에 앞서서 치료가 필요한 것이다. 게다가 서비스를 위한 건물이나 시설이 매우 노화되었다는 것이다. 사회적 편견으로 인한 제재로 시설의 확충이나 이전이 매우 힘들다는 것도 양질의 서비스를 제공하기 위한 장애물이다.

3) 보호관찰법

보호관찰의 서비스 전달체계는 법무부 보호국, 보호관찰심사위원회, 보호관찰소, 선도보호위원 등으로 구성되어 있다. 보호국은 전체적인 관리책임기관으로서 심사위원회는 보호관찰에 관한 사항을 심사 · 결정하기 위하여 보호관찰소는 보호관찰의 제반 서비스의 시행기관으로서 그리고 보호위원들은 지역사회 내에서의 선도와 보호를 위한 자원봉사자로서의 역할을 수행한다. 이러한 전달체계에서 가장 중심적 역할은 보호관찰관과 보호위원이라고 할 수 있다. 보호관찰관은 공적 전달자로서, 보호위원은 민간전달자로서의 역할을 수행하고 있으나 양자 모두 법적 구속력의 부족으로 활용이 원활하지 못하다는 단점이 있다. 예를 들면 보호관찰관은 동법 제15조의 관장사무를 처리하지만 담당사례건수가 300명 이상이며, 1997년부터 성인에 대한 보호관찰이 실시되고 있지만, 소년대상자들의 보호관찰은 여전히 보호위원 중심으로 진행되고 있다. 보호위원들은 보호관찰 대상자들의 지도 · 원호 · 환경조사 · 예방활동 등을 하지만 이들 역시 법무부나 보호관찰소에서 주어지는 권한이 그들의 역할과 비교할 때 매우 미약한 편이라고 볼 수 있다. 보호관찰관이 미국과 같이 주 정부 산하의 '사회사업 : 인간복지 서비스' 의 역할(Abadinsky, 1991)을 담당한다면 사법권을 요구하지 않아도 되고, 주법에 의하여 담당사례가 100명이 넘지 않도록 규정되어 있다면 문제는 다르다고 본다.

보호관찰의 서비스 전달에서 강조되어야 할 부분은 판결 전 조사서라고 본다. 판결 전 조사에는 법원의 소재지 또는 소년범의 소재지를 관할하는 보호관찰소의 장에게 범행의 동기, 직업, 생활환경, 교우관계, 가족상황, 피해회복 여부 등 피고인에 관하여 필요한 사항의 조사를 요구하고 있는데, 소년사건의 경우 초범자는 분류심사원에서 그리고 재범자는 보호관찰소에서 작성하도록 법으로 규정하여 그 책임을 명확히 할 필요가 있다고 본다.

소년범의 처우나 보호관찰의 실시에서 아동복지법상에 명시된 교호원의 설치를 보호관찰을 위한 민간시설로서 교호원, 그룹홈, 중간처우의 집 형태를 제안하는 것이 필요하다. 이는 보호관찰이 지니는 지역사회 내에서의 교정이라는 이념과 의미가 제대로 실행될 수 있으며 보호관찰 대상자들도 법적 제재가 가해진다고 보여지는 공적 전달기관보다는 민간 전달체계를 통하여 더욱 효과가 크리라고 기대하기 때문이다.

5. 권리주체 · 권리보호와 제한

1989년 보호관찰제도의 도입을 시작으로 비행 · 범죄자인 아동 · 청소년에 대한 접근은 보다 전문적 관계형성이 가능해졌으며, 비록 반사회적이며 때로는 용납할 수 없는 행위를 저질렀다고 할지라도 이들이 현재 성장과정상에 있음을 인정한 것이라고 보여진다.

보호처분을 받은 아동에 대한 사회적 처분이나 처우는 이들 범법행위의 근원이 결코 태어나면서부터 비롯되었음이 아니라는 입장이며, 결국 문제는 개인 · 가족 · 사회 혹은 국가의 총체적 결과라는 사실을 인정해야 된다는 것이다.

아동복지법, 소년법, 청소년보호법, 보호관찰법 그리고 소년원법 등은 문제를 지닌 아동 · 청소년을 처벌하려는 의도보다는 선도, 보호하려는 목적에서 입법된 것이므로 이들이 이러한 과정과 절차를 거치면서 올바른 인간으로서 성장할 수 있는 기회의 제공이 무엇보다 중요하므로 이 법들의 주체는 아동 · 청소년이어야 한다. 결국 이 사회는 책임과 의무를 지니고 이들이 다시는 이러한 법적 제재를 받지 않도록 도와주어야 한다.

이러한 법들에서 강조되어야 할 조항으로는 가족의 역할과 책임, 의무 그리고 때로는 그들의 권리를 포기할 수밖에 없는 경우들을 명시하여야 한다고 본다. 부모들이 쉽게 아동들을 유기하는 경우나 자신들의 자녀가 문제를 유발했을 때 함께 책임을 질 수 있는 조항이 마련되어야 한다. 동시에 아동 · 청소년도 자신들의 권리만 주장하는 것이 아니라 건강한 사회인이 되기 위한 의무와 책임을 지녀야 하는 규정도 이 법들에 포함시켜야 한다.

IV. 외국의 비행 · 범죄청소년에 대한 분석

1. 일본

소년법에서 종래에 분류하던 요보호소년에서 범죄소년이라 하던 부분이 약화되었으나 오히려 일본의 아동복지법에서는 보호를 필요로 하는 아동에 대한 개념을 구분하고 있다. 그러나 일본법에서는 요보호소년에 범죄소년을 포함하고 있으므로 이것은 분류상 오류라고 보여진다. 왜냐하면 광의로 보면 요보호소년에는 범죄소년이 포함될 수도 있으나 보호가 요청되는 아동의 발견(child finding)이라는 측면이라면 범죄소년을 포함시키는 것은 다소 문제의 소지가 있다. 일본은 아동복지법에 준거하여 아동상담소가 아동복지법에 준거하여 조사 · 사정 · 지도 · 계고를 실시하며 때로는 가정재판소(가정법원)에 회부하기도 한다. 또한 아동복지법 제27조는 부모와 후견인의 동의 없이 가정법원이나 교호원에의 입소가 가능하다.

이러한 일본 아동복지법을 비행과 관련하여 좀더 자세히 분석하면,

제7조에서 아동복지시설이란 … 및 교호원 등이다.

제11조에서 아동복지사는 … 아동의 복지에 관한 사행에 관하여 상담에 응하고, 필요한 지도를 행하는 등 아동의 복지 증진에 노력한다.

제15조 2는 아동상담소는 아동의 복지에 관한 사항에 대하여

① 아동에 관한 각각의 문제에 대하여, 그리고 가정 이외의 것에 대한 상담에 응하는 것

② 아동 및 그 가정에 있어 필요한 조사와 더불어 의학적, 심리학적, 교육학적, 사회학적 및 정신보건상의 판정을 행하는 것

③ 아동의 일시보호를 행하는 것

제17조 아동상담소에는 필요에 응해 아동을 일시보호하는 시설을 설치하지 않으면 안 된다

제18조 복지사무소의 설치와 업무

① 아동의 복지에 관해 필요한 사정의 파악

② 아동의 복지에 필요한 사항으로서 상담에 응하고 필요한 조사를 행하며, 개별적으로 때로 집단적으로 필요한 지도를 실행하는 것…

제25조 보호자 없는 아동 또는 보호자의 감호를 받는 것이 부적당하다고 인정되는 아동을 발견한 사람은 이것을 복지사무소 또는 아동상담소에 통고하지 않으면 안 된다. 단지 죄를 범한 만 14세 이상의 아동에 대해서는 이

경계가 없다. 이 경우에는 이것을 가정재판에 통고하지 않으면 안 된다.

제25조-2 복지사무소장은 송치를 받은 아동 및 상담에 응한 아동 중 조치가 필요하다고 인정되는 아동에 대하여서는 의학적, 심리학적, 교육학적, 사회학적 및 장신보건상의 판정을 요한다고 인정될 경우 아동상담소에 송치하여야 하며, 이를 시정촌의 장에게 보고하고 통지하여야 한다.

제26조 아동상담소장은 소년법 제18조 제1항의 규정에 따라 통고를 받은 아동 및 상담에 응한 아동, 그 보호자에 관해서는 필요가 있다고 인정될 때는

① 제27조의 조치가 요한다고 인정된 자는 이것을 도도부현지사에게 보고

② 아동 또는 그 보호자를 아동복지사 또는 아동위원에게 지도를 받을 것

③ 아동의 조치와 관련된 보고서에는 아동의 주소, 성명, 연령, 복역, 성행, 건강상태, 그 외 아동의 복지 증진에 관한 참고가 되는 사항을 기재하여야 한다.

제27조 도도부현은 제26조의 규정에 따른 보고 또는 소년법 제18조 제2항의 규정에 따라 송치된 아동에게 다음의 각 호에서 하나의 조치를 취하지 않으면 안 된다.

① 아동 또는 그 보호자에게 훈계를 가하고 또는 서약서를 내게 할 것

② 아동 또는 그 보호자를 아동복지사, 정신박약자 복지사, 사회복지 주사, 또는 아동위원에게 지도받게 할 것

③ 아동을 수양부모(보호자가 없는 아동 또는 보조자에게 감호받는 것이 부적당하다고 인정되는 아동을 양육하는 것을 희망하는 사람 중에 도도부현지사가 적당하다고 인정된 자를 말함), 보호위탁자(보호자가 없는 아동 또는 보호자에게 감호받는 것이 부적당하다고 인정된 아동에게 학교교육법에 정해진 의무교육을 종료하는 것을 자기의 가정에서 맡고, 또는 자기 집에서 보호하고, 그 성능에 반응하고, 독립자활에 필요한 지도를 하는 것을 희망하는 자에게 도도부현지사가 적당하다고 인정하는 것을 말함)에게 위탁하고 또는 유아원, 양호시설, 정신박약아시설, 중증심신장애아시설에 입소시킬 것

④ 가정재판소의 심판에 회부되는 것이 적당하다고 인정된 아동은 이것

을 가정재판소에 송치할 것. 이들의 송치에 대하여는 아래의 두 부문이 해당된다.

(3) 도도부현지사는 소년법 제18조 제2항의 규정에 따라 송치된 아동에 관해, 위의 조치를 취함에 있어서 가정재판소의 결정에 따른 지시에 따르지 않으면 안 된다.

(5) 보호위탁자에게 위탁하는 조치는 사전, 사후에 아동의 동의를 받고 1년 이내의 기간을 정한다.

제27조 제2항 도도부현지사는 가끔 아동의 행동의 자유를 제한하고, 또는 그 자유를 박탈하기 위한 강제적 조치를 필요로 하는 때는 제33조(아동의 일시보호에 관한 사항) 및 제47조의 규정에 의해 인식될 경우를 제외하고 사건을 가정재판소에 송치시키지 않으면 안 된다.

제33조의 7 아동의 친권자가 그 친권을 남용하고 또는 아동에게 매우 불행을 초래하게 할 때는 민법 제834조의 규정에 따른 친권상실의 선고의 청구를 아동상담소장도 이를 행할 수 있다.

제33조의 8 아동상담소장은 친권을 행하는 자 및 후견인이 없는 아동에 관해서는 그 복지를 위해 필요가 있을 때는 가정재판소에 대해 후견인의 선임을 청구하지 않으면 안 된다.

제33조의 9 아동의 후견인에서 부정한 행위, 확실하게 나쁜 행적, 그 외 후견의 임무에 맞지 않는 이유가 있을 때는 민법 제845조의 규정에 의해 후견인의 해임의 청구를 정해진 자 외에 아동상담소장도 행할 수 있다.

제41조 양호시설은 보호자 없는 아동, 학대받고 있는 아동 그 외 환경상 양호를 요하는 아동을 입원시켜 이것을 양호하는 것을 목적으로 하는 시설이다.

제44조 교호원은 불량행위를 하거나 또는 할 우려가 있는 아동을 입원시켜 이것을 교호하는 것을 목적으로 하는 시설이다.

시설의 최저 기준에 대한 의무 사항과 감독은 제45조와 제46조에서

시설장의 친권대행—제47조는 아동복지시설장이 입소중의 아동에게 혹

은 후견인이 없는 아동에게 친권을 행사할 수 있다. 그리고 시설장은 입소 중의 아동에게 친권을 행하는 자 또는 후견인이 있는 경우에 대해서도 감호, 교육, 및 징벌에 관해 그 아동의 복지를 위해 필요한 조치를 취하는 것이 가능하다.

시설에 입소중인 아동에 대한 교육—제48조 시설의 장은 보호자로서 그 시설에 입소중의 아동을 취학시키지 않으면 안 된다.

② 교호원장은 재원 중학교 교육법의 규정에 따라 소학교 또는 중학교에 준하는 교과를 이수한 아동에 대해 수료의 사실을 증명하는 증명서를 발행할 수 있다 이 증명서는 학교교육법에 따라 설치한 각 학교와 대응하는 교육과정에 대해서 각 학교의 장이 수요하는 졸업증서 그 외에 증서와 동일의 효과를 가진다. 다만, 교호원장이 문부대신의 권고에 따르지 않기 위해 해당 교호원의 관계된 교과에 관한 사항이 현저하게 부적당한 경우에 있어 문부대신이 후생대신과 협의해 해당 교호원을 지정할 때는 해당 교호원에 관해서는 이 범위에 들지 않는다.

③ 교호원장은 문부대신의 권고에 따르지 않으면 안 된다.

비용에 관한 것은 제49조에서 국고에서 필요한 비용의 지불을 지적하였다. 즉 국가가 설치하는 아동복지시설에 입소시킨 사람에게 그 입소 후에 요하는 비용을 지불한다. 교호원은 국가설치시설이므로 국가는 그 비용을 지불하는 것이다. 그리고,

제50조 도도부현은 아동위원 · 복지심위위원 · 아동상담소 ; 27조에서 보호수탁자를 제외한 위탁비용 : 아동상담소의 설비와 직원의 양성시설에 요하는 비용을 지불하여야 한다고 규정한다. 그 외의 비용의 징수 및 부담은 제56조에 명기되어 있다. 특히 장애인에게 필요한 기구나 장치 등은 국가의 부담이며, 제56조의 제2항은 사립아동복지시설에서 필요한 부분에 대한 보조를 명기하고 있다.

일본은 제35조부터 시작하여 아동복지시설을 열거하고 있다. 양육시설은 더 이상 존재하지 않으며 아동복지시설이 장애아동, 모자보호, 보육시설

들을 중심으로 하여 인가, 보조, 직원의 양성 등을 하고 있다.

일본은 아동복지법의 개정 후 1997년 10월부터 여성의 사회적 진출과 맞벌이 부부의 증가, 가정이나 지역에서의 자녀육성기능의 저하, 그리고 가정과 지역을 둘러싼 환경의 변화로 인해 아동가정복지제도의 개정의 필요성에 의하여 아동복지법의 개정을 위한 작업을 시작하고 있다. 그 내용은 보육제도의 재검토, 아동자립지원시책의 충실, 모자가정지원시책의 재검토 등을 포함하고 있다(일본 후생성, 1997). 아동상담소의 기능을 강화하는 것이다. 지금까지의 기능을 강화할 뿐만 아니라 아동이 시설에 입소하여야 할 경우라면 전문가의 객관적인 조사와 아동 본인의 의향을 명확히 청취하고 반영하며 여기에 의료적, 법률적 전문가 등의 자문을 받아서 결정하도록 하려는 것이다. 아동복지법의 개정에서 가장 중요시되는 부분은 교호원을 비롯한 시설기능의 재검토이다. 교호원은 불량행위를 하거나 할 우려가 있는 아동을 교육 · 감호하는 기능이었으나 이 법이 개정되면 그 명칭을 '아동자립지원시설'로 바꾸고 현행의 대상 아동 이외에 자신의 가정환경과 그 외의 환경 간의 문제로 인해 생활지도 등이 필요한 아동들에게까지 확대하여 도움을 주려는 것이다. 그러므로 기능은 단순히 보호하는 것이 아니라 퇴소 후의 지원 등을 고려하여 아동이 자립할 수 있도록 교육시키며, 시설보다는 가정에서 통학할 수 있는 형태를 도입하여 학교교육체제를 실시하는 것이다.

2. 영국

영국은 아동의 권리를 우선 인정하는 것으로 아동복지법을 시작하고 있다. 다시 말하면 아동이 한 인간으로서 지닐 수 있는 자기결정권을 인정하고 있다는 것이다.

아동복지법은 이 법이 지녀야 하는 구조와 구성을 일목요연하게 보여 주고 있다. 다시 말하면 이 법의 핵심이 아동이라는 것이다. 아동의 복지를 위하여 필요한 부분이 무엇이며, 어떤 경우에 이 법이 필요로 하는가를 설명함으로써 이 법의 존재를 확실시하고 있다. 아동의 성장은 단지 발달이라는 의미가 아니라 신체적, 교육적 욕구가 만족스럽게 충족될 수 있는 환경하에서의 양육이라는 뜻의 upbringing을 사용하고 있다. 이러한 성장의 가장 기본요소인 가정의 책임이 아동의 권리와 함께 구성되어 있다. 부모의 책임은 family proceedings로서 가정법원이 될 수도 있고, 가사소송이 될 수도 있다.

영국은 1989년 아동복지법을 전면 개정하면서 그때까지 소년법, 보호관찰법 등에서 다루던 비행소년들에 대한 모든 처우와 프로그램을 이 법에 통합시켰다. 영국 법은 아동과 관련된 모든 가사소송에 대하여 몇 가지 명령을 내리고 있다. 이 중에서 비행이나 범죄와 관련된 명령은 주로 보호명령이나 지도감독명령에 포함되고 보호관찰의 주요 업무의 하나로 아동에 대한 판결전조사서를 준비하도록 명령(pre-sentence report)한다.

영국 법은 되도록 아동이나 청소년을 가정이나 보호자의 권한, 보호, 책임하에 두려는 노력을 기울이고 있으나 이러한 범주를 벗어나야 할 때 지방자치단체나 보호관찰의 책임하에 놓이게 되는데 이러한 명령은 법원에 의한다. 이때도 아동의 문제가 아동 자신이라기보다는 아동이 가해자이기도 하지만 피해자일 수도 있다는 기본원칙을 벗어나지 않는다.

그러므로 동법의 서두에서부터 이 법은 법원이 어떠한 종류의 결정을 내리든 상관없이 아동복지에 우선한 판단이나 심판을 하기를 명령한다. 결정의 과정에서 법원은 아동의 요구, 진술 등을 참고하지 않으면 아니 된다. 그리고 아동의 복지와 환경, 부모와 관련된 모든 사항이 있는 checklists를 하도록 요구받는다.

1989년 아동복지법의 특징은 아동, 가족, 사회, 지방정부의 사회복지 담당부서 혹은 민간기관 등에 대한 다양한 종류의 명령들(orders)[3]을 내리고

3) 영국의 1989년 아동복지법은 크게 가사소송과 관련된 명령(section 8 orders라고 하는 residence order, contact order, specific issue order)들과 새로이 첨가된 family

있으며 법을 개정할 당시 아동사정명령(s.43), 가족원조명령(s.16), 교육 지도감독명령(s.36), 긴급보호명령(s.44) 등과 같은 새로운 명령을 추가하였다. 그리고 새로운 법이 통과되었다고 할지라도 이전의 법들이 그 조항이 변경될 필요가 없다면 여전히 존재하고 관련이 되어, 영향을 미치고 있다. 예를 들면, 소년 사건에서 지도감독명령은 s.90이지만 그 대상이 되는 아동은 여전히 1969년 아동 및 청소년법의 s.7(7)을 사용하고 있다.

소년의 비행과 관련하여 주어지는 명령은 주로 criminal care and supervision orders(s.90)이다. 아동이 부모의 통제범위를 벗어나 만일 이러한 명령이 소년에게 내려지지 않으면 자신이나 타인에게 해가 되며, 아동의 건강한 성장과 발달에 결코 도움이 되지 않을 때이며, 1969년 아동 및 청소년법의 s.7(만 17세 미만의 소년 범법자에 대한 치료 등)에 근거하여 아동의 범죄의 성향에 따라 소년법원이 내리는 보호처분이다. 이 명령은 아동복지법 자체로서는 아동의 보호와 복지 그리고 양육이라는 관점에서 매우 포괄적이나 비행 · 범죄와 관련되어 형법 제12조(the Criminal Justice Act 1991)의 적용을 받을 때에는 10세에서 17세까지의 소년이 3년 정도의 기간 동안 지방사회사업부나 보호관찰관의 지도하에 지도감독을 받아야 하며, 이 지도감독은 법원의 승인을 받은 계획서의 철저한 이행을 의미한다. 보통 보호관찰명령으로 불리는 지도감독명령은 때로 지역사회봉사명령과 함께 시행되며 우리의 수강명령과 같은 주간수강명령(day attendence order)도 여기에 포함되며, 이러한 명령들이 함께 내려질 때 복합명령이라고 부른다(문선화, 1997).

아동복지법에서 비행 · 범죄아동에 관한 것은 Sections 90-101로서 상당히 방대한 분량이다. 명령의 종류와 기간, 효력, 그리고 소년심판의 절차와 그에 필요한 제반 규정들이 여기에 포함된다. 이를 좀더 자세히 살펴보면,

제90조는 범죄소년에 대한 보호처분과 지도감독명령을 규정하고 있으며

---

assistance orders(s.16)가 있으며, 아동에게 문제가 발생했을 때 내려지는 care orders(s.31, 33)와 supervision orders(s.31, 35)가 있으며, 이를 보충하기 위한 education supervision order(s.36), interim order(s.38)도 여기에 포함된다.

이 명령이나 처분은 1969년의 아동 및 청소년법과 1969년 형사소송법(후에 1991년 개정됨)에 의하여 내려진다. 지도감독명령[4]은 시간, 내용, 방법, 그리고 결과로 구성되어 있다.

제91조는 명령의 효력과 기간 등에 관한 부분이다. 여기에는 보호명령과 지도감독명령은 상호 관련되며, 이의 원활한 이행을 위하여 거주명령, 학교출석명령, 피후견인 선임, 응급시 내릴 수 있는 긴급보호명령(emergency protection order), 필요하다면 만 18세까지 연장할 수 있는 강제권, 명령의 종료 · 취소 · 대체 · 재청구 등을 규정하고 있다.

제92조는 가정법원(소년법원)의 법적 절차와 심리에 관한 것이다. 이 법이 아동복지법의 일부이므로 만일 아동이 어떠한 종류의 재산을 소유했거나 그 재산으로부터 수입이 있을 때 이를 우선적으로 보호한다는 것이다(이런 경우 치안재판소가 이를 담당한다). s.93은 법원의 제반규칙에 관한 것이며, s.94는 항소와 관련된 것이다.

제95조에서부터 제101조까지는 소년심리와 관련하여 아동의 출석요구(s.95)에 대한 조항, 범죄 · 비행 아동으로서의 권리와 적법절차(s.96), 그리고 어떤 소송사건에서든지 아동에 대한 심리사건은 비밀이 보장되어야 하며, 공개되지 않아야 한다(s.97)고 명시한다. 변호인 선임이나 필요한 경우 법적 원조를 신청할 수 있는 자격(s.99)이 있으며, 특히 1989년 아동복지법은 미성년자인 아동의 피후견인 선임권에 관한 조항(s.100)을 삽입함으로써 어떠한 종류의 법적 소송절차에도 아동의 복지에 위배되는 보호명령, 시설입소, 피후견인 선임, 지방정부의 권력사용 등을 제한하고 있다.

---

4) 1969년 아동 및 청소년법 s.12는 지도감독명령에 대하여 법원에서 지정한 사람과 거주할 것 ; 지도감독의 제반요구사항 ; 지도감독자의 권한 ; 필요시 지방정부에서 운영하는 시설에의 입주 등을 제시하였고 이를 기초로 하여 시간, 내용, 방법, 결과에 따른 종료 혹은 연장 등이 각 지방정부의 사회사업부나 보호관찰국이 이 명령을 시행한다. National Standards for the Supervision of Offenders in the Community, 내무성, 보건성 : UK, 1995.

미국과 마찬가지로 기본적인 이러한 법이 제정되면 각 지방정부는 내무성과 보건성에서 작성한 기준에 준거하여 그 지역의 아동의 문제, 실정, 예산에 알맞은 적당한 프로그램을 개발하기 위한 프로젝트 등을 만들어서 실시하게 된다. 이러한 프로젝트는 때로 큰 관심을 모으며, 많은 연구비와 개발비를 획득할 수 있는 기회를 제공하기도 한다.

3. 한국 법과 외국 법과의 비교분석

1) 주체와 책임

아동복지의 주체는 국가(사회), 가정 그리고 아동으로 이루어져야 한다. 한국의 아동복지법은 이러한 세 영역에서 아동이 주체라기보다는 순전한 미성년(minor) 혹은 의존적 존재임을 강조하는 부분이 강하게 나타나고 있다. 만일 아동이 주체가 되지 않는다면 아동복지법은 영원히 선별적 법체계로 남아 있어야만 할 것이다. 그러나 국제협약은 아동이 아동복지법의 주체이며, 그 법은 보편성에 근거하여야 함을 요구하고 있다. 일본의 법도 한국의 법이나 거의 비슷하다. 이에 대하여 아동은 비록 미성년자이나 성인으로서의 과정에 있으며, 그들이 지닌 의견을 하나의 인격으로서 받아들일 수 있는 부분이 목적에 명시되어야 하며 책임에 있어서도 아동이 하나의 주체자로서의 역할을 할 수 있는 존재임을 밝힘으로써 자신의 행동이나 결과에 대한 책임을 감당할 수 있다는 것을 밝히며, 책임의 부분에서 전국민이라는 불특정다수보다는 부모나 보호자의 책임이 강조되어야 할 것이다. 결과적으로 아동이나 가족은 따로 책임의 한계를 벗어날 수 있으며 이들의 적용대상이 피상적으로 될 가능성이 높다.

2) 대상의 범위

아동복지법에서는 아동의 연령의 한계를 만 18세까지로 보고 있으나 소년법에서는 만 20세까지이다. 한국에서의 소년 범죄 및 비행의 발생은 매년 저연령화하고 있으며 소년 범죄의 구속이나 구금에서도 연령의 하향이 뚜렷하게 나타나고 있다.

3) 전달체계

아동복지법상 문제청소년에 대한 시설보호를 통한 치료에 관한 조항은 있지만 2000년 개정된 아동복지법에서는 종전의 아동상담소의 기능과 역할이 약화되었다. 이 법이 한국의 아동의 복지에 관한 것이라면 서비스의 전달은 아동상담소, 아동복지지도원, 보호조치에 따른 시설의 사용, 후견인이나 위탁 등을 통하여 이루어질 수 있도록 보다 강화되어야 할 것이다.

위에서도 논의가 되었으나 영국법의 경우 모든 사회 내 처우에 대하여 지도감독명령을 동시에 부과하고 있다. 그리고 보호관찰기관이 아동복지법과 별개의 기관이 아니라 아동상담소나 아동위원회와 같은 수준에서 아동복지에 최우선의 목적을 두고 시행되고 있다. 특히 연령에 따라 14세 미만은 지방정부의 사회복지사가 그리고 15세 이상에 대하여서는 보호관찰소의 보호관찰관이 이를 시행하고 있다. 더구나 보호관찰위반시(명령불이행-breach) 이들에 대한 프로그램이 보호관찰소에서 시행되는 것이 아니라 민간기관에서 실시되고 있다(문선화, 1997).

4. 아동 · 청소년 권리에 관한 U.N.국제협약과 한국에서의 비행 · 범죄소년의 처우에 대한 비교분석

1) 아동 · 청소년 권리에 관한 U.N.국제협약 제37조는 아동 · 청소년이 연령에 관계없이 국민으로서의 기본권인 고문이나 비인도적 취급을 받지 않을 권리에 관하여 (이 부분은 제39조에서도 동일하게 취급되고 있다) 그리고 이들에 대한 사형이나 종신형에 처해질 수 없다는 점을 보장하여야 한다고 정한다. 이 제37조는 다른 조항과는 달리 보장을 강력히 요구하는 것이 특징이라고 보여진다.

이러한 협약과 관련하여 대한민국의 헌법 제12조 2항에서는 모든 국민이 고문을 받지 아니하고 형사상 자신에게 불리한 진술을 강요당하지 아니한다고 선언하고, 피고인의 자백이 폭행 · 협박 · 구속의 부당한 장기화 · 기타의 이유로 인하여 자의로 진술된 것이 아니라고 인정될 때에는 유죄의 증거로 삼거나 이를 이유로 처벌할 수 없다고 규정하고 있으며, 형사소송법 (제309조와 제310조)에서는 헌법이 선언한 이러한 원칙을 더욱 상세히 규정하고 있으며 이것은 소년 피의자에게도 적용된다.

그리고 소년법 제59조는 18세 미만인 소년범에 대하여 사형 또는 무기형에 처할 경우에 이를 15년의 유기징역형으로 하도록 규정하고, 특정강력범죄의 처벌에 관한 특례법 제4조는 특정강력범죄를 범한 18세 미만의 소년을 사형 또는 무기형에 처할 경우 20년의 유기징역형으로 하도록 규정하여 아동의 생명권을 보장하고 있다.

2) 국제협약의 54개 조항 가운데 제40조는 비행 혹은 범죄소년들에 대한 국가적 책임이나 사회적 역할을 명시하는 것이라고 보여진다. 아동의 범죄행위에 관한 기본법률은 소년법과 형법이 있다. 국제협약과 마찬가지로 한국도 소년법에서 소년은 인격이 형성되어 가는 과정에 있으므로 범죄를 저지른 경우라 하더라도 정신적으로 성숙되지 못하였을 뿐 아니라 순화가능

성이 있는 상태이므로 형벌보다는 교육 · 교화에 그 중점을 두고 비행소년에 대한 교육과 선도를 목적으로 성인범과 다른 처리절차를 규정하고 있다. 따라서 소년법은 보호처분의 차원에서 그리고 죄질이 극히 불량하고 선도나 교화가 불가능하다고 판단되는 소년 범죄자는 형사법에 준거하여 처벌하고, 개선가능성이 있는 소년에 대하여는 선도 · 보호의 측면에서 교육적인 처분을 규정하고 있다. 소년원에의 수용보호도 되도록 단기처분을 장려하고 있으며, 1989년부터 실시된 지역사회 내 처우에 중점을 둔 보호관찰처분을 우선적으로 선택하고 있다([그림 11-1] 참조).

① 제1항은 비록 이들이 그들의 잘못된 행위로 인하여 피의자가 되었다고 할지라도 이들은 현재 성장과정 중에 있다는 사실, 미성년자라고 할지라도 인간으로서의 기본적 인권이 있다는 사실, 그리고 비록 유죄가 인정되었다고 할지라도 이들에 대한 교정 프로그램은 아동복지적 측면에서 진행되어야 함을 확인시키는 것이다.

제1항과 관련하여 소년법에서는 소년에 대한 구속영장은 부득이한 경우가 아니면 발부하지 아니하도록 되어 있고(소년법 제55조 제1항), 부득이 구속하는 경우에도 영장주의의 원칙에 따라 검사의 청구로 법관이 발부한 구속영장에 의하여야만 한다. 그리고 제52조 제1항은 구속된 소년에 대하여 소년부송치 결정이 있는 경우에 소년을 구금하고 있는 시설의 장은 검사의 이송지휘를 받은 때로부터 법원소년부가 있는 시 · 군에서는 24시간 이내에, 기타 시 · 군에서는 48시간 이내에 소년을 법원 소년부에 인도하여야 한다고 명시하고 있다.

헌법 제12조 제6항은 "누구든지 체포 또는 구속을 당한 때에는 적부의 심사를 법원에 청구할 권리를 가진다"라고 규정하였으며, 또한 형사소송법 제214조 제2항(구속의 적부심사)은 모든 범죄에 대하여 구속적부심사청구를 할 수 있도록 규정하였다. 형사소송법 제33조 제1항은 피고인이 미성년자인 경우에는 법원으로 하여금 직권으로 변호인을 선임하도록 규정하여 법률구조능력이 상대적으로 약한 미성년자를 특별히 보호하는 규정을 두고 있다.

② 제40조 제2항은 성인과 마찬가지로 아동들도 적법절차에 따른 심판과정을 적용받을 수 있어야 함을 요구하고 있다.

우선 소년범에 대하여서는 성인범을 위한 구치소보다는 분류심사원에 수용, 보호되며 이곳에서 약 1개월 가량의 수용기간을 통하여 각 개인의 자질과 비행행동을 과학적으로 분석, 진단하여 어떠한 보호조치가 이 소년의 장래를 위하여 바람직한가를 측정하여 법원소년부, 부모나 보호자 등에게 제공하고 있다.

이러한 적법절차와 관련하여 형법 제9조는 14세 미만인 자의 행위를 벌하지 아니한다고 규정하여 형사미성년에 관한 규정을 두고 있고, 소년법 제4조 제1항은 형벌법령에 저촉되는 행위를 한 12세 이상 14세 미만의 소년은 소년부의 보호사건으로 심리하도록 하고 있다.

신체의 자유와 안전보장을 위하여 헌법 제12조 제1항과 제3항에서는 신체의 자유를 보장하기 위한 적법절차의 원칙과 영장주의를 천명하고 있으며, 이는 형사소송법 제70조(구속의 사유), 제73조(영장의 발부), 제75조(구속영장의 방식), 제85조(구속영장 집행의 절차), 제201조(검사의 구속영장청구) 등의 규정에 구체화되어 있다. 대한민국은 1995년 12월 29일 개정되어 1997년 1월 1일부터 시행되고 있는 형사소송법에서 신체의 자유와 안전을 보다 철저히 보장할 수 있는 제도적 장치를 마련하였다.

③ 제40조 제3항은 유죄로 인정받은 소년에 대한 처우문제를 다루었으며, 제4항은 이들 비행 · 범죄청소년에 대한 보호, 지도, 상담, 장래의 계획들에 대한 제도적 처우에 대한 국가적 대책을 요구하고 있다.

유죄로 인정받은 소년들은 2개소의 소년교도소에 수감되어 보호를 받는다. 천안소년교도소는 중학교 졸업 이상으로서 초범자인 형기 5년 미만 수형자를 그리고 김천소년교도소는 초등학교 졸업 이하, 형기 5년 초과자, 또는 2범 이상의 누범 남자소년 수형자를 수용하고 있다. 이러한 수형자들을 위한 교정교육은 정신교육, 학과교육, 생활지도교육, 직업훈련, 사회견학 등으로 구성되어 있으며, 이들이 수형기간 동안 교정교육을 받음으로써 사회에 재적응할 수 있도록 준비를 시킨다.

소년법 제32조의 제6항과 제7항에 의하여 보호처분을 받은 소년들은 그들의 특성과 장래에 대한 배려로 전국의 11개 소년원에 수용, 보호된다(〈표 11-7〉 참조). 보호소년의 교육 · 개선을 목적으로 소년원은 교과교육 · 직업훈련 · 단기처우 · 특별소년원으로 분류운영하고 보호소년을 연령, 학력, 적성, 진로, 교정의 난이도 등에 따라 분리수용하여 동료 수용소년으로부터 나쁜 영향을 받게 될 위험을 효과적으로 차단하고 있다. 교과교육소년원에서는 교육법에 의한 초 · 중 · 고등학교 교육과정을 수업하여 학교진학, 복학, 편입학을 지원하며, 직업훈련소년원에서는 직업훈련 기본교육법에 의한 공공직업훈련을 실시하여 자동차정비 등 15개 직종에 걸쳐 연간 700명의 기능사를 배출하고 있다. 한편 단기처우 소년원에서는 보호소년의 교육기간이 6개월 미만으로 제한되어 있는 점을 감안, 조기보호와 적기개선을 목적으로 성과가 입증된 다양한 심성개선 프로그램을 마련하여 시간공백 없이 일과를 진행하며, 특별소년원에서는 살인 · 강도 · 강간 · 조직폭력 등 특정강력사범을 집중수용하여 신체훈련 중심의 강도 높은 교육을 실시하고 있다. 또한 원생들의 소질과 특기를 개발하고 협동적인 생활태도를 기르기 위하여 학예, 체육, 근로봉사 등 활동이 가능한 분야를 선정하여 주 10시간 이상 특별활동을 지도하고 있다.

위에서 이미 언급된 바와 같이 소년법 제32조는 소년범에 대한 소년보호사건에서 1) 소년의 보호자 등에 대한 소년의 감호위탁, 2) 보호관찰관에 의한 보호관찰처분, 3) 소년보호시설에 대한 감호위탁, 4) 병원 · 요양소 등에 대한 위탁, 5) 소년원 송치처분 등 형사처벌이 아닌 여러 가지 조치를 할 수 있도록 규정함으로써 보호처분의 다양화를 꾀하고 있다. 그리고 보호관찰명령을 받은 소년들은 그들의 처분에 따라서 보호관찰관으로부터 사회봉사명령, 수강명령 등을 병행할 수 있도록 함으로써 적극적으로 소년의 교화와 선도를 수행할 수 있는 방안을 강구하고 있다. 특히 가퇴원자에 대하여는 6~12월간 집중적인 보호관찰을 실시하고 가퇴원 전에 취업, 결연, 진학 등을 주선하여 안정된 사회적응을 지원하는 한편 취업한 퇴원자에 대하여는 수시로 사후지도를 실시하여 직업적 부적응 방지에 노력하고 있다. 이것은 협약 제39조의 사회복귀지원의 요구도 여기에 포함된다고 볼 수 있다.

V. 개정방안

1. 이념 및 기본원리

현재의 경제위기가 미치는 영향은 단시간 내에 해결되지 않으리라고 본다. 사회의 위기가 현실화되는 과정에서 범죄의 증가는 소년사건에서도 같은 추세를 보이고 있다. 아동복지법은 그 동안 소년법이 보여 주었던 적극적 대처—이것은 물론 1989년의 보호관찰법의 통과와 소년사건처리의 과정의 변화 때문이기도 하지만—에 비해 17년 이상이나 사회의 변화에 둔감하였다고 볼 수밖에 없는 것이다. 그리고 소년법에서는 소년의 보호처분에 아동복지법상의 시설에 소년의 감호를 위탁한다고 하였으나 아동복지법상에서는 이를 구체적으로 수용하여 처리하거나 보호한다는 조항이 없다.

그러므로 아동복지의 방향은 우선 장기적 차원과 단기적 차원에서 다루어져야 하며, 이것은 사회의 변화와 함께 민감하게 대처하여야 한다. 예를 들면 1980년대의 아동복지의 발전이라는 정부의 발표에는 현재 당면한 사회문제나 아동복지 서비스가 없는 것이 많다. 다음으로는 아동복지의 실천을 위하여 통합과 필요한 분야에 대한 특수화된 부분이 제시되어야 할 것이다(Zuckerman, 1982). 건강한 시민을 생산하기 위한 아동복지법은 보호를 필요로 하는 아동이나 어느 특수한 문제를 가진 아동만을 대상으로 할 수 없듯이 정상적 아동만을 대상으로도 할 수 없다. 의학에서도 각각의 전문의가 있지만 현대의 의학은 예방을 목표로 한 예방의학과 가정의학이 각광을 받는 것과 같은 맥락에서 아동복지의 방향도 필요하면 특수한 분야에 대한 조치와 체계를 필요로 하지만 전체 아동을 대상으로 법체계가 마련되어야 한다. 한국의 비행과 범죄는 점차 성인화되어가고 있으나 그들은 여전히 아동의 범주에 속한다. 범죄의 원인제공자는 아동이라기보다는 성인이다. 현재의 소년법에서 다루고 있는 연령의 재조정을 통하여 이들에 대한 처우 혹은 처분을 아동복지법의 체계로 끌어들여야 한다. 통합원칙은 아동을 가족의 체계 내에서 이해하고 도와주는 방법을 개발하는 데 있다. 가족을 중심으로 한 교육이나 예방적 프로그램의 실시가 비행의 조기예방에 많은 기여를 하게 된다. 그리고 문제가정의 아동으로서 가정에 돌아갈 수 없으며, 그룹홈에도 적당치 않는 경우 지금까지 입양 대상의 아동만을 위한 위탁가정제를 적용할 필요가 있다고 본다.

통합과 특수한 접근방법은 전달체계에도 적용이 되어야 한다. 우리나라의 행정부는 같은 정부부처간에도 의사소통이 원만치 못한 약점이 있다. 그러나 같은 클라이언트(client)를 여러 개의 부처에서 관여하는 것이다. 물론 서비스의 제공에서는 여러 전문집단의 관여가 필요하지만 같은 범죄나 비행의 통계 하나만 보더라도 동일한 수치를 찾기가 어려운 실정이다. 소년원을 학교체제로 전환하고 학습성과를 교육부가 인정하게 되었듯이 아동복지법에도 비행이나 범죄소년에 대한 관여가 필요할 것이다.

아동복지는 전체 사회의 책임으로서 아동을 그 나라의 국민으로서 건강하게 성장시킴으로써 그들이 책임을 지니고 자신, 다른 사람 그리고 이웃과 세계를 위하여 봉사하고, 그 역할을 성실히 수행하며, 비록 아동에게 문제가 있다고 할지라도 이들 문제를 전체 사회의 문제로 인식하고 이 문제의 해결을 위하여 함께 노력함으로써 이들이 건강하게 하고 자신의 책임과 역할을 하도록 도와주는 것이다. 아동기는 자신의 책임과 역할이 무엇인가를 배우며 습득하는 시기이다. 비행이나 범죄도 이러한 과정 중 하나의 부산물일 수 있다. 대부분의 비행은 그들의 성장과정상에서 발생하는 자연적 현상일 수도 있는 것이다. 이러한 관점을 아동복지의 법체계에 포함시킴으로써 아동복지의 전체성을 확립하여야 할 것이다.

2. 조치

교정의 대상이 되는 아동 · 청소년에 대한 조치는 소년법, 소년원법과 보호관찰법이 정하는 조치에 우선 따라야 한다고 본다(즉 대리적 보호의 의미다). 그러나 아동복지적 측면에서 아동의 지지적 또는 보조적 보호 차원에서의 조치는 이러한 비행 · 범죄 관련 아동의 발생에 대한 국가적, 사회적, 가정적, 개인적 요인에 따른 방법을 고려하여야 한다고 본다. 지지적 차원, 즉 지지적 서비스는 아동의 가정을 중심으로 하여 그 가정이 그들의 역할을 지속하며 도움을 제공하는 것이다(Kadushin & Martin, 1988). 문제가 있는 아동이 지지적 차원에서 보호를 제공받는 것은 우선 아동을 건강하게 양육하기 위한 아동 개인의 책임과 의무뿐만이 아니라 이들을 책임 있게 양육하여야 하는 국가를 비롯한 사회와 부모의 책임과 의무를 적절히 조화시켜야 한다고 본다. 일년에 약 30만 명 가량의 아동 · 청소년들이 보호를 필요로 하는 아동으로서 경찰의 관심을 받는다. 이들 대부분은 정상적 성장을 하지만 많은 범죄청소년들이 한 번 또는 두 번 이상의 보호를 필요로 하는 아동으로서 지적을 받은 바 있다. 지지적 서비스는 보호자에 대한 책임을 환기시키고, 국가가 보호를 필요로 하는 아동의 대상이 되는 이들을 법적으로 대처하기보다는 교육적으로 대처한다는 데 의의가 있을 것이다. 또 이러한 문제를 지닌 아동의 부모에 대하여서는 의무적 부모교육훈련 프로그램에 포함시킨다거나 학교 주변환경의 정화라든가 하는 것 등을 이 법에서 제시하여야 한다.

1) 보조적 차원

원래 보조적 서비스는 가정에 문제가 발생했을 때 그 가정의 형태를 유지하면서 제삼자인 homemaker가 그 가정에 들어가 도움을 제공하는 것이다. 이것을 소년보호사건과 연결을 하면 보호처분 1호나 2, 3호를 받은 소년들에 대한 보호관찰의 수준을 좀더 높여야 한다는 의견이다. 보호관찰처분 이외에도 일년에 일만 명 이상의 소년들이 선도조건부기소유예처분을 검찰로부터 받는다. 이것은 전체 소년 범죄의 7~10%에 이른다. 이들에 대한 보조적 서비스 차원의 조치를 함께 내리는 규정이 아동복지법상에 명기되어야 할 것이며, 이러한 보조적 서비스를 수행할 수 있는 보호선도위원들에 대한 조항도 아동위원과 같은 수준에서 필요하리라고 본다.

2) 대리적 서비스

1996년 통계를 보면 소년 범죄자로서 기소된 소년 146,722명 중 31,958명이 소년심판을 받으며 이 중 1,881명이 6호처분(단기소년원 수용보호)을 1,154명이 7호처분(장기 소년원 수용보호)을 그리고 19,569명이 구공판에 회부되어 2,167명이 소년교도소에 수감되었다. 즉 전체 소년 범죄 중 대리적 서비스의 대상은 5,202(3.54%)명이다. 이들이 대리적 조치를 받아야 되는 대상이다. 그러나 이들 외에도 4호나 5호처분도 같은 수준에서의 대리적 조치를 받아야 하며 현재 교호원이라는 명칭만 있는 아동복지법에서 아동이 대리적 서비스(대리양육이라는 표현을 아동복지법에서는 사용하고 있음)를 받을 수 있는 기관을 좀더 광범위하게 제시할 수 있어야 한다고 본다. 예를 들면 그룹홈이나 중간처우의 집(half-way house), 그리고 일종의 대리가정으로서의 위탁양육에 부모도 아동도 문제가 있는 경우 이러한 제도를 좀더 광범위하게 사용할 수 있어야 한다고 본다.

3. 벌칙

이 벌칙은 벌칙과 금지행위의 조치라는 의미에서 크게 세 분야에 적용될 수 있다고 본다.

첫째는 아동 · 청소년 자신이다. 아동의 복지는 아동이 가정과 사회에서 보호 · 육성되어야 하므로 아동 자신도 자신의 행위에 대하여 스스로 책임 질 수 있는 훈련을 하여야 한다. 비록 비행행위[5]가 어떤 경우에는 성장상의 자기욕구실현의 한 표현방식이라고 할지라도 그들이 사회의 질서를 무시한 행위에 대하여 교육적 측면에서 제재를 가하는 것이 필요하다고 본다. 현재 보호관찰에서 1, 2, 3, 6, 7호처분 등에 주어지는 사회봉사명령이나 수강명령을 이들 요보호소년들에게 상담기관에서 의뢰받아 실시하는 벌칙을 두어야 한다,

그리고 범죄소년으로서 특히 재산상의 손실을 끼친 경우에는 그들이 직접 노동이나 기타 적절한 방법을 통하여 보상하도록 하여야 한다. 소년들이 일단 소년원에서의 수용보호기간을 지내면 모든 자신의 잘못이 해결되었다는 사고를 바꾸지 않는 한 그들은 또다시 같은 종류의 범죄를 저지를 수 있기 때문이다.

보호관찰규칙을 어긴 경우에도 철저한 제재방법이 있어야 한다. 이것은 청소년 자신뿐만이 아니라 보호관찰을 시행하는 기관의 책임도 함께 거론되어야 할 것이다.

둘째는 부모들에 대한 벌칙이다. 물론 아동 · 청소년들이 자신의 행위에 대한 책임을 지도록 법을 제정한다고 할지라도 분명한 것은 부모들이 자녀를 성장시키는 과정에서 마땅히 책임져야 하는 의무를 이행하지 않았다는 것이다. 1998년 10월에 내려진 집단괴롭힘의 희생자에게 부모와 청소년이

5) 많은 경우 아동기의 비행은 범죄라기보다는 주로 지도감독이 필요한 신분범(status offender)이므로 대부분 훈계 수준에서 부모에게 양도된다(Bartollas, 1993 : 7~8).

함께 책임을 지우도록 한 것은 매우 의미 있는 일이다. 그리고 자녀가 수강명령 혹은 사회봉사명령을 받았을 때 부모도 이러한 교육에 의무적으로 참여하도록 하여야 한다. 문제는 문제아동의 부모 자신이 문제가 있거나 단친부모세대라는 것이다. 이런 경우 복지관을 중심으로 한 위탁교육이나 가정방문의뢰는 매우 필요하다고 본다. 그러므로 부모와 문제아동 모두 그들의 행위에 대하여 피해자에게 응분의 보상을 해 주어야 할 것이다.

셋째는 제반 사회시설에 대한 벌칙이 있어야 한다. 법집행기관이나 교육기관이 사전에 예방할 수 있었음에도 불구하고 그들이 의무를 게을리 한 관계로 비행 · 범죄율은 계속 증가하고 있다. 학교 주변의 유흥가, 주택가와 유흥가의 구별이 없는 태만한 행정체제, 아동을 유흥의 매개물로 이용하는 사회 제반시설들에 대한 철저한 규제가 마련되지 않는 한 아무리 아동 · 청소년들에게 벌칙이나 여러 가지 명령을 내린다고 할지라도 소용이 없는 것이다.

특히 늘어나는 컴퓨터 범죄에 대한 정부의 미온적인 태도와 대처방식은 가정파괴의 심화를 불러오리라고 본다. 강력한 통제와 철저한 법의 시행이 없다면 국가도 책임을 질 수 있어야 한다.

4. 조직

아동복지법에 이미 여러 개의 조직이 있으며, 소년법에도 조직이 있다. 그리고 보호관찰법은 보호위원들의 활동에 대한 역할을 다양하게 규정하고 있으므로 더 많은 조직을 만드는 것보다는 기존의 조직을 강화하는 것이 더욱 효과적이라고 본다.

5. 비용

위에서 열거한 조직이나 절차가 대부분 국가기관이므로 이에 대한 비용은 국가가 책임지게 된다. 그러나 현재의 국가의 세입이나 세출에 대한 관리가 좀더 융통성 있게 조절될 수만 있다면 수익자부담원칙이 비행 · 범죄사건에도 적용이 되어야 한다고 본다. 미국의 경우 비행분류를 위한 각종 검사는 부모의 수입에 따라서 적정가격이 정해진다. 현재 분류심사원에서 실시하는 많은 검사가 그 신뢰성이 점차 높아짐에 따라 일반 청소년들에 대한 검사도 확대되어가고 있다. 그러므로 검사에서부터 수강명령 혹은 부모교육을 받는 경우 가능하면 그들의 능력에 따라서 비용지불이 가능하여야 한다고 본다.

6. 법체계

사회의 변화와 발전에 적절히 대처하기 위하여 개선을 위한 아동복지법 내에서의 비행 · 범죄와 관련된 다음의 조항들을 제안한다.

1) 아동의 비행에의 접근을 예방하기 위한 프로그램이 우선 실시되어야 한다. 일단 비행에 접촉이 되면 비행성의 교정이나 교정을 위한 비용은 상당하기 때문이다. 예방적 접근을 위한 새로운 프로그램을 마련하는 것보다는 우선 축소된 아동상담소의 기능과 역할을 그 본래의 취지대로 운영하기 위하여 재조정이 요구된다. 아동복지지도원은 지역사회에서 문제아동의 상담뿐만이 아니라 아동학대방지와 발생의 신고센터로서의 역할을 감당하기 위한 기능으로서 존재해야 한다. 단기적으로는 현행 프로그램을 강화하여야 하겠으나 사회복지관이 아동상담소로의 역할을 수행할 수 있는 제도를 만들고, 현재도 부분적으로 위탁하고 있는 수강명령자나 사회봉사명령자에 대한 지도 및 감독의 권한을 강화시켜서 이것을 장기적 프로그램으로 유지

시켜야 할 것이다.

2) 소년법과 보호관찰법과의 호환성을 기대하기 위하여 아동복지법은 아동의 건강한 성장을 도모한다는 측면에서 모법으로서의 역할을 하여야 한다. 현재 법무부와 보건복지부 간의 상호 프로그램 교환은 이루어지지 않고 있으나 아동의 복지측면에서 판결전보고서, 소년의 보호처분에 따른 아동의 위탁에 관한 것은 첨가되고 프로그램의 상호교환이 되어야 한다. 아동복지법에서 보호처분자에 대한 조항을 만들어야 한다.

3) 전문 사회복지사가 문제아동 · 비행아동과 함께 일을 한다면 법원 · 검찰 · 보호관찰소 등으로부터 권한부여를 받고 아동 · 가족 그리고 이와 관련된 사람들과 직접적인 상담과 가족치료 등을 수행할 수 있는 자격을 받아야 한다. 이것은 아동복지법상 비행이나 범죄아동에 대한 처리과정에서 법정 · 지방정부 등의 역할을 마련한 후에 가능할 것이다. 문제아동의 처리과정에서 대두되는 아동의 권리와 관련된 사항은 소년원법상에 아동복지법과 동등한 차원에서 삽입되도록 법이 마련되어야 한다.

4) 비행소년들에 대한 프로그램은 그들의 문제의 정도에 따라서 개발되어야 한다. 주로 집단상담이나 경험을 통한 자아개념의 변화와 사회화의 과정을 경험할 수 있는 프로그램이 만들어져야 하며, 청소년기본법에서 제시한 수련장을 통한 프로그램을 포함하는 것이 필요하다.

5) 집단 프로그램에는 다음과 같은 틀이 필요하다. 아동들간의 상호작용과 성장 프로그램, 가족이나 보호자 간의 프로그램으로서 가정형태의 유지, 해체위기에 있는 가정을 위한 치료 그리고 그룹홈에 대한 호환적 법체계가 마련되어야 한다.

6) 비행 · 범죄청소년들을 대상으로 영국의 지역사회 내 프로그램에서 성공적인 작업인 피해자보상을 한국에서도 실시해야 한다. 이는 자신들의 행위에 대한 책임을 질 수 있도록 훈련하며 그들의 행위가 피해자에게 미친 영향을 통하여 교훈을 받는 것이다.

7) 아동을 범죄화하는 사회적 제반환경들에 대한 규제가 명확히 제시되어야 하며, 부모, 보호자, 지방자치정부, 현행의 보호위원 등을 통합적 예방프로그램으로서 사용해야 한다.

8) 아동 자신이 자신을 변호하고 적법절차에 따라서 범죄행위의 잘잘못을 가릴 수 있는, 그럼으로써 자신의 행동에 대한 책임을 질 수 있는 부분이 요구된다. 이와 동시에 비행청소년 자신이 보상을 할 수 있는 법적 제도가 필요하다.

9) 위탁양육제도를 통한 아동의 건전한 가정경험이 있어야 할 것이다. 이것은 위탁양육의 연령을 만 18세까지로 정하고 그 대상도 비행 · 범죄로 더 이상 부모와 살 수 없는 아동을 포함시켜야 한다는 것이다.

10) 현재 추진되고 있는 그룹홈은 집단적 성향이 강한 이들 소년들의 처우와 치료를 위하여 좋은 제도라고 본다.

11) 청소년을 아동기의 한 부분으로서 받아들일 때 이 법은 특히 소년법뿐만이 아니라 교육법과의 관련성도 맺어야 한다. 학교라는 제도권 밖으로 밀려난 청소년들은 그 제도의 희생물의 일종이기도 하며 많은 수의 학교중퇴 청소년들이 비행이나 범죄의 과정을 걷게 되기 때문이다.

아동복지법상에는 비행이나 범죄청소년에 관한 조항이 전혀 없고 단지 문제청소년이나 알콜 및 약물중독 청소년에 대한 것만 있다. 그러나 소년법에는 14세 미만 아동의 비행 · 범죄행위에 대하여서는 아동복지법상의 아동복지시설에 감호를 위탁하는 것으로 되어 있다. 더구나 18세 미만인 자는 아동복지법에 의거 엄연히 그 대상이 되므로 이를 보완하거나 영국의 아동복지법과 같이 통합할 필요가 있으나, 현재의 사정은 이에 미치지 못하므로 단지 아동복지법에는 소년법이 요구하는 조항을 삽입하고자 한다.

〈표 11-7〉 아동복지법에서의 비행 · 범죄청소년 관련법 조항

법 조항	개선안	법체계
아동복지법 제2조(용어의 정의) 2. "보호를 필요로 하는 아동"이라 함은 보호자가 없거나 보호자로부터 이탈된 아동, 또는 보호자가 아동을 학대하는 경우 등 그 보호자가 아동을 양육하기에 부적당하거나 양육할 능력이 없는 경우의 아동을 말한다	아동복지법 제2조(용어의 정의) 2. "보호를 필요로 하는 아동"이라 함은 보호자가 없거나 보호자로부터 이탈된 아동, 또는 보호자가 아동을 학대하는 경우 등 그 보호자가 아동을 양육하기에 부적당하거나 양육할 능력이 없는 경우, 아동이 비행이나 범죄행위로 인하여 법적 제재를 받고 있는 경우 또는 기타의 경우에 이 법에 의하여 보호를 받을 필요가 있는 아동을 말한다	아동복지법
아동복지법 제10조(보호조치)에 일부 삽입	아동복지법 제10조(보호조치) 6. 법적 조치를 받은 아동의 부모에 대하여서는 국가가 인정하는 기관에서 일정 시간의 부모교육훈련에 참가하여야 한다. 7. 소년법 제32조 ①의 4의 처분을 받은 아동에 대한 아동복지시설이나 기관에 의뢰하는 것	
제8조(보건소) 보건소는 이 법에 의하여 다음 각 호의 업무를 행한다. 1. 아동의 전염병 예방조치 2. 아동의 건강상담, 신체검사와 보건위생에 관한 지도 3. 아동의 영양개선	아동복지법 제8조(아동성장보호소) 아동성장보호소는 이 법에 의하여 교육 · 훈련보호소와 단기보호소로 나뉘며, 다음 각 호의 업무를 행한다. ① 교육 · 훈련보호소 1. 임산부의 건강상담 및 지도 2. 아동의 전염병 예방조치 3. 아동의 건강상담, 신체검사와 보건위생에 관한 계몽 · 지도 4. 아동의 영양개선 5. 수강명령(소년법 제32조의 보호처분 중) 시행 ② 단기보호소 1. 소년법 제12조에 의하여 전문가의 진단을 요하는 아동, 또는 제18조 ①의 1에 의하여 임시조치를 받은 아동, 아동복지법 제18조의 금지행위에 의하여 보호조치를 받아야 하나 보호자의 보호가 가능치 않은 아동들에 대한 보호소의 업무	아동복지법

	2. 후견인, 유료위탁가정, 아동복지시설 등에서 더 이상 보호가 어려운 아동, 혹은 소년원에서 퇴원한 18세 미만의 아동에 대한 일시보호	
〈신설〉	아동복지법 제16조(단기치료시설) 제9조의 단기보호소의 서비스에 의하여 더 이상의 혜택을 받지 못하는 아동 혹은 소년법 제32조 ①의 4의 처분을 받은 아동을 위한 치료와 대리적 서비스 위주의 그룹홈이나 중간처우의 집을 설치할 수 있다.	아동복지법
〈신설〉	아동복지법 제40조(벌칙) 1. 아동은 비행이나 범죄행위로 인하여 제3자가 받은 피해에 대하여 소년법 제32조의 보호처분과 함께 물질적 · 정신적 · 정서적 보상을 해 줄 수 있어야 한다. 2. 부모는 자신의 자녀의 비행이나 범죄로 인하여 제3자가 받은 피해에 대하여 함께 물질적 · 정신적 · 정서적 보상을 해 줄 수 있어야 한다. 3. 아동의 비행이나 범죄의 원인을 제공한 시설 · 기관이나 단체(학교 포함) · 영업소에 대하여 아동복지법 제40조와 제41조에 해당되는 처벌을 하여야 한다.	
〈신설〉	아동복지법 제30조(아동조사) 1. 아동상담소, 아동복지기관, 또는 사회복지관의 1급 사회복지사는 소년법 제11조, 보호관찰 등에 관한 법률에 의하여 내려진 조사명령, 판결전 조사와 제112조의 전문가의 진단에 참여할 수 있다. 2. 위의 조사를 의뢰받은 기관이나 전문가는 아동에 대한 면접, 가정방문을 통한 환경조사, 학교교사 혹은 관계자, 기타의 자료를 면밀히 조사 · 분석하여 아동의 권익에 비추어 보고서를 작성하여야 한다. 3. 아동은 자신의 복지를 위하여 변호할 수 있으며, 필요에 따라서는 자신을 변호해 줄 수 있는 전문가의 도움을 요청할 수 있	

〈신설〉	으며, 아동복지법에 의하여 아동을 조사하는 전문가는 이 사실을 아동에게 인지하여야 한다.	아동복지법

VI. 결론

인간은 성장과정을 통하여 여러 가지 문제와 직면하게 된다. 특히 아동말기와 청소년기를 지나면서 자신의 의도와는 상관없이 법의 제재를 받게 되는 경우가 있다. 대부분의 소년들은 한 번으로 끝나지만 매년 2,000명 이상의 소년들이 성인기에도 계속하여 법의 주의를 받으며 지내게 된다.[6] 문제의 원인이나 누구로 인하여 범죄소년이 되었는가에 초점을 두기보다는 문제의 발생을 예방할 수 있는 사회적 잠금장치가 제대로 마련되지 못한, 그래서 수많은 청소년들이 인생의 가장 활발한 성장기에 법의 제재를 받아야 되고, 또 제도가 지니는 강제성이나 억압성으로 인하여 이들은 상처를 받으며 건강하지 못한 청소년기를 보내게 된다고 본다. 아동은 아동복지법상에서 만 18세까지이다. 아동복지법이 이 나라의 아동을 위한 모법이라면 한국의 모든 아동과 관련된 법은 이에 준거하여 마련되어야 한다고 믿는다. 소년법이나 보호관찰 등에 관한 법률도 이에 따라야 할 것이며, 그보다 먼저 아동복지법이 모법으로서의 기능을 발휘할 수 있도록 그 체계가 마련되어야 할 것이다. 아동복지법에는 문제아동 특히 법의 제재를 받을 수밖에 없는 아동들에 관한 조항이 매우 미비하며, 이들을 제외한 흔적이 여실하다.

---

6) 이 숫자는 성인 범죄자 중 소년범으로서 소년원이나 소년교도소에 수용보호되었던 대략치이다. 소년 범죄자 중 3범 이상은 1996년에 약 5.6%인 8,196명으로서 이들 중 약 1/4 정도가 성인 범죄로 이어진다고 보고 있다.

그러므로 아동복지법이 한국의 아동에 관한 모법으로서의 역할을 담당하려면 건강한 아동이든 문제가 있는 아동이든 상관치 말고 포함시켜야 된다.

이는 아동이란 인간으로서의 존엄성을 지니고(어린이헌장 전문) 차별 없이 건강하게 성장하여야 할 권리를 지니고 있기 때문이다. 이 나라의 미래의 주인으로서 자라나기 위해서 국가 · 사회 · 성인들의 보호하에 어떠한 환경에 처했을지라도 자신의 행동에 책임을 질 줄 아는 인간으로서 성장시키기 위한 노력이 지속되어야 하고, 이러한 책임, 의무, 권리 등을 아동복지법상에 명기하여야 한다.

이를 위하여 아동이 자신의 인격과 개성을 긍정적으로 개발하며 다른 사람의 인격과 개성도 존중할 줄 아는 인간이 되기 위한 부모들의 올바른 지도, 학교와 사회의 교육이 강화되어야 한다. 그러므로 지금까지 비행 · 범죄아동에 대하여 미온적이던 아동복지법 내에 이미 존재하는 소년법상의 시설, 제도, 조치, 처벌 등이 언급되어야 한다.

이것은 또한 가정법원의 소년부가 문제청소년만을 다루는 것이 아니라 친권포기, 미아, 기아, 그리고 학대아동 등에 대한 처분도 포함시켜야 되며, 문제청소년이나 사회적 보호가 필요한 아동 및 청소년에 대한 후견인의 제도 혹은 법적 보호자의 선임 등도 아동복지법에 명시된 후에 가정법원 소년부에서 결정하는 것이 진정으로 아동복지의 입장에서 이들을 처우하는 것이라고 보는 것이다.

그리고 우리의 새로운 아동복지법에는 영국 아동복지법이 지닌 동반적인 관계와 비개입의 추정[7](제1조 제5항)의 철학하에 아동의 복지는 국가의 미래를 위한 가장 중요한(paramount) 것이며, 마지못해 시행해서는 아니 되며, 이 법률에 의하여 시행되는 모든 명령은 아동의 이익이 우선되지 않는 한 결정되지 않아야 한다는 주장 등의 새로운 원칙들을 포함해야 할 것이다.

---

7) 어떤 부모이든지 간에 그 부모에게 문제가 있다는 사실이 법원에 의하여 밝혀지기 전까지는 개입을 하지 않는다는 원칙.

● 참고문헌

문선화. 1997. “영국에 있어서 비행청소년을 위한 사회내 처우에 대한 연구”. 『한국아동복지학』. 제5호. pp.9~46.

문화체육부. 1997. 『청소년백서』.

법무연수원. 1996. 『범죄백서』.

아동복지법. 법률제3438호. 1981년 전문 개정.

소년법. 법률제4057호. 1988년(전문 개정). 1995년 법률제4929호로 일부 개정.

소년원법. 법률제4058호. 1988년(전문 개정). 1996년 법률제5178호로 일부 개정.

보호관찰등에관한법률. 법률제5178호. 1996년 12월 전문 개정.

일본 후생성 아동가정국. 1997. 『아동복지법개정의 포인트』.

일본 아동복지법. 平成 6년. 법률제84호.

영국 Children Act 1989. HMSO : London.

Abadinsky, H. 1991. *Probation and Parole : Theory and Practice*(4th ed.). Prentice Hall : NJ.

Dewar, J. with Parker, S. 1992. *Law and the Family*. Butterworths : UK.

Eekelaar, J. and Dingwell, R. 1992. *The Reform of Child Care Law : A Practical Guide to the Children Act 1989*. Tavistock/Routledge : UK.

Freeman, M. D. A. 1992. *Children, Their Families and the Law : Working with the Children Act*. McMillan : UK.

Home Office. 1993. *An Introduction to Children Act 1989*. HMSO : London.

______. 1995. *National Standards for the Supervision of Offenders in the Community*. HMSO : London.

Kadushin, A and Martin, J. A. 1988. *Child Welfare Services*(4th ed.). McMillan : NY.

Kohlberg, L. 1981. *The Philosophy of Moral Development : Moral Stages and the Idea of Justice*. Harper & Row Publishers : S.F.

Zuckerman, E. 1983. *Child Welfare*. The Free Press : NY.

제12장
아동학대방지법과 아동학대 예방대책

이배근*

I. 문제 제기

사회의 원초적 단위이며 인류문화의 가장 소중한 유산인 가정에 긴장이 내재하게 될 때 가정을 기반으로 하여 이루어진 사회나 국가의 건강을 기대할 수 없을 것이다. 특히 아동들에게 가해진 모든 형태의 학대는 어린이들에게 신체적 손상뿐만 아니라 일생을 통해서 치료하기 힘든 그들의 자존심과 독립심을 파괴하는 마음의 깊은 상처로 남을 수도 있다. 특히 어린이들에게는 일차적 환경이 되는 가정에서 학습된 폭력이 오늘날 심각한 사회문제로 대두되는 학교폭력으로 연결되고 있으며, 폭력을 경험한 아동은 성인이 되어 폭력의 가해자가 된다는 사실을 고려해 볼 때 건전하고 바른 가정을 보호하며 원치 않는 폭력을 예방하고 치료하기 위한 법적, 제도적 장치는 우리 사회에 매우 필요한 당면과제가 아닐 수 없다.

* 한국어린이보호재단 회장, 숙명여자대학교 겸임교수

아동학대는 동서고금을 막론하고 인류의 역사와 더불어 존재해 왔으며 그 유형과 빈도 그리고 심한 정도에는 차이가 있을 수 있겠으나 같은 문화권 내에서도 가정의 빈곤, 부모의 교육의 정도, 직업 등에 관계없이 보편화되어 있는 사회문제의 하나로서 학대받고 성장한 아동들이 자녀들을 학대하는 부모들이 된다는 점을 감안해 볼 때 아동학대의 세습화를 예방하고 오늘의 어린이들로 구성될 밝고 맑고 건전한 지구촌의 미래사회를 만들기 위해 아동학대는 하루 속히 예방되고 치료되어야 할 것이다.

그럼에도 불구하고 우리나라의 오랜 유교문화적 전통과 관습에 의해 자녀에 대한 부모의 훈육권과 학생에 대한 교사의 징계권이 보장되어 있는 반면 부모에 대한 자녀의 순종과 교사에 대한 학생의 존경이 일방적으로 강요되어 왔다. 따라서 훈육을 가장한 체벌이 가정과 교육환경에서 널리 수용되고 있으며 아동을 하나의 인격체로 간주하여 권리를 법적으로 보호하려는 시민사회의 인식과 학대받는 아동에 대한 시민의 신고의식은 미약한 것이 우리의 실정이다.

아동학대의 유형과 범위는 아동관(兒童觀)에 대한 역사적 변천과 그 맥을 같이한다. 19세기 말에 이르기까지 아동은 부모의 소유물이나 자산으로 그리고 부족이나 국가는 종족의 유지나 보호를 위한 수단으로 간주되었다. 아동학대의 원초적 유형의 하나는 원치 않는 아동의 처리수단으로 고대사회에서 널리 수용되었던 영아살해(infanticide)로 식량이 부족했던 당시에 식구를 줄이는 방법의 하나로 허약아, 기형아 등 그 사회의 기준에 미달된 신생아들을 살해하는 일이 자행되었다.

고대사회로부터 근대사회에 이르기까지 보편화되었던 아동학대의 또 다른 유형에는 아동유기(abandonment)가 있으며 오늘날에 이르기까지 보호를 필요로 하는 아동들을 위한 아동복지 프로그램의 중요한 대상으로 남아 있다. 제도화된 아동유기 중 하나의 잘못된 사회적 인식으로 인해서 유모에 의한 대리양육(wet nursing)이 성행되기도 하였으며 고용된 유모들의 학대나 방임의 정도는 매우 심각하였다.

미성년자 노동은 산업혁명 이후 값싼 비숙련공의 욕구가 증가됨에 따라 빈곤계층의 어린이들이 산업현장에 끌려가는 일이 많았으며 개발도상국에서는 오늘날에도 부모의 방임하에 어린이들이 열악한 환경에서 값싼 노동을 강요당하고 있다.

성적 학대는 미성년자에 대한 강간, 근친상간, 매춘, 인신매매 등의 형태로 고대사회로부터 지속된 아동학대의 일종으로 동남아에서는 지금도 심각한 사회문제의 하나가 되고 있다.

우리나라의 경우 학령기 아동의 높은 취학률로 인해 아동학대나 상업적 착취는 비교적 적은 편이나 신체적 학대, 성적 학대, 아동유기 등은 심각한 아동학대의 유형에 포함되고 있다. 그러나 아직껏 아동학대에 관한 전국 조사가 실시되지 못하여 아동학대의 발생률이나 그 심각한 정도에 대한 기초자료가 없으며 무엇보다도 가정이나 교육현장에서 발생되는 아동학대에 대한 법적 대응이 미약하다는 데 문제가 있다.

본 연구의 목적은 가정과 교육현장에서 발생되고 있는 아동학대와 방임의 현황을 파악하고 기존의 아동학대 관련법과 지난 1999년 12월 국회를 통과하고 2000년 7월 1일을 기해 그 효력이 발생되는 개정 아동복지법을 분석하고 보안해야 할 문제를 제시함으로써 아동학대를 예방, 개입, 치료하기 위한 국가와 사회의 책임과 법적 제도적 실천을 촉구하는 데 있다.

II. 아동학대의 정의와 현황

1. 아동학대의 정의

어떤 용어의 개념을 정의한다는 것은 그 용어가 내포하는 내용의 범위를 확대 또는 축소시킬 수 있으며 한정되는 범위는 수행하고자 하는 프로그램의 내용 및 접근방법에 영향을 미치게 될 것이다.

아동학대에 관한 초기의 논문을 쓴 Kempe는 피학대아 증후군(battered-baby syndrome)이라는 용어를 사용함으로써 아동학대의 대상을 영아로 한정하였고 학대의 유형도 신체적 구타만을 다루었는데, 그가 말한 피학대아 증후군의 의미는 부모나 가정위탁부모들로부터 심각한 신체적 학대를 받은 영아들의 임상적 상태를 특별히 규정한 것으로서 피학대아 증후군, 즉 아동학대를 "부모나 양육의 책임을 맡은 사람에 의해 그 아동에게 가해지는 심각한 손상"으로 정의하였다(Kempe, 1972).

Kempe에 의해 처음 기술된 피학대아 증후군(battered-baby syndrome)은 점차 아동학대와 방임이라는 보다 광의의 개념으로 대치되었으며 미국에서는 1960년대 중반의 아동학대신고법과 이 법의 범위가 확대됨에 따라 아동학대와 방임이 하나의 고정적인 위치를 차지하는 데 크게 기여하였다.

Fontana는 부적절한 아동취급 증후군(maltreatment syndrome)이라는 용어를 사용하면서 정서적 박탈, 방임, 영양부족 등을 아동학대의 범위에 추가 시켰다. 이어 Gil은 아동학대를 "아동들의 동등한 권리나 자유를 박탈하거나, 학대 또는 방임행위나 그 이유에 의해 아동들의 성장발달을 저해하는 개인, 시설 및 사회일반에 의한 모든 작위 또는 부작위행위"로 정의하였다(David Gil, 1979). 지난 10년간 아동학대와 방임의 개념은 매춘과 아동춘화를 포함한 아동의 성적 학대, 근로아동(working children), 부랑아(street children)의 상업적 악용, 아동 인신매매, 집단보호시설에서의 아동학대 등으로 확대되었다.

Lau와 Kosberg는 아동학대를 크게 신체적 학대(physical abuse), 심리적 학대(psychological abuse), 물질적 학대(material abuse) 그리고 권리의 침해 등으로 구분하였다(Zastraw, 1982). Kadushin은 아동학대의 개념을 보다 세분하여 신체적 학대, 불량한 양육(불량한 의복, 주거상태, 보호관리 등), 기본적인 의료적 보호의 거부, 정기적으로 등교시키지 않음, 노동의 착취 또는 과도한 노동, 유해하거나 불건전한 환경에의 노출, 성적 학대, 정서적 학대나 방임 등으로 정의하였다(Kadushin, 1980).

미국의 아동보호 서비스법 시안에 의하면 "아동학대와 방임이란 만 18세 미만의 아동이 그의 부모나 후견인으로부터 신체적 · 정신적 또는 복지상태에 위해나 위협을 받고 있는 상황"으로 정의하고 있다(U.S. Dept. of HHS, 1984). 우리나라에 비해 정부와 민간단체들의 공동노력으로 아동학대예방 프로그램이 전국적으로 활성화되고 있는 대만의 경우 아동학대를 "부모 또는 아동의 보호자가 지속적으로 아동을 학대하거나 아동에게 신체적 · 정신적 상해를 입히는 행위"로 정의되고 있다(Leu, 1988).

우리나라의 경우는 아동학대에 대한 합의된 정의가 없으며 아동학대 범위의 설정에 대한 구체적 조사연구가 이루어지지 않았다. 개정 전 아동복지법 제18조 제9호는 "자기의 보호 또는 감독을 받는 아동을 학대하는 행위"로 학대의 금지 조항을 규정하고 있으며 구체적인 아동학대의 정의나 범위를 명시하지 않았으나 최근 아동학대에 대한 법적 근거가 되는 아동복지법이 개정되고 시행령 및 시행세칙이 만들어지고 있는 것은 참으로 다행한 일이라고 하겠다.

신체적 학대인 체벌의 경우에서도 우리나라는 체벌은 청소년 범죄나 좋지 않은 행동을 예방하거나 교정하기 위하여 엄격한 교육을 해야 한다는 입장에서 체벌을 훈육의 일부로 이해하려는 경향, 체벌은 교육적으로 많은 부작용을 초래하며 정서적 발달이나 성격형성에 좋지 않은 영향을 미친다는 입장에서 이를 적극 반대하는 경향, 그리고 교육적인 체벌은 훈육의 수단으로 수용하며, 비교육적인 체벌을 아동학대로 보는 경향 등이 있다(박성수, 1990).

아동학대의 개념은 아동학대의 범위를 어떻게 설정하느냐에 따라 정의될 수도 있다. 선행연구들에 의하면 아동학대를 협의의 의미로 정의할 때는 주로 아동학대의 대표적 유형이라고 할 수 있는 신체적 학대로 제한하는 경우인데 이에는 아동학대를 "아동에게 관찰 가능한 상해를 입힌 행위"로 한정한 미국 아동학대 · 방임센타의 정의가 있고(NCCAN, 1978) 또한 구타당한 아동이라는 새로운 용어를 도입하여 아동학대를 "우발적인 사고에 의한 것이 아닌 부모나 아동 보호자의 행위나 태만의 결과로 인해 아동에게 신체적 상해를 입힌 행위"로 설명한 Kempe의 정의가 있다. 그러나 미국 아동학대 · 방임센타(National Center on Child Abuse and Neglect)의 정의는 가해자의 의도가 고의적이었는가 아니면 우발적이었는가의 여부에 대한 추론이 어렵고 Kempe 등의 정의는 우발적인 행위를 제외하고 가해자의 고의적 행위만을 포함시켰다는 점에서 보다 발전된 개념 정의라고 할 수 있으나 동기에 있어 우발적이라는 것과 가해자의 잠재적 무의식을 결과만을 보고 객관적으로 추론하기는 쉽지 않다는 문제가 있다.

아동학대를 광의의 의미로 정의할 때는 아동학대를 "아동의 복지나 아동의 잠정적 발달을 위협하는 보다 넓은 범위의 행위를 포함시키는 것"을 말한다. 이는 아동학대를 신체적 학대뿐만 아니라 정서적 학대나 방임, 아동의 발달을 저해하는 행위나 환경, 더 나아가 아동의 권리보호에 이르는 매우 포괄적인 경우이며 최근에 이르러서는 아동학대를 협의의 정의가 아닌 광의의 개념으로 이해하려는 경향이 있다.

개정 아동복지법에서는 아동학대를 "보호자를 포함한 성인에 의하여 아동의 건강과 복지를 해치거나 정상적 발달을 저해할 수 있는 신체적, 정신적, 성적 폭력 또는 가혹행위 및 아동의 보호자에 의하여 이루어지는 유기와 방임"으로 정의하고 있다.

한편 보건복지부가 최근 제작 배포한 아동학대 대처방안 안내서는 아동학대를 "보호자를 포함한 성인에 의한 18세 미만 아동의 건강과 복지를 해치거나 정상적 발달을 저해할 수 있는 신체적, 정서적, 성적 폭력, 가혹행위 및 아동의 보호자에 의한 유기와 방임"으로 정의하고 다음과 같이 아동학대의 유형을 분류하였다(보건복지부, 1999).

신체적 학대란 신체적 손상을 입힌 경우와 신체적 손상을 입도록 허용한 경우이며 신체적 손상에는 구타나 폭력에 의한 멍, 화상, 찢김, 골절, 장기파열, 기능의 손상을 포함시키고 생후 12개월 미만의 영아에게 가해진 체벌은 어떠한 상황에서도 학대로 규정하였다.

정서학대란 언어적, 정서적 위협, 억제, 감금, 기타 가학적 행위이며 아동의 인격, 감정이나 기분을 심하게 무시하거나 모욕하는 행위(예를 들면 삭발시키는 행위, 아동에게 걸려오는 전화를 바꿔 주지 않는 행위), 좁은 공간에 장시간 혼자 가두어 놓는 행위, 원망이나 거부, 적대적 또는 경멸적인 언어폭력을 포함시켰다.

성학대란 성인의 성적 충족을 목적으로 아동과 함께하는 모든 성적 행위이며 성적 행위에는 성적 유희, 성기 및 자위행위 장면의 노출, 관음증, 성기삽입, 성기접촉, 강간 등과 같은 접촉적인 행위, 매춘이나 매매, 포르노매체에 배우로 출연, 포르노물 판매행위 등을 포함시켰다.

방임이란 고의적 반복적으로 아동 양육 및 보호를 소홀히 함으로써 아동의 건강과 복지를 해치거나 정상적인 발달을 저해할 수 있는 모든 행위를 말하며 고의적이며 반복적으로 아동에게 의식주를 제공하지 않거나 장시간 아동을 위험한 상태에 방치하는 물리적 방임 및 유기, 아동의 무단결석을 허용하는 등 교육적 방임, 예방접종을 제때에 하지 않거나 필요한 치료를 소홀히 하는 등 의료적 방임, 아동과의 약속에 무신경하거나 아동의 마음에 상처를 입히는 등 정서적 방임 등으로 분류하였다.

2. 아동학대 유발원인

아동학대와 방임의 원인은 다양하며 하나의 원인이 또 다른 원인을 야기시키고 서로 영향을 미치는 특성이 있다. 아동학대와 방임의 원인에 대한 접근방법에는 부모의 성격적 특성을 중심으로 하는 정신병리학적 접근, 아동 자신의 특성에 초점을 두는 발달론적 접근 그리고 가정의 특성과 사회문화적 측면을 다루는 사회심리학적 접근 등이 있다.

부모의 성격적 특성과 학대를 유발하는 아동의 특성 이외에 최근에는 빈곤, 환경적 스트레스, 사회적 지지와 지역사회 자원의 결핍 등 사회심리학적 접근이 아동학대를 유발하는 원인으로 주로 연구되고 있다(Costin, 1991). 사회경제적으로 하위계층을 형성하는 저학력 부모 등은 즉각적인 공격을 취하는 반면 상류계층은 냉대, 언어폭력의 형태를 주로 취하는 것으로 보고되고 있다. 사회적 지지는 부모의 휴가나 저녁외출 등에 아기를 돌보는 사람이나 맡길 만한 친지와 같은 지원을 의미하며 이와 같은 사회적 지지의 결핍은 불량양육의 위험을 높이는 것으로 나타나고 있다.

아동학대를 유발하는 아동의 특징으로는 조산아, 정신지체장애아, 유아기적 행동과 문제행동을 나타내는 아동 등이며 가족의 특징으로는 가족 내 폭력이 존재하는 경우(특히 아버지가 어머니를 학대하는 경우), 부모나 돌보아 주는 사람이 알코올 중독자나 기타 약물 남용자인 경우, 부모나 돌보아주는 사람이 아동에 대해 모성애가 부족한 경우, 부모의 기대가 아동의 발달능력과 일치하지 않는 경우, 사회적으로 고립되어 있는 경우, 직장을 잃었거나 재정적인 어려움에 처한 경우, 심각한 질병을 앓고 있거나 가족 중 갑자기 사망한 사람이 있거나 이혼 같은 사건으로 인해 심각한 스트레스를 경험하고 있는 가족, 부모 자신도 어린 시절 신체적으로나 성적으로 학대를 경험한 경우 등이다.

3. 한국의 아동학대 현황

우리나라는 아동학대에 관한 연구가 아직 초기단계에 있으며 아동학대의 발생률이나 빈도에 대한 전국적 조사가 되지 못하여 아동학대의 현황을 논하기 어려운 형편에 있으나 연간 청소년 자살건수가 170여 명을 넘으며 가출아동이 1만 명을 넘는 현실에서(교육부, 1995) 가정과 학교와 사회에서 아동학대 및 방임은 점증되고 있는 사회문제의 하나로 인식되고 있다. 지금까지의 선행연구들은 일부 지역 또는 일부 집단만을 대상으로 조사되었으며 아동학대에 대한 합의된 정의나 범위 및 측정도구가 없어 조사자에 따라 그 결과가 매우 큰 차이를 보이고 있다. 아동학대의 현황에 관한 기존의 연구들을 연도별로 요약하면 다음과 같다.

11세 이상 15세 이하의 가출아동 100명과 서울시 소재 일반 초등학교 2개교 및 중학교 3개교의 남녀 각 180명 도합 360명을 대상으로 조사한 연구에서 신체적 학대의 경우 가출아동집단과 일반아동집단이 거의 비슷하게 1년간 매맞은 경험이 98%로 나타났으며 극심한 신체적 학대의 경우는 가출아동집단이 담뱃불로 데이거나(10%), 칼로 위협당하거나(14%), 칼에 찔리는(13%) 등 일반아동집단보다 매우 빈도가 높게 나타났다(신영화, 1986).

11~12세의 아동 1,245명 가운데 97%에 해당하는 아동들이 그들 생애에 최소한 1회 이상 그들 부모나 어른들에 의해서 매를 맞은 경험이 있는 것으로 나타났다(한국어린이보호재단, 1987). 한국적 상황에서 아동학대의 특징적 유형의 하나인 아동유기의 현황에 관한 조사를 실시하였다. 한국복지재단에 비치된 전국 227개 아동복지시설 아동카드 가운데 입소동기가 분명한 10,686명의 아동카드를 중심으로 조사된 연구 결과 기아의 발생연령은 7세(11.3%), 8세(11.0%), 6세(10.4%)순이었다. 기아 발생원인으로는 부모의 이혼, 사망, 행불 등이 38.1%, 부 사망 · 모 가출(재혼) 등이 32.6%, 모 사망 · 부 재혼(가출) 등이 9.7%, 미혼모 또는 기타가 19.6%로 나타났다(이배근, 1988).

1985년~1989년의 5년간 서울시립아동상담소에 신고된 122명(남 52명, 여 70명)을 대상으로 한 조사에서 학대아의 연령은 10세가 전체의 16.2% 그리고 8세, 11세, 13세가 공히 10.5%로 나타났다. 가해자는 친부가 42.3%, 계모 16.7%, 친모 11.9%, 양부모 10.7%로 나타났다. 학대의 유형은 신체적 학대 55.4%, 방임 22.8%, 정서적 학대 7.6%, 아동유기 4.4%, 성적 학대 2.2% 등으로 보고되었다(유춘식, 1989).

전국 17개 시 · 도의 부모 168명과 아동 170명을 대상으로 한 신체적 학대에 대한 조사에서 86.7%의 부모가 어린 시절 구타를 경험하였고 그 이유는 "자녀가 말을 안 들어서"(41.1%), "형제와 싸워서"(21.4%), "공부를 안해서"(14.3%) 등으로 나타났다(이배근, 1993).

한편 사회문제의 하나로 부각되고 있는 성적 학대에 관해 1980년~1989년의 약 10년간 신문에 게재된 총 37건의 미성년자 성폭행 사례분석에서 미성년자 성폭행 피해 당시의 연령은 초등학교 3년(28.6%), 초등학교 1년(14.3%), 유치원(14.3%), 초등학교 2년(12.2%)로 나타났고, 가해자의 연령은 20~29세(37.1%), 15~19세(25.7%), 40~49세 및 50~59세가 각각 11.4%로 나타났다. 피해아동과 가해자와의 관계는 동네사람 (43.2%), 미상(29.7%), 동거인(10.8%), 교사(8.1%)로 보고되었다(이영식 · 이길홍,1989).

서울, 부산, 광주, 대전 등 4개 도시 724명(남 426명, 여 295명)을 대상으로 한 중학생 성폭행 실태연구에서 강제적인 키스 15.7%, 강제적인 성기접촉 17.4%, 원치 않는 성경험 5.1%, 강간 2.5%, 윤간 0.8% 등으로 나타났다(정동철, 1990).

초등학교 아동 4,000명을 대상으로 한 실태 조사 결과 조사 대상 아동의 39.5%가 2~3회 이상 상습적인 구타를, 31.9%는 신체에 상해를 주는 심각한 신체적 학대를 그리고 10.4%는 극단적인 신체적 위협을 경험한 것으로 나타났다(한국이웃사랑회, 1996).

한편 물리적, 교육적, 정서적 방임을 경험한 아동은 50.4%이며 불쾌한 성적 자극이나 성적 인식을 갖게 되는 경험을 한 아동이 37.7%로 보고됨으로써 우리나라 아동학대와 방임은 심각한 상태임을 보여 주고 있다(보건복지부, 1999).

III. 아동학대예방을 위한 법적 조치와 노력

유교적 가족 중심의 전통적 가치관을 유지해 온 우리나라는 조상숭배와 제사상속(祭祀相續)에 의한 아동애호사상이 일찍이 예제(禮制)나 법제상에 나타나 있었다. 삼국사기에 기록된 신라 유리왕 5년(28) 왕명으로 부모 없는 아동에 대한 급식과 양육을 실시했고 고려시대에는 성종 13년(994) 고아로서 대리양육자가 없는 경우 10세에 이르기까지 관에서 급식을 담당했으며 이조시대에는 22대 정조 7년(1783)에 선포된 유기 및 부랑아 보호법령인 자휼전칙(字恤典則) 등에서 도움을 필요로 하는 아동에 대한 국가의 개입을 찾아볼 수 있다(구자헌, 1968).

우리나라는 천주교와 개신교의 선교사업에 의해 현대적 의미의 각종 아동보호사업이 구체적으로 시작되었다. 해방 이후 미군정은 법령 112호로 "아동노동법규"를 공포하였으며 14세 미만의 아동고용금지, 16세 미만 아동의 유해한 노동금지, 18세 미만 아동의 유해 또는 위해한 노동 등을 금지하였다. 1947년 과도정부령 제14호에서도 "미성년자 노동보호법"을 공포함으로써 12세 미만 아동의 노동 절대금지와 18세 미만 아동의 위험한 직종의 노동을 금지하였다(구자헌, 1986).

제1, 2공화국시대에는 교육법(1949), 소년법(1958), 근로기준법(1953)을 포함한 보호를 필요로 하는 아동들을 위한 법적 규정들이 입법화되었다. 제3, 4공화국시대에는 아동학대금지 규정이 포함된 아동복리법(1961)을 비롯한 생활보호법(1961), 미성년자보호법(1961), 학교보건법(1967), 모자보건법(1973), 특수교육진흥법(1977) 등 많은 아동 관련법이 제정되었다. 제5, 6공화국에서는 아동복리법을 개정한 아동복지법(1981), 심신장애자복지법(1981), 유아교육진흥법(1981), 청소년육성법(1987) 등이 입법화되었다. 문민정부와 국민의 정부에서는 가정 내의 폭력을 예방하고 보호하기 위해 성폭력방지법(1994), 가정폭력방지법(1997), 청소년보호법(1999), 개정 아동복지법(1999) 등이 제정되었다.

한편 아동을 사랑하고 아동의 권리를 보호하려는 시민사회의 노력은 1921년에 소파 방정환이 '어린이'라는 말을 처음으로 사용하였으며 천도교소년회가 창설되고 1923년 어린이날이 제정되었으며 1975년부터 5월 5일 어린이날이 공휴일로 지켜져 왔다. 1957년 대한민국 어린이헌장이 제정되었고(1988년 개정 선포됨), 1979년 '세계 아동의 해', 1981년 '세계 장애인의

해', 1985년 '세계 청소년의 해'를 기념하여 정부와 시민단체의 아동과 청소년 애호를 위한 각종 행사가 개최되었다. 정부는 1990년 9월 25일 아동의 권리에 관한 국제협약에 서명하고 1991년 11월 20일 이를 비준함으로써 협약 당사국이 되었으며 1994년 11월 8일 제1차 국가보고서를 유엔아동권리위원회에 제출하였다.

아동의 권리를 적극적으로 보호하며 학대받는 아동들에 대한 치료, 발견 및 예방을 위한 민간단체의 노력은 1979년 한국 사회복지협의회의 아동학대고발센터, 1983년 한국어린이보호회의 어린이 상담전화, 1985년 서울시립아동상담소의 아동권익보호신고소의 개설 등으로 시도는 되었으나 대부분 아동학대예방에 대한 사회의 무관심과 신고의식의 미흡으로 실효를 거두지 못하였다.

1988년 한국복지재단이 유니세프의 후원하에 아동학대예방과 아동권리에 관한 5대 도시 순회세미나를 개최하고 1989년 한국아동학대예방협회가 설립되어 전국 9개 지역 협의회와 16개 신고센터를 개설하면서 아동권리보호활동이 활성화되기에 이르렀다. 한국아동학대예방협회는 그간 16차에 걸친 전국세미나와 월례발표회를 개최해 왔으며 1996년 10월 사단법인으로 새롭게 출발하게 되었다.

유니세프한국위원회는 1989년 아동의 권리에 관한 국제협약의 정부 비준 촉구, 국가보고서 작성을 위한 전문가 워크숍과 공청회 개최, 전국 초·중·고교를 대상으로 아동의 권리에 관한 자료제공, 한국아동권리위원회의 구성 등 아동권리보호사업을 전개하고 있다. 한편 한국복지재단이 1989년부터 전국적으로 아동학대신고센터를 운영해 왔으며, 한국어린이보호재단은 1989년 어린이 상담신고전화를 개설하고 1999년 2월 우리나라에서 처음으로 24시간 아동학대 신고상담 전화 및 피학대아동들을 위한 일시보호시설을 개설 운영하고 있으며 한국이웃사랑회가 전국적으로 아동학대상담센터를 개설 운영중에 있다.

아동의 권리와 아동학대가 점증되는 사회문제로 등장하고 정부가 1991

년 유엔의 아동의 권리에 관한 국제협약의 당사국이 되면서 1997년 가정폭력방지법을 제정하고 1999년 12월 국회가 개정 아동복지법을 통과시키면서 아동권리 보호, 아동학대예방 치료사업이 활성화되기에 이르렀다.

IV. 외국의 아동학대예방을 위한 법적 조치에 관한 분석

아동학대를 예방하고 통제하기 위한 법적 조치로서 아동학대방지법을 제정하는 것은 당면한 사회적 노력의 하나가 될 것이다. 세계적으로 아동학대 신고를 포함한 아동학대방지가 법적으로 보장되어 학대받고 있는 아동의 발견, 개입, 치료, 예방을 위한 법적 조치가 활성화되고 있는 나라는 미국, 영국, 프랑스, 스웨덴, 노르웨이, 핀란드, 벨기에, 이탈리아, 브라질, 이스라엘, 우루과이, 캐나다, 오스트레일리아, 말레이시아 등이다.

이들 가운데 비교적 아동학대에 대한 국가개입이 강화되었고 국민의 신고체제가 의무화되어 있는 미국과 영국 그리고 우리와 가까운 대만의 법적 조치내용을 살펴보면 다음과 같다.

1. 미국의 아동학대방지를 위한 법적 조치

미국의 아동학대신고법이 1960년대에 각주마다 입법화되었고 1970년대에 들어오면서 아동학대에 대한 조사와 전국적인 인식이 증가됨에 따라 아동학대의 개념이 보다 확대되어 점차 아동학대는 신체적 학대 및 방임, 성적 학대, 정서적 상해와 기타 아동복지에 유해하다고 간주되는 모든 형태의 학대를 포함시켰다

1874년 미국 최초의 뉴욕아동학대예방협회(New York Society for Prevention

of Cruelty to Children)가 조직되었고 1881년 동 협회는 아동학대의 조사, 법원 출두 전에 아동배치를 의뢰하고 가해자를 체포할 수 있는 법적인 인가를 받은 기관이 되었다. 이에 반해서 보스턴과 필라델피아는 뉴욕과 같은 처벌 위주의 접근과는 달리 아동을 가정에 머무르게 하는 가정개입의 방법인 Protective Service Approach를 택하고 있다.

미국의 아동학대신고법은 1962년을 전후해서 입법화되었는데 이는 아동학대에 대한 의료적, 사회사업적인 연구조사 노력의 결과이었다. 미국의 아동학대신고법의 제정을 위한 모델은 미국아동국(U.S. Children's Bureau), 미국박애협회 아동과(Children's Division of the American Humane Association), 미국의학협회(American Medical Association), 주정부협의회(Council of State Government)에서 제출한 4개의 모델이 있었으며 이 중에서 미국 아동국의 모델을 중심으로 5년간의 토론을 거친 후 하와이, 워싱턴 D.C., Virgin Island를 제외한 모든 주에서 아동학대신고법이 입법화되었다. 이렇게 하여 모든 지역에서 하루 24시간 신고체제가 갖추어졌으며 신고를 하지 않은 사람들을 구금 또는 벌금형에 처할 수 있게 되었다.

이와 같은 노력의 결과로 1974년 연방정부의 아동학대예방 및 치료법(Federal Child Abuse Prevention and Treatment Act)이 제정되었다. 이에 따라 보건, 교육, 복지성 내에 국립 아동학대 및 방임센터(National Center for Child Abuse and Neglect)가 설치되었다.

2. 영국의 아동학대 예방대책

잉글랜드와 웨일즈의 1989년 아동법은 학대받는 아동을 보호하기 위한 국가의 법적 개입을 가능하게 하였다. 아동법에 규정된 아동학대의 위험에 처한 아동의 보호는 지방정부의 사회복지국에서 담당하며 다른 관계부서인 보건국, 보호관찰국, 교육국, 경찰 및 민간단체들이 포함되고 있다. 지방정부는 보호를 필요로 하는 아동에 관한 신고를 받은 상황에 대해서 조사해야 할 법적인 의무를 지닌다.

지역아동보호위원회(Area Child Protection Committee)가 아동보호에 관련된 정책을 개발하고 관련 기관들에 대한 학대로부터 아동을 보호하기 위한 상호협력을 담당한다. 전국 차원에서는 중앙정부의 모든 아동학대 관련 부서의 고위 공무원으로 구성된 아동학대 관련부서협의체(Inter-Departmental Group on Child Abuse)가 아동보호 관련 사항에 대한 정례회의를 개최한다. 지역적으로는 각 지방정부 사회복지국이 학대의 위기에 처해 있다고 생각되는 해당지역의 모든 아동들을 등록시킨다. 관련 부서간 협의하에 등록된 아동들의 보호를 위한 협조체제가 이루어지고 있다.

영국 정부는 1990년 아동학대 관련 자료개발 및 치료를 위한 전문요원 훈련을 목적으로 3백만 파운드 이상의 예산을 투입하였다. 보건후생성은 아동학대 관련 연구조사 프로젝트를 확대하고 전문사회사업가들을 위한 아동학대의 평가와 전국의 의사 및 수간호원으로부터 보고된 성적 학대에 대한 진단을 위한 실무지침서를 작성하였다. 경찰은 법원의 영장을 받기 전에도 지정된 기간 내에 아동의 거처에 개입하여 아동을 임의 동행할 수 있는 긴급개입권을 확대하고 있다. 교육성은 모든 지방교육당국에 지침서를 발간하고 아동학대예방의 일차적인 책임을 지방 사회복지국이 지고 있으나 전국아동학대예방협회(National Society for Prevention of Cruelty to Children)와 경찰도 또한 학대받는 아동보호에 관한 법적인 책임을 지고 있음을 명시하고 있다.

1968년의 스코틀랜드 사회사업법(Scotland Social Work Act)은 학대받는 아동의 보호를 위한 법적인 틀을 마련하였다. 지방당국은 가정, 위탁가정, 보육시설 내에서의 아동학대예방을 책임지고 있다. 아동보호위원회는 각 지역의 아동학대 관련 협조체계를 개발하고 있으며 사회사업가와 경찰에 의한 공동조사, 개입 및 성적 학대에 대한 사회사업 실무, 각 관련 기관간의 협력체 등을 내용으로 한 지침서를 개발하였다.

영국의 모든 공립학교에서의 체벌은 금지되어 있으며 공적 법인에 의해 재정적 지원을 받는 시립학교에서도 체벌이 금지되고 있다. 또한 아동보호 시설에서의 체벌, 음식의 박탈, 부적절한 의복을 입히거나 잠을 재우지 않는 것 등이 금지되고 있다. 학대에 이르는 과중한 체벌은 범죄가 되며 그 구체적인 처벌은 다음과 같다.

• 관습법에 위배되는 폭행 : 3개월 또는 5천 파운드의 벌금형
• 신체부위에 손상을 가한 폭행 : 최고 5년의 구금형
• 중대한 신체적 상해 : 최고 5년의 구금형
• 고의적인 중대한 신체적 상해 : 최고 종신형

잉글랜드와 웨일즈에서 아동유괴를 예방하고 조치하는 중앙행정부서는 대법관실 내의 아동유괴국이며 민간기관으로서 유괴아동을 위한 전국협의회(National Council for Abducted Children)가 있다. 1984년에 아동유괴법(Child Abduction Act)이 제정되었다

3. 대만의 아동학대 예방대책

대만의 아동학대예방을 위한 정부와 민간단체의 노력은 우리보다 약 2년 정도 앞선 1987년부터 중화아동기금(Chinese Children' s Fund)의 주도하에 시작되었다. CCF는 1987년 7월부터 12월까지 전국 CCF 22개 FHP(Family Helper Project)와 직영시설 Tatung Children' s Home을 대상으로 아동학대 사례를 조사하였으며 그 결과 682사례가 발견되었다. 이에 CCF는 홍보의 해(1988~1989), 행동의 해(1989~1909), 참여의 해(1990~1991), 조사의 해(1991~1992), 입법화의 해(1992~1993) 등의 착실한 5개년 계획을 성공적으로 추진하였고 마지막 5차 연도인 1993년에 아동학대예방과 치료를 위해 14만 명의 서명을 받아 기존의 아동복리법을 개정하는 데 성공하였다.

1973년에 제정되고 1993년에 개정된 대만의 아동복리법은 6장 54조로 되어 있으며 아동학대 관련법 조항을 설명하면 다음과 같다.

- 아동을 만 12세 미만으로 소년을 만 12세 이상 18세 미만으로 규정
- 15조 : 긴급보호를 필요로 하는 피학대아동의 법적 조치 내용
- 18조 : 24시간 이내의 신고의무와 신고의무자(의사, 변호사, 사회사업가, 임상심리가, 교사, 보육사, 경찰, 사법요원, 아동복리시설 종사자)
- 26조 : 학대행위자와 학대유형
- 30조 : 부모나 양육책임자의 아동에 대한 부당하거나 위험한 노동금지
- 34조 : 아동 특히 6세 미만 아동의 방치금지
- 36조 : 주무관청, 위탁기관 · 아동복지 관련 기관의 학대가정 방문조사권
- 40조 : 친권 · 감호권 금지에 따른 법원 신청신고
- 41조 : 부모 이혼의 경우 아동의 최선의 이익을 우선한 아동의 보호위탁
- 43조 : 아동을 악의로 범죄에 이용한 경우의 가중처벌
- 44조 : 벌금형: NT10,000 ~ NT120,000
- 48조 : 학대부모의 교육 및 이를 어긴 자에 대한 벌금형(NT1,200 ~ NT6,000)

또한 대만은 이미 24시간 Hot-line System(兒童保護電線 080-422110)이 운영되고 있으며 지역사회 사회복지관 및 아동보육시설에서 학대받은 아동을 위한 일시보호를 실시하고 있다.

V. 한국의 아동학대방지 관련법과 아동학대방지 규정에 관한 분석

1. 아동학대 관련법

기존의 아동학대에 대한 법적 조치는 가해자에 대한 제재조치와 피학대아동을 위한 적극적 보호조치로 나눌 수 있다. 아동학대에 대한 제재는 형사상 처벌 및 민사상 손해배상 책임을 추궁, 학대부모의 친권상실선고와 학대교사의 내부적 징계 등이 있다(박균성, 1992).

가해자에 대한 형사상 처벌로는 형법 제260조에 부모의 정당한 훈육권의 행사를 제외한 아동의 신체에 대한 구타 등 폭행을 가한 자는 폭행죄로 처벌되며, 형법 제276조는 어린이를 장시간 집에 가두고 외출한 경우에는 감금죄로 5년 이하의 징역에 처할 수 있다고 되어 있다.

근로기준법 제5조에 의하면 13세 미만의 아동은 노동부 장관의 취직 인허증을 받은 경우 외에는 근로자로 사용할 수 없다. 18세 미만인 자에 대하여는 도덕상 또는 보건상 유해, 위험한 사업에 사용하지 못하며 이를 위반한 자는 근로기준법 제109조 및 제110조에 의해 처벌된다.

형법 제274조는 자기의 보호 또는 감독을 받는 16세 미만의 자를 그 생명 또는 신체에 위험한 업무에 사용하도록 인도한 자는 인도를 받은 자와 함께 5년 이하의 징역에 처하도록 되어 있다.

형법 제271조는 아동을 보호할 의무가 있는 자(부모)가 아동을 유기한 경우 유기죄로 처벌된다고 규정하였고, 민법 제924조는 부 또는 모가 정당한 징계권의 행사 이외에 아동에 대하여 상습적으로 아동을 학대하여 친권을 행사시킬 수 없다고 판단되는 경우 친족 또는 검사는 법원에 그 친권의 상실을 청구할 수 있다고 되어 있다.

이와 같이 법제상으로는 처벌의 사항이 되지만 살인, 성적 폭행, 폭행치사 등의 극단적인 경우이거나 아동을 학대한 자가 신분적인 관계가 없는 타인의 경우 이외에는 현실적으로 열거한 관련법에 의해 처벌된 경우가 별로 많지 않다.

2. 가정폭력방지법

1998년 7월 1일을 기해 법적 효력이 발생된 가정폭력방지 및 피해자보호 등에 관한 법률(이하 가정폭력방지법)은 22조, 동 시행령은 9조, 동 시행세칙은 16조로 구성되어 있으며 아동, 장애인, 노인을 포함한 가정 내의 폭력을 예방하고 가해자를 처벌하는 내용으로 되어 있다. 그러나 가정폭력방지법은 주로 매맞는 아내를 중심으로 구성되어 있으며 학교나 지역사회 등 가정 밖에서 발생하는 아동학대에 대처할 규정이 없다는 데 아동학대에 대한 가정폭력방지법의 한계가 있다.

가정폭력방지법은 가정폭력을 예방하고 피해자를 보호할 목적으로 제정되었으며 가정폭력에 관한 신고체제, 예방교육, 홍보, 보호시설의 설치 운영, 경비보조 등을 국가의 책임으로 명시하고 있다.

그러나 가정 내에서 발생되는 폭력이라 하여도 부부폭력과 부모에 의한 아동학대는 피해자의 보호나 격리, 가해자에 대한 처벌 등에 있어 획일적으로 처리될 수 없으며 가능한 가해자에 대한 상담, 교육과 피해아동에 대한 치료를 우선해야 한다는 점에서 아동학대방지법과 가정폭력방지법의 차이가 있을 것이다.

3. 청소년보호법

1999년 7월 1일을 기해 효력이 발생된 청소년보호법 중 개정 법률(이하

청소년보호법)은 6장 56조 및 부칙으로 되어 있으며 아동학대와 관련된 주요 내용을 요약하면 아래 〈표 12-1〉과 같다.

〈표 12-1〉 청소년보호법 주요 내용

조항	제목	내용
제1조	목적	청소년폭력, 학대, 유해환경으로부터의 보호
제2조	정의	청소년을 19세 미만으로 규정, 청소년폭력 등에 대한 정의
제3조	가정의 역할	청소년학대 포함
제4조	사회의 책임	청소년폭력, 학대 포함
제24조	유해업소에의 고용금지 및 출입제한	청소년 유해업소의 청소년 출입 또는 이용금지의무 및 유해업소 표시 의무화
제26조	청소년유해약물등으로부터 보호	청소년 성적 학대나 착취, 접객행위, 음란행위, 장애기형청소년의 공중관람행위, 이성혼숙 기타 행위의 금지
제28조	청소년보호위원회	청소년폭력,학대로부터의 보호를 위한 교육, 홍보, 치료, 재활기능 포함
제33조	청소년보호센터	청소년폭력, 학대 등 유해환경으로부터의 보호를 위한 청소년보호센터 설치, 업무
제49조의 2	벌칙	영리를 목적으로 청소년으로 하여금 신체적인 접촉 또는 은밀한 부분의 노출 등 성적 접대행위를 시키거나 알선을 매개한 자는 1년 이상 10년 이하의 징역에 처함
제49조의 3	벌칙	청소년에게 유해약물을 판매, 대여, 배포한 자와 청소년에게 음주, 가무 등 접객행위를 시키거나 알선, 매개한 자, 영리나 흥행을 목적으로 청소년에게 음란행위를 시킨 자는 10년 이하의 징역에 처함
제49조의 4	벌칙	영리 또는 흥행의 목적으로 청소년을 이용해서 구걸하는 행위나 청소년을 학대한 자는 5년 이하의 징역에 처함
제50조	벌칙	청소년에게 유해약물을 판매, 대여, 배포한 자, 영리를 목적으로 청소년으로 하여금 거리에서 손님을 유인하는 일을 시키거나, 청소년에 대해 금전 기타 재산상의 이익을 제공 또는 제공할 것을 약속하고 성교 또는 신체를 이용한 유사성교를 한 자는 3년 이하의 징역 또는 2천만 원 이하의 벌금형에 처함.

청소년보호법이 개정됨에 따라 종전의 미성년자보호법이 폐지되었으며 개정된 청소년보호법은 19세 미만 청소년에 대한 각종 성적 퇴폐행위를 시키는 유흥향락업소에 대한 엄중 처벌(1년 이상 10년 이하의 징역), 청소년을 이용한 유흥접객행위금지(10년 이하의 징역), 청소년을 이용한 공연음란행위금지(10년 이하의 징역), 청소년에게 호객행위를 시키는 업주 처벌(3년 이하의 징역 또는 2천만 원 이하의 벌금), 청소년을 이용한 구걸행위 또는 구걸을 시킨 행위자 처벌(5년 이하의 징역), 청소년에게 풍기 문란 장소를 제공한 업주 처벌(3년 이하의 징역 또는 2천만 원 이하의 벌금), 청소년과의 대가성 성적 교제행위자에 대한 형사처벌(3년 이하의 징역 또는 2천만 원 이하의 벌금) 등 청소년에 대한 상업적 이용이나 착취행위금지를 강화하였다.

개정된 청소년보호법은 "보호 · 감독의 관계를 포함하여 모든 학대행위자를 5년 이하의 징역"에 처할 수 있도록 규정하였고 학대행위에는 의식주 공급을 안 하거나, 잠을 안 재우거나, 정도를 넘어선 징계행위, 가혹한 노동의 강요, 신체적 정신적 고통을 가하는 작위 또는 부작위에 의한 일체의 가혹행위를 포함시키고 있다(청소년보호위원회, 1999).

VI. 개정 아동복지법과 아동학대방지 규정

1. 개정 아동복지법

대한민국 어린이헌장은 어린이가 나라의 앞날을 이어갈 우리의 내일이며 그들을 밝고 맑고 씩씩하게 키워야 할 것을 우리 모두의 책임으로 명시하고 있다. 그럼에도 불구하고 건전한 아동양육과 보호를 목적으로 한 국가와 사회의 적극적 개입을 천명한 1961년의 아동복리법 제정은 정부 재정과 사회자원의 취약으로 수용보호를 위주로 한 선별적 수혜의 한계를 벗어나지 못하였다. 아동복리법 제정 20년 후인 1981년 전면 개정된 아동복지법 또한 도움을 필요로 하는 어린이들에 대한 사후적 치료와 조치에 머물렀으며 법이 모든 아동들을 대상으로 한 보편적, 예방적 서비스를 제공하는 데는 미흡한 편이었다.

그런 의미에서 지난 1999년 12월 7일 국회를 통과하고 2000년 1월 12일 법률 제6151호로 공포된 개정 아동복지법이 2000년 7월 1일을 기해 그 효력을 발생하게 된 것은 매우 다행한 일이 아닐 수 없다. 개정 아동복지법은 1989년 유엔에서 제정된 아동의 권리에 관한 국제협약이 1990년 9월을 기해 국제법의 효력을 갖게 되고 우리나라가 1991년 11월 20일 동 협약의 당사국이 되면서 아동 권리보호의 차원에서 관련법 보완의 필요성이 대두되었고 또한 최근 사회문제로 심화되고 있는 아동학대의 예방 및 치료와 아동의 안전보호에 대한 법적 대응을 위한 정부와 시민사회의 꾸준한 노력의 결과라고 할 수 있다.

2. 아동복지법 개정 이유

1) 아동복지 서비스에 대한 욕구의 다양화와 범위의 확대

정부가 1960년대부터 주도한 가족계획사업이 시민사회의 적극적 호응에 힘입어 성공적으로 수행되어 아동 인구는 지속적으로 감소되어 왔으며 산업화, 도시화로 대변되는 급격한 사회환경의 변화로 핵가족화와 더불어 가족기능이 약화되고 별거, 이혼 등 가족해체가 심화되면서 도움을 필요로 하는 아동의 욕구와 대상이 또한 다양화되고 그 범위가 확대되었다. 개정 전의 아동복지법은 아동의 문제를 구조적 결손에서 기인하는 것으로 주로 아동의 문제를 가정의 책임으로 보는 한계가 있었다.

따라서 아동복지의 기능을 해체가족이나 결손 · 빈곤가정의 도움을 필요로 하는 아동의 수용보호 위주에서 일반가정의 아동들을 포함하는 치료 · 예방적 기능으로 확대할 필요가 대두되었다.

한편 핵가족화에 의한 가족기능의 약화와 가족 구성원들의 결속력 약화로 부모와 자녀 사이에 긴장이 고조되고 가정폭력, 아동 가출, 문제아동의 발생 등 가족문제가 심화되면서 가족해체를 예방하고 치료하기 위한 지역사회 중심의 치료적 서비스와 가정지원 서비스 강화 등이 요구되었다.

2) 아동의 안전보장과 건강한 육성

날로 심각해지는 어린이 교통사고를 포함한 아동용품, 아동 이용시설 등에서의 안전보호가 사회적 이슈로 등장되었다. 세계적으로 가장 높은 발생률을 보이고 있는 우리나라의 어린이 교통사고를 예방하기 위한 법적 제도적 장치와 시설 및 교육현장에서의 안전교육의 필요성, 씨-랜드 사건과 같은 대형 사고에 대한 피해를 감소하기 위한 대처방안과 대피훈련, 각종 위해한 아동용품의 제작에서의 안정 기준 마련, 미디어를 포함한 각종 유해한 환경으로부터의 아동보호 등이 요구되었다.

3) 아동의 권리보호와 아동학대

유엔이 1989년 아동의 권리에 관한 국제협약을 제정하고 우리나라도 그 당사국이 되면서 동 협약이 천명하고 있는 무차별의 원칙, 아동 이익의 최우선 고려의 원칙, 참여 및 의사 표시권을 포함한 아동의 권리를 법으로 보장해야 할 의무를 갖게 되었다.

또한 최근 심각한 사회문제로 대두되는 가정 내의 아동학대와 방임, 학교폭력, 여아 밀매, 불법 입양, 아동의 성적 · 상업적 이용 및 음행 등을 예방하고 치료하기 위한 법적 제도적 대처방안이 요청되었고 아동학대의 개념과 범위를 규정하고 아동학대의 신고와 절차, 아동보호전문기관의 설치와 피학대아동의 보호 및 가해자에 대한 처벌 규정을 명시해야 할 필요성이 대두되었다.

3. 아동복지법 개정 경위

아동학대가 사회적 문제로 대두되고 가정폭력이 심화되자 1993년 9월 이배근은 한국아동학대예방협회를 통해 아동학대방지법 시안을 작성 발표하고(한국아동학대예방협회, 1993) 관계부처 및 국회에 그 필요성을 제안하였으며 1997년 11월 3일 아동학대방지법(안)이 특별법으로 정의화 의원 외 148인에 의해 발의되어 그 해 11월 10일 제185회 정기국회 제9차 보건복지위원회에 상정되고 법안심사위원회에 회부되었다.

이에 앞서 1996년 8월 31일 김홍일 의원 외 20인이 발의한 아동복지법 중 개정 법률안이 동년 11월 25일 제181차 정기국회 제8차 보건복지위원회에 상정되어 법안심사위원회에 회부되었다. 한편 신혜수, 이상덕, 이배근, 이종걸, 이찬진, 한인섭 등 여성, 아동, 법조, 학계 등의 전문가들에 의해 작성되고 한국 여성의 전화에서 발의된 가정폭력방지법 시안이 당시 여당이던 한나라당의 아동학대방지법 제정준비위원 권영자, 김영선, 오양순, 임진출 의원, 김숙자, 성민선, 윤혜미, 이배근 등 학계 및 아동복지 전문가들에 의해 작성되고 한나라당 여성정책위에서 발의되어 당시 신민당의 신기남 의원 등에 의해 발의된 같은 내용의 법안이 통합되어 가정폭력방지법으로 1997년 11월 국회를 통과하여 1998년 7월 1일을 기해 효력이 발생하게 되었다. 그러나 동법은 가정 내에서 발생되는 아동학대에 대한 규정으로 제한되어 있어 특별법으로서의 아동학대방지법 제정의 필요성이 요청되었다.

이에 1998년 11월 28일 유재건, 이성재, 김홍신, 오양순 의원 외 20인이 발의한 아동학대방지 규정이 포함된 아동복지법 개정 법률안이 같은 해 12월 9일 제198회 정기국회 제12차 보건복지위원회에 상정되어 법안심사위원회에 회부되었다. 한편 보건복지부는 1996년 11월 보건복지제도 개혁과

제 실무소위원회를 변용찬, 전광현 등 7인의 전문가들로 구성하여 아동복지법 개정안을 작성한 바 있다. 1998년 4월 한국아동복지학회가 김미혜, 노혜련, 배태순, 이배근, 정영순, 허남순 등 12명의 검토위원회를 구성하고 각국의 아동복지법을 비교학회 발표를 통해 아동복지법 개정방안을 제시하였다. 또한 1998년 9월 서울가톨릭사회복지회가 아동복지법 개정을 위한 대토론회를 개최하였고 한국아동단체협의회를 포함한 관련 8개 단체장이 아동복지법 개정 추진위원회를 구성하였다. 그간 변용찬, 이태수, 전광현 등 학계와 이배근, 이호균, 장화정 등 아동복지 현장 전문가들에 의해 연구되고 보건복지부 아동보건복지과에서 작성된 개정안이 정부안으로 제안되었으며 한국아동학대예방협회는 성민선, 이명숙, 이배근, 이영희, 정호연 등 학계, 법조계 및 관련 전문가들이 아동학대방지법 시안 소위원회를 구성 정의화 의원 등과 연계하여 세미나, 워크숍을 통해 국회, 행정기관 및 시민사회에 법 제정의 필요성을 주장해 왔다.

보건복지부가 1998년 아동복지법 개정안을 입법예고 한 이래 1999년 5월 정부안을 국회에 제출한 바 있으며 보건복지부는 1999년 2월 이배근, 안동현, 이호균, 장화정 등을 집필진으로 위촉경찰, 교사, 의료인, 상담전문가 등 각 전문 영역별로 아동학대 대처방안 안내서를 제작 배포하였다. 한국아동학대예방협회는 1999년 7월 1~3일에 걸쳐 서울역 광장에서 아동학대방지법의 입법화를 촉구하는 가두 캠페인 및 서명운동을 전개하였고 한국아동단체협의회는 6월 22일 프레스센터에서 개최된 포럼에서 아동복지법 개정안의 조속한 국회 통과를 촉구하는 건의서를 채택한 바 있다.

이와 같이 특별법으로 제안되어 온 정의화 의원 등의 아동학대방지법안과 유재건, 이성재 의원 등의 의원입법안이 정부 개정안으로 통합되어 1999년 11월 9일 제3차, 11월 24일 제4차, 11월 25일 제5차 국회 법안심사소위원회의 심사 결과에 의해 마련된 개정안이 같은 해 11월 26일 제208회 정기국회 제11차 보건복지위원회에서 가결되고 12월 7일 본회를 통과함으로써 개정 아동복지법이 2000년 7월 1일을 기해 그 효력을 발생하기에 이르렀다.

4. 개정 아동복지법의 주요 내용

개정 아동복지법은 43조 및 부칙 4조로 구성되어 있으며 그 개정된 주요 내용은 다음과 같이 요약될 수 있다.

① 아동의 권리에 관한 국제협약에 천명된 무차별의 원칙과 아동 이익의 최우선 원칙을 기본이념으로 규정함으로써(제3조) 정부의 적극적 아동권리 보호 의지를 명시하였으며 아동의 의사 존중의 원칙을 포함하였다(제10조).

② '요보호아동' 을 '도움을 필요로 하는 아동' 으로 그 용어를 개정하고 아동복지의 책임 조항(제4조)에 국가와 지방자치단체를 앞에 열거하였으며 부모의 책임을 새로 규정하였다.

③ 아동학대의 유형별 정의와 방지, 아동보호전문기관 및 24시간 신고전화의 설치 운영(제23조~제25조), 신고의무와 절차(제26조), 금지행위의 구체적 유형(제29조), 위법 또는 가해자의 처벌강화(제40조~제42조) 규정 등을 명시하고 있다.

④ 아동복지시설과 아동용품에 대한 안전 기준을 규정하고 복지시설과 교육기관의 교통안전, 약물오남용과 재난대비에 대한 안전교육 실시를 대통령령으로 의무화하였다(제9조).

⑤ 아동건강보호를 강화하고 보건소의 업무를 새로 규정하였다(제8조~제9조).

⑥ 아동복지시설의 종류를 아동양육시설, 아동일시보호시설, 아동보호치료시설, 아동직업훈련시설, 자립지원시설, 이동단기보호시설, 아동상담소, 아동전용시설, 아동복지관 등으로 다양화하고 아동복지시설의 사업을 아동가정지원, 아동주간보호, 아동전문상담, 학대아동보호, 공동생활가정, 방과 후 아동지도사업 등으로 서비스를 보다 전문화하고 프로그램 대상 아동들을 도움을 필요로 하는 아동을 포함하여 일반아동들로 확대하였다(제16조~제17조). 이와 같이 종전의 장기수용보호 위주였던 아동복지시설에 일시 및 단기보호시설을 포함하고 보호 위주에서 치료 및 예방기능을 강화하는 방

향으로 개정되었다. 즉 종전의 영아시설과 육아시설을 아동양육시설로 통합 개칭함으로써 영아시설에서 보호되던 만 3세 미만의 아동이 계속해서 생활환경의 변동 없이 동일 시설 내에서 성장될 수 있게 되었으며, 아동단기보호시설을 신설함으로써 보호자가 질병 기타의 이유로 일시적으로 아동을 보호하기 어려운 경우 단기간 아동을 시설에 맡길 수 있게 되었다. 또한 가정을 상실했거나 가정생활의 경험이 없는 아동들에게 가정환경을 제공하는 공동생활가정사업(Group Home), 아동 및 가정에 대한 지지적 서비스로서의 아동가정지원사업, 아동의 건전 육성을 위한 이용시설로서의 아동복지관사업 등을 새로 신설하였다.

⑦ 아동복지시설의 설치를 인가에서 신고로 완화하고(제14조), 시행기관을 시 · 군 · 구 등으로 이양하였으며 별정직공무원이던 아동복지지도원을 사회복지 전담공무원으로 개정하였다.

⑧ 아동학대 가해자 등에 대한 벌칙 조항(제40조, 제41조)이 강화되었다.

지금까지 살펴본 개정 아동복지법은 아동복지의 증진에 대한 정부의 적극적 의지를 담고 있으나 아직도 비용의 보조 등에서 국가와 지방자치단체가 비용의 전부 또는 일부를 "보조할 수 있다"는 선언적 조항으로 되어 있으며 아동수당 등에 대한 언급이 없고 아동학대 가해자에 대한 접근금지, 교육, 봉사명령 등에 대한 규정이 없으며 치료된 피학대아동의 귀가와 가해자의 학대행위 재발예방 등을 위한 구체적 서비스가 명시되지 못한 문제점이 있다.

5. 개정 아동복지법의 아동학대에 관한 규정

개정 아동복지법의 아동학대에 관련된 내용은 모두 16개 조항으로 〈표 12-2〉에서 볼 수 있듯이 아동학대의 개념을 정의하고(제2조), 아동의 권리에 관한 국제협약의 무차별의 원칙과 아동의 이익 최우선 원칙을 명시하였으며(제3조), 아동복시설의 사업에 학대아동의 보호와 학교폭력예방사업 등을 포함시켰고(제16조), 긴급전화의 설치(제23조), 아동보호전문기관의 설치 및 업무(제24~5조), 아동학대 신고의무와 절차(제26조), 긴급조치의무(제27조), 신뢰 관계자의 동석 및 대리 진술(제28조), 구체적 금지행위(제29조), 아동복지시설이나 아동의 주거지 또는 고용 및 업소 등에 대한 관계 공무원, 아동복지지도원 등의 조사권(제30조), 아동보호전문기관의 설치 운영에 대한 국가 및 지방자치단체의 비용의 보조(제31조), 소요 비용에 대한 부모 또는 가해자로부터의 비용 징수(제32조), 아동보호전문기관의 종사자의 자득한 비밀의 누설금지(제38조), 아동을 학대한 가해자에 대한 구체적 벌금 및 징역형 등 벌칙(제40~제41조) 등으로 되어 있다.

〈표 12-2〉 보건복지부 아동복지법 개정 절충안의 아동학대 관련 조항

조항	제목	내용
제2조 제4항	용어의 정의	아동학대를 보호자를 포함한 성인에 의하여 아동의 건강 · 복지를 해치거나 정상적 발달을 저해할 수 있는 신체적 · 정신적 · 성적 폭력, 가혹행위 및 아동의 보호자에 의해 이루어지는 유기와 방임으로 정의
제3조 제1항 및 제3항	기본이념	무차별의 원칙과 아동이익의 최우선 고려
제16조 제3항 3~4	학대아동보호사업	아동학대의 신고, 발견, 보호, 치료 및 예방 등에 대하여 전문적으로 처리하는 사업
제23조	긴급전화의 설치	국가와 지방자치단체는 아동학대를 예방하고 수시로 신고를 받을 수 있도록 긴급전화를 설치하여야 한다. 이 경우 그 설치 · 운영에 관하여 필요한 사항은 대통령령으로 정한다.
제24조	아동보호전문기관의 설치	국가와 지방자치단체는 아동학대의 발견, 치료, 예방, 보호에 대한 신속한 처리를 위해 아동보호전문기관을 설치해야 한다. 아동보호전문기관의 직원의 자격은 대통령령으로 정하고 설치 기준과 운영에 관하여 필요한 사항은 보건복지부령으로 정한다.
제25조	아동보호전문기관의 업무	-학대받은 아동의 발견, 보호, 치료, 치료기관에의 의뢰 -아동학대의 예방 및 방지를 위한 홍보

		-아동학대행위자를 위한 상담, 수강 -아동학대행위자, 아동학대를 하는 것으로 의심되는 자 및 가정에 대한 조사 -기타 학대받은 아동의 보호를 위하여 필요한 사항
제26조	아동학대 신고의무와 절차	누구든지 전문아동기관 또는 수사기관에 신고할 수 있으나 교원, 의료인, 아동복지시설 종사자, 장애인시설 종사자, 보육시설 종사자, 여성복지상담소 상담원, 모자복지시설 종사자, 가정폭력피해자보호시설 종사자, 아동복지지도원 및 사회복지 전담공무원은 의무적으로 신고해야 한다.
제27조	긴급조치의무	신고를 받은 아동보호전문기관 직원이나 사법경찰관리는 지체없이 아동학대 현장에 출동하여야 하며 가해자로부터 격리하여 아동보호전문기관이나 치료기관에 인도해야 한다.
제28조	보조인의 선임	-법원심리과정에서 변호사, 법정대리인, 직계친족, 형제자매, 아동보호전문기관의 상담원을 학대아동을 대리하여 진술할 수 있다. -법원의 심문에서 피해자와 신뢰관계에 있는 자를 동석할 수 있다.
제29조	금지행위	-아동에게 음행이나 음행을 매개시키는 행위 -자기의 보호 또는 감독을 받는 아동을 학대하는 행위 -아동에게 구걸을 시키거나 구걸에 이용하는 행위 -오락이나 흥행을 목적으로 공중 곡예를 시키는 행위
제30조	조사	아동복지시설, 아동의 주거지, 고용 및 업소에 대한 조사
제31조	비용보조	아동보호전문기관의 설치 운영에 소요되는 비용
제32조	비용의 징수	피학대아동 보호조치에 필요한 비용을 본인 또는 부양의무자로부터 징수할 수 있다.
제38조	비밀누설의 금지	직무상 지득한 비밀의 누설금지
제40~제41조	벌칙	아동학대 가해자에 대한 각종 처벌 -아동매매 및 음행을 매개한 자는 10년 이하의 징역 또는 3천만 원 이하의 벌금, -신체적 학대, 유기, 방임행위자는 5년 이하의 징역 또는 1천만 원 이하의 벌금, -아동불법알선 및 기부금의 목적 외 사용자는 3년 이하의 징역 또는 1천만 원 이하의 벌금, -장애아를 공중에 관람시키거나 곡예를 시킨 자는 1년 이하의 징역 또는 3백만 원 이하의 벌금, -직무상 지득한 비밀 누설자는 1년 이하의 징역 또는 3백 만 원 이하의 벌금

VI. 개정 방안

1979년 유엔이 정한 "세계 아동의 해"를 기념하여 그 10년 후인 1989년 유엔은 "아동의 권리에 관한 국제협약(International Convention on the Rights of the Child)"을 채택하였으며 1990년 9월 2일 20개국 이상이 비준함으로써 국제법의 효력을 갖게 되었다. 우리나라도 1991년 9월 25일에 동 협약에 서명하고 1991년 11월 20일 비준함으로써 협약의 당사국이 되었다. 따라서 동 협약상의 아동의 권리 조항을 실천하기 위한 관련 조항의 입법화와 관계법의 개정 의무를 지니게 되었다.

아동의 권리에 관한 국제협약(CRC)은 제19조에서 학대로부터의 아동보호를, 제32조에서 아동노동의 착취로부터 보호를, 제34조에서 성적 학대와 착취로부터의 보호를, 제35조에서 아동의 약취, 유인, 매매 등의 금지를 그리고 제36조에서 기타 형태의 착취로부터의 아동보호를 강제 규정으로 명시하고 있다. 무엇보다도 협약 당사국은 동 협약상의 아동의 권리를 실현하기 위한 입법적, 행정적 기타 모든 적절한 조치를 취해야 할 의무를 동 협약 제4조에 규정하고 있으며 정기적으로 협약의 실천사항에 관한 국가보고서를 제출할 것을 협약 제44조에서 명시하고 있다.

아동학대와 방임이 심각한 사회문제의 하나로 점증하고 있는 현실을 감안해 볼 때 이를 해결하기 위해 최근 정부와 국회 그리고 시민단체의 노력으로 가정폭력방지법, 청소년보호법, 아동복지법 개정 등이 이루어진 것은 참으로 다행한 일이 아닐 수 없다. 그러나 법은 도덕의 최소한이란 점에서 아동학대방지 규정의 제정과 아울러 아동학대를 예방하고 치료하기 위한 시민사회의 참여와 지역사회 중심의 연결망 구축, 신고의식의 제고, 법 집행기관의 적극적인 노력 등이 지속되어야 할 것이다.

개정 아동복지법의 아동학대방지 규정은 가정폭력방지법과는 달리 가해자인 부모나 보호자를 심하게 처벌할 경우 아동의 생계유지에 영향을 미치게 되므로 가능한 한 처벌 위주보다는 상담, 교육 등 재발을 예방하며 가족 구성원들의 결속력 강화를 위한 보호처분을 강화해야 할 필요가 있을 것이다. 그러나 가해자인 부모가 학대행위를 계속하며 그 학대의 정도가 아동의 생명에 위협을 느낄 정도로 심각하다고 판단될 경우 일시적으로 적절한 아동보호기관이나 위탁가정 또는 그룹홈 등에 배치하여야 할 것이다.

가해자의 상태가 개선되었다고 판단될 경우 아동은 가정으로 복귀시켜야 한다. 만일 부모의 미성숙, 정신적 이상 등의 이유로 심각한 아동학대행위가 계속될 것으로 판단될 경우 법원의 친권상실 선고 등을 통해 아동을 영구적으로 가해자로부터 분리시켜야 할 것이다.

아동의 분리보호에 수반되는 경비는 원칙적으로 보호자가 부담하여야 하며 부담능력이 없을 경우 국가 또는 지방자치단체가 부담하여야 한다. 아동의 유기나 유괴, 또는 매춘강요, 인신매매, 혹사 등 상업적 악용의 경우 학대행위자는 기존의 관련 법 규정에 비해 가중 처벌되어야 하며 관련 기관의 법 집행 의지가 강화되어야 할 것이다.

아동학대를 신고받고 아동을 치료, 보호하며 가해자를 상담, 교육하기 위한 아동보호전문기관은 지역별로 설치되어야 하며 아동보호전문기관에 아동 가정에 대한 방문, 개입, 조사권이 보장되어야 하고 요청을 받은 가족, 교사, 고용주, 의사 및 간호사 또는 아동과 관계된 사람들은 관련 자료를 제공해야 한다. 또한 가해자의 치료와 교육, 치료 후의 아동의 가정복귀 등을 포함한 아동보호전문기관의 기능과 역할이 보다 강화 보완되어야 할 것이다.

가정 내에 발생되는 학대가 신고되지 않으면 외부로 노출되지 않는다는 점에서 아동학대가 발견되거나 의심될 때 어디에 어떻게 신고해야 하며 누가 개입의 책임을 져야 하는가를 포함하는 학대행위에 대한 신고의 의무와 절차, 신고자에 대한 보장 등에 관한 국민적 홍보가 이루어져야 할 것이다.

아동상담소, 아동복지기관, 경찰, 교사 등을 포함한 아동학대 관련 공무원 및 민간기관 종사자들을 위한 전문가 교육이 정기적으로 이루어져야 하며 훈육과 학대를 구별하지 못하는 부모, 부모의 무지나 무관심, 체벌이나 폭력에 대한 사회적 관용 등이 아동학대를 유발하는 요인이 되고 있다는 점에서 가능한 아동학대예방에 관련된 내용이 교과과정에 포함되는 것이 바람직할 것이다.

● 참고문헌

이종복, 이배근 . 1997.『아동학대의 원인과 대책』. 홍익제.

박균성. 1992. "아동학대의 법적 고찰". 충남아동학대예방협회 제1회 세미나 자료집.

신영화. 1986. "한국아동학대의 사회.인구 및 가족환경적 특성에 관한 연구". 석사학위논문. 서울대학교.

윤영숙. 1989. "미국아동보호 서비스 전달체계".『아동학대』. 한국아동학대예방협회.

이배근 . 1992 . "아동학대의 범위와 정의" .『국회보』 1972년 봄호. 국회사무처.

_____ . 1993. "한국아동에 대한 신체적 학대의 실태와 예방대책에 관한 연구". 석사학위논문. 중앙대학교사회개발대학원.

한인섭. 1992. "아동보호와 아동의 권리". 한국아동학대예방협회 제18회 세미나 자료집.

Charles Zastraw. 1982. *Social Welfare Institution*. Homewood, ILL. : The Dorsey Press.

David Gil. 1979. "Unraveling Child Abuse." *Critical Perspectives on Child Abuse*. ed. by Richard Bourne and Eli H. New berger, Lexington, Mass. : DC. Health and Co.

National Center on Child Abuse and Neglect. 1978. *Annual Review of Child Abuse and neglect Research*. Washington D. C. : U. S. Dept., of Health, Education and Welfare.

Peter Ching Yujg Lee, et.al. 1988. *Child Protection: Policy and Practice*. Taichung, Taiwan : Chinese Children' s Fund, Inc.

U .S. Department of Health and Human Services. 1984. *The Roles of Enforcement in the Prevention Treatment of Child Abuse and Neglect*.

제13장

아동윤락방지와 아동복지법

김재엽*

I. 문제 제기

매춘이나 윤락의 문제는 인류의 역사만큼이나 오랜 역사를 지닌 것으로서, 우리나라 문헌에서는 이미 삼국시대인 고구려시대에 매춘이 존재하기 시작한 것으로 나타나 있다(형사정책연구원, 1995). 이렇듯 오랜 역사를 지니고 있는 매춘이 우리 사회에서 급격히 증가한 시기는 1980년대 이후를 들 수 있다. 1980년대 풍속과 관련된 영업에 대한 규제가 대폭적으로 완화되고, 이에 따라 퇴폐향락 · 서비스 산업 및 문화가 발전되면서 매춘 및 윤락을 조장하는 제반 환경이 우리 사회에 빠른 시간 내에 급속히 확산되기 시작하였다. 윤락환경의 급속한 확산에 따라 나타난 주요한 특징으로는 윤락여성의 연령층이 과거에 비해 매우 다양화 되었다는 것을 들 수 있다. 그 결과 현재 윤락은 성인 여성뿐만 아니라 미성년인 청소년들에게까지 많이 확

* 연세대학교 사회복지학과 교수

산되고 있다. 그리하여 최근 청소년 비행 중에서도 10대 청소년의 매춘 및 윤락문제가 가장 심각한 문제 영역으로 인식되기에 이르렀다.

그러나 이처럼 매춘이나 윤락 등 성 비행이 10대 소녀 비행의 대표적인 영역으로 평가됨에도 불구하고, 공식조사에서는 발생비율이 상대적으로 매우 낮게 나타나고 있다. 한국형사정책연구원의 1995년 조사에 따르면, 윤락행위를 하다가 적발된 청소년이 1965년 3명이던 것이 1970년에는 25명으로 늘어나고, 이후 고작 연간 20명에서 40명 내외 수준을 유지하고 있다. 이처럼 공식적 조사에서 청소년의 윤락이 극히 적게 나타나는 이유는 10대 매춘소녀들이 성인 여성과는 달리 '보호 또는 선도 대상'이 되고 있어 적발되었다고 하더라도 상대적으로 법적 규제를 덜 받기 때문이기도 하지만, 기본적으로 "윤락행위방지법" 등 관련 규제법이 거의 사문화되다시피 하고 있기 때문이다. 따라서 공식적인 범죄통계로 추정하지 못하는 실제 윤락에 관련된 청소년은 엄청난 수에 이를 것으로 예상된다.

윤락에 종사하는 청소년의 수가 증가하는 것만 문제가 되는 것은 아니다. 이들이 어떻게 하여 윤락에 종사하게 되었는가 또한 매우 중요한 문제라 할 수 있다. 차종천 외 3인의 『인신매매에 관한 연구』(1993)에 의하면, 피해 대상자의 70% 이상이 10대 소녀이고, 이 중 70% 이상이 가출상태에서 인신매매범들의 유인에 의해 유흥 및 매춘산업에 팔려간다. 또한 청소년들의 학업 중도탈락이 윤락이나 매춘으로 연결될 수 있다. 청소년들이 가출을 하거나 취학기에 학업을 그만둔 경우 자연히 직장을 찾게 된다. 그러나 중퇴자들에게는 취업의 기회가 잘 주어지지 않으므로, 일정 수준의 학력을 요구하지 않는 직업을 선택할 수밖에 없게 된다. 이 경우 윤락이나 매춘은 이들 10대 가출소녀나 중퇴자들에게는 신체라는 조건 외에 다른 조건을 요구하지 않고, 단기간에 많은 돈을 벌 수 있다는 점에서 이들이 선택할 수도 있는 직업적 대안이 된다. 한국형사정책연구원의 『청소년의 가출과 비행의 관계에 관한 연구』(1992)에 따르면, 가출한 여학생들의 경우 향락업소의 접대부로 취업하는 경우가 20.9%나 되고, 서울 YMCA(1991)의 『청소년가출에 대한 설문조사보고서』의 결과에서는 가출학생의 23.8%가 유흥업소 취업경험이 있다고 응답하고 있다.

이와 같은 우리나라의 매매춘 현실에 비추어 볼 때 "윤락행위방지법" 등 관련법이 효과적으로 기능하고 있는지 그 실효성이 의문시되고 있으며, 실제로 아직까지 이렇다 할 매매춘에 대한 구체적인 정책적 기본입장과 방향조차 정립되고 있지 못하다. 특히 아동 및 청소년을 윤락의 대상으로 만드는 행위에 대해서는 아동복지법에서도 금지행위의 조항으로만 제시되어 있을 뿐, 이들을 고용하여 이득을 취하는 고용주에 대한 처벌이나 윤락청소년의 보호 및 교육을 위한 어떠한 세부적인 내용도 법 조항에 규정하고 있지 않다. 이는 현실적으로 10대 청소년의 매춘 및 윤락 현실에 대해 이를 적절히 규제할 수 있는 법적인 제도가 마련되어 있지 않다는 사실을 말해 주는 것이다.

따라서 아동윤락문제를 보다 효과적으로 해결하기 위해서는 관련자들에 대한 처벌과 보호조치를 실행할 수 있는 제도화된 법적 체계와 함께 윤락청소년에 대한 구체적이고 실제적인 서비스의 제공이 절실히 요청된다. 즉 윤락청소년 본인과 이들의 윤락행위를 조장하는 포주 및 관련 업체에 대한 처벌 및 보호조치를 위한 법체계가 마련되어야 하는 것이다. 그 법은 구체적인 서비스와 담당 주체, 처벌 및 보호, 교육기간, 비용에 대한 내용이 포함된 실효성 있는 것이어야 한다. 그리고 이러한 청소년 매춘과 윤락문제에 대한 법적인 대응이 아동 및 청소년의 복지 전반을 규정하는 아동복지법의 테두리 안에서 규정되는 것이 가장 바람직할 것이다. 이에 본고에서는 청소년의 윤락문제를 해결하기 위해서 아동복지법에서 제정되어야 할 기본방향 및 세부적 내용을 외국의 관련법과의 비교를 통해 살펴보기로 한다.

II. 한국의 법에 관한 분석

1. 이념 및 기본원리

윤락행위에 대한 정책은 그 규제 정도에 따라 전면적 금지주의, 국가에 의한 금지주의, 부분적 금지주의 등 국가마다 다르게 나타난다. 그러나 어느 나라에서든지 윤락행위는 기본적으로 개인의 자존감을 저하시키며 인권을 침해하는 행위로 규정되고 있다. 우리나라의 윤락행위에 대한 정부의 입장 역시 전면적 금지주의로서, 어느 누구에 의한 어떠한 윤락행위도 불법행위로 처벌받게 된다. 즉 어느 누구라도 윤락행위를 하거나 시킬 수 있는 권리를 지니고 있지 않은 것이다.

특히 아동 및 청소년 등 미성년자에게 윤락행위를 시키는 행위는 비인도적이며 인권을 침해하는 행위로서 국제적으로도 금지하는 노력을 실시하고 있다. 국제적 협약 및 각국의 법률에서 매춘 및 윤락의 피해자가 특히 미성년 또는 매개자의 혈연자나 배우자인 경우에는 가중처벌하도록 하는 규정을 두고 있다.

우리나라의 아동복지법에서도 윤락과 관련하여 미성년자의 권리보호와 제한에 대한 규정이 필요하다. 아동 및 청소년이 신체적 · 정신적으로 건강하게 자라날 수 있도록 사회의 보호와 교육에 대한 권리와 함께 이들이 윤락에 참여하거나 강제당하지 않을 권리가 명시되어야 한다. 또한 미성년자를 고용하여 윤락행위를 통해 이익을 얻는 고용주와 미성년자와 윤락행위를 하는 이용자 중 어느 누구도 이를 행할 권리가 없으며, 미성년자들의 보호책임이 부모나 기타 친권자들에게도 있음은 강조되어야 한다. 윤락행위는 아동 및 청소년의 몸을 상품화하는 비인간적인 범죄행위로 명시해야 한다.

2. 조치

1) 아동복지법

2000년에 개정된 우리나라 아동복지법에서는 제29조 금지행위 5, 6호에서 아동윤락과 관련된 행위에 대한 금지를 규정하고 있다.

제29조 금지행위에 해당하는 구체적인 각 호의 내용을 살펴보면 다음과 같다.

5. 아동을 타인에게 매매하는 행위
6. 아동에게 음행을 시키거나 음행을 매개시키는 행위

2) 윤락행위 등 방지법

윤락행위 등 방지법의 제24조 벌칙 ③항에서는 20세 미만의 자(미성년자)를 강요하여 윤락행위를 하게 한 경우에는 10년 이하의 징역에 처하도록 규정하고 있다.

윤락행위 등 방지법에는 윤락행위자에 대한 보호처분 및 선도보호조치가 규정되어 있는데, 윤락행위자 중 20세 미만인 자는 지방선도위원회의 심사를 거쳐 시 · 도지사가 보호시설에 입소 · 조치함으로써 형사처분에 의한 신원상의 불이익을 방지하고 인권침해의 소지를 불식하며 직업훈련과 소양교육을 통하여 사회복귀 훈련기회를 마련하도록 하였다(제12조 제3항).

보호처분과 선도보호조치의 규정을 보다 상세하게 살펴보면, 소년법 제32조 제1항의 규정에 의하여 소년부 판사가 처분의 주체가 되어, 윤락행위를 한 20세 미만의 자에 대해 선도보호시설에 선도보호를 위탁하는 결정을 할 수 있다(제8조 제1항). 이는 윤락행위자의 대부분이 20세 미만인 것을 고려하여 20세 미만의 윤락행위자에 대하여는 소년법에 따라 처리하도록 한 것이다.

3) 성폭력범죄의 처벌 및 피해자보호 등에 관한 법률

1994년에 제정되어 1997년에 개정된 성폭력범죄의 처벌 및 피해자보호 등에 관한 법률에서는 미성년자의 윤락행위와 관련하여 제8조에서 다루고 있다.

제8조의 20(13세 미만의 미성년자에 대한 강간, 강제추행 등)

① 13세 미만의 여자에 대하여 형법 제297조(강간)의 죄를 범한 자는 5년 이상의 유기징역에 처한다.

② 13세 미만의 사람에 대하여 형법 제298조(강제추행)의 죄를 범한 자는 1년 이상의 유기징역 또는 500만 원 이상 2천만 원 이하의 벌금에 처한다.

④ 위계 또는 위력으로써 13세 미만의 여자를 간음하거나 13세 미만의 사람에 대하여 추행을 한 자는 제1항 또는 제2항의 예에 의한다.

3. 벌칙

제29조 규정의 금지행위에 대한 처벌은 제40조 벌칙에서 다루고 있는데, 그 구체적인 내용은 다음과 같다.

제5호 또는 제6호에 해당하는 행위를 한 자는 10년 이하의 징역 또는 3,000만 원 이하의 벌금에 처한다.

위와 같이 현행 아동복지법과 윤락행위 등 방지법, 성폭력범죄의 처벌 및 피해자보호 등에 관한 법률에서 다루고 있는 미성년자의 매춘 및 윤락의 조치 및 벌칙 내용을 분석하고자 한다.

1) 아동복지법

(1) 구체적인 윤락조문의 부재

현행 아동복지법에서는 미성년자 윤락에 대한 사항이 구체적으로 언급되어 있지 않고, 아동에 대한 금지행위를 명시한 제29조 조항의 일부로서 다루어지고 있다. 즉 제29조 제5호의 '아동에게 음행을 시키거나 음행을 매개하는 행위' 라는 조항을 확대 해석하여 적용하도록 되어 있고, 이에 대한 처벌은 제40조 제1호에서 "제29조 제5호에 해당하는 행위를 한 자는 10년 이하의 징역 또는 3천만 원 이하의 벌금에 처한다"라고만 규정하고 있다. 이와 같은 조항만으로는 미성년 윤락과 관련된 대상, 즉 미성년 윤락여성, 고용주 및 이용자에 대한 규정은 물론 이들에 대한 세부적인 처벌 및 처리절차를 집행할 수 있는 근거가 부족하게 된다. 또한 법률 시행의 주체인 경찰과 관련 공무원의 임무, 업무 내용 및 지도, 감독 등 전달체계에 대한 내용 역시 규정되어 있지 않으며, 미성년자 윤락의 예방과 치료를 위한 구체적인 서비스와 이를 제공하는 전문직 체계, 재원조달에 대한 정부의 의무 조항 등을 다룬 조항은 전혀 포함되어 있지 않다. 따라서 미성년 윤락문제의 해결 및 예방을 위해서는 아동복지법과 성폭력범죄의 처벌 및 피해자보호 등에 관한 법률 내에 미성년 윤락행위에 대한 전반적인 내용이 포함된 조문을 마련하는 것이 가장 먼저 선행되어야 할 과제일 것이다.

(2) 포주 및 고용주, 이용자에 관한 규정 미비

미성년 윤락행위를 구성하는 가장 중요한 요소로서, 미성년 윤락여성 외에 미성년자를 고용하여 윤락행위를 통해 이익을 추구하는 고용주와 미성년 윤락여성과 윤락행위를 한 이용자를 들 수 있다. 그러나 아동복지법에서는 이들에 대한 명확한 규정이 제시되어 있지 않고, 성폭력범죄의 처벌 및 피해자보호 등에 관한 법률에서는 윤락행위에 대한 명시 조항조차 마련되어 있지 않다. 따라서 미성년 윤락여성의 고용주와 이용자에 대한 처벌과 교육을 실시하기 위해서는 이들에 대해 아동복지법과 성폭력범죄의 처벌 및 피해자보호 등에 관한 법률상에서 구체적으로 규정을 제시하는 것이 필요하다.

2) 성폭력범죄의 처벌 및 피해자보호 등에 관한 법률

(1) 구체적인 윤락조문의 부재

성폭력범죄의 처벌 및 피해자보호 등에 관한 법률에서는 미성년자에 대한 성폭력을 13세 미만자에 대한 '강간이나 강제추행, 간음' 으로만 한정하여 미성년자의 윤락행위에 대한 규정은 포함하고 있지 않다. 따라서 미성년자의 윤락행위 또한 성폭력의 개념으로 인정하는 법 조항이 마련되어야 한다. 그리고 이를 규제할 수 있는 미성년 윤락 관련 조항이 구체적으로 제시되어야 한다.

(2) 미성년자 규정의 부적절성—제시된 미성년자의 연령상의 문제

현행 성폭력범죄의 처벌 및 피해자보호 등에 관한 법률에서는 13세 미만자를 미성년자로 규정하고 있다. 그러나 이러한 규정은 미성년자의 범위를 매우 축소시키는 것으로서 실제 윤락행위의 대상이 되기 쉬운 13세 이상 18세 이하의 청소년들을 배제시키는 문제가 제기된다.

3) 윤락행위 등 방지법

(1) 미성년 윤락 관련 조항 미비—성인 윤락여성 중심이라는 한계

현행 윤락행위 등 방지법에서는 그 적용 대상에 대해 '요보호자' 라는 용어를 사용하고 있는데, 여기서 요보호자란 '윤락행위의 상습이 있는 자와 환경 또는 성행으로 보아 윤락행위를 하게 될 현저한 우려가 있는 자' 로 정의하고 있다(제2조 제2항). 윤락행위 등 방지법이 성인 윤락여성을 중심으로 제정된 법률이므로 미성년 윤락여성에 대해서는 구체적인 규정을 하고 있지 않은데, 단지 20세 미만의 미성년자에게 윤락행위를 시킨 자에 대해서는 성인 윤락여성에게 윤락행위를 시킨 것보다 가중처벌하도록 되어 있고(제24조 제3항), 20세 미만의 윤락여성에 대해서는 선도보호시설에서 선도보호조치의 처분을 할 수 있도록 규정해 놓고 있다(제8조 제1항, 제9조 제2항). 이와 같은 규정만으로는 성인 윤락여성과는 달리 미성년 윤락여성에게 제공되어야 할 차별화된 서비스와 이를 전달하는 분화된 체계를 구축하는 데 한계를 지니게 되므로, 미성년 윤락 관련 조항이 세부적으로 마련되어야 한다.

(2) 포주 및 고용주, 이용자에 관한 규정 미비

윤락행위 등 방지법에서는 윤락여성을 중심으로 윤락의 문제를 바라보고 있으며 이들에 대한 선도보호를 주된 내용으로 하고 있다. 그러나 윤락행위를 지속시키는 중요한 적용 대상인 포주 및 고용주, 이용자에 관한 규정은 단지 벌칙과 관련해서만 규정되고 있다. 이와 관련된 윤락행위 등 방지법의 규정을 살펴보면, 제24조 벌칙 제1항에서 폭행 또는 협박으로 윤락행위를 하게 한 자, 위계로써 또는 남을 곤경에 빠뜨려 윤락행위를 하게 한 자, 업무, 고용, 기타의 관계로 인하여 자기의 보호 또는 감독을 받는 것을 이용하여 윤락행위를 하게 한 자에게 5년 이하의 징역 또는 1천 500만 원 이하의 벌금에 처한다라는 규정과 제25조 벌칙 제1, 2항에서 영업으로 윤락행위의 장소를 제공한 자, 영업으로 윤락행위를 알선한 자, 이러한 범죄에 사용되는 사실을 알고 자금, 토지 또는 건물을 제공한 자에 대해 같은 처벌을 한다는 규정이 제시되어 있다. 이 조항에서는 윤락여성과 윤락행위를 한 이용자에 대한 처벌은 명시되어 있지 않으며, 처벌 이외에 고용주 및 이용자에 대한 교육 등의 서비스를 위한 규정 역시 포함되어 있지 않다.

4. 조직(기구 · 시설)

1) 아동복지법, 성폭력범죄의 처벌 및 피해자보호 등에 관한 법률

(1) 미성년 윤락에 대한 총체적인 서비스의 부재

현행 아동복지법의 경우 미성년 윤락여성을 대상으로 하는 윤락행위를 제29조 금지행위의 조항에서 다루면서, 금지행위를 위반한 자에 대해 제40조 벌칙 조항에서 징역이나 벌금의 처벌이 이루어지도록 하고 있다. 그러나 미성년자에게 윤락행위를 시킨 자에 대한 처벌 외에는 다른 어떤 서비스도 규정되어 있지 않다. 즉, 미성년 윤락여성의 보호나 선도, 교육을 위한 서비스의 제공에 대한 조항은 전혀 없으며 따라서 이들을 보호하고 선도, 교육하기 위해 필요한 담당 주체, 재원조달의 책임 역시 명시되어 있지 않다. 또한 미성년자를 윤락행위에 고용한 포주 및 고용주나 이를 이용한 이용자에 대해서도 처벌 이외의 별도의 교육적 서비스가 제시되어 있지 않다.

(2) 전달체계의 부재

현행 아동복지법에서는 앞서 언급한 바와 같이 미성년 윤락행위와 관련하여 구체적인 적용 대상의 규정과 적용 대상을 위한 서비스 조항이 명시되어 있지 않다. 이렇듯 적용 대상과 서비스 내용이 부재한 상황에서 이를 제공하기 위한 전달체계에 대한 규정이 포함되어 있을 리가 없다. 아동복지법에서 다루는 것은 단지 미성년자에게 윤락행위를 시킨 자에 대한 처벌뿐이며(제40조), 구체적인 징역과 벌금에 대한 사법적인 절차만 이루어지고 있다. 따라서 아동복지법에서 적용 대상과 구체적인 서비스에 대한 규정이 마련되고 이를 가장 적절하게 제공할 수 있는 전달체계가 마련되어야 한다.

2) 윤락행위 등 방지법

(1) 미성년 윤락여성을 위한 서비스의 부재—성인 윤락여성 중심의 서비스라는 한계

윤락행위 등 방지법에서는 윤락행위를 시키는 자에 대한 처벌과 함께 요보호자에 대한 보호처분과 선도보호가 제공될 수 있다고 규정한다. 구체적인 선도보호 서비스의 내용은 상담 및 치료, 개인의 정서안정과 인격향상을 위한 교육, 사회적응에 필요한 기술교육 및 취업안내, 의료보호, 건강관리 및 생활지도 등으로 규정되어 있다(제10조).

이러한 서비스를 제공하기 위한 시설로는 일시보호소, 선도보호시설, 자립자활시설로 구분하여 규정하고 있으며(제11조), 국가 또는 지방자치단체가 시설을 설치 · 운영할 수 있다고 되어 있다(제12조).

그러나 이와 같은 서비스 및 시설은 성인 윤락여성을 중심으로 제공되는 것이므로, 신체적 · 정신적으로 미성숙하며 발달단계상에 있어 성인과는 다른 서비스가 요청되는 미성년 윤락여성을 위한 차별화된 서비스 및 시설이 제대로 활성화되지 못하였다.

(2) 미성년 윤락여성을 위한 서비스의 세부적 절차 부족

윤락행위 등 방지법에서는 윤락여성을 위한 상담소 활동이 상담 및 치료, 개인의 정서안정과 인격향상을 위한 교육, 사회적응에 필요한 기술교육 및 취업안내, 의료보호, 건강관리 및 생활지도 등으로 규정되어 있으나(제10조), 항목의 나열에 불과할 뿐 그 구체적인 세부절차에 관한 규정이 제시되어 있지 않다. 또한 이러한 항목조차도 앞서 언급한 것처럼 성인 윤락여성을 위주로 한 것이다. 따라서 미성년 윤락여성에 대한 종합적인 서비스의 세부적인 절차 마련이 필요한데, 특히 사건의 발생 초반부터 전문가의 개입이 이루어지는 방안이 모색되어야 한다. 즉 경찰, 해당지역 사회복지 전담공무원, 의사, 변호사 등이 협조체계를 이루어 미성년 윤락여성의 보호 및 선도, 교육을 위해 서비스를 제공하는 절차가 요청된다.

(3) 상담 서비스의 전문성 부족

윤락행위 등 방지법에서는 상담 서비스를 제공하는 주체로서 여성복지 상담원을 배치하여야 한다고(제14조 제1항) 규정하며, 이들의 주요 업무는 조사, 상담, 직업알선, 선도, 실태파악, 지역사회시설 활용 알선 등으로 정하고 있다(제14조 제2항). 그러나 현재의 미성년 윤락여성에 대한 정부의 정책은 사창가나 기지촌 등 특정 지역의 매춘여성들을 여성복지 상담원을 통해 정기적으로 관리하고 미성년자가 유입되지 않았는지를 점검하는 정도에 그치고 있다. 즉, 미성년 가출여성의 매춘으로의 유입을 방지하고 매춘여성의 선도보호를 위해 전국 시 · 도 또는 시 · 군 · 구에 31개소의 여성복지상담소와 주요 역, 터미널, 매춘여성집결지, 기지촌 등의 취약지역에 64개소의 간이상담소에 전문상담원 408명을 배치하여 상담을 실시하고 있는 것이다.

이러한 상담소 운영은 매우 전문성이 떨어지는 것으로 평가되고 있는데, 그 결과 현재의 여성복지상담소에서 이루어지는 윤락여성에 대한 상담은 형식에 치우치고 있는 실정이다. 상담소 운영에 있어 전문성의 부재는 미성년 윤락여성을 보호, 선도, 교육하여 사회복귀를 돕기 위해 제정된 윤락행위 등 방지법의 목적을 달성하지 못하는 커다란 문제점이 되고 있으므로, 상담 서비스의 전문성을 확보하기 위해 상담원의 자질 향상을 위한 제도적 뒷받침이 요청된다.

(4) 운영체계의 책임의 모호성

윤락행위 등 방지법에서는 윤락여성을 위한 시설과 여성복지상담소를 설치하고 운영하는 주체에 대해 "국가 또는 지방단체는 요보호자의 건전한 사회복귀를 위하여 시설을 설치할 수 있다(제12조 제1항)"와 "시 · 도지사 또는 시장, 군수, 구청장은 요보호자의 상담을 통한 선도를 하기 위해서 여성복지상담소를 설치할 수 있다(제14조 제1항)"고 규정한다. 그러나 이 규정에서 알 수 있듯이 국가 또는 지방단체라는 광범위한 책임 주체만을 명시하고 있을 뿐, 국가나 지방자치단체가 반드시 하여야 한다는 책임은 언급되어 있지 않다. 또한, 미성년 윤락여성과 이들을 고용한 포주 및 이용자에 대한 세부적인 처리절차와 서비스 제공을 담당할 운영 주체를 명확하게 규정하지 못하고 있다.

(5) 관련 기관의 연계성 부족

현재 윤락행위 등 방지법에서 다루고 있는 미성년 윤락여성을 위한 서비스는 앞서 언급한 것처럼 세부적 절차의 규정 없이 여성복지상담소에 의한 형식적인 서비스뿐이다. 따라서 미성년 윤락행위를 발견하고 개입하는 초기단계부터 보호 및 선도과정, 더 이상 윤락행위를 계속하지 않도록 하는 사후 조치 및 예방에 이르기까지 종합적인 서비스가 절실히 요청된다. 현행 법에서는 이러한 서비스의 부재는 물론 이를 제공할 수 있는 일관된 전달체계 또한 명시되어 있지 않다. 따라서 미성년 윤락행위 관련자에 대한 서비스를 제공하는 경찰, 미성년 윤락 담당공무원(사회복지 전담공무원), 변호사, 검찰, 심리치료사 등 관련 전문가의 연계를 위한 법 조항이 필요하다.

(6) 서비스에 대한 지도 · 감독기능의 미비

윤락행위 등 방지법에 따르면 윤락여성 보호 및 선도시설 및 여성복지상담소는 보건복지부 장관의 지도감독을 받게 되는데, 이러한 권한을 시 · 도지사와 시장, 군수, 구청장에게 위임할 수 있다고 규정되어 있다. 여기서 지도감독의 내용은 시설 및 상담소를 설치, 운영하는 자로 하여금 필요한 보고를 명하거나 자료를 제출할 수 있으며, 관계 공무원으로 하여금 시설 및 상담소를 설치, 운영하는 자의 사무소 또는 시설 및 상담소에 출소하여 시설, 관계 서류 등을 검사할 수 있다라고 정한다(제21조, 제23조).

이 규정에 따르면 서비스의 지도 · 감독을 할 수 있는 자의 자격에 대한 구체적인 조항이 포함되어 있지 않은데, 미성년 윤락여성에 대한 서비스가 상담, 직업 알선, 지역사회와의 연계 등 이들의 사회복귀를 위한 종합적인 서비스가 제공되어야 한다면, 이 모든 부분을 평가할 수 있는 전문적인 지식과 기술을 가진 인력이 확보되어야 한다. 또한 이들 시설 및 상담소 운영에 대한 평가 조항이 의무화되어 정기적인 평가를 통해 서비스의 질을 향상시킬 수 있도록 제도적인 뒷받침이 이루어져야 한다.

5. 비용(중앙정부 · 지방정부 · 본인부담 비율)

1) 재원 및 예산 규정 불분명

비용과 관련하여 윤락행위 등 방지법에 있어서는 국가 및 지방자치단체가 시설 및 상담소의 설치 · 운영에 소요되는 비용을 보조할 수 있다고 규정되어 있다(제15조). 그러나 실제 1998년 아동복지사업지침을 살펴보면, 아동윤락과 관련된 부분은 시설보호사업이나 아동건전육성사업 중 어느 항목에도 포함되어 있지 않다. 따라서 이들 사업에 배정되는 아동복지 예산 역시 마련되지 못한 실정이다. 그러므로 아동복지법상에서 국가 및 지방자치단체가 비용을 보조할 수 있다는 모호한 규정을 보다 구체화하고 의무화하여 미성년 윤락행위에 대한 국가 책임을 명확히 하여야 한다.

6. 법체계

1) 미성년 윤락에 관한 총괄적인 법체계 부재

우리나라에서 미성년자의 윤락행위를 규제하고 있는 관련법으로는 앞에서 제시한 바와 같이 아동복지법과 성폭력범죄의 처벌 및 피해자보호 등에 관한 법률, 그리고 윤락행위 등 방지법 등이 있다. 그러나 이러한 법들은 각각 부분적으로만 미성년자의 윤락행위에 대해 규제하고 있을 뿐, 미성년 윤락에 대해 정확한 개념 규정에서부터 처벌, 서비스, 시설 및 기구, 비용에 이르기까지 총체적이고 일관된 내용을 명시하고 있는 법체계는 마련되어 있지 않다. 또한 이러한 여러 가지 관련법 사이의 위계질서가 불분명하여 이러한 법들을 통제하고 조절할 수 있는 상하위 법체계의 명시가 요청된다.

III. 외국의 법에 관한 분석

1. 독일

독일의 미성년 윤락에 관한 조항은 형법상에서 다루고 있는데 구체적인 조항의 내용은 다음과 같다.

미성년자의 성매매 조장에 대한 규제 내용(형법 제180조)은

1. 제3자에 대한 16세 이하의 자의 성매매 또는 16세 이하의 자에 대한 제3자의 성매매를 1) 소개하거나 2) 기회를 제공 또는 만들어 주는 자 또는 이를 방조하는 자에 대해서는 3년 이하의 징역 또는 벌금에 처한다.

2. 16세 이하의 자를 제3자에게 보수를 받고 성매매를 하게 하거나 제3자로 하여금 하게 한 자 또는 소개를 통해서 그러한 거래를 방조한 자는 5년 이하의 징역 또는 벌금에 처한다.

3. 양육, 교육 또는 생활을 의탁하거나 근무 또는 근로관계로 종속되어 있는 18세 이하의 자를 양육, 교육, 보호, 근무 또는 근로관계로 인한 종속관계를 이용하여 강간하거나 제3자에게 성매매를 하게 하거나 제3자로 하여금 하게 한 자는 5년 이하의 징역 또는 벌금에 처한다.

4. 제2항과 제3항의 미수범은 처벌한다.

매춘 방조에 관련된 규제 내용(형법 제180조의 1)은

1. 하나의 사업장으로 1) 인적 또는 경제적 종속관계를 유지하거나 2) 주거, 숙소, 체제의 무보증 제공 및 통상적인 생활영위의 수단으로 매춘행위를 영위하는 자는 3년 이하의 징역 또는 벌금에 처한다.

2. 또한 1) 18세 이하의 자에게 직업적으로 주택, 숙소, 또는 기거장소를 매춘하는 장소로 내주는 자 2) 매춘 주거의 제공, 매춘행위에 대한 착취를 하는 자는 처벌한다.

3. 매춘을 영위하게 하기 위하여 직업적으로 모집하거나 외국에서 매춘을 하게 하는 자는 5년 이하의 징역 또는 벌금에 처한다.

4. 21세 이하의 자에게 매춘행위를 하게 하거나 계속시킨 자는 6개월 이상 10년 이하의 징역에 처한다.

5. 3항과 4항의 미수범은 처벌한다.

인신매매에 관한 규제내용(형법 제181조)은

1. 폭력, 가혹한 모욕 또는 술수를 수반한 협박

2. 유인 또는 술수, 협박 또는 폭력을 사용하여 자신의 의사에 반하여 외국에 머물게 하여 제3자에게 매춘을 하게 하거나 제3자로 하여금 하게 하도록 하여 어쩔 수 없이 착취를 당하게 하는 자는 1년 이상 10년 이하의 징역에 처한다.

유괴에 관한 규제 내용(형법 제182조)은

1. 16세 이하의 소녀를 유괴하여 남자와 동침하게 한 자는 1년 이하의 징역 또는 벌금에 처한다.

제도적인 대책으로서 형법 제180조의 제3항 또는 제5항, 제181조는 법원

이 지도 감독할 수 있다고 규정하고 있다(제181조의 2). 또한 미약한 형벌을 보충하는 효력을 발휘하는 것이 보안처분으로서 노동소에 수용하는 것이다. 이는 매춘의 상습자가 구류를 선고받은 경우에 법원은 형에 합쳐 노동소에 수용하는 것을 명하여 합법적으로 노동을 시키는 동시에 규율이 있는 생활을 시키는 처분이다.

그 수용기간은 처음인 경우에는 2년 이내, 재수용인 경우에는 4년 이내이나 수용기간 동안에도 법원의 심사에 의해 수용의 목적이 달성되고 있는 것이 명확하면 석방시키도록 하고 있다(형법 제42조).

이상과 같이 제시한 독일의 미성년자 윤락행위와 관련된 법을 분석하면 다음과 같다.

먼저 윤락의 대상이 되는 미성년자의 연령을 16세~18세로 규정하고 있다. 특히 성매매의 부분은 16세 이하의 자로 연령을 제시하였고(제180조 1, 2), 매춘 방조의 조항은 18세 이하의 자로 제시하여(제180조 1의 2) 윤락행위의 정도에 따라 미성년자의 연령에 차이를 두어 규제하고 있는 것이다.

다음으로 독일의 미성년 윤락행위는 법체계상 형법에서 다루어지고 있으며 성매매조장, 매춘방조, 인신매매, 유괴 등 항목별로 구체적인 금지사항과 처벌, 지도감독의 내용을 포함하고 있다(제181조의 2, 제42조).

그러나 윤락행위의 대상이 된 미성년자에 제공해야 하는 구체적인 서비스의 내용은 제시되어 있지 않고 포주 및 이용자, 매개자의 처벌과 교정에 중심을 두고 있다. 이처럼 미성년 윤락자에 대한 서비스가 마련되어 있지 않으므로 이를 운영하는 책임 주체나 전달체계, 재정적인 부분에 대해서도 명시되어 있지 않다.

2. 일본

1978년에 개정된 일본의 아동복지법에서는 아동의 윤락행위와 관련하여 제34조 금지행위 조항 및 제60조 금지행위 위반의 벌칙 조항을 두고 있다. 구체적인 일본 아동복지법의 금지행위와 벌칙 조항은 다음과 같다.

구체적인 금지행위 관련 조항(아동복지법 제34조)을 살펴보면,

3. 공공의 오락을 목적으로 하고, 만 15세 이하의 아동에게 곡예 또는 곡마를 시키는 행위

4. 만 15세 이하의 아동에게 집집마다 다니면서, 또는 도로 그 외 이것에 준하는 장소에서 가요(歌謠), 유예(遊藝), 그 외 연기(演技)를 시키는 행위

4의 2. 아동에게 오후 10시부터 오전 3시까지 사이에, 집집마다 다니면서, 또는 도로 그 외 이것에 준하는 장소에서 물품의 판매, 배포, 전시 혹은 수집 또는 역무의 제공을 업무로 시키는 일

5. 만 15세 이하의 아동에게 술자리에서 시중드는 행위를 업으로 하게 하는 행위

6. 아동에게 음행을 시키는 행위

7. 앞의 각 호에서 언급된 행위를 할 우려가 있는 사람 그 외 아동에 대해 형벌법령에 저촉되는 행위를 할 우려가 있는 자에게 그 점을 알고 아동을 인도하는 행위 및 해당인도한 행위가 될 우려가 있다는 것을 알고 타인에게 아동을 인도하는 행위에 대해서 누구도 이러한 행위를 할 수 없다라고 규정하고 있다.

다음으로 제60조 금지행위위반의 벌칙에서는 제34조 제1항 제6호의 규정에 위반한 자는 이를 10년 이하의 징역 또는 4,000엔 이상 3,000엔 이하의 벌금에 처한다, 제1항 제5호 또는 제7호의 규정에 위반한 자는 이를 1년 이하의 징역 또는 10,000엔 이하의 벌금에 처한다로 규정하고 있다.

일본의 아동복지법상에 나타나는 미성년 윤락과 관련된 조항은 금지 조

항(제34조 금지행위) 중 일부로서 독일 형법이나 우리나라의 법처럼 금지행위에 저촉된 자에 대한 처벌(제60조 금지행위위반의 벌칙) 중심이다. 미성년 윤락자로 규제되는 아동의 연령은 모든 윤락 관련 행위에서 만 15세로 규정하고 있다. 일본의 아동복지법에서도 관련된 미성년 윤락자에게 제공할 수 있는 서비스는 전혀 명시되어 있지 않으므로 이들에 대한 보호시설이나 관리 주체, 전달체계나 재원조달의 책임과 의무 관련 조항이 존재하지 않는다.

3. 영국

1989년 영국의 아동법에서는 미성년 윤락행위에 대해 명시하여 규정한 조항은 없으나, 보호시설에 있는 아동 또는 위기상황의 아동에 대한 조치와 관련된 조항이 마련되어 있다. 구체적인 조항의 내용은 다음과 같다.

제21조(경찰 보호에 있는 아동 또는 관호에 회부된 아동, 이외의 아동을 위한 시설 제공)

2. 각 지방당국은 지방당국이 이수를 요청받아 경찰보호에 있는 아동에게 시설을 제공하여야 한다.

3. 아동을 시설보호하는 데 해당되는 비용은 아동이 통상거주하는 지역 지방당국으로부터 징수할 수 있는 것으로 한다.

제46조(긴급상황에 따라 경찰에 의해 이동되는 아동의 보호)

1. 아동이 해를 당할 위기상황을 경찰이 인정할 경우 다음과 같이 할 수 있다.

① 아동을 적절한 시설에 옮겨 보호한다.

② 아동에게 더 필요한 서비스를 제공할 수 있는 병원, 기타 기관으로 이동시키기 위해 충분한 조치를 취해야 한다.

2. 아동이 경찰보호로 위탁된 경우 경찰은 다음과 같이 해야 한다.

① 아동이 발견된 지역의 지방당국에 대해 아동에 대해 이미 시행한 조

치 및 앞으로 시행할 조치와 그 이유를 알려야 한다.

② 아동이 통상거주하는 지역의 당국에 아동이 보호되어 있는 장소를 상세하게 알려야 한다.

제47조(지방당국의 조사의무)

1. 지방당국은 긴급보호명령 아동이거나 경찰에 보호되어 있는 아동에 대해 어떠한 조치를 취하여야 하는지 판단하기 위해 조사를 실시하여야 한다.

8. 지방당국이 조사를 통하여 아동의 복지를 보호하며 촉진하기 위해서는 특정한 조치가 필요하다고 판단되었을 때, 실제적인 조치를 취해야 한다.

9. 지방당국이 본 조에 의한 조사를 하고 있을 경우에 제11항에서 제시한 자는 지방당국의 요구가 있을 때(특히 관련된 정보와 조언을 제공할 필요가 있을 때) 지방당국을 원조해야 한다.

11. 다음에 제시하는 자가 본 조 제9항의 의무를 지닌다.

① 지방당국

② 지방교육당국

③ 지방주택당국

④ 보건당국

⑤ 본 조에 관해서 국무장관에 의해 권한을 받은 자

제80조(국무장관으로부터 권한을 부여받은 자에 의한 아동 홈 등의 사항)

1. 국무장관은 다음의 사항에 대해 감독을 행할 수 있다.

① 아동홈

② 지방당국으로부터 보호를 받은 아동의 거주시설

③ 지방당국 또는 민간조직으로부터 숙식제공을 받은 아동의 거주시설

2. 본 조항에 의거한 감독을 국무장관에 의해 권한을 부여받은 자에 의해 실시하는 것으로 한다.

4. 국무장관은 제5항에 언급한 자들에 대하여 어떤 때라도 국무장관이 지시한 것과 같이 기록된 자료의 열람을 요구할 수 있다.

5. 다음에 제시하는 자가 제4항의 의무를 지닌다.

① 지방당국
② 민간조직
③ 아동홈을 운영하는 자
④ 독립학교의 소유자
⑤ 지방당국, 지방교육당국, 보건당국, 민간조직을 대신해서 아동을 위하여 보호시설을 제공하는 자 등.

영국의 아동법에서는 위기에 처한 아동에 대해 지방당국이 보호하고 조사할 의무를 명시하고 있다. 특히 이 과정 초기에는 경찰의 출동에 대한 역할이 강조되고 있는데, 경찰은 아동이 위기상황에 처해 있는지 판단하여 결정하고 아동을 위기 상황에서 격리시켜 긴급보호할 수 있는 권한을 가지고 있다(제46조). 또한 아동에게 긴급 서비스를 제공하고 경찰보호시설에서 일시보호하며 이에 필요한 재원을 지방당국에 요청할 권한 또한 부여받고 있다(제21조).

다음으로 지방당국의 조사의무는 구체적으로 명문화되어 있는데(제47조), 지방당국은 긴급보호아동의 복지를 보호하고 촉진하기 위한 조치를 판단하고 실행하기 위해 조사를 실시해야 한다는 이념을 명시하고 있다. 이 과정에서 지방당국은 경찰 및 관련 기관—타 지방당국, 지방교육당국, 지방주택당국, 보건당국—과 협력해야 한다는 점 역시 규정되어 있다(제47조의 9, 11).

영국의 아동법에서는 이러한 아동보호 서비스의 감독에 대한 조항이 포함되어 있다(제80조). 이는 국무장관으로부터 권한을 위임받은 자에 의해 이루어지도록 규정하고 있으며 이들이 감독해야 할 기관과 이들 기관의 자료제공 의무화에 대해서도 규정하고 있다(제80조의 5).

IV. 비교분석

현재 우리나라의 아동복지법이나 성폭력범죄의 처벌 및 피해자보호 등에 관한 법률에서는 앞에서 살펴본 바와 같이 미성년자 윤락에 대한 사항이 구체적으로 언급되어 있지 않다. 따라서 가장 먼저 아동복지법 안에 미성년자의 윤락행위에 대한 조문을 마련하는 것이 선행되어야 한다. 이와 관련하여 독일 형법과 일본의 아동복지법, 영국의 아동법에서 다루고 있는 미성년 윤락행위에 관한 조항과 비교분석하면 다음과 같다.

먼저 독일법에서는 미성년 윤락과 관련하여 미성년 성매매 조장, 매춘방조, 인신매매, 유괴에 대한 내용이 세분화되어 제시되고 있다. 특히 미성년자의 성매매를 1) 소개하거나 2) 기회를 제공 또는 만들어 주는 자 또는 이를 방조하는 자에 대해서 3년 이하의 징역 또는 벌금에 처한다라는 규정(제180조 제1항)을 두어, 미성년자에게 실제적으로 윤락행위를 시킨 포주뿐 아니라, 매춘의 방조자나 알선자, 소개자까지 모두 처벌하도록 하고 있다. 또한 인신매매 규제 내용에서도 유인, 술수, 협박, 폭력 등으로 미성년자의 의사에 반해 외국에 머물게 하여 매춘을 강요하는 경우 1년 이상 10년 이하의 징역에 처한다(제181조 제2항)라는 규정을 두고 있는데, 우리나라 아동복지법에서도 이처럼 중간매개자로서 미성년자를 유인하여 포주에게 넘겨 주는 자에 대한 처벌이 요청된다. 그리고 제180조의 제4항이나 제180조 1의 제4항에서처럼 윤락행위 관련 미수범에 대해서도 징역과 벌금의 처벌이 이루어지는 점도 참고하여 실제 윤락행위 실시 여부와 관계없이 이를 도모하거나 계획한 자에 대해서도 처벌을 단행할 수 있는 조항이 필요하다.

다음으로 일본 아동복지법에서의 금지행위에는 제34조 제7호에서처럼 아동에게 윤락행위를 할 우려가 있는 사람이나 이를 중개할 우려가 있는 사람에 대해서도 금지행위에 명시하고 있다. 우리나라 아동복지법의 금지행위에서도 이 부분을 첨가하여 미성년 윤락의 미수범에 대한 처리가 이루어지도록 해야 한다. 또한 처벌에 있어서 징역 또는 벌금의 선택사항이 아니라 징역과 세금조사 후에 따른 벌금이 부과되도록 조항이 조정되어야 한다.

그러나 독일의 형법이나 일본의 아동복지법에서도 우리나라의 아동복지법과 마찬가지로 미성년자를 대상으로 한 윤락행위를 조장하거나 이용한 포주, 고용주, 이용자에 대한 처벌 중심의 법 조항으로만 구성되어 있다. 따라서 윤락의 대상이 된 미성년자 중심의 조항이 마련되어야 하는 점은 공통적으로 지적되는 부분이다. 즉 미성년 윤락여성에 대한 보호 및 교육의 서비스가 구체적으로 제공되어야 하며, 이를 제공하는 시설 및 기구에 대한 설치, 운영, 감독, 재원조달과 관련된 조항이 세부적으로 마련되어야 한다.

이러한 부분에 대하여 영국 아동법의 아동보호와 관련된 조항의 내용을 참고하고자 한다. 앞 장에서 제시한 것처럼 영국 아동법에서는 신체적 · 정신적으로 해를 당할 위기에 처한 아동에 대한 지방당국의 책임과 의무를 구체적으로 규정하고 있다. 지방당국은 경찰 및 지방교육당국, 지방주택당국, 지방보건당국 등 여러 관련 기관과 연합하여 아동을 보호하고 조사할 의무가 있다. 이러한 규정은 단순히 선언적으로만 제시되어 있는 것이 아니라 구체적인 절차와 대상, 권한 등이 포함된 것이다.

아동보호의 초기과정에서는 경찰이 긴급하게 개입하고 이후 지방당국의 조사절차를 거쳐 필요한 조치를 받게 된다. 또한 이에 대해 국무장관이 감독하는 최종절차까지 일관된 과정을 거쳐 위험에 처한 아동이 서비스를 제공받을 수 있도록 규정되어 있는 것이다. 또한 이 과정에서 관련 기관에 대한 조사 및 감독에 필요한 정보와 기록을 제공해야 하는 의무를 법적으로 명문화한 점 역시 주목해야 하는 부분이다.

V. 개정방안

1. 이념 및 기본원리

인간은 누구나 인간으로서 기본적으로 가지는 인권을 가지고 있다. 그리고 이러한 인권은 누구에 의해서도 침해되어서는 안 된다. 윤락은 윤락행위를 하는 개인의 자존심을 극도로 손상시키고, 비인도적인 인권침해의 행위임과 동시에 불법행위이다. 따라서 아동이 윤락행위를 할 권리도 그리고 아동에게 윤락행위를 시킬 권리도 어느 누구에게든 존재하지 않는다. 그러므로 아동은 인권을 보호받아야 할 권리의 주체로서 자신에 의해 자발적으로 혹은 타인에 의해 강제적으로 인권이 침해되는 윤락행위로부터 보호받아야 할 권리를 가지게 된다. 권리의 보호를 위해서는 자신의 인권침해로 인해 발생한 문제에 대해 상담과 치료를 받을 수 있는 권리, 교육을 받을 수 있는 권리, 보호관찰을 받을 수 있는 권리 등이 보장되어야 한다.

이와 함께 이러한 미성년자의 윤락행위를 통해 이득을 얻는 포주나 고용주, 그리고 윤락행위를 이용하는 이용자에게는 권리보호의 일정한 제약이 가해져야만 한다. 이러한 제약은 형사처벌이나 벌금형 또는 보호관찰, 사회봉사명령, 접근금지명령과 같은 처벌의 형태로 나타나게 하여야 한다.

이러한 권리의 주체들에 대한 보호 내용과 제한에 대한 분명한 이념과 이념의 실천이 아동복지법안에 명확히 구체화되어 나타날 때 미성년 윤락여성의 문제는 보다 근본적인 해결의 단초를 마련할 수 있게 될 것이다.

2. 조치

1) 구체적인 윤락 조문의 마련

현재 아동복지법과 성폭력범죄의 처벌 및 피해자보호 등에 관한 법률에서는 앞에서 살펴본 바와 같이 미성년자 윤락에 대한 사항이 구체적으로 언급되어 있지 않다. 따라서 가장 먼저 아동복지법 안에 미성년자의 윤락행위에 대한 조문을 마련하는 것이 선행되어야 한다. 이러한 미성년 윤락 관련 조문에는 윤락행위에 관한 전반적인 내용이 포함될 수 있도록 다음과 같이 종합적인 내용이 포함되어야 한다.

첫째, 미성년자 윤락행위와 관련된 윤락여성, 포주와 고용주 및 이용자에 대한 세부적인 처벌 및 처리절차와 내용을 들 수 있다. 이들은 미성년 윤락행위를 구성하는 가장 중요한 세 가지 축으로 작용하고 있기 때문에 이들에 대한 적절한 처리 없이 미성년자 윤락문제는 해결될 수 없다.

둘째, 법률을 시행하는 주체로서 경찰 및 관련 공무원에 대한 임무, 업무내용 및 지도, 감독 등 전달체계에 대한 내용이 포함되어야 한다. 아무리 법에서 행위 당사자와 고용주 및 이용자에 대한 처벌이 잘 규정되어 있다고 할지라도 이를 시행하는 경찰, 사법기관 및 관련 공무원의 운영 시스템이 제대로 작동하지 않는다면 윤락행위에 대한 신속하고 효과적인 해결은 불가능할 것이다.

셋째, 미성년 윤락여성이 다시 윤락행위에 빠져들지 않도록 예방하고 치료하기 위한 전문적 개입방안에 대한 내용이 포함되어야 한다. 여기에는 미성년 윤락여성에게 전문적인 상담 서비스와 윤락 이외 현실적인 대안을 마련해 주는 등의 역할을 담당하는 전문조직의 설치와 운영에 대한 내용을 들 수 있다. 더불어 여기에는 이러한 전문조직으로서 미성년 윤락을 전담하는 미성년 윤락방지위원회의 구성에 대한 내용이 포함되어야 할 것이다.

넷째, 재원조달에 대한 정부와 지방자치정부의 의무가 포함되어야 한다.

윤락과 관련된 기관과 시설을 지원하고 서비스를 실행하기 위해서는 안정적인 예산의 확보가 반드시 뒤따라야 하기 때문이다.

2) 미성년 윤락여성의 연령의 확대

성폭력범죄의 처벌 및 피해자보호 등에 관한 법률에서는 윤락아동을 13세 미만의 사람으로 규정하고 있다. 이는 미성년자의 범위를 매우 축소시키는 것으로서 윤락행위에 대한 위험에 보다 많이 노출되어 있는 13세 이상 18세 이하의 청소년에 대한 접근을 어렵게 한다. 따라서 현행법에서 제시하고 있는 미성년 윤락여성의 연령이 확대될 필요가 있다. 이에 대한 구체적인 방안으로는 앞 장에서 제시한 독일의 법을 원용하여 16세 이하 미성년자의 윤락행위는 성폭력으로 규정하여 엄중하게 처벌하고, 미성년 윤락행위의 방조나 알선에 대한 적용 대상은 18세 이하로까지 확대하는 것이 바람직할 것이다.

3) 미성년 윤락여성에서 관련자 중심으로 전환

현재 윤락과 관련된 법률안에서는 윤락여성에 대한 선도보호를 주된 내용으로 하고 있다. 이는 윤락여성을 중심으로 본 것이다. 그러나 미성년 윤락문제의 해결을 위해서는 법률의 적용 대상을 윤락여성을 중심으로 보기보다는 윤락으로 인해 이익을 보는 중간 착취구조를 없애는 데 주안점을 두어야 한다. 즉 윤락여성을 범법자로 보기보다는 이들을 피해자로 보고 이들에 대한 처벌보다는 선도 및 윤락행위로부터 벗어나게 하는 서비스를 제공하는 데 역점을 두도록 해야 한다. 윤락 당사자보다는 오히려 성의 착취를 통해 이익을 취하는 포주, 유흥업소 및 운영자, 인신매매단, 이들과 연결되어 있는 부패공무원의 비리 등을 어떻게 근절할 것인가에 초점이 맞추어져야 한다.

따라서 아동복지법의 미성년자에 대한 윤락행위 조항에 있어서는 중간 착취집단을 어떻게 처벌할 것인가에 관하여 보다 구체적인 조항을 마련하여야 한다.

4) 전문가 신고의무제 도입

의사, 변호사, 교사, 사회복지 전담공무원 등 미성년자 윤락행위와 관련되어 있는 전문가는 미성년자가 윤락행위를 하고 있다는 것을 윤락 청소년이나 주변 관련자를 통해 인지하게 된 경우 지체없이 미성년 윤락여성은 물론 고용주와 이용자를 경찰에 신고하도록 전문가 신고의무제를 도입하여야 한다.

5) 부모의 책임조항 규정

자신의 미성년 자녀가 상습적인 윤락행위를 하고 있다는 것을 알면서도 이를 방치한 경우 부모에게도 책임을 물어야 할 것이다. 따라서 미성년 윤락행위를 방치한 윤락여성의 부모에게도 책임을 물어 교육 및 상담의무화 등을 법안에 포함하는 것이 필요하다.

6) 사회적 차원의 대책

최근 PC의 광범위한 보급으로 청소년들의 컴퓨터 보유가 나날이 증가하고 있으며 컴퓨터와 관련된 다양한 문제가 새로운 사회문제로 부각되고 있다. 특히 컴퓨터를 많이 이용하는 청소년들은 컴퓨터를 통한 사이버 포르노나 음란통신 등 퇴폐문화에 쉽게 물들기 쉬우며, 이는 윤락이 자생할 수 있는 사회적 여건을 조장하는 기반으로 작용한다. 따라서 사회적 차원에서 미성년 윤락환경을 조성할 수 있는 컴퓨터를 통한 음란물의 제작, 배포 및 판매 등에 대해서는 가중처벌하는 조항을 마련하는 것이 필요하다.

또한 컴퓨터뿐만 아니라 청소년을 음란물에 출연하게 하거나 관여하도록 하는 행위에 대해서도 가중처벌하는 조항을 마련하는 것이 바람직할 것이다.

이러한 가중처벌의 조항으로는 금고나 징역과 같은 형사처벌이 대표적이며, 그 외 상담치료 및 사회봉사명령과 같은 다양한 내용을 생각할 수 있다.

3. 벌칙

1) 포주 및 고용주 처벌 강화

미성년자를 고용하여 윤락행위를 통해 이익을 취하는 고용주집단이 없어지지 않는 한 미성년자의 윤락문제를 해결하기는 불가능하다. 따라서 이들 고용주에 대한 처벌을 엄격하게 강화하고 적발시 가중처벌하는 조항이 법률에 나타나도록 해야 한다. 또한 이들 고용주가 운영하는 업소에 대한 장기적이고 지속적인 단속이 이루어지도록 하여 끝까지 추적함으로써 미성년 고용이 근본적으로 불가능하도록 하여야 한다. 미성년을 고용하여 윤락행위를 시키는 업소에 대해서는 영업정지와 같은 강력한 행정조치가 취해지도록 하고, 세무조사를 통해 윤락행위로써 취득한 소득을 몰수하도록 해야 한다.

이와 동시에 미성년 윤락행위가 이루어지는 것을 인지하고도 건물을 대여해 준 건물소유주에 대해서도 세무조사로 벌금을 부과하거나 처벌하는 내용이 규정되어야 한다. 이때 미성년 윤락행위의 장소를 제공하는 경우 해당 건물에 대해서는 단전 및 단수나 건물폐쇄와 같은 행정적 조치가 수반되어야 할 것이다.

2) 포주 접근금지명령

미성년 윤락여성은 윤락생활을 중지하고 새로운 생활을 하고 싶어도 포주나 고용주의 보복이 두려워 다시 윤락생활로 돌아가는 경우가 많다. 따라서 포주나 미성년 윤락여성의 고용주에 대한 적절한 법적 조치가 강구되지 않으면 미성년 윤락여성에 대한 서비스가 아무런 효과를 거둘 수 없게 된다. 이러한 경우 포주나 고용주에 대한 행정조치 및 형사처벌 외에 예컨대 6개월과 같이 일정한 기간 동안 피해자의 거주 보호시설이나 가택에 출입, 대면, 통신 기타 이에 상응하는 행위를 금하는 접근금지명령을 내리는 것이 매우 유용한 방법이 된다. 그리고 이를 어길 경우에는 가중처벌하는 조항을 명시하는 것이 바람직할 것이다.

3) 이용자 처벌

미성년 윤락여성과 윤락행위를 한 이용자도 처벌하여야 하며 이를 법에 명시하여야 할 것이다. 특히 미성년과 윤락행위를 한 이용자는 성인을 대상으로 한 윤락행위를 한 이용자보다 가중처벌하는 것이 필요하다. 이때 가중처벌의 내용으로는 구류나 구금과 같은 형사처벌에서부터 벌금형 및 사회봉사명령, 사회치료 등이 포함될 수 있을 것이다.

4) 고용주 및 이용자에 대한 보호관찰과 상담명령

미성년 윤락여성을 고용하여 이익을 얻는 포주 및 고용주와 미성년자를 대상으로 윤락행위를 하는 이용자에 대해서는 일시적 처벌뿐만 아니라 보다 지속적으로 이들의 행동을 변화시킬 수 있는 조치를 마련하는 보완조치가 요구된다. 이러한 보완조치로 적합한 것으로는 일정한 기간 동안 행동의 변화를 관찰하고 이에 대해 적절히 조처하는 보호관찰제도를 들 수 있다.

또한 이들에 대한 일정 시간 이상의 사회봉사명령을 내리고, 상담을 받도록 하는 상담명령이 여기에 포함될 수 있을 것이다.

4. 조직(기구 · 시설)

1) One Stop Service 개념의 도입 — 사회복지 전담공무원의 활용

미성년자 윤락행위를 근절하기 위해서는 우선적으로 미성년자 윤락행위를 발견하고 개입하는 초기단계에서부터 미성년자의 보호 및 교육의 중기단계 및 미성년자가 더 이상 윤락행위를 하지 않도록 하는 후기단계에 이르기까지 전체의 전달체계에서 일관성을 유지하는 것이 필요하다. 그리고 이러한 전달체계의 일관성은 서비스 공급자의 입장에서 이해하기보다는 서비스 수혜자의 입장에서 이해할 경우 보다 명확하고 쉽게 바람직한 방향을 도출해 낼 수 있다. 이러한 의미에서 미성년 윤락여성에 대한 처리 및 사후관리에 있어서는 서비스를 받는 미성년 윤락여성의 입장에서 전달체계를 수립하는 것이 바람직하다. 여기에는 '원스톱 서비스(One Stop Service)' 의 개념이 적절하다고 보여진다. 이는 미성년 윤락여성이 일단 경찰서에 오게 된 이후 거치게 되는 일련의 모든 과정 및 서비스를 단일한 창구, 단일한 실무자를 통해서 모두 제공받는다는 개념이다. 이러한 'One Stop Service' 의 개념에 입각하게 되면 한 사람의 미성년 윤락여성이 최초로 경찰에 적발되거나 신고되어 조사를 받게 되는 초기과정부터 다시 사회로 복귀하는 후기단계에 이르기까지 거치게 되는 모든 과정에서 이를 안내하고 관리하며 전담하는 한 사람의 담당자가 존재하여야 한다. 즉, 경찰이 미성년자 윤락행위를 적발하거나 신고를 받아 출동하는 초기단계에서부터 미성년 윤락을 담당하는 공무원이 경찰과 함께 개입하여 미성년자를 보호시설에 의뢰하거나 다른 기관에 적절하게 조치하고, 조사 심리단계에서는 전 단계의 경험을 바탕으로 하여 빠른 시간 내에 정확한 조사 · 심리 결과를 보고하여 자칫 시간이 지체될 수 있는 미성년 윤락사건의 처리시간을 단축시킬 수 있다.

이러한 역할을 담당할 공무원은 윤락의 원인과 치료 대책에 관하여 전문적인 지식을 가진 자이어야 한다. 이러한 역할을 담당하는 공무원으로서 사회복지 전담공무원이 적합할 것이다. 사회복지 전담공무원은 위기에 처한 사람을 도울 수 있는 상담 기술과 청소년문제에 대한 기본적인 지식을 갖고 있다. 뿐만 아니라 각 지역사회의 사회복지시설의 기능에 대해서도 잘 파악하고 있어, 미성년 윤락여성의 상담과 치료를 담당할 수 있는 상담소 및 보호시설 등을 적절하게 연계하는 역할도 동시에 담당할 수 있을 것이다. 이들은 초기에는 경찰과 함께 출동하여 미성년자 응급조치를 효과적으로 취할 것이며, 조사 심리단계에서는 조사에 대한 보조업무를 하며, 법 집행시에는 미성년 윤락여성의 보호와 관련하여 해당 기관과의 연계를 담당할 것이다. 공무원 신분인 사회복지 전담공무원을 활용함으로써 예산절감과 함께 초기부터 법집행까지 사건처리의 구심점이 되어 처리시간을 단축할 수 있을 것이며, 사건을 지속적이고 체계적으로 관리할 수 있어서 법의 실효성을 높일 것이다.

2) 초기 개입과정의 명시

전달체계가 보다 현실적으로 되기 위해서는 미성년 윤락여성의 최초 조사에서 사회복귀에 이르는 후기에 이르기까지의 절차들이 체계적이고 합리적으로 수립되어 있어야 하며 이것이 법에 명시되어야 한다. 이러한 절차 중 초기 개입과정은 다음과 같은 순서로 이루어지는 것이 바람직하다.

(1) 미성년 윤락여성의 발견 · 신고제도의 정착

미성년 윤락여성에 대해 사회적 서비스를 제공하고 적절한 조치를 취하며, 고용 업주 및 이용자에 대한 처벌이 이루어지기 위해서는 먼저 미성년 윤락여성을 발견하는 것이 선행되어야 한다.

미성년 윤락여성을 발견하는 대표적인 방법으로는 단속을 통한 적발과 윤락행위를 제공하는 본인이나 타인에 의해 이루어지는 신고의 두 가지 방법이 있을 수 있다. 전자의 방법은 경찰인력이나 업무수행의 특성상 지속적으로 이루어지기 어려우며 특별단속이나 불시단속과 같이 일시적 성격을 띠기 마련이다. 따라서 보다 지속적으로 장기간에 걸쳐 미성년 윤락여성을 발견하기 위해서는 신고제를 정착화시키는 것이 필요하다.

신고에 있어서는 윤락행위를 하는 본인이나 이를 통해 이득을 얻는 포주나 고용주 등에게서 기대하기는 대단히 어렵다. 따라서 누구나 미성년 윤락행위를 인지하거나 발견했을 경우에는 신고할 수 있도록 하는 것이 반드시 필요하다. 즉 미성년 윤락행위는 이를 인지하는 사람이면 누구나 신고할 수 있다라는 내용이 법안에 명시되어야 할 것이다. 또한 전문가의 신고의무제의 도입은 이러한 신고제를 활성화하는 데 기여할 수 있다.

그러나 만약 신고를 해도 아무런 격려나 보상이 주어지지 않고 오히려 경찰의 조사에 응해야 하거나 까다로운 절차를 거쳐야 한다면 신고하려는 사람은 없을 것이다. 따라서 신고자에게는 적절한 포상이 주어져야 한다. 즉 신고자에 대해 상과 포상금을 지급하는 포상제의 규정이 마련되어야 한다. 이때 포상금의 재원은 미성년자를 고용해 이익을 얻은 고용주에 대한 세금 추징을 통한 소득 몰수분과 미성년자와 윤락행위를 한 이용자에게 부과되는 벌금의 일정 부분으로 조달하는 것이 적절하다.

(2) 경찰출동 및 보고의 의무화

미성년 윤락여성에 대한 제보나 신고가 들어오게 되면 다음 단계로 경찰의 대응이 신속히 이루어져야 한다. 법안에는 경찰의 출동을 의무화함으로써 경찰의 미성년 윤락여성에 대한 신속한 대응을 가져올 수 있다. 또한 출동 후 조치사항과 미성년 윤락여성을 경찰서로 오게 한 후 조사 내용을 반드시 보고하도록 의무화하여 경찰이 출동 및 실제적인 조치를 취하도록 하여야 한다.

경찰은 또한 신고를 접수할 경우 윤락행위를 한 미성년자에 대한 보호 및 조사만 하는 것이 아니라 처벌을 포함한 적절한 처리 및 고용주와 이용자에 대한 처벌도 이루어져야 한다.

(3) 관계 공무원의 개입

경찰은 신고를 접수하면 의무적으로 출동할 뿐 아니라 동시에 관계 공무원에게 신고 내용을 통보하여야 한다. 경찰로부터 미성년 윤락여성에 대한 내용을 통보받은 관계 공무원은 이제 이 여성에 대한 개입에 들어가게 된다. 이때 관계 공무원으로 적절한 자로서 사회복지 전담공무원을 들 수 있다. 관계 공무원은 미성년 윤락여성이 경찰서에 오게 되면 경찰의 조사와 병행하여 미성년 윤락여성에 대한 상담을 실시하여 그 내용을 참고로 경찰과 함께 보고서에 전문가의 의견을 명시하도록 한다. 또한 미성년 윤락여성과 상담과정을 통해 다시 발견되거나 확인된 사항을 정기적인 보고서로 작성하여 경찰 및 검찰에 제출하도록 한다.

이후 관계 공무원은 이 사건에 대한 전반적인 관리를 담당하여 미성년 윤락여성에게 필요한 서비스의 안내 및 제공 서비스를 하게 된다. 차후 관계 공무원에게는 종결보고서 작성시에 피해자, 고용주, 이용자 상황 등 모두에 대한 보고기록을 의무화하도록 하는 것이 바람직하다. 그리고 이러한 과정에서 작성된 초기, 중간, 최종보고서는 법원에 제출 또는 기관이 보관하도록 하는 것이 필요할 것이다.

3) 미성년 윤락여성을 위한 상담소의 세부적 업무 규정

사회복지 서비스는 크게 피해상담과 보호지원으로 나눌 수 있는데, 피해상담을 담당하는 곳은 상담소에 해당한다. 윤락행위의 피해자는 경찰의 조사과정에서 신체적 · 정신적 · 심리적 고통을 경험하게 된다. 특히 윤락행위의 당사자가 청소년이면 윤락행위가 적발된 경우에 일련의 조사과정에서 경험하게 되는 심리적 고통은 매우 크다. 이는 미성년 윤락여성의 불안감을 보다 가중시키는 요인으로 작용하게 된다. 따라서 상담소에는 먼저 미성년 윤락여성에 대한 전문가를 두고 전문가가 사건의 발생시 초반부터 개입하도록 규정하는 것이 필요하다. 이때 미성년 윤락여성 전문가는 해당지역 사회복지 전담공무원, 의사 등 치료전문가로 구성될 수 있다. 그리고 이러한 개입의 내용으로는 다음과 같은 사항이 포함되어야 한다.

첫째, 사건 발생시 경찰은 관계 공무원에게 통보하도록 하고, 이후 사건에 대한 보고서 작성시 보고서에 전문가의 의견을 명시하도록 한다.

둘째, 피해자와의 상담과정에서 새로이 발견되거나 확인된 사항을 정기적인 보고서로 작성하여 경찰 및 검찰에 제출하는 것이 포함되어야 한다. 특히 미성년 윤락행위사건의 발생시 경찰의 보고서 작성에 전문가의견을 참조하도록 하는 것을 강제 조항으로 명시하여야 한다.

셋째, 상담소는 피해자에게 초기에 형사절차에 관한 정보를 제공해 주어야 한다. 즉, 미성년의 윤락행위가 적발되거나 신고된 이후부터 상담소의 전문가의 원조가 반드시 수반되어 피해자에게 형사절차와 필요한 정보를 제공하는 것이 피해자에게 매우 유용한 도움이 된다.

넷째, 미성년 윤락여성 중에는 알코올 중독이나 약물남용, 정신질환과 같은 특별한 의료적 치료를 필요로 하는 대상이 존재하게 된다. 이들은 상담이나 교육 서비스를 제공하기 이전에 먼저 의료기관에 의뢰하여 필요한 치료를 받도록 하여야 한다. 따라서 특별한 의료적 치료를 필요로 하는 미성년 윤락여성에 대해 의료 및 치료기관에 의뢰하는 내용을 법률에 규정하여야 한다.

다섯째, 상담소에서는 미성년자의 법적인 문제의 해결을 안내하고 이의 대행 서비스를 제공하는 기능을 가져야 한다. 미성년 윤락여성은 많은 경우 포주나 고용주와 채무관계에 있다. 이런 경우 상담소에서는 윤락으로 인해 발생한 채무에 대한 무효 혹은 불인정 소송을 대행하거나 본인이 소송을 제기할 수 있도록 필요한 조치 및 정보를 제공하는 것이 바람직하다. 이러한 소송에 필요한 변호사, 경찰 및 검찰에 대한 의뢰체계도 구축하는 것이 필요하다.

여섯째, 청소년에 대한 성교육 프로그램 실시를 지원하여야 한다는 조항을 추가하여야 한다. 청소년의 성교육 프로그램은 별도의 단체에서 교육기회를 제공하기보다는 현재 청소년들이 주로 생활하고 있는 학교 및 직장에서 제공하는 것이 바람직하며, 이 경우 상담소에서는 학교 및 직장과 연계하여 청소년에 대한 성교육 프로그램을 지원하도록 해야 한다고 법률에 명시하는 것이 바람직하다.

일곱째, 상담소에서 모든 학교나 직장에 대한 성교육 프로그램을 지원하기는 현실적으로 불가능하므로 청소년 관련 전문가, 학교교사 및 관계 공무원에 대한 교육을 상담소의 의무 조항으로 두는 것이 적합하다.

4) 상담 서비스의 전문화 —상담원의 자질 향상

현재의 미성년 윤락여성에 대한 정부의 정책은 사창가나 기지촌 등 특정 지역의 매춘여성들을 여성복지 상담원을 통해 정기적으로 관리하고 미성년자가 유입되지 않았는지를 점검하는 정도에 그치고 있다. 즉 미성년 가출 여성의 매춘으로의 유입을 방지하고 매춘여성의 선도보호를 위하여 전국 시 · 도 또는 시 · 군 · 구에 31개소의 여성복지상담소와 주요 역, 터미널, 매춘여성 집결지, 기지촌 등의 취약지역에 64개소의 간이상담소에 전문상담원 408명을 배치하여 상담을 실시하고 있다.

그러나 이러한 상담소 운영은 매우 전문성이 떨어지는 것으로 평가되고 있다. 그 결과 현재의 여성복지상담소에서 이루어지는 윤락여성에 대한 상담은 형식에 치우치고 있는 실정이다. 이러한 전문성의 부재는 미성년 윤락여성에게 더욱 좌절을 안겨줄 뿐이다.

이처럼 전문성이 부족한 가장 중요한 원인은 상담소 담당자의 자질 미비를 들 수 있다. 윤락여성에 대한 상담이 전문성을 지니기 위해서는 윤락과 관련된 다양한 사회구조적 원인과 현실적인 문제와 대안 등 종합적인 지식이 있어야 하고, 상담에 대한 풍부한 경험과 이론적 지식을 기본적으로 가져야 한다. 이러한 경험과 지식을 겸비하기 위해서는 오랫동안 교육과 훈련을 체계적으로 받는 과정이 필수적으로 요청된다. 그러나 현재 윤락여성 상담원은 소정의 교육과정을 이수하면 상담원의 자격을 취득할 수 있게 되어 있다. 이는 요식적인 형식만을 거치면 윤락여성에 대한 상담을 하도록 보장하는 것으로 마치 무면허의사에게 간단한 소정의 교육과정을 수료하면 의사면허증을 내주는 것과 같다. 따라서 윤락여성 상담원의 자격조건을 대폭적으로 상향 조정하여야 한다. 특히 미성년을 대상으로 상담이 이루어져야 할 경우에는 청소년 발달과정에서 나타나는 문제에 대한 이해가 요구되므로 더욱 상담원의 자격요건에 분명한 제한을 두도록 하는 것이 필요하다. 그리하여 전문인력이 배치되어 이들이 상담소 운영을 하도록 해야 할 것이다.

그러나 이러한 상담원의 전문성을 확보하기 위해서는 단지 자격요건만을 강화하는 것으로 충분하지 않다. 현실적으로 상담원에 대한 적절한 처우개선이 이루어지지 않는다면 상담원의 자질 확보는 어렵다. 이러한 처우개선은 예산의 확보를 전제로 할 경우에만 가능하다. 따라서 상담소에 대한 국가 및 지방자치단체의 예산지원이 뒷받침 되도록 이를 의무 조항으로 명시하는 것이 필요하다.

5) 보호시설에 대한 내용 규정 — 교육 및 보호

보호시설은 미성년 윤락여성들이 경찰에서 조사를 받은 후 신변의 안전과 보호를 위해 이용하게 되는 시설이다. 따라서 보호시설은 미성년 윤락여성에게 심리적 안정과 신체적 안전을 보장해 주고, 이들에게 이후 후속적인 서비스를 제공할 수 있는 준비를 하도록 하는 곳이어야 한다. 따라서 보호시설의 설치 및 보호시설의 구성 내용에 대한 사항을 명시하는 것이 필요하다.

그런데 현재의 상담소나 보호시설은 성인 윤락여성만을 대상으로 하여 규정되고 있을 뿐이며 미성년자를 위한 내용은 전혀 규정되어 있지 않고 있다. 따라서 윤락여성이 미성년자인 것으로 판명이 된 경우에는 미성년자들을 별도로 수용하여 보호와 상담을 실시하는 보호시설로 인계되도록 법에 미성년 윤락여성 보호 특별보호시설 설치 및 운영에 대한 사항을 명시하도록 해야 한다. 이때 이러한 시설에는 미성년자들이 보다 편안한 심리적 안정을 얻을 수 있도록 물리적 시설의 설치 규정 및 공간의 확보 등을 세부적으로 규정하여야 할 것이다.

6) 피해자 자립 혹은 대안 마련 서비스 제공

미성년 윤락여성들이 궁극적으로 윤락환경에서 벗어나기 위해서는 윤락을 대체할 수 있는 현실적인 대안이 필요하게 된다. 현재 이루어지고 있는 상담이나 교육 서비스는 의례적 내용에 그쳐 현실성이 결여되어 있다. 따라서 보다 현실적인 대안을 제시하는 것이 필요하다. 이는 윤락이 아닌 건전한 직업을 개발하고 이를 제공하는 서비스라야 한다. 따라서 법률에 상담소의 필수업무로서 직업의 개발 및 제공 서비스를 강화하도록 하는 조항을 넣는 것이 보다 바람직할 것이다.

또한 미성년 청소년의 경우 학교를 중퇴하거나 학교를 마치지 못하고 윤락활동을 하게 된 경우가 많으므로 이들이 다시 학교로 돌아갈 수 있도록 조치하는 방안을 마련하는 것이 필요하다. 그리고 학교로 다시 돌아가기 어려운 경우에는 검정고시 등을 통해 학위를 취득할 수 있도록 현실적 대안을 모색하고 안내해 주는 것이 좋을 것이다.

7) 경찰과 법조인 등 법률 시행 주체에 대한 교육 내용의 보완

전달체계에서 일관성을 유지하는 것 못지않게 중요한 것은 전달체계의 중심적 역할을 담당하는 실무자들의 태도와 행동이라고 할 수 있다. 전달체계에서 보다 중심적 역할을 수행하는 것은 사건을 처리하고 법을 집행하는 주체인 경찰과 검찰 및 법조인이다. 이들이 미성년 윤락행위의 성격이나 특성 혹은 문제점을 정확히 인지할수록 보다 효과적이고 신속하게 미성년 윤락문제에 대처하고 처리할 수 있을 것이다. 이러한 정보나 지식의 습득은 교육을 통해 가장 잘 이루어질 수 있다. 그러나 현행법에서는 어느 조항에서도 경찰과 법조인을 대상으로 하는 교육 내용을 찾아볼 수가 없다. 하지만 경찰과 법조인들은 본 법의 시행 주체인 만큼 이들을 대상으로 한 윤락에 관한 교육이 법 조항에 반드시 포함되어야 한다. 따라서 미성년 윤락문제를 처리하는 주체인 경찰과 법조인을 대상으로 윤락행위의 성격, 원인, 특성, 윤락상황을 다루는 기술을 가르치는 교육과 재교육 및 훈련 프로그램 등의 조항이 명시되는 것이 바람직하다.

또한 경찰과 법조인들을 대상으로 한 교육과 함께 교육기관과 의료기관 종사자를 대상으로 하는 미성년 윤락 관련 교육도 행해져야 한다. 교육기관이나 의료기관 종사자는 윤락 청소년이 어떠한 신체적, 정신적 징후를 보이는가, 이들을 어떻게 보호하며 처리해야 하는가를 중심으로 교육해야 한다. 그리고 이러한 교육과정과 내용이 법 조항에 명문화되어야 한다. 그리고 사회복지 전담공무원이 윤락사건에 투입될 경우 이들을 대상으로 하는 재교육도 이루어져야 할 것이다.

이러한 경찰, 법조인, 교육기관, 의료기관 종사자 및 사회복지 전담공무원의 교육 내용은 법 조항 및 시행령 등에 구체적으로 포함되어야 할 것이다.

8) 여성 경찰제도 확립

현재 미성년 윤락여성을 적발하거나 신고를 받아 이들을 조사함에 있어서는 일반사건과 같이 조사나 수사를 담당하는 공무원이나 경찰에 있어 특별히 성을 규정하고 있지는 않다. 일반적으로 미성년 윤락여성이 조사과정에서 만나게 되는 집단은 대부분 남성이다. 그리고 그들은 미성년 윤락여성들이 당한 육체적 · 정신적 어려움을 잘 배려하고 이해하도록 훈련되어 있지 않다. 그런데 윤락은 개인의 치부로서 외부에 알리기를 꺼리는 우리 문화에서 매우 수치스러운 일로 인식하는 경우가 많다. 따라서 조사기관에서 미성년 윤락여성과 남성 담당자와의 대면은 당사자에게 안심과 격려가 되기보다는 또 다른 긴장과 수치심으로 몰아넣게 할 가능성이 많다. 이로 인해 여성은 이중 삼중의 고통을 되풀이해야 하는 문제점을 지니게 된다.

이러한 문제점을 해결할 수 있는 하나의 방법은 여성 경찰제도의 확립이다. 미성년 윤락 당사자의 대부분이 여성이므로 윤락문제의 조사에 여성 경찰을 배치하는 것은 여성이 여성의 입장을 잘 이해하고 배려할 수 있다는 점과 윤락여성이 보다 쉽고 저항감 없이 조사에 응할 수 있다는 점에서 매우 필요하다고 하겠다. 그리고 조사를 담당하는 여성 경찰에 대한 사전 청소년 윤락문제에 대한 예비교육을 실시하는 것이 바람직하다.

9) 미성년 윤락방지위원회 설치

미성년의 윤락행위를 방지하기 위해서는 이를 전담하는 기구가 반드시 필요하다. 현행법에서는 상담소에서 이러한 역할을 담당하게 되어 있지만 미성년 윤락은 문제의 특성상 매우 복잡하고 다양한 문제의 양상을 보이고 있기 때문에 이에 적절하게 대처하기에는 상담소의 기능에 분명한 한계가 있을 수밖에 없다. 따라서 상담소는 미성년 윤락여성의 치료 및 교육에 전념하도록 하고, 미성년 윤락행위예방 및 방지를 위한 홍보업무와 연구조사 업무는 경찰, 검찰, 여성단체, 사회복지, 사회학, 여성학, 심리학 등 관련 학자들이 포함된 특별위원회를 구성하여 실시하도록 하는 것이 보다 바람직하다. 연구조사업무에는 미성년 윤락행위의 예방 및 방지뿐만 아니라 건전한 청소년 문화개발을 위한 연구가 포함되어야 한다.

이때 미성년 윤락방지위원회는 미성년 윤락의 예방과 방지를 위하여 필요한 사항을 조사, 연구, 건의하고 국가와 지방자치단체의 자문에 응하기 위함을 목적으로 하는 것이다. 그리고 그 구조에서는 중앙에 중앙 미성년 윤락방지위원회를 두고 기초 지방자치단체에는 지방 미성년윤락방지위원회를 두는 체제가 바람직할 것으로 보인다. 여기서 중앙위원회에서는 지방위원회를 관리 감독하는 역할을 담당하게 하여야 한다.

또한 위원회가 유명무실화되지 않기 위해서는 위원회에 위원회의 중요한 권한으로서 상담원 및 상담소에 대한 관리, 감독권을 부여하는 것이 반드시 이루어져야 한다. 더불어 경찰이 적절한 조치를 취했는지에 대해서도 관리감독할 수 있는 권한을 부여하여야 할 것이다.

5. 비용(중앙정부 · 지방정부 · 본인부담 비율)

1) 재원 및 예산확보

미성년자 윤락행위방지와 관련하여 국가와 지방자치단체의 가장 큰 책무는 관련 기관과 시설을 지원하고 서비스를 실행할 수 있는 예산을 확보하는 일이다. 정부의 예산이 확보되지 않은 상태에서 정책을 실행하는 데 어려움이 따르는 것은 분명한 일이다. 상담소의 운영이나 보호시설의 설치 및 운영에는 많은 경비가 소요된다. 따라서 상담소 또는 보호시설의 설치 및 운영경비를 국가와 지방단체가 보조하여야 한다는 의무 조항을 법안에 규정하는 것이 필요하다.

그리고 미성년 윤락문제와 관련된 국가의 대책은 국가가 독점할 사항이 아니며, 민간단체를 적극 지원 육성하는 방향으로 나아가야 할 것이다. 따라서 민간단체에 대한 경비지원이 의무 조항이 되도록 하는 규정을 마련하는 것이 바람직할 것이다.

그 외 미성년 윤락행위 이용자의 벌금 부과 및 고용주 및 건물소유주에 대한 세무조사를 통한 벌금 징수 등의 방법으로 필요한 재원을 부수적으로 확보할 수 있으나 이는 어디까지나 2차적 재원 확보방안이다.

1998년 우리나라 아동복지사업지침에 따르면, 아동윤락과 관련된 사업은 마련되어 있지 않은데 이렇듯 윤락아동에 대한 서비스가 아동복지사업으로 명시되지 않은 실정이므로 이에 대한 국가 예산 또한 배정되어 있지 않다. 따라서 중앙정부나 지방자치단체는 아동윤락을 아동복지사업 중 건전육성사업의 한 분야로 도입하고, 이에 따른 예산을 확보해야 한다.

6. 법체계

1) 미성년 윤락 관련 총체적 법체계 구성

미성년 윤락과 관련하여 법체계를 구성하는 방안은 다음의 두 가지로 제시해 볼 수 있다. 첫 번째 방안은 아동과 관련된 모든 부분에 적용하는 아동복지특례법을 제정하고, 이 법상에 아동의 윤락행위와 관련된 조항을 종합하여 하나의 장으로 구성하는 방안이다. 여기에서는 미성년 윤락행위의 정의에서부터 처벌, 시설 및 기구, 재원조달에 이르기까지 미성년 윤락행위와 관련된 모든 조항을 포함하여 명시하고 규제하여야 한다. 이러한 구성방안은 아동 관련 조항이 아동복지특례법을 가장 상위로 한다는 것을 전제로 하여 제정되어야 하며, 따라서 미성년 윤락에 대해서도 아동복지특례법이 여러 관련법들 사이에 가장 상위법으로서 적용되어야 한다는 점을 명시해야 한다.

두 번째 개편방안은, 아동복지법에서는 아동권리에 대한 국제협약에 맞추어 미성년 윤락행위 등 아동의 성적 착취 및 학대와 관련된 조항을 금지 조항으로만 선언적으로 강조하고, 세부적인 보상이나 처벌, 시설 및 기구, 재원조달 등의 시행사항들은 성폭력범죄의 처벌 및 피해자보호 등에 관한 법률을 개정하여 명시하는 방안이다. 아동복지법에서 제시할 선언적인 금지 조항의 예를 들면, 미성년자에 대한 성적 활동 종사의 유인이나 강제의 금지, 매음이나 기타 성적 활동에 아동 이용금지, 외설공연 · 자료 등에 아동 이용금지 등이다.

한편, 미성년 윤락과 관련되는 구체적인 세부 규정을 성폭력범죄의 처벌 및 피해자보호 등에 관한 법률에서 다루고자 하는 이유는 최소 16세 미만 미성년자에 대한 윤락행위는 단순한 윤락행위를 넘어서서 성폭력으로 규정되어야 한다는 점에 기인한 것이다. 따라서 성폭력범죄의 처벌 및 피해자보호 등에 관한 법률에서 미성년 윤락행위를 성폭력으로 명시하는 조항을 마련하는 것이 선행되어야 한다.

〈표 13-1〉 아동윤락방지를 위한 아동법의 개정방향

법 조항	개선안	법체계
〈신설〉	미성년자의 윤락행위에 대한 조문을 마련해야 한다.	아동복지법
*성폭력범죄의 처벌 및 피해자보호 등에 관한 법률 제8조 제2항 (13세 미만의 미성년자에 대한 강간, 강제추행 등) *윤락행위 등 방지법 제24조 벌칙 제3항 20세 미만의 자(미성년자)	미성년 윤락여성의 연령을 확대하여야 하며, 행위의 정도에 따라 미성년자의 연령에 차이를 두어야 한다. 따라서 16세 이하 미성년자의 윤락행위는 성폭력으로 규정하여 엄중하게 처벌하고, 미성년 윤락행위의 방조나 알선에 대한 적용 대상은 18세 이하로 확대하여야 한다.	성폭력범죄의 처벌 및 피해자보호 등에 관한 법률, 윤락행위 등 방지법

를 강요하여 윤락행위를 하게 한 경우 10년 이하의 징역에 처한다.		
〈신설〉	미성년 윤락환경을 조성할 수 있는 컴퓨터를 통한 음란물의 제작, 배포 및 판매 등에 대해서는 가중처벌하는 조항을 마련하여야 한다. 또한 컴퓨터뿐만 아니라 청소년을 음란물에 출연하게 하거나 관여하도록 하는 행위에 대해서 가중처벌하는 조항을 마련하여야 한다.	
*윤락행위 등 방지법 제12조 제3항 윤락행위자 중 20세 미만인 자는 지방선도위원회의 심사를 거쳐 시·도지사가 보호시설에 입소·조치한다.	윤락여성이 미성년자인 것으로 판명된 경우에는 미성년자들을 별도로 수용한다. 보호와 상담을 실시하는 보호시설로 인계되도록 법에 미성년 윤락여성 보호 특별 보호시설 설치 및 운영에 관한 사항을 명시하여야 한다.	윤락행위 등 방지법
〈신설〉	미성년을 고용하여 윤락행위를 시키는 업소에 대해서는 영업정지와 같은 강력한 행정조치를 하여야 한다. 또한 세무조사를 통해 윤락행위로써 취득한 소득을 몰수하여야 한다. 이와 동시에 미성년 윤락행위가 이루어지는 것을 인지하고도 건물을 대여해 준 건물 소유주에 대해서도 세무조사로 벌금을 부과하거나 처벌하는 내용이 규정되어야 한다. 포주나 고용주에 대한 행정조치 및 형사처벌 외에 일정한 기간 동안 피해자의 거주 보호시설이나 가택에 출입, 대면, 통신 기타 이에 상응하는 행위를 금하는 접근금지명령을 규정하여야 한다. 그리고 이를 어길 경우 가중처벌하는 조항을 마련하여야 한다.	
〈신설〉	성인이 아닌 미성년 윤락여성과 윤락행위를 한 이용자는 가중처벌하여야 한다. 가중처벌의 내용은 형사처벌에서부터 벌금형 및 사회봉사명령, 사회치료 등이 포함될 수 있다.	

〈신설〉	포주 및 고용주, 이용자에 대한 일시적 처벌뿐만 아니라 보호관찰제도 및 사회봉사명령, 상담명령 등의 조치도 포함되어야 한다.	
〈신설〉	One Stop Service 개념의 도입—사회복지 전담공무원을 활용한다. 한 사람의 미성년 윤락여성이 최초로 경찰에 적발되거나 신고되어 조사를 받게 되는 모든 과정에서 이를 안내하고 관리하며 전담하는 한 사람의 담당 초기단계에서부터 미성년 윤락을 담당하는 공무원을 두되, 사회복지 전담공무원을 활용하도록 한다. 미성년 윤락행위를 인지하거나 발견했을 경우에는 신고할 수 있도록 하며, 신고자에 대해 상과 포상금을 지급하는 포상제의 규정을 마련하도록 한다. 전문가 신고의무제를 도입하여야 한다. 의사, 변호사, 교사, 사회복지 전담공무원 등 미성년자 윤락행위와 관련되어 있는 전문가는 미성년자가 윤락행위를 하고 있다는 것을 윤락 청소년이나 주변 관련자를 통해 인지하게 된 경우 지체없이 미성년 윤락여성은 물론 고용주와 이용자를 경찰에 신고하여야 한다. 미성년 윤락여성에 대한 제보나 신고가 들어왔을 때 경찰의 출동을 의무화하는 조항을 마련하도록 한다. 동시에 관계 공무원에게 신고 내용을 통보하고, 이후 사건에 대한 보고서를 작성시 보고서에 전문가의 의견을 참조하는 것을 강제 조항으로 명시하여야 한다. 부모의 책임 조항을 규정해야 한다. 자신의 미성년 자녀가 상습적인 윤락행위를 하고 있다는 것을 알면서도 이를 방치한 경우 부모에게도 책임을 물어 교육 및 상담 의무화 등을 포함하여야 한다.	

*윤락행위 등 방지법 제14조 제1항 ① 시·도지사 또는 시장, 군수, 구청장은 요보호자의 상담을 통한 선도를 하기 위해서 여성복지상담소를 설치할 수 있다. ② 이들의 주요 업무는 조사, 상담, 직업알선, 선도, 실태파악, 지역사회 시설 활용 알선 등이다.	상담소의 기능을 확대한다. ㄱ. 상담소는 피해자에게 초기에 형사절차에 관한 정보를 제공해 주어야 한다. ㄴ. 미성년자의 법적인 문제의 해결을 안내하고 이의 대행 서비스를 제공하는 기능을 가져야 한다. ㄷ. 학교 및 직장과 연계하여 청소년에 대한 성교육 프로그램을 지원하도록 해야 한다. 청소년 관련 전문가, 학교교사 및 관계 공무원에 대한 교육을 상담소의 의무 조항으로 두어야 한다. ㄹ. 윤락여성이 윤락이 아닌 건전한 직업을 가질 수 있도록 직업의 개발 및 제공 서비스를 강화해야 한다.	윤락행위 등 방지법
〈신설	윤락여성 상담원의 자격 요건을 상향 조정하여 상담소에 전문 인력을 배치하도록 한다. 상담소에 대한 국가 및 지방자치단체의 예산 지원이 뒷받침되는 규정을 마련하여야 한다. 상담소는 특별한 의료적 치료를 필요로 하는 미성년 윤락여성에 대한 의료 및 치료기관에 의뢰하는 내용을 법률에 규정하여야 한다. 이들 시설 및 상담소 운영에 대한 평가 조항이 의무화되어 정기적인 평가를 통해 서비스의 질을 향상시킬 수 있도록 해야 한다.	
〈신설	경찰과 법조인을 대상으로 윤락행위의 성격, 원인, 특성, 윤락상황을 다루는 기술을 가르치는 교육과 재교육 및 훈련 프로그램 등의 조항을 명시하여야 한다. 윤락여성의 조사에 여성 경찰을 배치하도록 한다. 미성년 윤락의 예방과 방지를 위하여 필요한 사항을 조사, 연구, 건의를 위한 미성년 윤락방지위원회를 설치한다.	

*윤락행위 등 방지법 제12조 제1항 국가 또는 지방단체는 요보호자의 건전한 사회복귀를 위하여 시설을 설치할 수 있다.	국가 또는 지방단체는 요보호자의 건전한 사회복귀를 위하여 시설을 설치하여야 한다.	
*윤락행위 등 방지법 제14조 제1항 ① 시 · 도지사 또는 시장, 군수, 구청장은 요보호자의 상담을 통한 선도를 하기 위해서 여성복지상담소를 설치할 수 있다.	시 · 도지사 또는 시장 · 군수 · 구청장은 요보호자의 상담을 통한 선도를 하기 위해서 여성복지상담소를 설치하여야 한다.	
*윤락행위 등 방지법 제15조 국가 및 지방자치단체가 시설 및 상담소의 설치 운영에 소요되는 비용을 보조할 수 있다.	국가 및 지방자치단체는 시설 및 상담소의 설치 운영에 소요되는 비용을 보조하여야 한다.	
〈신설〉	미성년자의 성매매를 소개하거나 기회를 제공 또는 만들어 주는 자 또는 이를 방조하는 자에 대해서 3년 이하의 징역 또는 벌금에 처한다. (포주뿐 아니라 매춘의 방조자, 알선자, 소개자까지 모두 처벌하도록) 미수범은 처벌한다.	

• 참고문헌

김재엽·이근영. 1998. "청소년 성폭력 피해실태 및 피해경험에 따른 정신건강에 관한 연구". 『여성연구』 55호. 한국여성개발원. pp.247~271.

김재엽·이서원. 1998. "청소년 성폭력 예방과 대책을 위한 성폭력특별법의 개정방향". 『한국청소년연구』. 27호. 한국청소년개발원. pp.1~16.

대검찰청. 1998. 『유해업소에 고용된 미성년자 현황 보고서』. 서울 : 대검찰청.

서울 YMCA. 1991. 『청소년가출에 대한 설문보고서』. 서울 : 서울 YMCA.

한국형사정책연구원. 1992. 『청소년의 가출과 비행의 관계에 관한 연구』. 서울 : 한국형사정책연구원.

_____. 1993. 『인신매매의 실태에 관한 연구』. 서울 : 한국형사정책연구원.

_____. 1996. 『윤락행위등방지법에 관한 연구』. 서울 : 한국형사정책연구원.

제14장

아동의 권리에 관한 국제협약과 한국의 아동복지법

이배근*

I. 문제 제기

아동이 종족 보존의 수단으로, 부모의 소유나 자산으로 간주되어 온 인류의 오랜 역사적 과정을 거쳐 하나의 인격체로서 그 고유의 권리가 인정되고 확보되어야 한다는 국가와 시민사회의 시각이 변화되기 시작한 것은 그리 오래된 일이 아니다.

아동의 권리는 일반적으로 복지권, 보호를 받을 권리, 그리고 적극적인 의사결정권과 참여권 등으로 나누어 설명할 수 있다. 모든 아동은 적절한 의식주를 제공받으며 건강하고 위생적인 삶을 향유하고 문화적인 생활을 누릴 수 있는 복지권을 가지며, 폭력과 공포, 학대나 방임으로부터 보호받을 권리를 가지며, 자신의 의견을 주장하고 결정할 수 있는 권리와 자신이 원하는 각종 활동에 참여할 수 있는 권리를 갖는다.

---

* 한국어린이보호재단 회장, 숙명여자대학교 겸임교수

그러나 아동의 권리는 권리의 주체인 아동이 법률상의 미성년자이며 사회 관습적으로 양육의 대상일 수밖에 없었기 때문에 인류사에서 아동이 부모의 자산이나 소유물로 그리고 종족의 유지나 국가의 보호를 위한 수단으로 간주되었던 시대에는 아동의 권리는 존재하지도 존재할 수도 없었다. 아동관이 변화되기 시작한 20세기에 들어와서도 법은 전통적으로 아동을 보호의 객체로 파악했을 뿐 아동의 생존, 보호, 발달을 위한 적극적인 권리의 주체로 인식하지 않았다.

유교적 가족 중심의 전통적 가치를 유지해 온 우리나라는 권리의 개념이 자유와 평등의 가치가 존중되는 서구 사회와는 달리 기존의 사회관계를 깨뜨리는 이익의 대립적 관점에서 이해되었기 때문에 아동의 권리 자체가 생소하게 인식되며 아동의 권리가 법적으로 수용되기 어려운 문화적 특성을 지니고 있다. 가정에서는 자녀에 대한 부모의 훈육권이, 학교에서는 학생에 대한 교사의 징계권이 일방적으로 보장되어 있는 우리의 현실에서 때리는 부모나 구타하는 교사에 대항하여 아동의 매맞지 않을 권리를 옹호하며 구타하는 부모나 교사를 처벌한다는 것이 사회 통념상 수용되기 어려운 것이 사실이다.

아동학대의 대표적 유형으로서 신체적 학대인 체벌의 경우에도 서구 사회에서는 이미 19세기 말이나 20세기 초에 법적으로 금지되었으나 우리나라에서는 매를 드는 것이 훈육인가 아니면 학대인가, 체벌이 교육적인가 아니면 비교육적인가에 대한 사회적 합의가 이루어지고 있지 못하다. 특히 1960년대 이후 성공적인 가족계획의 결과 대부분 2명 이내의 자녀를 기른 가정에서 과잉보호나 버릇없는 자녀에 대한 훈육의 방편으로 그리고 교육현장에서 이기적이고 교사의 말을 듣지 않는 학생에 대한 통솔방법으로 사랑의 매라는 미명 아래 체벌은 보편화되어 때리는 부모나 교사가 비난의 대상 또는 처벌의 대상이 되지 않는다는 사회적 관념이 널리 수용되고 있는 현실이므로 아동학대를 아동 권리의 차원에서 접근하기가 더욱 어려운 것 또한 우리의 현실이다.

대한민국 어린이헌장은 모든 어린이가 차별 없이 인간으로서의 존엄성을 지니고, 나라의 앞날을 이어나갈 새 사람으로 존중되며, 바르고 아름답고 씩씩하게 자라야 하며, 학대를 받거나 버림을 당해서는 안 되고 나쁜 일과 힘겨운 노동에 이용되지 말아야 한다고 다짐하고 있다.

그럼에도 불구하고 오늘날 어린이들이 매일 가정과 학교에서 폭력에 시달리며, 유괴, 약물의 유혹과 성폭력의 희생물이 되고 있고, 어린이들의 성장 발달을 보장해 주어야 할 가정을 상실하거나 가정으로부터 소외됨으로써 발생되는 소년소녀가장가정의 아동 또는 가출아동, 기아 등이 사회적 문제가 되고 있는 것이 우리의 현실이다.

아동의 생존, 보호, 발달을 포함한 아동의 최선의 이익을 고려하여 아동을 보호의 대상뿐만 아니라 적극적인 권리의 주최로 인정한 "아동의 권리에 관한 국제협약"이 1989년 유엔총회에서 만장일치로 채택된 것은 2000년대를 향한 인류사에서 아동의 권리를 신장하고 보장하기 위한 하나의 기념할 만한 국제사회 노력의 결과라고 할 수 있다. 우리나라도 1991년 11월 20일 동 협약에 서명 비준한 바 있으나 시민사회에 대한 홍보 부족과 정부의 실천의지 미흡으로 일부 관련 단체나 전문연구기관을 제외하고는 아동의 권리에 관한 일반적 인식이 매우 미약한 단계에 있다.

이와 같은 현실에서 우리의 당면과제는 국제법의 효력을 지닌 아동의 권리에 관한 국제협약의 당사국으로서의 우리나라 정부와 민간단체가 동 협약을 널리 시민사회에 홍보하여 아동의 권리를 보호하며 신장하기 위한 국민적 공감대를 형성해야 한다. 또는 국내법에 저촉되거나 결여된 아동의 조항을 보완해야 하며 무엇보다도 미래를 짊어질 오늘의 어린이들의 권리를 인식하고 적극적으로 보호하기 위한 법적 · 제도적 개선이 선행되어야 할 것이다.

이 논문은 아동의 권리에 관한 역사적 발전과정, 아동의 권리에 관한 국제협약의 주요 원칙과 내용, 우리나라 정부의 유보사항, 정부의 국가보고서에 대한 국제아동권리위원회의 권고사항, 국내법과의 비교 등을 상술함으로써 우리나라의 법적, 제도적 보완과 개선을 촉구하는 것이 목적이다.

가장 감수성이 강한 시기에 기본적 욕구가 무시되고 기본권을 침해받는 경험을 학습한 이들이 타인의 권리를 존중하는 민주시민으로 성숙하기를 기다리기는 매우 힘들 것이다. 그럼으로 이와 같이 중요한 아동의 권리는 아동의 일차적 환경인 가정에서 부모나 형제들에 의해서 학습되어야 하며 학교에서 교과과정을 통해 교사로부터 배워야 하고 무엇보다도 아동 자신들이 스스로 권리의 개념을 배우고 이해하며 그 권리를 지키기 위한 힘을 길러야 할 것이다.

한편 국가와 민간단체는 아동의 권리에 관한 국제협약의 원칙과 내용을 준수하며 이를 실천하기 위한 국민적 인식의 제고를 위한 홍보, 과감한 정책적 배려, 관련법의 보완과 실천을 위해 최선의 노력을 다해야 할 것이다.

II. 아동의 권리에 관한 국제협약

1. 아동의 권리를 위한 국제사회의 노력

아동권리사상은 1922년 아동복리회(Save the Children Fund)의 창설자인 애글란타인 잽(Eglantyne Jebb) 여사에 의해 성문화된 아동권리선언(Declaration of the Rights of the Child)으로부터 싹이 텄다. 그는 "인류는 아동들에게 주어야 할 최선의 것을 돌려주어야 한다"고 주장하였으며 1924년 9월 26일 국제연맹(League of Nations)은 그의 선언문을 전문과 5개조로 된 '아동권리에 관한 제네바선언(Declaration of Geneva)'으로 채택하였다.

이어 1959년 11월 20일 국제연합은 아동의 최선의 이익을 보장하기 위한 전문 10개조로 이루어진 '유엔 아동권리 선언(UN Declaration on the Rights of the Child)'을 채택하였으며 1959년 유엔아동권리선언 채택 20주년 기념의

해인 1979년을 유엔이 정한 '세계아동의 해'로 선포함으로써 아동에 관한 지구촌의 관심을 불러일으켰다.

유엔이 채택한 아동권리선언은 다른 국제기구에도 큰 영향을 주게 되었다. 1959년 유엔총회보고서에는 아동권리선언의 목적 수행을 위해 유엔산하기구인 유니세프(UNICEF)가 그 임무를 담당하고 있음을 밝히고 있으며 여성차별철폐협약(Convention on the Elimination of All Forms of Discrimination Against Women) 제5조는 "가정교육은 사회적 기능으로서의 모성에 대한 올바른 이해와 그들 자녀양육과 발달은 남녀 공동의 임무라는 인식과 그리고 모든 경우에서 아동의 최선의 이익이 우선적으로 고려되어야 한다는 사실"을 보장하였다. 또한 위탁양육과 입양 관련 1986년 UN선언(1986 UN Declaration relating to Foster Placement and Adoption) 제5조는 "아동 자신의 친부모 이외의 대리보호에서 아동의 최선의 이익, 특히 안정과 지속적인 보호를 받을 권리와 애정의 욕구가 최우선적으로 고려되어야 한다"고 명시하고 있다.

아동의 생존, 보호, 발달을 포함한 아동의 최선의 이익이 우선적으로 고려되고 아동의 적극적인 권리가 가장 두드러지게 나타난 것이 1989년에 유엔총회에서 만장일치로 채택된 아동의 권리에 관한 국제협약이다. 1959년에 유엔아동권리선언이 채택되고 각국의 인권 관련 법안들이 입법화되었음에도 불구하고 세계 도처에서 아동학대와 착취, 빈곤과 질병 등으로 고통은 계속되었다. 이에 폴란드를 중심으로 한 '아동의 권리에 관한 국제협약'의 제정추진이 1979년 11월 20일 유엔 총회에서 결의되었고 1979년 '세계아동의 해' 10주년을 기념하여 1989년 11월 20일 마침내 유엔은 전문 및 54개조로 된 '아동의 권리에 관한 국제 협약(Convention on the Rights of the Child)'을 만장일치로 채택하였다. 동 협약은 1990년 9월 2일을 기해 세계 20개국 이상의 비준을 받아 국제법의 효력을 갖게 되었으며 2000년 현재 세계 191개국이 비준함으로써 인류사상 가장 많은 국가가 비준한 국제협약이 되었다.

한편 개발도상국의 고통받는 아동들의 문제를 해결하기 위한 국제사회의 또 하나의 노력은 인류사상 최초로 '아동'이라는 단일 주제하에 1990년 9월 29, 30일 양일간 뉴욕에서 개최된 '아동을 위한 세계정상회담(World Summit for Children)'이었다. 전세계 71개국 국가원수들을 포함한 158개국 대표들이 참석한 '아동을 위한 세계정상회담'에서는 1990년대 아동의 생존, 보호, 발달을 위한 세계선언과 국가 행동계획을 만장일치로 채택하였다.

전세계 아동들의 생존, 보호, 발달을 위한 국제사회의 합의에 의해 채택된 국가행동계획(National Plan of Action)은 제1장 서문(제1조~제6조)에서 각국 정부, 국제기구 및 민간단체들이 개별 국가나 지역의 특성을 고려하여 예시된 7개 사항의 1990년대 아동발달을 위한 행동목표를 설정하는 세부지침을 명시하고 있다.

제2장 아동의 생존, 보호, 발달을 위한 구체적 실천계획(7~32조)은 아동의 권리에 관한 국제협약, 아동보건, 식품과 영양, 여성의 역할과 모자보건 및 가족계획, 가정의 역할, 기초교육과 문맹률, 역경에 처한 아동, 전쟁시의 아동 보호, 빈곤과 환경, 빈곤 퇴치와 경제성장의 촉진 등에 대한 내용을 기술하고 있다.

제3장 보완조치와 감시(제33조~제36조)는 각국 정부가 1990년대 행동계획을 수립할 것과 국제적 차원에서의 유엔 관련 기구를 포함한 국제기구들의 목표달성을 위한 지원을 촉구하는 내용으로 되어 있다. 아동의 생존, 보호, 발달을 위한 1990년대의 7대 목표는 ① 유아사망률의 감소(1990년 대비 1/3 또는 1,000명당 40~70명) ② 산모 사망률의 50 % 감소 ③ 5세 이하 아동의 영양실조율 50% 감소 ④ 깨끗한 식수공급과 위생처리 시설 보급 ⑤ 학령기 아동의 초등교육 이수율 80% 달성 ⑥ 여성을 중심으로 성인문맹률 50% 감소 ⑦ 특별히 어려운 여건에 처한 아동의 특별보호이다.

2. 아동의 권리에 관한 국제협약의 원칙과 내용

전세계 아동들의 생존, 보호, 발달을 위한 최근의 특기할 만한 국제사회의 노력은 1989년 11월 20일 유엔총회에서 만장일치로 채택된 '아동의 권리에 관한 국제협약(Convention on the Rights of the Child)'이라고 할 수 있다. 동 협약은 1990년 9월 2일을 기해 20개국 이상의 비준을 받게 됨에 따라 국제법의 효력을 갖게 되었으며 한국 정부는 1990년 9월 25일에 이 협약에 서명하고 1991년 11월 20일에 이를 비준함으로써 우리나라도 협약의 당사국이 되었다.

아동을 보호의 대상뿐만 아니라 적극적인 권리의 주체로 인식하고 있는 아동의 권리에 관한 국제협약은 무차별의 원칙, 아동의 최선의 이익 우선, 아동의 생존, 보호, 발달 및 아동의 참여라는 4개의 주요 원칙을 중심으로 아동의 권리를 다음과 같이 구분하여 명시하고 있다.

① 생존의 권리 : 적절한 생활 수준을 누릴 권리, 의료 서비스를 받을 수 있는 권리

② 발달의 권리 : 교육, 놀이, 여가, 정보를 누릴 권리, 문화활동, 사상, 양심, 종교의 자유를 누릴 권리

③ 보호의 권리 : 각종 착취와 학대, 가족과의 인위적인 분리, 형법 등의 폐습으로부터 보호받을 권리

④ 참여의 권리 : 자신의 의사를 표현할 자유와 자기 생활에 영향을 주는 일에 대하여 말할 수 있는 권리, 책임감 있는 어른이 되기 위해 아동 자신의 능력에 부응하여 적절한 사회활동에 참여할 기회를 가질 권리

아동의 권리에 관한 국제협약은 전문과 54개조로 되어 있으며 본문 54개조는 제1부(제1조~제41조), 제2부(제42조~제45조), 제3부(제46~제54조)로 구성되어 있다.

본문 제1부는 제1조~제41조로 되어 있으며 주요 내용은 다음과 같다.

1) 협약의 대상인 아동을 18세 이하의 자(제1조)로 정의하고, 출신이나 성별을 포함한 무차별의 원칙(제2조), 아동의 최선의 이익 우선(제3조)을 명시

2) 아동을 보호의 대상뿐만 아니라 적극적인 권리의 주체로 규정하며 아동의 생명권(제5조), 아동이 국적을 가질 권리(제7조), 표현, 종교, 집회의 자유(제13조~제15조), 고문이나 사형 또는 무기형금지(제37조) 등의 시민의 권리에 관한 적극적 보장

3) 부모로부터의 분리제한(제9조), 불법해외 이송금지(제11조), 부모나 보호자의 양육책임(제18조), 아동학대로부터의 보호(제19조), 요보호아동에 대한 국가보호(제20조), 입양에서 아동의 최선의 이익 우선(제21조) 등 가정환경 보호

4) 아동의 생존과 발달의 보장(제6조), 장애아보호(제23조), 건강관리, 질병과 영양실조퇴치, 산모보호, 가족계획, 유해한 전통관습의 폐지(제24조), 사회보장권(제24조), 탁아 서비스 제공(제18조) 등 제반 아동복리 보장

5) 의무교육(제28조), 여가 및 문화적 활동 보장(제32조)

6) 난민아동(제22조), 전쟁시의 아동(제32조) 등 위급한 상황에 처한 아동보호, 체포나 구금(제37조) 및 형사 피의자(제40조)가 된 아동의 권리보호, 아동의 노동력 착취금지(제32조), 성적 학대(제34조), 마약으로부터의 보호(제32조) 등 아동학대로부터 보호받을 권리를 규정하고 있다.

협약 제2부는 제42~제45조로 구성되었고 국가의 시민사회에 대한 협약홍보의 의무(제42조), 가입 후 2년 이내 그리고 그 후 매 5년마다 협약의 이행 여부에 대한 국가보고서 제출의무(제44조), 4년 임기의 10인의 위원으로 구성되는 유엔아동권리위원회 설치 운영(제43조) 등을 규정하고 있다.

협약 제3부는 제46~제54조로 구성된 보측 성격의 내용으로 협약의 비준, 공개, 유보사항, 협약의 폐기 등에 대한 보충설명을 규정하고 있다.

아동의 권리에 관한 국제협약의 특징은 첫째로 종래의 아동의 권리에 관한 선언적 내용과는 달리 구속력이 있는 아동의 권리를 구체적으로 제시하

였다는 데 있다. 둘째로 협약은 아동을 소극적 보호의 대상으로만 규정하던 과거의 아동권리에서 탈피하여 적극적인 권리의 주체로 규정하고 있다. 셋째로 협약은 정부 및 민간 차원에서의 아동의 최선의 이익을 우선하는 원칙을 규정하고 있으며 끝으로 아동의 적극적 권리로서의 의사표시권과 자기결정권을 보장하고 있다.

지금까지 살펴본 아동의 권리에 관한 국제협약의 주요 내용을 우리의 법적, 제도적 현실에 비추어 볼 때 국내법상 차이가 있거나 우선적으로 고려해야 할 사항들은 아래와 같이 설명될 수 있다.

1) 무차별의 원칙(협약 제2조)에서 우리나라 최저 혼인 연령이 남자는 18세, 여자는 16세(민법 제807조)로 차이가 나며, 국내법이 국내 거주 외국인 아동을 포함하지 않고 있다.

2) 부모로부터의 분리 제한(협약 제9조)에서 입양 및 친권상실 선고시 15세 미만 아동의 의사표시권(민법 제924조) 및 아동의 부모 면접권(민법 제837의 2)이 보장되지 않고 있다.

3) 표현의 자유(협약 제13조)에서 우리의 경우는 특수상황하에서의 표현의 자유가 일부 제한되고 있다(헌법 제37조).

4) 폭력, 학대, 착취로부터의 아동보호(협약 제19조)는 최근 가정폭력방지법, 아동복지법 개정 등으로 크게 보완되었으나 가해자의 치료, 교육 명령 등 일부 보완이 필요하다.

5) 난민아동보호(협약 제22조)에서 우리나라는 난민아동보호에 관한 법적 별도 조항이 없으며, 근로시간 및 근로조건(협약 제32조)에서 근로기준법 비적용자에게는 최대 근로시간 등의 규제가 없다.

3. 유보사항과 권고사항

우리나라 정부는 1991년 11월 20일 아동의 권리에 관한 국제협약을 비준함에 있어 국내법과 모순되는 3개 조항을 유보하였으며 그 내용은 다음과 같이 요약할 수 있다.

첫째, 협약 제9조 제3항의 '자녀의 부모면접권 보장'으로 우리나라는 부모의 면접권(민법 제837조 제2항)만을 보장할 뿐 아동의 부모면접권이 보장되어 있지 않다.

둘째, 협약 제21조 가항의 '입양의 절차'로서 협약은 관계당국의 허가를 통한 입양만을 인정하나 우리나라 민법은 당사자의 합의나 호적법에 따른 입양신고로 입양이 가능하기 때문이다(민법 제869조, 제878조, 호적법 제66조).

셋째, 협약 제40조 제2항 나호의 '상소권의 보장'으로 우리나라는 비상계엄과 군사재판에서 단심재가 인정되고 상소권이 제한되고 있기 때문이다(헌법 제110조 제4항 및 군사법원법 제534조).

한편 협약 제44조에 따라 정부는 1994년 11월 8일 정부의 제1차 국가보고서를 유엔아동권리위원회에 제출하였고, 동 위원회는 민간단체에 의해 제출된 비정부기구 국가보고서를 참조하여 1996년 1월 18~19일 양일간 한국 국가보고서를 심의하고 그 결과를 통보하였으며 이를 요약하면 다음과 같다.

1) 국가보고서 심의에 참석한 한국측 대표는 협약 유보사항의 조속한 철폐를 약속하였고 국가행동계획(National Plan of Action)이 1992년~1996년의 제7차 사회경제 개발계획에 포함되었음을 언급하였다.

2) 유엔아동권리위원회는 협약의 이행을 위한 독립된 감시체제로서의 아동권리에 관한 옴브즈맨제도 설치, 입양에서의 아동에 대한 최선의 이익고려, 국가보안법이 아동에 미치는 영향, 혼혈아의 차별문제, 국제결혼한 한국인 모의 자녀 국적 취득권, 아동의 미디어에 대한 접근권, 가정 내의 아동학대와 방임, 근로아동에 대한 국제노동기구(ILO) 협약 서명, 청소년 법원 등에 관하여 질의하였다.

III. 아동의 권리에 관한 국제협약과 국내 관련법

1. 아동의 권리에 관한 국제협약과 국내 관련법의 비교

아동의 권리에 관한 우리나라의 관련법에는 아동복지법을 비롯한 헌법, 민법, 형법, 형사소송법, 소년법, 국민기초생활보장법, 유아교육진흥법, 가정폭력범죄의 처벌 및 피해자보호 등에 관한 법률, 입양촉진 및 절차에 관한 특례법, 성폭력범죄 처벌 등에 관한 특례법, 모자보건법, 근로기준법 등을 열거할 수 있다.

그러나 아동을 학대나 방임으로부터 적극적으로 보호하며 아동의 권리를 보장함에 있어 국내법은 구체적이지 못한 편이다. 비록 형법 등에서 아동학대와 방임에 대한 처벌 규정을 찾아볼 수 있으나 우리나라 현실에서 법적으로는 처벌의 사항이 되지만 살인, 성적 폭행, 폭행치사 등의 극단적인 경우 또는 아동을 학대한 자가 신분적인 관계가 없는 타인의 경우 이외에는 현실적으로 처벌되는 실례가 거의 없다.

아동의 생존, 보호, 발달을 포함한 아동의 권리에 관련된 국내법의 보완 또는 개정을 위해 아동의 권리에 관한 국제협약의 제1부에 해당하는 40개 조항을 우리나라의 관련법과 비교 검토하면 다음과 같다.

〈표 14-1〉 국제협약과 우리나라 관련법과의 비교

아동의 권리에 관한 국제협약	국내 관련법	비고
제1조(아동의 정의) 18세 미만인 자	아동복지법 제2조 : 18세 미만인 자로 민법 제4조 : 20세 미만을 미성년자로 소년법 제2조 : 20세 미만을 소년으로 민법 제807조 : 혼인연령 남18, 여16세	국내법상 18세 미만자를 보호의 대상인 아동으로 보고 있음
제2조(무차별의 원칙) - 자국관할 내의 모든 아동 포함 - 가족신분으로 인한 차별금지	헌법 제11조 : 모든국민은 법 앞에 평등 헌법 제13조 : 친족행위로 인한 불이익 처분금지 아동복지법 제3조 : 무차별의 원칙	국내 거주 외국인 아동에게도 협약적용
제3조(아동의 최선의 이익) - 아동의 최상 이익 우선 고려 - 아동보호를 위한 모든 입법적, 행정적 조치를 취할 의무 - 아동을 위한 시설의 안전기준	아동복지법 제3조 : 아동 이익의 최우선 고려 동법 제4조 : 국가의 아동건강,복지 보장의 책임 동법 제9조 : 아동의 건강 및 안전 동법 제10조 : 보호조치 동법 제14조 : 아동복지시설 설치 동법 제21조 : 시설개선, 폐쇄와 사업정지 유아교육진흥법 제7조 : 건강진단 동법 제12조 : 지휘감독	
제4조(당사국의 협약실천의무)		
제5조(부모 등의 책임)	민법 제913조 : 친권자의 보호,교양 권리와 의무 아동복지법 제4조 : 부모의 책임 청소년보호법 제3조 : 가정의 역할	
제6조(생명권) - 아동의 생명존중 - 아동의 생존과 발전보장의무	소년법 제59조 : 18세 미만인 자에 대한 사형, 무기형금지	
제7조(성명 및 국적권) - 아동의 성명 및 국적에 대한 권리보장 - 무국적 방지의무	국적법 제2조 : 출생에 의한 국적취득 동법 제3조 : 인지에 의한 국적취득 동법 제8조 : 부 또는 모의 귀화에 의한 취득 동법부칙 제7조 : 부모혈통주의 국의 경우 모계 출생자에 대한 국적취득 특례	
제8조(신분보존권)	국적법 제3조 : 인지에 의한 국적취득	

- 국적, 성명, 가족관계 등 아동의 신분보존권 보장 - 상실된 신분회복 지원의무	민법 제863조 : 인지청구의 소	
제9조(부모로부터의 분리제한) - 아동의 의사에 반한 분리금지 - 분리결정과정의 모든 이해당사자의 의사표시권 - 아동의 부모면접권 보장 - 구속사실 등에 관한 국가의 통보 의무	민법 제924조 : 법원에 의한 친권상실 선고 동법 제837조 : 친권행사자 및 양육자 지정 동법 제837조 : 부모의 자녀면접교섭권 보장 형사소송법 제87조 : 구속 사실의 통지	
제10조(가족재결합을 위한 출입국) - 가족재결합을 위한 출입국 보장 - 타국 거주 부모와의 관계유지권	헌법 제14조 : 거주이전의 자유 출입국관리법 제3조 : 국민의 출국 동법 제6조 : 국민의 입국	
제11조(아동의 국외불법 이송) - 아동의 국외불법 이송금지 의무 - 이를 위한 양자조약체결 및 다자조약 가입의무	형법 제289조 : 국외이송을 위한 약취, 유인죄 입양촉진 및 절차에 관한 특례법 제18조 : 벌칙	
제12조(의사표시권) - 자신에 관한 사항에 대한 아동의 의사표시권 보장 - 아동 관련 사법적, 행정적 절차에 있어서의 아동의사표시권 보장	민법 제924조 : 친권상실 민법 제869조 및 입양촉진 및 절차에 관한 특례법 제6조 : 15세 이상자의 입양에 있어 의사표시권 아동복지법 제10조: 보호조치와 동법 제13조 후견인 선임시의 아동 의사 존중	15세 미만인 자의 입양 및 친권상실에 있어 아동의 동의나 의사표시권 없음
제13조(표현의 자유) - 아동의 표현 및 정보취득의 자유보장 - 필요한 경우 1항의 권리제한 가능	헌법 제21조 : 언론 · 출판의 자유 헌법 제37조 : 기본권의 제한 헌법 제77조 : 비상계엄하의 제한 형법 제243조 및 제244조 : 음화 등의 반포, 제조금지	
제14조(사상 · 양심 · 종교의 자유) - 아동의 사상 · 양심 · 종교 자유 - 부모의 감독권 및 의무존중	헌법 제19조 : 양심의 자유 헌법 제20조 : 종교의 자유 민법 제913조 : 친권자의 보호 교양 권리의무	

- 경우에 따른 종교자유 제한	미성년자 보호법 제32조 : 친권자 의무 헌법 제37조 : 기본권 제한
제15조(결사 · 집회의 자유) - 아동의 결사 및 평화적 집회의 자유보장 - 경우에 따른 제한	헌법 제21조 : 집회, 결사의 자유 집회 및 시위에 관한 법률 제3조 : 평화적 집회 및 시위 방해 금지 헌법 제77조 : 집회, 결사 자유의 제한
제16조(사생활의 보호) - 아동의 사생활, 가정, 주거. 통신에 대한 자의적, 위법적 간섭금지 및 아동의 명예나 신망에 대한 위법적 공격금지와 이와 같은 간섭이나 공격으로부터 법의 보호를 받을 권리	헌법 제16조 : 주거의 보장 헌법 제17조 : 사생활의 비밀과 자유 헌법 제18조 : 통신의 비밀 헌법 제21조 : 언론출판에 의한 명예나 권리침해금지 헌법 제38조 : 가정생활보호 헌법 제309조 : 명예훼손죄 헌법 제316조 : 비밀침해죄 헌법 제319조 : 주거 침입죄 헌법 제320조 : 특수주거침입죄 우편법 제51조 : 서신의 비밀침해의 죄
제17조(정보접근권)	
제18조(부모의 양육책임) - 아동성장 발달에 관한 부모 공동책임 - 이를 위한 국가 지원 - 맞벌이부부 자녀를 위한 시설 설치	민법 제909조 : 부모 공동의 친권행사 민법 제913조 : 친권자의 자녀보호, 교양 의무 모자복지법 제2조 : 국가 등의 책임 아동복지법 제4조 : 책임 유아교육진흥법 제3조 및 제4조 : 국가와 지방자치단체의 임무
제19조(폭력, 학대, 착취) - 폭력, 학대, 착취 등으로부터의 아동보호 - 이를 위한 사회계획 수립	아동복지법 제23조 : 긴급전화 설치 동법 제24조 : 아동보호전문기관의 설치 동법 제25조 : 아동보호전문기관의 업무 동법 제26조 : 신고의무와 절차 동법 제27조 : 응급조치의무 동법 제29조 : 금지행위 청소년보호법 제26조 : 학대행위금지 가정폭력범죄의 처벌 등에 관한 특례법 성폭력범죄의 처벌 및 피해자보호 등에 관한 법률 형법 제257조(상해죄), 제271조(유기죄), 제273조(학대죄), 제274조(아동혹사죄),

	제283조(협박죄), 제288조(영리를 위한 약취.유인죄), 제297조(정조에 관한 죄)	
제20조(결손가정 아동특별보호) - 가정이 없는 아동에 대한 국가의 특별보호 및 지원 - 국가의 대안마련 - 대안의 경우 아동의 인종적, 종교적, 문화적, 언어적, 배경 고려	아동복지법 제10조 : 보호를 필요로 하는 아동 보호조치, 시설보호 입양촉진 및 절차에 관한 특례법	
제21조(입양) - 입양이 아동의 최선의 이익에 합치되어야 함 - 당국의 허가 - 해외입양은 국내입양의 차선책이어야 함 - 해외입양 관련자의 부당한 금전적 이득금지 - 양자 또는 다자간 국제협정 체결	입양촉진 및 절차에 관한 특례법 아동복지법 제29조 : 금품을 목적으로 아동의 양육을 알선하고 금품을 취하는 행위금지	
제22조(난민아동보호) - 난민아동의 인도적 보호 - 난민아동지원 및 가족재결합		출입국관리법 제16조의 2(난민임시상륙허가) 외에 별도 보호 규정이 없으며 우리나라는 난민의정서에 가입하지 않았음
제23조(장애아동의 보호) - 장애아의 생활보장권 - 장애아 특별보호 및 장애아와 부모에 대한 지원장려 - 장애아교육, 훈련, 건강보호, 재활 및 사회 진출 대비 - 장애아에대한 의학적, 심리적, 기능적 처치 관련 정보의 국제교류 촉진	헌법 제34조 :장애자 보호 아동복지법 제4조 : 장애아보호 책임 장애인 복지법 교육법 제143조, 제145조 : 장애인 교육 및 훈련	

제24조(건강 및 의료지원) - 건강 및 의료지원에 대한 아동의 권리 - 유아사망률 감소 - 의료지원 및 건강관리 - 질병 및 영양부족의 치유 - 산전, 산후 임산부건강관리 - 건강 및 영양, 환경, 위생 등에 대한 지식 보급 - 부모지도, 가족계획교육 - 아동건강에 위해한 전통관습 폐지 - 이를 위한 국제협력 촉진	헌법 제36조 : 건강보호 아동복지법 제9조 : 아동의 건강 및 안전 관리 의료보호법 국민기초생활보장법 제7조 : 의료보호 모자보건법, 학교급식법, 학교보건법, 전염병예방법	
제25조(양육지정 아동의 권리) - 양육지정 조치한 아동의 치료 및 기타에 대한 정기적 심사 실시	아동복지법 제7조 : 아동복지지도원의 업무 동법 제30조 : 아동복지시설 등의 조사	
제26조(사회보장권) - 아동의 사회보장권 - 급부시 고려사항		우리나라는 국내 사회보장제도에 외국 아동을 배제하고 있음
제27조(생활 수준 향유권) - 적정한 생활 수준에 대한 아동의 권리 - 이를 위한 부모의 책임 - 국가의 지원의무 - 부모 등으로부터의 아동 생계비 확보 조치	헌법 제34조 : 인간다운 생활을 할 권리 국민기초생활보장법 제8조 : 생계보호 모자복지법 제12조 : 복지급여, 생계비, 양육비 지원 동법 13조 : 복지자금 대여	
제28조(피교육권) - 교육의 기회균등권 - 초등학교 의무교육 - 각종 중등교육의 추진 - 고등교육 기회부여 - 교육 및 직업 관련 정보 및 지침 보급 - 등교 고취와 중도탈락방지	헌법 제31조 및 교육법 제9조 : 교육권, 무상의무교육 교육법 제100조~제104조 : 중등교육 동법 제104조~제107조 : 고등교육 동법 제108조~제128조 : 대학교육 동법 제129조~제135조 : 기술교육	

- 학칙운영 등에 있어 본협약 내용 준수 - 문맹률 감소 등 교육에 관한 국제협력 강화	동법 제158조~제162조 : 장학제도	
제29조(교육의 목표) - 교육의 목표 - 교육기관 설치 및 기준	교육법 제94조 : 초등학교 교육의 목표 동법 제101조 : 중학교 교육의 목표 동법 제105조 : 고등학교 교육의 목표 교육법 제62조 : 학교의 설립 사립학교법 제3조 : 사립학교의 설립	우리나라는 사립학교법 제3조에 의거 법인만이 정규학교 설립 가능
제30조(소수자 · 원주민 아동의 보호)		
제31조(휴식 · 여가 · 문화활동) - 아동참여권 - 균등한 기회 부여	헌법 제22조 : 예술의 자유	
제32조(소년노동) - 경제적 착취와 위험 또는 위해한 노동으로부터의 보호 - 최저노동연령 - 근로시간 및 근로조건 규제 - 제재조치	근로기준법 제50조 : 13세 미만자의 고용금지, 동법 제51조: 18세 미만자의 유해 · 위해한 고용금지 아동복지법 제29조 : 아동구걸행위, 아동을 이용한 홍행, 성매매행위금지 청소년보호법 제24조 : 유해업소 고용금지 동법 제26조 :착취나 이용의 금지 동법 제18조 : 14세 미만자의 접객업소 근무금지 근로기준법 제53조~제58조 : 미성년자의 근로계약 감독, 13세 이상 18세 미만자의 근호시간, 야간작업 금지, 갱내 근로금지 교육법 제97조 : 초등학교 취학연령아동의 교육에 방해되는 노동금지 근로기준법 제109조 : 위반시 벌칙	우리나라는 ILO협약에 서명하지 않았으며 5명 이하 사용자 등 근로기준법 비적용자에게는 최대 근로시간 등의 규제가 없음
제33조(마약으로부터의 보호)	형법 제198~제206조 : 아편 등의 제조, 소지, 장소제공, 상습범, 제재 대마관리법 제3~제4조 : 취급, 행위금지 동법 제12조 :중독자 보고, 치료보호 향정신성의약품관리법 제3조~제5조 : 행위의 금지, 취급의 금지 또는 제한	

제34조(성적 착취와 학대) - 성적 활동 종사의 유인, 강제 금지 - 매음 기타 성적 활동에 아동 이용금지 - 외설공연, 자료 등에 아동 이용 금지	형법 제242조 : 음행매개죄 형법 제244조 : 음화 등의 제조금지 아동복지법 제29조 : 성학대, 음행매개 행위금지 성폭력범죄의 처벌 및 피해자보호자에 관한 법률 제8조 : 13세 미만자 및 장애아에 대한 음행매개죄, 음화 등의 제조금지 윤락행위 등 방지법 제4조~제6조 : 윤락행위, 유인, 매개금지
제35조(아동의 약취 유인 · 매매 · 거래 금지)	형법 제287조 :미성년자 약취,유인자 처벌 형법 제288조 :영리 등을 위한 약취, 유인 매매자 처벌 형법 제289조 : 국외이송을 위한 약취, 유인,매매자 처벌 아동복지법 제29조 : 아동매매, 불법알선 금지
제36조(기타 형태의 착취금지)	아동복지법 제29조 : 각종행위 금지
제37조(아동 고문, 사형금지) - 18세 미만자에 대한 사형. 종신형금지 - 아동의 신체적 자유박탈 금지 - 성인과의 분리 처우 및 가족과의 연락 보장 - 이의제기권 및 법률구조 등 보장	헌법 제12조(고문금지), 형법 제125조(폭행이나 가혹행위금지), 소년법 제59조(18세 미만자에 대한 사형, 무기형 배제), 헌법 제12조(신체의 자유), 소년법 제57조~제58조(소년법 심리의 분리 및 친절대우), 형사소송법 제89조(피구속자의 접견권 보장), 행형법 제2조~제3조(미성년자의 분리수용), 소년원법 제8조(소년원에서의 분리수용), 헌법 제12조(변호인의 조력을 받을 권리, 구속적부심 청구권), 형사소송법 제33조(미성년자에 대한 국선변호), 동법 제338조(상소권 보장)
제38조(무력분쟁시의 아동보호) - 국제인도법 준수 - 15세 미만자의 적대행위 개입금지 - 15세 미만자의 징집금지 - 무력분쟁시 아동보호조치	병역법 제8조 : 18세 이상의 남자만 제국민역 편입 동법 제11조 : 현역병 입영은 19세 이상 동법 제19조 : 17세 이상자는 지원병 응모 가능 민방위 기본법 제17조 : 민방위대 편성 대상은 20세 이상자로 함

제39조(피해아동의 사회복지 지원)	아동복지법 제10조 : 보호를 필요로 하는 아동의 보호 조치	
제40조(소년범의 보호) - 소년범의 처우 - 소급입법에 의한 처벌금지 - 유죄 판정기까지의 무죄추정 - 통보 및 법률구조 제공 - 사법당국의 적법절차에 의한 판결 - 증언이나 자백을 강요하지 않음 - 상소권의 보장 - 아동의 사생활 존중 - 소년범에 적용되는 특별절차 수립	헌법 제27조 및 형사소송법 제275조 : 형사피고인의 무죄추정 헌법 제12조 : 체포구속의 통지와 형사상 불리한 진술의 거부권 형사소송법 제72조, 제33조 : 구속 이유 고지와 미성년자에 대한 국선변호 형사소송법 제148조, 제161조, 제163조, 제338조 : 불리한 증언의 거부권, 증인 신문의 방식, 당사자의 증인신문 참여권, 상소권의 보장 소년법 제24, 제32조 : 불공개 원칙과 보호처분 형사소송법 제180조 : 통역의 보장	우리나라는 협약비준시 협약 제40조를 유보하였으며 그 이유는 헌법 제110조 제4항과 군사법원법 제534조에서 비상계엄하 특수사건에 대한 단심제이며 상소권이 보장 안 됨
제41조(협약과 상치되지 않는 국내 · 국제법령 존중)		
제2부 42조(협약 홍보의 의무)		
제42조(아동권리위원회 설치 및 운영)		
제44조(국가보고서 제출의무) - 최초 2년 내에 보고서 제출 - 이후 5년마다 보고서 제출		
제3부 제46조 ~ 제54조(협약의 서명, 비준, 가입, 효력발생, 개정, 유보, 폐기, 기타)		

2. 아동의 권리에 관한 국제협약과 국내 관련법의 보완

1) 협약 제9조의 1(부모로부터의 분리 제한)

의사에 반한 부모로부터의 아동 분리, 친권상실선고 및 입양결정시에 15세 미만 아동의 동의와 의사표시권 보장(민법 제869조, 제924조)

2) 협약 제9조의 3(부모와의 교섭권 유지)

부모의 아동 면접교섭권에 대한 아동의 부모 면접교섭권의 보장(민법 제837조)

3) 협약 제14조(사상 · 양심, 종교의 자유)

일부 지역의 무시험 진학에 의한 학생의 종교자유 보장

4) 협약 제32조(소년노동보호)

근로조건 등에 있어 근로기준법 비적용 사업장에서의 아동에 대한 최저 근로 연령 등 조건 등의 규제 강화와 정부의 ILO(국제노동기구) 협정 서명

5) 협약 제20조, 제23조, 제27조, 제39조(사회보장 및 사회복지제도)

국내에 있는 외국 국적 아동 포함

6) 협약 제10조(가족재결합)

가족재결합을 위한 출입국 보장(출입국관리법)

7) 협약 제23조(난민아동보호)

출입국관리법상 난민아동보호를 위한 별도 규정 보완과 정부의 난민의정서 가입

8) 협약 제40조(소년범의 보호)

특수상황하에서 아동의 상소권 보장(헌법 제110조 4항, 군사법원법 제534조)

9) 협약 제7조(성명 및 국적권)

이중국적자의 국적선택 및 국적상실에 있어 아동의 의사표시권 보장(국적법 제12조, 제16조)

이를 중심으로 하여 협약의 정신과 내용에 비추어 우리나라 아동의 권리 수준을 일보 진전시키며 협약을 이행하기 위해서는 관계법의 보완을 포함한 다음 몇 가지 사항들이 검토되어야 할 것이다.

1) 정부가 1991년 11월 20일 비준한 협약의 일부 유보사항은 가능한 조속한 시일 내에 철폐되어야 하며 이를 위한 관계법의 보완이 이루어져야 할 것이다.

2) 부모-자녀의 분리시 부모의 자녀 면접권(민법 제837조)에 상당하는 아동의 부모 면접권(협약 제9조)이 보장되어야 한다.

3) 부모의 이혼시 양육과 친권에 관한 15세 미만 아동의 의사표시권(가사소송규칙 제100조)이 보장되어야 한다.

4) 입양에 있어 15세 미만 아동의 의사결정권(협약 제9조)이 보장되어야 한다.

5) 사회문제로 대두되고 있는 학교폭력으로부터 아동들이 보호받을 수 있는 강력한 법적, 제도적 보완이 이루어져야 하며 학교 체벌이 허용되어서는 안 된다.

6) 근로기준법의 적용을 받지 않는 소규모 작업장에서의 아동노동금지를 위한 관계법이 보완되어야 하며 정부는 국제노동기구(ILO) 협약을 조속히 서명해야 할 것이다.

7) 국내 거주 외국인 자녀들에 대한 복지와 권리가 차별 없이 보장될 수 있도록 해야 한다.

8) 협약 제17조에서 규정하고 있는 아동의 미디어 접근권과 유해한 미디어로부터 아동의 보호받을 권리가 보장되어야 한다.

9) 아동복지법의 개정으로 우리나라에 급증하고 있는 어린이 교통사고와 유해한 완구 등 아동용품에 의한 안전사고를 예방하기 위한 안전 기준이 마련되었으나 이의 실천을 위한 시민적 운동이 필요하다.

10) 가정환경을 상실한 소년소녀가장가정에 대한 생활보호, 감독, 지도 등의 복지 서비스가 실시되어야 하며 여성취업률의 증가에 따라 가정탁아를 비롯한 다양한 형태의 탁아 서비스가 제공되어야 한다.

IV. 개정방안 : 아동의 권리와 우리의 과제

우리나라는 1960년대 이후 고도경제성장에 힘입어 세계 11위의 무역국에 속하는 OECD 가입국이 되었으며 유엔개발계획(UNDP)은 지난 30년간 세계 각국에서 이루어진 인간개발(Human Development)의 성과를 평가한 결과 사회개발에 성공한 10개국의 하나로 우리나라를 선정하였으나 경제 우선정책에 따라 복지 분야는 상대적인 열세에 머물러 있으며 소년소녀가장의 문제, 아동유기, 학교폭력, 입시 위주 교육, 아동과 청소년들에게 유해한 미디어 등 해결해야 할 문제가 많은 것이 우리의 현실이다.

선진국에서는 이미 오래 전에 법으로 규제되고 있는 체벌이 우리의 경우 가정과 학교에서 훈육과 혼돈되어 수용되고 있어 자녀에 대한 부모의 훈육권과 학생에 대한 교사의 징계권이 일방적으로 보장되며 부모에 대한 순종과 교사에 대한 존경만이 사회관습적으로 강조되고 있는 우리의 현실에서 국가와 사회의 다짐이며 약속인 어린이헌장이나 청소년헌장은 선언적 의미 이상의 것을 기대하기 어렵다.

대망의 2000년대를 슬기롭게 맞이하기 위해서는 우리의 미래를 짊어질 오늘의 어린이들에 대한 과감한 정책적 배려와 시민사회의 획기적인 인식의 변화가 있어야 하며 무엇보다도 어린이의 복지권, 보호를 받을 권리, 의사결정권과 참여권 등을 포함하여 어린이가 적극적인 권리의 주체가 될 수 있도록 아동의 권리를 보장하고 신장하기 위한 제도적 보완 및 이의 이행을 위한 시민사회의 적극적인 참여가 이루어져야 할 것이다.

● 참고문헌

구자헌. 1968. 『아동복지』. 한국 사회복지연구소.

박균성. 1992. "아동학대의 법적 고찰". 충남지역 아동학대예방협회 세미나 자료집.

보건복지부. 1988. 개정된 대한민국 어린이헌장 및 내용별 취지에 관한 공청회 자료.

이배근. 1992. "아동학대의 범위와 정의". 『국회보』 1992 봄호. 국회사무처.

____. 1993. "한국아동에 대한 신체적 학대의 현황과 대책에 관한 연구". 『동광』. 한국복지재단.

____. 1996. "제적 기준에서 본 한국 아동의 권리". 참여민주사회 시민연대 사회복지특별위원회 세미나 자료집.

유니세프. 1989. 아동의 권리에 관한 국제협약과 한국 아동의 권리. 유니세프 아동의 권리에 관한 전국대회 자료집.

____. 1990. 아동의 권리에 관한 국제협약 워크숍집.

장인협. 1985. 『아동복지론』. 서울대학교 출판부.

정기원. 1994. 『아동권리의 증진을 위한 법적 · 제도적 · 행정적 조치』. 한국보건사회연구원.

청소년단체협의회. 1990. 청소년헌장 개정을 위한 공청회 자료집.

_____. 1990. 『청협』. 1990 봄호.

_____. 1990. 『청협』. 1990 겨울호.

한인섭. 1992. "아동의 보호와 아동의 권리". 한국아동학대예방협회 세미나 자료집.

Costin, B. 1991. *Child welfare*. White Plains. N. Y. : longman.

Newberger, H. 1982. *Child abuse*. Boston, Mass. : Little,. Brown and Company.

UNICEF. 1996. *The best interests of the child*. Child Right- Innocenti Studies.

United Kingdom of Great Britain and Northern Ireland. 1994. *National report of convention on the rights of the child*.

제3부

결론

제15장

21세기 아동복지법 개선방향

정영순* · 김미혜**

I. 서론 : 아동복지법 개선의 필요성

본 연구는 친권제도에 의한 아동복지이념에서 벗어나 아동을 최우선하는 원칙에 입각해 아동에 대한 일차적인 책임은 기본적으로 아동을 보호하는 보호자에게 주어지지만 아동을 양육하고 교육하는 것은 보호자와 국가가 동등한 보호와 책임 아래 수행되어야 한다는 전제하에 아동복지법 개정안을 논의하였다. 또한 개정안에서는 아동을 적극적인 권리의 주체로서 아동의 권리가 구체적으로 제시되도록 시도하였다.

본 개정안 연구에서 아동에 대한 부모의 일차적인 책임을 강조하기 위해 부모 책임에 대한 새로운 개념을 도입한 아동부양법안을 논의하였고, 아동복지법이 아동 중심에서 가족 중심으로 전환되는 핵심 개념으로 가정에서

* 이화여자대학교 사회복지학과 교수
** 이화여자대학교 사회복지학과 교수

돌보는 것이 최선이라는 일반적인 믿음하에 가족지원에 대한 국가의 의무를 규정한 가족지원 관련법에 대해 논의하였다.

또한 소극적으로 보호자가 없는 아동의 보호를 위주로 한 현행법에서 탈피하여 적극적으로 모든 아동의 생존, 보호, 발달의 권리를 보장하도록 기존에 없었던 여러 법들을 추가하였다. 아동학대로부터의 보호를 위한 아동학대방지법, 성적 학대로부터 보호를 위한 아동윤락방지법, 성인과는 구별되는 장애아동의 권리를 보장하기 위해 장애아동보호법, 비행 · 범죄청소년들 보호를 위한 아동비행 · 범죄 관련법에 대해서도 논의하였다. 더 나아가 주요한 생존의 권리로서 모든 아동의 건강과 안전에 관한 법에 대해서도 논의하였다.

여기에만 그치지 않고 보호를 필요로 하는 아동 중심의 현행법들에서 강조되지 않거나 간과된 아동의 최선의 이익 원칙, 아동의 의사표시권과 자기결정권, 그리고 부모로부터 분리제한을 보장하기 위해 반드시 수반되어야 할 법 수정과 보완에 대해서도 논의하였다. 아동은 가정에서 돌보는 것이 아동의 건전한 성장에 최선이라는 전제에서 보면 중대한 결함인 소년소녀가장보호 관련법, 제대로 발전되지 못한 가정위탁 관련법, 그리고 입양의 활성화를 못 시키는 현행 입양법의 보완책이 논의되었다. 아동이 부모로부터 분리되지 않도록 하기 위해서는 시설 및 위탁보호시 아동을 부모에게 돌려보내며 가능한 부모가 아동과 접촉하도록 하는 국가의 의무에 대한 규정이 되도록 논의되었다. 또한 그 동안 무시되어 왔던 아동의 적극적 권리로서의 아동의 의사와 결정을 강조하기 위해 가정위탁과 입양시 자기의 의사표시권과 자기결정권을 보장하는 방향으로 개선안이 논의되었다.

끝으로 가정위탁이나 입양이 안 된 경우 아동이 만일 시설에서 성장하여야 한다면 별도의 공동생활 가정사업시설을 인가하는 것보다는 일반시설에서도 아동이 가정적 분위기를 경험하며 성장하도록 하기 위하여 그룹홈과 같은 시설로 소규모화하고 아동의 다양한 특수한 욕구를 충족시키기 위해 아동복지시설을 전문화하도록 시설 관련법에 대해서도 논의되었다.

II. 아동복지법 개선을 위한 분야별 방향 제시

이러한 방향에서 각 영역에서 제시된 구체적인 아동복지법 신설 및 개선안이 지니는 방향은 다음과 같다.

1. 아동부양법

아동의 양육에 대한 부모의 책임을 일차적으로 부모에게 두더라도 국가는 부모로서의 책임을 법적으로 강화하는 동시에 자녀들에 대한 부모의 책임이 이행되도록 국가의 후견적 기능을 강화하는 것이 중요하다. 그럼에도 우리나라의 경우 아동복지법에서 부모의 자녀에 대한 부양책임이 규정되어 있지 않고 민법에서도 이혼시 또는 혼외출생시 친권자가 아닌 부모가 아동에 대한 부양책임을 갖고 있음을 규정하는 조항이 없다. 이로 인해 이혼 · 혼외출생시 또는 아동양육기피시 부모의 부양책임을 강제화할 수 있는 법적 근거가 전무한 상황이다. 이에 본 연구에서는 부모 책임을 강화하기 위해 민법에서 부모의 양육권리의무를 명시하고, 부모의 결혼상태와 아동과의 동거 여부에 상관없이 부모에게 아동에 대한 부양의무를 부여하며, 무엇보다 이 부양의무는 포기되거나 이전될 수 없다라고 규정한 법 조항을 두도록 제안하였다. 또한 아동복지법에서는 부모의 책임을 규정하고 부모책임 강화에 대한 국가의 의무를 명시하도록 하였다. 또한 부모가 아동을 양육하는 것이 불가능할 경우 아동보호에 대해서 국가의 책임이 있으며, 거주 보호된 아동을 종국에는 부모에게 되돌려 보내야 하는 책임이 국가에 있음을 법에 명시하도록 하였다. 또한 아동부양법을 별도로 제정하여 벌칙강화, 불이행 부모의 소재파악, 양육비지급의 모니터, 양육비 징수 및 배분방안 등 부양의무 불이행 방지 등을 위한 구체적 조항을 포함하도록 제안하였다.

2. 가족지원에 관한 법

아동이 부모로부터 분리되지 않는 것이 아동을 위해 최우선적이라는 전제하에서 가족지원이 아주 중요하다. 그럼에도 우리나라의 경우 아동복지 관련 법인 영유아보육법, 아동복지법, 청소년기본법은 있지만 국가가 아동의 복지를 위해 양육책임을 맡고 있는 가족을 지원해 주는 내용이 들어 있지 않다. 따라서 국가가 제대로 가족지원을 할 수 있도록 하기 위해서는 가족지원 관련법 조항이 아동복지법에 반드시 포함되어야 한다. 이에 본 연구에서는 전체 가족이 공유할 수 있는 아동양육에 필요한 기본적이고 질적인 가족지원의 구체적인 목적이 아동복지법에 명확히 명시되도록 하였다. 가족지원을 위해서 구체적으로 모성보호와 모자보건지원사업의 대상자 확대, 영유아 및 보호를 필요로 하는 아동의 보호 · 육성을 위한 시설확충과 서비스 질적 제고, 모자가족에 대한 보호, 빈곤가족에 대한 생활보장이 전제되어야 함을 제안하였다.

3. 아동의 보건과 안전에 관한 법

아동은 건강하게 출생하여 건전하게 육성되고 안전한 가정 및 사회생활을 영위할 권리가 있다. 따라서 아동권리에 관한 국제협약 전문은 아동의 성장과 복지를 위해서 협약 당사국은 필요한 보호와 원조를 제공할 의무를 지닌다고 천명하고 있다. 그러나 우리나라 아동의 건강과 안전에 관한 법률들은 아동복지법을 위시하여 국민기초생활보장법, 정신보건법, 전염병예방법, 모자복지법, 유아교육진흥법, 영유아보육법, 학교보건법, 학교급식법, 도로교통법 등 다양한 개별 법령이 분산되어 있을 뿐만 아니라 그 법령들의 시행에서도 국가 책임보다는 개인과 가족의 책임이 지나치게 강조되고 있다. 외국의 아동보건과 안전에 관한 법률을 비교해 볼 때, 한국의 법령은 국가 책임을 명시하고 있지만 임의 규정의 형태를 띠기 때문에 아동의 건강권이 확보되지 않고 있으며 국가 책임의 범위도 명확하지 않아 소극적인 차원의 대책으로 일관하고 있다. 이에 본 연구에서는 아동복지법에 아동의 안전에 관한 일반규정을 신설하고 아동안전특별법과 같은 통합적인 법령을 마련하는 것을 제안하였다.

4. 장애아동복지에 관한 법

아동의 장애는 어린 시기부터 장애를 지니고 평생을 살아야 하기 때문에 성인장애인과는 다른 독특한 복지욕구를 가진다. 지금까지 장애아동에 관한 관련법 조항들은 장애인복지법, 특수교육진흥법 등에서 주로 다루어 왔다. 이는 성인과는 다른 특수한 욕구와 특성을 지닌 장애아동이 아동으로서 받을 수 있는 당연한 권리를 보장받기에 미흡한 법체계이다. 이에 본 연구에서는 장애를 가진 아동이라는 시각을 가지고 장애아동의 복지조치가 아동복지법에 법적 근거를 가져 장애아동의 복지와 관련된 법적 내용을 가지는 다른 법에 우선하도록 제안하였다. 아동복지법에 장애아에 관한 법 조항들을 신설하여 보호를 필요로 하는 아동 정의에 '장애아동' 을 독립적으로 규정하고 장애아동이 조기에 재활개입이 가능토록 의료적 서비스를 받을 수 있는 법적 근거를 마련하도록 하였다. 장애아동의 장애 정도와 가족의 부양능력에 따라 아동의 양육방법을 결정할 수 있도록 다양한 지원을 해야 하며 장애아동이 교육을 받을 권리를 아동복지법에 근거를 확보하여 충분한 교육과 직업훈련 및 직업상담을 받을 수 있도록 하였다. 덧붙여 장애아동의 수당확보를 위해 아동복지법에 법적 근거를 두도록 제안하였다.

5. 비행 · 범죄청소년을 위한 법

청소년은 인격이 형성되어 가는 과정에 있으므로 범죄를 저지른 경우라도 정신적으로 성숙되지 못하였을 뿐 아니라 순화 가능성이 있으므로 형벌보다는 교육 · 선도에 그 중점을 두고 성인범과 차별화된 처리절차가 필요하다. 그러나 현재의 아동복지법은 비행 · 범죄소년에 대한 조항이 거의 없다. 따라서 사회 내 처우가 소년법보다는 아동복지법에 근거하여서 이들을 도와주는 것이 시급하다.

이에 본 연구에서는 아동복지법이 아동의 건강한 성장을 도모한다는 측면에서 소년법과 보호관찰법이 모법으로서의 역할을 하도록 제안하였다. 아동복지법에서 보호를 필요로 하는 아동에 비행이나 범죄행위를 한 아동도 포함하도록 규정하고 이들의 보호자에 대한 책임 및 부모교육 · 훈련을 법 조항으로 규정하도록 하였다. 가정 내에 문제가 있을 시에는 가정의 형태를 유지하면서 보호관찰의 수준을 좀더 높이도록 하였다. 국가가 이들에 대해 법적으로 대응하기보다는 교육적으로 대처하도록 교육 · 훈련보호소와 단기보호소로 구분된 보호, 필요에 따라서는 단기치료시설보호 규정을 마련하였다. 또한 대리적 서비스를 받을 대상과 기관을 좀더 확대하기 위해 그룹홈이나 중간의 집(Half-way House), 위탁양육 등도 포함하도록 하였다. 그리고 아동 및 청소년 본인들에게 벌칙을 가할 뿐 아니라 부모들도 피해자에게 보상을 해 주도록 하는 벌칙 규정도 마련하였다.

6. 아동학대방지법과 예방대책

아동들에게 가해진 모든 형태의 학대는 이들에게 신체적 손상뿐만 아니라 아동들의 자존심과 독립심을 파괴하는 등 심리적 상처로 남게 된다. 또한 학대받고 성장한 아동들은 성인이 되어 폭력의 가해자가 된다는 점에서 아동학대는 심각한 문제이다. 아동학대가 보편화되고 그 심각성에 의하여 아동복지법은 새로운 아동학대방지법을 제정하기보다는 아동보호전문기관의 설치를 바탕으로 하여 "아동학대란 보호자를 포함한 성인에 의하여 아동의 건강, 복지를 해치거나 정상적 발달을 저해할 수 있는 신체적, 정신적, 성적 폭력 또는 가혹행위 및 아동의 보호자에 의하여 이루어지는 유기와 방임을 말한다"고 새로운 개념으로 규정하였다. 이것은 매우 진일보한 조항으로서 아동학대의 예방과 치료를 위한 적극적인 조치가 가능할 수도 있다고 본다.

그러나 아동보호전문기관이 전문화되기 위한 시행령이나 동 규칙은 아직까지도 이러한 법적 제재를 받아야 하는 위반자에 대한 구속력을 갖기에 매우 미흡하다. 또한 이 법 조항의 위반에 대한 처벌이나 의무화된 신고에 대하여서도 아직 초기단계이므로 이의 시행에 대하여서는 그 추이를 살펴보아야 할 것이다. 더구나 한국적 상황이 매우 이기적이기 때문에 아동학대 사례가 발생한다고 하여도 신고의 의무화나 보호와 치료를 위해 아동을 가해 부모로부터 분리하는 데 상당한 어려움이 발생하지만 이러한 경우를 전연 고려하지 않은 현실에서 그 효과성을 기대하기란 어렵다고 본다.

따라서 본 연구에서는 아동학대방지법을 별도로 제정하는 것을 강력히 제안하였다. 제시된 법안에서는 국가의 모든 활동에서 아동의 이익을 최우선적으로 고려하고 아동학대의 정의, 아동학대 신고의무와 절차와 응급조치의무를 규정하며 국가와 지방자치단체의 아동학대 발견, 치료, 예방, 보호에 대한 신속한 처리를 위한 전문 아동보호기관을 설치와 그 업무, 비용보조, 아동학대 가해자에 대한 각종 처벌 등을 구체적으로 규정하였다.

7. 아동윤락방지를 위한 법

아동 및 청소년 등 미성년자에게 윤락행위를 시키는 행위는 비인도적이며 인권을 침해하는 행위로서 국제적으로도 금지하는 노력을 실시하고 있다. 그러나 아동 및 청소년을 윤락의 대상으로 만드는 행위에 대해서 아동복지법에서는 금지행위의 조항으로만 제시되어 있을 뿐 이들을 고용하여 이득을 취하고 있는 고용주에 대한 처벌이나 윤락청소년의 보호 및 교육을 위한 어떠한 세부적인 내용도 법 조항에 규정하고 있지 않고 있어 아동 및 청소년을 윤락으로부터 보호하기 어려운 현실이다.

이에 본 연구에서는 아동윤락에 대해 보다 효과적 개입을 위한 법적 방안으로 아동복지특례법을 제정하여 미성년 윤락행위에 관련된 모든 조항을 종합하도록 제안하였다. 이 특례법에서는 미성년자 윤락행위와 관련된 윤락여성, 포주와 고용주 및 이용자에 대한 세부적인 처벌 및 처리절차와 내용, 경찰 및 관련 공무원에 대한 임무, 전달체계에 대한 내용, 윤락 재행위 예방과 전문적 치료개입방안, 지원조달에 대한 정부의 의무 내용 등을 규정하였다. 또한 미성년자 윤락행위와 관련 있는 전문가의 신고제를 도입하고, 미성년 자녀의 상습적인 윤락행위를 방치한 부모에게도 책임을 묻는 교육 및 상담의무화, 그리고 고용주뿐 아니라 이용자에 대한 강력한 벌칙 조항을 법안에 포함하도록 하였다.

8. 소년소녀가장세대에 관한 법

우리나라에서는 소년소녀가장세대를 공식적으로 인정하고 있다. 보호자가 없는 아동을 국가가 후견인이 되어 적절한 조치를 취하는 대신 이들에게 가장이라는 자리를 허락한다는 것은 아동의 권리를 침해하는 심각한 문제이며, 이것은 오히려 국가가 아동을 유기하는 것으로 볼 수 있다. 더욱이 아동복지법에는 이러한 아동이나 아동의 발생방지 및 보호에 관련된 조항이 전혀 없으며, 단지 국민기초생활보장법에 근거하여 미미한 수준의 생활보호만을 보장하고 있기 때문에 실질적으로 국가는 이러한 아동에 대해 거의 적절한 보호를 하지 못하고 있다. 따라서 소년소녀가정세대와 관련된 우리나라 관계법 개정안을 제안하였다. 국가는 소년소녀가장세대 아동이 발생할 가능성이 있음을 법에 명시하여야 하며, 소년소녀가장의 발생시 일반적인 보호 차원과 시설보호의 차원에서 조치를 하도록 하고, 공식적 또는 비공식적 양육자에게 후견인이나 유료 위탁자로서의 법적 권한을 부여하도록 법에 명시하는 것을 제안하였다. 아동이 방치되면 지방자치단체나 아동상담소, 아동복지지도원 등에서 아동에 대한 우선적인 책임을 갖도록 하며 국가가 아동의 후견인이나 친권자에게 방치된 책임을 묻고 벌칙을 부과하도록 하였다.

9. 가정위탁양육 관계법

가정으로부터 일시적으로 일탈된 아동이 보호자에게 다시 돌아갈 때까지 가정적인 분위기에서 건강하게 성장하도록 보호하기 위해서는 가정위탁보호가 필요하다. 우리나라의 가정위탁에 관한 법은 아동복지법과 아동복지법 시행령에서 법적 근거만을 아주 간략하게 형식적으로 제시하고 있다. 따라서 본 연구에서 가정위탁양육제도를 활성화시키기 위해서 보호를 필요로 하는 아동을 위한 보호대책으로서 가정위탁보호제도가 시설보다 우선적으로 고려되도록 법적으로 명문화하였다. 가정위탁 대상 아동 선정 기준의 확대 및 대상자 책정과정, 위탁가정의 자격 및 선정 기준, 또한 위탁가정에 대한 교육 실시 및 자격증 교부, 정기적인 훈련과 재교육의 실시를 법적으로 규정하였다. 특수, 입양, 친척위탁 등 다양한 형태의 위탁가정에 대한 재정적인 지원과 경비 수납에 대한 규정을 명시하였다. 정부의 위탁가정에 대한 자격증 발급 및 위탁가정 관리기관에 대한 지도와 감독을 법에 규정하고, 위탁아동에 대한 계획 및 친부모와의 연락 등에 관한 보고를 명시하도록 하였다. 친부모와 아동의 접촉 및 이들의 권리 보장을 명시하고,

친권을 갖기에 부적당한 부모의 경우에는 친권을 박탈하거나 정부가 후견인이 되도록 하였다.

10. 국내입양 활성화를 위한 입양법 개정

친부모와 영구적으로 헤어져 친부모와 함께 살 수 없는 아동에게 최선의 양육환경으로서 친가정을 대신할 수 있는 대리가정인 입양가정을 제공해 주는 것이 중요하다. 그러나 국내에서는 불법적 개인입양의 만연화, 입양실무의 비밀성 유지로 인한 사후관리의 부재, 강한 혈연의식, 정부 지원의 비현실성 등의 이유로 인해 영구가정이 없는 대다수가 입양가정을 갖지 못하고 있다. 따라서 국내입양의 활성화를 위해서 본 연구는 자녀의 호적입적절차와 관련한 출생증명서 제출강화와 인우보증인제도의 폐지와 함께 입양에 의한 자녀의 호적입적절차 개선안을 제시하였다. 또한 입양사후지도에 공적 기관인 가정법원의 관여, 사후지도에 대한 규정, 입양부모의 사후지도에 대한 참여 및 협조의무를 법적으로 명문화하도록 하였다. 입양에 대한 다양한 인센티브 방안을 규정하도록 제안하였다.

11. 아동복지시설 부문의 개정방향

아동복지법에 제시되어 있는 시설보호아동에 대한 정의는 보호를 필요로 하는 아동에 준하게 되어 있으므로 우선 어떠한 아동들이 시설에 보호되어야 하는가에 대한 개념이 명확하다고는 볼 수 없다. 2000년 개정된 아동복지법은 다양한 아동복지시설을 제시하고 있지만 여전히 보호를 필요로 하여 시설에 입소되어 보호를 받을 수밖에 없는 아동들에 대하여 부적당한 부분들이 많다. 이것은 결국 부모가 있는 아동이 계속 유기되거나, 부양의무자에 대한 비용징수를 한다고 할지라도 법원의 판결에 의한 비용부담을 '할 수 있다'가 아니라 '하여야 한다'로 하지 않는 이상 국가의 책임은 계속될 수밖에 없다. 이것은 시설에 입소된 아동들은 부모와의 끈이 점차 단절되어 대부분의 아동들이 가정에 복귀하지 못하거나 부모가 부모로서의 책임을 계속하지 않을 수도 있음을 보여 주는 것이다.

이에 본 연구에서는 보호를 필요로 하는 아동의 법적 정의를 "보호자가 없거나, 보호자가 불가피한 사유로 일정한 시간 동안 양육할 수 없는 경우에 이 법에 의하여 보호받을 아동을 말한다"로 제안하고, 보호를 필요로 하는 아동 발생의 예방조치의 명문화가 아동복지법에 포함되기 위하여 법 제10조(보호조치)의 조항 이전에 별도로 (예방조치)의 조항을 추가하여 이 법이 보호를 필요로 하는 아동의 발생 후 사후보호에 치중하는 성격에서 예방에도 동등하게 비중을 두고 있음을 명시하고 이에 따른 구체적인 예방조치 내용도 삽입하도록 제안하였다.

즉 보호를 필요로 하는 아동을 보호자가 없거나, 보호자가 불가피한 사유로 일정 시간 동안 양육할 수 없는 경우에만 보호받을 아동으로 규정하는 것을 제안하였다. 부모가 있는 아동의 유기를 방지하기 위한 국가의 책임 및 구체적인 지원사항을 명시하고, 취약가정의 아동에 대한 금전적 지원, 가정유지 및 강화를 위한 사회복지사업의 운영 및 지원, 미아나 실종아동에게 가정을 찾아주는 조치와 같은 보호를 필요로 하는 아동 발생에 대한 국가의 예방조치를 명문화하였다. 또한 사생아나 고아, 기아 등 부모와의 관계가 회복될 수 없는 아동은 입양조치하고, 상기 범주에 속하는 아동이면서 입양이 부적절할 경우에는 위탁보호조치, 입양이나 위탁보호조치가 어려운 신체 및 정서장애, 비행아동의 경우에는 시설에 보호조치한다는 것을 법적으로 명문화하였다.

한편 아동복지법으로 규정되어 있는 보호시설의 형태가 많이 세분화하였지만 아직도 단순 구분되어 있을 뿐 아니라 시설보호 서비스에 대한 보호수준은 그 책임의 소재가 아직도 매우 미약함을 지적하였다. 이에 본 연구에서는 아동복지시설의 전문화 및 다양화를 위해 아동수용보호시설, 전용시설, 전문 아동복지기관으로 분류하고, 이 세 영역 안에서 그 기능에 따라 알맞은 프로그램을 소분류하도록 하였다. 또한 아동복지시설 서비스 수준을 법적으로 보장하도록 하고 아동보호의 최저보호 수준은 일반가정 아동의 평균적 보호의 수준에 이르도록 명문화하였다. 또한 서비스의 질적 향상에 대한 규정도 명시하는 것을 제안하였다.

III. 결론 : 아동복지법 개선을 위한 제언

이상과 같이 아동복지의 분야별로 연구하여 제시한 개선안들은 아동복지법을 아동의 권리에 관한 국제협약을 준수하는 수준으로 끌어올려 다양한 우리나라 아동문제를 해결하고 적극적으로 아동의 권리를 보장해 주는 21세기 아동복지 발전의 초석이 될 것이 분명하다. 각 영역의 개선안들은 연구자마다 다른 법체계를 제시하여 어떤 법은 아동복지법이 관련법을 통합하는 법으로 제시된 반면에 어떤 법들은 현재의 체제 속에서 독립적으로 존재하도록 하였다.

따라서 각 연구자들이 제시한 개선안을 통합하기 위해 현행 아동복지법을 기본법으로 하고 각 법규의 성격에 따라 특례법을 갖는 현재의 법체제를 유지하는 방향으로 아동복지법 개정안을 〈표 15-1〉에서 제시하였다. 제시된 아동복지 개정안에서 아동복지 관련법과의 관계를 규정하여 관련법의 기본법으로서 역할을 하도록 하였다. 구체적으로 아동복지법 개정안이 현행법과 달라진 점을 살펴보면 다음과 같다.

첫째, 현행법 제3조에서 부모와 보호자의 책임을 명확히 규정하였고, 현행법 제27조와 시행령 제14조에 아동의 양육비용을 부모와 국가가 책임져야 한다는 조항을 강화하였다. 부모의 경우 아동의 비행으로 인한 제삼자

피해를 보상하도록 하는 조항을 신설하여 부모가 아동에 대한 책임을 강화하였다.

둘째, 아동이 자신의 보호 내용에 대해서 의견을 표현할 수 있고, 보호 내용의 결정을 인식할 수 있는 경우에 국가는 이들의 결정을 존중하고 이를 보호하도록 할 의무를 명시하였다. 현행법 제16조 아동의 후견인 선임청구에서 아동이 독립적인 생활을 원하는 경우 국가가 아동의 결정을 인정하여 지원하도록 하였다.

셋째, 아동이 가정에서 벗어나지 않고 가정에서 잘 자라도록 위험가정을 지원하는 것으로 취약가정에 금전적 지원, 예를 들어 장애아동에게 양육을 위한 장애수당을 지원해야 한다는 조항을 신설하였고, 또한 가족해체시 부모로부터 양육수당을 강제로 징수할 수 있도록 하는 제도확립을 위해 특별법인 아동부양법을 제시하였다.

넷째, 아동을 대상으로 한 시설 중심의 보호에서 아동에게 가정을 유지하거나 대리가정을 제공해 주기 위해서 위탁가정에 대한 조치가 현행법 제10조에 강조되었고 위탁의 경우도 일반위탁과 친척위탁을 구분하여 비용부담과 선정 기준 등에 대해서 법과 시행령에 조항을 신설하거나 개정 강화하였다. 제4조에 국가의 책임 중에서 가정에서 이탈한 아동을 가정에 복귀시키거나 가정을 찾아야 하며 동시에 가정의 기능을 유지 및 강화하기 위한 적절한 조치를 하도록 하였다.

다섯째, 기존 현행법에서 보호를 필요로 하는 아동이 구체적으로 명시되어 있지 않아 법의 임의해석에 따라 보호 대상 아동들이 제대로 보호를 받지 못하는 경우가 발생하였다. 그러나 본 개정안에서는 장애아동, 학대아동, 비행아동, 윤락아동 등을 보호를 필요로 하는 아동 대상으로 규정하여 이를 위한 보호조치 조항을 신설하여 아동복지법 등이 관련법 안에서 보호를 받을 수 있는 법적 근거를 마련하였다. 장애아동, 학대아동, 비행아동, 윤락아동 보호조치에 관한 조항들을 신설하였다.

여섯째, 현행법 제8조에 있는 보건소의 의무를 보건복지사무소에서 이관

받아 하는 것으로 전제하였으며 이곳에서 아동보건과 관련된 업무를 모자복지법, 정신보건법, 전염병예방법에 준하여 확대하도록 규정하였다. 아동안전은 교통, 건축, 아동용품 등으로부터 보호를 받아야 하는 사항으로 각각의 영역은 독립법으로 교통안전법, 건축법, 공산품 관련법 등에서 규정되어야 하기 때문에 아동복지법에 규정하는 것이 불합리하다. 그러므로 아동안전에 대한 선언적 내용 이상의 구체적 법적 조항으로 발전시킬 수 없었다.

일곱째, 아동복지시설의 전문화를 위해서 수용시설과 서비스 중심의 전문 아동복지기관으로 나누었다. 전문 아동복지기관은 대상과 서비스에 따라 5개의 기관으로 구분하여 제시하였다. 특히 장애아동을 보호하기 위해서 다양한 장애아동시설을 명시하였다.

여덟째, 아동복지 증진을 위해 아동복지법에서 다루어져야 하나 법적 제한으로 인해 포괄적으로 다룰 수 없는 입양, 윤락, 모자보건에 관한 사항은 아동복지법에서 관련법과의 관계를 설정하여 입양, 윤락, 모자보건과 관련된 아동복지사항은 각 법인 입양촉진 및 절차에 관한 특례법, 윤락행위 등 방지법에 관한 법률, 모자복지법에 준하도록 하였다.

아홉째, 아동권리, 아동부양, 위탁과 관련해서는 민법의 내용을 개정하도록 제안하였다. 아동부양은 아동이 부모로부터 보호받아야 하는 기본적인 권리의 보장이라는 점에서 매우 비중이 크기 때문에 아동부양과 관련된 사항은 특별법으로 제정하였다.

〈표 15-1〉 아동복지법 개정안

법 조항	현 조항	개정안
제2조	(용어의 정의) 2. '보호를 필요로 하는 아동' 이라 함은 보호자가 없거나 보호자로부터 이탈된 아동, 또는 보호자가 아동을 학대하는 경우 등 그 보호자가 아동을 양육하기에 부적당하거나 양육할 능력이 없는 경우의 아동을 말한다.	2. '보호를 필요로 하는 아동' 이라 함은 보호자가 없거나 보호자로부터 이탈된 아동, 또는 보호자가 아동을 학대하는 경우, 장애아동이나 그 보호자가 아동을 양육하기에 부적당하거나 양육할 능력이 없는 경우, 아동이 비행이나 범죄행위로 인하여 법적 제재를 받고 있는 경우 또는 기타의 경우에 이 법에 의하여 보호를 받을 아동을 말한다
	〈신설〉	4. 위탁양육가정이라 함은 친권자가 아닌 자가 가정에서 아동을 일시적으로 보호양육하는 것을 말한다. 아동과 관계가 없는 자가 아동을 위탁보호하기를 원하는 경우는 일반가정위탁이라고 한다. 가정위탁 양육아동과 연고가 있는 자가 아동을 보호하기를 원하는 경우는 친척위탁이라고 한다.
제4조	(책임) ①국가와 지방자치단체는 아동의 건강과 복지증진에 노력하여야 하며 이를 위한 시책을 시행하여야 한다. ② 아동의 보호자는 아동을 가정 내에서 그의 성장시기에 맞추어 건강하고 안전하게 양육하여야 한다.	① 국가 및 지방자치단체는 아동의 건강과 안전, 복지증진에 책임이 있으며, 부모나 보호자가 그 책임을 감당할 수 있도록 가정을 지원하여야 한다. ② 부모 또는 보호자를 포함한 모든 국민은 아동이 가정 내에서 그의 성장시기에 맞추어 건강하고 안전하게 양육하여야 할 책임을 지고 있다.
	〈신설〉	3. 가정에 부모나 보호자가 부재한 경우 그리고 18세 미만의 아동으로 가정이 구성된 경우 국가는 아동의 보호책임자로서 아동의 성장과 안전에 알맞은 결정을 내려야 할 책임을

		지니고 있다. 4. 미아 또는 유기 아동에게 가정을 찾아주는 조치를 취한다. 5. 가정을 유지하거나 강화할 수 있는 사회복지사업을 운영하거나 지원한다.
제7조	① 아동복지지도원은 아동복지에 관한 다음 각 호 사항을 수행하게 하기 위하여 특별시 · 광역시 · 도(이하 '시 · 도' 라 한다) 및 시 · 군 · 구에 아동복지지도원을 둔다. 1. 보호를 필요로 하는 아동에 대한 적절한 보호조치 2. 아동 및 그 가족 또는 관계인에 대한 상담 3. 아동지도에 필요한 가족환경의 조사 5. 아동복지시설 또는 보호를 필요로 하는 아동에 대한 조사 · 지도 및 감독 6. 아동을 위한 지역사회자원의 활용	아동복지지도원은 다음… 1. 보호를 필요로 하는 아동의 발견과 그에 대한 적절한 보호조치 2. 아동 및 그 가족 또는 관계인에 대한 개별적 또는 집단적 면담, 가정환경의 조사 3. 아동의 지도와 보호결정에 필요한 가정환경의 조사, 자원의 개발과 활용 5. 보호를 필요로 하는 아동에 대한 위탁보호, 입양, 거택보호 또는 아동복지시설에 대한 조사, 지도 및 감독 6. 보호를 필요로 하는 아동을 위한 지역사회자원 및 후원자의 개발, 알선, 활용
제8조	(보건소) 보건소는 이 법에 의하여 다음 각 호의 업무를 행한다. 1. 아동의 전염병 예방조치 2. 아동의 건강상담, 신체검사와 보건위생에 관한 지도 3. 아동의 영양개선	(보건복지사무소) 보건복지사무소는 이 법에 의하여 다음 각 호의 업무를 행한다. 1. 임산부의 건강상담 및 지도 2. 아동의 전염병 예방조치 3. 아동의 건강상담, 신체검사와 보건위생에 관한 계몽 · 지도 4. 아동의 영양개선 5. 수강명령(소년법 제32조의 보호처분 중) 시행 6. 장애아동 관리 7. 부모가 아닌 친권자, 후견인, 유료위탁부모와 함께 거주하는 아동의 보호 및 관리 8. 지역사회 복지사와의 긴밀한 관계 유지 및 서비스 전달
		2. (입양조치) 미혼모가 포기하는 사생아나 부모가 사망한 고아, 부모를 찾

	2. 보호자 또는 대리양육을 원하는 연고자에 대하여 그 가정에서 보호양육할 수 있도록 필요한 조치를 하는 것 3. 아동의 보호를 희망하는 자에게 그 보호를 위탁하는 것	을 수 없는 기아 등 미래에 부모와의 관계가 회복될 수 없는 아동은 입양조치한다. 입양조치는 입양촉진 및 절차에 관한 특례법에 준한다. 3. (위탁보호조치) 상기 범주에 속하는 아동이면서 연령으로 보아 입양이 부적절하거나 입양을 원하지 않는 아동 또는 일시적으로 부모가 부양하기 어려운 아동, 아동학대나 성폭력 등으로 특별한 치료가 필요한 아동은 반드시 위탁보호조치한다.
제10조	4. 보호를 필요로 하는 아동에 적합한 아동복지시설에 입소시키는 것 5. 약물 및 알콜중독 · 정서장애 · 발달장애 등으로 특수한 치료나 요양 등의 보호를 필요로 하는 아동에 대하여 전문치료기관 또는 요양소에 입원 또는 입소시키는 것	4. 입양 또는 위탁보호조치가 어려운 아동이거나, 부모가 일정 기간 의뢰하는 아동에 적합한 아동복지시설에 입소시키는 것 5. 신체장애아동, 정서장애아동, 비행아동(약물 및 알코올중독을 포함한 문제아동)과 같이 아동 자신에 문제가 있어 가정에서 양육하는 것보다 그 문제에 관련된 전문성을 가지고 있는 특수시설에서 보호, 치료 및 재활 서비스를 제공하기 위하여 전문치료기관이나 요양소에 입원 또는 입소시키는 것 6. (서비스 조치) 장애아동 및 임산부에 대하여 병원, 요양소, 치료기관 및 재활기관에 입원 또는 통원으로 서비스를 제공받도록 한다.
	〈신설〉	7. (범법아동 보호조치) 1.법적 조치를 받은 아동의 부모에 대하여서는 국가가 인정하는 기관에서 일정 시간의 부모 교육훈련에 참가해야 한다. ② 소년법 제32조 ①의 4에 따라 보호처분을 받은 아동에 대한 아동복지 시설이나 기관에 의뢰하는 것
		(아동보호의 최저 기준 설정) 아동복지사업의 지원을 받는 아동의 최저보

〈신설〉	(아동보호의 최저 기준 설정)	호 수준은 일반가정 아동의 평균적 보호의 수준에 이르러야 한다. 1. 아동의 시설에서의 퇴소시기는 18세를 기준으로 하되 아동 개개인의 사정에 맞게 퇴소시기를 정한다. 2. 퇴소 후의 자립생활을 뒷받침하기 위해 퇴소 후에도 계속 시설과의 관련 속에서 지원할 수 있어야 한다. 3. 아동의 개인적인 특성에 따른 별도의 지원이 있어야 한다. 소질과 재능 개발, 개인적인 결함의 교정, 심리적인 상처의 치유, 전인적 성장을 위한 개인 또는 집단별 지도 등의 기회를 제공한다. 4. 개인의 능력에 따라 그에 상응하는 교육의 기회를 제공한다. 5. 가정의 분위기 속에서 성장하게 하기 위하여 시설에서 성장하더라도 그룹홈, 소규모 기숙제도를 실시하여 보호한다.
〈신설〉	(아동부양)	(아동부양) 아동의 건전한 육성과 보호를 위한 아동부양의 의무와 책임에 관한 사항은 아동부양법에 준한다.
제12조	(친권상실 선고의 청구) 도지사는 아동의 친권자가 그 친권을 남용하거나 현저한 비행 기타 친권을 행사할 수 없는 중대한 사유가 있는 것을 발견한 경우 아동의 복지를 위하여 필요하다고 인정할 때에는 법원에 친권행사의 제한 또는 친권상실의 선고를 청구하여야 한다.	(친권상실 선고의 청구) 도지사, 시장군수 또는 아동복지시설의 기관장은 아동의 친권자가 그 친권을 남용하거나 심각한 학대나 방임 또는 장기간 행방불명 기타 친권을 행사할 수 없는 중대한 사유가 있는 것을 발견한 경우 아동의 복지를 위하여 필요하다고 인정할 때에는 법원에 그 친권상실의 선고를 청구할 수 있다.
제13조		… 해임을 청구할 수 있다. ① 다음과 같은 상황이 발생할 경우 국가는 후견인으로서의 책임과 역할을 갖게 된다. 1. 아동복지법 제12조, 민법 제924조

제13조	(아동의 후견인 선임청구) ① 도지사는 친권자 또는 후견인이 없는 아동을 발견한 경우 그 복지를 위하여 필요하다고 인정할 때에는 법원에 후견인의 선임 또는 해임을 청구하여야 한다. 이 경우 당해 아동의 의견을 존중하여야 한다. ② 아동복지시설에 입소중인 보호를 필요로 하는 아동에 대하여는 "보호시설에 있는미성년자의 후견직무에 관한 법률"의 규정을 적용한다.	에 의하여 부모가 친권상실 선고를 받은 아동 2. 아동복지법 제29조에 해당되는 금지행위를 강요한 부모, 친권자, 후견인의 보호하에 있는 아동 3. 부모의 사망, 행방불명 등으로 인하여 18세 미만의 아동으로 구성된 가정 ③ 일반가정이나 친척위탁된 아동 중 친권자 또는 후견인이 행방불명이거나 친권자 또는 후견인 직무를 행하는 데 문제가 있는 경우 "보호시설에 있는 미성년자의 후견직무에 관한 법률"의 규정을 적용한다. ④ 국가는 위의 ①과 같은 아동이 발생한 경우 해당 아동의 의견을 개진하여 다음과 같은 조치를 취해야 한다. 1. 아동들 스스로 독립적 생활을 하려고 하면, 국가는 책임있는 후견인을 지정할 수 있으며, 이들을 지도 감독하여야 한다.
〈신설〉	(부모의 재산에 관한 권리)	(부모의 재산에 관한 권리) 1. 아동의 부모 혹은 친권자가 사망하여 그 재산의 권한이 아동에게 있을 때, 국가는 재산을 관리할 친권자나 후견인을 선임하여야 한다. 2. 아동에게 법적으로 인정된 재산에 관하여 그 재산을 관리하는 자는 임의로 처분할 수 없다. 3. 아동이 성인에 이르렀을 때에는 재산의 관리를 즉시 이양하여야 한다.
제29조	(금지행위) 6. 아동에게 음행을 시키거나, 음행을 매개시키는 행위	⑥ 1.아동에게 윤락행위의 상대자가 되는 행위, 윤락행위를 하도록 권유, 유인, 알선 또는 강요하거나 그 상대자가 되도록 권유, 유인, 알선 또는 강요하는 행위, 윤락행위의 장소를 제공하는 행위

		2. 미성년 윤락환경을 조성할 수 있는 컴퓨터를 통한 음란물의 제작, 배포 및 판매 또한 컴퓨터뿐 아니라 청소년을 음란물에 출연하게 하거나 관여하게 하는 행위
	〈신설〉	⑫ 시설, 기관이나 단체(학교 포함), 영업소는 아동의 비행이나 범죄의 원인을 제공하는 행위
〈신설〉	(장애아 보호기관)	(장애아 보호기관) 장애아동의 보호와 양육을 지원하기 위해 장애아동관리를 동사무소(보건복지사무소) 전담공무원이 담당한다.
〈신설〉	(장애아 보호조치)	(장애아 보호조치) 장애로 인해 가정내에 보호와 양육에 지장에 있을 시 대통령령이 정하는 기준에 따라 수발과 일상생활에 필요한 활동을 지원하는 것
〈신설〉	(장애아 의료)	(장애아 의료) ① 장애가 있는 아동에 대해서 생활에 지장이 없도록 의료적 서비스를 제공해야 한다. ② 의료 서비스에 소요되는 비용은 필요시 지원한다. ③ 의료 서비스는 현물로 지원하되 이것이 불가능할 경우 현금으로 지원할 수 있다.
〈신설〉	(장애아 보장구)	(장애아 보장구) ① 장애아동은 일상생활활동에 필요한 보장구를 지원받을 수 있다. ② 지급받은 보장구는 아동의 성장에 따라 적절한 수준의 보장구로 교환해 주어야 한다.
〈신설〉	(장애아 재정지원)	(장애아 재정지원) 장애아동에게 장애 정도에 따라 필요한 수당을 지원한다.
		1. 법원심리과정에서 변호사, 법정대

〈신설〉	(신뢰관계자의 동석 및 대리진술)	리인, 직계친족, 형제자매, 전문아동보호기관의 상담원을 학대아동을 대리하여 진술할 수 있다. 2. 법원의 심문에서 피해자와 신뢰관계에 있는 자를 동석할 수 있다.
제31조	(비용보조) 1. 아동복지시설의 설치 및 운영과 프로그램의 운용에 필요한 비용 또는 수탁보호중인 아동의 양육 및 보호관리에 필요한 비용	1. 아동복지시설 및 가정위탁운영기관의 설치 및 운영에 필요한 비용 또는 아동복지시설이나 가정위탁운영기관에 수탁보호중인 아동의 양육에 요하는 비용
제40조	(벌칙) 1. 제5호 또는 제6호에 해당하는 행위를 한 자는 10년 이하의 징역 또는 3천만 원 이하의 벌금에 처한다. 4. 제1호 내지 제4호, 제7호 또는 제8호에 해당하는 행위를 한 자는 5년 이하의…	(벌칙) 1. 제5호 또는 제6호에 해당하는 행위를 한 자는 10년 이하의 징역 또는 3천만 원 이하의 벌금에 처한다. 또는 윤락행위 등 방지법에 관한 법률에 준하여 처벌한다. 4. 제1호 내지 제4호, 제6호 또는 제11호, 제12호에 해당하는 행위를 한 자는 5년 이하의.…
〈신설〉	(보상의무)	다음 각 호에 해당하는 경우, 아동의 부모는 제삼자가 받은 피해에 대해 보상할 의무를 갖는다. 1. 아동은 비행이나 범죄행위로 인하여 제삼자가 받은 피해에 대하여 소년법 제32조의 보호처분과 함께 물질적 · 정신적 · 정서적 보상을 해 줄 수 있어야 한다. 2. 부모는 자신의 자녀의 비행이나 범죄로 인하여 제삼자가 받은 피해에 대하여 함께 물질적 · 정신적 · 정서적 보상을 해 줄 수 있어야 한다.
		(아동복지시설형태) ① (수용시설) 아동을 수용하여 24시간 보호하고 양육하기 위하여 설치하는 시설로서 다음의 시설을 말한다. 1. 아동을 장기보호하는 24시간 보호

		시설 2. 부모가 일시위탁하는 아동을 24시간 보호하는 단기보호시설 3. 아동의 문제에 따른 치료와 재활을 목표로 하는 치료시설
第16조	〈신설〉	③(전문아동복지기관) 전문아동복지기관은 보호를 필요로 하는 아동의 발생을 예방하고, 아동복지시설을 지원하며, 도움이 필요한 아동과 그 가정을 상담하여 문제를 해결하고, 그에 필요한 재원을 마련함으로써 아동의 권리를 보장하고 복지를 증진시키기 위하여 설립되는 기관 및 단체를 뜻한다. ○ 가정지원기관 : 가정의 강화 및 유지와 보존을 통하여 아동의 가정으로부터의 이탈을 예방하기 위한 시설이다. 가정강화 및 보존사업, 소년소녀가정세대 보호, 그룹홈, 가정관리사업, 기타 가정을 단위로 하는 아동복지사업을 수행하는 아동복지기관 ○ 아동상담소 : 아동의 건강한 성장과 발달을 위하여 일반아동, 문제아동, 그리고 그들의 가족을 위하여 상담, 치료, 예방 및 연구활동을 목적으로 하는 아동복지전문기관 ○ 입양 및 위탁보호기관 : 보호를 필요로 하는 아동의 입양 및 위탁보호에 관한 일을 수행하는 아동복지기관 ○ 아동학대예방 및 보호기관 : 아동학대의 발견, 치료, 예방, 보호에 대한 처리를 담당하는 아동복지기관 ○ 기타 아동의 권리를 향상시키기 위한 사회운동을 목적으로 설립된 시설 10. 장애아시설 : 장애를 가진 아동을 입소시켜 수용·보호하거나 보호

		자로부터 위탁받아 통원시켜 치료하는 것을 목적으로 하는 시설 장애아시설은 다음과 같다. ① 신체장애아시설 ② 정서장애아 시설 ③정신지체아시설 ④ 맹 · 농아 아동시설 ⑤ 중증 장애아시설
아동복지법 시행령 제5조	(아동보호신청) 1. 아동의 대리양육 또는 위탁보호를 원하는 자는 관할 자치단체장에게 신청하여야 한다. 2. 자치단체장은 신청을 받은 때에는 보건복지부령이 정하는 바에 따라 보호양육을 결정하고 그 사실을 지체없이 신청인 및 당해 아동을 보호하고 있는 아동복지시설의 장에게 통보하여야 한다.	제10조의 위탁가정 선정은 다음의 조건을 갖추어야 한다. ① 일반위탁의 경우 1. 위탁가정 신청자는 가정폭력이나 범죄 기록이 없어야 한다. 2. 위탁가정 신청자는 3명 이상으로부터 위탁가정으로 적합한가에 관한 추천서를 제출하도록 한다. 3. 아동복지지도원은 신청자가 위탁가정으로 적절한가를 결정하기 위해 함께 사는 온 가족을 면담해야 한다. 4. 위탁가족원의 건강진단서를 제출하도록 한다. 5. 위탁가정은 일정한 훈련을 받아야 한다. 6. 도지사 또는 시장, 군수는 위탁가정으로서 필요한 모든 절차를 필한 가정에게 가정위탁자격증을 교부한다. 7. 가정위탁자격증을 교부받은 후에 위탁가정에 이혼, 별거 등의 변화가 있는 위탁가정으로 적절한가에 대한 재조사를 받아야 한다. 8. 위탁가정으로서의 자격을 유지하기 위하여 일년에 한 번씩 정규적인 교육을 받아야 한다. ② 친척위탁의 경우 1. 보호자나 아동의 연고자가 아동을 가정위탁하기 원하는 경우 일반가정위탁과 같이 아동학대, 범죄기록, 건강진단서, 주위의 추천서를 받도록 한다.

		2. 보호를 필요로 하는 아동이 7세 이상인 경우는 위탁아동의 의견을 참고한다.
아동복지법 시행령 제19조	(비용보조) ① 국가 및 지방자치단체는 법 제31조의에 의하여 동조 각 호의 1에 해당하는 비용(이용료를 받는 아동전용시설의 경우에는 동 시설의 설치 비용에 한한다)의 전부 또는 일부를 예산의 범위 안에서 보조한다.	(비용보조) ① 아동복지시설이나 가정위탁운영기관 설치에 필요한 비용은 지방자치단체가 부담한다.
	〈신설〉	2. 위탁가정운영에 필요한 비용은 국가와 지방자치단체가 부담한다.
〈신설〉	(친권상실선고의 청구)	아동의 친권자가 아동을 위탁가정에 위탁한 후 1년 이상 전혀 소식이 없는 경우 담당 위탁기관장과 도지사 또는 시장 군수는 친권자를 찾기 위한 최대의 노력을 기울인 후 아동의 복지 증진을 위하여 필요하다고 생각되는 경우 법원에 아동의 친권 상실을 신청할 수 있다. (친척위탁양육 및 일반위탁보호) 1. 친척위탁 ① 무료친척위탁이라 함은 양육비용을 국가나 지방자치단체 또는 친척가정위탁양육자가 부담하는 것을 말한다. ② 유료친척위탁양육이라 함은 양육비용의 전부 또는 일부를 위탁자가 부담하는 것을 말한다. 2. 일반위탁 ① 무료위탁보호라함은 양육비용을 국가나 지방자치단체 또는 아동 입양위탁시설 등이 부담하는 위탁보호를 말한다. ② 유료위탁보호라함은 양육비용의 전부 또는 일부를 위탁자가 부담하는 가정위탁보호를 말한다. 유료위

		탁의 경우도 위탁자가 부담하지 못하는 비용의 나머지 부분은 국가나 지방자치단체가 부담한다.
아동복지법 시행령 제9조	(사후지도) 시 · 도지사 또는 시장 · 군수 · 구청장은 아동복지지도원 또는 관계 공무원으로 하여금 대리양육 · 위탁보호를 받거나 귀가조치한 아동의 가정을 방문하여 당해 아동의 복지증진을 위하여 필요한 사후지도를 하게 하여야 한다.	(가정위탁된 아동에 대한 사후지도) ① 도지사 또는 시장군수는 아동복지지도원, 아동위원 관계 공무원 또는 가정위탁기관의 사회복지사로 하여금 친척위탁양육 또는 일반가정위탁아동을 정기적으로 방문하여 위탁가정과 아동의 복지 증진을 위한 사후지도를 하도록 한다. ② 도지사 또는 시장군수는 아동복지지도원, 아동위원 관계 공무원으로 하여금 귀가조치한 아동의 복지증진을 위하여 필요한 사후지도를 하도록 한다.

아동부양법

법조항	현조항	개정안
아동 부양법	〈신설〉	(양육비결정) ① 양육비는 아동부양기관의 직권으로 조사를 통하여 양육비지침에 근거해 결정한다. ② 양육비결정을 위한 구체적인 산출근거를 명시한다(연구에 의해 제시). ③ 아동의 양육상황, 부모의 소득 등의 변화를 고려하여 양육비지급액을 5년마다 변경할 수 있으며, 급작스런 부모의 소득상황 혹은 자녀양육상황 등의 변화시 재조정의 필요성이 입증되었다면 언제든지 변경할 수 있다.
	〈신설〉	(혈액형 등의 수검명령) ① 아동부양기관이 친자관계를 확정할 필요가 있는 경우에 당사자 또는 관계인에게 혈액채취에 의한 혈액형의 검사 등 유전인자의 검사, 기타 상당하다고 인정되는 방법에 의한 검사를 받을 것을 명할 수 있다. ② 명령을 받은 자는 검사를 거부할 수 없다.
	〈신설〉	(이행명령) ① 아동부양기관은 재판 또는 조정에 의하여 양육비지급의무 또는 아동의 양육책임의무를 이행하지 아니할 때에는 당사자의 신고에 의해 일정한 기간 내에 그 의무를 이행할 것을 명할 수 있다. ② 아동부양기관은 양육비를 체납한 부모에게 대출금, 대출보증금, 대출보험금이 지불되지 못하도록 명할 수 있고, 운전면허, 전문직 면허, 직업면허 등 각종 면허를 취소하거나 자산을 압류할 수 있다

	〈신설〉	(부양의무불이행에 대한 벌칙) ① 양육비 이행명령을 위반한 때에 가정법원 판사는 직권 또는 권리자의 신청에 의하여 결정으로 1년 이하의 징역 또는 100만 원 이하의 벌금에 처한다. ② 제1항의 규정에 의한 재판을 받고도 정당한 이유없이 다시 이행명령을 위반한 때에는 3년 이하의 징역 또는 500만 원 이하의 벌금에 처한다
아동 부양법	〈신설〉	(아동부양기관 설치 및 아동부양 지도원 배치 등) ① 국가 및 지방자치단체는 아동부양기관을 설치할 수 있다. ② 아동부양기관에는 아동부양업무를 담당하는 아동부양 지도원을 둔다. ③ 아동부양기관에는 전산화된 부모소재 추적 시스템, 양육비지급이행 모니터 시스템, 양육비 징수 및 배분 시스템을 둘 수 있다.
	〈신설〉	(용어의 정의) 이 법에서 사용하는 용어의 정의는 다음과 같다. 1. '아동부양기관'이라 함은 아동에 대한 부모의 부양의무에 관한 업무를 수행하는 기관으로서 대통령령으로 정하는 기관을 말한다. 2. '아동부양 지도원'이라 함은 아동부양기관에서 부모의 소재파악, 체납시 양육비지급 이행 모니터, 양육비 징수 및 배분, 양육비지급액 결정, 친자관계성립, 양육기피시 부모와 아동지도관리 등에 관한 업무를 담당하는 자를 말한다.

입양촉진 및 절차에 관한 특례법

법조항	현조항	개정안
	〈신설〉	(입양아동의 친자호적 입적절차 및 가정법원의 관여) 1. 입양기관의 입양전문가에 의한 가정조사를 거쳐 입양가정으로 승인을 받은 입양부모는 입양기관의 도움을 받아 입양부모 거주지의 가정법원에 입양인가를 신청한다. 2. 제출 자료는 제7조(입양의 효력발생)에 정하는 서류로 한다. 3. 가정법원은 제출된 자료에 근거하여 심의하여 입양을 인가한다. 4. 아동이 입양된 후 처음 6개월간 입양 전문가는 2회 이상의 입양가정 사후방문을 통한 사후보고서를 가정법원에 제출한다. 5. 이 사후보고서에 기초하여 가정법원은 아동의 입양을 종결시키며 입양부모의 성과 본을 딴 입양아동의 새 출생증명서를 발급한다. 6. 가정법원이 발급한 출생증명서로 입양아동은 입양부모의 호적에 친자로 입적이 가능하다.
제12조	(입양기관의 의무) 6. 입양기관의 장은 국외로 입양된 자를 위하여 입양된 자가 그 국가의 국적을 취득한 후에도 모국방문사업 등 대통령이 정하는 사업을 시행하여야 한다.	6. 입양기관의 장은 국외로 입양된 자를 위하여 입양된 자가 그 국가의 국적을 취득한 후에도 모국방문사업등 필요한 서비스를 보건복지부 및 기타 관련 정부기관과 협조하여 제공한다.
	〈신설〉	(국외입양아동의 복지대책) ① 보건복지부 및 관련 정부기관은 국외에 입양된 아동이 입양된 국가의 국적을 취득한 후에도 국외에 거주하는 한국인으로서 대우해 주어야 한다. ② 보건복지부 및 기타 관련 정부기관

	〈신설〉	은 다음 각호의 서비스를 국외에 입양되어 그 국가의 국적을 취득한 자가 모국을 방문할 시에 제공한다. 1. 모국방문을 위한 항공료 후원과 숙박시설을 제공한다. 2. 장기간 모국에 체류하기를 원하는 경우 비자를 연장해 준다. 3. 모국에서 장기간 직업을 원하는 경우 장기체류를 인가한다 4. 정체감 형성을 위한 모국에서의 자조집단활동을 지원한다.
	〈신설〉	(입양부모의 의무) 1. 입양아동의 양친이 될 자는 입양기관에서 행하는 입양에 대한 사전교육에 반드시 참여하여야 한다. 2. 양친은 입양아동의 뿌리 및 친생부모에 대해 알고 싶은 욕구를 수용한다. 3. 입양아동이 성인이 되어 뿌리를 찾고자 할 때에는 이것을 지원한다.
	〈신설〉	(입양아동의 뿌리에 대한 정보) 1. 입양아동이 성인이 되어 자신의 뿌리 및 친생부모에 대해 알고자 할 때는 입양기관 및 기타 관련 기관은 정보를 제공해 주어야 한다. 2. 입양된 자와 그의 친생부모의 요청이 서로 다르더라도 성인이 된 입양된 자의 요청을 우선한다 3. 보건복지부 및 기타 관련 정부기관, 입양기관 및 아동보호시설은 성인이 된 입양아동의 뿌리 추구를 지원한다.
제23조	(양육보조금 등의 지급) ① 국가 및 지방자치단체는 입양기관의 알선을 받아 입양된 장애아동 등 입양아동의 건전한 양육을 위하여	(양육보조금 지급) ① 국가 및 지방자치단체는 입양기관의 알선을 받아 입양된 다음 각 호의 아동들에 대하여 필요한 경우에 양육보조금을 입양가정에 지급한다.

	필요한 경우 대통령령이 정하는 범위 안에서 의료비 등 양육보조금을 지급할 수 있다.	1. 장애아동의 경우 의료비 및 재활치료비 등의 양육보조금을 입양가정에 지급한다. 2. 입양아동이 형제가 있는 경우 형제를 함께 입양하는 입양가정에 필요하면 양육보조금을 지급한다. 3. 입양아동의 장애유무와 상관없이 필요한 경우에 양육보조금을 입양가정에 지급한다.
제27조	(벌칙) ② 제10조 제2항 또는 제12조 제3항의 규정에 위반한 자는 1년 이하의 징역 또는 300만 원 이하의 벌금에 처한다.	(벌칙) 2. 제10조 제2항 또는 제12조 제3항의 규정에 위반한 자는 2년 이하의 징역 또는 1,000만 원 이하의 벌금에 처한다.
	〈신설〉	③ 입양아동의 출생증명서를 허위로 발행하는 자는 2년 이하의 징역 또는 2,000만 원 이하의 벌금에 처한다. ④ 입양아동의 출생증명서 등의 구비서류 없이 아동을 호적에 입적시킨 구청 또는 동사무소 담당자는 2년 이하의 징역 또는 2,000만 원 이하의 벌금에 처한다.
시행령 제12조	(가정위탁보호) 1. 보호시설의 장 또는 입양기관의 장이 당해 보호시설 또는 입양기관에 보호의뢰된 법 제4호 각 호의 1에 해당하는 입양 대상 아동을 타인의 가정에 위탁하여 보호하는 경우에는 생활보호법 제18조의 규정에 의하여 시장 · 군수 · 구청장에게 당해 아동에 대한 보호를 신청할 수 있다. 2. 제1항의 보호신청을 받은 시장 · 군수 · 구청장이 당해 아동에 대해 보호의 결정을 한 경우에는 생활보호법 제9조의 규정에 의하여 보호금품을 위탁받은 가정에 지급한다.	(가정위탁보호) 1. 보호시설 또는 입양기관에 보호의뢰된 보호를 필요로 하는 아동은 타인의 가정에 위탁하여 보호받을 수 있다. 2. 입양기관은 입양을 원하는 가정 중에서 위탁가정을 개발하도록 한다. 3. 입양 대상 아동에 대한 가정위탁은 입양을 원하는 가정에 우선적으로 아동의 위탁을 의뢰한다. 4. 입양 대상 아동에 대한 가정위탁보호에 대한 보상은 필요한 경비의 수준을 상회해서 지급한다. 5. 경비지급은 관련 정부기관의 보조로 지급한다

윤락행위 등 방지법에 관한 법률

법조항	현조항	개정안
제12조	1. 국가 또는 지방자치단체는 요보호자의 건전한 사회복귀를 위하여 시설을 설치할 수 있다. 3. 윤락행위자 중 20세 미만인 자는 지방선도위원회의 심사를 거쳐 시 · 도지사가 보호시설에 입소 조치한다.	1. …설치하여야 한다. 3. 윤락여성이 미성년자인 경우에는 별도로 수용하고, 보호와 상담 서비스를 실시하는 보호시설로 인계하여야 한다.
제14조	1. 시 · 도지사 또는 시장, 군수, 구청장은 요보호자의 상담을 통한 선도를 하기 위해서 여성복지상담소를 설치할 수 있다. 2. 이들의 주요 업무는 조사, 상담, 직업알선, 선도, 실태파악, 지역사회시설 활용 알선 등이다.	① … 설치하여야 한다. ② 이들의 주요 업무는 다음과 같다. 1. 상담소는 피해자에게 초기에 형사절차에 관한 정보를 제공해 주어야 한다. 2. 미성년자의 법적인 문제의 해결을 안내하고 이의 대행 서비스를 제공하는 기능을 가져야 한다. 3. 학교 및 직장과 연계하여 청소년에 대한 성교육 프로그램을 지원하도록 해야 한다. 상담소에서 청소년 관련 전문가, 학교교사 및 관계 공무원에 대한 교육을 상담소의 의무조항으로 두어야 한다. 4. 윤락여성이 윤락이 아닌 건전한 직업을 가질 수 있도록 직업의 개발 및 제공 서비스를 강화해야 한다.
제15조	국가 및 지방자치단체가 시설 및 상담소의 설치 운영에 소요되는 비용을 보조할 수 있다.	…보조하여야 한다.
제24조	(벌칙) ③ 20세 미만의 자(미성년자)를 강요하여 윤락행위를 하게 한 경우 10년 이하의 징역에 처한다.	16세 이하 미성년자의 윤락행위는 성폭력으로 규정하여 엄중하게 처벌하고, 미성년 윤락행위의 방조나 알선에 대한 적용 대상은 18세 이하로 확대한다.
〈신설〉		1. 미성년을 고용하여 윤락행위를 시키는 업소에 대해서는 영업정지 등의 강력한 행정조치를 하여야 한다. 또한 세무조사를 통해 윤락행위로

〈신설〉		써 취득한 소득을 몰수하여야 한다. 이와 동시에 미성년 윤락행위가 이루어지는 것을 인지하고도 건물을 대여해 준 건물 소유주에 대해서도 세무조사로 벌금을 부과하거나 처벌한다. 2. 포주나 고용주에 대한 행정조치 및 형사처벌 외에 일정한 기간 동안 피해자의 거주 보호시설이나 가택에 출입, 대면, 통신 기타 이에 상응하는 행위를 금하는 접근금지명령을 규정한다. 그리고 이를 어길 경우 가중처벌한다. 3. 성인이 아닌 미성년 윤락여성과 윤락행위를 한 이용자는 가중처벌한다. 가중처벌의 내용은 형사처벌, 벌금, 사회봉사명령, 치료 등을 포함한다. 4. 포주 및 고용주, 이용자에 대해서는 일시적 처벌뿐 아니라 보호관찰제도 및 사회봉사명령, 상담명령 등을 한다.
〈신설〉	(신고제)	1. (전문가 신고제)의사, 변호사, 교사, 사회복지 전담공무원 등 미성년자 윤락행위와 관련되어 있는 전문가는 미성년자가 윤락행위를 하고 있다는 것을 윤락청소년이나 주변 관련자를 통해 인지하게 된 경우 지체없이 미성년 윤락여성은 물론 고용주와 이용자를 경찰에 신고하여야 한다. 2. 미성년 윤락여성에 대한 제보나 신고가 들어왔을 때 경찰의 출동을 의무화한다. 동시에 관계 공무원에게 신고 내용을 통보하고, 이후 사건에 대한 보고서를 작성시 보고서에 전문가의 의견을 참조하여야 한다. 3. 미성년 윤락행위를 인지하거나 발견했을 경우에는 신고할 수 있도록 하며, 신고자에 대해 상과 포상금을 지급한다.

〈신설	(부모의 책임)	자신의 미성년 자녀가 상습적인 윤락 행위를 하고 있다는 것을 알면서도 이를 방치한 경우 부모에게도 책임을 물어 교육 및 상담의무화한다.
〈신설〉	(전문인력)	사회복지 전담공무원을 활용한다. 한 사람의 미성년 윤락여성이 최초로 경찰에 적발되거나 신고되어 조사를 받게 되는 모든 과정에서 이를 안내하고 관리하며 전담하는 한 사람의 담당 초기단계에서부터 미성년 윤락을 담당하는 공무원을 두되, 사회복지 전담공무원을 활용하도록 한다.
〈신설〉	(상담소)	1. 윤락여성 상담원의 자격 요건을 상향 조정하여 상담소에 전문 인력을 배치하도록 한다. 2. 상담소에 대한 국가 및 지방자치단체의 예산지원이 뒷받침하여야 한다. 3. 상담소는 특별한 의료적 치료를 필요로 하는 미성년 윤락여성에 대한 의료 및 치료기관에 의뢰하여야 한다. 4. 이들 시설 및 상담소 운영에 대한 평가 조항이 의무화되어 정기적인 평가를 통해 서비스의 질을 향상시켜야 한다.
〈신설〉	(벌금)	미성년자의 성매매를 소개하거나 기회를 제공 또는 만들어 주는 자 또는 이를 방조하는 자에 대해서 3년 이하의 징역 또는 벌금에 처한다. (포주뿐 아니라 매춘의 방조자, 알선자, 소개자까지 모두 처벌하도록) 미수범은 처벌한다.
〈신설〉	(미성년 윤락방지위원회)	미성년 윤락의 예방과 방지를 위하여 필요한 사항을 조사, 연구, 건의를 위한 미성년 윤락방지위원회를 설치한다.

법조항	현조항	개정안
제837조	(이혼과 자의 양육책임) ① 당사자는 그 자의 양육에 관한 사항을 협의에 의한다.〈개정 90 · 1 · 13〉 ② 제1항의 양육에 관한 사항의 협의가 되지 아니 하거나 협의할 수 없는 때에는 가정법원은 당사자의 청구에 의하여 그 자의 연령, 부모의 재산상황 기타사정을 참작하여 양육에 필요한 사항을 정하며 언제든지 그 사항을 변경 또는 다른 적당한 처분을 할 수 있다.〈개정 90. 1. 13〉 ③ 제2항의 규정은 양육에 관한 사항 외에는 부모의 권리의무에 변경을 가져오지 아니한다.	(이혼과 자의 양육책임) ① 당사자는 그 자의 양육에 관한 사항을 협의에 의하여 정하되, 가정법원은 협의사항을 확인하고 심사하여 부적절한 경우에 거부할 수 있다. ② 제1항의 양육에 관한 사항의 협의가 되지 아니하거나 협의할수 없을 때에는 가정법원이 아동의 이익에 준해서 결정한다.
제839조	(재산분할청구권) ① 협의상 이혼한 자의 일방은 다른 일방에 대하여 재산분할을 청구할 수 있다. ② 제1항의 재산분할에 관하여 협의가 되지 아니 하거나 협의할 수 없는 때에는 가정법원은 당사자의 청구에 의하여 당사자 쌍방의 협력으로 이룩한 재산의 액수 기타 사정을 참작하여 분할의 액수와 방법을 정한다. ③ 제1항의 재산분할청구권은 이혼한 날부터 2년을 경과한 때에는 소멸한다.	(양육비와 재산분할) ① 아동을 양육하는 부모는 다른 일방에 대하여 아동양육비 대신 재산분할을 청구할 수 있다. ② 제1항의 재산분할에 관하여 협의가 되지 아니하거나 협의할 수 없는 때에는 가정법원은 당사자의 청구에 의하여 분할의 액수와 방법을 정한다. 제2항의 재산분할시 양육비산정결정을 위한 기준을 명시한다(연구를 통해 제시). 자녀에 대한 양육비를 재산분할에 포함시킨 경우라도 미성년 자녀에 대한 부양의무는 지속된다.
제863조	(인지청구의 소) 자와 그 직계비속 또는 그 법정대리인은 부 또는 모를 상대로 하여 인지청구의 소를 제기할 수 있다.	(인지신청) 자와 그 직계비속, 그 법정대리인의 신청에 의해 가정법원이나 행정기관이 부 또는 모를 상대로 친자확인명령을 할 수 있다.

제909조	(친권자) ① 미성년자인 자는 부모의 친권에 복종한다 ⑤ 양자는 양부모의 친권에 복종한다	(친권자) ① 부모는 미성년자인 자의 친권자가 된다 ⑤ 양부모는 양자의 친권자가 된다 〈신설〉 제912조 (친권자 권리의무) ② 친권을 행사함에 있어서는 자의 최선의 복리를 우선적으로 고려하여야 한다.
제913조	(보호, 교양의 권리의무) 친권자는 자를 보호하고 교양할 권리의무가 있다.	(부모의 양육권리의무) 부모는 미성년 자녀를 보호하고 양육할 권리의무가 있다.
제974조	(부양의무) 다음 각 호의 친족은 서로 부양의 의무가 있다. 1. 직계혈족 및 그 배우자간 2. 삭제〈90. 1. 13〉 3. 기타 친족간(생계를 같이 하는 경우에 한한다)	〈신설〉(부모의 부양의무) ① 부모의 결혼상태와 부모와 아동과의 동거 여부에 상관없이 부모는 미성년 자녀에 대한 부양의무가 있다. ② 부모의 부양의무는 포기되거나 이전될 수 없다.

장애인 복지법

법조항	현조항	개정안
제16조	(경제적 부담의 경감) ① 국가 및 지방자치단체는 장애인 및 이를 부양하는 자의 경제적 부담경감을 도모하고 장애인의 자립촉진을 도모하기 위하여 세제상의 조치, 공공시설의 이용료등의 감면 기타 필요한 시책을 강구하여야 한다. ② 국가, 지방자치단체 및 지방기업법에 의한 지방공사 또는 지방공단이 운영하는 운송사업자는 장애인 및 이를 부양하는 자의 경제적 부담의 경감을 도모하고 장애인의 자립을 촉진하기 위하여 장애인 및 그 개호인의 운임 등을 경감하는 시책을 강구하여야 한다	① 국가 및 지방자치단체는 장애인과 장애아동 및 이를 부양하는 …. ② 국가, 지방자치단체 및 지방기업법에 의한 지방공사 또는 지방공단이 운영하는 운송사업자는 장애인과 장애아동 및 이를 부양하는 ….
제34조	(생계보조수당) ① 국가 또는 지방자치단체는 장애의 정도가 심하여 자립하기가 현저하게 곤란한 장애인에 대하여 생계보조수당을 지급할 수 있다. ② 제1항의 규정에 의한 생계보조수당지급의 대상 · 기준 및 방법 등에 관하여 필요한 사항은 대통령령으로 정한다.	① 국가 또는 지방자치단체는 장애의 정도가 심하여 자립하기가 현저하게 곤란한 장애인과 경제적 빈곤으로 인해 장애아동을 보호하는 조호자에 대하여…

찾아보기

㉧